2026

브랜드 만족 1위

9·7급 공무원 행정학 시험대비

박문각 공무원

기출문제

기출로 합격까지!

공무원 행정학 기출문제 총망라

기본서 내용 체계에 맞춘 단원별 구성

깔끔하고 상세한 해설과 오답 분석

최윤경 편저

최윤경 행정학
단원별 기출문제집

동영상 강의 www.pmg.co.kr

머리말

PREFACE

행정학 과목은 정치학, 경제학, 경영학 등 사회과학 전반의 이론들이 총망라되어 서로 연결된 종합학문이며, 실제 행정 현장에 응용되는 실용적인 학문 분야로 포괄 범위 역시 매우 방대하기 때문에 수험생들에게는 막막하게 느껴질 수 있습니다. 또한 행정학이 전문과목으로 변경되면서 난이도가 점차 높아질 것으로 예상되어 시험 준비에 큰 부담이 될 수 있습니다.

공무원 시험에서의 행정과 과목의 특성과 출제경향을 파악하는 데 가장 유용한 자료는 기출문제입니다. 기출문제는 출제자의 의도를 엿볼 수 있는 가장 유용한 지침으로 과거에 어떤 주제와 유형의 문제가 출제되었는지를 분석하면 앞으로 출제될 문제의 경향과 핵심 주제를 가늠할 수 있습니다.

따라서 다른 객관식 시험과 마찬가지로 행정학 과목에서 고득점을 위해 가장 효과적인 전략은 기출문제를 중심으로 접근하는 것입니다. 기출문제를 철저히 분석해서 출제경향을 파악하고, 출제가 자주 되는 주요 내용을 우선적으로 암기하는 방식으로 학습전략을 짜는 것이 학습 시간을 줄이는 최선의 방법입니다.

지금까지 공무원 시험에서 행정학 과목의 출제 경향을 분석해 보았을 때, 평균적으로 80%~85% 정도가 기출문제 범위에서 중복 또는 변형된 문제가 출제되고 있기 때문에 가급적 기출문제를 반복해서 많이 풀어보고, 완벽하게 분석해서 정리할 필요가 있습니다.

본서는 이러한 기출문제의 중요성을 반영하여 각 단원별로 반복해서 출제되고 있는 중요한 기출문제를 선별해서 구성하였습니다. 기출문제 풀이를 좀 더 효과적으로 활용하기 위해서는 단순히 문제를 풀고 정답만을 확인하고 넘어가기보다는 각 문항이 다루는 핵심개념과 용어를 세밀하게 분석하고, 출제자가 이 문제를 통해 묻고자 하는 핵심이 무엇인지까지 고민하는 과정이 필요합니다. 단순히 정답 암기에 그치지 않고 관련 개념 전반을 정확히 분석하고 이해하는 과정을 거쳐야만 문제가 변형되어 출제되더라도 응용해서 풀어낼 수 있기 때문입니다.

이 책은 이러한 기출문제의 중요성을 반영하여, 행정학의 주요 기출문제들을 수록하고 해설에는 정답뿐만 아니라 오답 지문까지 상세히 분석함으로써, 수험생 여러분이 문제를 풀면서 놓치기 쉬운 개념이나 출제 의도를 정확히 파악할 수 있도록 돕고자 하였습니다.

해설을 활용할 때는 특히 정답이 나온 이유뿐만 아니라 오답이 왜 오답인지까지 이해하는 데 초점을 맞추는 것이 중요합니다. 필요하다면 해설에 언급된 관련 이론과 법령을 기본서나 참고 자료를 찾아 철저하게 정리하는 것이 필요합니다. 이러한 방식으로 기출문제와 해설을 반복 학습한다면, 자연스럽게 행정학의 빈출 개념이 체화되고 출제 경향에 대한 감각도 길러질 것입니다.

본서에 담긴 모든 문제와 해설을 충분히 소화한다면, 여러분의 실력 향상은 물론 합격이라는 최종 목표에도 한 걸음 더 다가설 수 있을 것입니다. 진심으로 수험생 여러분 모두의 합격을 기원합니다.

2025년 10월

최윤경 올림

PART 01 행정학 총론

Chapter 01 행정학의 기본적 이해 ········ 10
- 제1절 행정의 개념과 행정학 ········ 10
- 제2절 공공서비스(Public Service) ········ 12
- 제3절 정부를 이해하는 관점 ········ 15
- 제4절 공공재의 적정 공급규모에 관한 논쟁 ········ 24
- 제5절 행정학의 학문적 성격과 접근방법 ········ 26

Chapter 02 행정가치 ········ 27
- 제1절 행정가치의 개념 및 유형 ········ 27
- 제2절 본질적 행정가치 ········ 28
- 제3절 수단적 가치 ········ 32

Chapter 03 행정학의 유래와 발달 과정 ········ 37
- 제1절 행정학의 태동 ········ 37
- 제2절 정통 행정학의 정립 ········ 39
- 제3절 정통 행정학에 대한 반발 ········ 40
- 제4절 행정학의 분화 및 다원화 ········ 41
- 제5절 정부 역할의 재정립 ········ 43

Chapter 04 행정학의 접근방법과 이론 ········ 44
- 제1절 행정학의 주요 접근방법 ········ 44
- 제2절 행정환경적 접근방법: 체제론적 접근방법 ········ 47
- 제3절 가치주의(주관주의) 접근방법: 현상학적 접근방법, 포스트모더니티 행정이론 ········ 49
- 제4절 공공선택론(Public Choice Theory) ········ 51
- 제5절 신제도주의 접근방법 ········ 54
- 제6절 특정 행정현상에 관한 이론 ········ 58

Chapter 05 행정학의 패러다임의 변화 ········ 63
- 제1절 신공공관리론(New Public Management) ········ 63
- 제2절 뉴거버넌스론(New Governance) ········ 68
- 제3절 신공공서비스론(New Public Service) ········ 73
- 제4절 탈신공공관리론(Post-NPM) ········ 77
- 제5절 공공가치관리론(Public Value Management) ········ 78
- 제6절 넛지이론(Nudge Theory) ········ 79

Chapter 06 공공서비스 공급 혁신 ········ 81
- 제1절 공공서비스 공급 혁신 ········ 81
- 제2절 민간위탁의 주요 방식 ········ 85

Chapter 07 정부와 시민사회 ········ 89

PART 02 정책학

Chapter 01 정책과 정책학 ········ 94
- 제1절 정책학의 기초 ········ 94
- 제2절 정책유형: 정책의 성격에 의한 분류 ········ 97
- 제3절 규제정책(Regulatory Policy) ········ 102

Chapter 02 정책참여자 간 관계 ········ 110
- 제1절 정책과정의 참여자 ········ 110
- 제2절 정책참여자 간 관계: 권력모형 ········ 112
- 제3절 정책네트워크 모형(Policy Network Model) ········ 118

Chapter 03 정책의제 설정론 ········ 121

Chapter 04 정책결정론 ········ 127
- 제1절 정책결정의 의의 및 과정 ········ 127
- 제2절 정책문제의 정의 ········ 127
- 제3절 정책대안의 결과예측 ········ 130
- 제4절 정책대안의 결과예측: 추측(Conjecture) ········ 133
- 제5절 정책대안의 비교 평가 및 최적대안의 선택 ········ 137
- 제6절 비용편익분석(Cost-Benefit Analysis) ········ 138
- 제7절 정책결정 모형 ········ 141

Chapter 05 정책집행 ········ 149
- 제1절 정책집행 연구의 접근방법 ········ 149
- 제2절 정책결정자와 집행자의 관계 유형 구분: 나카무라와 스몰우드의 유형 ········ 154

Chapter 06 정책변동 ········ 156

Chapter 07 정책평가	160
제1절 정책평가의 의의	160
제2절 정책평가의 구성논리와 방법	162
제3절 정책평가(연구설계)의 방법	167
제4절 우리나라의 정책평가제도: 정부업무평가	169

PART 03 조직이론

Chapter 01 조직의 기초이론	174
제1절 조직이론의 발달	174
제2절 과학적 관리론과 인간관계론	176
제3절 거시조직이론 분류	177
제4절 베버(M. Weber)의 관료제 이론	182
제5절 탈관료제(후기관료제)	184
Chapter 02 조직구조의 형성	186
제1절 조직구조의 기본변수	186
제2절 조직의 상황에 따른 조직구조 설계	187
제3절 조직구조의 설계원리	190
제4절 조직구조의 형태에 관한 이론	193
제5절 조직유형론	202
Chapter 03 한국의 행정조직	204
제1절 우리나라 행정조직	204
제2절 우리나라 정부조직 구조	208
Chapter 04 동기부여이론	216
제1절 동기부여의 의의 및 동기부여 이론	216
제2절 동기부여 이론: 내용이론	217
제3절 과정이론(Process Theory)	221
제4절 공공봉사동기(PSM: Public Service Motivation)	226
Chapter 05 리더십이론	228

Chapter 06 조직관리론	237
제1절 갈등관리	237
제2절 조직발전(Organization Development)	241
제3절 조직의 의사전달(Communication)	243
Chapter 07 조직목표와 성과관리	245
제1절 조직목표	245
제2절 효과성 평가 모형	247
제3절 목표에 의한 관리(MBO: Management By Objectives)	249
제4절 성과관리	251
제5절 균형성과관리(BSC: Balanced Scored Card)	254
Chapter 08 행정개혁	257

PART 04 전자정부와 정보공개

Chapter 01 전자정부의 의의와 전개과정	262
Chapter 02 우리나라 전자정부	271
Chapter 03 우리나라 정보공개 제도(공공기관의 정보공개에 관한 법률)	277

PART 05 인사행정

Chapter 01 인사행정제도의 발달	280
제1절 직업공무원제(Career Civil Service System)	280
제2절 엽관주의(Spoils System)	282
제3절 실적제(Merit System)	284
제4절 대표관료제와 균형인사정책	286
Chapter 02 공직의 분류체계	289
제1절 계급제(Rank-in-person System)	289
제2절 직위분류제(Position Classfication)	290

제3절 우리나라 공무원의 구분 체계 ··············· 297
제4절 우리나라 공무원 제도 ·························· 302

Chapter 03 **인사행정 기관** ······························ 307
제1절 중앙인사기관 ··· 307
제2절 우리나라 중앙인사기관 ························· 309

Chapter 04 **공무원의 임용 및 능력발전** ········· 312
제1절 임용 ··· 312
제2절 채용시험의 효용성 ································ 316
제3절 교육훈련(Education and Training) ······· 318
제4절 근무성적평정(Performance Appraisal or Evaluation) ····· 321

Chapter 05 **사기관리** ····································· 329
제1절 고충처리 및 제안제도 ··························· 329
제2절 공무원의 보수 ······································· 331
제3절 공무원 연금제도 ···································· 335
제4절 다양성 관리와 유연근무제도 ················ 337

Chapter 06 **공무원 신분보장** ························· 339

Chapter 07 **공무원의 권리와 의무** ················· 345
제1절 공무원의 정치적 중립 ··························· 345
제2절 공무원단체(공무원 노동조합) ················ 346

PART 06 행정환류

Chapter 01 **행정책임** ····································· 350

Chapter 02 **행정통제** ····································· 352

Chapter 03 **행정윤리와 행정부패** ··················· 358
제1절 행정윤리(공직윤리) ································ 358
제2절 공직(행정)부패 ······································· 366

PART 07 재무행정

Chapter 01 **정부예산과 재무행정의 기초** ······· 370
제1절 예산의 성격과 기능 ······························ 370
제2절 재무행정 조직 ······································· 372
제3절 예산원칙 ·· 373

Chapter 02 **재정의 구조** ································ 378
제1절 정부 재정의 기본 구조 ························· 378
제2절 통합재정 ·· 383
제3절 예산분류와 예산과목 체계 ···················· 385
제4절 예산의 종류 ··· 387

Chapter 03 **예산과정의 주요 쟁점** ················· 395
제1절 예산과정의 개요 ···································· 395
제2절 예산편성 과정 ······································· 396
제3절 예산심의 ·· 400
제4절 예산집행 ·· 403
제5절 결산과정 ·· 413

Chapter 04 **정부회계** ····································· 417
제1절 정부회계의 개념 및 기능 ······················ 417
제2절 결산보고서와 재무제표 ························· 421

Chapter 05 **예산결정 이론** ····························· 422

Chapter 06 **예산제도와 재정개혁** ··················· 427
제1절 예산기능과 예산제도 ····························· 427
제2절 예산제도 개혁 ······································· 435
제3절 재정건전화 제도 ···································· 440

Chapter 07 **재정민주주의** ······························· 444

PART 08 지방행정

Chapter 01 지방자치의 의의 ········· 448

Chapter 02 지방자치의 운영체계 ········· 454
제1절 지방자치단체의 종류 ········· 454
제2절 지방행정체제: 계층과 구역 ········· 456
제3절 지방자치단체의 자치권 ········· 459

Chapter 03 지방자치단체 사무 ········· 462

Chapter 04 정부 간 관계 ········· 467
제1절 중앙정부와 지방정부 간 관계 모형 ········· 467
제2절 우리나라 중앙정부와 지방자치단체 간의 관계 ······ 469
제3절 지방자치단체 상호 간 관계 ········· 474

Chapter 05 지방자치단체 기관구성 ········· 478
제1절 지방자치단체 기관구성 형태 ········· 478
제2절 의결기관: 지방의회 ········· 480
제3절 집행기관: 지방자치단체장 ········· 485
제4절 자치경찰제도 ········· 489

Chapter 06 주민참여제도 ········· 491

Chapter 07 지방재정 ········· 502
제1절 자주재원 ········· 502
제2절 의존재원 ········· 506
제3절 지방채 ········· 511
제4절 지방정부 재정력 측정 지표 ········· 513
제5절 지방재정관리제도 ········· 516

최윤경 행정학
단원별 기출문제집

박문각

PART 01
행정학 총론

Chapter 01 행정학의 기본적 이해
Chapter 02 행정가치
Chapter 03 행정학의 유래와 발달 과정
Chapter 04 행정학의 접근방법과 이론
Chapter 05 행정학의 패러다임의 변화
Chapter 06 공공서비스 공급 혁신
Chapter 07 정부와 시민사회

Chapter 01 행정학의 기본적 이해

제1절 행정의 개념과 행정학

01
다음 중 행정에 대한 개념으로 올바르지 않은 것은?
2009. 서울 9급

① 넓은 의미의 행정은 협동적 인간 노력의 형태로서 정부조직을 포함하는 대규모 조직에서 보편적으로 나타난다.
② 최근 행정의 개념에는 공공문제의 해결을 위해 정부 외의 공·사조직들 간의 연결 네트워크, 즉 거버넌스(governance)를 강조하는 경향이 있다.
③ 좁은 의미의 행정은 행정부 조직이 행하는 공공목적의 달성을 위한 제반 노력을 의미한다.
④ 행정은 정치과정과는 분리된 정부의 활동으로 공공서비스의 생산 및 공급, 분배에 관련된 모든 활동을 의미한다.
⑤ 행정과 경영은 비교적 유사한 활동이라고 할 수 있으나 그 목적하는 바가 다르다.

정답 ④ [×]
해설 행정은 공공문제의 해결 및 공공서비스의 생산과 분배과정에서 국민의 의견을 존중하고 국민에 대한 책임을 져야 하기 때문에 정치과정과 밀접하게 연관되어 있다.

02
행정에 대한 설명으로 가장 옳지 않은 것은? 2018. 서울 7급

① 행정은 최협의적으로는 행정부의 조직과 공무원의 활동에 대한 것이다.
② 행정은 공공서비스의 생산, 공급, 분배를 통해 공공 욕구를 충족시켜 국민 삶의 질을 증대하고자 한다.
③ 행정의 활동은 환경과의 상호작용을 통해 역동적으로 변화한다.
④ 행정의 활동은 정치권력을 배경으로 공공서비스의 생산 및 공급을 정부가 독점한다.

정답 ④ [×]
해설 행정은 정치권력을 배경으로 행정을 수행하되, 공공서비스의 생산 및 공급을 정부가 독점하는 것은 아니며, 최근 행정의 개념에는 공공문제의 해결을 위해 정부와 민간 부분 또는 시민사회와의 상호작용 및 협력적 관계를 통해 공공서비스를 생산·공급·분배하는 뉴거버넌스 개념이 강조된다.

03
경영과 구분되는 행정의 속성이라고 보기 어려운 것은?
2014. 국가 9급

① 행정은 사익이 아닌 공익을 우선적으로 추구한다.
② 행정은 모든 시민을 평등하게 대우하여야 한다.
③ 행정조직 구성원은 원칙상 법령에 의해 신분이 보장된다.
④ 행정은 효과적인 업무수행을 위해 관리성이 강조된다.

정답 ④ [×]
해설 효과적인 업무수행을 위한 관리작용(관리성)이라는 점은 행정과 경영의 공통점(유사성)에 해당한다.

04
행정과 경영의 유사성에 대한 설명으로 옳지 않은 것은?

2018. 국가 7급

① 인적·물적 자원을 동원하며 기획, 조직화, 통제방법, 관리기법, 사무자동화 등 제반 관리기술을 활용한다.
② 엄격한 법적 규제를 받으므로 환경 변화에 따른 조직의 대응능력이나 인력의 충원과정에서 탄력성이 떨어진다.
③ 관료제의 순기능적 측면과 아울러 역기능적인 측면도 내포하고 있다.
④ 조직 내 의사결정과정에서 가능한 한 많은 대안 중에서 최선의 대안을 선택·결정하고자 하는 협동 행위가 나타난다.

정답 ② [×]
해설 행정과 경영의 차이점에 대한 설명이다. 행정은 경영보다 엄격한 법적 규제를 받는다. 경영 역시 법적 테두리 안에서 활동이 이루어지지만, 행정과 같은 직접적인 법적 규제는 받지 않는다.

05
정치·행정일원론에 대한 설명으로 옳은 것은?

2021. 지방 9급

① 행정국가의 등장과 연관성이 깊다.
② 윌슨(Wilson)의 「행정연구」가 공헌하였다.
③ 정치는 의사결정의 영역이고, 행정은 결정된 내용을 집행한다고 보았다.
④ 행정은 경영과 비슷해야 하며, 행정이 지향하는 가치로 절약과 능률을 강조하였다.

정답 ① [○]
해설 ② [×] 윌슨(Wilson)의 「행정연구」는 정치·행정이원론의 등장에 공헌하였다.
③, ④ [×] 정치행정이원론에 대한 설명이다.

06
정치·행정이원론에 대한 설명으로 적절하지 않은 것은?

2012. 국회 9급

① 행정의 전문성과 중립성 확보의 필요성을 강조한다.
② 과학적 관리론의 영향을 받아 행정을 비정치적인 관리현상으로 이해한다.
③ 독자적인 학문으로서의 행정학의 발전에 기여하였다.
④ 공사행정일원론의 성립에 기여하였다.
⑤ 행정에 내포되어 있는 정치적인 기능을 강조한다.

정답 ⑤ [×]
해설 행정에 내포되어 있는 정치적인 기능을 강조하는 것은 정치·행정일원론에 대한 설명이다.

제2절 공공서비스(Public Service)

01
경합성과 배제성을 고려할 때 공공재(public goods)에 가장 가까운 것은?　　　　　　　　　　　2014. 국가 9급

① 국립도서관　　② 고속도로
③ 등대　　　　　④ 올림픽 주경기장

정답 ③ [○]
해설 등대는 국방, 외교, 치안 등과 함께 대표적인 공공재에 해당한다.
① 국립도서관(국립공원)은 공유재, ② 고속도로, ④ 올림픽주경기장은 요금재에 해당된다.

02
재화를 배제성과 경합성 여부에 따라 네 가지 유형(A~D)으로 분류할 경우, 유형별 사례를 모두 바르게 짝 지은 것은?　　　　　　　　　　　　　　　　　2018. 지방 7급

경합성 여부 \ 배제성 여부	배제성	비배제성
경합성	A	B
비경합성	C	D

	A	B	C	D
①	구두	해저광물	고속도로	등대
②	라면	출근길 시내도로	일기예보	상하수도
③	자동차	공공낚시터	국방	무료TV방송
④	냉장고	케이블TV	목초지	외교

정답 ①
해설 A – 사적재(구두), B – 공유재(해저광물), C – 요금재(고속도로), D – 공공재(등대)

경합성 여부 \ 배제성 여부	배제성	비배제성
경합성	사적재(민간재)	공유재
비경합성	요금재	공공재(집합재)

03
다음의 분류에 해당하는 재화에 대한 정부의 역할로 적절하지 않은 것은?　　　　　　　　　　2016. 지방교행 9급

구 분	배제성	비배제성
경합성	(가)	(나)
비경합성	(다)	(라)

① (가) 재화는 시장에 맡겨 두고 정부가 간섭을 하지 않아야 한다.
② (나) 재화에 대해 정부는 무분별한 사용을 막는 규칙을 설정한다.
③ (다) 재화의 상당 부분을 정부가 공급하는 이유는 자연독점에 의한 시장실패에 대응해야 하기 때문이다.
④ (라) 재화는 무임승차 문제를 야기하기 때문에 원칙적으로 정부가 직접 공급해야 한다.

정답 ① [×]
해설 (가)는 시장재로 일반적으로 시장에 의한 서비스 공급이 활성화될 수 있어 정부 개입이 최소화되는 영역이다. 하지만 계층 간 수직적 형평성이 강조되면서 기본적인 수요조차도 충족하기 어려운 저소득층이나 영세민 배려를 위한 부분적인 정부개입이 발생한다.

구 분	배제성	비배제성
경합성	(가) 시장재	(나) 공유재
비경합성	(다) 요금재	(라) 공공재

04
사바스(Savas)의 공공서비스 유형에 대한 설명으로 옳지 않은 것은?
2024. 지방 7급

① 요금재는 자연독점 등으로 인한 시장실패에 대응하기 위하여 정부가 직접 공급하거나 공기업이 공급하는 경우가 많다.
② 집합재는 비용 부담에 따라 서비스 혜택을 차별화하거나 서비스에서 배제할 수 없어 무임승차 문제가 일어날 수 있다.
③ 시장재는 주로 시장에서 제공되어 공공부문의 개입이 최소화되는 서비스이다.
④ 공유재는 비경합성과 비배제성을 특징으로 하며 국방, 외교 등이 여기에 속한다.

정답 ④ [×]
해설 공공재는 비경합성과 비배제성을 특징으로 하며 국방, 외교 등이 여기에 속한다.

05
공공서비스 공급방식에 대한 설명으로 옳은 것은?
2012. 국가 7급

① 집합재는 원칙적으로 민간위탁방식으로 공급해야 할 서비스이다.
② 요금재는 독점이익의 왜곡을 방지하기 위해 주로 일반행정 방식이나 책임경영방식이 활용되어 왔고 민간기업의 참여가 활성화되어 있지 않다.
③ 민간위탁방식 중 면허방식은 공공서비스에 대한 요건을 구체적으로 명시하기 곤란하거나 서비스가 기술적으로 복잡하고 서비스의 목표를 어떻게 달성할 것인지가 불확실한 경우에 사용된다.
④ 공유재의 비극을 해결하기 위해 고전적 공유재 모형이 제시한 전형적인 대안들은 공유재산을 사유화하는 방식이었다.

정답 ④ [○]
해설 ① [×] 집합재(공공재)는 비경합성과 비배제성의 특징 때문에 원칙적으로 공공 부문에서 공급해야 할 서비스이다.
② [×] 요금재는 독점이익의 왜곡을 방지하기 위해 관련 서비스의 공급을 공공기관이나 공기업에서 담당한다. 그러나 현실적으로 공기업의 비효율성이 정부실패로 지적되고 있어 요금재에 대한 민간 기업의 참여가 활성화되어 있다.
③ [×] 민간조직 또는 개인이 서비스 제공활동에 대한 재정 혹은 현물을 지원하는 보조금방식에 대한 설명이다.

06
행정서비스와 관련된 설명이다. 〈보기〉에서 옳은 것을 모두 고른 것은?
2016. 지방교행 9급

보기
ㄱ. 행정서비스 중 민원 행정은 전달적 행정이며 정치적 관심의 영역이다.
ㄴ. 행정서비스는 시민들의 일상생활에 직결되는 민원 중심의 서비스 특징을 지니고 있다.
ㄷ. 행정서비스는 중앙행정기관뿐만 아니라, 지역에 설치된 특별지방행정기관과 지방자치단체에 의해 제공된다.
ㄹ. 행정서비스 품질에 대한 시민평가제는 고객지향적 행정서비스 구현을 위한 개혁 사업의 일환으로 도입되었다.

① ㄱ, ㄷ
② ㄴ, ㄹ
③ ㄴ, ㄷ, ㄹ
④ ㄱ, ㄴ, ㄷ, ㄹ

정답 ④ ㄱ, ㄴ, ㄷ, ㄹ [○]
해설 ㄱ. [○] 민원행정은 일반 국민과 직접 접촉을 통해 공공서비스를 전달하는 집행적 성격의 행정이며, 국민의 요구(민원인의 요구)에 대응하는 것이므로 정치적 관심의 영역이다.
ㄴ, ㄷ [○] 행정서비스는 중앙행정기관뿐만 아니라 특별지방행정기관, 지방자치단체 등에 의해 제공된다.
ㄹ. [○] 행정서비스 품질에 대한 시민평가제도는 고객지향적 행정서비스의 구현을 위한 신공공관리론적 행정개혁의 일환으로 도입되었다.

07
민원행정의 성격에 대한 설명으로 옳은 것만을 모두 고르면?   2020. 지방 9급

ㄱ. 규정에 따라 서비스를 제공하는 전달적 행정이다.
ㄴ. 행정기관도 민원을 제기하는 주체가 될 수 있다.
ㄷ. 행정구제수단으로 볼 수 없다.

① ㄱ
② ㄷ
③ ㄱ, ㄴ
④ ㄴ, ㄷ

정답 ③ ㄱ, ㄴ [O]
해설 ㄷ. [×] 민원행정은 행정구제수단의 역할을 할 수 있다.

보충자료 민원행정
1. **민원행정의 개념**: 민원행정은 국민이 행정기관에 특정한 행위를 요구하여 의사표시에 대응하는 활동을 의미
2. **민원인의 정의**: 민원 처리에 관한 법률 시행령
   - "민원인"이라 함은 행정기관에 대하여 처분 등 특정한 행위를 요구하는 개인·법인 또는 단체를 의미
   - 행정기관 또는 공공단체가 일반국민과 대응한 지위에서 행정기관에 특정한 행위(허가신청, 승인요청 등)를 요구하는 경우(사경제의 주체가 되는 경우)에는 그 주체가 행정기관 또는 공공단체라 하더라도 민원인으로 볼 수 있음
   - 예 청사건물의 신축을 위한 신축허가, 건축물의 사용승인, 대기배출시설의 설치허가 등
3. **민원행정의 특징**
   ① **서비스 행정**: 민원행정은 기본적으로 민원인이 제기한 요구나 문제를 처리함에 있어 공무원의 구체적인 행위가 요구되고 그들의 전문능력과 태도(친절성·신속성)가 서비스의 질을 결정하는 서비스 행정임
   ② **대외·대민행정**: 민원행정은 정부 밖의 고객을 대상으로 하는 대외·대민 행정임
   ③ **행정구제 수단으로서의 기능 수행**: 주민이 정부에 특별한 조치를 취해줄 것을 요구하는 민원에는 행정기관의 위법·부당하거나 소극적인 처분 및 불합리한 행정제도로 인하여 침해된 자신의 권리나 이익의 시정을 요구하는 고충민원이 포함되기 때문에 행정구제의 중요한 수단이 됨
   ④ **서비스를 제공하는 전달적 행정**: 민원행정은 민원사무에 관한 주요 정책결정이나 기획이 아니라 규정에 따라 정형화된 서비스를 제공하는 전달적 행정임
   ⑤ **정치적 관심의 영역**: 민원행정은 주민들의 일상행활과 직결되어 있으며, 민원인들이 민원 처리과정에서 겪은 경험이 행정 전반에 대한 인상이나 정치적 지지를 결정하는 데 중요하게 작용할 수 있기 때문에 유권자의 지지를 원하는 정치인에게 매우 중요한 영역임

제3절 정부를 이해하는 관점

01
진보주의 정부관을 설명하고 있는 내용 중 가장 적절하지 않은 것은?
2011. 서울 9급

① 소극적 자유 선호
② 공익목적의 정부 규제 강화 강조
③ 조세를 통한 소득재분배 강조
④ 효율과 공정에 대한 자유시장의 잠재력 인정
⑤ 소외집단을 위한 정부정책 선호

정답 ① [×]
해설 진보주의 정부관은 적극적 자유를 선호한다. 국가로부터의 간섭과 개입에 반대하는 소극적인 자유선호는 보수주의 정부관에 대한 설명이다.

02
정부관에 대한 일반적인 설명으로 옳은 것은?
2017. 지방교행 9급

① 보수주의자는 기본적으로 자유시장을 불신하지만 정부를 신뢰한다.
② 진보주의자는 조세제도를 통한 정부의 소득재분배 정책을 선호한다.
③ 신자유주의가 등장하면서 작은 정부에서 큰 정부로의 전환이 이루어졌다.
④ 1930년대 대공황을 겪으면서 최소의 정부가 최선의 정부라는 신념이 중요시되었다.

정답 ②
해설 ① [×] 보수주의는 자유시장에 대한 신념을 가지며, 정부를 불신한다.
③ [×] 신자유주의가 등장하면서 큰 정부에서 작은 정부로의 전환이 이루어졌다.
④ [×] 1930년대 대공황을 겪으면서 '최대의 봉사가 최선의 정부'라는 신념이 중요시되었다.

03
보수주의 정부관의 특징으로 옳은 것만을 〈보기〉에서 모두 고르면?
2023. 국회 9급

┌ 보기 ┐
ㄱ. 복지국가
ㄴ. 합리적 경제인
ㄷ. 경제적 자유 강조
ㄹ. 조세제도를 통한 소득재분배
ㅁ. 시장의 결함과 윤리적 결여 인지
ㅂ. 최소한의 정부

① ㄱ, ㄴ, ㄷ
② ㄱ, ㄹ, ㅁ
③ ㄴ, ㄷ, ㅁ
④ ㄴ, ㄷ, ㅂ
⑤ ㄷ, ㅁ, ㅂ

정답 ④ ㄴ, ㄷ, ㅂ [○]
해설 ㄱ. 복지국가, ㄹ. 조세제도를 통한 소득재분배, ㅁ. 시장의 결함과 윤리적 결여 인지는 진보주의 정부관의 특징이다.

진보주의와 보수주의 정부관 비교

구분	진보주의	보수주의
인간관	• 욕구, 협동, 오류 가능성 여지가 있는 인간관 • 경제인 인간관 부정	합리적이고 이기적인 경제인
가치판단	• 자유를 매우 옹호 • 자유와 평등은 양립 가능한 것 • 평등을 증진시키기 위해 실질적 정부 개입 허용	• 자유 강조, 자유는 정부로부터 자유(소극적 자유)를 의미 • 기회 평등과 경제적 자유 강조 • 소득, 부(富) 또는 기타 경제적 결과의 평등은 경시
시장과 정부 관점	• 효율과 공정, 번영 및 진보에 대한 자유시장의 잠재력 인정 • 시장 결함과 윤리적 결여 인지 • 시장실패는 정부에 의해 수정 가능	• 자유시장에 대한 강한 신념, 정부 불신 • 정부는 개인 자유를 위협하고, 경제 조건을 악화시키는 전제적 횡포
선호 정책	• 소외집단을 위한 정책 • 공익 목적의 정부규제 • 조세제도를 통한 소득재분배	• 소외집단 지원정책 비선호 • 경제적 규제 완화, 시장 지향 정책 • 조세 감면과 완화

| 비고 | 복지국가, 혼합자본주의, 진보주의, 규제된 자본주의, 개혁주의 입장 견지(경제문제에 대한 적극적인 정부개입 선호) | 자유방임적 자본주의(경제문제에 대한 정부 개입 반대) |

04
정부의 역할에 대한 입장을 바르게 설명하는 것만 모두 고른 것은?
2014. 서울시 9급

㉠ 진보주의 정부관에 따르면, 정부에 대한 불신이 강하고 정부실패를 우려한다.
㉡ 공공선택론의 입장은 정부를 공공재의 생산자로 규정하고, 대규모 관료제에 의한 행정의 효율성을 높이는 것이 중요하다고 본다.
㉢ 보수주의 정부관은 자유방임적 자본주의를 옹호한다.
㉣ 신공공서비스론 입장에 따르면, 정부의 역할은 시민들로 하여금 공유된 가치를 창출하고 충족시킬 수 있도록 봉사하는 데 있다.
㉤ 행정국가 시대에는 '최대의 봉사가 최선의 정부'로 받아들여졌다.

① ㉠, ㉡, ㉢
② ㉡, ㉢, ㉣
③ ㉢, ㉣, ㉤
④ ㉠, ㉣, ㉤
⑤ ㉠, ㉡, ㉤

정답 ③ ㉢, ㉣, ㉤ [○]
해설 ㉠ [×] 정부에 대한 불신이 강하고 정부실패를 우려하는 것은 보수주의 정부관의 입장이다.
㉡ [×] 공공선택론은 대규모 관료제에 의한 행정을 비판하고, 공공부문의 효율성을 높이기 위해 시장경제 원리의 도입을 대안으로 제시하였다.

05
정부관의 변천에 대한 설명으로 옳지 않은 것은?
2022. 국가 9급

① 19세기 근대 자유주의 국가는 '야경국가'를 지향하였다.
② 대공황 이후 케인스주의, 루스벨트 대통령의 뉴딜정책은 큰 정부관을 강조하였다.
③ 영국의 대처리즘, 미국의 레이거노믹스는 작은 정부를 지향하였다.
④ 하이에크(Hayek)는 「노예의 길」에서 시장실패를 비판하고 큰 정부를 강조하였다.

정답 ④ [×]
해설 하이에크(hayek)는 대표적인 신자유주의 학자로, 영국 대처 정부의 행정개혁을 사상적으로 뒷받침한 학자이다.

06
큰 정부론과 작은 정부론의 논쟁에 대한 설명으로 옳지 않은 것은?
2014. 지방 9급

① 작은 정부론은 민영화의 확대를 주장하지만, 또 다른 시장실패를 유발할 수 있다는 점에서 네트워크 거버넌스의 필요성이 제기되기도 한다.
② 공공재는 시장에서 적절하게 제공되지 못하므로 정부가 제공해야 한다는 주장은 시장에 대한 정부의 개입을 강조한다.
③ 작은 정부론은 정부의 개입이 초래하는 대표적 정부실패의 사례로 독점으로 인해 발생하는 X-비효율성을 제시한다.
④ 큰 정부론자는 "비용과 편익이 괴리되어 시장실패가 발생하는 경우, 정부가 시장에 개입해야 한다"라고 주장한다.

정답 ④ [×]
해설 비용과 편익의 괴리는 정부실패 현상으로, 작은 정부론의 주장 근거이다.

07
정부를 보는 관점에 대한 설명으로 옳지 않은 것은?

2023. 국회 9급

① 야경국가인 19세기 자유주의 국가에서 정부는 소극적인 질서 유지만을 담당하고 나머지 국민생활 부문에서는 최대한으로 개인의 자유를 인정해야 한다고 보았다.
② 1930년대 대공황 이후 케인스주의, 루스벨트 대통령의 뉴딜정책은 큰 정부관을 강조하였다.
③ 1979년에 취임한 영국의 대처 수상은 공기업 민영화, 공공주택 민간 매각 등 정부의 기능 축소를 지향하였다.
④ 1980년대 미국의 레이건 대통령은 신냉전 시대를 맞아 정부 기능 확대를 통한 크고 강력한 국가를 지향하였다.
⑤ 21세기에는 '신공공관리론'이 민주성, 형평성, 공공가치 등을 소홀하게 다루었다는 비판을 바탕으로 '후기 신공공관리론'이 대두되었다.

정답 ④ [×]
해설 레이거노믹스는 경제정책에 반영된 레이건 대통령의 철학을 반영하는 것으로, 정부지출의 삭감, 규제완화 등을 통한 작은 정부와 시장중심적 경제정책의 흐름을 의미한다. 레이건 미국 대통령은 1982년 1월 연두교서에서 복지와 공공사업 등은 주정부에 맡기고 연방정부는 국방 강화와 경제 재건에 전념함으로써 미국의 번영과 안정 성장을 지향한다는 신연방주의 정책을 표방하였다. 신연방주의란 1969년 닉슨 미국 대통령이 존슨 행정부의 '위대한 사회' 건설 계획과의 차별화를 위해 제창한 새로운 정책을 말하는 것으로 신자유주의 개혁의 흐름을 의미한다.

08
정부개입의 근거가 되는 시장실패의 원인으로 옳지 않은 것은?

2021. 국가 9급

① 외부효과 발생
② 시장의 독점 상태
③ X-비효율성 발생
④ 시장이 담당하기 어려운 공공재의 존재

정답 ③ [×]
해설 X-비효율성은 정부실패의 원인에 해당한다.

09
시장실패가 발생하는 원인으로 옳지 않은 것은?

2024. 국회 9급

① 규모의 경제로 인한 자연독점 발생
② 불완전한 경쟁에 의한 시장의 비효율성 발생
③ 비배제성과 비경합성의 특성을 가진 공공재의 존재
④ 외부경제에 의한 편익의 과다공급과 외부불경제에 의한 손해의 과소공급
⑤ 정보의 비대칭성에 의한 역선택 및 도덕적 해이 발생

정답 ④ [×]
해설 외부경제는 사회적으로 바람직한 파급효과를 만들어내지만, 그에 대한 대가가 정당하게 지불되지 않기 때문에 사회적 적정수준보다 적게 공급되는 경향이 있다(과다공급 ×). 반면 외부불경제에는 오염행위 등이 있으며, 오염배출자는 오염을 유발하는 상품의 생산량을 결정할 때 직접적인 생산비용만을 고려할 뿐 오염으로 인한 질병, 환경오염과 같은 사회적 비용은 고려하지 않으므로 사회적 적정수준보다 더 많이 생산하는 경향이 있다(과소공급 ×).

10
시장실패에 대한 설명으로 옳지 않은 것은? 2024. 국가 9급

① 민영화를 강조하는 작은 정부론은 시장실패에 대한 대응으로 제기되었다.
② 시장기구를 통해 자원을 효율적으로 배분할 수 없는 상태를 말한다.
③ 정부는 시장개입 및 규제를 통해 시장실패를 교정한다.
④ 공공재의 존재는 시장실패를 야기하는 요인이다.

정답 ① [×]
해설 민영화를 강조하는 작은 정부론은 정부실패에 대한 대응으로 제기되었다. 작은 정부론은 정부실패(시장실패 ×)에 대한 대응으로 제기되었다.

11
시장실패에 대한 설명으로 옳지 않은 것은? 2017. 국회 9급

① 독과점 현상으로 인하여 자원배분의 비효율성이 발생할 수 있다.
② 공공재 성격을 가진 재화와 서비스는 시장에 맡겼을 때 바람직한 수준 이하로 공급될 가능성이 높다.
③ 정부가 개입하지 않을 때 부(-)의 외부효과를 지닌 재화와 서비스의 경우에는 과다공급이 발생하기 쉽고 정(+)의 외부효과를 지닌 재화와 서비스의 경우에는 과소공급이 발생하기 쉽다.
④ 건강, 위생, 안전 등 사람의 생명에 영향을 미치는 정보가 불완전한 상태에서 재화나 서비스가 거래된다면 소비자에게 심각한 위험을 초래할 수 있다.
⑤ 수혜자와 비용부담자의 분리로 인하여 자원이 효율적으로 활용되지 못한다.

정답 ⑤ [×]
해설 정부실패에 대한 설명이다.

12
외부효과를 교정하기 위한 방법에 대한 설명으로 옳지 않은 것은? 2015. 국가 9급

① 교정적 조세(피구세: Pigouvian tax)는 사회 전체적인 최적의 생산수준에서 발생하는 외부효과의 양에 해당하는 만큼의 조세를 모든 생산물에 대해 부과하는 방법이다.
② 외부효과를 유발하는 기업에게 보조금을 지급하여 사회적으로 최적의 생산량을 생산하도록 유도한다.
③ 코우즈(R. Coase)는 소유권을 명확하게 확립하는 것이 부정적 외부효과를 줄이는 방법이라고 주장했다.
④ 직접적 규제의 활용 사례로는 일정한 양의 오염허가서(pollution permits) 혹은 배출권을 보유하고 있는 경제주체만 오염물질을 배출할 수 있게 허용하는 방식이 있다.

정답 ④ [×]
해설 폐기물 예치제도, 공해배출권 거래제도 등과 같이 일정한 양의 오염허가서 혹은 배출권을 보유하고 있는 경제주체만 오염물질을 배출할 수 있게 허용하는 방식은 간접적 규제방식이다.

13
시장실패의 원인에 대한 정부의 대응으로 적절하지 않은 것은? 2015. 지방교행 9급

① 공공재의 경우 원칙적으로 정부가 직접 공급한다.
② 독점의 폐해를 막기 위해 정부는 서비스를 직접 공급하거나 규제를 한다.
③ 외부불경제에서 나타나는 문제에 대응하기 위해 정부는 보조금을 지원한다.
④ 정보의 비대칭성에 기인하는 문제에 대응해 정부는 보조금을 지원하거나 규제를 한다.

정답 ③
해설 외부불경제에서 나타나는 문제에 대응하기 위해서는 정부규제(보조금 ×)로 대응할 수 있다.

시장실패의 정부의 대응방식

구분	공적 공급 (정부조직 통해 직접 공급)	공적 유도 (보조금 등 경제적 유인)	정부규제 (법적 권위·규제)
공공재의 존재	○		
외부효과의 발생		○	○
자연독점	○		○
불완전 경쟁			○
정보의 비대칭성		○	○

14
시장실패 원인에 대응하는 정부의 방식에 대한 설명으로 가장 옳지 않은 것은? 2016. 서울시 9급

① 외부효과 발생에 대해서는 보조금 혹은 정부규제로 대응할 수 있다.
② 자연독점에 대해서는 공적공급 혹은 정부규제로 대응할 수 있다.
③ 정보의 비대칭성에 대해서는 보조금으로 대응할 수 있다.
④ 불완전경쟁에 대해서는 보조금 혹은 공적공급으로 대응할 수 있다.

정답 ④ [×]
해설 불완전경쟁에 대해서는 정부규제로 대응할 수 있다.

15
정부의 개입활동 중에서 외부효과, 자연독점, 불완전 경쟁, 정보의 비대칭 등의 상황에 모두 적절한 대응방식은?

2010. 국가 9급

① 공적공급 ② 공적유도
③ 정부규제 ④ 민영화

정답 ③
해설 외부효과, 자연독점, 불완전 경쟁, 정보의 비대칭 등의 상황에는 정부규제 방식으로 대응하는 것이 적절하다.

16
〈보기〉는 공유재(common pool goods)와 관련된 설명이다. 옳은 것으로만 묶은 것은?

2015. 지방교행 9급

보기
ㄱ. 전기, 상하수도 등이 공유재에 해당한다.
ㄴ. 민간부문이 공유재의 공급주체가 될 수 있다.
ㄷ. 적절한 조치가 없으면 과다소비로 인한 고갈 문제가 발생한다.
ㄹ. 소비의 비경합성과 비배제성의 특성을 동시에 갖는 재화 또는 서비스이다.

① ㄱ, ㄴ ② ㄴ, ㄷ
③ ㄷ, ㄹ ④ ㄱ, ㄹ

정답 ② ㄴ, ㄷ [O]
해설 ㄱ. [X] 전기, 상하수도 등은 배제성을 가진 요금재에 해당한다.
ㄹ. [X] 비경합성과 비배제성의 특성을 동시에 갖는 재화는 공유재가 아니라 공공재이다. 공유재는 비배제성과 경합성을 특징으로 한다.

17
다음 보기 내용의 시장실패에 대한 설명으로 옳지 않은 것은?

2015. 지방 9급

한 마을에 적당한 크기의 목초지가 있었다. 그 마을에는 열 가구가 오순도순 살고 있었는데, 각각 한 마리의 소를 키우고 있었고 그 목초지는 소 열 마리가 풀을 뜯는 데 적당한 크기였다. 소들은 좋은 젖을 주민들에게 공급하면서 튼튼하게 자랄 수 있었다. 그런데 한 집에서 욕심을 부려 소 한 마리를 더 키우면서 문제가 시작되었다. 다른 집들도 소 한 마리, 또 한 마리 등 욕심을 부리기 시작하면서 목초지는 풀뿌리까지 뽑히게 되었고, 결국 소가 한 마리도 살아갈 수 없는 황폐한 공간으로 바뀌고 말았다.

① 위에서 나타나는 시장실패의 주된 요인은 무임승차자 문제이다.
② 보기의 사례에 나타난 재화는 배제불가능성과 함께 소비에서의 경합성을 특징으로 한다.
③ 보기의 사례는 '공유지의 비극(tragedy of the commons)'에 대한 설명이다.
④ 이러한 시장실패를 해결하기 위한 방법의 하나는 재화의 재산권을 명확히 하는 것이다.

정답 ① [X]
해설 제시문은 공유재의 비극을 설명하고 있다. 공유재의 비극이 발생하는 주된 요인은 경합성으로 인한 자원의 고갈과 부정적 외부효과(개개인의 사익극대화가 공동체 전체의 비극을 초래) 때문이다.

18
다음 중 공유재의 비극(The Tragedy of the Commons)에 대한 설명으로 옳지 않은 것은?　2016. 국회 9급

① 공유재는 소비의 경합성과 비배제성을 갖는 재화이다.
② 공유재의 비극은 비용의 집중과 편익의 분산관계로 인해 발생한다.
③ 사적 이익의 극대화가 공공이익의 손실을 가져올 수 있다.
④ 공유재에서는 양심적인 행위자에게 손실이 발생할 수 있다.
⑤ 공유재의 보존을 위한 정부규제의 필요성 및 근거로 작용한다.

정답 ② [×]
해설 공유재의 비극은 비배제성으로 인한 무임승차로 비용이 집단 전체에게 분산되나, 공유재의 사용으로 인한 편익이 소수의 이용자에게 집중(비용의 분산과 편익의 집중)되어 나타나기 때문에 발생하는 현상이다.

19
공유재(common pool resource)에 관한 설명 중 옳지 않은 것은?　2014. 서울 7급

① 공유재는 잠재적 사용자의 배제가 불가능 또는 곤란한 자원이다.
② 공유지의 비극(tragedy of commons)은 개인의 합리성과 집단의 합리성이 충돌하는 딜레마 현상이다.
③ 공유지의 비극(tragedy of commons)은 개인의 합리성 추구로 인해 공유재가 고갈되는 현상을 일컫는다.
④ 하딘(Hardin)은 공유지의 비극을 방지하기 위하여 국가 규제의 강화를 주장하였다.
⑤ 공유재는 개인의 사용량이 증가함에 따라 나머지 사람들이 사용할 수 있는 양이 감소하는 특성을 가진 자원이다.

정답 ④ [×]
해설 하딘(Garrett Hardin)은 1968년 「The Tragedy of the Commons」에서 공유지의 비극을 방지하기 위한 대안으로 사유화(privatization)와 정부규제를 제시했다. 사유화는 사유화가 가능한 공유 자원을 개인이나 특정 집단의 소유로 전환하여 소유자가 자원관리와 유지·책임을 지도록 하는 방법이며, 국가(정부) 규제는 정부가 공유자원의 사용량, 접근 방법, 기간 등을 법과 제도로 제한(예 어획량 제한, 방목 허가제, 이용료 부과 등)하는 방법이다.

20
시장실패와 정부실패에 대한 설명으로 적절하지 않은 것은?　2016. 지방 9급

① 시장실패는 시장기구를 통해 자원배분의 효율성을 달성할 수 없는 경우를 의미한다.
② 비배제성과 비경합성을 가진 공공재의 존재는 시장실패의 주요 원인 중 하나이다.
③ 비효율성으로 인해 시장실패가 야기되어 정부의 시장 개입 정당성이 약화된다.
④ 정부실패는 시장실패에 대응하는 개념으로 행정서비스의 비효율성을 야기한다.

정답 ③ [×]
해설 독점으로 인해 발생하는 X-비효율성은 정부실패의 원인이다. 시장실패가 발생하면, 시장실패를 치유하기 위한 정부 개입의 정당성이 강화된다.

21
전통적으로 정부는 시장실패의 교정수단으로 간주되었으나 수입할당제, 가격통제, 과도한 규제 등 정부의 지나친 개입은 오히려 시장을 악화시킬 수 있다는 주장이 대두되었다. 이러한 정부실패의 요인에 대한 설명으로 옳지 않은 것은?　2014. 사복직 9급

① 공공조직의 내부성(internality)
② 비경합적이고 비배타적인 성격의 재화
③ 정부개입으로 인해 의도하지 않은 파생적 외부효과
④ 독점적 특혜로 인한 지대추구행위

정답 ② [×]
해설 비경합적이고 비배타적인 공공재는 시장실패의 원인이다.

22
시장실패 및 정부실패에 대한 설명으로 옳지 않은 것은?

2016. 국가 9급

① 시장실패를 초래하는 요인은 공공재의 존재, 외부효과의 발생, 불완전한 경쟁, 정보의 비대칭성 등이다.
② 시장실패를 교정하기 위한 정부 역할은 공적 공급, 공적 유도, 정부 규제 등이다.
③ 정부개입에 의해 초래된 의도하지 않은 결과 때문에 자원배분상태가 정부개입이 있기 전보다 오히려 더 악화될 수 있다.
④ 정부실패는 관료나 정치인들의 개인적 요인 때문에 발생하며, 정부라는 공공조직에 내재하는 구조적 요인 때문에 발생하는 것은 아니다.

> **정답** ④ [×]
> **해설** 정부실패는 관료나 정치인들의 윤리·도덕 수준 등 개인적인 요인 때문에 발생하기도 하지만, 공공재와 서비스의 특징, 편익과 부담(비용)의 분리, 정치적 보상체계의 왜곡, 독점적 생산, 생산기술 불확실성 등 공공부문에 내재하는 구조적인 요인에서 비롯되는 것으로 시장의 실패보다 더 보편적이고 구조적인 현상이다. 관료들의 공직윤리와 교육훈련 강화로는 대응하기 힘든 구조적 한계가 있다는 것이다.

23
작은 정부의 등장을 지지하게 된 이론적 배경으로 가장 적절하지 않은 것은?

2019. 서울 7급

① 예산극대화모형　② 지대추구이론
③ X-비효율성　　④ 외부효과

> **정답** ④ [×]
> **해설** 외부효과는 시장실패 요인에 해당하는 것으로 정부 개입의 정당성을 지지하는 근거가 된다.
> ①, ②, ③은 정부실패 요인으로 작은 정부의 등장을 지지하는 이론적 배경에 해당한다.

24
다음 글의 ㉠과 ㉡에 해당하는 정부실패 요인으로 옳은 것은?

2025. 국회 8급

> • 정부 관료조직이 공익을 추구하는 것이 공식적 목표이지만 관료들이 자기 이익이나 부서의 예산확대에만 집착해 재정을 낭비하는 경우를 ㉠(으)로 인한 정부실패라고 한다.
> • 시장실패를 해결하기 위해 정부가 개입하지만 의도하지 않은 부작용을 초래할 수도 있다. 이때 발생하는 문제를 ㉡ 라고 한다.

	㉠	㉡
①	내부성	지대추구행위
②	X-비효율성	권력의 편재
③	내부성	파생적 외부효과
④	X-비효율성	파생적 외부효과
⑤	권력의 편재	지대추구행위

> **정답** ③ [○]
> **해설** ㉠ 관료들이 자기 이익이나 부서의 예산 확대에만 집착하는 것은 내부성에 대한 설명이며, ㉡ 정부가 개입하지만 의도하지 않은 부작용 초래하는 현상은 파생적 외부효과에 대한 설명이다.

25
정부실패의 요인 중, 관료들이 자기 부서의 이익 혹은 자신의 사적 이익에 집착함으로써 공익을 훼손하게 되는 경우를 설명하는 개념은?

2020. 국회 8급

① 비용과 수입의 분리
② 내부성
③ X-비효율
④ 파생적 외부효과
⑤ 분배적 불공평

> **정답** ②
> **해설** 내부성(사적 목표의 설정)에 대한 설명이다.
> ① [×] 비용과 수입의 분리(절연)는 수혜자와 비용부담자의 분리(절연)로 인해 비용에 대해 둔감해지고 자원이 효율적으로 활용되지 못하는 현상이다.
> ③ [×] X-비효율은 경제주체가 독점적 지위를 가지는 경우 관리효율성을 극대화하려는 유인이 부족해 생산의 평균비용이 증가하는 현상으로 관리상의 비효율(기술적 비효율)을 의미한다.
> ④ [×] 파생적 외부효과는 정부의 개입으로 발생하는 잠재적·비의도적 확산효과나 부작용을 말한다.
> ⑤ [×] 분배적 불공평이란 정부의 권력의 특혜나 남용 등 정부에 의해서 발생되는 현상을 말하며, 특혜적 기업면허 진입장벽의 유지 등이 있다.

26
정부실패(government failure)의 원인 중 다음 설명에 해당하는 것은?

2025. 국가 9급

> 비공식적 목표가 공식적 조직 목표를 대체하는 현상으로서, 관료 자신이 개인적 이익이나 소속기관의 이익을 사회적 목표보다 우선 고려함으로써 사회 전체의 목표와 조직 내부 목표 간 괴리가 발생하는 것이다.

① 파생적 외부효과
② X-비효율성
③ 권력의 편재
④ 내부성

> **정답** ④ [○]

27
다음 설명에 해당하는 개념으로 적합한 것은?

2018. 지방교행 9급

> 정부의 재화나 서비스 제공 자체가 독점적인 특성이 있어서 경쟁체제로 형성된 가격까지 낮추려는 경쟁압박을 받지 않기 때문에 나타난다. 또한, 정부가 추진하는 정책이 성공하거나 실패할 때 직접적인 평가(상벌)에 대한 기대가 크지 않아서 투입된 자원이 기대할 수 있는 최적의 생산량에 미치지 못하기 때문에 나타나는 현상이다.

① X-비효율성(X-inefficiency)
② 외부불경제(External Diseconomy)
③ 주인-대리인 모형(Principal-Agent Model)
④ 정보의 비대칭성(Information Asymmetry)

> **정답** ① [○]
> **해설** X-비효율성(X-inefficiency)은 경제주체가 독점적 지위를 가지는 경우 관리효율성을 극대화하려는 유인이 부족해 생산의 평균 비용이 증가하는 현상으로 관리상의 비효율성을 의미한다.

28
다음 상황을 설명하는 데 가장 적합한 용어는?

2020. 지방 7급

> 정부는 특정 지역의 주택가격이 과도하게 상승하자 이를 해결하기 위해 투기과열지구로 지정하였다. 그러나 투기 과열지구로 지정된 이후 주택가격은 오히려 급등하였다. 이는 주택 수요자들이 정부의 의도와 달리 투기과열지구의 지정으로 인해 그 지역의 주택가격이 더 오를 것이라고 예상하였기 때문이었다.

① X-비효율성
② 공공조직의 내부성
③ 비경합성
④ 파생적 외부효과

> **정답** ④ [○]
> **해설** 정부의 개입으로 발생하는 잠재적·비의도적 확산효과나 부작용을 의미하는 파생적 외부효과에 대한 설명이다.

29
정부실패를 야기하는 요인과 정부의 대응방식이 올바르게 연결된 것은?   2013. 국회 9급

① 사적 목표의 설정 - 정부보조 삭감
② X-비효율, 비용체증 - 민영화
③ 파생적 외부효과 - 민영화
④ 권력의 편재 - 정부보조 삭감
⑤ 정보의 비대칭성 - 규제완화

정답 ② [O]
해설 ① [×] 사적 목표 설정에 대한 대응방식은 민영화이다.
③ [×] 파생적 외부효과에 대한 대응방식은 정부보조 삭감과 규제완화이다.
④ [×] 권력의 편재에 대한 대응방식은 민영화와 규제 완화이다.
⑤ [×] 정보의 비대칭성은 정부실패가 아니라 시장실패 원인으로 정부규제 또는 공적유도로 대응할 수 있다.

정부실패 대응방식

구분	민영화	정부 보조 삭감	규제 완화
사적 목표의 설정	O		
X 비효율	O	O	O
파생적 외부 효과		O	O
권력의 편재	O		O

30
다음 중 민영화를 통해 효과적으로 해결하기 어려운 정부실패 유형에 해당하는 것은?   2011. 서울 9급

① 사적목표의 설정
② X-비효율성
③ 파생적 외부효과
④ 권력의 편재
⑤ 지대추구 행위

정답 ③ [×]
해설 파생적 외부효과로 인한 정부실패는 정부보조의 삭감이나 규제완화의 방법으로 대응할 수 있다. 정부 실패의 유형 중 민영화로 해결이 가능한 것은 사적 목표의 설정, X-비효율성(지대추구), 권력의 편재 등이 있다.

31
정부의 규모와 역할에 대한 행정이론의 설명으로 옳지 않은 것은?   2017. 국가 9급

① X-비효율성은 과열된 경쟁에서 나타나는 정부의 과다한 비용발생을 의미한다.
② 지대추구이론은 규제나 개발계획과 같은 정부의 시장 개입이 클수록 지대추구행태가 증가하고 그에 따른 사회적 손실도 증가한다고 주장한다.
③ 거래비용이론에서는 당사자 간의 협상 및 커뮤니케이션 비용과 계약의 준수를 감시하는 비용도 거래비용으로 포함한다.
④ 대리인이론은 주인-대리인 사이에 정보비대칭성이 있고 대리인이 기회주의적으로 행동하는 경우 역선택(adverse selection) 문제가 발생할 수 있다고 주장한다.

정답 ① [×]
해설 X-비효율성은 독점으로 인해 발생(과열된 경쟁 ×)한다.

제4절 공공재의 적정 공급규모에 관한 논쟁

01
정부 예산팽창이론에 대한 설명으로 옳지 않은 것은?

2023. 지방 9급

① 바그너(Wagner)는 경제 발전에 따라 국민의 욕구 부응을 위한 공공재 증가로 인해 정부 예산이 증가한다고 주장한다.
② 피코크(Peacock)와 와이즈맨(Wiseman)은 전쟁과 같은 사회적 변동이 끝난 후에도 공공지출이 그 이전 수준으로 되돌아가지 않는 데에서 예산팽창의 원인을 찾고 있다.
③ 보몰(Baumol)은 정부 부문과 민간 부문 간의 생산성 격차를 통해 정부 예산의 팽창 원인을 설명하고 있다.
④ 파킨슨(Parkinson)은 관료들이 자신들의 권력 극대화를 위해 필요 이상으로 자기 부서의 예산을 추구함에 따라 정부 예산이 지속적으로 증가한다고 주장한다.

정답 ④ [×]
해설 관료들이 자신들의 권력 극대화를 위해 필요 이상으로 자기 부서의 예산을 추구하는 것은 니스카넨의 예산극대화 모형에 대한 설명이다. 파킨슨 법칙은 공무원의 수가 해야 할 업무의 경중이나 그 유무에 관계없이 일정 비율로 증가하는 현상을 의미한다.

02
다음 중 공공재의 공급 규모에 대한 설명으로 가장 적절하지 않은 것은?

2024. 군무원 9급

① 니스카넨(Niskanen)의 예산극대화모형에 따르면 공공재는 과다 공급된다.
② 파킨슨(Parkinson)의 법칙이 적용되면 공공재는 과다 공급된다.
③ 보몰(Baumol)의 효과로 인하여 정부의 지출규모가 감소하여 공공재는 과소 공급된다.
④ 다운스(Downs)에 의하면, 국민의 합리적 무지 내지 무관심은 공공재의 과소 공급을 가져온다.

정답 ③ [×]
해설 보몰병(Baumol's Disease)에 의하면, 공공서비스는 노동집약적 성격이 강해 임금상승으로 생산비용이 크게 증가하여도 서비스의 공급을 줄일 수 없어 과다지출된다고 본다(과다공급설).

03
정부규모 팽창에 대한 이론의 설명으로 옳은 것을 모두 고르면?

2009. 국가 7급

ㄱ. 전위효과 – 사회혼란기에 공공지출이 상향 조정되며 민간지출이 공공지출을 대체하는 현상
ㄴ. 와그너 법칙(Wagner's law) – 1인당 국민소득이 증가할 때, 국민경제에서 차지하는 공공부문의 상대적 크기가 증대되는 현상
ㄷ. 예산극대화 가설 – 관료들이 권력의 극대화를 위해 자기부서의 예산 극대화를 추구하는 현상
ㄹ. 파킨슨 법칙 – 공무원의 수가 해야 할 업무의 경중이나 그 유무에 관계없이 일정 비율로 증가하는 현상
ㅁ. 보몰 효과(Baumol's effect) – 정부가 생산 공급하는 서비스의 생산비용이 상대적으로 빨리 하락하여 정부지출이 감소하는 현상

① ㄱ, ㄴ, ㄷ
② ㄱ, ㄴ, ㄹ, ㅁ
③ ㄴ, ㄷ, ㄹ
④ ㄱ, ㄷ, ㄹ, ㅁ

정답 ③ ㄴ, ㄷ, ㄹ [O]
해설 ㄱ. [×] '전위효과'는 위기 시에 공공지출이 민간지출을 대체하는 현상을 설명한다.
ㅁ. [×] '보몰효과'는 정부나 공공부문은 경찰, 소방, 국방, 복지 등 노동집약적 서비스를 주로 담당하는 성격으로 인해 기술혁신을 통한 노동생산성 향상이 제한적인 반면 임금은 지속적으로 상승하여 정부의 비용과 지출이 늘어나게 되고 민간부문에 비해 공공부문의 생산성이 낮아지는 현상을 의미한다.

04
파킨슨의 법칙(Parkinson's Law)에 대한 설명으로 옳지 않은 것은?
2019. 지방 7급

① 관료는 본질적인 업무가 증가하지 않으면 파생적인 업무도 줄이려는 무사안일의 경향을 가진다.
② 업무의 강도나 양과는 관계없이 공무원의 수는 항상 일정한 비율로 증가한다.
③ 공무원은 업무의 양이 증가하면 비슷한 직급의 동료보다 부하 직원을 충원하려는 경향이 강하다.
④ 브레낸과 뷰캐넌(Brennan & Buchanan)의 리바이던 가설(Leviathan Hypothesis)처럼, 관료제가 '제국의 건설'을 지향한다는 입장이다.

정답 ① [X]
해설 관료는 본질적인 업무량의 증가와는 관계없이 부하배증과 업무배증을 추구하기 때문에 필연적으로 정부규모가 팽창한다고 주장한다. 부하배증의 법칙은 경쟁자인 동료 대신 부하를 늘리려는 성향을 말하고, 업무배증의 법칙은 본질적인 업무가 아닌 감독, 지시, 보고 등 파생적 업무가 증가하는 현상을 의미한다.
④ [O] 리바이던 가설은 정부가 세금 부과와 예산 지출을 독점적으로 결정하면, 재정 규모가 팽창하게 된다는 것이다. 정부를 권력·예산·조직 규모를 최대화하려는 자기이익 추구 주체로 전제하고, 정부가 조세와 지출의 독점권을 이용해 세수를 극대화하고 이를 통해 국민 후생 극대화보다 정치권력과 관료조직을 확장을 추구하기 때문에 경쟁과 제약이 없으면 필연적으로 규모가 팽창하게 된다고 주장한다.

05
파킨슨의 법칙(Parkinson's Law)에 대한 설명으로 옳지 않은 것은?
2024. 국회 9급

① 조직의 규모가 커짐에 따라 무능한 사람들이 승진하여 조직의 능률성이 떨어진다.
② 업무배증의 법칙과 부하배증의 법칙을 내용으로 한다.
③ 관련 개념으로 상승하는 피라미드(The Rising Pyramid)가 있다.
④ 주로 관료제와 공공조직의 비효율성을 설명하는 데 사용된다.
⑤ 공공부문의 관료조직은 실제 필요와 관계없이 지속적으로 팽창하는 경향이 있다.

정답 ① [X]
해설 1969년 피터(Laurence J. Peter)가 제시한 '피터의 법칙(Peter Principle)'과 관련되는 설명이다. 피터는 "계층제 조직에서 모든 사람은 자신의 무능력 수준까지 승진한다."(In a hierarchy every employee tends to rise to his level of incompetence.)는 주장에서 계층제 조직에서 유능한 직원도 승진을 반복하다 보면 언젠가는 역량 한계를 넘는 직위에 도달하게 되고, 무능력 수준에서 더 이상 승진은 없지만 해당 직위에 머물면서 성과가 저하되는 결과를 가져온다고 본다.

06
공무원 정원과 관련한 다음의 서술 중에서 옳은 것은?
2013. 서울 9급

① 공무원 숫자가 지속적으로 늘어나는 현상과 관련해 싸이몬(Simon)은 '공무원 팽창의 법칙'을 주장하였음
② 김영삼 - 김대중 - 노무현 - 이명박 정부를 거치면서 우리나라 공무원 정원은 매번 일관되게 증가해왔음
③ 정부 규모 팽창과 관련하여 '부하배증의 법칙'과 '업무배증의 법칙'은 각각 별개로 작용하며 서로 영향을 주지는 않음
④ 행정기구의 팽창과 더불어 공무원 숫자가 증가하는 현상은 우리나라에만 해당하는 독특한 것임
⑤ '부하 배증의 법칙'은 A라는 공무원이 과중한 업무에 허덕이게 될 때 자기의 동료 B를 보충받기보다는 자기를 보조해줄 부하 C를 보충받기를 원한다는 것임

정답 ⑤ [O]
해설 ① [X] 공무원 숫자가 지속적으로 늘어나는 현상을 설명한 것은 파킨슨(Parkinson)이다.
② [X] 우리나라 공무원 정원이 매번 일관되게 증가 추세를 보인 것은 아니다. 김대중 정부는 작고 효율적인 정부를 추구하는 신공공관리론(NPM) 개혁을 추구하면서 인력을 감축했지만, 노무현 정부 시기에는 공무원 정원이 오히려 증가했으며, 이명박 정부는 공무원 정원 감축을 추진했으나, 임기 말 기준으로 공무원 정원은 증가했다.
③ [X] 정부 규모 팽창과 관련하여 '부하배증의 법칙'과 '업무배증의 법칙'은 상호 연관되어 있다.
④ [X] 행정기구의 팽창과 더불어 공무원 숫자가 증가하는 현상은 우리나라뿐만 아니라 행정국가 시대에 보편적인 현상이었다고 할 수 있다.

제5절 행정학의 학문적 성격과 접근방법

01
다음 중 행정학의 학문적 특성에 대한 설명으로 가장 옳지 않은 것은?
2015. 국회 9급

① 행정학은 원인과 결과의 규칙성을 발견하는 기술성을 중시하는 학문이다.
② 행정학은 전문직업적 성격을 포함한다.
③ 행정학은 실천적이고 도구적 성격이 강한 응용 학문이다.
④ 행정학은 종합 학문적 성격을 지니고 있어 정체성에 대한 논란이 지속적으로 제기되어 왔다.
⑤ 행정학의 연구에서 가치와 사실을 구분할 수 있어도 가치판단 문제를 완전히 배제할 수는 없다.

정답 ① [×]
해설 원인과 결과의 규칙성을 발견하는 것은 과학성에 대한 설명이다. 기술성은 현실 문제에 대한 적합한 처방을 제시할 수 있어야 한다는 실천성과 처방성을 내포하는 것이다.

02
다음에서 설명하고 있는 행정학의 성격은?
2019. 지방 7급

제2차 세계대전 후 미국은 저개발국가에 경제 원조와 함께 미국의 행정이론에 바탕을 둔 제도나 기술을 지원했다. 그러나 저개발국가의 정치제도나 사회문화적 환경이 미국과 달라 새로 도입한 각종 행정제도가 소기의 성과를 거두지 못하는 경우가 많았다. 선진국의 행정이론이 모든 국가에 적용가능하다고 전제하는 것은 무리가 있기 때문에 외국의 행정이론을 도입하는 경우 사전에 충분한 검토가 필요하다.

① 행정학의 기술성과 과학성
② 행정학의 보편성과 특수성
③ 행정학의 가치판단과 가치중립성
④ 행정학의 전문성과 일반성

정답 ② [○]
해설 외국의 행정이론을 적용할 수 있는 것은 행정의 보편성 때문이며, 국가 간의 제도나 환경의 차이를 강조하는 것은 행정의 특수성에 대한 설명이다.

03
행정학의 기술성과 과학성에 대한 설명으로 옳지 않은 것은?
2020. 군무원 9급

① 왈도(D. Waldo)가 'practice'란 용어로 지칭한 기술성은 정해진 목표를 어떻게 효율적으로 달성하는가 하는 방법을 의미한다.
② 윌슨(W. Wilson) 등 초기 행정학자들은 관리기술이나 행정의 원리 등을 발견하려는 데 초점을 두고 행정학의 기술성을 강조하였다.
③ 행태주의 학자들은 행정학 연구에서 처방보다는 학문의 과학화에 역점을 두고 가설의 경험적 검증 등을 강조했다.
④ 현실 문제의 해결은 언제나 과학에만 의존할 수 없으므로 행정학은 기술성과 과학성을 동시에 고려하여야 한다.

정답 ① [×]
해설 왈도(D. Waldo)가 'art' 또는 'professional'로 지칭하는 기술성은 행정활동 자체를 처방하고 치료하는 행위를 의미한다. 왈도는 행정학은 단순한 기술·방법론이 아니라, 정치·가치·윤리가 결합된 '예술(art)'이자 '전문직(profession)'이라고 보고, 행정은 과학적 방법만으로는 충분치 않고, 가치판단·창의적 통찰·전문직 윤리가 필수적이라고 주장했다. 'practice'는 사이먼(H. Simon)이 강조한 용어이다. 'practice'는 기술성을 지칭하는 개념으로 정해진 목표를 어떻게 효율적으로 달성하는가 하는 방법을 의미한다.

Chapter 02 행정가치

제1절 행정가치의 개념 및 유형

01
행정에 대한 설명으로 옳지 <u>않은</u> 것은?   2015. 지방 9급

① 행정은 정부의 단독행위가 아니라 사회의 다양한 주체들이 함께 참여하는 협력행위로 변해가고 있다.
② 행정은 사회의 공공가치 실현을 목적으로 한다.
③ 행정은 민주주의의 원칙에 따라 재원의 확보와 사용에 있어서 국회의 통제를 받는다.
④ 행정의 본질적 가치로는 능률성, 책임성 등이 있으며 수단적 가치로는 정의, 형평성을 들 수 있다.

> **정답** ④ [×]
> **해설** 능률성은 행정의 본질적 가치가 아니라 수단적 가치이다.
>
> | 본질적 가치 | 공익, 사회적 형평, 정의, 자유, 복지 |
> |---|---|
> | 수단적 가치 | 합법성, 능률성, 민주성, 합리성, 효과성, 가외성, 생산성, 신뢰성, 투명성 등 |

02
다음 행정의 가치 중 성격이 다른 하나는?   2022. 국회 9급

① 정의   ② 평등
③ 공익   ④ 자유
⑤ 합법성

> **정답** ⑤ [×]
> **해설** 합법성은 수단적 가치이고, 나머지는 본질적 가치이다.

03
행정가치 중 본질적 가치와 가장 거리가 먼 것은?
   2016. 사회복지 9급

① 정치적 자유
② 가치의 평등한 배분
③ 민주적 의사결정
④ 사회적 형평

> **정답** ③ [×]
> **해설** 민주성은 수단적 가치에 해당한다. 공익, 자유, 사회적 형평, 평등, 정의, 복지 등이 본질적 가치에 해당한다.

제2절 | 본질적 행정가치

01

공익(public interest) 개념의 실체설과 과정설에 대한 설명으로 옳은 것은?
2017. 국가 9급

① 실체설은 집단 간 상호작용의 산물이 공익이라고 본다.
② 과정설의 대표적인 학자에는 플라톤(Plato)과 루소(Rousseau)가 있다.
③ 실체설은 공익이라는 미명하에 개인의 이익이 침해될 수 있는 위험요소를 내포하고 있다.
④ 과정설은 공익과 사익이 명확히 구분된다는 입장이다.

정답 ③ [○]

해설 실체설은 공익은 사익을 초월한 실체적 규범으로 파악하며, 공익과 사익이 충돌할 경우 공익을 우선시하는 집단주의적 공익관이다. 따라서 공익을 위해 개인의 이익을 침해할 수 있는 여지가 있다.
① [×] 공익을 집단 간 상호작용의 산물이라고 보는 것은 과정설이다.
② [×] 플라톤, 루소, 헤겔, 아리스토텔레스 등은 실체설의 대표적인 학자이다.
④ [×] 공익과 사익이 명확히 구분된다는 입장은 공익의 실체설이다.

공익의 실체설과 과정설 비교

구분	실체설	과정설
공익의 본질	• 사익 및 특수이익을 초월하여 객관적으로 실존하는 사회 전체의 공동선이나 국가이익 • 공익과 사익간 갈등은 있을 수 없음 • 공동체적 관점, 집단주의적 성격	• 공익은 사익들 간 조정과 타협의 산물(상호작용의 산물) • 자유주의적 관점, 개인주의적 시각
사익과의 관계	• 공익과 사익이 명확히 구분 • 공익은 사익을 초월한 실체로 존재 • 공익우선주의	• 사익과 본질적으로 구별되는 공익의 실체는 없음 • 사익의 극대화가 곧 공익의 극대화 (공익 = 사익의 총합)
정부(관료) 역할	• 공익의 형성자, 결정자 • 공익의 규정과 목민적 역할	사익 간 갈등의 조정자적 역할
적용	투입기능이 활성화되지 못한 개도국	투입 기능이 활발하고 민주화·다원화된 선진사회에 적용
한계	• 공익개념이 추상적 • 공익이 소수의 엘리트에 의해 규정됨으로써 권위주의로 변질될 가능성(비민주적 공익관)	• 공익형성과정에서 집단이기주의 폐해 발생과 소수 몇몇 집단에 의해 주도될 가능성 • 개도국에 적용 곤란
관련 행정이론	• 전통 행정학 • 엘리트주의, 합리모형	• 신공공관리론, 신공공서비스론 • 다원주의, 점증모형
주요학자	플라톤(Platon), 헤겔(Hegel), 아리스토텔레스(Aaristoteles), 루소(Rousseau), 롤스(Rawls) 등	슈버트(Schubert), 벤틀리(Bentley), 트루먼(Truman) 등

02

공익에 대한 설명으로 옳은 것만을 모두 고르면?
2022. 지방 9급

ㄱ. 실체설에 의하면 공익은 사익을 초월한 것이다.
ㄴ. 과정설에 의하면 공익은 사익 간 갈등을 조정·타협하는 과정에서 산출되는 것이다.
ㄷ. 실체설은 다원적 민주주의에 도움을 준다.
ㄹ. 플라톤(Plato)과 루소(Rousseau) 모두 공익 실체설을 주장하였다.

① ㄱ, ㄴ
② ㄴ, ㄷ
③ ㄱ, ㄴ, ㄹ
④ ㄱ, ㄷ, ㄹ

정답 ③ ㄱ, ㄴ, ㄹ [○]

해설 ㄷ. [×] 다원적 민주주의에 도움을 주는 것은 민주적 조정과정에 의한 공익의 도출을 중시하는 과정설이다.

03
공익개념을 설명하는 접근방법들 중에서 정부와 공무원의 소극적 역할과 관련 깊은 것은? 2015. 지방 9급

① 사회의 다양한 집단 간에 상호이익을 타협하고 조정하여 얻어진 결과가 공익이다.
② 사회 구성원의 개별적 이익을 모두 합한 전체이익을 최대화한 것이 공익이다.
③ 정의 또는 공동선과 같은 절대가치가 공익이다.
④ 특정인이나 집단의 특수이익이 아니라 사회 구성원이 보편적으로 공유하는 이익이 공익이다.

정답 ① [O]
해설 공익의 형성에서 정부와 공무원의 소극적 역할을 전제하는 것은 과정설의 입장이다. 과정설은 공익을 구성원 개별적 이익들 간의 타협과 조정의 산물로 본다.
②, ③, ④는 공익의 실체설에 대한 설명이다.

04
다음 중 공익에 대한 설명으로 옳은 것은? 2016. 국회 9급

① 실체설은 사익을 조정해 공익을 산출할 수 있다고 보기 때문에 과정설이라고도 한다.
② 과정설은 다원주의 국가에서 일어나는 정책결정 과정을 전제로 한다.
③ 실체설에서는 사익의 총합이 곧 공익이 된다고 주장한다.
④ 공익은 국가 권력에 정당성을 부여하지만 정책평가의 기준으로 기능하지 못한다.
⑤ 행정의 최고 가치로서 공익 개념은 공·사행정 일원론 시대에 강조되었다.

정답 ② [O]
해설 과정설은 공익이 사익 간 갈등의 조정과 타협의 산물이라고 보며, 공익이 형성되는 민주적 정책결정 과정과 적법절차의 원칙을 강조하므로, 다양한 이익집단의 이해관계가 반영될 수 있는 다원주의 국가의 정책결정과정을 전제로 한다.
① [×] 사익을 조정해 공익을 산출할 수 있다고 보는 것은 과정설의 입장이다.
③ [×] 과정설에 대한 설명이다.
④ [×] 공익은 국가 권력에 정당성을 부여할 뿐 아니라 정책평가의 기준으로 기능한다.
⑤ [×] 행정의 본질적 가치에 속하는 공익은 정치·행정일원론(공·사행정 이원론) 시대에 강조된 개념이다.

05
〈보기〉의 공익에 대한 설명들을 두 가지 상반되는 이론으로 적절하게 묶은 것은? 2021. 국회 9급

보기
가. 공익은 고정된 것이 아니어서 행정에 구체적인 기준으로 적용하기 어렵다.
나. 공익은 다수의 이익들이 조정·타협되는 과정에서 얻어지는 결과이다.
다. 공익의 실체는 도덕적 절대가치이다.
라. 민주적 절차의 준수에 의해서 공익이 보장된다.
마. 공익은 사회구성원들이 보편적으로 공유하는 공동의 이익이다.

① (가, 나) / (다, 라, 마)
② (가, 라) / (나, 다, 마)
③ (가, 나, 다) / (라, 마)
④ (가, 나, 라) / (다, 마)
⑤ (가, 나, 마) / (다, 라)

정답 ④ [O]
해설 공익의 실체설과 과정설을 분류하는 문제로 가, 나, 라는 과정설의 특징에 해당하고, 다, 마는 실체설의 특징에 해당한다.

06
롤스(J. Rawls)의 정의론에 대한 설명으로 옳지 않은 것은? 2018. 국가 9급

① 원초적 자연상태(state of nature) 하에서 구성원들의 이성적 판단에 따른 사회형태는 극히 합리적일 것이라고 가정하는 사회계약론적 전통에 따른다.
② 현저한 불평등 위에서는 사회의 총체적 효용 극대화를 추구하는 공리주의가 정당화될 수 없다고 본다.
③ 사회의 모든 가치는 평등하게 배분되어야 하며, 불평등한 배분은 그것이 사회의 최소수혜자에게도 유리한 경우에 정당하다고 본다.
④ 자유와 평등의 조화를 추구하는 중도적 입장보다는 자유방임주의에 의거한 전통적 자유주의 입장을 취하고 있다.

정답 ④ [×]
해설 롤스의 정의론은 전통적 자유주의와 사회주의의 양극단을 지양하고 자유와 평등의 조화를 추구하는 중도주의적 입장이다.

07
롤스(J. Rawls)의 사회 정의의 원리와 거리가 먼 것은?
2014. 서울시 9급

① 원초상태(original position) 하에서 합의되는 일련의 법칙이 곧 사회정의의 원칙으로서 계약 당사자들의 사회협동체를 규제하게 된다.
② 정의의 제1원리는 기본적 자유의 평등원리로서, 모든 사람은 다른 사람의 유사한 자유와 상충되지 않는 한도 내에서 최대한의 기본적 자유에의 평등한 권리를 인정 하는 것이다.
③ 정의의 제2원리의 하나인 '차등 원리(difference principle)' 는 가장 불우한 사람들의 편익을 최대화해야 한다는 원리이다.
④ 정의의 제2원리의 하나인 '기회 균등의 원리'는 사회·경제적 불평등은 그 모체가 되는 모든 직무와 지위에 대한 기회 균등이 공정하게 이루어진 조건 하에서 직무나 지위에 부수해 존재해야 한다는 원리이다.
⑤ 정의의 제1원리가 제2원리에 우선하고, 제2원리 중에서는 '차등원리'가 '기회균등의 원리'에 우선되어야 한다.

정답 ⑤ [×]
해설 정의의 제1원리가 제2원리에 우선하고, 제2원리 중에서는 기회균등의 원리가 차등원리에 우선되어야 한다.

08
롤스(J. Rawls)가 제시한 정의론(Justice theory)의 내용으로 가장 옳지 않은 것은?
2017. 서울시 7급

① 롤스는 사회계약론의 입장에서 정의의 원리를 도출한다.
② 전제조건으로 원초상태란 '무지의 베일'에 가리어져 있는 상태를 말한다.
③ 제1의 원리는 사회적 약자의 편익을 최대화하는 것이다.
④ 롤스의 정의관은 자유와 평등의 조화를 추구하고 있다.

정답 ③ [×]
해설 롤스(J. Rawls)가 제시한 정의론의 제1의 원리는 개개인은 다른 사람의 유사한 자유와 상충되지 않는 한도 내에서 최대한의 기본적 자유에 대한 평등한(동등한) 권리가 인정되어야 한다는 '기본적 자유의 평등(동등) 원리'이다. 사회적 약자의 편익을 최대화하는 것은 제2의 원리 중 차등조정의 원리에 해당한다.
④ [○] 존 롤스(John Rawls)의 정의론은 개인의 기본 자유는 확고히 보장하면서도(평등한 자유의 원리), 사회적 약자를 배려하는 재분배 장치를 도입해(차등조정의 원리) 자유와 평등을 동시에 추구하는 자유주의적 평등주의(Liberal Egalitarianism)라 불리며, 자유와 평등의 조화를 추구하는 이론으로 평가받는다.

09
롤스(Rawls)가 주장한 사회 정의의 원리에 대한 설명으로 옳지 않은 것은?
2015. 사복직 9급

① 정의의 제1원리는 '기본적 자유의 평등 원리'로서, 개개인에 대해 다른 사람의 유사한 자유와 상충되지 않는 범위 내에서 최대한의 기본적 자유에의 평등한 권리가 인정되어야 한다는 원리이다.
② 정의의 제2원리의 하나인 '차등 원리'는 저축 원리와 양립하는 범위 내에서 가장 불우한 사람들의 편익을 최대화해야 한다는 원리이다.
③ 정의의 제2원리의 하나인 '기회 균등의 원리'는, 사회·경제적 불평등은 그 모체가 되는 모든 직무와 지위에 대한 기회 균등이 공정하게 이루어진 조건하에서 직무나 지위에 부수해 존재해야 한다는 원리이다.
④ 정의의 제1원리가 제2원리에 우선하고, 제2원리 중에서는 '차등원리'가 '기회 균등의 원리'에 우선되어야 한다.

정답 ④ [×]
해설 정의의 제1원리가 제2원리에 우선하고, 제2원리 내에서 충돌할 때에는 '기회균등의 원리'가 '차등의 원리'에 우선한다.

10
다음 설명에 해당하는 행정가치는?　　2025. 지방 9급

> 신행정론의 등장과 함께 강조된 개념으로 민주이념 실현과정에서 정치·경제적으로 소외된 약자 및 소수집단에 대한 특별한 배려가 필요함을 의미하며 롤스(Rawls)의 '차등의 원리'가 이론적 근거이다.

① 평등성　　② 형평성
③ 민주성　　④ 능률성

정답 ② [O]
해설 본질적 가치인 형평성에 대한 설명이다.

11
사회적 형평성(social equity)에 대한 설명으로 옳지 않은 것은?　　2024. 지방 9급

① 1968년 개최된 미노부룩 회의(Minnowbrook Conference)에서 태동한 신행정론에서 강조하였다.
② 롤스(Rawls)의 『정의론』은 사회적 형평성 논의에 영향을 주었다.
③ 수직적 형평성(vertical equity)은 '동등한 여건에 있지 않은 사람을 동등하게 취급'함을 의미하며, 누진세가 그 예이다.
④ 수평적 형평성(horizontal equity)은 '동등한 여건에 있는 사람을 동등하게 취급'함을 의미하며, 동일노동·동일임금이 그 예이다.

정답 ③ [×]
해설 수직적 형평성은 '동등한 여건에 있지 않은 사람을 서로 다르게 취급'함을 의미한다.

12
사회적 형평성에 대한 설명으로 옳은 것을 〈보기〉에서 고른 것은?　　2018. 지방교행 9급

> **보기**
> ㄱ. 정당한 불평등의 개념을 포함하고 있다.
> ㄴ. 투입 대비 산출의 비율로 표현되는 경제적 개념이다.
> ㄷ. 동일한 것은 동일하게 취급하는 것을 수직적 형평성이라고 한다.
> ㄹ. 신행정론의 등장과 함께 강조되기 시작하였다.

① ㄱ, ㄴ　　② ㄱ, ㄹ
③ ㄴ, ㄷ　　④ ㄷ, ㄹ

정답 ② ㄱ, ㄹ [O]
해설 ㄴ. [×] 투입 대비 산출의 비율로 표현되는 경제적 개념은 능률성이다.
ㄷ. [×] 동일한 것을 동일하게 취급하는 것은 수평적(수직적 ×) 형평성이다.

13
행정가치 중 사회적 형평에 관한 설명으로 옳지 않은 것은?　　2015. 지방교행 9급

① 행정이 중립적이어야 한다는 신념에 바탕을 두고 있다.
② 능률 중심의 전통적 행정에 대한 비판과 함께 강조되었다.
③ 사회적·경제적 약자에게 더 많은 혜택을 제공해야 한다고 주장한다.
④ 현재 차별을 하지 않을 뿐만 아니라 과거의 차별로 인한 결과의 시정까지 요구한다.

정답 ① [×]
해설 형평성은 행정이 사회적 약자들을 적극적으로 배려해야 한다는 가치판단을 지향하는 행정 가치이다. 행태주의의 가치중립적 연구를 비판하면서 행정연구가 가치지향적이고 가치평가적인 연구가 되어야 함을 강조하면서 등장한 신행정학에서 강조하는 행정가치이다.

제3절 수단적 가치

01
행정의 대외적 민주성을 확보하기 위한 것과 가장 거리가 먼 것은?
2010. 서울 9급

① 행정인의 행정윤리 확립
② 책임행정의 확보
③ 일반국민의 행정참여
④ 과도한 침해에 대한 제도적 구제장치
⑤ 파레토 최적

정답 ⑤ [×]
해설 파레토 최적은 다른 사람의 효용을 감소시키지 않고서는 다른 사람의 효용을 증가시킬 수 없는 상태로 효율적 자원배분 상태를 의미하는 개념으로 효율성을 평가하는 기준이다.

02
행정의 민주성에 부합하는 것만을 〈보기〉에서 모두 고르면?
2023. 국회 9급

보기
ㄱ. 의사결정의 분권화
ㄴ. 옴부즈만제도
ㄷ. 비용편익분석

① ㄱ
② ㄱ, ㄴ
③ ㄱ, ㄷ
④ ㄴ, ㄷ
⑤ ㄱ, ㄴ, ㄷ

정답 ② ㄱ, ㄴ [○]
해설 행정의 민주성이란 행정이 국민 의사를 존중해 국민의 요구를 수렴하고, 이를 행정에 반영하는 것을 의미한다. ㄱ. 의사결정의 분권화는 대내적 민주성을 확보하기 위한 제도이며, ㄴ. 옴부즈만제도는 행정통제장치로서 대외적 민주성을 확보하는 제도에 해당한다.
ㄷ. [×] 비용편익분석은 공공투자사업의 경제적 타당성(효율성)을 평가하는 기법에 해당한다.

03
기계적 효율성과 사회적 효율성에 대한 개념으로 옳지 않은 것은?
2010. 국회 9급

① 사이먼(Simon)은 기계적 효율성을 대차대조표적 효율성이라고 표현하고 성과를 계량화하여 객관적인 기준에 따라 효율성을 평가한다고 보았다.
② 사회적 효율성은 사회목적 실현과 다원적인 이익들 간의 통합 조정을 내용으로 한다.
③ 기계적 효율성은 디목(Dimock)이 강조한 개념이다.
④ 사회적 효율성은 민주성의 개념으로 이해되기도 한다.
⑤ 기계적 효율성은 정치·행정 이원론의 시대에 경영학의 과학적 관리론이 행정학에 도입되면서 중요시된 효율관이다.

정답 ③ [×]
해설 기계적 효율성은 고전적 행정학자 귤릭(Gulick) 등이 강조한 개념이며 디목(Dimock)은 사회적 효율을 강조하였다.

04
〈보기〉 중 효율성(efficiency)에 관한 설명으로 옳은 것은 모두 몇 개인가?
2012. 국회 8급

보기
ㄱ. 사이먼(H. A. Simon)은 기계적 효율성을 대차대조표적 효율성이라고 하면서 성과를 계량화하여 객관적인 기준에 따라 효율성을 평가한다고 보았다.
ㄴ. 사회적 효율성은 1960년대 말 신행정론에서 디목(M. E. Dimock)이 도입한 가치개념이다.
ㄷ. 효율성은 목표의 달성도를 나타내는 개념으로서 비용 내지 투입의 개념이 들어 있지 않다.
ㄹ. 효율성은 어떤 행위가 궁극적인 목표 달성의 최적 수단이 되느냐의 여부를 가리는 개념이다.
ㅁ. 효율성을 이론적으로 뒷받침하는 기준으로는 파레토 최적 상태를 들 수 있는데, 이는 자원배분의 효율성을 의미하지만 분배의 형평성을 확보해주는 것은 아니라는 한계를 지닌다.

① 1개
② 2개
③ 3개
④ 4개
⑤ 5개

정답 ② ㄱ, ㅁ [○]
해설 ㄴ. [×] 사회적 효율성은 1940년대 통치기능설을 주장한 M. E. Dimock이 제시한 개념이다.
ㄷ. [×] 효과성에 해당하는 설명이다.
ㄹ. [×] 합리성에 해당하는 설명이다.

05
합리성의 개념과 유형에 대한 설명으로 옳지 않은 것은?
2019. 지방 7급

① 사이먼(Simon)의 실질적(substantive) 합리성은 행위자가 합리적인 선택을 할 수 있는 모든 지식과 능력을 소유하고 있다고 가정한다.
② 디징(Diesing)은 합리성을 기술적 합리성, 경제적 합리성, 사회적 합리성, 법적 합리성, 진화론적 합리성으로 나누어 설명한다.
③ 기술적 합리성은 일정한 수단이 목표를 얼마만큼 잘 달성시키는가, 즉 목표와 수단 사이에 존재하는 인과관계의 적절성을 의미한다.
④ 사이먼(Simon)은 인간이 실질적 합리성을 사실상 포기하고, 만족할 만한 대안을 선택하려는 절차적 합리성을 추구한다고 주장한다.

정답 ② [×]
해설 디징(P. Diesing)은 합리성을 기술적 합리성, 경제적 합리성, 사회적 합리성, 법적 합리성, 정치적 합리성으로 나누어 설명한다.

06
Diesing이 말하는 합리성의 유형에 대한 설명 중 옳은 것은?
2006. 서울 7급

① 기술적 합리성은 경쟁상태에 있는 목표를 어떻게 비교하고 선택할 것인가 하는 것을 의미한다.
② 경제적 합리성은 주어진 목표를 가장 잘 달성할 수 있는 수단을 찾는 것을 의미한다.
③ 사회적 합리성은 사회내의 여러 세력들의 정책결정 과정을 개선하는 것을 의미한다.
④ 법적 합리성은 보편성과 공식적 질서를 통하여 예측가능성을 높이는 것을 의미한다.
⑤ 정치적 합리성은 사회구성원 간의 조화된 통합성을 확보하는 것을 의미한다.

정답 ④ [○]
해설 ①은 경제적 합리성, ②는 기술적 합리성, ③은 정치적 합리성, ⑤는 사회적 합리성에 해당한다.

디징(Diesing)의 합리성 유형

경제적 합리성 (economic rationality)	• 두 개 이상의 목표들이 경쟁상태에 있을 때 비용(cost)·편익(benefit)의 측정과 비교를 통해 평가하는 과정에서 나타나는 합리성(예 B/C분석) • 보다 적은 비용으로 보다 많은 결과(효과/편익)를 얻는 것과 관계되는 합리성
기술적 합리성 (technical rationality)	• 주어진 목표를 가장 잘 달성할 수 있는 수단을 찾는 합리성. 즉, 목표와 수단 사이에 존재하는 인과관계의 적절성 • 목표와 수단의 계층제적 구조를 갖고, 목표달성에 가장 적합한 수단을 찾는 것을 의미함
정치적 합리성 (political rationality)	• 사회 내의 여러 세력들의 정책결정 과정·구조를 개선하는 합리성 • 정책결정에 있어 가장 비중이 높고 영향력이 큼
법적 합리성 (legal rationality)	대안의 합법성 정도를 의미하는 것으로 보편성과 공식적 질서를 통해 예측가능성을 높이는 합리성
사회적 합리성 (social rationality)	사회체제의 구성요소들 간의 조정과 조화된 통합성(integration)을 의미. 사회 내에 있는 여러 가지 힘과 세력들이 질서 있는 방향으로 처리되고, 갈등이 해결될 수 있는 장치

07
다음 설명에 해당하는 것은?
2016. 국가직 9급

> 이것은 불확실한 상황에서의 오류 발생가능성을 최소화하고 체제의 신뢰성을 높이기 위해 강조되는 행정가치이며, 여러 기관에서 한 가지 기능이 혼합되는 중첩성(overlapping)과 동일 기능이 여러 기관에서 독립적으로 수행되는 중복성(duplication) 등을 포괄하는 개념이다.

① 가외성(redundancy)
② 합리성(rationality)
③ 효율성(effciency)
④ 책무성(accountability)

정답 ① [○]
해설 가외성(redundancy)에 해당하는 개념이다.

08
가외성(redundancy)에 대한 설명으로 가장 옳지 <u>않은</u> 것은?
2020. 서울 9급

① 동등잠재성(equi potentiality)은 동일한 기능을 여러 기관들이 독자적 상태에서 수행하는 것을 의미한다.
② 란다우(Martin Landau)는 권력분립, 계선과 참모, 양원제와 위원회제도를 가외성 현상이 반영된 제도로 본다.
③ 창조성 제고, 적응성 증진 등에 효용이 있다.
④ 한계로는 비용상의 문제와 조직 내 갈등 유발 등이 지적된다.

> **정답** ① [×]
> **해설** 가외성이란 불확실성이나 위기에 대비한 중복, 중첩, 동등잠재력을 개념적 특징으로 하는데 동일한 기능을 여러 기관들이 독자적 상태에서 수행하는 것은 동등잠재성이 아니라 중복성(duplication)에 해당한다. 동등잠재성(equi potentiality)은 주된 조직 단위의 기능이 작동하지 않을 때 보조적 단위기관이 이를 대신 수행하도록 하는 것을 의미한다. 예기치 못한 환경 변화·위기에도 시스템이 완전히 붕괴하지 않고 작동하도록 보장하기 위한 요소이다.

09
행정에 있어서 가외성(redundancy)에 대한 설명으로 옳은 것은?
2010. 지방 9급

① Landau는 권력분립 및 연방주의를 가외성 현상으로 보았다.
② 정보체제의 안전성을 증진시키기 위해서는 초과분의 채널이나 코드가 없는 비가외적 설계가 필요하다.
③ 불확실성이 커질수록 가외성의 필요성은 줄어든다.
④ 조직내외에서 가외성은 기능상 충돌의 가능성을 없애는 역할을 한다.

> **정답** ① [○]
> **해설** ② [×] 초과분의 정보채널 등 비가외적 조직설계가 필요하다.
> ③ [×] 불확실성과 위기적 상황일수록 가외성은 필요하다.
> ④ [×] 가외성은 중첩과 중복으로 인한 기능상 충돌 및 책임의 모호성 문제를 초래할 수 있다.

10
행정이 추구하는 가치에 대한 설명으로 옳지 <u>않은</u> 것은?
2019. 지방 9급

① 합리성은 어떤 행위가 궁극적인 목표달성을 위한 최적의 수단이 되느냐를 가리키는 개념이다.
② 효과성은 투입 대비 산출의 비율을, 능률성은 목표의 달성도를 나타내는 개념이다.
③ 행정의 민주성은 대외적으로 국민 의사의 존중·수렴과 대내적으로 행정조직의 민주적 운영이라는 두 가지 측면이 있다.
④ 수평적 형평성이란 동등한 것을 동등하게 취급하는 것, 수직적 형평성이란 동등하지 않은 것을 서로 다르게 취급하는 것을 의미한다.

> **정답** ② [×]
> **해설** 효과성은 목표 달성도를 의미하는 개념이다. 투입 대비 산출 비율은 능률성이다.

11
주요 행정이념에 대한 설명으로 가장 옳지 <u>않은</u> 것은?
2019. 서울 9급

① 합법성은 정부 관료의 자의적인 행정활동을 막아 주는 데 기여한다.
② 사회적 효율성은 구성원의 인간적 가치 실현 등을 내용으로 하여 민주성의 개념으로 이해되기도 한다.
③ 환경의 불확실성이 커질수록 가외성은 행정의 안정성과 신뢰성 확보 측면에서 그 필요성이 높아진다.
④ 효과성은 투입에 대한 산출의 비율을 의미하는 것으로 산출에 대한 비용의 관계라는 조직 내의 조건으로 이해된다.

> **정답** ④ [×]
> **해설** 효과성은 목표 달성도를 의미한다. 투입에 대한 산출 비율은 능률성에 대한 설명이다.

12
행정이념에 대한 설명으로 가장 옳지 않은 것은?

2018. 서울 9급

① 디목(Dimock)은 기술적 능률성을 대체하는 개념으로 사회적 능률성을 제시하고 있는데, 이는 행정이 그 목적 가치인 인간과 사회를 위해서 산출을 극대화하고 그 산출이 인간과 사회의 만족에 기여하는 것을 의미한다.
② 1930년대를 분수령으로 하여 정치행정이원론의 지양과 정치행정일원론으로 전환과 때를 같이해서 행정에서 민주성의 이념이 대두되었다.
③ 효과성은 수단적·과정적 측면에 중점을 두는 반면에 능률성은 목표의 달성도를 중시한다.
④ 합법성은 법률적합성, 법에 의한 행정, 법에 근거한 행정, 즉 법치행정을 의미한다. 합법성을 지나치게 강조하는 경우 수단가치인 법의 준수가 강조되어 목표의 전환(displacement of goal), 형식주의를 가져올 수 있다.

정답 ③ [×]
해설 능률성은 목표 달성 과정에서 투입 대비 산출의 비율에 중점을 두는 반면에 효과성은 목표달성도를 중시한다.

13
행정의 가치에 대한 설명 중 가장 옳은 것은?

2017. 사복직 9급

① 합목적성을 의미하는 경제성(economy)은 그 자체로 목표가 되는 본질적 가치다.
② 적극적 의미의 합법성(legality)은 상황에 따라 신축성을 부여하는 법의 적합성보다 예외 없이 적용하는 법의 안정성을 강조한다.
③ 가외성(redundancy)은 과정의 공정성(fairness) 확보를 위한 수단적 가치다.
④ 능률성(efficiency)은 떨어지더라도 효과성(effectiveness)은 높을 수 있다.

정답 ④ [○]
해설 능률성은 투입 대비 산출의 비율을 의미하며, 효과성은 목표 대비 산출의 비율을 의미하는 것으로 능률성이 떨어지더라도 목표를 성취하는 능력이 높으면 효과성이 높을 수 있다.
① [×] 어떤 행위가 목표달성을 위한 최적 수단이 되느냐의 여부를 가리키는 수단의 합목적성에 입각한 개념은 합리성(rationality)이다.
② [×] 적극적 의미의 합법성은 상황에 따라 신축성을 부여하는 법의 적합성을 강조한다. 반면 소극적 의미의 합법성은 법의 안정성을 강조한다.
③ [×] 가외성은 행정에 있어 중첩이나 여과 초과분 등을 의미하는 것으로 불확실한 과업환경에서의 생존가능성이나 신뢰성, 적응성 확보를 위한 가치이다.

14
행정가치에 대한 설명으로 옳지 않은 것은? 2023. 지방 9급

① 합리성은 어떤 행위가 궁극적 목표 달성의 최적 수단이 되느냐의 여부를 가리는 개념이다.
② 효율성은 목표의 달성도를 나타내고, 효과성은 투입 대비 산출의 비율을 의미한다.
③ 자율적 책임성은 공무원이 직업윤리와 책임감에 기초해 전문가로서 자발적인 재량을 발휘할 때 확보된다.
④ 행정의 민주성은 국민과의 관계뿐만 아니라 관료조직의 내부 의사결정 과정의 측면에서도 고려된다.

정답 ② [×]
해설 목표의 달성도가 효과성이고, 투입 대비 산출의 비율이 효율성이다.
③ [○] 자율적 책임성은 공무원이 전문가로서의 직업윤리와 책임감에 기초해서 적극적이고 자발적인 재량을 발휘하여 확보되는 행정책임을 의미한다. 반면, 제도적 책임성은 공식적인 각종 제도적 통제를 통해 국민에 의해 표출된 국민의 요구를 충족시켜주기 위해 정부와 공무원들이 임무를 수행하게 하는 타율적이고 수동적인 행정책임을 의미한다.

15
행정가치에 대한 설명으로 옳지 않은 것은? 2019. 지방 7급

① 디목(Dimock)은 과학적 관리론에 입각한 기계적 효율관을 비판하며 사회적 효율성을 강조했다.
② 프레데릭슨(Frederickson)과 왈도(Waldo) 등 신행정학의 학자들은 사회적 형평성이 행정가치로 주목받는 데 크게 기여하였다.
③ 롤즈(Rawls)가 제시한 정의론의 차등 조정의 원리는 다시 차등 원리와 기회 균등의 원리로 나뉜다.
④ 슈버트(Schubert)는 공익 실체설의 입장에서 공익이 민주적 정부 이론의 중심에 놓여 있다고 주장했다.

정답 ④ [×]
해설 슈버트(Schubert)는 과정설 입장에서 공익이란 민주적 정치과정에서 산출되는 정책 결과임을 강조함으로서 공익이 민주적 정부 이론의 중심에 놓여 있다고 주장했다.

16
행정이론의 패러다임과 추구하는 가치를 바르게 연결한 것은? 2018. 지방 9급

① 행정관리론 - 절약과 능률성
② 신행정론 - 형평성과 탈규제
③ 신공공관리론 - 경쟁과 민주성
④ 뉴거버넌스론 - 대응성과 효율성

정답 ① [○]
해설 ② [×] 신행정론은 사회적 형평성을 강조한다. 탈규제(규제 완화)는 신공공관리론이 강조하는 가치이다.
③ [×] 신공공관리론은 경쟁과 효율성을 추구한다. 민주성은 정치행정 일원론, 뉴거버넌스 이론에서 추구하는 가치이다.
④ [×] 뉴거버넌스 이론은 민주성, 책임성, 신뢰 등의 가치를 추구한다. (고객에 대한) 대응성과 효율성은 신공공관리론이 추구하는 가치이다.

Chapter 03 행정학의 유래와 발달 과정

제1절 행정학의 태동

01
행정사상가와 주장하는 내용을 가장 옳게 짝 지은 것은?
2019. 서울 9급

① 해밀턴(A. Hamilton) - 분권주의를 강조하며 대중에 뿌리를 둔 풀뿌리 민주주의를 강조하였다.
② 매디슨(J. Madison) - 이익집단을 중요시하였으며 정치활동의 원천으로 인식하였다.
③ 제퍼슨(T. Jefferson) - 연방정부에 힘이 집중되어 있는 중앙집권주의를 주장하였다.
④ 윌슨(W. Wilson) - 정치와 행정이 분리될 수 없는 정치·행정 일원론을 주장하였다.

정답 ② [○]
해설 매디슨은 다원주의자로 이익집단의 요구에 대한 조정을 위해 견제와 균형을 중시했다.
① [×] 해밀턴(A. Hamilton)은 연방주의자로 강력한 중앙집권주의를 주장, 정부의 적극적 역할 강조했다.
③ [×] 제퍼슨(T. Jefferson)은 개인적인 자유를 극대화하기 위해 분권주의를 강조했다.
④ [×] 윌슨(W. Wilson)은 정치·행정 이원론을 주장했다.

02
정치·행정 이원론에 대한 설명으로 옳은 것은?
2020. 국가 9급

① 정당정치의 개입으로부터 자유로운 행정 영역을 강조하였다.
② 1930년대 뉴딜정책은 정치·행정 이원론이 등장하게 된 중요 배경이다.
③ 과학적 관리론과 행정개혁운동은 정치·행정 이원론의 한계를 지적하였다.
④ 정치·행정 이원론을 대표하는 애플비(Appleby)는 정치와 행정이 단절적이라고 보았다.

정답 ① [○]
해설 ② [×] 1930년대 뉴딜정책은 정치·행정일원론이 등장하게 된 배경이다.
③ [×] 과학적 관리론 등 행정개혁운동으로 정치·행정이원론이 등장하였다.
④ [×] Appleby는 정치와 행정은 연속적·정합적 관계임을 강조한 정치·행정일원론자이다.

03
윌슨(Wilson)의 행정연구(The study of Administration, 1887)에 대한 설명으로 옳지 않은 것은?
2016. 지방 7급

① 정부개혁을 통해 특정지역 및 계층중심의 관료파벌을 해체하고자 했다.
② 행정과 경영의 유사성을 강조했다.
③ 정치와 행정을 분리하고자 했다.
④ 효율적 정부 운영에 관심을 두었다.

정답 ① [×]
해설 엽관주의에 대한 설명이다.
②, ③, ④ 윌슨은 엽관주의의 폐해(부패, 행정의 일관성 및 전문성 저하)를 극복하기 위해 정치로부터 행정을 분리시킬 것(정치·행정이원론)을 주장했다.

04
정치·행정이원론에 대한 설명으로 옳지 않은 것은?

2024. 국가 7급

① 엽관주의 극복을 위한 반엽관주의(anti-spoils system) 움직임에 따라 대두되었다.
② 부패한 정치로부터 행정의 분리를 주장했다.
③ 행정의 정책형성기능 강화로 인해 기능적 행정학을 추구했다.
④ 윌슨(W. Wilson)은 행정을 관리와 경영의 영역으로 규정했다.

정답 ③ [×]
해설 정치·행정일원론에 대한 설명이다.

05
정치·행정 이원론에 대한 설명으로 옳지 않은 것은?

2022. 국가 7급

① 행정과 경영이 차이가 없음을 강조하는 공사행정 일원론의 입장을 취한다.
② 의사결정 역할을 하는 정치와 결정된 의사를 집행하는 행정의 역할을 엄격하게 구분할 것을 주장하였다.
③ 윌슨(Wilson)은 행정을 전문적·기술적 영역으로 규정하고, 정부는 효율성과 전문성을 갖추어야 한다고 주장하였다.
④ 대공황 이후 각종 사회문제를 해결하기 위해서 행정의 정책결정·형성 및 준입법적 기능수행을 정당화하였다.

정답 ④ [×]
해설 대공황 이후 각종 사회문제 해결을 위해 행정의 정책결정·형성 및 준입법적 기능수행을 정당화한 것은 정치·행정 일원론이다.

제2절 정통 행정학의 정립

01
행정관리학파에 대한 설명으로 옳지 않은 것은?
2009. 지방 9급

① 대표적인 학자로는 귤릭(Gulick), 어윅(Urwick), 페이욜(Fayol) 등이 있다.
② 비공식 집단의 생성이나 조직 내의 갈등 등에 대한 설명을 용이하게 해준다.
③ 과학적 관리론, 고전적 관료제론 등과 함께 행정학의 출범초기에 학문적 기초를 쌓는데 크게 기여했다.
④ 조직과 구성원 간의 관계를 합리적 존재로만 봄으로써 조직을 일종의 기계 장치처럼 설계하려 하였다.

정답 ② [×]
해설 신고전이론 중에 인간관계론에 대한 설명이다. 행정관리학파는 테일러의 과학적 관리론, 베버의 관료제 이론 등과 함께 고전적 조직이론에 해당한다.

02
다음 중 귤릭(Gulick)이 제시하는 POSDCoRB에 대한 설명으로 가장 옳지 않은 것은?
2016. 서울시 9급

① P는 기획(Planning)을 의미한다.
② O는 조직화(Organizing)을 의미한다.
③ Co는 협동(Cooperation)을 의미한다.
④ B는 예산(Budgeting)을 의미한다.

정답 ③ [×]
해설 Co는 조정(Coordinating)을 의미한다.
①, ②, ④ [○] 귤릭이 제시하는 POSDCoRB에서 P는 기획(Planning), O는 조직화(Organizing), D는 지휘(Directing), R은 보고(Reporting), B는 예산(Budgeting)을 의미한다.

03
미국의 관리과학으로서 주류행정학에 대한 설명으로 가장 옳지 않은 것은?
2018. 서울 7급

① 1920년대와 30년대의 미국 행정학은 능률에 기초한 관리를 주장하였다.
② 미국 태프트위원회에서 사용한 절약과 능률은 행정관리의 성과를 평가하는 가치 기준이 됐다.
③ 브라운위원회에서 제시된 능률적인 관리활동은 POSDCoRB로 집약된다.
④ 관리과학으로서 주류행정학은 대공황과 뉴딜(New Deal) 정책 이후에도 미국 행정학에서 지배적인 자기 정체성을 유지했다.

정답 ④ [×]
해설 관리과학으로서의 주류행정학은 정치와 행정을 분리해서 행정은 정치가 결정한 것을 충실히 집행하는 역할을 수행해야 한다고 주장한 정치·행정이원론에 해당한다. 1930년대 대공황 이후 정부의 적극적 역할과 기능 확대에 따라 행정국가가 등장하면서 행정이 집행뿐만 아니라 정책형성 기능까지 담당한다고 보는 정치·행정일원론이 등장했다.

제3절 정통 행정학에 대한 반발

01
애플비(Appleby)가 주장한 정치·행정일원론의 내용에 해당하는 것은?
2022. 지방 7급

① 행정은 효율성을 추구하는 관리를 핵심으로 한다.
② 행정은 민의를 중시해야 하며 정책결정과 집행의 혼합작용이다.
③ 시간과 동작연구를 통한 직무의 전문화는 행정조직의 생산성을 극대화할 수 있다.
④ 고위 관료가 능률적으로 관리해야 할 행정원리는 기획, 조직, 인사, 지휘, 조정, 보고, 예산 등이 있다.

정답 ② [○]
해설 ① [×] 정치행정 이원론에 대한 설명이다.
③ [×] 정치행정 이원론에 영향을 미친 테일러의 과학적 관리론에 대한 설명이다.
④ [×] 행정관리학파에 해당하는 귤릭(Gulick)의 주장에 대한 설명이다. 행정관리학파도 정치행정 이원론에 해당한다.

정치행정이원론·정치행정일원론 비교

구분	정치·행정 이원론	정치·행정 일원론
행정의 역할 (기능)	• 행정의 관리(집행)기능 중시, 결정 기능 배제 • 행정의 가치중립성, 능률성 강조 • 행정과 경영과의 유사성 강조	• 행정의 결정(정책형성) 기능 중시 • 공공성 등의 가치 중시 • 행정의 정치적 성격 강조
주요 학자 (저서)	• 윌슨(Wilson)의 행정의 연구(1887): 정치와 행정의 분리 주장 • 굿노(Goodnow)의 「정치와 행정」(1900) • 화이트(L. D. White)의 「행정연구입문」: 최초의 행정학 교과서 • 귤릭(Gulick)과 어윅(Urwick) 「행정과학에 관한 논문집」: 정통 행정학의 집대성 • 윌로비(W. F. Willoughby)의 「행정의 원리」	• 디목(Dimock): 사회적 능률성 강조 • 애플비(Appleby): 행정과 정치는 연속적·순환적 관계이기 때문에 양자를 구별하는 것은 적절하지 않음
관련 이론	행정행태론(H.Simon), 신공공관리론	통치기능론(기능적 행정학), 발전행정론, 신행정론, 뉴거버넌스 이론

02
다음 중 행정학과 관련된 학자에 대한 설명으로 가장 옳지 않은 것은?
2016. 서울 7급

① 굿노(F. J. Goodnow)는 행정은 국가의 의지를 실천하는 것이라고 주장하였다.
② 테일러(F. W. Taylor)는 시간과 동작에 관한 연구를 통해 최선의 방법(one best way)을 추구하였다.
③ 사이먼(H. A. Simon)은 행정 원리의 보편성과 과학성을 강조하였다.
④ 귤릭(L. H. Gulick)은 POSDCoRB를 통해 능률적인 관리 활동방법을 제시하였다.

정답 ③ [×]
해설 사이먼은 행정의 과학적 연구를 주장하면서, 행정관리론에서 개발된 행정원리들은 한 번도 과학적 검증을 거치지 않은 격언에 불과하다고 비판하였다.

제4절 행정학의 분화 및 다원화

01
행정학의 주요 접근방법인 생태론적 접근방법의 특징에 대한 설명으로 옳지 않은 것은? 2010. 지방 7급

① 생태론적 접근방법을 행정학에 도입한 것은 1947년 가우스(J. M. Gaus)이다.
② 행정현상을 자연·사회·문화적 환경과 관련시켜 이해하려고 한다.
③ 행정이 추구해야 할 목표나 방향을 명확히 제시하고 있다.
④ 서구 행정제도가 후진국에서 잘 작동하지 않는 이유는 사회 문화적 환경이 다르기 때문이라고 본다.

정답 ③ [×]
해설 생태론은 행정을 환경적 요소에 의해 영향을 받는 것으로만 보아 환경에 대한 행정의 적극적이고 주체적인 역할을 경시했다는 비판을 받고 있으며, 행정 현상을 환경과 관련시켜 진단과 설명은 잘 하지만, 행정이 추구해야 할 목표나 방향, 가치 등을 명확히 제시하지는 못한다는 비판을 받는다.

02
생태론적 접근방법에 대한 설명으로 가장 거리가 먼 것은? 2006. 군무원

① 행정은 그를 둘러싸고 있는 환경적 요소들을 파악하지 않고는 이해할 수 없다는 입장이다.
② 생태론은 유기체(organism)와 환경간의 상호관계를 다루는 생물학의 분야이다.
③ 전통적 접근방법이나 인간관계론적 접근방법과는 달리 행정체제와 그를 둘러싸고 있는 환경적 세력들간의 관계에 연구의 초점을 둔다.
④ 생태론은 폐쇄체제론적 접근방법을 선호한다.

정답 ④ [×]
해설 생태론은 환경과 행정 간의 상호관계 분석에 초점을 두는 개방체제론적 접근방법을 선호한다.

03
가우스(J.M. Gaus)가 지적한 행정에 영향을 미치는 환경 요인에 포함되지 않는 것은? 2012. 국가 9급

① 국민(people)
② 장소(place)
③ 대화(communication)
④ 재난(catastrophe)

정답 ③ [×]
해설 생태론자인 가우스는 행정에 영향을 미치는 7가지로 주민, 장소, 물리적 기술, 사회적 기술, 욕구, 사상, 이념, 재난, 인물의 생태적 환경적 요인을 제시하였다.

04
리그스(Riggs)의 프리즘적 모형(Prismatic Model)에서 설명하는 프리즘적 사회의 특성으로 옳지 않은 것은? 2015. 국가 7급

① 고도의 이질혼합성
② 형식주의
③ 고도의 분화성
④ 다규범성

정답 ③ [×]
해설 프리즘적 사회는 공식적으로는 기능이 분화되어 있으나 실제로는 기능이 중복되는 기능의 중복성(기능의 미분화)을 특징으로 한다.

05
다음 중 리그스(F. W. Riggs)가 제기한 "사랑방관료제(Sala)"의 특징으로 보기 어려운 것은? 2014. 국회 9급

① 고도의 이질성
② 다분파주의와 형식주의
③ 기능 중복과 연고주의
④ 다규범주의와 파벌주의
⑤ 가격의 안정성과 고도의 전문직업화

정답 ⑤ [×]
해설 사랑방관료제(Sala model)란 리그스(F. W. Riggs)가 제시한 후진국 행정체제의 특징을 설명하는 모형으로, 가격의 불확정성과 기능의 중복(중첩성)을 특징으로 제시하였다.

06
다음 중 비교행정론에 대한 설명으로 가장 거리가 먼 것은? 2023. 군무원 9급

① 리그스(Fred W. Riggs)가 대표적인 학자이다.
② 생태론적 접근방법을 취한다.
③ 후진국의 국가발전에 대한 비관적 숙명론으로 귀결된다.
④ 행정학의 과학성보다는 기술성을 강조한다.

정답 ④ [×]
해설 비교행정 연구는 서로 다른 국가의 행정현상을 비교·연구함으로써 선후진국을 막론하고 보편타당성을 지니는 행정학 이론의 개발과 행정학의 과학화에 기여하였다.

07
비교행정의 한계에 대한 설명으로 옳지 않은 것은? 2016. 지방 7급

① 독자적인 연구대상을 확정하기가 어렵다.
② 환경과 행정의 교류적 관계를 경시한 정태적 접근이다.
③ 처방성과 문제해결성을 강조함에 따라 행정의 비과학화를 초래하였다.
④ 행정을 지나치게 과소평가함으로써 행정의 독자성을 무시하고 행정의 종속성을 강조하고 있다.

정답 ③ [×]
해설 비교행정론은 각국의 행정에 대한 비교 연구를 통해 행정학의 과학화에 기여했다.
① [O] 비교행정 이론은 독자적인 연구 대상을 확정하기가 어렵다는 한계가 있다. 여러 국가의 행정 체제를 비교할 때, 이를 정치 체제와 명확하게 구분한다는 것은 거의 불가능하다. 정치체제의 한 구성 요소인 행정 측면을, 하나의 독립된 연구 분야로 구분해 내기가 어렵다는 문제점에 직면해 있다.
②, ④ [O] 비교행정은 생태주의적 접근과 유사하게 인간 및 이념의 독립변수적 중요성을 무시하였고, 선진국 우위의 편견을 가졌다는 비판을 받았다. 또한 적극적 사회변동에 대한 설명이 부족하며, 지나치게 정태적 접근을 취했다는 비판을 받았다.

08
정치와 행정에 대한 다음 〈보기〉의 설명 중 옳은 것은 모두 몇 개인가? 2013. 국회 8급

ㄱ. 전통적으로 민주주의 정치체제에서 정치는 가치개입적 행위이며 행정은 가치중립적 행위이다.
ㄴ. 정치는 효율성을 확보하는 과정인데 반해 행정은 민주성을 확보하는 과정이다.
ㄷ. 정치행정 일원론에서의 행정의 정치적 기능이란 정책형성기능을 의미한다.
ㄹ. 1960년대 발전행정론이 대두하면서 기존의 행정우위론과 대비되는 정치우위론의 입장에서 새 일원론이 제기되었다.
ㅁ. 사이먼(Simon) 등 행태주의 학자들은 행정의 정책결정 기능을 인정한다는 점에서 기존의 이원론과 구분된다.

① 1개   ② 2개
③ 3개   ④ 4개
⑤ 5개

정답 ③ ㄱ, ㄷ, ㅁ [O]
해설 ㄴ. [×] 정치는 민주성을 확보하는 과정인데 반해 행정은 효율성을 확보하는 과정이다.
ㄹ. [×] 1960년대 발전행정론이 대두되면서 기존의 정치우위론과 대비되는 행정우위론의 입장에서 새일원론이 제기되었다.

제5절 정부 역할의 재정립

01

블랙스버그 선언(Blacksburg Manifesto)과 행정재정립운동(refounding movement)에 대한 설명으로 옳지 않은 것은?
2023. 지방 9급

① 블랙스버그 선언은 행정의 정당성을 침해하는 정치·사회적 상황을 비판했다.
② 행정재정립운동은 직업공무원제를 옹호했다.
③ 행정재정립운동은 정부를 재창조하기보다는 재발견해야 한다고 주장했다.
④ 블랙스버그 선언은 신행정학의 태동을 가져왔다.

정답 ④ [×]
해설 신행정학의 등장시기는 1960년대이고, 블랙스버그 선언은 1987년이다.
① [○] 1987년 굿셀(C. T. Goodsell), 울프(J. Wolf), 로어(J. Rohr), 웜슬리(G. Wamsley) 등이 주장한 블랙스버그 선언은 1970~1980년대 미국 사회에서 일어났던 필요 이상의 행정관료에 대한 공격('관료 후려치기'), 대통령과 정치인들의 반관료적 성향과 같은 행정의 정당성을 침해하는 정치·사회적 공격에 반발하고, 행정이 스스로 정당성과 권위를 회복할 수 있는 방안을 제안한 선언이다.
②, ③ [○] 블랙스버그 선언의 연장선상에 있는 행정재정립 운동은 공무원의 적극적 역할과 직업공무원제를 옹호하였고 정부를 '재창조'하기보다 '재발견'해야 한다고 주장하였다.

Chapter 04 행정학의 접근방법과 이론

제1절 행정학의 주요 접근방법

01
행태주의 이론의 특징에 대한 설명으로 옳지 않은 것은?
2019. 국회 9급

① 논리실증주의를 인식론적 근거로 삼는다.
② 인간의 주관이나 의식을 배제하고자 한다.
③ 가치와 사실을 명확히 구분해 가치지향적인 연구를 추구한다.
④ 행태의 규칙성과 인과성을 경험적으로 입증할 수 있다고 본다.
⑤ 사회현상도 자연현상처럼 과학적인 연구가 가능한 것으로 본다.

정답 ③ [×]
해설 행태주의는 논리실증주의를 특징으로 한다. 가치와 사실을 명확히 구분해 가치중립적(가치지향적 ×) 연구를 추구한다.

02
행태론적 접근방법에 대한 설명으로 옳은 것은?
2020. 국회 9급

① 인간행태의 복잡성을 강조하며 규칙성을 전제하지 않는다.
② 행정과 경영을 분리하는 경향이 강하다.
③ 가치와 사실을 일치시킨다.
④ 개인이 아닌 집단의 사회적·심리적 측면을 연구 대상으로 삼는다.
⑤ 인간이 환경의 변화를 유도하는 상황을 설명하기에는 적합하지 않다.

정답 ⑤ [○]
해설 행태론적 접근방법은 인간의 행태가 외적 요인에 의해 결정된다는 결정론적 관점으로 인간을 수동적 존재로 본다.
① [×] 행태론적 접근방법은 인간 행태의 규칙성, 인과성을 경험적으로 입증·설명할 수 있다고 보았다.
② [×] 행태론적 접근방법은 공사행정 새일원론, 정치행정 새이원론의 입장으로 행정과 경영의 유사성을 강조하는 입장이다.
③ [×] 행태론적 접근방법은 가치와 사실을 분리하여 검증이 불가능한 가치를 연구대상에서 배제하여(가치중립성), 객관적 사실에 대한 과학적 연구에 초점을 둔다.
④ [×] 행태론적 접근방법은 집단의 고유한 특성을 인정하지 않은 방법론적 개체주의의 입장에서 개별행위자의 행태를 분석한다. 특히 행태론적 접근방법은 조직의 구조나 경제적 유인에 기계적으로 반응할 것으로 본 과학적 관리론의 가정을 부정하고 인간 개인의 사회적·심리적 측면을 연구의 대상으로 삼았다는 것이 중요한 특색이다.

03
행태적 접근방법에 대한 설명으로 옳지 않은 것은?
2018. 국가 7급

① 사회현상을 관찰 가능한 객관적 대상으로 보며, 인간의 주관이나 의식을 배제하고 인식론적 근거로서 논리실증주의를 신봉한다.
② 연구에서 가치와 사실을 구분하지 않는다.
③ 행태의 규칙성, 상관성 및 인과성을 경험적으로 입증하고 설명할 수 있다고 본다.
④ 집단의 고유한 특성을 인정하지 않는 방법론적 개체주의의 입장을 취한다.

정답 ② [×]
해설 행태적 접근방법은 가치와 과학적인 연구를 위해서 가치와 사실을 구분하고 객관적인 검증이 불가능한 '가치'를 연구 대상에서 배제하고, '사실'에 대한 경험적이고 과학적인 연구에 초점을 두는 접근방법이다.

04
행태론적 접근방법에 대한 설명으로 가장 옳지 않은 것은?

2017. 서울시 7급

① 행태주의는 사회과학이 행태에 공통된 관심을 갖고 있기 때문에 통합된다고 보고 있다.
② 행정의 실체는 제도나 법률이 아니라고 주장하며 행정인의 행태에 초점을 맞춘다.
③ 논리실증주의를 강조한 사이먼(Simon) 이후 행정학 분야에서 크게 발전하였다.
④ 사회적 문제의 개선에 기여할 수 있는 연구와 가치평가적 정책연구를 지향한다.

> **정답** ④ [×]
> **해설** 행태주의는 가치와 사실을 분리하여, 검증이 불가능한 가치를 연구대상에서 배제하는 가치중립적 연구(가치평가적 정책연구 ×)를 주장했다. 가치평가적 정책연구를 지향하는 것은 행태주의를 비판하면서 등장한 후기행태주의의 특징이다.

05
행정학 이론의 발달에 대한 설명으로 가장 옳지 않은 것은?

2016. 서울시 9급

① 행정관리론은 행정학의 기본가치로서 능률성을 강조하였다.
② 행태주의는 과학적 설명보다는 실질적인 처방을 강조하였다.
③ 호손실험에서는 비공식집단의 역할에 주목하였다.
④ 윌슨은 정치·행정 이원론을 주장하였다.

> **정답** ② [×]
> **해설** 행태주의는 행정의 과학화를 강조한 이론이다. 실질적 처방을 강조한 것은 행태론의 가치중립성을 비판하면서 등장한 후기행태주의의 특징이다.

06
아래 기술된 항목 중 후기행태주의적 접근 방법에 관한 설명으로 짝지어진 것은?

2008. 서울 9급

ㄱ. 배경은 1960년대 흑인에 대한 인종차별, 월남전에 대한 반전데모 및 강제징집에 대한 저항 등 미국사회의 혼란이라고 볼 수 있다.
ㄴ. 1960년대 중반부터 존슨 행정부가 위대한 사회의 건설이라는 기치를 내걸고 하류층 - 소외계층의 복지향상을 위하여 사회복지 정책을 추진하면서 이의 추진에 지적 자원을 제대로 제공하지 못했던 정치학에 대한 비판
ㄷ. 인간을 경제적 이윤을 추구하는 합리적 존재로 가정하고 행정의 원리들을 발견하는데 주된 관심을 기울임
ㄹ. 사회과학자들은 그 사회의 급박한 문제를 연구대상으로 삼아서 사회의 개선에 기여하기보다는 과학적 방법을 적용할 수 있는 것을 연구대상으로 삼아야 한다.
ㅁ. 가치평가적인 정책연구보다 가치중립적인 과학적 연구를 지향하고 있으며 정책학의 발전과는 무관하다.

① ㄱ, ㄴ   ② ㄴ, ㄷ   ③ ㄹ, ㅁ
④ ㄱ, ㄴ, ㅁ   ⑤ ㄱ, ㄹ, ㅁ

> **정답** ① ㄱ, ㄴ [O]
> **해설** ㄷ. (×) 인간을 합리적 경제인으로 가정하고, 행정원리를 연구한 것은 고전행정학이다.
> ㄹ. (×) 행태주의에 대한 설명이다.
> ㅁ. (×) 후기행태주의는 가치중립적인 과학적 연구보다 가치평가적인 정책연구를 지향하며, 정책학 발전에 영향을 미쳤다.

07
〈보기〉의 내용이 설명하고 있는 행정이론에 해당하는 것은?

2019. 서울 9급

> **보기**
> • 1960년대 미국사회의 사회혼란을 해결하지 못하는 학문적 무력함에 대한 반성으로 나타났다.
> • 적실성, 참여, 변화, 가치, 사회적 형평성 등에 기초한 행정학의 독자적 주체성을 강조했다.
> • 행정학의 실천적 성격과 적실성을 회복하기 위해 정책 지향적인 행정학을 요구했다.

① 신행정학   ② 비교행정론
③ 행정생태론   ④ 공공선택론

정답 ①
해설 신행정론은 1960년대 말 베트남 전쟁, 워터게이트 사건, 흑인폭동 등 미국 사회의 혼란기에 기존의 행태주의 연구가 사회문제 해결에 기여하지 못했다는 비판에서 등장했다. 신행정론은 사회문제 해결을 위한 적실성과 처방성을 강조했고, 시민참여, 사회적 형평성 등의 가치를 강조했다.

08
신행정론에 대한 설명으로 옳지 않은 것은? 2025. 국가 9급

① 미국의 시민권 운동, 빈곤문제 등에 대응하여 행정이 사회의 실질적 문제를 해결하지 못하고 있다는 비판에서 대두되었다.
② 논리실증주의와 행태주의를 계승하였다.
③ 행정능률 지상주의에서 탈피하여 적실성, 사회적 형평성 등 가치를 중요시한다.
④ 정치와 행정의 긴밀한 관계를 주장한 점에서 정치·행정 일원론적 관점에 가깝다.

정답 ② [×]
해설 신행정론은 행태론과 논리실증주의를 비판하면서 현실 사회문제의 해결을 위한 가치판단을 중시했다.

09
신행정학(New Public Administration)의 핵심 내용으로 옳은 것만을 모두 고른 것은? 2017. 국가 9급

ㄱ. 효율성 강조
ㄴ. 실증주의적 연구 지향
ㄷ. 적실성 있는 행정학 연구
ㄹ. 고객중심의 행정
ㅁ. 기업식 정부 운영

① ㄱ, ㄴ   ② ㄴ, ㄷ
③ ㄷ, ㄹ   ④ ㄹ, ㅁ

정답 ③ ㄷ, ㄹ [○]
해설 ㄱ, ㄴ. [×] 신행정론은 행태주의(논리 실증주의)에 대한 비판으로 등장했으며, 고객중심의 행정(대응성)을 강조하였다.
ㅁ. [×] 신공공관리론의 특징이다.

10
신행정학(New Public Administration)에 대한 설명으로 옳지 않은 것은? 2011. 국가 9급

① 왈도(Waldo), 마리니(Marini), 프레드릭슨(Frederickson) 등이 주도하였다.
② 기업식 정부운영을 주장하면서 신자유주의적 행정개혁에 앞장섰다.
③ 행태주의의 한계를 지적하면서 가치문제와 처방적 연구를 강조하였다.
④ 고객인 국민의 요구를 중시하는 행정을 강조하고 시민참여의 확대를 주장하였다.

정답 ② [×]
해설 신공공관리론에 대한 설명이다.

11
미국에서 등장한 행정이론인 신행정학(New Public Administration)에 대한 설명으로 옳지 않은 것은? 2019. 지방 9급

① 신행정학은 미국의 사회문제 해결을 촉구한 반면 발전행정은 제3세계의 근대화 지원에 주력하였다.
② 신행정학은 정치행정이원론에 입각하여 독자적인 행정이론의 발전을 이루고자 하였다.
③ 신행정학은 가치에 대한 새로운 인식을 기초로 규범적이며 처방적인 연구를 강조하였다.
④ 신행정학은 왈도(Waldo)가 주도한 1968년 미노브룩(Minnowbrook) 회의를 계기로 태동하였다.

정답 ② [×]
해설 신행정학은 가치지향적, 가치평가적 연구를 지향하므로 정치행정일원론에 가깝다.

제2절 행정환경적 접근방법 : 체제론적 접근방법

01
다음에 제시된 비판들은 행정학의 접근방법 중 어떤 접근방법에 대한 비판인가?
　　　　　　　　　　　　　　　　　　2006. 서울 9급

- 행정과 환경의 교호작용을 강조하지만 개발도상국과 같이 변화하는 행정현상을 연구하는데 한계를 지닌다.
- 거시적인 접근방법을 취함으로써 구체적인 운영의 측면을 다루지 못한다.
- 행정의 가치문제를 고려하지 못한다.
- 현상유지적 성향으로 인해 정치·사회적 변화를 설명하지 못한다.

① 생태론적 접근방법
② 행태론적 접근방법
③ 현상학적 접근방법
④ 체제론적 접근방법
⑤ 공공선택론적 접근방법

정답 ④
해설 체제론에 대한 비판이다. 생태론적 접근방법과 체제론적 접근 방법은 공통적으로 거시적인 접근방법이며, 행정과 환경의 상호작용을 강조하는 개방체제적 접근방법이다. 생태론적 접근방법은 주로 후진국의 행정현상을 설명하는 데 적합한 이론인 반면, 체제론적 접근방법은 균형과 현상유지적 성향을 강조하기 때문에 안정적인 선진국의 행정현상을 설명하는 데 적용된다.

02
체제이론에서 제시하는 개방체제의 특징으로 옳지 않은 것은?
　　　　　　　　　　　　　　　　　　2024. 국가 7급

① 목적 달성을 위한 유일 최선의 방법은 없으며 다양한 방법이 존재한다.
② 환경의 변화에 맞도록 구조와 기능이 다양하게 분화될 것을 요구한다.
③ 체제의 에너지 소모로 인한 소멸 가능성을 강조한다.
④ 환경과 끊임없는 상호작용을 강조한다.

정답 ③ [×]
해설 항상성은 안정된 상태를 유지하고자 자기 스스로를 규제할 수 있는 능력이다. 추우면 소름이 끼쳐 체온의 발산을 막고, 산소가 부족하면 심호흡이나 잦은 호흡으로 산소를 보충하는 것과 같다. 환경이 기존의 질서나 균형을 깨려는 방향으로 작용할 때, 체제는 이에 자기 내부의 기능을 통제하여 본래의 규칙성을 유지하려는 방향으로 작용한다(소멸 가능성을 강조한다 ×).
① [○] 목표에 도달하는 방법은 여러 가지가 있다는 목표달성의 다양성 또는 등종국성(equifinality)에 대한 설명이다. 특정 목표를 달성하도록 내부 구조가 고정되어 있는 폐쇄체제와는 달리, 개방체제는 신축적인 전환과정을 가지고 있기 때문에 투입 자원과 전환과정을 다르게 하여 같은 목표를 달성하는 것이 가능하다.
② [○] 개방체제는 다양한 환경에 적응할 수 있도록 내부 구조나 기능의 다양성을 유지할 것이 요구된다.

03
〈보기〉에서 개방체제적 특성에 해당하는 것은 모두 몇 개인가?
　　　　　　　　　　　　　　　　　　2010. 국회 8급

가. 등종국성(equifinality)
나. 정(+)의 엔트로피
다. 항상성
라. 선형적 인과관계
마. 구조 기능의 다양성
바. 체제의 진화

① 2개　　② 3개　　③ 4개
④ 5개　　⑤ 6개

정답 ③ 가, 다, 마, 바 [○]
해설 나. [×] 개방체제는 체제의 해체와 소멸을 막기 위해 부(-)의 엔트로피를 중시한다.
라. [×] 선형적 인과관계(직선적·단선적·기계적 인과관계)는 특정 원인이 특정 결과와 기계적으로 이어진다는 시각이다. 개방체제의 특징으로 환류(feedback)는 순환적인 인과관계를 강조한다고 볼 수 있다. 환류는 체제에서 일부가 변화했을 때, 그 부분이 체제의 다른 부분들과 상호작용하여 나머지 부분들도 변화하게 된다는 개념으로 상호 인과성의 논리(A가 B의 원인이 되고, 다시 B가 A의 원인이 될 수 있음)로, 순환적 인과관계를 의미한다.
바. [○] 개방체제는 환경으로부터의 도전에 대응하고 기회를 활용할 수 있도록 다양성을 갖추고, 특수한 기능을 수행할 수 있도록 구조와 기능이 더욱 분화되어 가며, 분화된 부분들을 전체로서 통합할 수 있는 능력에 따라 끊임없이 진화되어 간다.

04

정책과정 중 정책결정단계는 이스턴(D. Easton)의 체제이론에서 어느 단계에 해당되는가?

2008. 국회 8급

① 환경
② 투입
③ 전환
④ 산출
⑤ 환류

정답 ③

해설 체제이론은 정책이나 행정과정을 환경의 변화 → 투입 → 전환 → 산출 → 환류 단계로 설명한다. 전환은 환경으로부터 투입(요구나 지지 등)을 받아 산출로 바꾸는 과정으로, 행정 체제 내에서 목표를 설정하고 필요한 정책을 결정하는 과정으로 볼 수 있다.

05

행정이론에 대한 설명으로 가장 옳지 않은 것은?

2020. 서울 9급

① 과학적 관리론은 19세기 말부터 20세기 초 경제 상황의 산물로 절약과 능률을 행정의 가장 중요한 가치로 삼는다.
② 행태주의는 객관성을 유지하기 위해 연구에서 가치와 사실을 명백히 구분하고, 가치중립성을 지킨다.
③ 체제이론은 체제의 부분적인 특성이나 구체적인 행태 측면에 관심을 갖는 미시적 접근방법을 사용한다.
④ 신행정론은 규범성, 문제지향성, 처방성을 강조한다.

정답 ③ [×]

해설 체제이론은 체제의 부분적인 특성이나 구체적인 행태측면 같은 미시적 요인이 아니라 체제와 환경간의 상호작용 등 거시적인 측면에 초점을 두는 전체주의적 접근법을 사용한다.

06

다음 〈보기〉 중 옳은 것을 모두 고르면?

2018. 국회 8급

─ 보기 ─
ㄱ. 인간관계론에서 조직 참여자의 생산성은 육체적 능력보다 사회적 규범에 의해 좌우된다.
ㄴ. 과학적 관리론은 과학적 분석을 통해 업무수행에 적용할 유일 최선의 방법을 발견할 수 있다고 전제한다.
ㄷ. 체제론은 비계서적 관점을 중시한다.
ㄹ. 발전행정론은 정치, 사회, 경제의 균형성장에 크게 기여하였다.

① ㄱ, ㄴ
② ㄱ, ㄹ
③ ㄴ, ㄷ
④ ㄴ, ㄹ
⑤ ㄷ, ㄹ

정답 ① ㄱ, ㄴ [○]

해설 ㄱ. [○] 인간관계론은 인간의 사회·심리적 측면을 중시하여, 조직의 생산성은 사회적 규범에 의해 좌우된다고 보았다.
ㄴ. [○] 과학적 관리론은 조직의 생산성 제고를 위한 유일 최선의 방법(the best one way)이 있다고 전제하고 이를 찾는 데 주력하였다.
ㄷ. [×] 체제론은 하위체제는 상위체제에 속한다고 보는 입장으로 계서적 관점(비계서적 관점 ×)을 중시한다.
ㄹ. [×] 발전행정론은 정부 주도에 의한 국가발전 계획을 추진한 결과, 행정부의 권한 강화로 정치, 사회, 경제적 불균형을 초래했다.

제3절 가치주의(주관주의) 접근방법: 현상학적 접근방법, 포스트모더니티 행정이론

01
행정학의 접근방법 중 현상학적 접근방법에 관한 설명으로 옳지 않은 것은?
2009. 국가 9급

① 행정현실을 이해하는 데 과학적 방법보다 해석학적 방법을 선호한다.
② 조직을 인간의 의도적인 행위에 의해 구성되는 가치함축적인 행위의 집합물로 이해한다.
③ 인간행위의 가치는 행위 자체보다 그 행위가 산출한 결과에 있다.
④ 조직 내외의 인간들은 자신 또는 다른 사람의 행위에 의미를 부여함으로써 조직을 설계한다.

정답 ③ [×]
해설 인간행위의 가치를 행위 그 자체가 아닌 행위가 산출한 결과인 외면적 행태에 초점을 두는 것은 행태주의적 접근방법이다. 현상학적 접근방법은 외면으로 드러난 행태보다는 그 이면의 의도와 의미에 초점을 두는 주관주의를 특징으로 한다.

02
현상학적 접근방법의 주요내용으로 적절하지 않은 것은?
2012. 국가 7급

① 인간의 의도된 행위와 표출된 행위를 구별하고, 관심분야는 의도된 행위에 두어야 한다.
② 조직내외에 있는 인간들은 자신의 행위나 다른 사람들의 행위에 의미를 부여함으로써 조직을 설계한다.
③ 객관적 존재의 서술을 위해서는 현상을 분해하여 분석할 필요가 있다.
④ 조직의 중요성은 겉으로 나타난 구조성에 있는 것이 아니라 그 안에 있는 가치, 의미 및 행동에 있다.

정답 ③ [×]
해설 행태론적 접근방법(객관주의)에 대한 설명이다.

03
현상학적 접근방법에 대한 설명으로 옳은 것을 모두 고른 것은?
2010. 지방 7급

ㄱ. 행정현상의 본질, 인간인식의 특성, 이론의 성격 등 사회과학 연구의 본질적 문제에 대해 실증주의와 행태주의적 연구방법에 반대한다.
ㄴ. 진리의 기준을 맥락의존적인 것으로 보며, 상상·해체·영역해체·타자성 등의 핵심개념을 포함하고 있다.
ㄷ. 사회현상 또는 사회적 실재란 자연현상처럼 사람과 동떨어진 객체로 존재하는 것이 아니라, 사람들의 상호주관적인 경험으로 이루어진다.
ㄹ. 복잡한 미래 사회에서 정부의 방향잡기 역할이 어렵거나 불가능하기 때문에 행정의 역할은 서비스를 제공하는 데 있음을 강조한다.

① ㄱ, ㄴ
② ㄱ, ㄷ
③ ㄴ, ㄹ
④ ㄷ, ㄹ

정답 ② ㄱ, ㄷ [○]
해설 ㄴ. [×] 포스트모더니즘 행정이론에 대한 설명이다.
ㄹ. [×] 신공공서비스 이론에 대한 설명이다.

04
포스트모더니즘에 기초한 행정이론의 특징으로 가장 옳지 않은 것은?
2018. 서울 9급

① 맥락 의존적인 진리를 거부한다.
② 타자에 대한 대상화를 거부한다.
③ 고유한 이론의 영역을 거부한다.
④ 지배를 야기하는 권력을 거부한다.

정답 ① [×]
해설 포스트모더니즘 이론은 진리의 기준을 맥락의존적(context dependent)이고 상대적인 것으로 파악한다.

05
다음 중 포스트모더니티이론 및 그에 입각한 행정에 대한 설명으로 가장 옳지 않은 것은?   2016. 서울시 7급

① 행정은 객관적으로 연구될 수 있다는 설화를 해체해야 한다.
② 인권, 인간 이성과 인간 중심적 관점에서의 행정을 강조하였다.
③ 진리의 기준은 맥락 의존적이다.
④ 행정에 있어서의 상상, 해체, 타자성 등을 강조하였다.

정답 ② [×]
해설 인권, 인간 이성과 인간 중심적 관점은 모더니즘(현대주의)의 특징이다. 포스트모더니티 이론은 모더니티에 대한 비판으로 등장했다.

06
포스트모더니티이론에서 규칙에 얽매이지 않는 행정의 운영이나 특수성을 인정하는 것에 해당하는 것은?   2021. 군무원 7급

① 상상(imagination)
② 해체(deconstruction)
③ 영역 해체(deterritorialization)
④ 타자성(alterity)

정답 ① [○]
해설 ② [×] 해체(deconstruction)는 언어, 몸짓, 이야기, 설화, 이론 등의 근거를 파헤쳐 보는 것을 의미한다.
③ [×] 영역해체(deterritorialization)는 모든 지식이 그 성격과 조직에서 가지는 '고유' 영역이 해체된다는 것을 의미한다.
④ [×] 타자성(alterity)은 나 아닌 다른 사람을 인식적 객체가 아닌 도덕적 타자로 인정하는 것을 의미한다.

07
파머(Farmer)가 주장한 포스트모더니티 행정이론의 내용으로 옳지 않은 것은?   2020. 지방 7급

① 나 아닌 다른 사람을 인식적 객체가 아닌 도덕적인 타자(他者)로 인정한다.
② 관점에 따라 다양한 가능성이 허용되는 상상(imagination)보다는 과학적 합리성(rationality)이 더 중요하다.
③ 행정에서도 지식과 학문의 영역 간 경계가 사라지는 탈영역화(deterritorialization)가 나타난다.
④ '행정은 객관적으로 연구될 수 있다'는 설화는 해체(deconstruction)를 통해 더 잘 이해할 수 있다.

정답 ② [×]
해설 포스트모더니티 행정이론은 모더니티(현대주의)의 핵심가정인 '인간 이성(reason)'과 '합리성'에 대한 신뢰, 그리고 객관주의·경험주의적 접근 방법을 거부하고 규칙에 얽매이지 않는 행정의 운영을 위한 '상상'을 중시한다.

08
포스트모더니티(postmodernity) 행정이론에 대한 설명으로 옳지 않은 것은?   2011. 지방 7급

① 파머(D. Farmer)는 패러다임 간의 통합(paradigm integration)을 연구전략의 하나로 주장하였다.
② 상대적이고 다원주의적이며, 동시에 해방주의적 성격의 세계관을 지니고 있다.
③ 바람직한 행정서비스는 다품종소량생산 체제에서 제공될 가능성이 높다.
④ 파머(D. Farmer)에 따르면, 나 아닌 다른 사람을 인식적 타인(epistemic other)이 아닌 도덕적 타인(moral other)으로 인정한다.

정답 ① [×]
해설 파머는 포스트모더니즘 행정이론의 특징으로 상상, 해체, 탈영역, 타자성 개념을 주장했다. 포스트모더니즘에 입각한 연구전략은 패러다임간의 공약불가능성(incommensurability) 입장도 수용하지 않으며, 패러다임 간의 통합 입장도 받아들이지 않는다. 대신에 포스트모더니즘적 접근은 패러다임 간의 공약불가능성과 통합 모두를 반대하는 제3의 메타이론적 입장을 취한다. 즉, 패러다임의 교차 가능성을 모색하는 한편, 패러다임의 경계에 도전해 이를 넘으려고 한다는 데 있다.
③ [○] 포스트모더니즘 행정이론은 다양성과 상대성, 맥락의존성을 특징으로 하기 때문에 획일적인 대량생산체제보다는 다품종 소량생산체제의 행정서비스와 연결된다.

제4절 공공선택론(Public Choice Theory)

01
다음 〈보기〉에서 설명하는 이론으로 옳은 것은?

2018. 국회 8급

보기
경제학적인 분석도구를 관료행태, 투표자 행태, 정당정치, 이익집단 등의 비시장적 분석에 적용함으로써 공공서비스의 효율적 공급을 위한 제도적 장치를 탐색한다.

① 과학적 관리론 ② 공공선택론
③ 행태주의   ④ 발전행정론

정답 ②
해설 공공선택론에 대한 설명이다.

02
공공선택이론에 대한 설명으로 옳지 않은 것은?

2018. 지방 9급

① 사회의 비시장적인 영역들에 대해서 경제학적 방식으로 연구한다.
② 시민들의 요구와 선호에 민감하게 부응하는 제도 마련으로 민주행정의 구현에도 의의가 있다.
③ 전통적 관료제를 비판하고 그것을 대체할 공공재 공급 방식의 도입을 강조한다.
④ 효용극대화를 추구한다는 합리적 개인에 대한 가정은 현실적합성이 높다고 평가받는다.

정답 ④ [×]
해설 공공선택론은 인간을 자기효용 극대화를 추구하는 합리적 경제인 가정이 비현실적이라는 비판을 받는다.

03
공공선택이론에 대한 설명으로 옳지 않은 것은?

2024. 지방 9급

① 인간을 이기적이고 합리적인 경제인으로 본다.
② 비시장적 의사결정을 경제학적 관점에서 연구한다.
③ 뷰캐넌(Buchanan), 털럭(Tullock), 오스트롬(Ostrom) 등이 대표적인 학자이다.
④ 경제주체의 집단적 선택행위를 중시하는 방법론적 집단주의 입장이다.

정답 ④ [×]
해설 공공선택이론은 개인의 행동을 기본적 분석단위로 하여 정치·경제현상을 분석하는 방법론적 개체주의(개인주의) 입장이다. 모든 사회현상은 개인의 행동으로 환원이 가능하고, 집단적 현상으로 보이는 것은 개인적 선택행위의 총합에 불과하다고 본다.

04
공공선택론에 대한 설명으로 옳지 않은 것은?

2016. 지방 9급

① 공공선택론은 역사적으로 누적 및 형성된 개인의 기득권을 타파하기 위한 접근이다.
② 공공선택론은 공공재의 공급에서 경제학적인 분석도구를 적용한다.
③ 공공선택론에서는 공공서비스를 독점 공급하는 전통적인 정부관료제가 시민의 요구에 민감하게 대응할 수 없는 장치라고 본다.
④ 공공선택론은 공공서비스의 효율적 공급을 위해서 분권화된 조직 장치가 필요하다는 입장이다.

정답 ① [×]
해설 공공선택론은 자유시장의 논리를 공공부문에 도입하는 이론이다. 자유 시장의 논리는 그 자체가 현상 유지를 강조하는 균형이론이라는 비판을 받아왔다. 따라서 공공선택론은 역사적으로 누적 형성된 개인의 기득권을 계속 유지하기 위한 보수주의 접근이라는 비판이 있다.

05
다음과 같은 비판이 제기되고 있는 행정학의 접근방법은?
2017. 지방 7급

- 인간은 경제적 이해관계로만 움직이지 않는다.
- 정부활동의 성과를 지나치게 시장적 가치로 환원하려는 경향이 있다.

① 체제론적 접근방법
② 공공선택론적 접근방법
③ 현상학적 접근방법
④ 생태론적 접근방법

정답 ②
해설 경제학적 접근방법을 행정학에 적용한 공공선택론에 대한 비판이다.

06
공공선택론에 대한 비판적 시각으로 가장 적절하지 않은 것은?
2016. 서울시 7급

① 행정은 가치중립적인 것이며 정치의 영역 밖에 있다고 가정하는데 이는 현실적합성이 매우 떨어진다.
② 시민과 기업의 참여를 통한 서비스의 공동 공급을 주장하지만 이는 실현 불가능한 이상형에 가깝다.
③ 현실 세계가 효용극대화를 추구하고 있으며 합리적인 개인들로 구성되어 있다고 가정하는데 이는 현실적이지 못하다.
④ 자유경쟁시장의 논리를 공공부문에 도입하고자 하는데 그 논리 자체가 현상유지와 균형이론에 집착하는 것이며 시장실패라는 고유한 한계 또한 가지고 있다.

정답 ② [×]
해설 공공선택론은 정부의 독점적인 공공서비스 공급방식의 비효율성을 비판하며, 대안으로 정부와 민간의 다양한 조직들의 경쟁 및 참여를 통해 공공서비스를 생산·공급하는 것을 처방한다.

07
애로우(K. J. Arrow)가 제시한 바람직한 집합적 의사결정 방법의 기본조건이 아닌 것은?
2016. 사회복지 9급

① 집단의 선택과정은 합리적이어야 한다.
② 개개인의 선택의 자유가 제한되어서는 안 된다.
③ 어느 누구도 집합적인 선택의 과정에 대해서 결정적인 영향력을 행사해서는 안 된다.
④ 두 대안에 대한 개개인의 선호 순위는 두 대안뿐 아니라 다른 제3의 대안도 고려하여 결정되어야 한다.

정답 ④ [×]
해설 무관한 제3의 대안으로부터의 독립성 원리(두 대안에 대한 개개인의 선호 순위는 다른 대안의 영향을 받지 않아야 한다)에 반하는 지문이다.

08
니스카넨(Niskanen)의 예산극대화모형(budget-maximization model)에 대한 설명으로 옳지 않은 것은?
2011. 지방 7급

① 정치가는 사회후생의 극대화를 추구한다고 가정한다.
② 정치가는 총편익과 총비용의 차이인 순편익이 최대가 되는 수준에서 공공서비스를 공급하려 한다고 본다.
③ 관료는 자신의 효용을 극대화하려는 합리적 경제인이라고 가정한다.
④ 관료는 한계편익곡선과 한계비용곡선이 교차하는 점에서 공공서비스를 공급하려 한다고 본다.

정답 ④ [×]
해설 자신의 효용극대화를 추구하는 관료는 공공서비스 생산과 관련하여 총비용과 총편익이 일치하는 지점에서 공공서비스를 공급하려 한다. 한계편익곡선과 한계비용곡선이 교차하는 점(=총편익과 총비용의 차이인 순편익이 최대가 되는 수준)에서 공공서비스를 공급하려고 하는 것은 정치인의 입장이다.

09

니스카넨(Niskanen)의 예산극대화 이론과 던리비(Dunleavy)의 관청형성 이론에 대한 설명으로 옳지 않은 것은?

2020. 국가 7급

① 니스카넨(Niskanen)에 따르면 최적의 서비스 공급 수준은 한계편익(marginal benefit)과 한계비용(marginal cost)이 일치하는 수준에서 결정된다.
② 두 이론 모두 관료를 자신의 이익과 효용을 추구하는 인간으로 가정한다.
③ 던리비(Dunleavy)에 따르면 관청형성의 전략 중 하나는 내부조직 개편을 통해 정책결정 기능과 수준을 강화하되 일상적이고 번잡스러운 업무는 분리하고 이전하는 것이다.
④ 니스카넨(Niskanen)에 따르면 예산극대화 행동은 예산유형과 직위의 관계, 기관유형, 시대적 상황 등의 측면에서 다양하게 나타날 수 있다.

정답 ④ [×]
해설 니스카넨의 예산극대화 이론에서 모든 관료가 일률적으로 예산극대화 동기를 갖는다는 것을 비판하면서, 예산극대화 행동은 예산유형과 직위의 관계, 기관유형, 시대적 상황 등의 측면에서 다양하게 나타날 수 있다고 주장한 것은 던리비(Dunleavy)이다.

10

던리비(Dunleavy)의 관청형성 모형에 대한 설명으로 가장 옳은 것은?

2018. 지방 9급

① 고위 관료의 선호에 맞지 않는 기능을 민영화나 위탁계약을 통해 지방정부나 준정부기관으로 넘긴다.
② 합리적인 고위직 관료들은 소속기관의 예산극대화를 추구한다.
③ 중하위직 관료는 주로 관청예산의 증대로 이득을 얻는다.
④ 관료들이 정책결정을 할 때 사적이익보다는 공적 이익을 우선시한다.

정답 ① [○]
해설 던리비에 의하면 합리적 고위 관료들은 책임과 통제가 수반되는 일상적 기능은 준정부조직이나 외부계약으로 떼어내고(관청형성), 가능한 권력 중심에 있는 부서에서 참모적 기능을 선호한다.
② [×] 던리비의 관청형성모형은 니스카넨의 예산극대화 모형을 비판하는 모형으로 합리적인 고위직 관료들은 예산극대화를 추구하기보다는 관청형성 동기를 추구한다고 본다. 합리적인 관료들이 소속기관의 예산극대화를 추구한다고 보는 모형은 니스카넨(Niskanen)의 예산극대화 모형이다.
③ [×] 중하위직 관료들은 주로 핵심예산(기관·부처의 운영비)의 증대로부터 이득을 얻게 된다. 부처 운영비 예산이 많아질수록 중하위직 관료들은 직업적 안정성(신분보장)이 보장되고 직위의 수가 증가함에 따라 승진 기회가 확대되기 때문이다. 반면 고위직 관료들은 주로 관청예산(핵심예산+해당 기관이 민간부문에 지불하는 지출액)의 증대로부터 이득을 얻게 된다. 민간부문에 지불하는 보조금이 증대할수록 부서의 위신이 상승하고 고객과의 관계 등에서 우위를 점할 수 있기 때문이다.
④ [×] 관료들은 합리적 경제인 가정에 따라서 정책결정을 할 때 사적 이익 극대화를 추구한다.

제5절 신제도주의 접근방법

01
신제도주의에 대한 설명으로 옳은 것은? 2015. 사복직 9급

① 비공식적인 제도나 규범도 넓은 의미에서 '제도'로 규정한다.
② 행태주의적 접근방법을 지지한다.
③ 역사적 신제도주의는 분석수준 면에서 방법론적 개체주의의 입장을 취한다.
④ 사회학적 신제도주의는 다양한 요인들이 결합되는 역사적 우연성과 맥락을 중시한다.

> **정답** ① [O]
> **해설** ② [×] 신제도주의는 행태론적 접근방법의 한계를 비판한다.
> ③ [×] 역사적 신제도주의는 분석수준 면에서 방법론적 전체주의(holism) 입장을 취한다.
> ④ [×] 역사적 우연성과 맥락을 중시하는 것은 역사적 신제도주의의 특징이다.

02
신제도주의에 대한 설명으로 옳은 것만을 모두 고른 것은? 2013. 지방 9급

ㄱ. 합리적 선택 신제도주의가 형성되는 데 거래비용접근법이 많은 영향을 미친다.
ㄴ. 사회학적 신제도주의는 문화가 제도의 형성에 미치는 영향을 간과한다.
ㄷ. 역사적 신제도주의는 행위자 간의 상호작용을 제약하는 제도의 영향력과 제도적 맥락을 강조한다.

① ㄱ, ㄴ
② ㄱ, ㄷ
③ ㄴ, ㄷ
④ ㄱ, ㄴ, ㄷ

> **정답** ② ㄱ, ㄷ [O]
> **해설** ㄴ. [×] 사회학적 신제도주의는 신제도주의에서 제도의 개념을 인간행위에 의미를 부여하는 상징과 인지, 전통과 관습 등 문화까지 포함하는 입장으로 문화가 제도의 형성에 미치는 영향을 강조한다.

03
신제도주의에 대한 설명으로 옳은 것은? 2018. 지방교행 9급

① 역사적 신제도주의는 제도의 지속성을 중시한다.
② 신제도주의는 제도를 공식적인 체제나 구조에 한정하여 규정한다.
③ 사회학적 신제도주의는 제도를 개인의 효용을 극대화하기 위한 수단으로 본다.
④ 합리적 선택 신제도주의는 제도가 유사한 형태로 수렴하는 제도적 동형화에 주목한다.

> **정답** ① [O]
> **해설** ② [×] 제도를 공식적 체제나 구조에 한정하여 규정하는 것은 구제도주의이다. 신제도주의는 비공식적 제도까지 포함한다.
> ③ [×] 합리적 선택 신제도주의(사회학적 신제도주의 ×)는 제도를 개인의 효용을 극대화하기 위한 수단으로 본다.
> ④ [×] 제도적 동형화에 주목하는 것은 사회학적 신제도주의(합리적 선택 신제도주 ×)이다.

04
신제도주의에 대한 설명 중 가장 옳은 것은? 2017. 사복직 9급

① 합리적 선택 제도주의는 방법론적 전체주의 입장에서 제도를 개인으로 환원시키지 않고 제도 그 자체를 전체로서 이해함을 강조한다.
② 역사적 제도주의는 선진 제도 학습에 따른 제도의 동형화를 강조한다.
③ 사회학적 제도주의는 기존 경로를 유지하려는 제도의 속성을 강조한다.
④ 사회학적 제도주의는 조직구성원이 제도를 넘어선 효용극대화의 합리성에 따라 행동하기보다 주어진 제도 안에서 적합한 방식을 찾아 행동할 가능성이 높음을 강조한다.

> **정답** ④ [O]
> **해설** ① [×] 합리적 선택 제도주의는 분석 단위를 개인으로 하는 방법론적 개체주의 입장이다.
> ② [×] 제도의 동형화를 강조하는 것은 사회학적 신제도주의이다.
> ③ [×] 기존 경로를 유지하려는 제도의 경로의존성을 강조하는 것은 역사적 신제도주의의 특징이다.

05
신제도주의에 대한 설명으로 옳지 <u>않은</u> 것은?

2021. 지방 9급

① 제도는 법률, 규범, 관습 등을 포함한다.
② 역사적 제도주의는 제도가 경로의존성을 따른다고 본다.
③ 사회학적 제도주의는 적절성의 논리보다 결과성의 논리를 중시한다.
④ 합리적 선택 제도주의는 제도가 합리적 행위자의 이기적 행태를 제약한다고 본다.

정답 ③ [×]
해설 사회학적 제도주의는 결과성의 논리보다 적절성의 논리를 중시한다.

06
신제도주의 이론에 대한 설명으로 옳지 <u>않은</u> 것은?

2013. 지방 7급

① 신제도주의는 원자화된 개인이 아니라 제도라는 맥락 속에서 전개되는 개인 행위에 초점을 맞춘다.
② 신제도주의에서 제도는 독립변수일 수도 있고 종속변수일 수도 있다.
③ 합리적 선택 신제도주의에 의하면 행위자의 선호는 개인들 간 상호작용을 통해 형성된다.
④ 역사적 신제도주의는 전체주의 입장을 취하며 주로 중범위 수준에서 분석을 수행한다.

정답 ③ [×]
해설 합리적 선택 신제도주의에서 개인의 선호는 선험적으로 제도와 무관하게 주어진 것으로 보고, 변화하지 않는다고 가정한다.

07
신제도주의 이론에 대한 설명으로 옳지 <u>않은</u> 것은?

2014. 국가 7급

① 역사적 제도주의에서는 제도의 경로의존성(path dependency)을 강조한다.
② 신제도주의는 이론적 배경을 달리하는 역사적 제도주의, 합리적 선택이론, 사회학적 제도주의 등으로 구별된다.
③ 신제도주의는 기존의 행태주의가 시대별 정책적 차이나 다양성을 설명하지 못하는 한계를 가지고 있다는 점에 주목한다.
④ 구제도주의와 신제도주의의 공통점은 제도의 개념을 동태적인 것으로 파악하면서, 국가 간 차이에 대한 설명을 시도하는 것이다.

정답 ④ [×]
해설 구제도주의와 신제도주의의 차이점(공통점 ×)이다. 구제도주의는 제도를 정태적으로 파악하는 반면, 신제도주의는 제도와 인간 행태와의 관계, 제도와 정책의 관계 등 다양한 변수와의 상호작용을 동태적으로 파악한다는 점에서 차이가 있다.

08
신제도주의에 대한 다음 설명 중 가장 옳지 <u>않은</u> 것은?

2015. 서울시 9급

① 신제도주의는 행태주의에서 규명하고자 했던 개인의 선호체계와 행위결과 간의 직선적 인과관계에 의문을 제기한다.
② 합리적 선택 신제도주의 계열에는 거래비용 경제학, 공공선택이론, 공유재이론 등이 있다.
③ 사회학적 신제도주의는 경제적 효율성이 아니라 사회적 정당성 때문에 새로운 제도적 관행이 채택된다고 주장한다.
④ 역사적 신제도주의는 경로의존적인 사회적 인과관계를 강조하므로 특정 제도가 급격한 변화에 의해 중단될 수 있는 가능성을 부정한다.

정답 ④ [×]
해설 역사적 신제도주의는 경로의존성을 중시하여 제도에 지속성과 안정성을 강조하지만 크래스너(Krasner)와 같은 학자는 외적 충격(전쟁, 경제위기, 정권 변동 등)에 의한 급격한 변화의 가능성을 인정한다(단절균형 모형).

09
역사적 신제도주의의 특징으로 옳지 않은 것은?
2015. 지방 9급

① 행정기관, 의회, 대통령, 법원 등 유형적인 개별 정치제도가 주된 연구대상이다.
② 제도를 이해하는 데 있어 역사적·사회적 맥락의 중요성을 강조한다.
③ 제도가 형성되면 안정성과 경로의존성을 갖는다고 본다.
④ 제도란 공식적 법규범뿐만 아니라 비공식적 절차, 관례, 관습 등을 포함한다.

정답 ① [×]
해설 행정기관, 의회, 대통령, 법원 등 유형적인 개별 정치제도를 주된 연구대상으로 하는 것은 구제도주의의 특징이다.

10
사회학적 신제도주의에 대한 설명으로 옳지 않은 것은?
2020. 지방 7급

① 개인의 행위는 고립된 상태에서 선택되는 것이 아니라 사회관계에 의하여 영향을 받는다는 의미에서 '배태성(embeddedness)'이라는 개념을 사용한다.
② 조직들이 시장의 압력 속에서 생존하기 위해 경쟁력 있는 조직형태나 조직관리 기법을 합리적으로 선택하는 것은 규범적 동형화(normative isomorphism)의 예이다.
③ 정부의 규제정책에 따라 기업들이 오염방지장치를 도입하거나 장애인 고용을 확대하는 것은 강압적 동형화(coercive isomorphism)의 예이다.
④ 정부의 제도개혁에 선진국의 제도를 도입하여 적용하는 것은 모방적 동형화(mimetic isomorphism)의 예이다.

정답 ② [×]
해설 합리적 선택의 신제도주의에 대한 설명이다. 사회학적 신제도주의에서는 조직이나 제도의 변화는 효율성과 합리성 추구로 발생하는 것이 아니라 사회적으로 정당하다고 인정받는 구조와 기능을 닮아가는 제도적 동형화 과정의 결과물로 설명한다. 규범적 동형화는 전문가 집단에 의해 형성된 사회적 규범에 따라 특정 제도를 도입하는 것을 의미한다.

① [○] 배태성은 사회학적 신제도주의와 관련된 특성으로, "어떤 현상의 발생 원인이 되는 고유한 속성"을 의미한다. 사회학적 신제도주의자들은 개인의 선택과 선호는 그것이 배태된 문화적·역사적 틀 밖에서는 제대로 이해될 수 없다고 본다.
③ [○] 강압적 동형화(coercive isomorphism)는 그 조직이 소속된 사회의 문화적 기대에 의한 공식적·비공식적 압력의 결과로, 정부의 규제정책에 따른 기업의 오염방지 장치 도입 및 장애인 고용 확대는 강압적 동형화의 예이다.
④ [○] 모방적 동형화(mimetic isomorphism)는 환경이 불확실할 때 성공적인 조직을 본받으려는 동기에서 일어나는 것으로, 선진국의 제도를 도입하여 적용하는 것은 모방적 동형화의 예이다.

11
신제도주의의 주요 분파에 대한 설명으로 옳은 것은?
2019. 지방 7급

① 합리적 선택 제도주의는 개인이 합리적이며 선호는 제도와 밀접하게 연관되어 변화하는 것으로 가정한다.
② 사회학적 제도주의는 제도의 변화과정을 설명할 때 경로의존성을 강조하며, 제도의 운영 및 발전과 관련하여 권력의 비대칭성에 초점을 맞춘다.
③ 역사적 제도주의는 중범위적 제도 변수가 개별 행위자의 행동과 정치적 결과를 어떻게 연계시키는지에 대해 초점을 맞춘다.
④ 사회학적 제도주의는 사회적 딜레마를 해결하기 위해 사람들이 스스로 만드는 게임의 규칙을 제도로 본다.

정답 ③ [○]
해설 역사적 제도주의는 정치학에서 발전한 이론으로 개별 국가마다 제도가 달리 형성되는 이유를 역사적 맥락(특수성)과 경로의존성으로 설명하는 거시적 접근방법이며, 구체적으로 정치 제도를 중심으로 정치제도 변수가 개별 행위자의 행동과 정치적 결과를 어떻게 연계시키는지에 대해 초점을 맞추는 중범위 수준의 연구를 특징으로 한다.
① [×] 합리적 선택 제도주의는 인간을 합리적인 행위자로 전제하지만, 개인의 선호는 선험적으로 주어진 외생적인 것으로 가정하기 때문에 선호 형성에 대해서는 제도는 영향을 미치지 못한다.
② [×] 제도의 경로의존성을 강조하며, 제도의 운영 및 발전과 관련하여 권력의 비대칭성(불균등성)에 초점을 맞추는 것은 역사적 제도주의이다.
④ [×] 사회적 딜레마(집단행동의 딜레마 또는 공유지의 비극)를 해결하기 위해 사람들이 스스로 만드는 게임의 규칙을 제도로 인식하는 것은 합리적 선택 신제도주의이다.

12
신제도주의 유형과 그 특징을 바르게 연결한 것은?

2020. 국가 7급

	합리적 선택 제도주의	역사적 제도주의	사회학적 제도주의
①	중범위 수준 제도분석	제도동형성	경로의존성
②	거래비용	경로의존성	제도동형성
③	전략적 상호작용	중범위 수준 제도분석	거래비용
④	경로의존성	전략적 상호작용	중범위 수준 제도분석

정답 ② [O]

해설 합리적 선택 신제도주의에서 제도는 거래의 불확실성과 거래비용을 감소시켜 거래의 안정성과 교환의 효율성을 높이는 역할을 수행한다. 역사적 신제도주의는 역사적 맥락에서 형성된 제도의 지속성과 안정성을 강조하는 경로의존성(path dependence) 개념을 강조한다. 사회학적 신제도주의에서 조직이나 제도의 변화는 효율성을 추구한 결과가 아니라 사회적으로 정당하다고 인정받는 구조와 기능을 닮아가는 과정에서 제도적 동형화 현상이 나타난다고 설명한다.

합리적 선택 제도주의	역사적 제도주의	사회학적 제도주의
방법론적 개체주의	중범위 수준 제도분석	방법론적 전체주의
전략적 상호작용/ 거래비용	경로의존성	제도 동형성

☑ 역사적 제도주의는 대규모의 공식·비공식적 조직을 다루기보다는 중범위 수준의 제도의 분석에 초점을 두고 있다. 예컨대 계급과 같은 거시적 수준의 사회·경제적 구조보다는 좀 더 하위 수준에 위치하는 정당 체제라든가 노동조합 같은 경제적 이익집단 등에 주된 관심을 두고 있다.

제6절 특정 행정현상에 관한 이론

01
사회자본(social capital)에 대한 설명으로 옳지 않은 것은?
2011. 국가 7급

① 부르디외(P. Bourdieu)는 서로 알고 지내는 사이에 지속적으로 존재하는 관계의 네트워크를 통하여 얻을 수 있는 실제적이고 잠재적인 자원의 합계로 정의하였다.
② 사회자본은 물적 자본 및 인적자본과는 구분되는 자본으로 사회적 관계 속에 존재하는 것이다.
③ 사회자본은 사용할수록 점차 감소하기 때문에 소유주체가 지속적으로 유지하려는 노력을 투입해야 한다.
④ 후쿠야마(F. Fukuyama)는 국가의 복지수준과 경쟁력은 사회에 내재하는 신뢰수준이 결정한다고 보았다.

정답 ③ [×]
해설 사회적 자본은 자기강화적 성격을 갖기 때문에 사용하면 할수록 더욱 증가하는 특성을 지닌다.

02
사회적 자본에 대한 설명으로 가장 옳지 않은 것은?
2017. 서울시 7급

① 신뢰를 통해 거래비용을 감소시키는 기능이 있다.
② 단기간에 정부 주도하의 국민운동에 의해 형성될 수 있다.
③ 개념적으로 추상적이기에 객관적으로 계량화하기 쉽지 않다.
④ 개인, 집단, 지역공동체, 국가 등 상이한 수준에서 정의될 수 있다.

정답 ② [×]
해설 사회자본은 사회구성원들 간의 상호작용과 학습 과정을 통해 장기간에 걸쳐 자연스럽게 축적되는 것으로 정부 주도하에 단기간에 걸쳐 형성되기 어렵다.
③ [○] 사회적 자본은 신뢰, 호혜규범, 협력적 네트워크 등 추상적이고 무형적인 특성을 지니기 때문에 객관적으로 계량화하기 어렵다.
④ [○] 사회적 자본은 사회구성원들 간의 관계에 존재하는 구조적·문화적 특성으로 개인 간, 집단 간, 지역공동체 간, 국가 간의 관계 등 상이한 수준에서 정의될 수 있다.

03
'사회 자본'(social capital)이 형성되는 모습으로 보기 어려운 것은?
2013. 국가 9급

① 지역주민들의 소득이 지속적으로 증가하고 있다.
② 많은 사람들이 알고 지내는 관계를 유지하는 가운데 대화·토론하면서 서로에게 도움을 준다.
③ 이웃과 동료에 대한 기본적인 믿음이 존재하며 공동체 구성원들이 서로 신뢰한다.
④ 지역 구성원들이 삶과 세계에 대한 도덕적·윤리적 규범을 공유하고 있다.

정답 ① [×]
해설 사회자본은 구성원들 간의 협력을 촉진하고, 거래비용을 감소시켜 사회 전체의 경제발전에 긍정적인 영향을 미칠 수 있지만, 직접적으로 지역주민들의 소득 증가를 가져온다고 보기는 어렵다.

04
사회자본이론(social capital theory)에 대한 설명으로 옳지 않은 것은?
2017. 국가 9급

① 사회자본은 참여자들이 협력하도록 함으로써 공유한 목적을 보다 효과적으로 성취하게 만드는 신뢰, 규범, 네트워크와 같은 사회조직의 특징으로 정의할 수 있다.
② 푸트남(R. D. Putnam) 등은 이탈리아에서 사회자본(시민공동체 의식)이 지방정부의 제도적 성과 차이를 잘 설명한다고 주장했다.
③ 정밀한 사회적 연결망은 신뢰를 강화하고, 거래비용을 낮추며, 혁신을 가속화함으로써 경제 발전을 촉진할 수 있다.
④ 신뢰와 네트워크를 통한 과도한 대외적 개방성에 대하여 많은 비판을 받고 있다.

정답 ④ [×]
해설 사회자본이론은 사회(집단) 구성원들 간의 신뢰와 호혜규범, 네트워크를 통해 폐쇄적인 연고 네트워크를 형성함으로써 다른 집단에 대해 대외적으로 폐쇄적이고 배타적인 성향(개방성 ×)을 초래하는 역기능을 야기할 수 있다.

05
사회적 자본(social capital)에 대한 설명으로 옳은 것을 〈보기〉에서 모두 고른 것은?　　　　　　　　2019. 서울 7급

보기
ㄱ. 퍼트남(R. Putnam)은 사회적 자본에 있어 네트워크, 규범, 신뢰를 강조하였다.
ㄴ. 사회적 자본이 형성되는 경우 거래비용 감소의 긍정적 효과가 있다.
ㄷ. 사회적 자본은 조정과 협동을 용이하게 만든다.
ㄹ. 세계은행은 개발도상국 개발사업에 사회적 자본 개념을 활용하고 있다.
ㅁ. 후쿠야마(F. Fukuyama)는 한국사회에 만연한 불신은 사회적 비효율성의 원인이라고 하였다.

① ㄱ, ㄷ, ㅁ
② ㄱ, ㄹ, ㅁ
③ ㄱ, ㄴ, ㄷ, ㅁ
④ ㄱ, ㄴ, ㄷ, ㄹ, ㅁ

정답 ④ ㄱ, ㄴ, ㄷ, ㄹ, ㅁ [○]
해설
ㄱ. [○] 퍼트남은 사회적 자본이란 사람들의 협조 행동을 활발하게 함으로써 사회의 효율성을 개선할 수 있는 신뢰 규범 네트워크 등 사회조직의 특성이라고 보았다.
ㄴ. [○] 사회적 자본은 사회적 관계에서 거래비용을 감소시켜주는 기능을 수행한다.
ㄷ. [○] 사회적 자본은 구성원들 사이의 신뢰관계를 형성하게 하고 조정과 협동을 용이하게 한다.
ㄹ. [○] 세계은행은 사회자본 측정 도구 SC-IQ(Integrated Questionnaire for the Measurement of Social Capital)를 개발해서 국가 개발 계획, ODA(Official Development Assistance) 사업 평가에 사회자본 지표 반영 필요를 강조하고 있다. 세계은행은 과거 개발도상국 원조가 물리적 인프라・재정지원에만 집중되고 공동체 협력은 부족했기 때문에 사업이 지속적으로 실패했음을 지적하고, 개발도상국 원조 사업의 성공을 위해 지역 커뮤니티의 역량 강화, 시민참여 제도 등 사회자본 형성 요소를 정책설계에 반드시 포함해야 함을 강조했다. 또한 '좋은 거버넌스(Good Governance)'를 사회자본 강화의 핵심 조건으로 보고, 참여형 개발(Participatory Development) 모델 확산을 권고했다.
ㅁ. [○] 후쿠야마는 한국사회를 문화적 차원에서 저신뢰 사회로 규정하고 한국 사회에 만연한 불신은 사회적 비효율성의 원인이 되고 있음을 지적한 바 있다.

06
사회적 자본(social capital)에 대한 설명으로 가장 옳지 않은 것은?　　　　　　　　2018. 서울 7급

① 사회구성원들이 공동의 문제를 해결하는 데 적극적으로 참여하는 사회의 조건 또는 특성을 의미한다.
② 공동이익을 위한 상호 조정과 협력을 촉진한다.
③ 공동체에 대한 무조건적인 봉사를 전제로 한다.
④ 신뢰가 사회 전체 혹은 사회의 특정 부분에 널리 퍼져 있는데서 생기는 능력을 의미하기도 한다.

정답 ③ [×]
해설 사회적 자본은 호혜주의적 특성을 지니며, 구성원들은 자기에게 필요할 때 언젠가는 보답을 받을 것이라는 일반적인 기대를 가지고 다른 사람들 그리고 공동체를 위해 봉사한다. 이러한 행태를 친사회적 행태(prosocial behavior)라고 한다.

07
다음 중 딜레마 이론에 대한 설명으로 옳은 것은?　　　　　　　　2017. 국회 8급

① 정부활동의 기술적・경제적 합리성을 중시하고 정부가 시장의 힘을 활용하는 촉매자 역할을 한다는 점을 강조하는 이론이다.
② 전략적 합리성을 중시하고, 공유된 가치 창출을 위한 시민과 지역공동체 집단들 사이의 이익을 협상하고 중재하는 정부 역할을 강조하는 행정이론이다.
③ 정부신뢰를 강조하고, 정부신뢰가 정부와 시민의 협력을 증진시키며 정부의 효과성을 높이는 가장 중요한 요인이 된다고 주장하는 행정이론이다.
④ 시차를 두고 변화하는 사회현상을 발생시키는 주체들의 속성이나 행태의 연구가 행정이론 연구의 핵심이 된다고 주장하고, 이를 행정현상 연구에 적용하였다.
⑤ 상황의 특성, 대안의 성격, 결과가치의 비교평가, 행위자의 특성 등 상황이 야기되는 현실적 조건하에서 대안의 선택 방법을 규명하는 것을 통해 행정이론 발전에 기여하였다.

정답 ⑤ [○]
해설 ① [×] 신공공관리론에 대한 설명이다.
② [×] 신공공서비스론에 대한 설명이다.
③ [×] 정부신뢰를 강조하고, 정부신뢰가 정부와 시민의 협력을 증진시키며 정부의 효과성을 높이는 가장 중요한 요인이 된다고 주장하는 행정이론은 사회자본론에 대한 설명이다.
④ [×] 시차이론에 대한 설명이다.

08
딜레마 이론에 대한 설명으로 옳은 것은? 2017. 지방 9급

① 부정확한 정보와 의사결정자의 결정 능력 한계로 인해 발생하는 딜레마 상황에 주목한다.
② 대안을 선택하지 않는 비결정도 딜레마에 대한 하나의 대응형태로 볼 수 있다.
③ 두 대안이 추구하는 가치 간 충돌이 있는 경우 결국 절충안을 선택하게 된다.
④ 딜레마의 구성 요건으로서 단절성(discreteness)이란 시간의 제약이 존재하므로 어떤 식의 결정이든 해야 함을 의미한다.

정답 ② [○]
해설 ① [×] 딜레마 상황은 부정확한 정보와 의사결정자의 결정 능력 한계로 인해 발생하는 것이 아니라 상충하는 이해관계의 가치 간 갈등이나 가치 간 비교의 어려움으로 인해 정책결정 자체가 어려워지는 경우를 말한다.
③ [×] 딜레마 상황이 발생하려면 대안 간 절충이 불가능한 상황이어야 한다(분절성, 단절성).
④ [×] 단절성(분절성)은 대안 간 절충이 불가능한 상황을 말한다. 최소한 하나의 대안을 반드시 선택해야 하는 것은 선택 불가피성(unavoidability)이다.

09
다음 중 딜레마 이론에서 논의되는 딜레마 상황이 갖는 논리적 구성요건을 모든 고른 것은? 2015. 서울시 7급

㉠ 분절성(discreteness)
㉡ 안정성(stability)
㉢ 상충성(trade-off)
㉣ 적시성(timeliness)
㉤ 균등성(equality)
㉥ 선택불가피성(unavoidability)

① ㉠, ㉡, ㉣, ㉥
② ㉠, ㉢, ㉣, ㉥
③ ㉠, ㉢, ㉤, ㉥
④ ㉡, ㉣, ㉤, ㉥

정답 ③
해설 딜레마 상황의 구성요소에는 ㉠ 분절성, ㉢ 상충성, ㉤ 균등성, ㉥ 선택 불가피성 등이 있다.

☑ **딜레마 상황의 구성요소**: 분절성, 상충성, 균등성, 선택 불가피성을 모두 충족해야 딜레마가 초래된다.
① **선택 불가피성(unavoidability)**: 최소한 하나의 대안을 반드시 선택해야 한다는 것
② **분절성(discreteness)**: 대안 간 절충이 불가능한 상황
③ **균등성(equality)**: 대안이 가져올 결과가치가 균등해야 한다는 것
④ **상충성(trade-off)**: 대안의 상충으로 인해 하나의 대안만 선택해야 한다는 것

10
정책딜레마 상황에서 정책결정자의 대응행동이라고 보기 어려운 것은? 2013. 국회 9급

① 갈등집단 간의 권력균형 유지
② 정책문제의 재규정
③ 상황의 호도
④ 상충되는 정책대안의 동시 선택
⑤ 정책결정의 회피와 지연

정답 ① [×]

해설 ① [×]은 정책딜레마 상황에서 대응행동과 관계가 없다.
② 정책문제의 재규정은 정책딜레마를 극복하기 위한 적극적 방안이고, ③④⑤는 소극적 대응방안에 각각 해당한다.

딜레마에 대한 대응 방안

소극적 대응	적극적 대응
① 정책결정의 포기(회피)	① 딜레마 상황의 변화를 유도
② 결정의 지연	② 하나의 딜레마 상황에서 관심을 돌리기 위해 새로운 딜레마 상황을 조성
③ 결정책임의 전가	③ 정책문제의 재규정을 시도
④ 상황의 호도 (다른 정책에 의해 문제가 해결된 것처럼 보이게 하는 것)	④ 상충되는 정책대안들을 동시에 선택
	⑤ 정책대안을 선택한 후 이를 번복하거나 수정함으로써 상충되는 정책들을 바꾸거나 선택된 정책대안의 집행을 왜곡하는 대응 방안(stop-go-policy 스톱 고 정책)

11
다음 행정이론에 대한 설명으로 옳지 않은 것은?

2019. 국가 7급

> 변화 시작의 시간적 전후관계나 동반관계, 변화과정의 시간적 장단(長短)관계를 사회현상 연구에 적용하는 접근방법이다. 정책이 실제로 실행되는 타이밍, 정책대상자들의 학습시간, 정책의 관련요인들 간 발생순서 등이 정책효과를 다르게 할 수 있다고 주장한다.

① 원인변수와 결과변수 간 인과관계가 원인변수들이 작용하는 순서에 따라 달라지지는 않는다고 본다.
② 정책이나 제도의 도입 이후 어느 시점에서 변경을 시도해야 바람직한 결과를 낳을 것인지에 주목한다.
③ 정책이나 제도의 효과는 어느 정도 숙성기간이 지난 후에 평가하는 것이 보다 합리적이라고 본다.
④ 시차적 요소에 대해 적절하게 고려하지 않아 정부개혁의 실패가 나타난다고 본다.

정답 ① [×]

해설 시차이론은 정책과정에서 시차적 요소의 중요성을 강조한 이론으로, 시차적 요소에는 원인변수와 결과변수들이 작용하는 순서(제도 도입의 순서 혹은 선후관계), 제도간의 정합성, 정책의 성숙기간, 정책결정자의 시간 리더십 등을 포함한다.

12
행정환경의 복합성에 따른 다양한 접근에 대한 설명 중 옳지 않은 것은?

2011. 국회 9급

① 다문화주의(multiculturalism)란 하나의 사회 내부에서 복수 문화의 공존을 바람직한 것으로 보고, 문화의 공존이 가져오는 긍정적인 측면을 적극적으로 평가하려고 하는 주장 내지 운동을 지칭한다.
② 딜레마이론에서는 변화를 추진하는 변화담당자 혹은 조직의 책임자들의 지적·정치적 능력과 더불어 시간적 리더십을 강조하고 있다.
③ R. D. Putnam은 사회적 자본을 사람들의 협조행동을 활발하게 함으로써 사회의 효율성을 개선할 수 있는 신뢰, 규범, 네트워크 등 사회조직의 특징이라고 정의하고 있다.
④ 갈등관리를 위한 협상론적 시각의 연구들은 협상자 상호 간의 관계, 특히 신뢰관계 형성의 중요성을 강조하는데 이는 사회적 자본과 밀접한 관계가 있다.
⑤ 시차이론에서 도입하고 있는 제도와 정책 변화에 내재하는 시차적 요소는 시간 차이에 대한 전제(혹은 가정), 인과관계의 시차적 성격, 숙성기간, 변화의 속도와 안전성 등이다.

정답 ② [×]

해설 딜레마 이론이 아니라 시차이론에 대한 설명이다.

13
행정학의 접근방법에 대한 설명으로 가장 옳지 않은 것은?

2020. 서울 9급

① 행태론적 접근방법은 과학적 방법의 적용을 강조한다.
② 체제론적 접근방법은 환경의 영향을 중시한다.
③ 사회학적 제도주의는 신제도주의에서 제도의 개념을 가장 좁게 해석한다.
④ 논변적 접근방법은 결정에 대한 주장을 정당화할 수 있도록 논거를 전개할 수 있는 모형을 제공한다.

정답 ③ [×]
해설 신제도주의의 유파 중 사회학적 신제도주의가 제도의 범위를 사회문화 등으로 가장 넓게 해석한다.
④ [○] 논변적 접근방법은 자연현상의 법칙성을 연구하는 과학과는 달리 행정현상과 같은 가치측면의 규범성을 연구할 때는 결정에 대한 주장의 정당성을 갖추는 것이 중요하다고 보고 행정에서 진정한 가치는 자신들의 주장에 대한 논리성을 점검하고 상호 타협과 합의를 도출하는 민주적 절차에 있다고 본다. 논변모형의 기본구성요소는 자료 ⇨ 본증 ⇨ 보증 ⇨ 반증 ⇨ 한정접속사 ⇨ 주장으로 공청회는 논변적 접근법이 적용될 수 있는 대표적 사례 중 하나이다.

14
행정학의 접근 방법에 대한 설명으로 옳은 것은?

2020. 국가 9급

① 법적·제도적 접근 방법은 개인이나 집단의 속성과 행태를 행정 현상의 설명변수로 규정한다.
② 신제도주의 접근 방법에서는 제도를 공식적인 구조나 조직 등에 한정하지 않고, 비공식적인 규범 등도 포함한다.
③ 후기 행태주의 접근 방법은 행정을 자연·문화적 환경과 관련하여 이해하면서 행정체제의 개방성을 강조한다.
④ 툴민(Toulmin)의 논변적 접근 방법은 환경을 포함하여 거시적인 관점에서 행정 현상을 분석하고, 확실성을 지닌 법칙 발견을 강조한다.

정답 ② [○]
해설 ① [×] 개인이나 집단의 속성과 행태를 행정현상의 설명변수로 규정하는 것은 법적·제도적 접근법이 아니라 행태론적 접근법이다.
③ [×] 후기행태주의가 아니라 생태론적 접근법에 대한 설명이다.
④ [×] 논변적 접근방법은 행정현상과 같은 가치측면의 규범성을 연구할 때는 결정에 대한 주장의 정당성을 갖추는 것이 중요하다고 보고 행정에서 진정한 가치는 자신들의 주장에 대한 논리성을 점검하고 상호 타협과 합의를 도출하는 민주적 절차에 있다고 본다.

15
다음 중 행정학의 접근방법에 대한 설명으로 옳지 않은 것은?

2017. 국회 8급

① 행태론적 접근방법은 현상에서 가치 문제가 많이 개입되어 있을수록 이론의 적합성이 떨어지기 때문에 의도적으로 이러한 문제를 연구 대상이나 범위에서 제외시킬 수 있다.
② 체제론적 접근방법은 자율적으로 목표를 설정하고 그 방향으로 체제를 적극적으로 변화시켜 나가려는 측면보다 환경 변화에 잘 적응하려는 측면을 강조한다.
③ 신제도주의는 행위주체의 의도적이고 전략적인 행동이 제도에 영향을 미칠 수 있다는 점을 부정하고, 제도 설계와 변화보다는 제도의 안정성 차원에 관심을 보이고 있다.
④ 논변적 접근방법의 진정한 가치는 각자 자신들의 주장에 대한 논리성을 점검하고 상호 타협과 합의를 도출하는 민주적 절차에 있다.
⑤ 법적·제도적 접근방법은 연구가 지나치게 기술적(descriptive) 수준에 머물고 정태적이라는 비판에 부딪혔다.

정답 ③ [×]
해설 세 가지 신제도주의 학파는 기본적으로 제도의 안정성과 지속성을 중심으로 이론이 개발되었기 때문에 제도의 생성과 변화를 설명하는 데는 한계가 있었다. 최근의 신제도주의는 제도의 일방향적 결정론적 시각에 대한 비판을 수용해서 행위 주체의 의도적이고 전략적인 행동이 제도에 영향을 미칠 수 있다는 점을 인정하고, 제도의 안정성 차원보다는 제도설계와 변화에 관심을 보이고 있다.

Chapter 05 행정학의 패러다임의 변화

제1절 신공공관리론(New Public Management)

01
신공공관리론에 입각한 정부개혁의 내용으로 옳지 <u>않은</u> 것은?
2024. 국가 9급
① 효율성 대신 형평성에 초점을 맞춘 고객지향적 정부 강조
② 수익자 부담 원칙의 강화
③ 정부 부문 내의 경쟁 원리 도입
④ 결과 혹은 성과 중심주의 강조

> **정답** ① [×]
> **해설** 신공공관리는 시장주의를 토대로 효율성·생산성을 추구하고 고객중심 행정을 강조한 반면 사회적 형평성, 공공성을 경시했다는 비판을 받는다.

02
다음 중 신공공관리론자들이 지향하는 가치와 거리가 먼 것을 모두 고른 것은?
2014. 지방 9급

> ㄱ. 하이예크의『노예에로의 길』
> ㄴ. 미국의 '위대한 사회(The Great Society)' 정책
> ㄷ. 성과에 의한 관리
> ㄹ. 오스본과 게블러의『정부 재창조』
> ㅁ. 유럽식의 '최대의 봉사자가 최선의 정부'

① ㄱ, ㄴ   ② ㄱ, ㄷ
③ ㄴ, ㄹ   ④ ㄴ, ㅁ

> **정답** ④ ㄴ, ㅁ [×]
> **해설** ㄴ, ㅁ은 정부역할의 확대와 정부팽창의 근거가 되었다. 신공공관리론은 전통적인 관료제 운영방식의 비효율성, 즉 정부실패 문제를 극복하기 위해 작고 효율적인 정부를 지향한다.

03
신공공관리론에서 지향하는 '기업가적 정부'의 특성에 해당하지 <u>않는</u> 것은?
2021. 지방 9급
① 경쟁적 정부
② 노젓기 정부
③ 성과 지향적 정부
④ 미래대비형 정부

> **정답** ② [×]
> **해설** 노젓기는 전통적 정부운영의 특징에 해당한다. 신공공관리론은 정부의 역할을 노젓기(rowing)가 아닌 방향잡기(steering)로 본다.

04
기업가적 정부에 대한 설명으로 옳지 <u>않은</u> 것은?
2012. 서울시 9급
① 미국에서는 D. Osbornbe과 T. Gaebler가 정부재창조의 방안으로 제시하였다.
② 공공서비스의 소유권과 통제권을 관료로부터 시민에게 넘겨주어야 한다.
③ 업무성과의 측정을 강화하고 그에 따라 유인의 배분을 결정해야 한다.
④ 규칙보다는 결과를 중시하는 임무지향적(mission-driven) 정부를 강조하고 있다.
⑤ 정부는 리더십을 발휘하여 직접적인 서비스의 공급자로서 역할을 수행해야 한다.

> **정답** ⑤ [×]
> **해설** 정부의 역할은 직접적인 서비스의 공급자로서 역할(노젓기)보다는 방향잡기 역할을 수행하는 것이 바람직하다고 본다.

> **보충자료** 오스본과 게블러(1992)의 「정부재창조(Reinventing Government)」: '기업가적 정부 운영의 10대 원리'
> ① 촉진적 정부(노젓기보다 방향잡기)
> ② 지역사회가 주도하는 정부(서비스 제공보다 권한부여)
> ③ 경쟁적 정부(서비스 제공에 경쟁 도입)
> ④ 사명지향적 정부(규칙 중심 조직의 개혁)
> ⑤ 성과 지향적 정부(투입이 아닌 성과와 연계한 예산 배분)
> ⑥ 고객 지향적 정부(관료제가 아닌 고객 요구의 충족)
> ⑦ 기업가적 정부(지출보다는 수익 창출)
> ⑧ 미래에 대비하는 정부(사고 수습보다는 사고 예방)
> ⑨ 분권적 정부(위계조직에서 참여와 팀워크로)
> ⑩ 시장지향적 정부(시장기구를 통한 변화 촉진)

05

전통적인 관료제 정부와 기업가적 정부에 대한 설명으로 옳은 것은? 2015. 사복직 9급

① 행정의 가치적 측면에서 기업가적 정부는 형평성과 민주성을 추구한다.
② 행정관리 기제에 있어서 기업가적 정부는 임무 중심 관리를 추구한다.
③ 행정관리 방식에 있어서 전통적인 관료제 정부는 예측과 예방을 중시한다.
④ 공공서비스를 제공함에 있어서 전통적인 관료제 정부는 민영화 방식의 도입을 추진한다.

정답 ② [○]
해설 ① [×] 행정의 가치적 측면에서 기업가적 정부는 경제성, 효율성, 효과성을 추구한다.
③ [×] 행정관리 방식에 있어서 전통적인 관료제 정부는 사후대처를 중시하는 반면, 기업가적 정부는 예측과 사전예방을 중시한다.
④ [×] 공공서비스를 제공함에 있어서 전통적인 관료제 정부는 정부의 독점적 공급과 행정메커니즘을 추구한다. 민영화 방식의 도입을 추진하는 것은 기업가적 정부이다.

전통적 관료제 정부와 기업가적 정부의 비교

기준	전통적인 관료제 정부	기업가적 정부
정부 역할	노젓기 역할	방향 잡아주기 역할
정부 활동	직접적인 서비스 제공	할 수 있는 권한 부여
행정 가치	형평성, 민주성	경제성, 효율성, 효과성
공공 서비스	독점적 공급	경쟁 도입: 민영화, 민간위탁 등
공급 방식	행정 메커니즘	시장 메커니즘
행정 관리 기제	법령, 규칙 중심 관리	임무 중심 관리

	투입 중심 예산	성과 연계 예산
행정 관리 방식	지출 지향	수익 창출
	사후 대처	예측과 예방
	명령과 통제	참여와 팀워크 및 네트워크 관리
행정 주도 주체 및 책임성	관료 및 행정기관 중심	고객 중심
	계층제적 책임 확보	참여적 대응성 확보

06

영·미권을 중심으로 정부규모 축소, 재정적자 감축, 행정의 효율성 제고를 위하여 채택한 신공공관리론이 주장하는 내용과 거리가 먼 것은? 2014. 사복직 9급

① 규정과 절차를 강화하고 관료들의 재량권을 최소화한다.
② 민간부문의 관리기법을 도입하여 행정의 효율성을 향상시킨다.
③ 시민을 고객으로 인식해 고객 만족의 극대화를 추구한다.
④ 민간위탁 등을 통해 공공부문에 경쟁체제를 도입한다.

정답 ① [×]
해설 신공공관리론은 내부 규제(규정과 절차)를 완화하고 관리자의 재량과 자율성 부여를 통해 결과에 대한 책임 확보(성과관리)를 강조한다.

07

D. Osborne과 P. Plastrik이 제시한 「정부혁신의 5가지 전략」의 설명으로 옳지 않은 것은? 2010. 국회 8급

① 핵심전략: 정책수립 시 명확한 목표설정
② 통제전략: 부패방지를 위한 행정투명성 확보
③ 결과전략: 유인책을 통한 성과관리 강조
④ 고객전략: 시민헌장 제정을 통한 고객에 대한 책임성 확보
⑤ 문화전략: 공직사회의 기업가적 조직문화 창조

정답 ② [×]
해설 통제전략이란 관리자에 대한 통제를 줄이고 권한을 대폭 위임하고 결과에 대해 책임을 지도록 하는 전략이다.

전략	접근방법
핵심전략 (Core strategy)	정부 목표와 방향의 명확화
결과전략 (Consequence strategy)	• 결과(성과) 중심의 관리 추구 • 경쟁관리, 기업관리, 성과관리
고객전략 (Customer strategy)	• 고객에 대한 책임성 확보를 위해 품질 보증 방안 필요 • 고객의 선택, 경쟁적 선택, 품질확보
통제전략 (Control strategy)	• 관리자에 대한 내부규제 완화(재량권 부여) + 결과를 통한 책임 확보 • 조직 권한 위임, 지방사회로의 분권
문화전략 (Culture strategy)	• 기업가적 조직문화 구축 • 관습타파, 감동정신, 승리정신

08
다음 신공공관리론에 대한 설명 중 옳은 것만을 모두 고르면?
2019. 지방 7급

ㄱ. 행정서비스 공급의 경쟁 체제를 선호한다.
ㄴ. 예측과 예방을 통한 미래지향적 정부를 강조한다.
ㄷ. 투입 중심의 예산제도를 통해 예산을 관리한다.
ㄹ. 행정관리의 이념으로 효율성을 강조한다.
ㅁ. 집권적 계층제를 통해 행정의 책임성을 확보한다.

① ㄱ, ㄹ
② ㄱ, ㄴ, ㄹ
③ ㄴ, ㄷ, ㄹ
④ ㄴ, ㄷ, ㅁ

정답 ② ㄱ, ㄴ, ㄹ [○]
해설 ㄷ. [×] 투입 중심의 예산제도를 통해 예산을 관리하는 것은 전통적 관료제의 운영방식에 해당한다. 신공공관리론은 투입보다는 산출(결과) 중심의 예산제도 운영을 특징으로 한다.
ㅁ. [×] 집권적 계층제를 통해 행정의 책임성을 확보하는 것은 전통적 관료제의 특징에 해당한다. 신공공관리론에서는 분권화된 조직(탈관료제적 조직)을 통한 구성원의 참여와 분권화를 강조한다.

09
신자유주의 정부이념 및 관리수단과 연관성이 적은 것은?
2013. 국가 9급

① 시장실패의 해결사 역할을 해오던 정부가 오히려 문제의 유발자가 되었다는 인식을 바탕으로 다시 시장을 통한 문제 해결을 강조하며 '작은 정부'(small government)를 추구한다.
② 민간기업의 성공적 경영기법을 행정에 접목시켜 효율적인 행정관리를 추구할 뿐 아니라 개방형 임용, 성과급 등을 통하여 행정에 경쟁 원리 도입을 추진한다.
③ 케인즈(Keynes) 경제학에 기반을 둔 수요중시 거시 경제정책을 강조하므로 공급측면의 경제정책에 대하여는 반대 입장을 견지한다.
④ 정부의 민간부문에 대한 간섭과 규제는 최소화 또는 합리적으로 축소·조정되어야 한다는 입장에서 규제 완화, 민영화 등을 강조한다.

정답 ③ [×]
해설 케인즈 경제학(유효수요 이론 - 수요가 공급을 창출)에 기반을 둔 수요중시 거시 경제정책을 강조하는 것은 시장실패를 극복하기 위해 정부의 기능과 역할이 확대되는 행정국가에 대한 설명이다. 신공공관리론은 자유주의를 이념적 배경으로, 정부의 시장 개입에 대해 비판적인 입장을 견지한다.

10
미국, 영국 등 영미국가에서 강조하고 있는 신공공관리 행정개혁의 방향과 거리가 먼 것은?
2012. 국가 9급

① 정책기능과 집행기능의 통합에 의한 책임행정체제 확립
② 정부와 시장기능의 재정립을 통한 정부역할 축소
③ 공공부문 내에 경쟁원리와 시장기제 도입
④ 행정서비스의 질 향상 노력을 통한 고객지향적 행정체제의 확립

정답 ① [×]
해설 신공공관리론은 조직 이원화 전략에 따라 정책기능과 집행기능의 분리(예 책임운영기관)에 의한 성과관리 체제를 확립하고자 했다.

11
신공공관리론에 대한 다음 설명 중 가장 옳은 것은?
2015. 서울시 9급

① 신공공관리론은 정부의 역할(steering)을 시장에 맡겨야 한다는 이론이다.
② 신공공관리론의 고객중심 논리는 국민을 능동적인 존재로 만들 수 있다.
③ 신공공관리론은 행정 효율성을 향상시키기 위해 기업가적 재량권을 선호하므로 공공책임성의 문제를 야기할 수 있다.
④ 신공공관리론은 수익자부담 원칙 강화, 경쟁원리 강화, 민영화 확대, 규제 강화 등을 제시한다.

> **정답** ③ [O]
> **해설** ① [×] 신공공관리론은 정부의 역할은 방향잡기가 되어야 하며, 정부 운영방식에 시장의 원리를 적용하고, 기업의 경영기법을 활용하여 정부운영의 효율성을 높이려는 이론이다.
> ② [×] 신공공관리론의 고객중심 논리는 국민을 수동적이고 소극적인(능동적인 ×) 존재로 만들 수 있다.
> ④ [×] 신공공관리론은 수익자부담 원칙 강화, 경쟁원리 강화, 민영화 확대, 규제 완화(강화 ×)등을 제시한다.

12
신공공관리론(NPM)에 대한 비판적 논의에 해당하지 않는 것은?
2018. 국가 9급

① 공공부문은 민간부문과 다르기 때문에 민간부문의 관리 기법을 공공부문에 그대로 적용하는 데에는 한계가 있다.
② 민주적 책임성과 기업가적 재량권 간의 갈등으로 인하여 정부관료제의 효율성을 제고하기 어렵다.
③ 고객 중심 논리는 국민을 관료주도의 행정서비스 제공에 의존하는 수동적 존재로 전락시킬 우려가 있다.
④ 정치적 논리를 우선하여 내부관리적 효율성을 경시하는 경향이 있다.

> **정답** ④ [×]
> **해설** 신공공관리론은 신자유주의에 입각한 시장의 경쟁원리와 행정과 경영의 유사성을 전제로 하는 신관리주의(정치적 논리×)를 적용하여 내부관리의 효율성 제고를 강조했다.

13
신공공관리적 행정개혁의 문제점, 성과 및 과제에 대한 설명으로 옳지 않은 것은?
2010. 지방 7급

① 시장유사 기제의 적용에 따른 문제점으로 민간위탁은 독과점의 폐해를 야기할 수 있다.
② 분권화와 권한이양에 따른 문제점으로 정책기능과 집행기능간 기능분담의 적절성 확보가 어렵다.
③ 공공부문의 책임성, 합리성 및 민주성 확보에 기여할 수 있다.
④ 신공공관리적 개혁의 효과성에 상대적으로 중요성이 높은 변수를 개발하여 개혁수단으로 적용한다면 적실성이 높아질 수 있다.

> **정답** ③ [×]
> **해설** 신공공관리론은 시장원리 적용을 통해 효율성을 강조하는 반면, 공공부문의 책임성, 공익성, 형평성 및 민주성 확보가 곤란하다.

14
행정이론에 대한 설명으로 옳지 않은 것을 〈보기〉에서 모두 고르면? 2019. 국회 9급

보기
ㄱ. 윌슨(Wilson)은 1887년 '정치와 행정(Politics & Administration)'이라는 논문에서 정치와 행정의 분리를 주장하였다.
ㄴ. 1960년대 후반 미국사회의 혼란을 극복하기 위해 대두되었으며 형평성의 가치를 강조하는 이론은 신행정론이다.
ㄷ. '미국 행정학의 지적 위기(The Intellectual Crisis of American Public Administration)'라는 저서에서 공공선택론에 기반한 행정학의 미래를 제시한 학자는 로젠블룸(Rosenbloom)이다.
ㄹ. 신공공관리론의 대표적 학자로는 후드(Hood), 오스본(Osborne)이 있다.

① ㄱ, ㄴ
② ㄱ, ㄷ
③ ㄴ, ㄷ
④ ㄴ, ㄹ
⑤ ㄷ, ㄹ

정답 ② ㄱ, ㄷ [×]
해설 ㄱ. [×] 정치와 행정(Politics & Administration)은 굿노(Goodnow)의 논문이다. 윌슨(Wilson)은 1887년 '행정연구(The Study of Administration, 1887)라는 논문에서 정치와 행정의 분리를 주장하였다.
ㄷ. [×] '미국 행정학의 지적 위기(The Intellectual Crisis of American Public Administration)'라는 저서에서 공공선택론에 기반한 행정학의 미래를 제시한 학자는 오스트롬(Ostrom)이다.

15
신공공관리론의 특징으로 옳지 않은 것은? 2024. 국가 7급

① 성과에 의한 관리를 중요시한다.
② 신관리주의와 시장주의가 결합된 개념이다.
③ 수익자부담 원칙을 강조한다.
④ 분절화의 축소와 조직구조의 통합, 조정을 강조한다.

정답 ④ [×]
해설 분절화의 축소와 조직구조의 통합, 조정을 강조하는 것은 탈신공공관리론의 특징이다. 신공공관리론은 소규모 준자율적 조직으로 분절화를 강조한다.

제2절 뉴거버넌스론(New Governance)

01
뉴거버넌스론에서 강조하는 공공문제 해결방식으로 옳은 것은?
2015. 지방교행 9급

① 정부업무프로세스 혁신
② 정부 주도의 기획과 조정
③ 민간경영기법의 도입과 경쟁
④ 정부·시장·시민사회 간의 협력

정답 ④ [○]
해설 ① [×] IT기술을 이용한 업무처리 절차의 리엔지니어링(BPR)을 통해 고객지향적 행정을 달성하려는 것으로 신공공관리론에서 강조되는 기법이다.
② [×] 전통적인 정부운영(행정국가) 방식에 해당된다.
③ [×] 신공공관리론에 대한 설명이다.

02
거버넌스로서의 행정에서 새롭게 강조하는 요소에 해당하는 것을 모두 바르게 묶은 것은?
2012. 국회 9급

ㄱ. 공·사 구분	ㄴ. 협력적 활동
ㄷ. 독점성	ㄹ. 신뢰
ㅁ. 결과	ㅂ. 조정자 역할

① ㄱ, ㄴ, ㄷ
② ㄴ, ㄹ, ㅁ
③ ㄴ, ㅁ, ㅂ
④ ㄴ, ㄹ, ㅂ
⑤ ㄷ, ㅁ, ㅂ

정답 ④ ㄴ, ㄹ, ㅂ [○]
해설 뉴거버넌스 정부 – 시장 – 시민사회 간 상호 신뢰를 전제로 한 연계망(네트워크)을 통해 협력적으로 공공서비스 공급과 공동체 문제 해결을 강조하며, 정부는 네트워크의 조정자 역할을 수행한다고 본다.
ㄱ, ㄷ. [×] 공·사의 구분과 독점성은 전통적 행정에 대한 설명이다. 뉴거버넌스는 공공 문제 해결을 위한 정부 – 민간 – 시민사회 간 협력적 활동을 강조하는 입장으로, 공동체 문제 해결을 위한 공·사 구분에 회의적이다(정부와 민간, 시민사회의 역할을 엄격히 구분하지 않음).
ㅁ. [×] 결과는 신공공관리론의 특징에 해당한다. 거버넌스는 공공 서비스 생산·공급 과정에서의 시민 참여를 강조하는 입장으로 결과보다는 과정에 초점을 둔다.

03
다음 중 신거버넌스(New Governance)에 대한 설명으로 가장 옳지 않은 것은?
2015. 국회 9급

① 정치·행정이원론의 성격이 강하고 결과에 근거한 관리를 중요시한다.
② 구성원 간의 참여와 합의를 바탕으로 행정의 민주성과 신뢰성을 강조한다.
③ 국가의 역할을 부정하지 않고 네트워크 양식을 통해 민간의 역량을 동원하여 공적인 문제를 해결하고자 한다.
④ 국민을 고객으로만 보는 것을 넘어 국정의 파트너로 본다.
⑤ 행정의 효율성을 중시하지만 신공공관리론적 정부개혁에 대해 비판적으로 접근한다.

정답 ① [×]
해설 신공공관리론에 대한 설명이다. 신공공관리론은 행정의 경영의 유사성을 강조하는 정치·행정이원론 입장으로, 경쟁원리의 적용과 성과관리를 통해 결과지향적 행정관리를 중시한다.

04
거버넌스(governance)에 대한 설명으로 옳지 않은 것을 <보기>에서 모두 고르면?
2018. 국회 9급

보기
ㄱ. 파트너십과 유기적 결합관계를 중시한다.
ㄴ. 성공적 거버넌스 구축을 위해서는 사회적 자본(social capital)이 축적되어야 한다.
ㄷ. 거버넌스 체제가 적절히 작동하기 위해서는 주도적 집단에 의한 룰(rule)이 정립되어야 한다.
ㄹ. 거버넌스는 사회가 안정되고 불확실성이 감소하는 사회에서 보다 성공적으로 작동한다.
ㅁ. 국민을 고객으로만 보는 것을 넘어 국정의 파트너로 본다.

① ㄱ, ㄴ
② ㄴ, ㄷ
③ ㄷ, ㄹ
④ ㄷ, ㅁ
⑤ ㄹ, ㅁ

정답 ③ ㄷ, ㄹ [×]
해설 ㄷ. [×] 거버넌스 체제가 적절히 작동하기 위해서는 네트워크 참여자들(정부 – 민간 – 시민사회 간)의 수평적인 관계에서 협력에 의해 룰(rule)이 정립되는 것이 바람직하다.
ㄹ. [×] 뉴거버넌스의 등장은 사회가 복잡해짐에 따라 네트워크 거버넌스를 통해서만 해결될 수 있는 사회문제가 급속도로 증가하고 있는 행정환경의 변화와도 연관이 있다. 뉴거버넌스는 복잡하고 불확실한 사회문제 해결에 관료제 단독으로 대응하거나 시장에 방임하는 것보다 다양한 주체가 공동으로 유연하게 대응하는 것이 더 효과적일 것이라는 기대가 담겨 있다.

05
신공공관리와 뉴거버넌스에 대한 설명으로 옳은 것은?

2021. 국가 9급

① 뉴거버넌스가 상정하는 정부의 역할은 방향잡기(steering)이다.
② 신공공관리의 인식론적 기초는 공동체주의이다.
③ 신공공관리가 중시하는 관리 가치는 신뢰(trust)이다.
④ 뉴거버넌스의 관리 기구는 시장(market)이다.

정답 ① [○]
해설 뉴거버넌스에서 정부의 역할은 방향잡기(steering)이며, 이는 뉴거버넌스와 신공공관리론의 공통점이다.
② [×] 신공공관리의 인식론적 기초는 신자유주의이다.
③ [×] 신공공관리가 중시하는 관리가치는 경쟁이다.
④ [×] 뉴거버넌스가 중시하는 관리기구는 서비스연계망이다.

06
신공공관리론과 뉴거버넌스에 대한 설명으로 옳은 것은?

2013. 지방 9급

① 신공공관리론에서 관료의 역할은 조정자이며, 뉴거버넌스론에서 관료의 역할은 공공기업가이다.
② 신공공관리론과 뉴거버넌스론에서는 정부의 역할로서 노젓기(rowing)보다는 방향잡기(steering)를 강조한다.
③ 신공공관리론과 뉴거버넌스론에서는 산출(output)보다는 투입(input)에 대한 통제를 강조한다.
④ 신공공관리론에서는 부문 간 협력에, 뉴거버넌스론에서는 부문 간 경쟁에 역점을 둔다.

정답 ② [○]
해설 ① [×] 신공공관리론에서 관료의 역할은 공공기업가이며, 뉴거버넌스론에서 관료의 역할은 조정자이다.
③ [×] 신공공관리론과 뉴거버넌스론에서는 투입에 대한 통제보다는 산출에 대한 통제를 강조한다. 투입에 대한 통제를 강조하는 것은 전통적 정부운영 방식의 특징이다.
④ [×] 신공공관리론은 부문 간 경쟁을 강조하는데 비해, 뉴거버넌스론에서는 부문 간 협력을 강조한다.

07
다음 중 신공공관리(New Public Management : NPM)와 뉴거버넌스의 특징에 대한 설명으로 옳지 않은 것은?

2015. 국회 8급

① NPM이 정부 내부 관리의 문제를 다루는 반면 뉴거버넌스는 시장 및 시민사회와의 관계에서 정부의 역할과 기능을 다룬다.
② 뉴거버넌스는 NPM에 비해 자원이나 프로그램 관리의 효율성보다 국가차원에서의 민주적 대응성과 책임성을 강조한다.
③ NPM과 뉴거버넌스는 모두 방향잡기(steering) 역할을 중시하며 NPM에서는 기업을 방향잡기의 중심에, 뉴거버넌스에서는 정부를 방향잡기의 중심에 놓는다.
④ 뉴거버넌스는 정부영역과 민간영역을 상호 배타적이고 경쟁적인 관계로 보지 않는다.
⑤ NPM은 경쟁과 계약을 강조하는 반면에 뉴거버넌스는 네트워크나 파트너십을 강조하고 신뢰를 바탕으로 한 상호존중을 중시한다.

정답 ③ [×]
해설 NPM과 뉴거버넌스는 모두 방향잡기(steering) 역할을 중시하며 NPM에서는 정부(기업 ×)를 방향잡기의 중심에 놓으며, 뉴거버넌스에서는 정부를 방향잡기의 중심에 두는 것이 아니라, 정부, 시장, 시민사회가 기본적으로 평등한 관계에서 함께하기(co–)를 추구한다.

신공공관리론과 뉴거버넌스론의 비교

구분 기준	신공공관리	신거버넌스
공통점	• 정부역할 : 방향잡기(촉진적 정부) • 정부실패에 대한 대안 • 행정과 경영의 상대적 구별 • 투입보다 산출 중시	
인식론적 기초	신자유주의, 시장주의	공동체주의 · 참여주의

분석 수준	조직내 (intra-organizational): 정부 내부의 관리 문제	조직간 (inter-organizational): 시장 및 시민사회의 외부주체와의 관계에서 정부의 역할과 기능에 초점
관리 기구	시장	연계망(network)
행정 이념	결과 (능률성, 효율성, 생산성)	과정 (민주성, 책임성, 정치성)
정부(관료) 역할	방향 잡기(steering) 공공기업가 (public entrepreneur)	방향 잡기(steering) 조정자 (coordinator)
작동 원리	경쟁(시장 메커니즘)	신뢰, 협력(partnership)
서비스 관리방식	민영화, 민간위탁 등 고객 지향	공동생산 (시민, 기업 등 참여) 임무 중심
인간관 (국민을 보는 관점)	고객(소비자)	시민(주권자)

08

신공공관리 이론과 뉴거버넌스 이론과의 비교로 적절하지 않은 것은? 2013. 서울 7급

① 두 이론 모두 투입보다는 산출에 대한 통제를 강조한다.
② 신공공관리는 공공부문과 민간부문을 명확하게 구분하는 데 비해서 뉴거버넌스는 명확하게 구분하지 않는다.
③ 신공공관리는 조직내부 문제, 뉴거버넌스는 조직간 문제를 다룬다.
④ 신공공관리는 부문간 경쟁을, 뉴거버넌스는 부문간 협력을 강조한다.
⑤ 두 이론 모두 정부실패를 이념적 토대로 설정하여 그 대응책을 마련하고자 한다.

정답 ② [×]
해설 신공공관리와 뉴거버넌스는 모두 공공부문과 민간부문을 명확하게 구분하지 않는다는 공통점이 있다. 신공공관리론은 공공부문과 민간부문의 유사성을 전제로 민간부문의 경영기법을 공공부문에 적용할 것을 강조한다. 뉴거버넌스는 행정 과정에 민간과 시민의 참여를 강조한다.

09

피터스(Peters)가 『미래의 국정관리(The Future of Governing)』에서 제시한 정부개혁 모형에 해당하지 않는 것은? 2024. 지방 9급

① 시장 모형
② 자유민주주의 모형
③ 참여 모형
④ 탈규제 모형

정답 ② [×]
해설 피터스의 정부개혁 모형: 시장모형, 참여정부 모형, 신축정부 모형, 탈내부규제모형

10

피터스(B. Guy. Peters)의 뉴거버넌스 정부개혁 모형에 대한 설명으로 가장 옳지 않은 것은? 2016. 서울 9급

① 시장모형은 구조 개혁방안으로 평면조직을 상정한다.
② 참여정부 모형의 관리 개혁 방안은 총품질관리팀제이다.
③ 유연조직 모형의 정책결정 개혁 방안은 실험이다.
④ 저통제정부 모형의 공익 기준은 창의성과 활동주의이다.

정답 ① [×]
해설 구조 개혁 방안으로 평면조직을 상정하는 것은 참여적 정부 모형이다. 시장모형은 구조 개혁 방안으로 분권화를 상정한다.

11
피터스(B. Guy Peters)가 제시한 정부개혁모형에 대한 설명으로 옳은 것은?   2017. 국가 9급

① 시장모형(market model)에서는 조직의 통합을 통한 집권화를 처방한다.
② 참여정부모형(participatory model)에서는 조직 하층부 구성원이나 고객들의 의사결정 참여기회가 확대될수록 조직이 효과적으로 기능한다고 본다.
③ 신축적 정부모형(flexible government)에서는 정규직 공무원의 확대를 통하여 비용을 절감하고 공익을 증진시킬 수 있다고 본다.
④ 탈규제적 정부모형(deregulated government)에서는 경제적 규제 완화를 통한 시장 활성화를 추구하기 위하여 정부의 권한을 축소해야 한다고 본다.

정답 ② [O]
해설 ① [×] 시장모형은 전통적 정부모형의 독점성을 문제의 원인으로 지적하고, 대안으로 경쟁의 원리를 적용하여 조직구조 측면에서 분권화와 내부 관리 방식에서 성과급 등을 제시한다.
③ [×] 신축적 정부모형(유연조직 모형)은 전통적 정부조직의 영속성을 문제의 원인으로 지적하고, 해결방안으로 가변적 인사관리(정규직 축소 등)를 처방한다.
④ [×] 탈규제적 정부모형은 내부규제 완화를 통해 공무원의 창의성을 촉진하고, 공무원의 재량권의 확대를 처방하는 모형이다.

구분	전통적 정부 모형	시장 모형	참여정부 모형	유연조직 모형	저통제 정부 모형
문제의 진단 기준	전근대적 권위	독점	계층제	영속성	내부 규제
구조의 개혁 방안	계층제	분권화	평면조직	가상 조직	(특정 제안 없음)
관리의 개혁 방안	직업 공무원제, 절차적 통제	성과급 민간 부문의 기법	총품질 관리(TQM), 팀제	가변적 인사관리	관리 재량권 확대
정책결정의 개혁 방안	정치·행정의 구분	내부시장 시장적 유인	협의, 협상	실험	기업가적 정부
공익의 기준	안정성, 평등	저비용	참여, 협의	저비용, 조정	창의성, 행동주의

12
피터스(B. Guy Peters)의 정부개혁모형 중 다음이 설명하는 것은?   2011. 국가 7급

- 정책기능수행에서 기업가적 정부의 역할이 강조된다.
- 조직구조에 대한 특정적 처방은 없다.
- 관리 작용의 자율성이 높다.
- 거버넌스의 평가기준은 창의성과 행동주의이다.

① 탈규제적 정부모형   ② 신축적 정부모형
③ 시장적 정부모형   ④ 참여적 정부모형

정답 ①
해설 보기의 내용은 피터스의 탈규제적(저통제) 정부모형에 대한 설명이다. 탈규제 정부모형은 전통적 정부의 문제점을 지나치게 많은 '내부규제'라고 보고, 이에 대한 대안으로 내부규제 완화와 관리상의 자율성 부여를 제시한다.

13
피터스(G. Peters)의 정부모형에 대한 설명으로 옳은 것은?   2019. 국가 7급

① 참여모형에서는 조직의 고위층과 최하위층 간에 계층수가 많지 않아야 한다.
② 유연정부모형은 변화하는 정책수요에 맞춰 탄력적으로 구성원들을 활용함으로써 이들의 조직과 업무에 대한 몰입도를 높인다.
③ 시장모형은 정치지도자들의 권력을 약화시키고 기업가적 관료들의 정책결정자로서의 역할을 제고하는 결과를 가져왔다.
④ 탈규제모형은 정부역할의 적극성 및 개입성이 높으면 공익구현이 어렵다는 인식을 전제한다.

정답 ① [O]
해설 ② [×] 유연정부 모형은 변화하는 정책수요에 맞춰 탄력적으로 구성원들을 활용하기 때문에 구성원들의 조직과 업무에 대한 몰입도를 떨어뜨릴 수 있다.
③ [×] 시장모형은 공공서비스가 얼마나 저렴하게 공급되느냐를 주된 공익의 판단기준으로 삼으며, 서비스 이용권 등 소비자인 기민의 선택권을 중시하는 고객지향적 정책결정을 중시한다.
④ [×] 탈규제모형은 내부관리에 관련된 개념으로 공무원의 업무에 대한 내부규제를 제거하여 관리 능력을 향상시키고 공무원의 창의성을 발휘할 수 있다고 주장한다.

14
(가)~(라)의 행정이론이 등장한 시기를 순서대로 바르게 나열한 것은?

2022. 국가 9급

> (가) 정부와 공공부문에 참여하는 다양한 참여자들의 네트워크를 중시하고, 정부는 전체 네트워크를 관리하는 조정자의 입장에 있다고 하였다.
> (나) 미국 행정학의 '지적 위기'를 지적하면서 인간을 이기적·합리적 존재로 전제하고, 공공재의 공급이 서비스 기관 간 경쟁과 고객의 선택에 의해 이루어지는 시스템을 제안하였다.
> (다) 정치는 국가의 의지를 표명하고 정책을 구현하는 것이며, 행정은 이를 실천하는 관리활동으로서 정치와 행정의 차이를 분명히 하였다.
> (라) 왈도(Waldo)를 중심으로 가치와 형평성을 중시하면서 사회의 문제해결에 대한 현실 적합성을 갖는 새로운 행정학의 정립을 시도하였다.

① (다) → (라) → (가) → (나)
② (다) → (라) → (나) → (가)
③ (라) → (다) → (가) → (나)
④ (라) → (다) → (나) → (가)

정답 ② (다) → (라) → (나) → (가)
해설 (가) 신공공관리론의 한계를 수정·보완하기 위해 1990년대 이후 학문적 주목을 받기 시작한 뉴거버넌스론에 대한 설명이다.
(나) 공공선택론에 대한 설명으로, 오스트롬(V. Ostrom)은 『미국 행정학의 지적 위기(1973)』의 출간을 통해 공공선택론을 행정학에 접목을 시도하였다.
(다) 정치·행정이원론에 대한 설명으로, 굿노(F. J. Goodnow)는 『정치와 행정(1900)』을 발표하면서 정치와 행정의 차이를 분명히 하였다.
(라) 1960년대 말 등장한 신행정론에 대한 설명이다.

15
다음 <보기>의 설명과 행정이론을 바르게 연결한 것은?

2023. 국회 8급

> 보기
> ㄱ. 정치행정일원론적 성격을 지닌다.
> ㄴ. 행정관료를 다양한 이해관계의 조정자로 생각한다.
> ㄷ. 민주적 참여를 통해 정부에 대한 신뢰를 높일 수 있다.
> ㄹ. 성과에 대한 책임성을 통해 시민에 대한 대응성을 강조한다.
> ㅁ. 공공부문의 효율성 제고를 위해 시장원리인 경쟁을 적극 활용한다.

① 신공공관리론 - ㄱ, ㄴ
② 신공공관리론 - ㄴ, ㅁ
③ 신공공관리론 - ㄷ, ㄹ
④ 뉴거버넌스론 - ㄱ, ㄹ
⑤ 뉴거버넌스론 - ㄴ, ㄷ

정답 ⑤ [○]
해설

신공공관리론: ㄹ, ㅁ	뉴거버넌스론: ㄱ, ㄴ, ㄷ
• 정치행정이원론적 성격 • 행정관료 = 공공기업가(자율성과 재량 강조) • ㄹ. 성과에 대한 책임성을 통해 시민에 대한 대응성 강조 • ㅁ. 시장원리인 경쟁을 적극 활용	• ㄱ. 정치행정일원론적 성격 • ㄴ. 행정관료의 조정자 역할 강조 • ㄷ. 민주적 참여를 통해 정부에 대한 신뢰 제고 강조(행정의 민주성, 정치성 강조)

제3절 신공공서비스론(New Public Service)

01
신공공서비스론의 주장으로 보기 어려운 것은?

2017. 지방 9급

① 관료가 반응해야 하는 대상은 고객이 아닌 시민이다.
② 정부의 역할은 방향제시(steering)가 아닌 노젓기(rowing)이다.
③ 관료의 동기부여 원천은 보수나 기업가 정신이 아닌 공공서비스 제고이다.
④ 공익은 개인 이익의 단순한 합산이 아닌 공유하고 있는 가치에 대해 대화와 담론을 통해 얻은 결과물이다.

정답 ② [×]
해설 정부의 역할을 노젓기(rowing)로 파악하는 것은 전통적 관료제 패러다임의 특징이다. 신공공관리론은 정부의 역할은 노젓기보다는 방향잡기(steering) 역할이 되어야 한다고 주장하며, 신공공서비스론에서는 정부와 공무원의 역할은 조정하는 것이 아니라 '시민에 대한 봉사'라고 주장한다.

02
덴하트와 덴하트(J. V. Denhardt & R. B. Denhardt)가 제시한 신공공서비스론(new public service)의 일곱 가지 기본 원칙에 대한 설명으로 옳지 않은 것은?

2018. 지방 7급

① 민주적으로 생각하고 전략적으로 행동해야 한다.
② 방향을 잡기보다는 시민에 대해 봉사해야 한다.
③ 공익을 공유된 가치를 창출하는 담론의 결과물로 인식해야 한다.
④ 기업주의 정신보다는 시민의식의 가치를 받아들여야 한다.

정답 ① [×]
해설 '전략적으로 생각하고 민주적으로 행동하라.'

03
〈보기〉는 신공공관리론과 신공공서비스론에 관한 설명이다. 옳은 것으로만 묶은 것은?

2015. 지방교행 9급

| 보기 |
ㄱ. 신공공서비스론은 시민에 대한 봉사를 강조한다.
ㄴ. 신공공관리론은 정부의 역할을 노젓기보다 방향잡기로 본다.
ㄷ. 신공공서비스론이 추구하는 가치는 행정의 민주성과 충돌 가능성이 있다.
ㄹ. 신공공관리론은 신공공서비스론이 간과하거나 경시한 행정의 공공성을 재조명한다.

① ㄱ, ㄴ ② ㄴ, ㄷ
③ ㄷ, ㄹ ④ ㄱ, ㄹ

정답 ① ㄱ, ㄴ [O]
해설 ㄷ. [×] 신공공서비스가 아니라 신공공관리론에 대한 설명이다. 신공공관리론은 시장의 경쟁원리를 적용한 효율성을 강조한 결과 민주성(형평성 등)과 충돌 가능성이 있다. 신공공서비스론은 국민을 민주주의 국가의 주인으로 보고, 시민의 역할과 담론의 결과로서 공익을 강조함으로써 행정의 민주성을 추구하는 이론이라고 볼 수 있다.
ㄹ. [×] 신공공서비스론은 신공공관리론이 간과하거나 경시한 행정의 공공성, 민주성, 책임성 및 형평성을 재조명한다.

04
다음 중 신공공서비스이론에 대한 설명으로 가장 옳지 않은 것은?

2015. 서울시 9급

① 정부의 역할은 시민에 대해 봉사하는 것이다.
② 기대하는 조직은 주요 통제권이 조직 내 유보된 분권화된 조직이다.
③ 공유가치에 대한 담론의 결과를 공익으로 본다.
④ 전략적 합리성을 가정한다.

정답 ② [×]
해설 분권화된 조직은 신공공관리론에서 기대하는 조직구조이다. 신공공서비스론은 리더십을 공유하는 협동적 조직구조를 특징으로 한다.

05
신공공서비스론의 특성에 대한 설명으로 옳지 않은 것은?

2021. 국가 9급

① 정부의 역할은 시민에 대한 봉사여야 한다.
② 공익은 개인적 이익의 집합체이기 때문에 시민들과 신뢰와 협력의 관계를 확립해야 한다.
③ 책임성이란 단순하지 않기 때문에 관료들은 헌법, 법률, 정치적 규범, 공동체의 가치 등 다양한 측면에 관심을 기울여야 한다.
④ 생산성보다는 사람에게 가치를 부여하기 때문에 공공조직은 공유된 리더십과 협력의 과정을 통해 작동되어야 한다.

정답 ② [×]
해설 신공공서비스론에서 공익은 개인 이익의 집합이 아니라 공동체가 공유하는 가치에 대한 담론의 결과로 본다. 공익을 개인 이익의 집합으로 보는 것은 신공공관리론이다.

06
신공공서비스론에 대한 설명으로 옳지 않은 것은?

2024. 지방 9급

① 신공공관리론을 극복하기 위해 등장하였으며, 비판이론과 포스트모더니즘을 활용한다.
② 공익은 시민의 공유된 가치에 대한 담론의 결과이다.
③ 정부는 '노젓기'보다 '방향잡기'에 집중하면서 시민에게 더 많은 권력을 부여해야 한다.
④ 정부관료는 헌법과 법률, 정치 규범, 시민에 대한 대응성을 중요시해야 한다.

정답 ③ [×]
해설 정부의 역할은 방향잡기가 아니라 시민을 위한 '봉사(service)'이다.

07
신공공서비스론의 기본원칙에 대한 설명으로 옳지 않은 것은?

2015. 사복직 9급

① 관료역할의 중요성은 시민들로 하여금 그들의 공유된 가치를 표명하고 그것을 충족시킬 수 있도록 도와주는 데 있다.
② 관료들은 시장에만 주의를 기울여서는 안 되며 헌법과 법령, 지역사회의 가치, 시민의 이익에도 관심을 기울여야 한다.
③ 예산지출 위주의 정부 운영 방식에서 탈피하여 수입 확보의 개념을 활성화하는 것이 필요하다.
④ 공공의 욕구를 충족시키기 위한 정책은 집합적 노력과 협력적 과정을 통해 효과적으로 달성될 수 있다.

정답 ③ [×]
해설 예산지출 위주의 정부 운영 방식에서 탈피해 수입 확보의 개념을 활성화하는 것이 필요하다고 보는 것은 신공공관리론(오스본과 개블러의 정부재창론)의 특징에 해당한다.

08
다음 중 신공공관리론과 신공공서비스론의 특성에 대한 설명으로 옳지 않은 것은?

2014. 국회 8급

① 신공공관리론은 경제적 합리성에 기반하는 반면에 신공공서비스론은 전략적 합리성에 기반한다.
② 신공공관리론은 기업가 정신을 강조하는 반면에 신공공서비스론은 사회적 기여와 봉사를 강조한다.
③ 신공공관리론의 대상이 고객이라면 신공공서비스론의 대상은 시민이다.
④ 신공공서비스론이 신공공관리론보다 지역공동체 활성화에 더 적합한 이론이다.
⑤ 신공공관리론이 신공공서비스론보다 행정책임의 복잡성을 중시하며 행정재량권을 강조한다.

정답 ⑤ [×]
해설 행정재량권을 보다 강조하는 것은 신공공관리론이며, 신공공서비스론이 신공공관리론 보다 행정책임의 복잡성(복잡하고, 다원적인 행정책임)을 더 중시한다.

09
신공공서비스(New Public Service)에 대한 설명으로 옳은 것을 <보기>에서 모두 고른 것은?
2019. 서울 7급

보기
ㄱ. 민주적으로 선출된 정치지도자에게 책임성 확보
ㄴ. 재량이 필요하지만 제약과 책임 수반
ㄷ. 리더십을 공유하는 협동적 조직 구조
ㄹ. 민간기관 및 비영리기구를 활용해 정책 목표를 달성할 유인 체계의 창출
ㅁ. 조직 내 주요 통제권이 유보된 분권화된 조직
ㅂ. 정치적으로 정의된 단일의 목표에 초점을 맞춘 정책 설계 및 집행

① ㄱ, ㄷ
② ㄴ, ㄷ
③ ㄱ, ㄴ, ㄷ
④ ㄹ, ㅁ, ㅂ

정답 ② ㄴ, ㄷ [O]
해설 ㄱ. [×] 민주적으로 선출된 정치지도자에 대한 책임성 확보를 강조하는 것은 전통적 행정의 책임확보 방식이다. 신공공서비스는 다면적 책임(책임의 다원성)을 강조한다.
ㄹ. [×] 민간기관 및 비영리 기구를 활용해 정책 목표를 달성할 유인 체계 창출을 강조하는 것은 신공공관리론의 특징이다. 신공공서비스론은 정책목표달성 기제로 상호 합의한 필요를 충족시키기 위한 공공기관, 비영리단체 및 민간의 협력체 구축을 특징으로 한다.
ㅁ. [×] 조직 내 주요 통제권이 유보된 분권화된 조직은 신공공관리론의 조직형태이다. 신공공서비스론은 리더십을 공유하는 협동적 조직구조를 특징으로 한다.
ㅂ. [×] 정치적으로 정의된 단일의 목표에 초점을 맞춘 정책설계 및 집행은 전통적 행정방식의 특징이다.

10
신공공관리론(New Public Management)과 신공공서비스론(New Public Service)에 대한 비교로 옳은 것만을 <보기>에서 모두 고르면?
2025. 국회 8급

보기

구분	기준	신공공관리론	신공공서비스론
ㄱ	정부역할	방향잡기	노젓기
ㄴ	공익	개인이익의 총합	공유가치에 대한 담론의 결과
ㄷ	합리성	경제적 합리성	전략적 합리성
ㄹ	책임성 확보	시장지향적	위계적
ㅁ	공무원의 반응 대상	고객	시민

① ㄱ, ㄴ, ㄷ
② ㄱ, ㄴ, ㄹ
③ ㄴ, ㄷ, ㄹ
④ ㄴ, ㄷ, ㅁ
⑤ ㄷ, ㄹ, ㅁ

정답 ④ ㄴ, ㄷ, ㅁ [O]
해설 ㄱ. [×] 정부의 역할: 신공공관리론은 방향잡기, 신공공서비스론은 봉사
ㄹ. [×] 책임성 확보: 신공공관리론은 시장지향, 신공공서비스론은 다원적 책임성(헌법과 법률을 준수하고 사회공동체의 가치·정치적 규범·직업 상의 기준·시민의 이익을 존중해야 함), 전통적 행정이론의 경우 책임성 확보 방법이 위계적임(행정인은 민주적으로 선출된 정치지도자에게 책임

비교 기준	신공공관리론(NPM)	신공공서비스론(NPS)
이론 및 인식론적 토대	신고전학파 경제이론	민주주의 이론: 실증주의, 해석학, 비판이론, 포스트모더니즘 등
합리성과 인간 행태 모형	• 기술적·경제적 합리성 • 경제인 또는 사익에 기초한 의사결정자	• 전략적 합리성 • 정치·경제·조직적 합리성에 대한 다원적 검증
공익의 개념	• 개인 이익의 총합(집합체) • 사익의 총합	• 공유 가치에 대한 담론의 결과 • 대화에 근거한 공유가치
공무원의 반응 대상	고객	시민
관료의 기본정신	기업가 정신, 최소정부	공공서비스, 사회봉사
정부의 역할	방향잡기: 시장의 힘을 활용한 촉매자	봉사: 공유된 가치 창출 위한 시민, 지역공동체 집단들과 이익을 협상하고 중재

정책목표 달성 기제	민간기관 및 비영리단체를 활용하여 정책 목표를 달성할 기제와 유인 체계의 창출	상호 합의한 필요를 충족 위한 공공기관, 비영리단체 및 민간의 협력체 구축
책임성 확보 방법	시장 지향적: 사익의 총합은 시민에게 바람직한 결과 창출	다면적: 법, 공동체 가치, 정치적 규범, 전문성, 시민이익 존중 등 다양성 강조
행정재량	광범위하게 인정: 기업가적 목표 달성을 위해 폭넓은 재량 허용	제한적 범위 내에서 인정: 재량이 필요하지만 제약과 책임 수반
조직 구조	분권화된 조직	리더십을 공유하는 협동적 조직구조
공무원 동기유발 수단	기업가정신	• 사회봉사 • 사회에 기여하려는 욕구

11
〈보기〉에 해당하는 행정이론을 옳게 짝지은 것은?

2020. 서울 9급

보기
ㄱ. 집단 동조성과 제한된 결속력은 외부인을 암묵적으로 배제할 수 있고, 구성원의 사적 자유를 제한하게 한다.
ㄴ. 공익이나 시민 간의 담론을 통합하는 기능에 관료의 역할이 맞추어져야 함을 강조한다.

	ㄱ	ㄴ
①	사회자본론	신공공서비스론
②	사회자본론	신공공관리론
③	뉴거버넌스론	신공공서비스론
④	뉴거버넌스론	신공공관리론

정답 ①
해설 ㄱ은 사회적 자본론, ㄴ은 신공공서비스론에 대한 설명이다.

제4절 탈신공공관리론(Post-NPM)

01
행정이론에 대한 설명으로 가장 옳지 않은 것은?

2017. 사복직 9급

① 신공공관리론에서는 국민을 납세자나 일방적인 서비스 수혜자가 아닌 정부의 고객으로 인식한다.
② 탈신공공관리론은 신공공관리론의 결과로 나타난 재집권화와 재규제를 경계한다.
③ 뉴거버넌스론의 하나인 유연조직모형에서는 관리의 개혁방안으로 가변적 인사관리를 제시한다.
④ 신공공서비스론에서는 공익을 공유된 가치에 대한 담론의 결과물로 인식한다.

정답 ② [×]
해설 탈신공공관리론은 신공공관리론에 대한 비판적 관점에 기초해 신공공관리의 한계를 수정 보완하기 위해 등장한 이론이다. 탈신공공관리론은 신공공관리론의 규제완화로 나타난 부작용을 해결하기 위한 대안으로 재규제를 주장(경계 ×)하며, 분절화의 축소를 위해 구조적 통합과 재집권(집권과 분권의 조화)를 강조한다.

02
현대 행정학의 주요 이론에 대한 설명으로 가장 옳지 않은 것은?

2018. 서울 9급

① 신공공관리론은 공공선택이론의 주장과 같이 정부의 역할을 대폭 시장에 맡겨야 한다는 입장은 아니며, 기존의 계층제적 통제를 경쟁원리에 기초한 시장체제로 대체함으로써 관료제의 효율성과 성과를 높이려 한다.
② 탈신공공관리(post-NPM)는 신공공관리의 역기능적 측면을 교정하고 통치역량을 강화하며, 구조적 통합을 통한 분절화의 확대, 재집권화와 재규제의 축소, 중앙의 정치·행정적 역량의 강화를 강조한다.
③ 피터스(B. Guy Peters)는 뉴거버넌스에 기초한 정부개혁 모형으로 시장모형, 참여정부 모형, 유연조직 모형, 저통제정부 모형을 제시한다.
④ 신공공관리론이 시장, 결과, 방향잡기, 공공기업가, 경쟁, 고객지향을 강조한다면 뉴거버넌스는 연계망, 신뢰, 방향잡기, 조정자, 협력체제, 임무중심을 강조한다.

정답 ② [×]
해설 탈신공공관리는 신공공관리의 개혁의 한계를 수정·보완하기 위해, 분절화의 축소를 위한 구조적 통합, 재집권화와 재규제를 강조한다.

03
다음 중 탈신공공관리론(post-NPM)에서 강조하는 행정개혁 전략으로 옳지 않은 것은?

2018. 국회 8급

① 분권화와 집권화의 조화
② 민간 - 공공부문 간 파트너십 강조
③ 규제완화
④ 인사관리의 공공책임성 중시
⑤ 정치적 통제 강조

정답 ③ [×]
해설 규제완화는 신공공관리론에서 강조하는 행정개혁 전략이다. 탈신공공관리에서는 재규제를 강조한다.

04
탈신공공관리(Post NPM)에 대한 설명으로 옳지 않은 것은?

2020. 지방 7급

① 성과보다는 공공책임성을 중시하는 인사관리 강조
② 탈관료제 모형에 기반을 둔 경쟁과 분권화 강조
③ 구조적 통합을 통한 분절화의 축소와 조정의 증대
④ '통(通) 정부(whole of government)'적 접근

정답 ② [×]
해설 탈관료제 모형에 기반을 둔 경쟁과 분권화 강조는 신공공관리론(NPM)의 특징이다.
①, ③, ④ [○] 탈신공공관리(post-NPM)의 특징은 구조적 통합을 통한 분절화의 축소, 재집권화와 재규제의 주장, 총체적 정부 또는 합체된 정부의 주도, 역할 모호성의 제거, 민간·공공부문의 파트너십 강조, 집권화, 역량 및 조정의 증대, 중앙의 정치·행정적 역량의 강화 등이다.

제5절 공공가치관리론(Public Value Management)

01
행정이론에 대한 설명으로 옳지 않은 것은? 2025. 지방 9급

① 공공가치관리론에서 보즈만(Bozeman)은 정당성과 지지, 공공가치, 운영역량으로 구성된 전략적 삼각형(strategic triangle) 모형을 제시한다.
② 신공공서비스론은 정부의 역할에 대해 시장에 의한 방향잡기보다 시민에 대한 봉사를 강조한다.
③ 뉴거버넌스론은 정부와 민간부문 그리고 비영리부문 간 상호신뢰 관계에 기초한 협력적 네트워크를 강조한다.
④ 공공선택론은 공공부문의 시장경제화를 통해 시민의 편익을 극대화할 수 있는 서비스의 공급과 생산이 가능하다고 본다.

정답 ① [×]
해설 정당성과 지지, 공공가치, 운영역량으로 구성된 전략적 삼각형(strategic triangle) 모형을 제시한 것은 무어(M. Moore)의 공공가치관리론에 대한 설명이다. 보우즈(Bozeman)만은 공공가치 달성에 필요한 공공서비스 혹은 공공재화의 공급을 담당하는 시장 행위자 혹은 공공부문의 행위자가 공공가치에 부합한 재화나 서비스를 제공하지 못하는 경우를 공공실패가 발생한 것으로 간주하고, 정부 개입의 근거가 되어야 한다고 주장했다(공공가치 실패론).

02
무어(Moore)의 공공가치창출론(creating public value)적 시각에 대한 설명으로 옳지 않은 것은? 2023. 지방 9급

① 행정의 정당성 위기를 극복하기 위한 대안적 접근이다.
② 전략적 삼각형 개념을 제시한다.
③ 신공공관리론을 계승하여 행정의 수단성을 강조한다.
④ 정부의 관리자들은 공공가치 실현에 힘써야 한다고 주장한다.

정답 ③ [×]
해설 무어의 공공가치창출론은 신공공관리론이 야기한 행정의 정당성 위기, 즉 행정의 공공성 약화를 극복하기 위한 대안적인 패러다임으로 등장한 이론이다.

03
공공가치론에 대한 설명으로 옳은 것만을 모두 고르면? 2024. 지방 9급

ㄱ. 무어(Moore)는 공공가치 실패를 진단하는 도구로 '공공가치 지도그리기(mapping)'를 제안한다.
ㄴ. 보즈만(Bozeman)은 공공기관에 의해 생산된 순(純) 공공가치를 추정하는 '공공가치 회계'를 제시했다.
ㄷ. '전략적 삼각형' 모델은 정당성과 지지, 운영 역량, 공공가치로 구성된다.
ㄹ. 시장과 공공부문이 공공가치 실현에 필수적으로 요구되는 재화와 서비스를 제공하지 못할 때 '공공가치 실패'가 일어난다.

① ㄱ, ㄴ
② ㄱ, ㄹ
③ ㄴ, ㄷ
④ ㄷ, ㄹ

정답 ④ ㄷ, ㄹ [○]
해설
ㄱ. [×] 공공가치 실패를 진단하는 도구로 '공공가치 지도그리기(mapping)'를 제안한 것은 보즈만이다. 보즈만은 제도적인 관점에서 공공가치를 설명하고 특정 공공가치의 성공과 실패 정도를 판단하는 기준으로 공공가치 매핑 모델(public value mapping)을 제시했다.
ㄴ. [×] 무어(Moore)는 공공자원이 민간 기업의 가치 창출과 유사하게 가치 증대를 위해 사용되어야 한다는 생각에 기초해서 가치창출에 대한 기업가적 접근을 기반으로 공공가치 틀인 공공가치 회계를 제시했다. 공공가치 회계는 전통적인 재무회계나 성과평가를 넘어, 정부나 공공기관이 창출한 사회적 가치·공익을 체계적으로 측정·기록·보고하는 틀을 의미한다. 즉, "정부가 단순히 예산을 얼마나 잘 썼는가"가 아니라, 그 예산 집행을 통해 어떤 공공가치가 창출되었는가를 정량·정성 지표로 파악하는 방법론이다.
ㄷ. [○] 무어(Moore)는 공공가치 창출을 위해 정당성과 지지, 운영 역량, 공공가치로 구성되는 전략적 삼각형 모델을 제시하였다.
ㄹ. [○] 보우즈만(Bozeman)은 공공가치 달성에 필요한 공공서비스 혹은 공공재화의 공급을 담당하는 시장 행위자 혹은 공공부문의 행위자가 공공가치에 부합한 재화나 서비스를 제공하지 못하는 경우를 공공실패가 발생한 것으로 간주하고, 정부개입의 근거가 되어야 한다고 주장했다.

제6절 넛지이론(Nudge Theory)

01
넛지(Nudge) 이론에 대한 설명으로 옳은 것은?

2024. 지방 7급

① 자유주의적 개입주의 원리에 따라 시장기반의 경제적 인센티브 수단을 선호한다.
② 행동경제학에 기반하여 실험을 통한 귀납적 분석보다는 가정에 기초한 연역적 분석을 지향한다.
③ 정부의 역할 및 정책수단으로서 선택설계의 개념을 도입한다.
④ 인간의 휴리스틱은 인지적 오류와 행동편향을 방지한다.

정답 ③ [O]
해설 ① [×] 자유주의적 개입주의 원리에 따라 전통적인 정책 수단인 법률과 규제, 경제적 유인 수단(조세, 보조금) 등과 구별되는 새로운 정책 수단인 넛지(nudge)를 활용해야 한다는 점을 강조하고 있다.
② [×] 행동경제학에 기반하여 실험을 통한 귀납적 분석을 지향한다.
④ [×] 불확실한 상황과 조건에서 휴리스틱을 활용한 인간의 의사결정 과정에서는 다양한 형태의 인지적 오류와 행동편향이 발생하고, 이로 인해 개인의 합리적 의사결정이 방해를 받게 되어 행동적 시장실패가 발생하게 된다.

02
다음 대화에서 옳지 않은 말을 한 사람은? 2023. 국가 7급

A: 신공공관리론의 학문적 토대는 신고전학파 경제학인데, 넛지이론은 공공선택론이야.
B: 신공공관리론은 효율성을 증대하여 고객 대응성을 높이자는 목표를 가지는데, 넛지이론은 행동변화를 통해서 삶의 질을 높이는 것이 목표야.
C: 신공공관리론에서는 경제적 합리성을 가정하지만, 넛지이론에서는 제한된 합리성을 가정하지.
D: 신공공관리론에서는 공무원이 정치적 기업가가 되길 원하지만 넛지이론에서는 선택설계자가 되길 바라지.

① A
② B
③ C
④ D

정답 ① [×]
해설 신공공관리론의 학문적 토대는 공공선택론이며, 넛지 이론의 학문적 토대는 행동경제학이다.

넛지이론과 신공공관리론의 비교

구분	신공공관리론	넛지이론
이론의 학문적 토대	신고전파 경제학, 공공선택론	행동경제학
합리성	완전한 합리성, 경제적 합리성	제한된 합리성, 생태적 합리성
정부 역할의 이념적 기초	신자유주의, 시장주의	자유주의적 개입주의
정부 역할의 근거와 한계	시장실패와 제도실패, 정부실패	행동적 시장실패와 정부실패
공무원상	정치적 기업가	선택 설계자
정부 정책의 목표	고객주의, 개인의 이익 증진	행동 변화를 통한 삶의 질 제고
정책 수단	경제적 인센티브	넛지
정부 개혁 모델	기업가적 정부	넛지 정부

03
세일러와 선스타인(Thaler & Sunstein)이 제시한 넛지이론(Nudge Theory)과 가장 거리가 먼 것은?

2023. 군무원 7급

① 행동경제학에서는 휴리스틱과 행동 편향에 따른 영향이 개인의 의사결정과 선택에 영향을 미쳐 자신의 후생 손실을 초래하는 외부효과가 행동적 시장실패의 핵심 요소라고 본다.
② 넛지란, 어떤 선택을 금지하거나 경제적 유인을 크게 변화시키지 않으면서 예측 가능한 방향으로 사람들의 행동을 변화시키는 선택설계의 제반 요소를 의미한다.
③ 전통경제학에서는 명령지시적 정부규제나 경제적 유인을 정책수단으로 활용하지만, 넛지는 기본적으로 간접적이고 유도적인 방식의 정부 개입방식으로서 촉매적 정책수단의 성격을 띠고 있다.
④ 넛지는 엄격하게 검증된 증거에 기반하여 정책을 선택하거나 결정하는 것을 강조한다.

정답 ① [×]
해설 행동적 시장실패론에서는 개인 간의 관계에서 발생하는 외부효과와는 별도로 개인 차원에서 자신의 판단과 선택 과정에서 자신에게 귀착하는 내부효과로 인한 후생손실 문제를 제기하고 있다. 행동적 시장실패는 실수를 저지르는 인간의 행동 성향에서 비롯된 편향된 의사결정 그 자체를 지칭한다. 또한 전통적 시장실패론에서는 외부효과, 즉 제3자에게 긍정적·부정적 파급효과를 창출하는 것이 시장실패의 핵심요인으로 정의되고 있는 반면, 행동경제학에서는 휴리스틱과 행동편향에 따른 영향이 개인의 의사결정과 선택에 영향을 미쳐 자신의 후생 손실을 초래하는 내부효과가 행동적 시장실패의 핵심요소이다.

Chapter 06 공공서비스 공급 혁신

제1절 공공서비스 공급 혁신

01
복지국가의 공공서비스 공급 접근방식에 대한 설명으로 가장 옳은 것은? 2017. 서울 9급

① 민간부문을 조정·관리·통제하는 공공서비스 기능이 강조된다.
② 서비스의 배분 준거는 재정효율화이다.
③ 공공서비스의 형태는 선호에 따라 차별적으로 상품화된 서비스이다.
④ 성과관리는 수요자 중심의 맞춤형 관점에서 이루어진다.

정답 ① [○]
해설 복지국가의 공공서비스 공급 접근 방식은 민간부문에 대한 공공서비스의 기능에 대해 조정·관리·통제를 강조한다.
②,③,④ [×] 신공공관리주의에서의 공공서비스 공급에 대한 접근 방식에 대한 설명이다. 신공공관리주의에서의 공공서비스 공급에서는 재정 효율화를 강조하며, 시민사회의 다양한 선호 부응과 차별적으로 상품화된 서비스, 수요자 중심의 맞춤형 서비스 공급 등을 특징으로 한다.

공공서비스 공급에 대한 접근방식의 변화

구분	(전통적) 복지국가의 공공서비스	신공공관리주의에서 공공서비스
행정활동에 대한 관심	민주·형평적 관리 공공서비스 자체	경제적 효율성 공공서비스를 통한 일자리 창출
공공서비스 배분 준거	형평적 배분 (복지 시혜적)	효율적 배분 (재정효율화)
민간부문에 대한 공공서비스의 기능	조정·관리·통제	경쟁력 지원
공공서비스의 형태	국가 최저 수준의 표준화된 공공서비스	시민사회의 다양한 선호 부응과 차별적으로 상품화된 서비스
성과관리 방식	시설·기관 중심의 공급자 관점 (투입과 과정 감독)	수요자 중심의 맞춤형 서비스 공급 (산출과 결과에 대한 품질 책임)

02
총체적 품질관리(Total Quality Management)에 대한 설명으로 옳은 것만을 모두 고르면? 2020. 국가 9급

ㄱ. 고객의 요구를 존중한다.
ㄴ. 무결점을 향한 지속적 개선을 중시한다.
ㄷ. 집권화된 기획과 사후적 통제를 강조한다.
ㄹ. 문제해결의 주된 방법은 집단적 노력에서 개인적 노력으로 옮아간다.

① ㄱ, ㄴ
② ㄱ, ㄷ
③ ㄴ, ㄹ
④ ㄷ, ㄹ

정답 ① ㄱ, ㄴ [○]
해설 ㄷ. [×] 총체적 품질관리는 모든 조직 구성원의 참여를 강조하는 분권적 기획과 예방적·사전적 통제를 강조한다.
ㄹ. [×] 총체적 품질관리는 팀워크와 집단적 문제해결을 강조한다.

03
전통적 관리와 TQM(Total Quality Management)에 대한 설명으로 가장 옳지 않은 것은?　2018. 서울 9급

① 전통적 관리체제는 기능을 중심으로 구조화되는 데 비해 TQM은 절차를 중심으로 조직이 구조화된다.
② 전통적 관리체제는 개인의 전문성을 장려하는 분업을 강조하는 데 비해 TQM은 주로 팀 안에서 업무를 수행할 것을 강조한다.
③ 전통적 관리체제는 상위층의 의사결정을 위한 정보체제를 운영하는 데 비해 TQM은 절차 내에서 변화를 이루는 사람들이 적시에 정확한 정보를 소유하는 데 초점을 둔다.
④ 전통적 관리체제는 낮은 성과의 원인을 관리자의 책임으로 간주하는 데 비해 TQM은 낮은 성과를 근로자 개인의 책임으로 간주한다.

> **정답** ④ [×]
> **해설** 전통적 관리체제는 엄격한 분업구조에 의거한 관리방식이므로 낮은 성과를 근로자 개인의 책임으로 간주하는 데 반하여 TQM에서는 분업보다는 협업(팀웍) 구조에 의거한 관리방식이므로 낮은 성과의 원인을 근로자에 대한 동기유발과 팀웍 관리를 책임지는 관리자의 책임으로 간주한다.

04
총체적 품질관리(TQM)에 대한 설명으로 옳지 않은 것은?　2016. 사회복지 9급

① 모든 조직구성원들은 한편으로 공급자이면서 다른 한편으로는 고객인 이중적 역할을 수행하는 것으로 본다.
② 환경의 불확실성을 통제하기 위하여 단기적 전략과 교정적·사후적 통제에 치중한다.
③ 목표관리제(MBO)와 달리 TQM의 관심은 외향적이어서 고객의 필요에 따라 목표를 설정하는 것을 강조한다.
④ 하급직원들에게 힘을 실어주는 일과 분권화를 촉구하지만 계층제의 완전한 폐지를 주장하지는 않는다.

> **정답** ② [×]
> **해설** TQM은 환경의 불확실성을 통제하기 위하여 장기적 전략과 예방적·사전적 통제에 치중한다.
> ① [○] 모든 조직구성원들은 한편으로 서비스 공급자이면서 다른 한편으로는 내부 고객인 이중적 역할을 수행하는 것으로 본다. TQM은 조직을 고객과 공급자로 구성된 복잡한 체제라고 전제한다. 최고관리자로부터 말단 직원에 이르기까지 모든 조직구성원들을 한편으로는 공급자이면서 다른 한편으로는 고객인 이중적 역할을 수행한다고 전제하는 것이다.
> ③ [○] 목표관리제(MBO)와 달리 TQM의 관심은 외향적이어서 전문가가 관리자가 아니라 고객의 필요에 따라 목표를 설정하는 것을 강조한다.
> ④ [○] TQM은 분권화를 촉구하지만 계층제의 완전한 폐지를 주장하지는 않는다. 즉, 관료제의 근본과 상충된다고 보지는 않는다.

05
총체적 품질관리(TQM)에 대한 설명 중 옳은 것만으로 이루어진 것은?　2010. 국회 9급

> 가. TQM은 고객의 요구를 존중한다.
> 나. TQM은 단기적 관점을 강조한다.
> 다. TQM은 팀워크 중심의 조직 관리이다.
> 라. TQM은 서비스 제공 이후의 품질관리 체계를 강조한다.
> 마. TQM은 기능적 조직에 적합하다.

① 가, 다
② 다, 마
③ 가, 다, 라
④ 나, 다, 마
⑤ 다, 라, 마

> **정답** ① 가, 다 [○]
> **해설** 나. [×] TQM은 장기적 관점을 강조한다.
> 라. [×] TQM은 서비스 제공 이후의 품질관리를 중시하는 사후적 관리가 아니라 사전적·예방적 관리를 강조한다.
> 마. [×] TQM은 통제에 기초를 두는 집권적·계층적인 기능적 조직보다는 수평적이고 분권적인 유기적 조직구조에 적합하다.

06
행정개혁으로서의 리엔지니어링(BPR)에 대한 설명으로 옳은 것은?
2017. 지방 7급

① 고객만족 가치를 창출하는 프로세스 개선에 초점을 둔다.
② 공공부문과 민간부문의 리엔지니어링 환경은 차이가 없다.
③ 조직 개선을 위한 논의는 구조, 기술, 형태 등과 같은 변수를 중심으로 이루어진다.
④ 조직의 점진적 변화가 필요할 때 사용되며, 조직 문화는 개혁의 대상이 아니다.

정답 ①
해설 리엔지니어링(BPR)은 비용, 품질, 서비스, 속도와 같은 조직의 핵심적 성과에 있어 극적인 개선을 이루기 위해 업무프로세스를 근본적이고 급진적으로 재설계하는 것으로 프로세스를 기본 단위로 하여 업무, 조직, 기업문화까지의 전 부문에 대하여 생산성을 개선하는 것이다.
② [×] 공공부문과 민간부문의 리엔지니어링 환경은 차이가 있다.
③ [×] 조직 개선을 위한 논의의 초점은 구조, 기술, 형태 등과 같은 변수가 아니라 업무 프로세스를 중심으로 이루어진다.
④ [×] BPR은 점진적인 변화를 추구하는 것이 아니라 근본적이고 혁신적인 변화를 추구하며, 프로세스를 기본단위로 하여 업무, 조직, 기업문화 등을 포함하는 전 부문에 대한 성취도를 증가시키려는 노력이다.

07
행정업무처리재설계(PAPR : Public Administration Process Reengineering)를 설명하는 내용과 거리가 먼 것은?
2004. 서울 7급

① 정보기술의 바탕 위에서 이루어진다.
② 새로운 방식으로 업무를 수행한다.
③ 정부 정보에의 자유로운 접근을 보장하고 국민의 권리 및 이익을 보호한다.
④ 조직의 업무성과를 향상시키는 데 기여한다.
⑤ 프로세스 분석에서 모형화 도구를 제공하기도 한다.

정답 ③ [×]
해설 보편적 서비스에 대한 설명이다. 보편적 서비스는 가능한 모든 국민들에게 합리적인 요금으로 정보통신서비스 등 공공서비스를 널리, 공평하게 제공하는 서비스를 말한다.

08
다음 〈보기〉의 네 가지 사항 모두를 내용으로 하는 제도는?
2005. 국회 8급

가. 고객 서비스의 질 향상
나. 체계적 정보 제공
다. 구체적 서비스 기준 제시
라. 보상 및 시정 조치

① 책임운영기관 제도
② 발생주의 회계제도
③ 성과관리 제도
④ 행정서비스 헌장 제도
⑤ 옴부즈만 제도

정답 ④
해설 행정서비스헌장제도는 각 공공기관에 대하여 시민들에게 제공해야 할 서비스의 이행기준, 서비스의 내용과 방법 및 절차를 규정하고 잘못된 서비스에 대하여 시정조치 및 보상규정을 공표하는 제도이다. 시민헌장(고객헌장)제도는 고객서비스의 질을 향상시키려는 신자유주의적인 행정개혁으로 영국에서 시행된 이후 다수의 국가가 채택하고 있다.

09
〈보기〉에서 설명하고 있는 개념으로 가장 옳은 것은?
2020. 서울 9급

| 보기 |
행정기관이 제공하는 행정서비스의 기준과 내용, 이를 제공받을 수 있는 절차와 방법, 잘못된 서비스에 대한 시정 및 보상조치 등을 구체적으로 정하여 공표하고 이의 실현을 국민에게 약속하는 것

① 고객만족도
② 행정서비스헌장
③ 민원서비스
④ 행정의 투명성 강화

정답 ②
해설 제시문은 행정서비스헌장제도를 설명하고 있다. 행정서비스헌장제도는 영국의 시민헌장에서 유래된 것으로 시민헌장제도(citizen's charter)는 각 공공기관에 대하여 의무조항을 명시하고 일반국민이 당연히 누려야 할 권리를 천명하여 서비스의 기준(표준)을 설정하여 불이행시 국민들이 시정조치와 보상을 요구할 수 있도록 한 고객중심적 서비스 관리제도를 말한다.

10
영국 시민헌장(Citizen's Charter)의 기본원리와 가장 거리가 먼 것은?
2010. 서울 7급

① 선택
② 정보 공개
③ 친절과 도움
④ 불만처리절차의 공표
⑤ 다양성의 존중

정답 ⑤ [×]
해설 영국의 시민헌장(citizen's charter)은 고객지향 행정을 위한 제도로 행정기관이 제공하는 행정서비스의 내용과 기준, 불만에 대한 시정조치 등을 시민들에게 공개하는 제도이다. 시민에 대한 공공서비스의 표준화된 품질 기준을 설정하는 것으로, 다양성의 존중과는 거리가 멀다.

11
행정서비스헌장에 대한 설명으로 가장 적절한 것은?
2011. 서울 9급

① 공공서비스 공급의 경쟁화를 통한 서비스 질 향상을 목적으로 한다.
② 공공서비스의 내용, 수준, 제공방법, 불이행시 조치와 보상으로 명문화하고 있다.
③ 정보통신기술을 활용한 고객지향적 서비스 제공방법의 하나이다.
④ 국민의 행정서비스 이용 고객시간대를 확대하고자 하는 노력이다.
⑤ 책임운영기관에서 주로 작성되고 있다.

정답 ② [○]
해설 행정서비스 헌장은 고객지향 행정을 추구하기 위한 제도로, 공공서비스 제공 기관이 제공하는 구체적인 서비스 목표와 구체적 내용을 명시하고 서비스의 질에 대한 책임성을 확보하는 제도이다.
① [×] 공공서비스 공급의 경쟁화와는 직접적인 관련성이 없으며, 고객만족 행정을 위한 제도이다.
③ [×] 정보통신기술을 활용한 고객지향적 서비스 제공방법의 예로는 BPR, 전자정부 구축을 통한 ONE-STOP, NON STOP 민원서비스 제공(예 민원 24) 등이 있다.
⑤ [×] 행정서비스 헌장은 책임운영기관뿐만 아니라 모든 공공기관에서 작성한다.

제2절 민간위탁의 주요 방식

01
정부는 공공서비스를 효율적으로 공급하기 위한 방법의 하나로서 민간위탁 방법을 사용하기도 하는데, 민간위탁 방식에 해당하지 않는 것은?　　2014. 서울시 9급

① 면허 방식
② 이용권(바우처) 방식
③ 보조금 방식
④ 책임경영 방식
⑤ 자조활동 방식

정답 ④ [×]
해설 책임경영 방식은 정부 내부에 공공서비스의 생산을 담당하는 독립조직(예 공기업)을 만들어 생산(주체)은 정부에서 하되, 서비스 제공 수단으로 민간의 시장 요소를 도입하여 책임 경영방식으로 서비스를 생산·공급하는 방식이다.

02
다음 중 Savas의 공공서비스 제공방식에 대한 유형별 설명으로 가장 옳지 않은 것은?　　2017. 서울시 7급

① 공공부문이 생산자(producer)인 동시에 배열자(arranger)인 경우의 예로 정부 간 협약을 통해 한 정부가 또 다른 정부의 공공서비스를 구매하는 방식이 있다.
② 공공부문이 생산자이고 민간부문이 배열자인 경우의 예로 정부응찰방식을 통해 민간부문이 정부가 생산한 공공서비스를 선별, 구매하고 대가를 지불하는 방식이 있다.
③ 민간부문이 생산자이고 정부가 배열자인 경우의 예로 민간위탁, 바우처(voucher)를 통한 서비스 제공 등이 있다.
④ 민간부문이 생산자인 동시에 배열자인 경우의 예로 임대형 민자사업(BTL), 보조금에 의한 서비스 제공 등을 들 수 있다.

정답 ④ [×]
해설 임대형 민자사업(BTL)과 보조금에 의한 서비스 제공은 민간부문에서 생산하고, 공급주선자(배열자)는 공공부문이다.

사바스(E. Savas)의 공공서비스 공급의 유형 분류

		공급의 결정(또는 기획) 주체	
		정부	민간
공공서비스 공급 주체	정부	1) 정부가 결정하고 정부가 공급하는 유형 • 정부서비스 방식(government service) • 정부간 협정에 의한 방식(government agreement)	4) 민간이 결정하고 정부가 공급하는 유형 정부 서비스 판매(government vending)
	민간	2) 정부가 결정하고 민간이 공급하는 유형 • 계약방식(contracting out) • 허가방식(franchises) • 보조금 방식(granting)	3) 민간이 결정하고 민간이 공급하는 유형 • 이용권(vouchers) 지급 • 시장공급 방식(markets) • 자원봉사 방식(voluntary service) • 셀프서비스(self service)

03
최근 쓰레기 수거와 같이 전통적으로 정부의 고유영역으로 간주되어 온 서비스를 민간에 위탁하는 경우가 있는데, 그 목적이라고 보기 힘든 것은?　　2015. 국가 9급

① 행정의 효율성 향상
② 행정의 책임성 확보
③ 경쟁의 촉진
④ 작은 정부의 실현

정답 ② [×]
해설 공공서비스를 민간위탁 할 경우, 기업의 이윤 추구 행위로 행정의 공정성 및 형평성, 책임성을 저해할 수 있다.

04
민간위탁 방식에 대한 설명으로 옳지 않은 것은?

2012. 지방 9급

① 자조활동(self-help) 방식은 서비스의 생산과 관련된 현금 지출에 대해서만 보상받고 직접적인 보수는 받지 않으면서 공익을 위해 봉사하는 사람들을 활용하는 것이다.
② 보조금 방식은 민간조직 또는 개인이 제공한 서비스 활동에 대해 정부가 재정 또는 현물을 지원하는 것이다.
③ 바우처(voucher) 방식은 공공서비스의 생산을 민간부문에 위탁하면서 시민들의 구입부담을 완화시키기 위해 금전적 가치가 있는 쿠폰(coupon)을 제공하는 것이다.
④ 면허 방식은 민간조직에게 일정한 구역 내에서 공공서비스를 제공하는 권리를 인정하는 것이다.

정답 ① [×]
해설 자조활동이 아니라 자원봉사 방식에 대한 설명이다. 자조활동이란 공공서비스의 수혜자와 제공자가 같은 집단에 소속되어 서로 돕는 형식으로 활동하는 것으로, 정부 서비스 생산 업무를 보조하는 방식이다.

05
민간위탁(contracting out)에 대한 설명으로 옳지 않은 것은?

2022. 지방 7급

① 정부가 제공하는 서비스를 민간부문에 맡기고 비용을 지불하는 방식이다.
② 비영리단체는 민간위탁의 대상이 되지 않는다.
③ 정부의 직접공급에 비해 고용과 인건비의 유연성 확보가 용이하다.
④ 대표적인 예로는 쓰레기수거업무나 도로건설업무가 있다.

정답 ② [×]
해설 사회복지 분야 등에서는 비영리단체가 정부로부터 위탁받아 서비스를 제공한다.

06
공공서비스 민간위탁 방식에 대한 설명으로 옳지 않은 것은?

2013. 국회 9급

① 계약 방식은 좁은 의미의 민간위탁으로 분류된다.
② 보조금 방식은 민간조직의 공공서비스 제공활동에 대해 재정 혹은 현물을 지원하는 방식을 말한다.
③ 바우처(voucher) 방식은 시민들의 공공서비스 구입 부담을 완화시키는 금전적 가치가 있는 쿠폰을 제공하는 방식이다.
④ 자조활동(self-help) 방식이란 공공서비스 수혜자와 제공자가 같은 집단에 소속되어 서로 돕는 형식으로 활동하는 것을 의미한다.
⑤ 규제 및 조세유인 방식은 보조금 지급과 같은 효과를 창출하지만 직접비용이 상대적으로 많이 소요되는 방식이다.

정답 ⑤ [×]
해설 규제 및 조세유인 방식은 보조금 지급과 같은 효과를 창출하지만 조세감면 등을 주된 방식으로 하기 때문에 정부가 직접 세금을 징수하여 다시 민간에게 보조금을 지급하는 보조금 방식보다는 절차가 간편하고 직접비용이 상대적으로 적게 소요되는 방식이라는 장점이 있다.

07
바우처(voucher) 제도에 대한 설명으로 옳지 않은 것은?

2017. 국가 9급

① 저소득층 및 특수계층을 대상으로 하는 복지 분야에서 많이 활용되고 있다.
② 수혜자에게 현금을 지원하는 대신 특정 재화나 서비스를 구매할 수 있는 쿠폰이나 포인트를 제공하는 제도이다.
③ 전자바우처의 도입을 통해 행정비용을 절감할 수 있다.
④ 살라몬(L. M. Salamon)의 행정수단 유형분류에 있어서 민간위탁과 같이 직접성이 매우 높은 행정수단이다.

정답 ④ [×]
해설 살라몬(L. M. Salamon)의 행정수단 유형분류에 따르면 바우처(voucher)는 직접성이 낮은(높은 ×) 행정수단에 해당한다.

08
다음 중 바우처 제도(Voucher)에 대한 설명으로 옳지 않은 것은?
2016. 국회 9급

① 전통적 행정서비스 공급은 '수요자-공급자'의 수평적 이용구조이고, 바우처 제도는 '수급자-제공기관'의 수직적 구조이다.
② 신공공관리주의에 기초한 새로운 행정서비스 공급방식으로 넓은 의미의 민간화(민영화)의 한 수단이다.
③ 행정서비스 생산을 민간부문에 위탁하되 수요자들에게 금전적 가치가 있는 쿠폰을 제공하여 수요자들의 선택권을 확보하는 방식이다.
④ 미국의 식품구매권(food stamp) 제공이 이에 해당된다.
⑤ 우리나라는 2007년 보건복지부에서 전자바우처 시스템을 도입했다.

> **정답** ① [×]
> **해설** 전통적 행정서비스 공급이 '수급자-제공기관'의 수직적 구조였다면, 바우처 제도는 쿠폰을 받은 수요자들이 공급자를 자유로이 선택하는 '수요자-공급자'의 수평적 이용구조이다.

09
공공서비스 전달방식에 대한 설명으로 가장 옳은 것은?
2019. 서울 9급

① 프랜차이즈 방식은 정부가 개인들에게 특정 상품 및 서비스 구입이 가능한 쿠폰을 제공하는 방식이다.
② 공공-민간협력방식(PPP)은 정부가 민간부문에 출자하고 이를 경영하되 위험은 정부가 모두 부담하는 방식이다.
③ 수익형 민자사업(BTO) 방식은 민간이 시설을 건설하고 직접 소유하면서 운영하는 방식이다.
④ 임대형 민자사업(BTL) 방식은 민간이 시설을 건설하고 정부가 소유하며 민간은 정부로부터 임대료 수익을 보장받는 방식이다.

> **정답** ④ [○]
> **해설** ① [×] 정부가 개인들에게 특정 상품 및 서비스 구입이 가능한 쿠폰을 제공하는 방식은 바우처 제도이다.
> ② [×] 공공-민간협력방식(PPP)은 민간 기업은 정부 정책(사업)에 출자하는 방식으로, 투자유형에 따라 위험 부담 정도가 상이하다. 수익형 민자사업(BTO)의 경우 민간기업이 위험을 부담한다.
> ③ [×] 수익형 민자사업(BTO) 방식은 민간이 시설을 건설하고(Build) 소유권을 정부에 이전한 후(Transfer) 민간사업자가 시설을 운영(Operate)하여 투자비를 환수하는 방식이다.

10
민간투자사업자가 사회기반시설 준공과 동시에 해당 시설 소유권을 정부로 이전하는 대신 시설관리운영권을 획득하고, 정부는 해당 시설을 임차 사용하여 약정기간 임대료를 민간에게 지급하는 방식은?
2020. 지방 9급

① BTO(Build-Transfer-Operate)
② BTL(Build-Transfer-Lease)
③ BOT(Build-Own-Transfer)
④ BOO(Build-Own-Operate)

> **정답** ②
> **해설** BTL(Build-Transfer-Lease)에 대한 설명이다.

11

다음 중 민간투자 방식인 BTO와 BTL의 상대적 특징을 설명한 내용으로 옳지 않은 것은? 2016. 국회 8급

① BTO는 민간의 수요위험을 배제한다.
② BTO의 사업운영주체는 민간사업시행자이다.
③ BTL에서는 정부의 시설임대료를 통하여 투자비를 회수한다.
④ BTL은 최종수요자에게 부과되는 사용료만으로 투자비 회수가 어려운 시설에 대해서 실시하는 경우가 일반적이다.
⑤ BTO에서는 예상수입의 일부를 보장해 주는 최소수입보장제도가 적용되기도 하나 우리나라의 경우 부작용으로 인해 폐지되었다.

정답 ① [×]
해설 BTO는 민간이 일정기간 시설을 직접 운용하여 투자비를 회수할 수 있는 수익형 민자사업으로, 민간이 수요 위험을 부담한다.
⑤ [○] BTO(수익형 민자사업) 방식에 도입되었던 최소수입보장제도(MRG : minimum revenue guarantee)가 수요의 과다 추정 등 지속적 재정 부담을 초래하는 부작용으로 2009년부터 폐지되었다. 최소수입보장제도는 민간자본으로 지은 시설이 운영단계에 들어갔을 때 실제수입이 추정수입보다 적으면 사업자에게 사전에 약정한 최소수입을 보장해 주는 제도로 도로·철도 등 사회기반시설을 건설한 민간사업자에 일정 기간 운영권을 인정하는 수익형 민자사업(BTO) 방식에 적용되었다. IMF 외환위기 직후 막대한 예산이 드는 SOC사업에 대한 민자 유치를 활성화하기 위해 1999년 도입했으나, 정부 재정에서 손실 보전이 너무 많이 나간다는 이유로 2009년 폐지되었다.

12

공공서비스 공급을 확대하는 과정에서 정부예산이 부족한 경우 활용되는 수익형 민자사업(BTO)에 대한 설명으로 옳지 않은 것은? 2018. 지방 7급

① BTO는 민간이 자금을 투자해 공공시설을 건설하고 소유권을 정부로 이전하지만, 그 대가로 민간사업자는 일정 기간 사용 수익권을 인정받게 된다.
② BTO의 경우 민간사업자는 시설을 운영하면서 사용료 징수로 투자비를 회수하는데, 주로 도로, 철도 등 수익 창출이 가능한 영역에 적용된다.
③ BTO의 경우 시설에 대한 수요 변동 위험은 정부에서 부담하며, 정부는 사전에 약정한 수익률을 포함한 리스료를 민간사업자에게 지출한다.
④ BTO는 일반적으로 임대형 민자사업(BTL)에 비해 사업리스크와 수익률이 상대적으로 더 높고, 사업기간도 상대적으로 더 길다.

정답 ③ [×]
해설 BTL방식에 대한 설명이다. BTO는 민간사업자가 시설을 운영하면서 사용료 징수로 투자비를 회수하는 방식으로, 민간사업자가 수요 변동에 대한 위험을 부담한다.

Chapter 07 정부와 시민사회

01
현대 민주주의 국가에서 정부와 시민사회의 관계에 대한 설명으로 적절하지 않은 것은?　　2012. 지방 9급

① 시민사회의 역량이 커지면서 정부 중심의 통치에서 거버넌스로 관점이 변화하고 있다.
② 정부주도의 성장 과정에서 초래된 사회적 부작용을 완화하는 방안으로 시민사회의 역할이 강조되고 있다.
③ 시민의식이 성숙되고 시민의 참여욕구가 증대하면서 정부와 시민사회의 새로운 파트너십이 요구되고 있다.
④ 시민사회에 발생하는 이해관계자 간의 다양한 갈등을 해결하기 위하여 심판자로서의 정부 역할이 강화되고 있다.

> **정답** ④ [×]
> **해설** 시민사회의 다양한 이해관계를 조정하기 위해 중립적 심판관으로서의 정부역할이 강조된 것은 19세기 입법국가(다원주의 국가)에서의 정부 역할이다. 현대적 의미의 시민사회는 시장실패와 정부실패 이후 제3의 대안으로서 네트워크 거버넌스에서 조정자로서의 역할을 강조하고 있다.

02
오늘날 시민사회조직에 대한 설명으로 가장 적합하지 않은 것은?　　2010. 국가 9급

① 정부와 비정부조직 간에 적대적 관계보다는 서로의 존재를 인정하는 동반자적 관계가 점차 확산되고 있다.
② 비정부조직이 생산하는 공공재나 집합재의 생산비용을 정부가 지원하는 경우에는 정부와 대체적 관계를 형성한다.
③ 비영리조직이 지닌 특징으로는 자발성, 자율성, 이익의 비배분성 등이 있다.
④ 정부가 지지나 지원의 필요성을 위해 특정한 비정부조직분야의 성장을 유도하여 형성된 의존적 관계는 개발도상국에서 많이 나타난다.

> **정답** ② [×]
> **해설** 비정부조직이 생산하는 공공재나 집합재의 비용을 정부가 지원하는 경우는 정부와 비정부 조직 간에 보완적·협력적(대체적 ×) 관계를 형성한다.

03
정부와 시민사회 간의 관계에 대한 설명으로 옳지 않은 것은?　　2016. 사회복지 9급

① 좋은 거버넌스에서는 시민단체의 역할을 강조한다.
② 우리나라에서는 시민단체의 자율성을 위하여 정부가 재정지원을 하지 않는다.
③ 정부와 시민단체의 지나친 유착은 시민단체의 정체성 문제를 야기한다.
④ 정부와 시민단체 간의 균형을 위해서는 정보의 공유가 필요하다.

> **정답** ② [×]
> **해설** 우리나라는 「비영리 민간단체 지원법」(2000년)에 의하여 비영리 민간단체에 보조금 등 재정지원을 하고 있다.

04
NGO에 대한 설명으로 옳지 않은 것은?　　2025. 국가 7급

① 공공의 이익을 추구하기 위해 자발적으로 조직되고 운영된다.
② 정부가 각종 사회문제를 해결하지 못하고 시민의 욕구를 충족시키지 못하는 한계를 보완하기 위해 등장하였다.
③ 서비스형 NGO는 국민권익을 보호하는 역할을 담당하고, 주창형 NGO는 사회적 약자를 위한 복지혜택을 제공하는 역할을 한다.
④ 시민의 참여를 통해 구성되기 때문에 자치성(self-governing)을 특징으로 한다.

정답 ③ [×]
해설 반대로 된 설명이다. 주창형 NGO 또는 창도형 단체는 권익주창형 단체라고도 하여, 국가 권력과 시장의 힘에 맞서 공공 이익을 수호하는 역할을 담당한다. 그리고 권력 감시와 부정부패 방지, 환경, 여성 등의 정책 영역별로 관련된 정책 이슈를 의제화하고 정책대안을 제시하는 역할을 한다. 한편 서비스형 NGO 또는 자원봉사 조직은 정부를 대신하거나 보완해 복지, 교육, 생활 관련 서비스를 제공한다.

05
숙의민주주의에 대한 설명으로 옳지 않은 것은?
2025. 국가 7급

① 대의민주주의를 견고히 강화하는 수단으로 활용된다.
② 정책결정의 절차적 정당성과 수용성을 높이는 데 기여한다.
③ 숙의민주주의를 구체화하는 방법으로 공론조사, 합의회의, 시민배심원제 등이 있다.
④ 충분한 정보제공과 균형 잡힌 토론을 전제로 하며, 정책에 대한 사회적 갈등을 완화하는 기능을 한다.

정답 ① [×]
해설 숙의민주주의는 대의민주주의의 한계를 보완하기 위한 수단으로 활용된다. 숙의민주주의는 숙의(deliberation)가 의사결정의 중심이 되는 민주주의 형식을 의미한다. '숙의'는 참여행위로서 투표 혹은 선택 이전에 이성과 논리 등에 근거하는 깊이 있는 심사숙고 혹은 그 과정을 의미한다. 타율적으로 주어진 결정안에 대한 단순한 선택 행위가 아니라 심사숙고의 과정을 통하여 결정을 위한 대안을 만들고, 나아가서 이 대안을 정책이 될 수 있도록 선택하는 민주주의의 과정이다. 숙의민주주의는 단순히 민주적 의사결정의 강화에만 기여하는 것은 아니다. 숙의의 과정이 없으면 지불하였을 각종 갈등과 비용을 절감하고, 값으로 계산할 수 없는 높은 수준의 사회 통합성에 기여한다. 숙의민주주의에는 정해진 방법이 있는 것이 아니며, 제대로 된 민주적 의사결정을 위하여 다양한 방법들이 강구될 수 있다. 현재 활용되고 있는 대표적인 숙의민주주의 유형에는 공론조사, 합의회의, 시민회의, 시민배심원제 등이 있다.

06
공론조사(deliberative polling)에 대한 설명으로 옳지 않은 것은?
2018. 지방 7급

① 조사 대상자들을 한곳에 모아 일정 기간 동안 공론화 과정을 거쳐야 하기 때문에 비용과 시간이 많이 든다.
② 공론조사는 조사 대상자가 중간에 탈락하는 경우가 적기 때문에 대표성 측면에서 일반 여론조사보다 우위에 있다.
③ 공론조사는 여론조사에 숙의와 토론과정을 보완한 것으로, 정제된 국민여론을 수렴하는 방법이라고 할 수 있다.
④ 우리나라에서도 공공정책 결정과정에서 공론조사를 도입하여 활용한 사례가 있다.

정답 ② [×]
해설 공론조사는 한곳에 모여서 정보를 제공하고 토론을 거치는데 그 과정에서 응답자가 탈락하기 때문에 참가자의 대표성 문제가 한계로 남는다.

☑ 공론조사는 대표성 있는 시민들이 선발되고, 이들에게는 숙의를 위한 충분한 정보와 지식, 자료들이 중립적으로 제공된다. 이들을 토대로 참여자들 간에 충분한 토론과 숙의가 이루어지며, 이 과정에서 참여자들의 당초의 생각이 변화하기도 하고, 혹은 변함없이 더욱 견고해지기도 한다. 이와 같은 일련의 과정을 통하여 공론조사에 참여한 사람들의 의사가 결정된다. 최근 공론조사를 활용한 정책결정 사례로서 원전건설과 관련한 사례를 들 수 있다. 신고리 원전 5·6호기 건설 추진 여부에 대해서 정부가 독자적으로 결정하기보다는 공론조사를 거쳐서 결정하기로 하고 2017년 공론조사가 이루어졌다. 공론조사를 위하여 연령별, 지역별로 대표성을 확보하여 471명의 시민대표단을 구성하고, 이들에게 홈페이지를 통해서 원전과 관련한 각종 자료를 제공하여 관련 문제에 대한 현황을 충분히 파악할 수 있도록 하였다. 그리고 시민대표단은 2박3일 간 합숙토론회를 하면서 원전 건설과 관련하여 공론을 만들어 나갔다. 그리고 최종 토론과 선택의 과정을 거쳐서 신고리 원전 5·6호기 건설을 재개하는 결정을 하고, 동시에 원자력 발전비율을 축소하는 권고 등을 하였다. 이 공론조사를 통하여 원전 건설에 대한 각자의 입장은 시대 상황에 따라서 다를 수 있는데, 공론조사를 통하여 사회적 합의를 이끌어냈다는 점에서 의의가 있다.

07
「비영리민간단체 지원법」상 정부의 비영리민간단체 지원에 대한 설명으로 옳지 않은 것은? 2024. 국가 9급

① 비영리민간단체는 영리가 아닌 공익활동을 수행하는 것을 주된 목적으로 하는 민간단체이어야 한다.
② 등록비영리민간단체는 공익사업의 소요경비를 지원받을 수 있으며 소요경비의 범위는 사업비를 원칙으로 한다.
③ 등록비영리민간단체가 공익사업 추진의 보조금을 교부받고자 할 때에는 사업의 목적과 내용, 소요경비, 기타 필요한 사항을 기재한 사업계획서를 제출해야 한다.
④ 등록비영리민간단체는 보조금을 받아 수행한 공익사업을 완료한 때에는 사업보고서를 대통령에게 제출해야 하며 사업평가, 사업보고서 및 평가결과의 공개 등에 필요한 사항은 대통령령으로 정한다.

정답 ④ [×]
해설 필요한 사항은 대통령령이 아닌 행정안전부령으로 정한다.

「비영리민간단체 지원법」 제9조(사업보고서 제출 등) ① 등록비영리민간단체는 제8조의 사업계획서에 따라 사업을 완료한 때에는 다음 회계연도 1월 31일까지 사업보고서를 작성하여 <u>행정안전부장관, 시·도지사나 특례시의 장에게 제출하여야 한다.</u> ③ 제2항에 따른 사업 평가, 사업보고서 및 평가결과의 공개 등에 필요한 사항은 행정안전부령으로 정한다.

① [○] 「비영리민간단체 지원법」 제2조

「비영리민간단체 지원법」 제2조(정의) 이 법에 있어서 "비영리민간단체"라 함은 영리가 아닌 공익활동을 수행하는 것을 주된 목적으로 하는 민간단체로서 다음 각호의 요건을 갖춘 단체를 말한다.

② [○] 「비영리민간단체 지원법」 제6조 제2항

「비영리민간단체 지원법」 제6조(보조금의 지원) ① 행정안전부장관, 시·도지사나 특례시의 장은 제4조제1항에 따라 등록된 비영리민간단체(이하 "등록비영리민간단체"라 한다)에 다른 법률에 따라 보조금을 교부하는 사업 외의 사업으로서 공익활동을 추진하기 위한 사업(이하 "공익사업"이라 한다)의 소요경비를 지원할 수 있다.
② 제1항에 따라 지원하는 소요경비의 범위는 사업비를 원칙으로 한다.

③ [○] 「비영리민간단체 지원법」 제8조

「비영리민간단체 지원법」 제8조(사업계획서 제출) 등록비영리민간단체가 공익사업을 추진하기 위하여 보조금을 교부받고자 할 때에는 사업의 목적과 내용, 소요경비, 기타 필요한 사항을 기재한 사업계획서를 해당 회계연도 2월 말까지 행정안전부장관, 시·도지사나 특례시의 장에게 제출하여야 한다.

보충자료 정부와 시민단체의 관계에 영향을 미치는 제도
① **기부금품의 모집 및 사용에 관한 법률**: 시민단체가 정관이나 회칙 등이 정한 바에 따라서 기부금품을 모을 수 있도록 하여 시민단체의 재정 확충 활동을 법적으로 지원하고 있음
② **소득세법**: 시민단체의 회원이나 일반인들이 시민단체에 대해 기부하는 금액에 대해 소득공제가 적용되도록 해서 시민들이 시민단체에 대해 적극적인 기부활동이 가능하도록 하고 있음
③ **비영리민간단체지원법**: 시민단체를 정부가 재정적으로 지원하기 위한 대표적인 법으로서 2000년에 제정. 시민단체 등 비영리민간단체가 공익사업을 추진함에 따른 재정적 비용을 정부가 지원할 수 있도록 했음. 이 법에서는 "국가 또는 지방자치단체는 비영리 민간단체의 고유한 활동 영역을 존중해야 하며 창의성과 전문성을 발휘하여 공익활동에 참여할 수 있도록 적극 노력하여야 한다"고 규정해 정부와 시민단체 간의 상호 자율성이 유지되도록 규정을 마련(동법 제3조)하고, 행정안전부 및 시·도지사는 공익활동에 참여하는 비영리민간단체에 대해 필요한 행정지원 및 재정 지원을 할 수 있도록 했음
④ **집회 및 시위에 관한 법률**: 시민단체는 정부에 대한 감시 및 비판활동의 한 방법으로서 시위 등의 방법도 활용하고 있음. 그러나 '집회 및 시위에 관한 법률'상 집회 및 시위에 대한 권한이 있음에도 불구하고 이것의 행사가 용이하지 않은 실정임. 그래서 최근 많은 시민단체에서 이 법의 적용을 받지 않은 소위 '1인 시위'라는 방법을 대안으로 활용하고 있음

08
고용노동부의 인증을 받고 활동하고 있는 사회적 기업에 관한 설명으로 옳지 않은 것은? 2011. 국회 8급

① 사회적 기업이란 사회적 목적을 우선적으로 추구하면서 영업활동을 수행하는 조직이다.
② 우리나라의 사회적 기업은 취약계층에 대한 일자리 문제해결과 사회서비스 수요에 대한 공급확대 방안으로 시작되었다.
③ 사회적 기업으로 인증받기 위해서는 민법상 법인, 조합, 상법상 회사 또는 비영리민간단체 등 대통령령으로 정하는 조직형태를 갖추어야 한다.
④ 자원봉사자로만 구성된 비영리조직이라도 사회적 기업으로 인증받을 수 있다.
⑤ 사회적 기업은 다양한 이해관계자가 실질적으로 참여하는 민주적인 의사결정구조를 갖추어야 한다.

정답 ④ [×]
해설 자원봉사자만으로 구성된 비영리조직은 사회적 기업으로 인증받을 수 없다. 사회적 기업으로 인증받기 위해서는 <u>반드시 유급근로자를 고용하여 재화와 서비스의 생산 판매 등 영업 활동을 해야 한다</u>(「사회적기업육성법」 제8조 제1항).

09

우리나라 현행 제도상 사회적 기업에 대한 설명으로 옳은 것은?
2011. 지방 7급

① 이익을 재투자하거나 그 일부를 연계기업에 배분할 수 있다.
② 재화 및 서비스의 생산·판매 등 영업활동을 하여야 한다.
③ 정부는 매년 사회적기업의 활동실태를 조사하고 육성계획을 수립·추진하여야 한다.
④ 설립 초기의 일정기간 동안에는 유급근로자를 고용하지 않고 무급근로자만으로 운영할 수 있다.

정답 ② [○]

해설 '사회적 기업'이란 취약계층에게 사회서비스 또는 일자리를 제공하거나 지역사회에 공헌함으로써 지역주민의 삶의 질을 높이는 등의 사회적 목적을 추구하면서 재화 및 서비스의 생산·판매 등 영업활동을 하는 기업이다.(「사회적기업육성법」 제2조)
① [×] 「사회적기업육성법」 제3조 제4항에 따르면 연계기업은 사회적 기업이 창출하는 이익을 취할 수 없다.
③ [×] 고용노동부장관은 사회적 기업을 육성하고 체계적으로 지원하기 위하여 고용정책심의회의 심의를 거쳐 사회적기업 육성 기본계획을 5년 마다(매년 ×) 수립하여야 한다(「사회적기업육성법」 제5조).
④ [×] 사회적기업으로 인증받기 위해서는 반드시 유급근로자를 고용하여 재화와 서비스의 생산 판매 등 영업 활동을 해야 한다(「사회적기업육성법」 제8조).

보충자료 사회적기업 육성법

제1조(목적) 이 법은 사회적기업의 설립·운영을 지원하고 사회적기업을 육성하여 우리 사회에서 충분하게 공급되지 못하는 사회서비스를 확충하고 새로운 일자리를 창출함으로써 사회통합과 국민의 삶의 질 향상에 이바지함을 목적으로 한다.

제2조(정의) 이 법에서 사용하는 용어의 뜻은 다음과 같다.
1. "사회적기업"이란 취약계층에게 사회서비스 또는 일자리를 제공하거나 지역사회에 공헌함으로써 지역주민의 삶의 질을 높이는 등의 사회적 목적을 추구하면서 재화 및 서비스의 생산·판매 등 영업활동을 하는 기업으로서 제7조에 따라 인증받은 자를 말한다.
2. "취약계층"이란 자신에게 필요한 사회서비스를 시장가격으로 구매하는 데에 어려움이 있거나 노동시장의 통상적인 조건에서 취업이 특히 곤란한 계층을 말하며, 그 구체적인 기준은 대통령령으로 정한다.
3. "사회서비스"란 교육, 보건, 사회복지, 환경 및 문화 분야의 서비스, 그 밖에 이에 준하는 서비스로서 대통령령으로 정하는 분야의 서비스를 말한다.
4. "연계기업"이란 특정한 사회적기업에 대하여 재정 지원, 경영 자문 등 다양한 지원을 하는 기업으로서 그 사회적기업과 인적·물적·법적으로 독립되어 있는 자를 말한다.

제3조(운영주체별 역할 및 책무) ① 국가는 사회서비스 확충 및 일자리 창출을 위하여 사회적기업에 대한 지원대책을 수립하고 필요한 시책을 종합적으로 추진하여야 한다.
② 지방자치단체는 지역별 특성에 맞는 사회적기업 지원시책을 수립·시행하여야 한다.
③ 사회적기업은 영업활동을 통하여 창출한 이익을 사회적기업의 유지·확대에 재투자하도록 노력하여야 한다.
④ <u>연계기업은 사회적기업이 창출하는 이익을 취할 수 없다.</u>

제5조(사회적기업 육성 기본계획의 수립) ① <u>고용노동부장관은 사회적기업을 육성하고 체계적으로 지원하기 위하여 「고용정책 기본법」 제10조에 따른 고용정책심의회의 심의를 거쳐 사회적기업 육성 기본계획(이하 "기본계획"이라 한다)을 5년마다 수립하여야 한다.</u>

제6조(실태조사) 고용노동부장관은 사회적기업의 활동실태를 5년마다 조사하고, 그 결과를 고용정책심의회에 통보하여야 한다.

제8조(사회적기업의 인증 요건 및 인증 절차) ① 사회적기업으로 인증받으려는 자는 다음 각 호의 요건을 모두 갖추어야 한다.
1. <u>「민법」에 따른 법인·조합, 「상법」에 따른 회사·합자조합, 특별법에 따라 설립된 법인 또는 비영리민간단체 등 대통령령으로 정하는 조직 형태를 갖출 것</u>
2. <u>유급근로자를 고용하여 재화와 서비스의 생산·판매 등 영업활동을 할 것</u>
3. 취약계층에게 사회서비스 또는 일자리를 제공하거나 지역사회에 공헌함으로써 지역주민의 삶의 질을 높이는 등 사회적 목적의 실현을 조직의 주된 목적으로 할 것. 이 경우 그 구체적인 판단기준은 대통령령으로 정한다.
4. 서비스 수혜자, 근로자 등 이해관계자가 참여하는 의사결정 구조를 갖출 것
5. 영업활동을 통하여 얻는 수입이 대통령령으로 정하는 기준 이상일 것
6. 제9조에 따른 정관이나 규약 등을 갖출 것
7. 회계연도별로 배분 가능한 이윤이 발생한 경우에는 이윤의 3분의 2 이상을 사회적 목적을 위하여 사용할 것(「상법」에 따른 회사·합자조합인 경우만 해당한다)
8. 그 밖에 운영기준에 관하여 대통령령으로 정하는 사항을 갖출 것

PART 02
정책학

Chapter 01 정책과 정책학
Chapter 02 정책참여자 간 관계
Chapter 03 정책의제 설정론
Chapter 04 정책결정론
Chapter 05 정책집행
Chapter 06 정책변동
Chapter 07 정책평가

Chapter 01 정책과 정책학

제1절 정책학의 기초

01
정책학의 발달에 대한 설명으로 옳지 않은 것은?
2024. 지방 9급

① 1951년 「정책지향(Policy Orientation)」이라는 논문은 정책학의 정체성 확립에 기여하였다.
② 라스웰(Lasswell)은 1971년 『정책학 소개(A Pre-View of Policy Sciences)』에서 맥락지향성, 이론지향성, 연합학문지향성을 제시하였다.
③ 1980년대 정책학의 연구는 정책형성, 집행, 평가, 변동 등 다양한 분야로 확대되었다.
④ 드로(Dror)는 정책결정 단계를 상위정책결정(meta-policy making), 정책결정(policy making), 정책결정 이후(post-policy making)로 나누는 최적모형을 제시하였다.

> **정답** ② [×]
> **해설** 정책학은 정책문제의 해결이라는 실천적 목표를 가진다고 보고 문제지향성을 강조했다.

02
정책목표에 대한 설명으로 옳은 것만을 <보기>에서 모두 고르면?
2024. 국회 9급

―보기―
ㄱ. 가치판단에 의존하기 때문에 주관적인 특성이 있다.
ㄴ. 정책적 해결을 위해 정책문제로 채택된 사회문제이다.
ㄷ. 정책결정 과정에서 대안선택의 기준이 된다.
ㄹ. 정책집행 과정에서 활동지침으로서의 역할을 한다.
ㅁ. 정책평가 과정에서 중요한 평가기준이 된다.

① ㄱ, ㄴ
② ㄱ, ㄷ, ㄹ
③ ㄴ, ㄷ, ㄹ
④ ㄱ, ㄷ, ㄹ, ㅁ
⑤ ㄱ, ㄴ, ㄷ, ㄹ, ㅁ

> **정답** ④ ㄱ, ㄷ, ㄹ, ㅁ [○]
> **해설** ㄴ. [×] 정책문제로 채택된 사회문제는 정책의제(정부의제)이다.

03
살라몬(L. M. Salamon)의 정책수단에 관한 분류기준에 해당되지 않는 것은?
2022. 국회 9급

① 직접성
② 강제성
③ 효과성
④ 가시성
⑤ 자동성

> **정답** ③ [×]
> **해설** 살라몬은 정책수단의 분류 기분으로 직접성, 강제성, 가시성, 자동성을 제시하였다.
>
> **살라몬의 정책수단 분류 기준**
>
> | | |
> |---|---|
> | 강제성 | 행정수단이 규제와 같이 강제적인 수단을 사용하는지 아니면 민간의 임의인 판단에 달려있는지를 기준으로 함 |
> | 직접성 | 재화나 서비스 제공을 정부가 직접 하느냐 아니면 제3자를 통해 민관이 공동으로 제공하느냐에 따른 기준 |
> | 자동성 | 재화나 서비스를 제공하기 위해 새로운 기구나 방법을 도입하지 않고 기존의 도구를 그대로 사용할 수 있는지 여부와 관련된 기준 |
> | 가시성 | 정책도구와 관련된 정책 과정이 가시적인지 여부와 관련된 기준 |

04
살라몬(L. M. Salamon)이 제시한 정책수단의 유형에서 직접적 수단으로만 묶은 것은?
2018. 국가 9급

> ㄱ. 조세지출(tax expenditure)
> ㄴ. 경제적 규제(economic regulation)
> ㄷ. 정부소비(direct government)
> ㄹ. 사회적 규제(social regulation)
> ㅁ. 공기업(government corporation)
> ㅂ. 보조금(grant)

① ㄱ, ㄴ, ㄷ
② ㄱ, ㄹ, ㅂ
③ ㄴ, ㄷ, ㅁ
④ ㄹ, ㅁ, ㅂ

정답 ③ ㄴ, ㄷ, ㅁ [O]
해설 직접성이 높은 행정수단은 ㄴ. 경제적 규제, ㄷ. 정부소비, ㅁ. 공기업 등이다.
ㄱ. 조세지출과 ㄹ. 사회적 규제는 중간적 성격을 가진 행정수단이며, ㅂ. 보조금은 직접성이 낮은 간접적 수단이다.

■ 직접성 정도에 따른 정책수단

직접성	정책수단
저	손해책임법, 보조금, 지급보증, 바우처, 정부지원(출자)기업
중	조세지출(조세감면), 계약, 사회적 규제, 라벨부착 요구, 교정조세, 부과금
고	정부소비, 경제규제, 보험(국민연금, 산재보험 등), 직접대출, 정부정보제공, 공기업

05
살라몬(Salamon)의 '직접성의 정도에 따른 행정(정책) 수단분류'에 의할 때 다음 중 직접성이 가장 높은 행정(정책) 수단은?
2015. 서울시 9급

① 조세지출
② 정부출자기업
③ 사회적 규제
④ 정부 소비

정답 ④
해설 직접성이 가장 높은 정책수단은 정부소비(직접 시행)이다. 정부소비는 정부에 의하여 정책이 직접 시행되는 것을 말하는 것으로, 국방, 외교 등과 같은 공공재를 무상으로 공급하기 위해 정부가 직접 행하는 지출을 말한다.

06
살라몬(Salamon)의 정책도구 분류에서 강제성이 가장 높은 것은?
2022. 지방 9급

① 경제적 규제
② 바우처
③ 조세지출
④ 직접대출

정답 ① [O]
해설 강제성은 행정 수단이 규제와 같이 강제적인 수단을 사용하는지 아니면 소송 제기처럼 민간의 임의적인 판단에 달려있는지를 기준으로 한 것이다. 경제규제와 사회규제는 강제성 정도가 높은 반면, 손해책임법(Tort Liability law), 조세지출 등은 강제성 정도가 낮은 정책수단에 해당한다.

■ 강제성 정도에 따른 정책수단

강제성	정책수단
저	손해책임법, 정보제공, 조세지출
중	바우처, 보험, 보조금, 공기업, 대출보증, 직접 대출계약, 벌금
고	경제적 규제, 사회적 규제

07
정책수단(policy tools)에 대한 설명으로 옳지 않은 것은?
2016. 사회복지 9급

① 공기업은 정부의 소유 또는 통제하에 재화와 서비스를 제공한다.
② 샐러몬(L. M. Salamon)은 형평성에 대한 고려가 특히 중요한 경우에는 간접적 수단이 직접적 수단보다 적절하다고 주장한다.
③ 행정지도에 대하여는 책임소재가 불분명하고 법치주의를 침해한다는 비판이 있다.
④ 규제는 정책적 이데올로기 차원에서 논란의 대상이 되기도 한다.

정답 ② [X]
해설 샐러몬(L. M. Salamon)은 형평성에 대한 고려가 특히 중요한 경우에는 정부가 조세를 재원으로 직접 시행하는 직접적 수단(정부소비, 공기업, 경제규제 등)이 간접적 수단(보조금이나 바우처 등)보다 적절하다고 주장한다.

08

정부의 정책수단(policy tool)에 대한 설명으로 옳은 것을 <보기>에서 고른 것은?

2018. 지방교행 9급

보기
ㄱ. 경제적 규제는 정부의 직접수단에 해당한다.
ㄴ. 조세지출은 재정적 인센티브를 부여하는 수단에 해당한다.
ㄷ. 바우처는 역사가 길고 가장 광범위하게 사용되는 수단이다.
ㄹ. 전통적 삼분법에 근거하여 정책수단을 규제, 인센티브, 권위로 분류할 수 있다.

① ㄱ, ㄴ
② ㄱ, ㄹ
③ ㄴ, ㄷ
④ ㄷ, ㄹ

정답 ① ㄱ, ㄴ [○]
해설 ㄷ. [×] 정부의 정책수단 중 역사가 길고 가장 광범위하게 사용되는 수단은 전통적인 정부관료제에서 활용되는 직접적이고 강제적인 수단(정부소비, 정부규제 등)이다. 바우처는 간접적인 수단으로 1980년대 신공공관리론 행정개혁이 등장하면서 새롭게 등장한 공공서비스 제공방식(수단)이다.
ㄹ. [×] 전통적 삼분법에 따르면 정책수단은 규제, 유인(인센티브), 정보제공(설득)으로 분류할 수 있다.

09

베덩(Vedung)이 강제성의 정도에 따라 분류한 정책수단에 해당하지 <u>않는</u> 것은?

2025. 지방 9급

① 규제적 도구
② 종교적 도구
③ 경제적 도구
④ 정보적 도구

정답 ② [×]
해설 베덩(Vedung)은 정책수단을 정부가 사회변화에 영향을 미치기 위하여 활용하는 기법으로 정의하고, 에치오니(Etzioni)의 권력 분류인 강제적 권력, 보상적 권력, 규범적 권력을 바탕으로 규제적 도구(sticks, 채찍), 유인적 도구(carrots, 당근), 정보적 도구(sermons, 정보 제공) 등으로 유형화하였다.

베덩(E. Vedung)의 정책수단 분류

정책수단	에치오니의 권력 분류	개념 및 특징
규제적 도구 (채찍, sticks)	강제적 권력	• 공식화된 규정·지침에 따르도록 정부가 영향력을 행사 • 강제성 정도와 조건의 유무에 따라 무조건 금지, 면제가 있는 금지, 허가가 있는 금지, 고지의무로 구분
경제적 도구 (당근, carrots)	보상적 권력	• 재원배분과 관련된 정책도구로서 보조금 지급, 세제 혜택 등을 통해 특정 행동을 유도 • 유인과 역유인, 현금으로 하는 방법과 현물로 하는 방법
정보적 도구 (설교, sermons)	규범적 권력	• 도의적 양심에 호소하거나 정보교환이나 의사소통·홍보·설득을 통해 사람들의 행동에 영향을 미치기 위한 정책도구 • 브로셔, 팜플렛, 포스터, 광고, 교육, 훈련 등의 정보를 제공하는 모든 방법이 포함됨

제2절 정책유형 : 정책의 성격에 의한 분류

01
다음의 정책 분류 가운데 Almond와 Powell이 사용한 분류는?
2011. 서울 9급

① 분배정책, 규제정책, 재분배정책
② 분배정책, 규제정책, 재분배정책, 구성정책
③ 분배정책, 규제정책, 추출정책, 상징정책
④ 분배정책, 규제정책, 재분배정책, 자율규제정책
⑤ 분배정책, 경쟁적 규제정책, 보호적 규제정책, 재분배정책

정답 ① [○]
해설 앨먼드와 파월은 정책유형을 분배정책, 규제정책, 추출정책, 상징정책으로 분류했다. 로위는 분배정책, 규제정책, 재분배정책, 구성정책으로 분류했고, 리플리와 프랭클린은 분배정책, 재분배정책, 경쟁적 규제정책, 보호적 규제정책으로 분류했다. 분배정책, 재분배정책, 규제정책은 공통적인 분류에 해당한다.

정답 ③
해설 ② [×] 분배정책, 규제정책, 재분배정책, 구성정책은 로위(Lowi)의 분류에 해당된다.
④ [×] 분배정책, 규제정책, 재분배정책, 자율규제정책은 솔리스버리(Salisbury)의 분류에 해당된다.
⑤ [×] 분배정책, 경쟁적 규제정책, 보호적 규제정책, 재분배정책은 라이플리와 프랭클린(Ripley&Franklin)의 분류에 해당된다.

학자에 따른 정책유형 분류

로위 (Lowi)	① 분배정책, ② 규제정책, ③ 재분배정책, ④ 구성정책
솔리스버리 (Salisbury)	① 분배정책, ② 규제정책, ③ 재분배정책, ④ 자율규제정책
앨먼드와 파월 (Almond&Powell)	① 분배정책, ② 규제정책, ③ 추출정책, ④ 상징정책
리플리와 프랭클린 (Ripley&Franklin)	① 분배정책, ② 경쟁적 규제정책, ③ 보호적 규제정책, ④ 재분배정책

03
다음 정책 중 재분배정책에 해당하는 것은?
2024. 국회 9급

① 상수도사업
② 최저임금제
③ 연구개발사업
④ 누진세제도
⑤ 농민에 대한 보조금

정답 ④ [○]
해설 재분배정책은 고소득층으로부터 저소득층으로의 소득이전을 목적으로 하는 정책으로 누진세 제도가 대표적인 사례에 해당한다. 누진세제도는 과세 표준이 증가할수록 평균 세율이 높아지는 조세 체계로, 고소득자에게 더 많은 세금을 부과해 소득재분배를 목표로 한다.
①, ③, ⑤ [×] 상수도사업, 연구개발사업, 농민에 대한 보조금은 분배정책에 해당한다.
② [×] 최저임금제는 규제정책에 해당한다.

02
로위(Lowi)의 정책 유형과 리플리와 프랭클린(Ripley & Franklin)의 정책 유형에는 없지만, 앨먼드와 파월(Almond & Powell)의 정책 유형에는 있는 것은?
2023. 지방 9급

① 상징정책
② 재분배정책
③ 규제정책
④ 분배정책

04
정책 유형에 관한 설명으로 〈보기〉에서 옳은 것을 모두 고른 것은?
2016. 지방교행 9급

보기
ㄱ. 신공항 건설은 재분배정책이다.
ㄴ. 공공건물 금연은 규제정책이다.
ㄷ. 탄소배출권거래제는 분배정책이다.
ㄹ. 공무원연금제의 개정은 구성정책이다.

① ㄱ, ㄷ
② ㄴ, ㄹ
③ ㄴ, ㄷ, ㄹ
④ ㄱ, ㄴ, ㄹ

정답 ② ㄴ, ㄹ [O]
해설 ㄱ. [×] 신공항건설은 분배정책이다.
ㄷ. [×] 탄소배출권거래제는 규제정책이다.

05
정책유형과 사례를 바르게 연결한 것만을 모두 고른 것은?
2014. 국가 7급

> ㄱ. 추출정책 - 부실기업 구조조정
> ㄴ. 상징정책 - 노령연금제도
> ㄷ. 규제정책 - 최저임금제도
> ㄹ. 구성정책 - 정부조직 개편
> ㅁ. 분배정책 - 신공항 건설
> ㅂ. 재분배정책 - 지방자치단체에 지원되는 국고보조금

① ㄱ, ㄴ, ㅁ
② ㄱ, ㄹ, ㅂ
③ ㄴ, ㄷ, ㅂ
④ ㄷ, ㄹ, ㅁ

정답 ④ ㄷ, ㄹ, ㅁ [O]
해설 ㄱ. [×] 부실기업 구조조정 - 규제정책,
ㄴ. [×] 노령연금제도 - 재분배정책,
ㅂ. [×] 지방자치단체에 지원되는 국고보조금 - 분배정책

06
로위(Lowi)의 정책유형과 그에 대한 설명으로 옳은 것만을 모두 고르면?
2021. 국가 9급

> ㄱ. 규제정책은 특정 개인이나 집단에 대한 선택의 자유를 제한하는 유형의 정책으로 강제력이 특징이다.
> ㄴ. 분배정책의 사례에는 FTA협정에 따른 농민피해 지원, 중소기업을 위한 정책자금 지원, 사회보장 및 의료보장정책 등이 있다.
> ㄷ. 재분배정책은 고소득층으로부터 저소득층으로 소득이전을 목적으로 하기 때문에 계급대립적 성격을 지닌다.
> ㄹ. 재분배정책의 사례로는 저소득층을 위한 근로장려금 제도, 영세민을 위한 임대주택 건설, 대덕 연구개발 특구 지원 등이 있다.
> ㅁ. 구성정책은 정부기관의 신설과 선거구 조정 등과 같이 정부기구의 구성 및 조정과 관련된 정책이다.

① ㄱ, ㄴ, ㄷ
② ㄱ, ㄷ, ㅁ
③ ㄴ, ㄹ, ㅁ
④ ㄷ, ㄹ, ㅁ

정답 ② ㄱ, ㄷ, ㅁ [O]
해설 ㄴ. [×] 사회보장 및 의료보장정책은 재분배정책의 사례에 해당한다.
ㄹ. [×] 대덕 연구개발 특구 지원은 분배정책에 해당한다.

07
로위(Lowi)의 정책분류와 그 특징을 연결한 것 중 옳지 않은 것은?
2014. 지방 9급

① 배분정책 - 재화와 서비스를 사회의 특정 부분에 배분하는 정책으로 수혜자와 비용부담자 간 갈등이 발생한다.
② 규제정책 - 특정 개인이나 집단에 대한 선택의 자유를 제한하는 유형의 정책으로 정책불응자에게는 강제력을 행사한다.
③ 재분배정책 - 고소득층으로부터 저소득층으로의 소득이전을 목적으로 하기 때문에 계급대립적 성격을 지닌다.
④ 구성정책 - 정부기관의 신설과 선거구 조정 등과 같이 정부 기구의 구성 및 조정과 관련된 정책이다.

정답 ① [×]
해설 배분정책에 소요되는 비용 부담은 다수의 국민에게 조세 형태로 넓게 분산되기 때문에 비용부담자의 저항이 크지 않고, 수혜자와 비용부담자 간 갈등이 발생할 가능성이 낮다.

08
분배정책에 대한 설명으로 옳지 않은 것은?
2015. 서울시 9급

① 이해당사자 간 제로섬(zero sum) 게임이 벌어지고 갈등이 발생될 가능성이 규제정책에 비해 상대적으로 더 크다.
② 일반적으로 포크배럴(pork barrel) 현상이 발생한다.
③ 도로, 다리의 건설, 국·공립학교를 통한 교육서비스의 제공 등이 분배정책에 해당한다.
④ 정책과정에서 이해당사자들이 서로 협력하는 로그롤링(log rolling) 현상이 발생한다.

정답 ① [×]
해설 분배정책이 아니라 재분배정책의 특성에 해당한다. 배분정책에 소요되는 비용 부담은 다수의 국민에게 조세 형태로 넓게 분산되기 때문에 비용부담자의 저항이 크지 않고, 수혜자와 비용부담자 간 갈등이 발생할 가능성이 낮다.

09
'이권이 걸린 법안을 의원들이 담합하여 적극적으로 통과시키려는 행위'를 나타내는 것은? 2015. 국회 9급

① 지대추구행위(rent-seeking)
② 철의 삼각(iron triangle)
③ 로그롤링(log-rolling)
④ 이슈네트워크(issue network)
⑤ 포크배럴(pork barrel)

정답 ③
해설 설문은 분배정책 영역에서 주로 나타나는 통나무 굴리기 즉, 로그롤링(log-rolling) 현상을 말한다.
⑤ 포크배럴(pork-barrel)은 구유통 정치라고도 하며, 이권을 둘러싼 정책 보조금을 얻기 위해 모여드는 정치인들의 행태를 농장에서 농장주가 돼지 여물통에 먹이를 던져주면 돼지들이 몰려드는 장면에 빗대어 표현한 개념이다.

10
분배정책과 재분배정책에 대한 설명으로 옳은 것만을 모두 고른 것은? 2015. 사복직 9급

ㄱ. 분배정책에서는 로그롤링(log rolling)이나 포크배럴(pork barrel)과 같은 정치적 현상이 나타나기도 한다.
ㄴ. 분배정책은 사회계급적인 접근을 기반으로 이루어지기 때문에 규제정책보다 갈등이 더 가시적이다.
ㄷ. 재분배정책에는 누진소득세, 임대주택 건설사업 등이 포함된다.
ㄹ. 재분배정책에서는 자원배분에 있어서 이해당사자들 간의 연합이 분배정책에 비하여 안정적으로 이루어진다.

① ㄱ, ㄴ
② ㄱ, ㄷ
③ ㄴ, ㄷ
④ ㄷ, ㄹ

정답 ② ㄱ, ㄷ [○]
해설 ㄴ. [×] 재분배정책(분배정책 ×)이 사회계급적인 접근을 기반으로 이루어지기 때문에 규제정책보다 갈등이 더 가시적이다.
ㄹ. [×] 재분배정책은 참여자 간 관계의 안정성이 낮고, 집행을 둘러싼 논란이 있어서 이데올로기의 논쟁 강도가 높다. 따라서 자원배분에 있어서 정책의 비용부담자와 수혜자 간의 치열한 갈등이 발생한다.

11
로위(Lowi)의 정책 유형에 대한 설명으로 옳지 않은 것은? 2024. 국가 9급

① 정부 혹은 정치체제의 정통성과 정당성을 확보하고, 국민의 단결력이나 자부심을 높여 줌으로써 정부의 정책활동을 원활하게 하기 위한 정책은 구성정책에 해당한다.
② 기초생활보장 대상자에 대한 생활 보조금 지급 등과 같이 소득이전과 관련된 정책은 재분배정책에 해당한다.
③ 도로 건설, 하천·항만 사업과 같이 국민에게 공공서비스나 혜택을 제공하기 위한 정책은 분배정책에 해당한다.
④ 사회구성원이나 집단의 활동을 통제해 다른 사람이나 집단을 보호하려는 목적을 가진 정책은 규제정책에 해당한다.

정답 ① [×]
해설 앨먼드와 파월(Almond & Powell)의 분류 중 상징정책에 대한 내용으로 로위의 분류에는 해당되지 않는다.

12
정책유형에 대한 설명으로 가장 옳지 않은 것은?

2018. 서울 9급

① 로위(Lowi)는 정책의 유형에 따라 정책의 결정 및 집행과정이 달라진다고 보았으며, 정책유형에 따라 정치적 관계가 달라질 것으로 가정하고 있다.
② 로위(Lowi)는 정책유형을 배분정책, 구성정책, 규제정책, 재분배정책으로 구분하였으며, 구분의 기준이 되는 것은 강제력의 행사방법(간접적, 직접적)과 비용의 부담주체(소수에 집중 아니면 다수에 분산)이다.
③ 로위(Lowi)의 분류 중 재분배정책의 예는 연방은행의 신용통제, 누진소득세, 사회보장제도이고, 구성정책의 예는 선거구 조정, 기관신설 등이다.
④ 리플리 & 프랭클린(Ripley & Franklin)은 보호적 규제정책을 제시하는데, 이는 소수자나 사회적 약자, 그리고 일반대중을 보호하기 위해서 개인이나 집단의 권리행사나 행동의 자유를 제한하는 정책이다.

정답 ② [X]

해설 로위(Lowi)의 정책유형 분류기준은 강제력(coercive power)의 행사방법(간접적, 직접적)과 강제력의 적용 대상(개별적 행위, 행위의 환경)이다.

		강제력의 적용영역	
		개별적 행위	행위의 환경
강제력의 행사방법	간접적	분배정책 (예 19세기 토지정책, 보조금)	구성정책 (예 선거구 조정, 기관 신설, 홍보)
	직접적	규제정책 (예 기준 이하 상품, 불공정경쟁, 사기 광고 배제)	재분배정책 (예 연방은행의 신용통제, 누진소득세, 사회보장)

13
로위(Lowi)의 정책유형 분류에서 강제력이 행위의 환경에 직접적으로 적용되는 것은?

2019. 지방 7급

① 재분배정책(redistributive policy)
② 규제정책(regulatory policy)
③ 구성정책(constituent policy)
④ 분배정책(distributive policy)

정답 ①

해설 로위(Lowi)의 정책유형 분류에서 강제력이 행위의 환경에 직접적으로 적용되는 것은 재분배정책(redistributive policy)에 해당한다. 로위는 강제력의 행사방법과 강제력의 적용대상을 기준으로 정책을 네 가지 유형으로 나누었으며 재분배정책의 경우 사회전체에 걸쳐 부의 분포를 강제적(인위적)으로 바꾸는 정책으로, 강제력의 적용대상이 행위의 환경(사회전체)이면서 강제력의 적용방법은 직접적인 정책에 해당한다.

14
〈보기〉의 리플리와 프랭클린(R. B. Ripley & G. A. Franklin)의 정책 유형과 정책 사례를 바르게 연결한 것은?

2021. 국회 9급

보기
ㄱ. 권리나 이익, 서비스를 사회의 특정 부분에 배분하는 정책
ㄴ. 다수 경쟁자 중 특정 개인이나 집단에게 특정 권리나 서비스를 제공하는 정책
ㄷ. 고소득층으로부터 저소득층으로의 소득 이전을 목적으로 하는 정책
ㄹ. 일반 대중 보호를 목적으로 하는 규제 정책

	ㄱ	ㄴ	ㄷ	ㄹ
①	노령연금제도	항공노선 허가	최저임금제	개발제한구역
②	사회간접자본	개발제한구역	최저임금제	방송국 인가
③	노령연금제도	개발제한구역	누진소득세	방송국 인가
④	사회간접자본	항공노선 허가	누진소득세	개발제한구역
⑤	노령연금제도	방송국인가	최저임금제	누진소득세

정답 ④ [O]

해설 ㄱ. 배분정책, ㄴ. 경쟁적 규제정책, ㄷ. 재분배정책, ㄹ. 보호적 규제정책

15
리플리(Ripley)와 프랭클린(Franklin)이 제시한 경쟁적 규제정책에 해당하는 것은?

2025. 국가 9급

① 특정 기업에게 특정 노선의 항공 운항권 부여
② 공공요금 책정
③ 최저임금제도 및 근로시간 제한
④ 환경 문제를 개선하기 위한 규제

정답 ① [○]
해설 ②, ③, ④는 보호적 규제정책에 해당한다.

16
리플리(Ripley)와 프랭클린(Franklin)의 정책유형 중 〈보기〉의 사례에 해당하는 것은? 2020. 서울 9급

〈보기〉
식품의약품안전처는 다이어트, 디톡스 효과 등을 내세우며 거짓·과장 광고를 한 유튜버 등 인플루언서(SNS에서 소비자들에게 큰 영향을 미치는 사람) 15명과 이들에게 법률에서 금지하고 있는 체험형 광고 등을 의뢰한 유통전문 판매업체 8곳을 적발했다고 9일 밝혔다.

① 윤리정책
② 경쟁적 규제정책
③ 보호적 규제정책
④ 사회적 규제정책

정답 ③ [○]
해설 〈보기〉는 소비자나 일반 공중의 건강과 안전을 해칠 우려가 있는 식품 및 의약품의 광고를 규제하는 보호적 규제정책에 해당한다.

17
리플리와 프랭클린(Ripley & Franklin)은 정책유형에 따라 집행과정의 특징이 다르다고 주장한다. 다음과 같은 특징이 있는 정책유형은? 2017. 국가 7급

- 집행과정의 안정성과 정형화의 정도가 높다.
- 집행에 대한 갈등의 정도가 낮다.
- 집행을 둘러싼 이념적 논쟁의 정도가 낮다.
- 참여자 간 관계의 안정성이 높다.
- 작은 정부에 대한 요구와 압력의 정도가 낮다.

① 분배정책
② 경쟁적 규제정책
③ 보호적 규제정책
④ 재분배정책

정답 ①
해설 분배정책에 대한 설명이다.

정책유형에 따른 집행과정의 특성(Ripley & Franklin)

비교기준 정책유형	집행과정의 안정성과 정형화 정도	참여자간 관계의 안정성	집행에 대한 갈등의 정도	공무원의 집행에 대한 반발 정도	집행을 둘러싼 이념적 논쟁	작은 정부에 대한 요구와 압력의 정도
분배정책	높다	높다	낮다	낮다	낮다	낮다
경쟁적 규제정책	보통이다	낮다	보통이다	보통이다	다소 높다	다소 높다
보호적 규제정책	낮다	낮다	높다	높다	높다	높다
재분배정책	낮다	낮다	높다	높다	매우 높다	높다

18
정책유형론에 대한 설명으로 옳지 않은 것은? 2018. 국회 9급

① 리플리 & 프랭클린(Ripley & Franklin)의 보호적 규제정책은 다수의 경쟁자 중 특정 개인이나 집단에게 서비스 제공권을 부여하고 이들의 활동을 규제하는 정책이다.
② 로위(T. Lowi)는 정책유형을 배분정책, 구성정책, 규제정책, 재분배정책으로 분류하였다.
③ 리플리 & 프랭클린(Ripley & Franklin)은 정책의 유형에 따라 집행 과정이 달라진다고 보았다.
④ 윌슨(J. Wilson)의 규제정치모형에서 편익은 다수에게 분산되고 비용은 특정집단에 집중되는 것은 기업가 정치이다.
⑤ 로위(T. Lowi)의 분류 중 재분배정책의 예는 누진소득세와 사회보장제도이고, 구성정책의 예는 선거구 조정과 기관 신설 등이다.

정답 ① [×]
해설 경쟁적 규제정책에 대한 설명이다. 보호적 규제정책은 사적 행위에 제약을 가하는 조건을 설정함으로써 다수의 국민이나 일반 대중을 보호하는 것을 목적으로 하는 규제정책이다.

제3절 규제정책(Regulatory Policy)

01
정부 규제에 대한 설명으로 가장 적절하지 않은 것은?

2023. 군무원 9급

① 규제는 정부가 공권력을 이용하여 개인이나 기업의 활동을 정부가 원하는 바람직한 상태로 유도하기 위한 정책수단이다.
② 규제는 개인이나 기업의 자유로운 활동을 금지하거나 제한하고 이를 위반한 경우에 불이익이 가해지기 때문에 엄격한 법적 근거가 요구된다.
③ 경제적 규제는 기업의 본원적 활동을 제한하는 것은 아니고 정부와의 관계에 관한 규제이다.
④ 사회적 규제는 소비자, 환경, 노동자 등을 보호할 목적으로 안전, 위생, 오염, 고용 등에 관한 규제가 주를 이룬다.

> **정답** ③ [×]
> **해설** 경제적 규제는 기업의 본원적 활동에 대한 규제이다.

02
정부규제를 사회적 규제와 경제적 규제로 나눌 경우 경제적 규제의 성격이 가장 강한 것은?

2017. 지방 9급

① 진입규제
② 환경규제
③ 산업재해규제
④ 소비자안전규제

> **정답** ①
> **해설** 경제적 규제는 기업의 본질적 활동에 대한 규제로써 진입규제, 가격(및 이윤)에 대한 규제, 품질, 생산량, 공급대상·조건·방법 등에 대한 규제 등이 이에 해당한다.
> ②, ③, ④ 환경규제, 산업재해규제, 소비자안전규제 등은 사회적 규제에 해당한다.

03
규제의 유형에 대한 설명으로 옳지 않은 것은?

2018. 지방 9급

① 리플리와 프랭클린(Ripley & Franklin)은 보호적 규제와 경쟁적 규제로 구분하고 있다.
② 경제규제는 주로 시장의 가격 기능에 개입하고 특정 기업의 시장 진입을 배제하거나 억압하는 방식으로 작동된다.
③ 포지티브 규제는 네거티브 규제보다 피규제자의 자율성을 더 보장한다.
④ 자율규제는 피규제자가 스스로 합의된 규범을 만들고 이를 구성원들에게 적용하는 형태의 규제방식이다.

> **정답** ③ [×]
> **해설** 포지티브 규제는 명시적으로 허용하는 것 이외에는 원칙적으로 모든 행위가 금지되는 것으로(원칙 금지, 예외 허용), 네거티브 규제(원칙 허용, 예외 금지)가 포지티브 규제보다 피규제자에게 더 많은 자율성을 보장해준다.

04
정부규제(행정규제)에 대한 설명으로 옳은 것만을 모두 고르면?

2014. 국가 9급

> ㄱ. 정부규제는 파생적 외부효과를 해결한다는 장점이 있다.
> ㄴ. 경제적 규제에서는 피규제산업에 의한 규제기관의 포획현상이 나타날 수 있다.
> ㄷ. 리플리와 프랭클린(R. Ripley & G. Franklin)은 규제정책의 유형을 경쟁적 규제와 보호적 규제로 구분하였다.
> ㄹ. 시장유인적 규제는 규제효과를 담보할 수 있다는 장점이 있으나 기업에 불필요한 비용 부담을 주는 단점이 있다.

① ㄱ, ㄴ
② ㄴ, ㄷ
③ ㄴ, ㄹ
④ ㄷ, ㄹ

정답 ② ㄴ, ㄷ [○]

해설 ㄱ. [×] 파생적 외부효과는 정부규제 등이 초래하는 정부실패의 요인에 해당한다.

ㄹ. [×] 명령지시적 규제에 대한 설명이다. 명령지시적 규제는 직접적인 규제효과를 담보할 수 있는 장점은 있지만 통제지향적이고 경직적이며 기업에게 불필요한 비용 부담을 주는 단점이 있다. 시장유인적 규제는 이러한 단점을 보완하기 위하여 개인이나 기업에게 의무는 부과하되 그것을 달성하는 구체적인 방법은 이들의 자율적 판단에 맡기는 방식이다. 대표적으로 유료 쓰레기 봉투를 사용하도록 함으로써 개인의 선택을 존중하면서 쓰레기 감량효과를 의도하는 쓰레기종량제 봉투를 비롯해서, 이름은 다양하지만 배출부과금제, 교통유발부담금제, 온실가스 배출권 거래제 등이 시장유인적 규제방식에 해당한다.

보충자료

1. 명령지시적 규제(직접 규제)

(1) 의의
 ① 규제기관이 규제기준을 명확히 설정하고 이의 준수를 의무화하며, 위반 행위를 처벌하는 방식의 규제
 ② 규칙제정 또는 기준 설정을 통한 강제적 의무부과, 행정처분(허가, 인가, 특허 등), 직접 명령 등에 의한 규제

(2) 장점: 직접적인 규제효과를 담보할 수 있음
 ① 명령지시적 규제는 불확실성이 낮음. 규제기관과 피규제자가 해야 할 일이 무엇인지를 명확히 알 수 있고, 그것이 효과적으로 집행이 된다면 어느 정도의 규제효과를 기대할 수 있는지가 분명함
 ② 명령지시적 규제는 집행(enforcement)이 용이함. 규제기관은 피규제자의 규제에 대한 순응(compliance) 여부를 쉽게 판별 또는 확인할 수 있음
 ③ 명령지시적 규제는 사회적으로 바람직하지 못한 개인이나 기업의 행위를 금지 또는 제한하는 것이므로 일반국민이나 정치인들의 이해와 지지를 구하기 쉬움(정치적 설득력이 강함)

(3) 단점: 통제지향적이고 경직적이며, 기업에게 불필요한 비용 부담을 주는 단점이 있음

2. 시장유인적 규제(간접 규제)

(1) 의의
 ① 개인이나 기업에게 일정한 의무를 부과하되, 그것을 달성하는 구체적인 방법은 개인이나 기업의 합리적 선택에 따른 자율적 판단에 맡기는 간접적 규제. 예) 보조금, 부담금(공해배출부과금), 세제지원, 정보공개, 폐기물 처리비 예치제도, 공해배출권 거래제도 등
 ② 시장유인적 규제수단의 효과가 근본적으로 기업이 갖고 있는 유인의 변화를 통하여 나타나는 간접 규제의 성격을 지님

(2) 장점
 ① 시장유인적 규제는 규제대상인 기업이나 개인에게 어느 정도 재량성을 인정하기 때문에 피규제자에 대하여 신축성과 선택의 여지를 부여할 수 있음
 ② 피규제자가 각자의 경제적, 기술적 조건 및 상황에 따라서 합리적 선택을 할 수 있도록 허용하는 것이므로 획일적인 규제기준을 적용하는 직접 규제 방식에 비해 높은 경제적 효율성(economic efficiency)이 확보될 수 있음

(3) 단점: 규제 효과가 간접적이며 정치적 설득력이 약함

05

환경규제를 위한 정책수단을 명령지시적 규제와 시장유인적 규제로 나눌 경우, 시장유인적 규제수단에 해당하지 않는 것은?
2011. 국가 7급

① 부과금 제도 ② 공해권 제도
③ 성과기준제도 ④ 보조금제도

정답 ③ [×]

해설 명령지시적 규제는 개인이나 기업이 따라야 할 기준을 정하고 이를 위반한 행위를 처벌하는 방법을 사용한다. 성과기준 제도는 산출(성과)을 기준으로 규제하는 명령지시적 규제방식에 해당된다.

06

정부규제에 대한 설명으로 옳은 것만을 모두 고르면?
2019. 국가 9급

ㄱ. 포지티브(positive) 규제가 네거티브(negative) 규제보다 자율성을 더 보장해준다.
ㄴ. 환경규제와 산업재해규제는 사회규제의 성격이 강하다.
ㄷ. 공동규제는 정부로부터 위임을 받은 민간집단에 의해 이뤄지는 규제를 의미한다.
ㄹ. 수단규제는 정부의 목표를 달성하기 위해 필요한 기술이나 행위에 대해 사전적으로 규제하는 것을 의미한다.

① ㄱ, ㄴ ② ㄷ, ㄹ
③ ㄱ, ㄴ, ㄷ ④ ㄴ, ㄷ, ㄹ

정답 ④ ㄴ, ㄷ, ㄹ [○]

해설 ㄱ. [×] 네거티브 규제는 "원칙 허용, 예외 금지" 형식의 규제로, 포지티브 규제에 비해 피규제자에게 더 많은 자율성을 보장해준다.

07
규제유형에 대한 설명으로 옳지 않은 것은? 2024. 국가 9급

① 오염배출부과금제도, 이산화탄소 배출권거래제도는 시장유인적 규제유형에 속한다.
② 포지티브 규제방식은 네거티브 규제방식에 비해 피규제자의 자율성을 더 보장한다.
③ 명령지시적 규제는 시장유인적 규제에 비해 일반 국민이 이해하기 쉽고 직관적 설득력이 높다는 장점이 있다.
④ 사회규제는 주로 사회적 영향을 야기하는 기업행동에 대한 규제를 말하며 작업장 안전 규제, 소비자 보호 규제 등이 있다.

정답 ② [×]
해설 포지티브(positive) 규제는 원칙 금지이므로 원칙 허용인 네거티브(negative) 규제보다 자율성을 보장해주지 않는다.
③ [○] 명령지시적 규제는 개인이나 기업이 따라야 할 기준을 명확하게 정하고 이를 위반한 행위를 처벌하는 방법을 사용한다. 시장유인적 규제는 개인이나 기업에게 의무를 부과하되 그것을 달성하는 방법은 이들의 자율적 판단에 맡기는 방식이다. 따라서 명령지시적 규제는 시장유인적 규제에 비해 일반 국민이 이해하기 쉽다. 또한 명령지시적 규제방식은 정치적, 사회적 설득력이 높고 강력한 집행수단이 뒷받침된다는 장점이 있다.

08
규제는 해결할 수단, 관리 방식, 최종 성과를 대상으로 설계될 수 있는데, 이들을 각각 수단규제, 관리규제, 성과규제라고 한다. 그 사례를 바르게 연결한 것은?

2016. 국가 7급

ㄱ. 식품안전을 위해 그 효용이 부각되는 위해요소중점관리기준(HACCP: Hazard Analysis Critical Control Point)을 지킬 것을 요구하는 것
ㄴ. 인체건강을 위해 개발된 신약에 대해 부작용의 허용가능한 발생 수준을 요구하는 것
ㄷ. 환경오염을 방지하기 위해 기업에 특정한 유형의 환경 통제 기술을 사용할 것을 요구하는 것

	수단규제	관리규제	성과규제
①	ㄱ	ㄴ	ㄷ
②	ㄱ	ㄷ	ㄴ
③	ㄷ	ㄴ	ㄱ
④	ㄷ	ㄱ	ㄴ

정답 ④
해설 ㄱ - 관리규제: 식품안전을 위한 식품위해요소 중점관리기준(HACCP)을 지킬 것을 요구하는 것은 관리규제에 해당한다.
ㄴ - 성과규제: 인체건강을 위해 개발된 신약의 허용가능 부작용 발생 수준을 요구하는 것은 성과규제이다.
ㄷ - 수단규제: 환경오염 방지를 위해 특정 유형의 환경통제 기술 사용을 요구하는 것은 수단 규제(투입규제)이다.

09
윌슨(J. Wilson)의 규제정치이론에서 수입규제가 유발하는 정치·경제적 상황은? 2024. 국가 7급

① 대중정치　　② 기업가정치
③ 고객정치　　④ 이익집단정치

정답 ③
해설 수입규제는 편익이 소수에 집중되고, 비용은 다수에 분산되는 고객정치의 사례이다.

10
다음은 윌슨(Wilson)의 규제정치 유형에 대한 설명이다. 각 유형별 사례를 바르게 짝지은 것은? 2014. 지방 9급

ㄱ. 정부규제로 인해 발생되는 비용은 상대적으로 이질적인 불특정 다수집단에 부담되나, 그 편익은 매우 크며 동질적인 소수집단에게 귀속되는 상황
ㄴ. 정부규제로 인해 감지된 비용과 편익이 쌍방 모두 이질적인 불특정 다수에게 미치기 때문에, 개개인으로 보면 그 크기가 작은 상황
ㄷ. 규제로부터 예상되는 비용과 편익이 모두 소수의 동질적인 집단에 국한되고, 쌍방이 모두 조직적인 힘을 바탕으로 이익 확보를 위해 첨예하게 대립하는 상황
ㄹ. 피규제 집단에게는 비용이 좁게 집중되지만, 규제로 인한 편익이 일반시민을 포함하여 넓게 분포되는 상황

	ㄱ	ㄴ	ㄷ	ㄹ
①	수입규제	음란물규제	한약규제	원자력발전규제
②	원자력발전규제	수입규제	한약규제	음란물규제
③	한약규제	원자력발전규제	수입규제	음란물규제
④	수입규제	한약규제	음란물규제	원자력발전규제

정답 ①
해설 ㄱ. 수입규제 - 고객정치, ㄴ. 음란물규제 - 대중정치, ㄷ. 한약규제 - 이익집단 정치, ㄹ. 원자력발전규제 - 기업가적 정치

11
윌슨(J.Q.Wilson)은 정부규제로부터 감지되는 비용과 편익의 분포에 따라 규제정치를 아래 표와 같이 4가지 유형으로 구분했다. ㉠~㉣에 들어갈 유형의 명칭과 그 사례의 연결이 가장 적합한 것은? 2015. 서울시 9급

구분		감지된 편익	
		넓게 분산	좁게 집중
감지된 비용	넓게 분산	㉠	㉡
	좁게 집중	㉢	㉣

① ㉠ 대중적 정치 - 각종 위생 및 안전규제
② ㉡ 고객정치 - 수입규제
③ ㉢ 기업가적 정치 - 낙태규제
④ ㉣ 이익집단 정치 - 농산물에 대한 최저가격 규제

정답 ②
해설 감지된 비용이 넓게 분산되고, 감지된 편익은 소수에게 좁게 집중된 ㉡ 상황은 고객정치에 해당하며 수입규제 및 진입규제 등 각종 협의의 경제규제가 이에 해당한다.
① [×] 위생 및 안전규제는 대중적 정치가 아니라 기업가적 정치(㉢)에 해당한다.
③ [×] 낙태규제는 기업가적 정치가 아니라 대중적 정치(㉠)에 해당한다.
④ [×] 농산물 최저가격 규제는 이익집단 정치가 아니라 고객정치(㉡)에 해당한다.

12
윌슨(Wilson)의 규제정치 유형 중 다음 설명에 해당하는 것은? 2022. 국가 9급

> 정부규제로 발생하게 될 비용은 상대적으로 작고 이질적인 불특정 다수에게 부담된다. 그러나 편익은 크고 동질적인 소수에 귀속된다. 이런 상황에서 상당한 이익을 얻을 수 있는 소수집단은 정치조직화하여 편익이 자신들에게 제도적으로 보장될 수 있도록 정치적 압력을 행사한다.

① 대중정치
② 고객정치
③ 기업가정치
④ 이익집단정치

정답 ②
해설 고객정치 상황에 대한 설명이다.

13
다음 설명에 해당하는 정책현상은? 2016. 지방 9급

> 어떤 하나의 규제가 시행된 결과 원래 규제설계 당시에는 미리 예견하지 못한 또 다른 문제점이 나타나게 되면 규제기관은 그 문제의 해결을 위해 또 다른 규제를 하게 됨으로써 결국 규제가 규제를 낳는 결과를 초래한다.

① 타르 베이비 효과(Tar-Baby effect)
② 집단행동의 딜레마
③ 규제의 역설(regulatory paradox)
④ 지대추구행위

정답 ①
해설 타르 베이비(=끈끈이 인형효과), 규제의 피라미드 현상을 설명하는 지문이다.

14
다음 중 규제피라미드에 대한 설명으로 옳은 것은?

2018. 국회 8급

① 새로운 위험만 규제하다 보면 사회의 전체 위험 수준은 증가하는 상황
② 규제가 또 다른 규제를 낳은 결과 피규제자의 비용 부담이 점점 늘어나게 되는 상황
③ 기업체에게 상품 정보에 대한 공개 의무를 강화할수록 소비자들의 실질적인 정보량은 줄어들게 되는 상황
④ 과도한 규제를 무리하게 설정하다 보면 실제로는 규제가 거의 이루어지지 않게 되는 상황
⑤ 소득재분배를 위한 규제가 오히려 사회적으로 가장 어려운 사람들에게 해를 끼치게 되는 상황

정답 ② [○]
해설 규제피라미드는 어떤 하나의 규제가 시행된 결과 예기치 못한 또 다른 문제점이 나타나게 되면 규제기관은 그 문제의 해결을 위해 또 다른 규제를 하게 됨으로써 규제가 규제를 낳게 되고 그 결과 피규제자의 규제 부담이 점점 증가하는 현상을 의미한다.
①, ③, ④, ⑤ [×] 규제의 역설에 대한 설명이다.

보충자료 규제의 역설(regulatory paradox)
① 과도한 규제는 과소한 규제가 된다.
② 새로운 위험만 규제하다 보면 사회의 전체 위험 수준은 증가한다.
③ 최고의 기술을 요구하는 규제는 기술 개발을 지연시킨다. 정부가 최선의 기술을 사용하도록 규제하면, 기존 기업이나 기술을 보유한 업체가 강한 진입장벽을 칠 수 있는 기회를 주는 것과 같다.
④ 소득재분배를 위한 규제가 오히려 사회적으로 가장 어려운 사람들에게 해를 끼칠 수 있다.
⑤ 기업체에 자기 상품에 대한 정보 공개를 의무화할수록 소비자들의 실질적인 정보량이 줄어든다. 정보 공개를 엄격하게 할수록 기업의 입장에서는 광고 인센티브가 사라지고, 그 결과 시장에서의 정보가 오히려 줄어들게 된다.

15
정부규제에 대한 설명으로 옳지 않은 것은?

2021. 지방 7급

① 종합편성 채널의 운영권을 부여하고, 이를 확보한 방송사에 대한 규제는 리플리와 프랭클린(Ripley & Franklin)의 보호적 규제 정책을 시행한 것으로 볼 수 있다.
② 네거티브 규제(negative regulation)는 포지티브 규제(positive regulation)보다 자율성을 적극적으로 부여한다는 측면에서 피규제자가 선호하는 방식이다.
③ 우리나라는 신기술과 신산업을 육성하기 위하여 규제 샌드박스 제도를 도입하였다.
④ 윌슨(Wilson)의 규제정치 이론에 따르면, 대체로 경제적 규제는 고객정치의 상황으로 분류되며 사회적 규제는 기업가정치의 상황으로 분류된다.

정답 ① [×]
해설 경쟁적 규제정책의 사례에 해당한다.

16
다음 중 현행「행정규제기본법」에서 규정하고 있는 내용으로 옳지 않은 것은?

2014. 국회 8급

① 규제는 법률에 근거를 두어야 한다.
② 규제를 정하는 경우에도 그 본질적 내용을 침해하지 않도록 하여야 한다.
③ 규제의 존속기한은 원칙적으로 5년을 초과할 수 없다.
④ 심사기간의 연장이 불가피한 경우 규제개혁위원회의 결정으로 15일을 넘지 않는 범위에서 한 차례만 연장할 수 있다.
⑤ 규제개혁위원회는 위원장 1명을 포함한 20명 이상 25명 이하의 위원으로 구성된다.

정답 ⑤ [×]
해설 위원회는 위원장 2명을 포함한 20명 이상 25명 이하의 위원으로 구성한다(행정규제기본법 제25조 제1항).
① 행정규제기본법 제4조(규제 법정주의) ① 규제는 법률에 근거하여야 하며, 그 내용은 알기 쉬운 용어로 구체적이고 명확하게 규정되어야 한다.

② 행정규제기본법 제5조(규제의 원칙) ① 국가나 지방자치단체는 국민의 자유와 창의를 존중하여야 하며, 규제를 정하는 경우에도 그 본질적 내용을 침해하지 아니하도록 하여야 한다.

③ 행정규제기본법 제8조(규제의 존속기한 및 재검토기한 명시) ② 규제의 존속기한 또는 재검토기한은 규제의 목적을 달성하기 위하여 필요한 최소한의 기간 내에서 설정되어야 하며, 그 기간은 원칙적으로 5년을 초과할 수 없다.

④ 행정규제기본법 제12조(심사) ① 위원회는 제11조제1항에 따라 중요규제라고 결정한 규제에 대하여는 심사 요청을 받은 날부터 45일 이내에 심사를 끝내야 한다. 다만, 심사기간의 연장이 불가피한 경우에는 위원회의 결정으로 15일을 넘지 아니하는 범위에서 한 차례만 연장할 수 있다.

17
다음 중 정부규제와 관련된 설명으로 가장 옳은 것은?

2015. 서울시 7급

① 정부규제를 수단규제와 성과규제로 구분할 경우, 수단규제는 성과규제에 비해 규제대상기관의 자율성이 크다.
② 정부규제를 수행주체에 따라 구분할 경우, 공동규제는 정부로부터 위임을 받은 민간집단에 의해 이루어지는 규제로 자율규제와 직접규제의 중간 성격을 띤다.
③ 정부규제를 포지티브(positive) 규제와 네거티브(negative) 규제로 구분할 경우, 포지티브(positive) 규제는 네거티브 규제에 비해 규제대상기관의 자율성이 크다.
④ 규제개혁은 규제관리 → 규제품질관리 → 규제완화 등의 단계로 진행되는 것이 일반적이다.

정답 ② [○]
해설 ① [×] 수단규제(투입규제)는 규제 목표를 달성하기 위해 필요한 기술이나 행위에 대해 사전적으로 규제하는 것이며, 성과규제는 정부가 달성하기 위한 규제 목표 달성 수준을 정하고 피규제자에게 이를 달성할 것을 요구하는 것이다. 따라서 성과규제가 규제대상기관의 자율성이 더 크다.
③ [×] 원칙 금지, 예외 허용인 '포지티브(positive) 시스템'에 비해서, 원칙 허용, 예외 금지인 '네거티브(negative) 시스템'이 규제대상기관의 자율성이 크다.
④ [×] 규제개혁은 규제완화 → 규제품질관리 → 규제관리 등의 단계로 진행되는 것이 일반적이다.

18
정부규제에 대한 설명으로 옳지 않은 것은? 2016. 지방 7급

① 「행정규제기본법」은 규제법정주의를 규정하고 있다.
② 규제개혁위원회는 위원장 2명을 포함한 20명 이상 25명 이하의 위원으로 구성한다.
③ 규제영향분석이 필요한 이유 중 하나는 관료에게 규제비용에 대한 관심과 책임성을 갖도록 유도한다는 점이다.
④ 정부의 규제정책을 심의 조정하고 규제의 심사 정비 등에 관한 사항을 종합적으로 추진하기 위하여 국무총리 소속으로 규제개혁위원회를 두고 있다.

정답 ④ [×]
해설 규제개혁위원회는 대통령 소속이다.

행정규제기본법 제23조(설치) 정부의 규제정책을 심의·조정하고 규제의 심사·정비 등에 관한 사항을 종합적으로 추진하기 위하여 대통령 소속으로 규제개혁위원회를 둔다.

① [○]
행정규제기본법 제4조(규제 법정주의) ① 규제는 법률에 근거하여야 하며, 그 내용은 알기 쉬운 용어로 구체적이고 명확하게 규정되어야 한다.

② [○]
행정규제기본법 제25조(구성 등) ① 위원회는 위원장 2명을 포함한 20명 이상 25명 이하의 위원으로 구성한다.

19
규제에 대한 설명으로 옳지 않은 것은? 2015. 지방 7급

① 윌슨(Wilson)의 규제정치이론에 따르면 고객정치 상황에서는 응집력이 강한 소수의 편익 수혜자의 논리가 투입될 가능성이 높다.
② 포지티브 규제는 '원칙 허용 예외 금지'의 형태를 취하는 것으로서 명시적으로 금지하는 것 이외의 모든 것을 허용한다.
③ 국회, 법원, 헌법재판소, 선거관리위원회 및 감사원이 하는 사무에 대하여는 「행정규제기본법」을 적용하지 아니한다.
④ 「행정규제기본법」상 규제의 존속기한 또는 재검토기한은 규제의 목적을 달성하기 위하여 필요한 최소한의 기간 내에서 설정되어야 하며 그 기간은 원칙적으로 5년을 초과할 수 없다.

정답 ② [X]
해설 포지티브 규제란 명시적으로 허용하는 것 이외에는 원칙적으로 모든 행위가 금지되는 규제방식을 말한다(원칙 금지, 예외 허용).
③ [O]
> 행정규제기본법 제3조(적용 범위) ① 규제에 관하여 다른 법률에 특별한 규정이 있는 경우를 제외하고는 이 법에서 정하는 바에 따른다.
> ② 다음 각 호의 어느 하나에 해당하는 사항에 대하여는 이 법을 적용하지 아니한다.
> 1. 국회, 법원, 헌법재판소, 선거관리위원회 및 감사원이 하는 사무

④ [O]
> 행정규제기본법 제8조(규제의 존속기한 및 재검토기한 명시) ① 중앙행정기관의 장은 규제를 신설하거나 강화하려는 경우에 존속시켜야 할 명백한 사유가 없는 규제는 존속기한 또는 재검토기한(일정기간마다 그 규제의 시행상황에 관한 점검결과에 따라 폐지 또는 완화 등의 조치를 할 필요성이 인정되는 규제에 한정하여 적용되는 기한을 말한다. 이하 같다)을 설정하여 그 법령 등에 규정하여야 한다.
> ② 규제의 존속기한 또는 재검토기한은 규제의 목적을 달성하기 위하여 필요한 최소한의 기간 내에서 설정되어야 하며, 그 기간은 원칙적으로 5년을 초과할 수 없다.

20
우리나라 정부의 규제제도에 대한 설명으로 옳은 것은? 2025. 지방 9급

① 정부의 규제정책을 심의·조정하고 규제의 심사·정비 등에 관한 사항을 종합적으로 추진하기 위하여 국무총리 소속으로 규제개혁위원회를 둔다.
② 규제일몰제는 규제의 존속기한 또는 재검토기한을 정하지 않고 규제의 타당성을 주기적으로 관리하는 제도이다.
③ 포지티브 규제는 '원칙적 허용, 예외적 금지'의 형식을 갖는 규제체계를 의미한다.
④ 규제샌드박스는 특정한 신기술을 활용한 새로운 서비스 또는 제품에 관련된 기존 규제의 적용을 일정 기간 면제 또는 완화해 주는 제도이다.

정답 ④ [O]
해설 규제샌드박스 제도는 2016년 영국 정부가 처음으로 도입한 이후, 현재 우리나라를 비롯한 60여개 국에서 운영 중인 제도임이다. 아이들이 모래놀이터(sandbox)에서 안전하게 뛰어놀 수 있는 것처럼 시장에서의 제한적 실증을 통해 신기술을 촉진하는 동시에 이 기술로 인한 안전성 문제 등을 미리 검증하는 것을 목적으로 한다. 사업자가 신기술을 활용한 새로운 제품과 서비스를 일정 조건(기간·장소·규모 제한)하에서 시장에 우선 출시해 시험·검증할 수 있도록 현행 규제의 전부나 일부를 적용하지 않는 것을 말하며 그 과정에서 수집된 데이터를 토대로 합리적으로 규제를 개선하는 제도이다.
① [X] 규제개혁위원회는 대통령 소속 위원회이다.
> 행정규제기본법 제23조(설치) 정부의 규제정책을 심의·조정하고 규제의 심사·정비 등에 관한 사항을 종합적으로 추진하기 위하여 대통령 소속으로 규제개혁위원회를 둔다.

② [X] 규제일몰제는 규제의 존속기한 또는 재검토 기한을 설정해서 규제의 타당성을 주기적으로 관리하는 제도이다.
> 행정규제기본법 제8조(규제의 존속기한 및 재검토기한 명시) ① 중앙행정기관의 장은 규제를 신설하거나 강화하려는 경우에 존속시켜야 할 명백한 사유가 없는 규제는 존속기한 또는 재검토기한을 설정하여 그 법령등에 규정하여야 한다.
> ② 규제의 존속기한 또는 재검토기한은 규제의 목적을 달성하기 위하여 필요한 최소한의 기간 내에서 설정되어야 하며, 그 기간은 원칙적으로 5년을 초과할 수 없다.

③ [X] '원칙적 허용, 예외적 금지'의 형식을 갖는 규제 체계는 네거티브 규제이다.

21
규제영향분석에 대한 설명으로 옳지 않은 것은?

2017. 지방 9급

① 규제의 경제·사회적 영향을 과학적으로 분석해 타당성을 평가한다.
② 정치적 이해관계의 조정과 수렴의 기회를 제공한다.
③ 규제가 초래할 사회적 부담에 대해 책임성을 가지도록 유도한다.
④ 규제의 비용보다 규제의 편익에 주안점을 둔다.

정답 ④ [×]
해설 규제영향분석은 새롭게 만들어지거나 현존하는 규제의 사회적 편익과 비용을 점검하고 측정하는 체계적인 의사결정 도구이다.

22
규제영향분석에 관한 다음의 설명 중 적합하지 않은 것은?

2014. 서울 7급

① 규제영향분석은 규제의 경제·사회적 영향을 과학적으로 분석하여 그 타당성을 평가한다.
② 규제영향분석은 정치적 이해관계의 조정과 수렴의 기회를 제공한다.
③ 불필요한 정부규제를 완화하고자 할 때 현존하는 규제의 사회적 편익과 비용을 점검하고 측정하는 체계적인 의사 결정도구이다.
④ 1970년대 이후 세계의 여러 국가에서 도입하여 왔으며, OECD에서도 회원국들에게 규제영향분석의 채택을 권고하고 있다.
⑤ 규제 외의 대체수단 존재여부, 비용-편익분석, 경쟁 제한적 요소의 포함 여부 등을 고려하여야 한다.

정답 ③ [×]
해설 규제영향분석은 현존규제에는 적용되지 않으며, 신설·강화 규제에만 적용된다.

> 행정규제기본법 제7조(규제영향분석 및 자체심사) ① 중앙행정기관의 장은 규제를 신설하거나 강화(규제의 존속기한 연장을 포함한다. 이하 같다)하려면 다음 각 호의 사항을 종합적으로 고려하여 규제영향분석을 하고 규제영향분석서를 작성하여야 한다.
> 1. 규제의 신설 또는 강화의 필요성
> 3. 규제 외의 대체 수단 존재 여부 및 기존규제와의 중복 여부
> 4. 규제의 시행에 따라 규제를 받는 집단과 국민이 부담하여야 할 비용과 편익의 비교 분석
> 6. 경쟁 제한적 요소의 포함 여부

Chapter 02 정책참여자 간 관계

제1절 정책과정의 참여자

01
정부가 국민에게 영향을 미치는 정책산출은 정책결정 과정을 통해서 이루어진다. 이러한 정책결정 과정에서 정책의제에 영향을 미치는 공식적 참여자에 해당되지 않는 것은?
2014. 사복직 9급

① 지방자치단체장
② 대통령 비서실장
③ 정당 사무국장
④ 국회의원

정답 ③ [×]
해설 정당은 비공식적 참여자에 해당한다.

02
우리나라의 정책과정 참여자에 대한 설명으로 옳지 않은 것은?
2017. 지방 9급

① 대통령은 국회와 사법부에 대한 헌법상의 권한을 통하여 영향력을 행사하며, 행정부 주요 공직자에 대한 임면권을 통하여 정책과정에서 주도적 역할을 수행한다.
② 행정기관은 법률 제정과 사법적 판단을 통하여 정책집행과정에서 실질적인 영향력을 행사한다.
③ 국회는 국정조사나 예산 심의 등을 통하여 행정부를 견제하고, 국정감사나 대정부질의 등을 통하여 정책집행과정을 평가한다.
④ 사법부는 정책집행으로 인한 사회적 갈등상황이 야기되었을 때 판결을 통하여 정책의 합법성이나 정당성을 판단한다.

정답 ② [×]
해설 법률제정은 국회의 권한이며, 사법적 판단은 사법부의 권한이다.

03
정책과정 참여자에 대한 설명으로 옳지 않은 것은?
2017. 지방 7급

① 의회는 중요한 정부 정책을 결정하는 공식적 참여자이다.
② 헌법재판소는 위헌심사를 통해 정책과정 전반에 영향을 미친다.
③ 정책전문가는 정책을 분석·평가하여 정책 대안을 제시한다.
④ 정당은 공식적 참여자로서 정책을 통제하기 위해 노력한다.

정답 ④ [×]
해설 정당은 비공식적 참여자(공식적 참여자 ×)로서 정책의제 설정과정에서 다양한 국민의 요구를 정책대안으로 전환시키는 이익결집기능을 수행하며, 비공식적 통제수단으로 기능한다.

04

정책과정에서 사법부의 역할에 대한 설명으로 옳지 않은 것은?

2009. 국가 9급

① 「공직선거 및 선거부정방지법」의 1인1표제가 헌법의 비례대표제 정신을 반영하지 못한다고 한 헌법재판소의 판례는 사법부가 정책과정에 실질적인 영향을 미친다는 것을 보여주는 주요한 사례이다.
② 헌법재판소는 주로 국가적 정책결정과 관련된 판결을 통해 국민생활에 영향을 미친다.
③ 국민은 국가정책이 헌법상 보장된 권리를 침해한다고 판단할 때, 헌법소원을 통해 정책변경을 모색할 수 있다.
④ 사법부의 판결은 기존의 제도나 정책에 대한 사후적 판단의 성격을 띠고 있으나, 그 자체가 정책결정을 의미하는 것은 아니다.

정답 ④ [×]
해설 사법부는 정책과정에서 공식적인 참여자로서 법률의 해석과 판단을 통해 실질적인 정책결정에 영향을 미칠 수 있다. 사법부의 판결은 기존의 제도나 정책에 대한 법률적·사후적 판단의 성격을 띠고 있으나, 그 자체가 정책결정을 의미하는 경우도 있다. 사법부가 위헌 또는 위법 여부만을 판단하는 것이 아니라 판결을 통해 구체적인 내용을 제시하는 경우로서 사법부의 판단 자체가 새로운 정책결정에 해당하는 경우가 있다. 예를 들면, 시민단체의 선거활동과 관련한 2000년 4월 13일에 실시된 16대 국회의원 총선거에서 '총선시민연대'가 실시한 낙선운동에 대해 헌법재판소는 전원일치로 낙선운동금지 규정 및 선거운동 기간제한 규정에 대하여 합헌결정을 내렸으며, 이 판결로 시민단체가 공익적 차원에서 전개하는 선거운동의 한계가 명확하게 설정되었다.

05

정책참여자에 대한 설명으로 옳지 않은 것은?

2024. 국가 9급

① 시민단체(NGO)는 비공식적 참여자로서 시민 여론을 동원해 정책의제설정, 정책대안제시, 정부의 집행활동 감시 등 정책과정 전반에 영향을 미친다.
② 정당은 공식적 참여자로서 대중의 여론을 형성하고 일반 국민에게 정책 관련 주요 정보를 전달하는 역할을 통해 정책과정에 영향을 미친다.
③ 사법부는 공식적 참여자로서 정책과 관련된 법적 쟁송이 발생한 경우 그 정책의 타당성에 대한 판결을 통해 정책에 영향을 미친다.
④ 이익집단은 비공식적 참여자로서 특정 이해관계를 공유하는 사람들의 모임이며, 구성원들의 이익을 실현하기 위해 정부에 압력을 가함으로써 정책에 영향을 미친다.

정답 ② [×]
해설 정당은 비공식적 참여자이다.

제2절 정책참여자 간 관계 : 권력모형

01
다원주의(Pluralism)에 대한 설명으로 가장 옳지 않은 것은?
2019. 서울 9급

① 권력은 다양한 세력들에게 분산되어 있다.
② 정책영역별로 영향력을 행사하는 엘리트들이 각기 다르다.
③ 이익집단들 간의 영향력 차이는 주로 정부의 정책과정에 대한 상이한 접근기회에 기인한다.
④ 이익집단들 간의 영향력 차이는 있지만 전체적으로 균형을 유지하고 있다.

정답 ③ [×]
해설 다원주의는 다양한 이익집단들 간의 영향력의 차이는 인정하지만, 정부의 정책과정에 동등한 접근기회를 가지고 있다고 본다.

02
엘리트이론과 다원주의이론에 대한 설명으로 옳지 않은 것은?
2023. 지방 9급

① 고전적 엘리트이론에서 엘리트들은 다른 계층에 대해 책임을 지지 않는다.
② 밀즈(Mills)는 명성접근법을 사용하여 엘리트들을 분석한다.
③ 달(Dahl)은 권력이 분산되어 있음을 전제로 다원주의론을 전개한다.
④ 바흐라흐와 바라츠(Bachrach & Baratz)는 무의사결정이 의제설정과정뿐만 아니라 정책결정과정에서도 발생할 수 있다고 주장한다.

정답 ② [×]
해설 Mills의 지위접근법에서는 권력은 계급이나 능력이 아니라 사회적 지위에서 나온다고 보았다(명성접근법 ×).

03
정책과정을 설명하는 이론의 내용으로 옳은 것은?
2017. 지방 9급

① 현대 엘리트이론은 국가가 소수의 지배자와 다수의 피지배자로 구분되기 어렵다고 본다.
② 공공선택론은 사적 이익보다는 집단 이익을 위한 합리적 선택에 초점을 둔다.
③ 다원주의이론은 정부정책을 다양한 행위자들 간의 협상과 경쟁의 결과로 본다.
④ 조합주의이론은 정책과정에서 국가의 역할이 소극적·제한적이라고 본다.

정답 ③ [○]
해설 ① [×] 현대 엘리트 이론에서는 소수의 지배엘리트들(지배계급)과 다수의 피지배자가 구분되며, 정책은 엘리트의 선호에 의하여 결정되는 것이라고 본다.
② [×] 공공선택론은 개인을 분석의 기초단위로 삼고 개인의 효용극대화를 추구하는 존재로 가정한다(방법론적 개체주의).
④ [×] 조합주의이론은 국가의 적극적인 역할을 강조한다. 정부를 소극적·제한적이라고 보는 것은 다원주의이다.

04
엘리트이론과 다원주의론에 대한 설명으로 옳지 않은 것은?
2024. 국회 8급

① 고전적 엘리트이론은 집단이 형성되면 소수의 엘리트에 의한 지배체제가 구성된다고 주장한다.
② 무의사결정론은 엘리트들에게 안전한 문제만 논의하고 불리한 문제는 거론조차 되지 못하게 방해하는 결정이 이루어진다고 주장한다.
③ 무의사결정론은 무의사결정이 정책의제설정 단계뿐만 아니라 정책집행과정에서도 일어난다고 주장한다.
④ 다원주의론은 정책 영역별로 영향력을 행사하는 엘리트들이 각기 다르다고 주장한다.
⑤ 다원주의론은 이익집단이 정부 정책과정에 대한 동등한 접근 기회를 가지고 있다고 주장하며, 이를 조정하기 위한 정부의 적극적이고 능동적인 역할 수행을 강조한다.

정답 ⑤ [×]
해설 다원론에서 사회의 각종 이익집단은 정부의 정책 과정에 동등한 접근 기회를 가지며, 정부는 중립적인 입장에서 이익을 조정하고 중재하는 역할을 수행한다고 본다.

05

㉠, ㉡에 해당하는 권력모형을 옳게 짝 지은 것은?

2019. 지방 7급

- (㉠)은 전국적 차원이 아니라 지역사회의 지배구조에 초점을 맞추면서, 소수 엘리트가 강한 응집성을 가지고 정책을 결정하고 정치에 무관심한 일반대중들은 비판 없이 이를 수용한다고 설명한다.
- (㉡)은 정치권력에 두 얼굴(two faces of power)이 있음을 주장하는 입장으로부터 권력의 어두운 측면이 갖는 영향력에 대해 관심을 가지지 않았다는 점을 비판받았다.

	㉠	㉡
①	밀즈의 지위접근법	달의 다원주의론
②	밀즈의 지위접근법	바흐라흐와 바라츠의 무의사결정론
③	헌터의 명성접근법	달의 다원주의론
④	헌터의 명성접근법	바흐라흐와 바라츠의 무의사결정론

정답 ③
해설 ㉠은 헌터의 명성접근법(엘리트 이론), ㉡은 달(R. Dahl)의 다원주의론에 해당한다.

06

정책과정에서 권력모형에 대한 설명으로 옳은 것만을 〈보기〉에서 모두 고르면?

2025. 국회 8급

보기
ㄱ. 사회조합주의는 이익집단과 국가와의 관계에서 이익집단의 자율적 결성과 능동적 참여가 보장된다고 설명한다.
ㄴ. 국가조합주의는 국가가 이익집단에 대하여 강력한 주도권을 행사하며 계급, 종족, 언어, 지역에 근거한 정치적인 하위문화는 억압된다고 설명한다.
ㄷ. 엘리트론은 엘리트 간의 정치적 경쟁으로 대중의 선호가 최대한 정책에 반영된다고 설명한다.
ㄹ. 무의사결정론은 지역사회의 엘리트들이 강한 응집성을 가지고 정책을 결정하며, 정치에 무관심한 일반대중은 비판 없이 이를 수용한다고 설명한다.

① ㄱ, ㄴ
② ㄱ, ㄷ
③ ㄴ, ㄷ
④ ㄴ, ㄹ
⑤ ㄷ, ㄹ

정답 ① ㄱ, ㄴ
해설 ㄷ. [×] 엘리트이론의 관점에서 공공정책은 통치 엘리트의 가치관과 선호가 반영된 결과물에 불과하다. 엘리트 간의 경쟁(선거 등)으로 대중의 선호가 정책에 반영되는 것은 달(R. Dahl)의 다원론과 관련이 있다. 달(R. Dahl)은 미국 New Haven 시 연구를 통해 지역사회에 엘리트가 존재하지만, 정치적 자원이 분산되어 동일한 사회계층 출신의 소수 엘리트가 전체 지역사회를 지배하지 못하고, 정책영역별로 영향력을 행사하는 엘리트들이 각기 다르고, 엘리트 간 서로 경쟁과 갈등이 발생하며, 대중도 선거나 정치참여를 통해 엘리트나 정책에 영향력을 행사할 수 있다고 본다.
ㄹ. [×] 지역사회를 응집력과 동료의식이 강하고 협력적인 기업 엘리트가 지배하고 일반대중들은 이들이 결정한 정책을 그대로 수용한다고 본 헌터(F. Hunter)의 명성접근법과 관련이 있는 설명이다. 1950년대 미국 엘리트 이론인 헌터의 명성접근법의 내용이다.

07

정책과정에 대한 설명으로 옳지 않은 것은? 2012. 국가 9급

① 콥(R. W. Cobb)은 주도집단에 따라 정책의제설정 유형을 외부주도형, 동원형, 내부접근형으로 분류하였다.
② 바크라흐(P. Bachrach)와 바라츠(M. Baratz)는 신다원론(neo-pluralism) 관점에서 정치권력의 두 개의 얼굴 중 하나인 무의사결정을 주장하였다.
③ 킹던(J. Kingdon)은 어떤 중요한 시점에서 문제, 정책, 정치 등 세 가지 흐름(streams)의 결합에 의하여 정책의제가 설정된다고 주장하였다.
④ 달(R. Dahl)은 다원론(pluralism) 관점에서 미국은 민주주의 국가이기 때문에 특정한 어느 개인이나 집단도 주도권을 행사하기 어렵다고 주장하였다.

정답 ② [×]
해설 바크라흐(P. Bachrach)와 바라츠(M. Baratz)는 신엘리트 이론(신다원론 ×) 관점에서 무의사결정을 주장하였다.

08

정책의제설정과 관련된 이론과 설명이 바르게 연결된 것은? 2014. 국가 9급

A. 사이먼(H. Simon)의 의사결정론
B. 체제이론
C. 다원주의론
D. 무의사결정론

ㄱ. 조직의 주의 집중력은 한계가 있어 일부의 사회문제만이 정책의제로 선택된다.
ㄴ. 문지기(gate-keeper)가 선호하는 문제가 정책의제로 채택된다.
ㄷ. 이익집단들이나 일반 대중이 정책의제설정에 상당한 영향력을 행사한다.
ㄹ. 대중에 대한 억압과 통제를 통해 엘리트들에게 유리한 이슈만 정책의제로 설정된다.

	A	B	C	D
①	ㄱ	ㄴ	ㄷ	ㄹ
②	ㄱ	ㄷ	ㄴ	ㄹ
③	ㄹ	ㄴ	ㄷ	ㄱ
④	ㄹ	ㄷ	ㄴ	ㄱ

정답 ① A-ㄱ, B-ㄴ, C-ㄷ, D-ㄹ
해설 ㄱ. 사이먼(H. Simon)의 의사결정론인 만족모형(A)의 특징에 해당한다.
ㄴ. 체제이론(B)에 대한 특성이다. 체제의 문제해결 능력의 한계로 인하여 문지기가 선호하는 일부 문제만 정책의제로 채택이 된다.
ㄷ. 다원주의론(C)에 대한 설명이다.
ㄹ. 신엘리트 이론에 해당하는 무의사결정론(D)에 대한 설명이다.

09

〈보기〉와 같은 정책결정 형태는? 2010. 국회 8급

> 정책결정에서 정부의 보다 적극적인 역할을 인정하고 이익집단과의 상호협력을 중시하는 이론이다. 정부는 집단 간 이익의 중재에 머물지 않고 국가이익이나 사회의 공동선을 달성하기 위한 주도적인 역할을 담당한다.

① 엘리트주의
② 조합주의
③ 이슈네트워크
④ 하위정부
⑤ 정책공동체

정답 ②
해설 제시문은 조합주의에 대한 설명이다.

10
조합주의(corporatism)에 대한 설명으로 옳지 않은 것은?
2016. 국가 7급

① 정부활동은 다양한 이익집단 간 이익의 소극적 중재자 역할에 한정된다.
② 이익집단은 단일적·위계적인 이익대표체계를 형성한다.
③ 정부는 사회적 공동선을 달성하기 위해 중요 이익집단과 우호적 협력관계를 유지한다.
④ 이익집단은 상호 경쟁보다는 국가에 협조함으로써 특정 영역에서 자신의 요구를 정책과정에 투입한다.

정답 ① [×]
해설 조합주의는 정부의 적극적인 역할을 강조한다. 정부를 다양한 이익집단 간 이익의 소극적 중재자 역할에 한정된다고 보는 것은 다원주의이다.

11
정책참여자의 권력관계 모형에 대한 설명으로 옳지 않은 것은?
2020. 지방 7급

① 국가조합주의는 국가가 민간부문의 집단들에 대하여 강력한 주도권을 행사한다고 보는 모형이다.
② 다원주의는 주로 개발도상국가에서 경제개발과정에서의 이익집단에 대한 통제를 설명하기 위한 이론으로 활용되었다.
③ 사회조합주의는 사회경제체제의 변화에 순응하려는 이익집단의 자발적 시도로부터 생성되었다.
④ 다원주의는 이익집단 간의 영향력 차이를 인정하지만 전반적으로 균형이 유지되고 있다는 입장을 지닌다.

정답 ② [×]
해설 국가조합주의에 대한 설명이다. 다원주의는 국가는 여러 이익집단으로 구성되어 있어 이러한 다양한 이익집단들 간의 협상과 타협에 의해 정책결정이 이루어진다고 보며, 주로 선진국의 정책결정을 설명하는 이론으로 활용된다.

12
다음은 정책과정을 바라보는 이론적 관점들 중 하나를 제시한 것이다. 그 내용과 부합하는 것은?
2013. 국가 9급

> 사회의 현존 이익과 특권적 분배 상태를 변화시키려는 요구가 표현되기도 전에 질식·은폐되거나, 그러한 요구가 국가의 공식 의사결정 단계에 이르기 전에 소멸되기도 한다.

① 정책은 많은 이익집단의 경쟁과 타협의 산물이다.
② 정책 연구는 모든 행위자들이 이기적인 존재라는 기본 전제하에서 경제학적인 모형을 적용한다.
③ 실제 정책과정은 기득권의 이익을 수호하려는 보수적인 성격을 나타낼 가능성이 높다.
④ 정부가 단독으로 정책을 결정·집행하는 것이 아니라 시장(market) 및 시민사회 등과 함께 한다.

정답 ③
해설 제시문은 무의사결정론에 대한 설명으로, 엘리트의 이익을 옹호하거나 보호하기 위해 지배적인 엘리트(기득권)의 가치나 이익에 대한 잠재적이거나 현재적인 도전을 제기되지 못하도록 억압하거나 좌절시키는 것을 의미한다.
① 다원주의에 대한 설명이다.
② 공공선택론에 대한 설명이다.
④ 뉴거버넌스에 대한 설명이다.

13
무의사결정(non-decision making)에 대한 설명 중 옳지 않은 것은?
2015. 지방 9급

① 사회문제에 대한 정책과정이 진행되지 못하도록 막는 행동이다.
② 기득권 세력이 그 권력을 이용해 기존의 이익배분 상태에 대한 변동을 요구하는 것이다.
③ 기득권 세력의 특권이나 이익 그리고 가치관이나 신념에 대한 잠재적 또는 현재적 도전을 좌절시키려는 것을 의미한다.
④ 변화를 주장하는 사람으로부터 기존에 누리는 혜택을 박탈하거나 새로운 혜택을 제시하여 매수한다.

정답 ② [×]
해설 무의사결정이란 기득권 세력의 특권이나 이익 그리고 가치관이나 신념에 대한 잠재적 또는 현재적 도전을 좌절시키려는 것을 의미한다. 따라서 기존의 이익배분상태에 대해서 변동을 요구하는 것이 아니라 이러한 요구를 좌절시키거나 억압하는 결정을 의미한다.

14
무의사결정(non-decision making)에 대한 설명으로 옳은 것은?
2017. 국가 9급

① 지배적인 엘리트집단은 자신들의 이해관계와 부합하지 않는 이슈라도 정책의제설정단계에서 논의하려고 한다.
② 무의사결정은 중립적인 행동으로 다원주의이론의 관점을 반영한다.
③ 집행과정에서는 무의사결정이 일어나지 않는다.
④ 정책문제 채택과정에서 기존 세력에 도전하는 요구는 정책문제화하지 않고 억압한다.

정답 ④ [○]
해설 ① [×] 무의사결정은 지배적인 엘리트 집단의 이해관계와 부합하지 않는 이슈는 정책의제화 되는 것을 억압·좌절시킨다.
② [×] 무의사결정론은 엘리트의 가치에 반하는 문제가 의제로 채택되는 것을 억압하는 것으로, 가치중립적인 행동이 아니라 엘리트의 가치와 이해관계를 반영하는 행동이며, 신엘리트 이론으로 달(Dahl)의 다원론을 비판하며 등장하였다.
③ [×] 무의사결정은 정책의 전 과정에서 일어난다.

15
무의사결정론에 대한 설명으로 옳지 않은 것은?
2020. 국가 9급

① 정치체제 내의 지배적 규범이나 절차가 강조되어 변화를 위한 주장은 통제된다고 본다.
② 엘리트들에게 안전한 이슈만이 논의되고 불리한 이슈는 거론조차 못하게 봉쇄된다고 한다.
③ 위협과 같은 폭력적 방법을 통해 특정한 이슈의 등장이 방해받기도 한다고 주장한다.
④ 조직의 주의 집중력과 가용자원은 한계가 있어 일부 사회문제만이 정책의제로 선택된다고 주장한다.

정답 ④ [×]
해설 무의사결정론은 엘리트들이 자신의 기득권이나 이해관계에 반하는 의제의 채택을 억압한다고 보는 신엘리트 이론의 주장을 의미한다. 조직의 주의집중력 등의 한계로 일부 사회문제만이 정책의제로 채택된다는 주장은 Simon의 만족모형에 해당하는 설명이다.

16
바흐라흐(Bachrach)와 바라츠(Baratz)의 무의사결정론에 대한 설명으로 옳지 않은 것은?
2023. 국가 9급

① 무의사결정의 행태는 정책과정 중 정책문제 채택단계 이외에서도 일어난다.
② 기존 정치체제 내의 규범이나 절차를 동원하여 변화 요구를 봉쇄한다.
③ 정책문제화를 막기 위해 폭력과 같은 강제력을 사용하기도 한다.
④ 엘리트의 두 얼굴 중 권력행사의 어두운 측면을 고려하지 못한다고 비판했기 때문에 신다원주의로 불린다.

정답 ④ [×]
해설 무의사결정론은 신엘리트이론이다.

17
정책과정에서 행위자 사이의 권력관계 이론에 대한 설명으로 가장 옳지 않은 것은?
2018. 서울 9급

① 헌터(Hunter)는 지역사회연구를 통해 응집력과 동료의식이 강하고 협력적인 정치 엘리트들이 지역사회를 지배한다는 엘리트론을 주장한다.
② 무의사결정(nondecision-making)론은 권력을 가진 집단은 자신들에게 불리하거나 바람직하지 않다고 생각되는 특정이슈들이 정부 내에서 논의되지 못하도록 봉쇄한다고 설명한다.
③ 다원론을 전개한 다알(Dahl)은 New Haven시를 대상으로 한 연구에서 정책결정을 담당하는 엘리트가 분야별로 다른 형태를 보인다고 설명한다.
④ 신다원론에서는 집단 간 경쟁의 중요성은 여전히 인정하면서 집단 간 대체적 동등성의 개념을 수정하여 특정집단이 다른 집단보다 더욱 강력할 수 있다는 점을 인정하였다.

정답 ① [×]
해설 헌터(Hunter)의 명성접근법은 애틀란타 시를 대상으로 명성이 있는 40명을 뽑아 이들의 성분을 조사하여 지역사회 차원의 권력구조에 대한 실증적 연구를 통해 사회적으로 명성 있는 소수자(기업인, 변호사, 고위관료 등)들이 시 정책의 기본방향을 결정하고 선전매체를 통해 자신들이 결정한 정책을 유지하려고 노력하며, 일반대중은 이들이 결정한 정책을 그대로 수용한다고 주장했다.

18
정책결정의 장(또는 정책하위시스템)에 대한 이론과 주장하는 내용을 짝지은 것으로 가장 옳지 <u>않은</u> 것은?

2020. 서울 9급

① 다원주의 - 정부는 조정자 역할에 머물거나 게임의 법칙을 진행하는 심판자 역할을 할 것으로 기대한다.
② 조합주의 - 정부는 이익집단 간 이익의 중재에 머물지 않고 국가이익이나 사회의 공공선을 달성하기 위한 주도적인 역할을 할 것으로 기대한다.
③ 엘리트주의 - 엘리트들은 사회의 다원화된 이익을 대변하는 것이 아니라 자신들의 이익을 추구한다.
④ 철의 삼각 - 입법부, 사법부 그리고 행정부 3자가 강철과 같은 장기적이고 안정적이며 우호적인 삼각관계의 역할을 형성하면서 정책결정을 지배하는 것으로 본다.

정답 ④ [×]
해설 철의 삼각(Iron Triangle)은 관료와 의회의 상임위원회, 이익집단이 상호 이해관계를 공유하면서 정책영역별로 결정과 집행에 강력하고도 지속적으로 영향을 미치는 정책네트워크를 말한다.

19
정책결정과정에 대한 다음 〈보기〉의 설명 중 옳은 것은 모두 몇 개 인가?

2014. 국회 8급

보기
ㄱ. 다원주의에서는 다양한 집단들의 선호를 반영하여 정책이 결정된다.
ㄴ. 바흐라흐(Bachrach)등이 제시한 무의사결정론은 고전적 다원주의를 비판하며 등장한 신다원론에 해당한다.
ㄷ. 밀스(Mills)의 지위접근법은 사회적 명성이 있는 소수자들이 결정한 정책을 일반대중이 수용한다는 입장이다.
ㄹ. 조합주의는 국가의 독자성, 지도적·개입적 역할을 강조한다.
ㅁ. 다원주의는 사회중심적 접근방법이다.

① 1개　　② 2개
③ 3개　　④ 4개
⑤ 5개

정답 ③ ㄱ, ㄹ, ㅁ [○]
해설 ㄴ. [×] 무의사결정론은 고전적 다원주의를 비판하며 등장한 신엘리트 이론이다.
ㄷ. [×] 헌터의 명성접근법에 대한 설명이다. 밀스의 지위접근법은 미국사회의 권력 엘리트는 기업체, 군, 정치 등 세 영역에서의 주요 지위에 있는 인사들이며, 이러한 권력 엘리트들이 핵심적이고 역사적으로 중요한 결정을 내린다고 보았다.

제3절 정책네트워크 모형(Policy Network Model)

01
정책네트워크의 유형 중 하위정부(sub-government) 모형에 대한 설명으로 옳지 않은 것은? 2012. 지방 9급

① 상대적으로 자율성과 안정성이 높다.
② 폐쇄적 관계를 강조하고 다른 이익집단의 참여를 배제한다.
③ 행정수반의 관심이 약하거나 영향력이 적은 재분배정책 분야에서 주로 형성된다.
④ 헤클로(Heclo)는 이익집단이 늘어나고 다원화됨에 따라 적용의 한계가 있다고 지적한다.

> **정답** ③ [×]
> **해설** 하위정부모형은 분배정책의 분야에서 주로 형성된다.

02
정책과정에서 철의 삼각(iron triangle)에 해당하지 않는 것은? 2024. 국가 9급

① 의회 상임위원회
② 행정부 관료
③ 이익집단
④ 법원

> **정답** ④

03
정책네트워크에 대한 설명으로 옳지 않은 것은? 2019. 국가 9급

① 정책네트워크의 참여자는 정부뿐만 아니라 민간부문까지 포함한다.
② 정책공동체(policy community)에 비해서 이슈네트워크(issue network)는 제한된 행위자들이 정책과정에 참여하며 경계의 개방성이 낮은 특성이 있다.
③ 헤클로(Heclo)는 하위정부모형을 비판적으로 검토하면서 정책이슈를 중심으로 유동적이며 개방적인 참여자들 간의 상호작용 현상을 묘사하기 위한 대안적 모형을 제안하였다.
④ 하위정부(sub-government)는 선출직 의원, 정부관료, 그리고 이익집단의 역할에 초점을 맞춘다.

> **정답** ② [×]
> **해설** 반대로 된 설명이다. 이슈네트워크에 비해서 정책네트워크는 전문성을 가진 제한된 행위자들이 정책과정에 참여하며 경계의 개방성이 낮은(폐쇄적인) 특성이 있다. 이슈네트워크가 참여자의 범위와 경계의 개방성이 가장 크다.

04
정책네트워크이론(모형)에 대한 설명으로 옳지 않은 것은? 2012. 국가 9급

① 정책네트워크이론의 대두배경은 정책결정의 부분화와 전문화 추세를 반영한다.
② 철의삼각(iron triangle)모형은 소수 엘리트 행위자들이 특정 정책의 결정을 지배한다는 점을 강조한다.
③ 이슈네트워크(issue network)모형은 쟁점을 둘러싼 정책참여자들 간의 상호작용을 중시한다.
④ 정책과정에 대한 국가중심 접근방법과 사회중심 접근방법이라는 이분법적 논리를 극복하지 못하고 있다.

정답 ④ [×]
해설 정책네트워크 이론은 기존의 사회중심적 접근방법(예 다원주의)과 국가중심적 접근방법(예 조합주의)의 이분법적 논리를 극복하기 위해 등장했다고 볼 수 있다. 현대 사회에서는 정책과정에 정부와 민간의 파트너십이 증대되고 공적 부문과 사적 부문 간 경계가 불분명해지고 있다. 정책과정에서도 이러한 현상을 설명하기 위해 기존의 권력모형에 대한 대안적 모형으로서 다양한 참여자들 간의 상호작용과 관계를 중심으로 정책과정을 분석하는 정책네트워크 모형이 새롭게 등장한 것이다.

05
다음과 같은 특징이 나타나는 정책네트워크의 유형은?

2024. 국가 7급

- 의회의 상임위원회 또는 분과위원회, 행정부처, 이익집단이 형성하는 정책네트워크를 의미한다.
- 네트워크의 자율성과 안정성이 비교적 높다.
- '철의 삼각' 개념과 거의 동일한 의미를 지닌다.

① 정책공동체 모형 ② 하위정부 모형
③ 이슈네트워크 모형 ④ 협력적 거버넌스 모형

정답 ② [○]
해설 하위정부(철의 삼각) 모형에서는 각 정책영역별로 이익집단, 의회의 상임위원회, 해당 관료조직이 하위체제를 형성하여 정책의 주요 내용과 성격에 결정적인 영향을 미친다.

06
다음 정책 환경의 상황에 적용할 수 있는 모형으로 옳은 것은?

2018. 지방교행 9급

- 참여자들 간의 제로섬 게임의 형태가 나타나고 있다.
- 참여자들 간의 자원과 접근의 불균형이 발생하며 권력에서도 불평등을 초래하고 있다.
- 참여자들의 진입 및 퇴장이 비교적 자유롭게 이루어지며 참여자 수가 매우 광범위하게 늘어나고 있다.

① 조합주의 ② 정책공동체
③ 하위정부모형 ④ 이슈네트워크

정답 ④
해설 이슈네트워크는 다양한 행위자들이 참여하며 개방적이지만 일부 참여자만 교환할 자원을 가지고 있으며, 참여자들 간의 관계가 갈등과 경쟁관계인 영합(zero-sum)게임, 네거티브(negative-sum)게임의 속성을 가진다.

07
정책커뮤니티와 이슈네트워크를 비교한 것으로 옳지 않은 것은?

2016. 국가 9급

① 네트워크 내 자원배분과 관련하여 정책커뮤니티는 근본적인 관계가 교환관계이고 모든 참여자가 자원을 보유하고 있으나, 이슈네트워크는 근본적인 관계가 제한적 합의이고 어떤 참여자는 자원보유가 한정적이다.
② 참여자 수와 관련하여 정책커뮤니티는 극히 제한적이며 의식적으로 일부 집단의 참여를 배제하기도 하나, 이슈네트워크는 개방적이며 다양한 행위자들이 참여한다.
③ 이익의 종류와 관련하여 정책커뮤니티는 경제적 또는 전문직업적 이익이 지배적이나, 이슈 네트워크는 관련된 모든 이익이 망라된다.
④ 합의와 관련하여 정책커뮤니티는 어느 정도의 합의는 있으나 항상 갈등이 있고, 이슈네트워크는 모든 참여자가 기본적인 가치관을 공유하며 성과의 정통성을 수용한다.

정답 ④ [×]
해설 반대로 된 설명이다. 합의와 관련하여 이슈네트워크는 어느 정도의 합의는 있으나 항상 갈등이 있고, 정책커뮤니티는 모든 참여자가 기본적인 가치관을 공유하며 성과의 정통성을 수용한다.

08
정책 관련 모형에 관한 설명으로 옳지 않은 것은?

2017. 지방교행 9급

① 이슈네트워크모형에서는 참여자들의 관계를 고정적이고 안정적인 협력 관계로 가정한다.
② 하위정부모형에서는 정책결정이 참여자들 사이의 협상과 합의에 의해 이루어진다고 본다.
③ 정책지지연합모형에서는 정책변화를 이해하기 위한 분석단위로 정책하위체제에 중점을 두고 있다.
④ 정책공동체모형에서는 공동체의 구성원들이 정책문제의 해결방안을 둘러싸고 갈등을 일으킬 수도 있다고 본다.

> **정답** ① [×]
> **해설** 참여자들의 관계가 고정적이고 안정적인 협력 관계로 가정하는 것은 하위정부(철의 삼각) 모형이다. 이슈네트워크는 참여자 간 관계가 유동적이며, 안정성이 낮다.

09
이슈네트워크(issue network)와 비교한 정책공동체(policy community)의 상대적 특성으로 옳지 않은 것은?

2010. 국가 7급

① 정책결정을 둘러싼 권력게임은 공동의 이익을 추구하는 정합게임(positive-sum game)의 성격을 띤다.
② 참여자들이 기본가치를 공유하며 그들 간의 접촉빈도가 높다.
③ 참여자의 범위가 넓고 경계의 개방성이 높다.
④ 모든 참여자가 교환할 자원을 가지고 참여한다.

> **정답** ③ [×]
> **해설** 정책공동체에 비해 이슈네트워크가 참여자의 범위가 넓고 경계의 개방성이 높다.

정책의제 설정론

01
정책의제설정과정에서 일반대중의 관심과 주의를 받고 있으며, 정부가 개입하여 문제를 해결하여야 한다고 인정되지만, 정부가 문제 해결을 고려하기로 공식적으로 밝히지 않은 것은?
2015. 지방 7급

① 사회문제(social problem)
② 사회적 쟁점(social issue)
③ 공중의제(public agenda) 또는 체제의제(system agenda)
④ 정부의제(govermental agenda) 또는 제도의제(institutional agenda)

정답 ③
해설 일반 대중이 정부가 문제를 해결해야 한다고 인정하는 문제는 공중의제(또는 체제 의제, 토의의제, 환경의제)에 해당한다.

02
공중의제 설명으로 올바른 것을 모두 고르시오.
2011. 서울 7급

> (가) 일반 대중이 정부가 해결방안을 강구해야 한다고 공감하는 일련의 이슈를 의미한다.
> (나) 문서화되거나 공식화되지 않은 의제를 말한다.
> (다) 사회문제의 성격이나 그 해결방안에 대하여 논란이 벌어지면 공중의제가 된다.
> (라) 일단 공중의제가 되면 그 사회문제는 해결될 가능성이 매우 높아진다.

① (가), (나)
② (가), (다)
③ (가), (나), (다)
④ (가), (나), (라)
⑤ (가), (나), (다), (라)

정답 ① (가), (나) [○]
해설 (다) [×] 사회문제의 성격이나 그 해결방안에 대하여 논란이 벌어지고 있는 것은 사회적 이슈(social issue)이다.
(라) [×] 정부의제 또는 공식의제(공중의제 ×)가 되면 그 사회문제는 해결될 가능성이 매우 높아진다.

03
아이스톤(Eyestone)이 제시한 정책의제 형성과정에 대한 설명으로 옳지 않은 것은?
2012. 지방 7급

① 사회문제(social problem)는 개인의 문제가 다수로부터 공감을 얻게 되어 많은 사람들의 문제로 인식된 상태를 말한다.
② 공공의제(public agenda)는 일반대중의 주목을 받을 가치는 있으나, 아직 정부가 문제해결을 하는 것이 정당한 것으로 인정되지 않는 상태를 말한다.
③ 사회논제(social issue)는 사회문제가 여러 가지 다른 견해를 갖는 다수의 집단들로 하여금 논쟁을 야기하며, 일반인의 관심을 집중하고 여론을 환기시키는 상태를 말한다.
④ 공식의제(official agenda)는 여러 가지 공공의제들 중에서 정부가 그 해결을 위하여 심각하게 관심과 행동을 집중하는 정부의제로 선별되는 상태를 말한다.

정답 ② [×]
해설 아이스톤의 공공의제는 Cobb의 체제의제에 해당하는 것으로 일반대중의 주목을 받으며 정부가 개입하여 문제를 해결하는 것이 정당한 것으로 인정되는 사회문제이다.

04
콥(Cobb)과 로스(Ross)가 유형화한 정책의제설정모형 중 사회문제 → 정부의제 → 공중의제의 순서로 전개되는 것은?
2019. 서울 7급

① 외부주도형
② 동원형
③ 내부접근형
④ 음모형

> **정답** ②
> **해설** 사회문제가 바로 정부 내의 정책결정자들에 의해 정부의제로 채택된 후 정책의 성공적인 집행을 위해 PR 등을 통하여 대중에게 공중의제화가 이루어지는 것은 동원형에 해당한다.
> ① [×] 외부주도형은 사회문제 → 사회적 이슈 → 공중의제 → 정부의제의 과정을 거쳐 의제설정이 이루어진다.
> ③, ④ [×] 내부접근형(음모형)은 사회문제 → 정부의제의 과정을 거쳐 의제 설정이 이루어지며, 공중의제화 단계를 거치지 않는다는 점에서 동원형과 차이가 있다.

05
다음은 콥과 로스(Cobb & Ross)가 제시한 의제 설정 과정이다. (가)~(다)에 들어갈 유형을 바르게 연결한 것은?
2021. 지방 7급

- (가) : 사회문제 → 정부의제
- (나) : 사회문제 → 공중의제 → 정부의제
- (다) : 사회문제 → 정부의제 → 공중의제

	(가)	(나)	(다)
①	동원형	외부주도형	내부접근형
②	내부접근형	동원형	외부주도형
③	외부주도형	내부접근형	동원형
④	내부접근형	외부주도형	동원형

> **정답** ④ [○] (가): 내부접근형, (나): 외부주도형, (다): 동원형
> **해설** (가) 내부접근형에 대한 설명이다. 내부접근형은 정부기관 내의 관료집단이나 정책결정자에게 쉽게 접근할 수 있는 외부집단이 최고정책결정자에게 접근하여 정부의제화 하는 경우를 말하며, 내부접근형은 동원형처럼 정책담당자들에 의해 정책의제화가 진행되지만 내부접근형은 공중의제화 과정이 생략된다는 차이점이 있다.
> (나) 외부주도형에 대한 설명이다. 외부주도형은 외부집단의 주도에 의해 정책의제화가 진행되는 유형으로, 정부 밖에 있는 민간집단에 의해 이슈가 제기되고 그것이 확산되어 공중의제로 전환되고 결국 정책의제로 채택되는 과정을 설명하는 모형이다.
> (다) 동원형에 대한 설명이다. 동원형은 정부 내의 정책결정자들이 주도하여 정부의제화를 만드는 경우로, 주로 정치지도자들의 지시에 의해 사회문제가 바로 정부의제로 채택되지만, 일방적으로 의제화하는 것이 아니라 일반대중이나 관련 집단들의 지지를 얻기 위해 정부 PR활동을 통해 공중의제화가 진행된다.

06
다음 중 정책의제설정에 대한 설명으로 옳지 않은 것은?
2013. 국회 8급

① 정책의제설정은 다양한 사회문제 중 특정한 문제가 정부의 정책에 의해 해결되기 위해 하나의 의제로 채택되는 과정이다.
② 정책의제는 어떤 사회문제가 사회적으로 이슈화되어 정부의 정책적 고려의 대상이 되어야 할 단계에 이른 문제를 의미한다.
③ 공중의제는 일반 공중이 실제로 정책대응을 위한 구체적인 논의의 대상으로 표명하고 있는 사회문제를 말한다.
④ 정책의제설정은 외부주도형, 동원형, 내부접근형 등의 유형이 있다.
⑤ 정책의제설정 과정에는 주도집단, 정책체제, 환경 등의 변수들이 중요하게 작용한다.

> **정답** ② [×]
> **해설** 체제의제(공중의제)에 대한 설명이다. 정책의제는 정부의 공식적인 의사결정에 의해 그 해결책을 고려하기로 공식적으로 밝힌 문제를 의미한다.

07
다음 중 정책의제 설정에 대한 설명으로 옳지 않은 것은?
2017. 국회 9급

① 외부주도형이란 정부 바깥에 있는 집단이 자신들에게 피해를 주고 있는 사회문제를 정부가 해결해 줄 것을 요구하여 이를 사회쟁점화하고 공중의제로 전환시켜 결국 정부의제로 채택하도록 하는 의제설정 과정이다.
② 동원형은 정책결정자가 주도하여 정부의제를 만드는 경우로 정치지도자들의 지시에 의하여 사회문제가 바로 정부의제로 채택되고 일반 대중의 지지를 얻기 위해 정부의 PR 활동을 통해 공중의제가 된다.
③ 내부접근형은 정부기관 내의 관료집단이나 정책결정자에게 쉽게 접근할 수 있는 외부집단이 최고정책결정자에게 접근하여 문제를 정부의제화 하는 경우이다.
④ 내부접근형은 정부가 공중의제화 하는 것을 꺼리기 때문에 주도집단이 정책의 내용도 미리 결정하고 이 결정된 내용을 그대로 또는 최소한의 수정만으로 집행하려고 시도한다.
⑤ 동원형은 허쉬만(Hirschman)이 말하는 강요된 정책문제에 해당된다.

정답 ⑤ [×]
해설 허쉬만(Hirschman)이 말하는 강요된 정책문제에 해당하는 것은 '외부주도형'에 대한 설명이다.

08
정책의제설정 모형에 대한 설명으로 가장 옳은 것은?
2015. 서울시 7급

① 올림픽이나 월드컵 유치 등 국민들이 적극적인 관심을 보인 사례는 외부집단이 주도한 외부주도형이다.
② 내부접근형은 대중의 지지를 획득하기 위한 공중의제화 과정이 없다는 점에서 공중의제화 과정을 거치는 동원형과 다르다.
③ 사회문제가 바로 정책의제로 채택되는 과정을 거치는 모형은 외부주도형이다.
④ 동원형은 공중의제화 과정을 거치기 때문에 행정부의 영향력이 작고 민간부문이 발전된 선진국에서 많이 나타나는 모형이다.

정답 ② [○]
해설 ① [×] 올림픽이나 월드컵 유치는 동원형에 해당되는 사례이다.
③ [×] 외부주도형은 사회문제 → 사회적 이슈 → 공중의제 → 정부의제의 과정을 거친다.
④ [×] 동원형은 주로 정부의 힘이 강하고 민간부문의 힘이 취약한 후진국에서 나타난다.

09
정책의제 설정에 관한 설명 중 옳지 않은 것은?
2013. 서울 9급

① 일반적으로 정책의제는 정치성, 주관성, 동태성 등의 성격을 가진다.
② 정책대안이 아무리 훌륭하더라도 정책문제를 잘못 인지하고 채택하여 정책문제가 여전히 해결되지 않은 상태로 남아 있는 현상을 2종 오류라 한다.
③ 킹던(Kingdon)의 정책의 창 모형은 정책문제의 흐름, 정책대안의 흐름, 정치의 흐름이 어떤 계기로 서로 결합함으로써 새로운 정책의제로 형성되는 것을 말한다.
④ 콥(R. W. Cobb)과 엘더(C. D. Elder)의 이론에 의하면 정책의제 설정과정은 사회문제 - 사회적 이슈 - 체제의제 - 제도의제의 순서로 정책의제로 선택됨을 설명하고 있다.
⑤ 정책의제의 설정은 목표설정기능 및 적절한 정책수단을 선택하는 기능을 하고 있다.

정답 ② [×]
해설 정책문제를 잘못 인지하고 채택하여 정책문제가 여전히 해결되지 않은 상태로 남아 있는 현상을 제3종 오류라고 한다. 제2종 오류는 정책효과가 있는데 없다고 결론을 내리는 오류이다.

10
정책의제설정모형에 대한 설명 중 동원모형에 해당되는 것은?
2012. 국가 7급

① 정부 지도자들이 대중들의 지지를 확보하기 위하여 공공관계 캠페인(public relations campaign)을 벌인다.
② 정책 확장이 정책과 관련된 주제에 대하여 특별한 지식이나 관심을 가진 집단들에 한정하여 이루어진다.
③ 심볼 활용(symbol utilization)이나 매스미디어 등을 통해 쟁점이 확산된다.
④ 정책결정자들이 정치과정을 통하여 사회적 이슈를 공식적 정책의제로 채택하는 전략적 과정을 설명하는 논리이다.

정답 ① [○]
해설 ② [×] 내부주도형(내부접근형)에 대한 설명이다.
③ [×] 심볼 활용(symbol utilization)이나 매스미디어 등을 통해 쟁점이 확산되도록 함으로써 정부가 채택하도록 하는 것이므로 외부주도형에 대한 내용이다.
④ [×] 정치과정을 통하여 사회적 이슈를 공식적 정책의제로 채택하는 전략적 과정을 설명할 수 있는 형태는 외부주도형이다.

11
정책의제 형성에 대한 설명으로 옳지 않은 것은?
2024. 국회 8급

① 동원형은 정책의제 형성의 주도자가 주로 정부 내부에 존재한다.
② 외부주도형은 주로 정부 외부에서 문제가 제기되어 확산되고 공중의제화 단계를 거쳐 정책의제가 형성된다.
③ 내부접근형은 정부 내 정책결정과정에 접근가능한 외부집단의 이익이 과도하게 대변될 수 있다.
④ 내부접근형과 동원형은 대중의 지지를 획득하기 위한 공중의제화단계가 없다.
⑤ 외부주도형은 허쉬만(Hirschman)이 말하는 '강요된 정책문제'에 해당한다.

정답 ④ [×]
해설 내부접근형은 공중의제화 단계가 없고, 동원형은 공중의제화 단계가 있다.

12
다음 보기의 내용은 어떤 정책의제설정 모형에 대한 설명인가?
2019. 군무원 9급

내부관료 또는 소수 외부집단이 주도하여 주도집단이 정책의 내용을 미리 정하고, 이 결정된 내용을 그대로 또는 최소한의 수정만으로 집행하려고 시도하며, 특히 반대할 가능성이 있는 사람들에게는 이를 숨기려 한다. 사회문제가 정책담당자들에 의해 바로 정책의제화되지만, 공중의제화는 억제되며 일반 대중에게 알리려 하지 않은 일종의 음모형이다. 이 모형은 부와 권력이 집중된 나라에서 주로 나타난다.

① 외부주도형
② 동원형
③ 내부접근형
④ 굳히기형

정답 ③ [○]
해설 내부접근형에 대한 설명이다.

13
다음 상황을 설명하는 정책의제설정모형은?
2021. 국회 8급

새마을운동은 우리나라의 발전에 크게 기여한 사회정책으로 평가 받는다. 새마을운동은 국가의 주도로 진행되었다는 점에서 비판을 받기도 하지만, 국민들이 가난에서 벗어날 수 있다는 의식을 갖게 하고, 노력하도록 자극을 줬다는 점에서는 긍정적인 평가를 받는다.

① 동원형 정책의제 설정
② 내부접근형 정책의제 설정
③ 외부주도형 정책의제 설정
④ 굳히기형 정책의제 설정
⑤ 대중인식형 정책의제 설정

정답 ① [○]
해설 동원형 정책의제 설정에 대한 설명이다. 동원형은 정부 내의 정책결정자들이 주도하여 정부의제화를 만드는 경우이다. 주로 정치지도자들의 지시에 의해 사회문제가 바로 정부의제로 채택되지만, 일방적으로 의제화하는 것이 아니라 일반대중이나 관련 집단들의 지지를 얻기 위해 정부의 PR 활동을 통해 공중의제화가 진행되며, 주로 정부의 힘이 강하고 민간부문의 힘이 취약한 후진국에서 나타난다.

14

흘릿(Howlett)과 라메쉬(Ramesh)의 모형에 따라 정책의제설정 유형을 분류할 때, (가)~(라)에 대한 설명으로 옳지 않은 것은? 2022. 지방 9급

주도자 \ 대중지지	높음	낮음
사회행위자(societal actors)	(가)	(나)
국가(state)	(다)	(라)

① (가) - 시민사회단체 등이 이슈를 제기하여 정책의제에 이른다.
② (나) - 특별히 의사결정자들에게 접근할 수 있는 영향력 있는 집단이 정책을 주도한다.
③ (다) - 이미 공중의 지지가 높기 때문에 정책이 결정된 후 집행이 용이하다.
④ (라) - 정책결정자가 이슈를 제기하면 자동적으로 정책의제화 되기 때문에 성공적인 집행을 위한 공중의 지지는 필요 없다.

정답 ④ [×]
해설 (라)는 동원형에 해당하므로 자동적으로 의제화가 되는 것이 아니라 정부가 주도적으로 행정 PR 등을 통하여 대중 설득을 통해 공중의 지지를 이끌어 내는 모형이다.

주도자 \ 대중지지	높음	낮음
사회행위자	외부주도	내부주도
국가	통합(consolidation)	동원(mobilization)

흘릿(Howlett)과 라메쉬(Ramesh)는 정책의 하부 시스템과 문제 자체의 성격간의 상호작용의 관점에서 의제설정과정을 개념화할 필요성을 제기하고 있다. 정책의제 설정에서 중요한 것은 국가와 사회행위자 중 누가 과정을 주도하는가와 문제해결에 보내는 일반 대중의 지지도가 어느 정도인가라는 것이다. 통합(consolidation)은 정부가 문제해결에 착수하려고 하는데 이미 광범위한 일반 대중의 지지가 있는 경우에 일어난다. 이와 같은 경우에는 주도나 동원이 필요 없고 단지 존재하는 지지를 그대로 통합하여 의제 설정을 하면 되는 것이다.

15

정책의제설정 모형에 대한 설명으로 옳지 않은 것은? 2025. 국가 9급

① 외부주도모형에서는 사회문제가 공중의제를 거쳐 공식의제로 전환된다.
② 동원모형에서는 정부가 먼저 공식의제를 채택한 후 공중의제화를 시도한다.
③ 내부접근모형에서는 정부 내부자나 그들과 밀접한 관계에 있는 집단에 의해 의제가 설정된다.
④ 공고화 모형에서는 대중의 지지가 낮은 정책문제에 대하여 시민사회가 주도적으로 해결을 시도한다.

정답 ④ [×]
해설 공고화모형에서는 이미 광범위한 일반 대중의 지지가 있는 정책문제에 대하여 정부가 주도적으로 해결을 시도한다.

16

킹던(Kingdon)이 주장한 '정책 창문(policy window)이론'에 대한 설명으로 옳지 않은 것은? 2011. 국가 9급

① 정책 창문은 문제의 흐름, 정치적 흐름, 정책적 흐름 등이 함께 할 때 열리기 쉽다.
② 정책 창문은 정책의제설정에서부터 최고의사결정에 이르기까지 필요한 여러 가지 여건이 성숙될 때 열린다.
③ 정책 창문은 한번 열리면 문제에 대한 대안이 도출될 때까지 상당한 기간 동안 열려있는 상태로 유지된다.
④ 정책 창문은 한번 닫히면 다음에 다시 열릴 때까지 많은 시간이 걸리는 편이다.

정답 ③ [×]
해설 정책창은 상당 기간 열려있는 상태로 유지되는 것이 아니라 짧은 기간 동안만 열리게 된다. 정책창은 참여자들이 그들의 관심대상인 특정 정책문제가 어떠한 정책결정이나 입법에 의해 충분히 다루어졌다고 느낄 때, 문제에 관한 대안이 존재하지 않을 경우 등 다양한 원인에 의해서 닫힐 수 있다.

17
킹던(Kingdon)이 제시한 정책흐름모형에 대한 설명으로 옳은 것만을 모두 고르면?   2023. 지방 9급

> ㄱ. 경쟁하는 연합의 자원과 신념 체계(belief system)를 강조한다.
> ㄴ. 쓰레기통모형을 발전시킨 것이다.
> ㄷ. 정책 과정의 세 흐름은 문제흐름, 정책흐름, 정치흐름이 있다.

① ㄱ
② ㄷ
③ ㄱ, ㄴ
④ ㄴ, ㄷ

정답 ④ ㄴ, ㄷ
해설 ㄱ. [×] 신념 체계를 강조하는 모형은 사바티어(Sabatier)의 정책지지연합모형이다.

18
킹던(J. Kingdon)의 '정책의 창(policy windows) 이론'에 대한 설명으로 옳지 않은 것은?   2018. 국가 9급

① 마치(J. G. March)와 올슨(J. P. Olsen)이 제시한 쓰레기통 모형을 발전시킨 것이다.
② 문제 흐름(problem stream), 이슈 흐름(issue stream), 정치 흐름(political stream)이 만날 때 '정책의 창'이 열린다고 본다.
③ '정책의 창'은 국회의 예산주기, 정기회기 개회 등의 규칙적인 경우뿐 아니라, 때로는 우연한 사건에 의해 열리기도 한다.
④ 문제에 대한 대안이 존재하지 않을 경우 '정책의 창'이 닫힐 수 있다.

정답 ② [×]
해설 킹던의 '정책의 창 이론'에서 이슈 흐름(issue stream)은 세 가지 흐름에 해당되지 않는다. 정책문제(problem stream), 정책대안(policy stream), 정치적 흐름(political stream) 등의 세 가지 흐름이 사회적 사건이나 정치적 사건과 같은 우연한 계기(점화장치)에 의해 결합하게 되어, 정책의 창이 열리게 된다고 설명한다.

19
정책의제의 설정에 영향을 미치는 요인에 대한 설명으로 옳지 않은 것은?   2014. 서울 9급

① 일상화된 정책문제보다는 새로운 문제가 보다 쉽게 정책의제화된다.
② 정책 이해관계자가 넓게 분포하고 조직화 정도가 낮은 경우에는 정책의제화가 상당히 어렵다.
③ 사회 이슈와 관련된 행위자가 많고, 이 문제를 해결하기 위한 정책의 영향이 많은 집단에 영향을 미치거나 정책으로 인한 영향이 중요한 것일 경우 상대적으로 쉽게 정책의제화된다.
④ 국민의 관심 집결도가 높거나 특정 사회 이슈에 대해 정치인의 관심이 큰 경우에는 정책의제화가 쉽게 진행된다.
⑤ 정책문제가 상대적으로 쉽게 해결될 것으로 인지되는 경우에는 쉽게 정책의제화 된다.

정답 ① [×]
해설 일상화된 정책문제가 새로운 문제보다 쉽게 정책의제화 된다.

20
다음 중 어떠한 정책문제가 정책의제로 채택될 가능성이 가장 낮은 경우는?   2015. 국가 9급

① 정책문제의 해결가능성이 높은 경우
② 이해관계자의 분포가 넓고 조직화 정도가 낮은 경우
③ 선례가 있어 관례화(routinized)된 경우
④ 정책의제화를 요구하는 집단의 규모가 큰 경우

정답 ②
해설 이해관계자의 분포가 넓고 조직화 정도가 낮은 경우에는 이들의 적극적인 정치적 행동의 가능성이 낮아져 정책의제 채택 가능성이 낮아진다. 반대로 조직화 정도가 높은 경우에 의제화 가능성도 높아진다.

정책결정론

제1절 정책결정의 의의 및 과정

제2절 정책문제의 정의

01
정책문제의 특성에 대한 설명으로 가장 옳지 않은 것은?
2017. 서울시 7급

① 정책문제는 당위론적 가치관의 입장에서 정의하는 것이 중요하다.
② 정책주체와 객체의 행태는 주관적이지만 정책문제는 객관적이다.
③ 특정 문제의 발생 원인이나 해결 방안 등은 다른 문제들과 상호 연관성을 갖는다.
④ 정책수혜집단과 정책비용집단이 있다는 것을 의미하는 차별적 이해성을 갖는다.

정답 ② [×]
해설 정책문제는 정책문제를 정의하는 집단이나 사람들에 의해 인지되고 정의되는 것이므로 주관적(객관적 ×)이다.

02
다음의 정책사례에서 나타난 오류의 유형은?
2007. 서울 7급

> 10년 동안 지속되어온 청년실업의 문제를 극복하기 위한 정책을 담당하고 있는 부서에서 다음과 같은 결정을 하였다. 각 기업들로 하여금 신규 채용되는 직원의 모집인원을 전년대비 축소할 수 없도록 규제하고, 동시에 취업을 하지 못한 사람들을 위해 실업급여를 대폭 인상하는 정책을 실시하였다. 그러나 청년실업에는 아무런 영향을 미치지 못했다. 전문기관에 의뢰해 조사한 결과 청년실업의 주된 원인은 자발적 실업이 대부분을 차지하고 있는 것으로 나타났다.

① 제1종 오류
② 제2종 오류
③ 제3종 오류
④ 체계적 오류
⑤ 표집오류

정답 ③ [○]
해설 정책문제를 잘못 정의함으로써 문제의 올바른 해결책을 제시하지 못하는 제3종 오류에 대한 설명이다.

03

잘못된 교통 신호체계가 실제로 더 큰 문제임에도 불구하고, 자가용 증대 문제를 도심혼잡의 핵심이라고 잘못 정의하고 이를 해결하려 하는 경우를 지칭하는 용어는?

2009. 군무원 9급

① 제1종 오류
② 제2종 오류
③ 제3종 오류
④ 환원주의 오류

> **정답** ③
> **해설** 정책문제를 잘못 정의하는 제3종 오류에 해당한다.

04

제3종 오류(Type Ⅲ error)에 대한 설명으로 옳지 않은 것은?

2008. 국가 9급

① 수단주의적 기획관의 한계를 나타내는 오류 유형이다.
② 문제 선택 자체가 잘못된 경우의 오류를 의미한다.
③ 메타 오류(meta error)라고도 한다.
④ 주로 문제해결을 위한 합리적인 대안의 선정과정에서 나타난다.

> **정답** ④ [×]
> **해설** 제3종 오류는 문제 정의 자체가 잘못된 경우의 오류를 의미한다. 문제해결을 위한 합리적인 대안의 선정 과정에서 나타나는 것은 제1종 오류와 제2종 오류이다.
> ① [○] W. Dunn은 정책문제를 정의하는 것은 가치판단 활동이라고 하였다. 수단적 기획관은 기획을 정의된 문제를 해결하거나 수립된 목표를 달성하기 위한 객관적인 수단만을 강구하는 데 국한시키는 가치중립적인 기획관을 말한다. 따라서 수단적인 기획을 할 경우, 가치를 배제하기 때문에 문제를 올바로 정의하지 못하는 제3종 오류를 유발하기 쉽다(수단주의적 기획관의 한계).

05

합리적 정책결정 과정에서 정책문제를 정의할 때의 주요 요인이라고 보기 어려운 것은?

2013. 서울 9급

① 관련 요소 파악
② 관련된 사람들이 원하는 가치에 대한 판단
③ 정책대안의 탐색
④ 관련 요소들 간의 인과관계 파악
⑤ 관련 요소들 간의 역사적 맥락 파악

> **정답** ③ [×]
> **해설** 정책대안의 탐색은 정책문제를 정의할 때 고려할 요인이 아니라 정책목표 설정 이후의 단계이다.

06

정책분석에 있어서 문제구조화에 대한 설명으로 옳지 않은 것은?

2017. 지방 9급

① 던(Dunn)은 정책문제를 구조화가 잘된 문제(well-structured problem), 어느 정도 구조화된 문제(moderately structured problem), 구조화가 잘 안 된 문제(ill-structured problem)로 분류한다.
② 구조화가 잘 된 문제의 해결을 위해서 분석가는 전통적인(conventional) 방법을 사용하기도 한다.
③ 문제구조화는 상호 관련된 4가지 단계인 문제의 감지, 문제의 정의, 문제의 추상화, 문제의 탐색으로 구성되어 있다.
④ 문제구조화의 방법으로는 경계분석, 분류분석, 가정분석 등이 있다.

> **정답** ③ [×]
> **해설** 정책문제 구조화는 문제의 본질, 범위 등에 관한 정보를 산출하여, 문제를 구체화(추상화 ×)하는 과정이다. 문제 구조화 단계는 문제의 감지 → 문제의 탐색 → 문제의 정의 → 문제의 구체화 과정을 갖는다.

07
정책문제의 구조화기법에 대한 설명으로 옳은 것만을 모두 고르면?
2024. 지방 9급

> ㄱ. 가정분석: 문제상황의 가능성 있는 원인, 개연성(plausible) 있는 원인, 행동가능한 원인을 식별하기 위한 기법
> ㄴ. 계층분석: 정책문제에 관해 서로 대립되는 가정의 창조적 종합을 목표로 하는 기법
> ㄷ. 시네틱스(유추분석): 문제들 사이에 유사한 관계를 인지하는 것이 분석가의 문제해결 능력을 크게 증가시킬 것이라는 가정에 기초한 기법
> ㄹ. 분류분석: 문제상황을 정의하고 분류하기 위해 사용되는 개념을 명확하게 하기 위한 기법

① ㄱ, ㄴ   ② ㄱ, ㄹ
③ ㄴ, ㄷ   ④ ㄷ, ㄹ

정답 ④ ㄷ, ㄹ [O]
해설 ㄱ. [×] 계층분석에 대한 설명이다.
ㄴ. [×] 가정분석에 대한 설명이다.

08
정책문제의 구조화기법과 설명이 바르게 연결된 것은?
2014. 국가 9급

> A. 경계분석   B. 가정분석
> C. 계층분석   D. 분류분석

> ㄱ. 정책문제와 관련된 여러 구조화되지 않은 가설들을 창의적으로 통합하기 위해 사용하는 기법으로 이전에 건의된 정책부터 분석한다.
> ㄴ. 간접적이고 불확실한 원인으로부터 차츰 확실한 원인을 차례로 확인해 나가는 기법으로 인과관계 파악을 주된 목적으로 한다.
> ㄷ. 정책문제의 존속기간 및 형성과정을 파악하기 위해 사용하는 기법으로 포화표본추출(saturation sampling)을 통해 관련 이해당사자를 선정한다.
> ㄹ. 문제 상황을 정의하기 위해 당면문제를 그 구성요소들로 분해하는 기법으로 논리적 추론을 통해 추상적인 정책문제를 구체적인 요소들로 구분한다.

	A	B	C	D
①	ㄱ	ㄷ	ㄴ	ㄹ
②	ㄱ	ㄷ	ㄹ	ㄴ
③	ㄷ	ㄱ	ㄴ	ㄹ
④	ㄷ	ㄱ	ㄹ	ㄴ

정답 ③
해설 ㄱ. 가정분석(B)에 해당한다.
ㄴ. 계층분석(C)에 해당한다.
ㄷ. 경계분석(A)에 해당한다.
ㄹ. 분류분석(D)에 해당한다.

09
정책 분석 기법 중 시네틱스(synetics)에 대한 설명으로 틀린 것은?
2006. 경기 9급

① 개인적 유추 – 분석가가 마치 정책결정자처럼 문제를 경험하고 있는 것으로 상상한다.
② 직접적 유추 – 분석가가 두 개 이상의 문제 상황 사이의 유사한 관계를 탐색한다.
③ 상징적 유추 – 분석가가 약물중독의 문제를 구조화하는 데 전염병의 통제경험으로부터 유추한다.
④ 환상적 유추 – 분석가가 핵공격에 대한 방어의 문제를 구조화하기 위해 상상적인 상태에서 유추한다.

정답 ③ [×]
해설 상징적 유추가 아니라 직접적 유추의 예이다. 직접적 유추는 둘 이상의 문제 상황 사이의 유사한 관계를 찾아냄으로써 문제를 분석하는 기법을 말한다.

제3절 정책대안의 결과예측

01
정책과정에서 정책결정자가 불확실한 것을 확실하게 하려는 '불확실성의 적극적 극복방안'에 해당하는 것만을 〈보기〉에서 있는 대로 고른 것은? 2017. 지방교행 9급

보기
ㄱ. 민감도 분석 ㄴ. 이론 개발
ㄷ. 정책 델파이 ㄹ. 정보의 충분한 획득

① ㄱ, ㄷ
② ㄱ, ㄴ, ㄹ
③ ㄴ, ㄷ, ㄹ
④ ㄱ, ㄴ, ㄷ, ㄹ

정답 ③ ㄴ, ㄷ, ㄹ [○]
해설 모형이나 이론의 개발, 정책델파이, 정보의 충분한 획득 등은 불확실성의 적극적 극복방안에 해당한다.
ㄱ. [×] 민감도 분석은 불확실성의 소극적 대처방안이다.

02
정책 환경의 불확실성을 극복하는 대처방안 중 소극적인 방법에 해당하는 것은? 2019. 지방 9급

① 상황에 대한 정보의 획득
② 정책실험의 수행
③ 협상이나 타협
④ 지연이나 회피

정답 ④
해설 지연이나 회피는 불확실성을 주어진 것으로 전제하는 소극적 대처방안에 해당한다. 불확실성에 대처하는 방안에는 적극적인 대처방안은 불확실한 것을 확실하게 하려는 것으로 ① 상황에 대한 정보의 획득, ② 정책실험의 수행, ③ 협상이나 타협, 이외에도 정책델파이, 집단토론, 모형·이론의 개발 등이 있다.

불확실성의 적극적 대처방안	불확실성의 소극적 대처방안
① 불확실성을 유발하는 환경(상황)의 통제	① 보수적 결정
② 모형이나 이론의 개발·적용	② 가외적 장치 마련
③ 정보의 충분한 획득	③ 민감도 분석
④ 시뮬레이션(정책실험)	④ 상황의존도 분석
⑤ 브레인스토밍, 정책델파이기법 등	⑤ 악조건 가중분석
	⑥ 분기점 분석
	⑦ 복수의 대안 제시 등

03
미래에 대한 불확실성을 주어진 조건으로 보고 그 안에서 결과를 예측하는 방법으로, 미래에 발생할 수 있는 최악의 상황을 전제하고 정책대안의 결과를 예측하는 방법은? 2010. 국가 9급

① 중복적 또는 가외적 대비(redundancy)
② 민감도 분석(sensitivity analysis)
③ 보수적 결정(conservative decision)
④ 분기점 분석(break-even analysis)

정답 ③
해설 보수적 결정에 대한 설명이다.

04
다음은 정책분석과정에서 직면하게 되는 불확실성을 최소화하기 위해 적용되는 분석기법에 대하여 설명한 것이다. 잘못 설명되고 있는 것은? 2007. 국가 7급

① 민감도분석(sensitivity analysis)은 정책대안의 결과들이 모형상의 패러미터의 변화에 얼마나 민감한지를 알아보려는 분석기법이다.
② 델파이분석(delphi analysis)은 전문가 집단으로부터 반복된 설문지를 통하여 어떤 문제에 대한 개연성이 높은 것을 추정하여 불확실성을 극복코자하는 방법이다.
③ 분기점분석(break-even analysis)은 가장 두드러진 대안에 불리한 값을 대입하여 우선 순위의 변화를 통해 종속변수의 불확실성을 해결하기 위한 것이다.
④ 상황분석(contingency analysis)은 정책환경에 대한 불확실성을 최소화하기 위한 것으로 상이한 조건 하에서의 우선순위 변화를 통해 분석한다.

정답 ③ [×]
해설 분기점 분석이 아니라, 악조건가중분석에 대한 설명이다. 분기점 분석(break-even analysis)은 최선 및 차선으로 예상되는 몇몇 대안들이 동등한 결과를 산출하기 위해서 모형의 매개변수 및 외생변수들이 어떻게 변화해야 하는지를 가정해보고, 그 가정 가운데 가장 발생가능성이 높은 대안을 최선의 정책대안으로 선택하는 방법이다.

05

W. N. Dunn은 예측의 기법을 연장적 예측, 이론적 예측, 직관적 예측으로 분류하였다. 〈보기〉에서 이론적 예측 기법은 모두 몇 개인가?

2011. 국회 9급

> 보기
> ㄱ. 시계열분석 ㄴ. 선형경향추정
> ㄷ. 구간추정 ㄹ. 회귀분석
> ㅁ. 상관분석 ㅂ. 정책델파이
> ㅅ. 교차영향분석 ㅇ. 브레인스토밍

① 2개 ② 3개
③ 4개 ④ 5개
⑤ 6개

정답 ②

해설 ㄷ. 구간추정, ㄹ. 회귀분석, ㅁ. 상관분석만 이론적 예측에 해당한다.
ㄱ. 시계열분석, ㄴ. 선형경향추정은 투사 방법에 해당한다.
ㅂ. 정책델파이, ㅅ. 교차영향분석, ㅇ. 브레인스토밍은 추측 방법에 해당한다.

정책대안의 결과예측 방법(W. Dunn)

유형	개념 및 특징	기법
투사 (project)	• 경험적·귀납적 예측, 통계적 방법 • 과거의 변동추세를 모아둔 시계열 데이터에 대한 분석결과를 토대로 이를 연장하여 미래를 예측하는 통계적 방법	시계열분석, 외삽법, 선형경향추정, 최소자승시계열분석, 이동평균법, 격변예측기법 등
예견 (predict)	이론적 예측: 이론적 모형을 통한 인과적·연역적 예측기법	이론지도 작성, 구간추정, 경로분석, 선형계획모형, 회귀분석, 선형회귀분석, 상관분석, PERT, CPM, 시뮬레이션, 대기행렬이론, 게임이론, 계량적 시나리오 작성 등
추측 (conjecture)	• 직관적·주관적·질적 예측기법 • 전문가 또는 관련대상자 개인 또는 집단의 주관적 판단에 의해 미래를 예측	델파이, 정책델파이, 브레인스토밍, 교차영향분석, 명목집단기법 등

06

인과관계를 토대로 한 정책대안의 결과예측 방법에 해당되지 않는 것은?

2008. 서울 9급

① 회귀모형
② 시계열 자료 분석
③ 투입-산출 분석
④ 계획의 평가검토기법(PERT)
⑤ 경로분석

정답 ② [×]

해설 시계열 자료 분석은 투사 즉, 연장적 예측(project)에 해당한다.
⑤ [○] 경로분석(Path analysis)에서 경로란 인과관계를 의미하는 것으로 원인변수가 결과변수에 어떠한 경로로 영향을 미쳤는지를 분석하는 인과분석 모형이다.

07

정책대안의 결과를 예측하기 위한 판단적 추측 기법이 아닌 것은?

2009. 군무원 9급

① 브레인스토밍 ② 델파이기법
③ 교차영향분석 ④ 선형계획

정답 ④ [×]

해설 선형계획은 이론적 예측에 해당한다.

08

정책분석활동의 핵심은 정책대안의 결과에 대한 예측이다. 다음 중 이론적 미래예측에서 사용하는 분석기법으로 거리가 먼 것은?

2013. 국회 9급

① 이론지도 작성 ② 인과관계 모델링
③ 구간추정 ④ 시계열분석
⑤ 회귀분석

정답 ④ [×]

해설 시계열분석은 이론적 예측이 아니라 연장적 예측이다.

09

〈보기〉가 설명하는 분석 방법은? 2020. 서울 9급

┌─ 보기 ─────────────────────────────┐
- 대안 간의 쌍대 비교를 한다.
- 사티(Saaty)가 제시한 원리에 따라 상대적 중요도를 설정한다.
- 우선순위를 판단하는 데 도움이 된다.
└──────────────────────────────────┘

① 브레인스토밍
② 델파이
③ 회귀분석
④ 분석적 계층화 과정(AHP)

정답 ④ [O]

해설 제시문은 계층화분석법 또는 분석적 계층화과정(AHP: Analysis of Hierarchical Process)을 설명하고 있다. 계층화분석법은 불확실한 상황하에서 확률 추정이 불가능한 경우에 대안간 쌍대비교를 통하여 우선순위를 따져서 미래를 예측하는 기법이다.

10

다음 설명에 해당하는 정책분석기법은? 2024. 지방 9급

┌──────────────────────────────────┐
관련 사건이 일어났느냐 일어나지 않았느냐에 기초하여 미래에 어떤 사건이 일어날 확률에 대해서 식견 있는 판단(informed judgments)을 끌어내는 방법이다.
└──────────────────────────────────┘

① 브레인스토밍
② 교차영향분석
③ 델파이 기법
④ 선형경향추정

정답 ② [O]

제4절 정책대안의 결과예측 : 추측(Conjecture)

01
다음 중 정책문제의 구조화 방법의 일종인 브레인스토밍(brainstorming)에 대한 설명으로 옳지 않은 것은?

2014. 국회 8급

① 브레인스토밍 집단은 조사되고 있는 문제상황의 본질에 따라 구성 되어야 한다.
② 아이디어 평가의 마지막 단계에서 아이디어에 우선순위를 부여한다.
③ 아이디어 평가는 첫 단계에서 모든 아이디어가 총망라된 다음에 시작되어야 한다.
④ 아이디어 개발단계에서의 브레인스토밍 활동의 분위기는 개방적이고 자유롭게 유지되어야 한다.
⑤ 아이디어 개발과 아이디어 평가는 동시에 이루어져야 한다.

정답 ⑤ [×]
해설 브레인스토밍은 보다 많은 창조적인 아이디어를 얻기 위해서 자유스럽게 아이디어가 제시될 수 있어야 하므로, 아이디어 개발 단계에서 타인들의 아이디어를 평가·비판·간섭해서는 안 된다.

02
정책분석에서 사용되는 주요 미래예측 기법 중 미국 랜드(RAND)연구소에서 개발된 것으로, 전문가들을 대상으로 설문을 반복하여 특정 주제에 대한 합의를 도출하는 접근 방식은?

2016. 지방 9급

① 델파이 분석 ② 회귀분석
③ 브레인스토밍 ④ 추세연장기법

정답 ① [○]
해설 델파이 기법에 대한 설명이다.

03
미래 예측을 위한 일반적 델파이기법에 대한 설명으로 옳지 않은 것은?

2017. 국가 9급

① 전문가들의 의견을 종합하여 보다 합리적인 아이디어를 만들려는 시도이며, 정책대안의 결과 예측뿐 아니라 정책대안의 개발·창출에도 사용된다.
② 전문가집단의 의사소통은 구조화된 설문지를 통해 반복적으로 이루어진다.
③ 불확실한 먼 미래보다는 가까운 미래를 예측하기 위하여 통계분석을 활용하는 객관적 미래예측방법이다.
④ 전문가집단은 익명성이 보장된 상태에서 답변하며 자신의 답변을 수정할 수 있다.

정답 ③ [×]
해설 델파이기법은 관련분야의 전문지식을 가진 전문가들의 직관에 의존(통계자료 분석 ×)하는 주관적(객관적×)·질적 미래예측기법이다.

04
〈보기〉 중 정책예측기법 중 하나인 델파이기법(Delphi Method)에 대한 설명으로 옳은 것을 모두 고르면?

2010. 국회 8급

가. 집단사고(group think)를 방지할 수 있다.
나. 익명성을 유지하면서 각각 독자적으로 피력하는 의견이나 판단을 조합, 정리한다.
다. 마지막 단계에서는 대면 접촉하는 모임을 통해 의견의 조율을 꾀한다.
라. 해당 분야에 대한 체계적인 지식이 풍부한 전문가들을 활용한다.
마. 피력된 의견이나 판단에 대해서 비판보다는 창조적인 대안 제시에 집중한다.

① 가, 나, 라 ② 나, 라, 마
③ 가, 라, 마 ④ 다, 라, 마
⑤ 가, 나, 다

정답 ① 가, 나, 라 [○]
해설 델파이기법은 해당 분야의 익명의 전문가들을 격리시킨 채 독자적으로 형성된 의견이나 판단을 종합·정리하므로 획일적인 집단사고(group think)를 방지할 수 있다.
다. [×] 마지막 단계에서 대면 접촉하는 모임을 통해 토론과 의견조율을 꾀하는 것은 정책델파이(policy delphi)의 특징이다.
마. [×] 피력된 의견이나 판단에 대해서 비판보다는 창조적인 대안 제시에 집중하는 것은 브레인스토밍(brain storming)의 특징에 해당한다.

05
정책 델파이에 대한 설명으로 옳지 않은 것은?
2012. 지방 9급

① 일반적인 델파이와 달리 개인의 이해관계나 가치판단이 개입될 수 있다.
② 정책문제 해결을 위한 정책대안을 개발하고 그 결과를 예측하기 위해 만들어진 방법이다.
③ 대립되는 정책대안이나 결과가 표면화되더라도 모든 단계에서 익명성이 보장되어야 한다.
④ 정책문제의 성격이나 원인, 결과 등에 대해 전문성과 통찰력을 지닌 사람들이 참여한다.

정답 ③ [×]
해설 정책델파이는 전통적 델파이와는 달리 선택적 익명성을 특징으로 한다. 정책대안이나 정책대안의 결과를 제시하는 첫 번째 단계에서는 누가 어떤 의견을 제시했는지 모르도록 익명성을 유지하지만, 대강 의견들이 종합되어 몇 가지 대립되는 정책대안이나 결과가 표면화한 이후에는 공개적인 토론이 허용된다.

전통 델파이 기법 vs 정책델파이 기법 비교

구 분	전통적 델파이기법	정책델파이기법
적용문제	일반 문제에 대한 예측	정책문제에 대한 예측
응답자	특정 정책과 관련된 전문가	식견 있는 다수의 창도자 (전문가 이외에 이해관계자 참여 허용)
익명성	완전한 익명성 (직접 대면접촉의 상호토론 ×)	선택적 익명성 (초기 단계에서 익명성 요구, 논쟁이 표면화된 후 상호토론)
통계처리	일반적인 통계처리 (중위값, 평균치 중시)	의견차이나 갈등을 부각 (양극화된 통계처리)
합의	합의 도출 (의견일치를 유도)	구조화된 갈등 (유도된 의견대립)
토론	토론 부재	컴퓨터를 통한 회의 및 대면토론

06
정책 델파이(policy delphi) 기법에 대한 설명으로 옳지 않은 것은?
2021. 국가 7급

① 대립되는 입장에 내재된 가정과 논증을 표면화시키고 명백하게 하기 위하여 노력한다.
② 개인의 판단을 집약할 때, 불일치와 갈등을 의도적으로 강조하는 수치를 사용한다.
③ 정책대안에 대한 주장들이 표면화된 후에는 참가자들로 하여금 비공개적으로 토론을 벌이게 한다.
④ 참가자를 선발하는 과정은 '전문성' 자체보다는 이해관계와 식견이라는 기준에 바탕을 둔다.

정답 ③ [×]
해설 정책델파이에서는 예측의 초기단계만 익명으로 응답하고 정책대안에 대한 주장들이 표면화된 이후에는 참가자들 간 공개적 토론이 허용된다.

07
재니스(Janis)의 집단사고(groupthink)의 특성에 해당하지 않는 것은?
2023. 국가 9급

① 토론을 바탕으로 한 집단지성의 활용
② 침묵을 합의로 간주하는 만장일치의 환상
③ 집단적 합의에 대한 이의 제기에 대한 자기 검열
④ 집단에 대한 과대평가로 집단이 실패할 리 없다는 환상

정답 ①
해설 집단사고는 집단응집성과 합의에 대한 압력으로 인해 비판적인 사고가 억제되고 대안들에 대한 찬성과 반대가 충분히 검토되지 못한 채 의사결정이 이루어짐으로써 결국 잘못된 의사결정에 도달하게 되는 현상을 말한다. 토론을 통한 집단지성의 활용은 집단사고를 방지하기 위한 방법이다.

08
재니스(I. L. Janis)가 말하는 집단사고(group think)의 내용에 속하지 않는 것은? 2018. 지방교행 9급

① 응집성이 강한 집단에서 일어나는 경향이 있다.
② 동조에 대한 압력이 강해 비판적인 대안이 무시되는 경향이 있다.
③ 위험을 회피하고 어떠한 혁신이나 도전도 하지 않으려는 경향이 있다.
④ 집단구성원들은 침묵도 동의로 간주하는 만장일치의 환상을 갖는 경향이 있다.

정답 ③ [×]
해설 위험을 회피하고 어떠한 혁신이나 도전도 하지 않으려는 경향은 무사안일주의 태도에 가깝다.
①, ②, ④ [○] 집단사고는 집단응집성과 합의에 대한 압력으로 인해 비판적인 사고가 억제되고 대안들에 대한 찬성과 반대가 충분히 검토되지 못한 채 의사결정이 이루어짐으로써 결국 잘못된 의사결정에 도달하게 되는 현상이다. '집단사고' 개념을 처음으로 제시한 재니스(Irving Janis)는 "집단사고란 사람들이 응집성이 강한 내부 집단에 깊이 관여할 때 발생하는 사고 양식을 의미하며, 집단사고에 휩싸이면 선택해야 할 대안을 객관적이며 진실하게 평가하려는 동기가 무시된다"고 한다.

09
재니스(Janis)가 주장한 집단사고(group think) 예방 전략에 대한 설명으로 옳지 않은 것은? 2016. 국가 9급

① 조직에서 결정하는 사안이나 정책에 대해서 외부 인사들이 재평가할 수 있는 체계를 구축해야 한다.
② 최고 의사결정자는 대안 탐색 단계마다 참여자 중 한 명에게 악역을 맡겨 다수의견에 반대되는 의견을 강제로 개진하게 한다.
③ 집단적 의사결정에서 의사결정 단위를 2개 이상으로 나눈다.
④ 최종 대안을 도출한 후에는 각 참여자들에게 반대의견을 제시할 수 있는 기회를 부여하지 않는다.

정답 ④ [×]
해설 집단사고를 방지하기 위해서는 최종 대안을 도출한 후에는 각 참여자들에게 반대의견을 제시할 수 있는 기회를 부여하여야 한다. ①, ②, ③은 모두 집단사고를 예방할 수 있는 전략에 해당한다. 집단사고를 방지하기 위해서는 최종 대안을 도출한 후에는 각 참여자들에게 반대의견을 제시할 수 있는 기회를 부여하여야 한다. 이외에도 집단사고를 예방하기 위한 전략으로는 다음과 같은 방법이 있다. ㉠ 조직에서 결정하는 사안이나 정책에 대해서 외부 인사들이 재평가할 수 있는 체계를 구축해야 한다. ㉡ 최고 의사결정자는 대안 탐색 단계마다 참여자 중 한 명에게 악역을 맡겨 다수 의견에 반대되는 의견을 강제로 개진하게 한다. ㉢ 집단적 의사결정에서 의사결정 단위를 2개 이상으로 나눈다.

10
집단적 의사결정기법에 대한 설명으로 옳지 않은 것은? 2016. 사회복지 9급

① 델파이기법(Delphi method)은 미래 예측을 위해 전문가집단을 활용하는 의사결정방법이다.
② 브레인스토밍(brainstorming)을 통하여 새로운 아이디어를 만들기 위해서는 초기 단계에서 타인의 아이디어를 비판하거나 평가하지 말아야 한다.
③ 지명반론자기법(devil's advocate method)이 성공하려면 반론자들이 고의적으로 본래 대안의 단점과 약점을 적극적으로 지적하여야 한다.
④ 명목집단기법(normal group technique)은 집단구성원 간 의사소통을 원활하게 진행할 수 있다는 장점이 있다.

정답 ④ [×]
해설 명목집단기법(normal group technique)은 개인들이 개별적으로 해결방안에 대해 구상을 하고 그에 대해 제한된 집단적 토론만을 한 다음 해결방안에 대해 표결을 하는 기법으로, 집단구성원 간 의사소통이 충분하고 원활하게 진행되지 않는다는 단점이 있다.

11
다음 보기의 설명에 가장 관련성이 높은 의사결정 기법은?

2019. 군무원 9급

> 토론집단을 대립적인 두 개의 팀으로 나누어 충분한 토론을 진행하는 과정에서 합의를 형성해 내는 의사결정 기법으로서 토론과정에서 고의적으로 본래 대안의 단점과 약점을 적극적으로 지적한다. 이를 통해 발생할 수 있는 모든 가능성이 검토되므로 최종 대안의 효과성과 현실적응성이 높아진다.

① 델파이 기법(Delphi Method)
② 브레인스토밍(Brainstorming)
③ 지명반론자기법(Devil's advocate method)
④ 명목집단기법(Nominal Group Technique)

정답 ③

12
집단적 의사결정기법에 대한 설명으로 옳지 않은 것은?

2016. 사회복지 9급

① 델파이기법(Delphi method)은 미래 예측을 위해 전문가집단을 활용하는 의사결정방법이다.
② 브레인스토밍(brainstorming)을 통하여 새로운 아이디어를 만들기 위해서는 초기 단계에서 타인의 아이디어를 비판하거나 평가하지 말아야 한다.
③ 지명반론자기법(devil's advocate method)이 성공하려면 반론자들이 고의적으로 본래 대안의 단점과 약점을 적극적으로 지적하여야 한다.
④ 명목집단기법(normal group technique)은 집단구성원 간 의사소통을 원활하게 진행할 수 있다는 장점이 있다.

정답 ④ [×]
해설 명목집단기법(normal group technique)은 개인들이 개별적으로 해결방안에 대해 구상을 하고 그에 대해 제한된 집단적 토론만을 한 다음 해결방안에 대해 표결을 하는 기법으로, 집단구성원 간 의사소통이 충분하고 원활하게 진행되지 않는다는 단점이 있다.

13
조직의 의사결정에 대한 설명으로 옳지 않은 것은?

2019. 지방 9급

① 전통적 델파이 기법은 전문가들의 다양성을 고려해 의견일치를 유도하지 않는다.
② 현실의 세계에서는 완벽한 합리성이 아닌 제한된 합리성의 상황에서 의사결정이 이루어진다.
③ 브레인스토밍 과정에서는 타인의 아이디어를 비판하거나 평가하지 말아야 한다.
④ 고도로 집권화된 구조나 기능을 중심으로 편제된 조직의 의사결정은 최고관리자 개인이 주도하는 경우가 많다.

정답 ① [×]
해설 전통적 델파이 기법은 최종적으로 전문가들의 의견 일치를 유도한다.

14
집단의사결정 기법에 대한 설명으로 옳지 않은 것은?

2017. 국회 9급

① 델파이 기법(delphi method)은 미래 예측을 위해 전문가 집단을 활용하는 방법이다.
② 전통적 델파이 기법 하에서는 참여자들의 익명성이 보장되는 것을 원칙으로 한다.
③ 브레인스토밍(brainstorming)은 여러 사람에게 하나의 주제에 대한 아이디어를 무작위로 제시하도록 하여 좋은 아이디어를 발굴하는 방법이다.
④ 교차영향분석은 한 사건의 발생 확률이 다른 사건에 종속적이라는 전제 하에 조건 확률을 이용한다.
⑤ 명목집단 기법(nominal group technique)은 관련자들이 의사결정에 참여하지 않은 채 서면으로 대안에 대한 아이디어를 제출하도록 하고, 모든 아이디어가 제시된 이후 최고 의사결정자가 단독으로 결정하는 기법이다.

정답 ⑤ [×]
해설 명목집단기법은 개인들이 개별적으로 해결방안에 대해 구상을 하고 그에 대해 제한된 집단적 토론만을 한 다음 해결 방안에 대해 표결을 하는 집단적 의사결정 기법(최고 의사결정자가 단독으로 결정 ×)이다.

제5절 정책대안의 비교 평가 및 최적대안의 선택

01
나카무라(R. Nakamura)와 스몰우드(F. Smallwood)가 정책대안의 소망스러움(desirability)을 평가하는 기준으로 제시하지 않은 것은?

2011. 지방 9급

① 노력
② 능률성
③ 효과성
④ 실현가능성

정답 ④ [×]
해설 실현가능성은 소망성 기준에 포함되지 않는다.
나카무라와 스몰우드는 정책대안의 평가기준으로 소망성과 실현가능성을 제시했으며, 소망성 기준에는 노력, 능률성, 효과성, 형평성, 대응성, 적합성, 적절성이 있다.

02
정책분석 기준에 대한 설명으로 옳지 않은 것은?

2025. 지방 9급

① 효과성(effectiveness)이란 정책대안이 의도한 목표를 어느 정도 달성할 수 있는가를 판단하는 기준이다.
② 대응성(responsiveness)이란 정책대안이 수혜집단의 요구를 어느 정도 반영하였는가를 판단하는 기준이다.
③ 실현가능성(feasibility)이란 정책대안의 내용이 충실히 집행될 수 있는가를 판단하는 기준이다.
④ 능률성(efficiency)이란 정책대안에 따른 비용과 편익이 상이한 개인 및 집단에게 얼마나 고르게 배분될 수 있는가를 판단하는 기준이다.

정답 ④ [×]
해설 정책대안에 따른 비용과 편익이 상이한 개인 및 집단에게 얼마나 고르게 배분될 수 있는가를 판단하는 것은 형평성(equity) 기준이다. 능률성은 투입 대비 산출의 정도를 의미하는 개념으로 배분의 공정성을 고려하지 않는다.

제6절 비용편익분석(Cost-Benefit Analysis)

01
비용·편익분석에 대한 설명으로 옳지 않은 것은?

2020. 지방 9급

① 분야가 다른 정책이나 프로그램은 비교할 수 없다.
② 정책대안의 비용과 편익을 모두 가시적인 화폐 가치로 바꾸어 측정한다.
③ 미래의 비용과 편익의 가치를 현재가치로 환산하는 데 할인율(discount rate)을 적용한다.
④ 편익의 현재가치가 비용의 현재가치를 초과하면 순현재가치(NPV)는 0보다 크다.

정답 ① [×]
해설 분야가 다른 정책이나 프로그램도 비교가 가능하다.

02
경제적 비용편익분석(benefit cost analysis)에 대한 설명으로 옳지 않은 것은?

2013. 지방 9급

① 비용과 편익을 가치의 공통단위인 화폐로 측정한다.
② 장기적인 안목에서 사업의 바람직한 정도를 평가할 수 있는 방법이다.
③ 편익비용비(B/C ratio)로 여러 분야의 프로그램들을 비교할 수 있다.
④ 형평성과 대응성을 정확하게 대변할 수 있는 수치를 제공한다.

정답 ④ [×]
해설 비용편익분석은 경제적 효율성 측면만을 분석하기 때문에 '공평성(형평성)'이나 소득재분배 문제를 고려하지 못한다.

03
비용편익분석에서 대안을 비교·분석하는 기준에 해당하지 않는 것은?

2008. 국가 9급

① 편익비용비(B/C Ratio)
② 순현재가치(Net Present Value)
③ 내부수익률(Internal Rate of Return)
④ 실행가능성(Feasibility)

정답 ④ [×]
해설 비용편익분석에서 대안을 비교·분석하는 기준에는 순현재가치(Net Present Value), 편익비용비(B/C Ratio), 내부수익률(Internal Rate of Return), 자본회수기간(Payback period) 등이 있다.

04
정책대안의 비교평가기준 중 내부수익률(IRR: Internal Rate of Return)에 대한 설명으로 옳지 않은 것은?

2010. 국가 9급

① 여러 가지 정책대안들을 비교할 때, 내부수익률이 낮은 대안일수록 좋은 대안이다.
② 정책대안의 순현재가치를 0으로 만드는 할인율을 의미한다.
③ 사업이 종료된 후 또다시 투자비가 소요되는 변이된 사업유형에서는 복수의 내부수익률이 존재할 수 있다.
④ 내부수익률에 의한 사업의 우선순위는 사회적 할인율을 적용한 순현재가치에 의한 사업의 우선순위와 다를 수 있다.

정답 ① [×]
해설 내부수익률이 기준할인율보다 클 때 그 사업은 경제적 타당성이 있으며, 내부수익률이 높은 대안일수록 좋은 대안이다.

05

공공사업의 경제성 분석에 대한 설명으로 옳은 것만을 모두 고르면?

2021. 국가 9급

> ㄱ. 할인율이 높을 때는 편익이 장기간에 실현되는 장기투자 사업보다 단기간에 실현되는 단기투자사업이 유리하다.
> ㄴ. 직접적이고 유형적인 비용과 편익은 반영하고, 간접적이고 무형적인 비용과 편익은 포함하지 않는다.
> ㄷ. 순현재가치(NPV)는 비용의 총현재가치에서 편익의 총현재가치를 뺀 것이며 0보다 클 경우 사업의 타당성을 인정할 수 있다.
> ㄹ. 내부수익률은 할인율을 알지 못해도 사업평가가 가능하도록 하는 분석기법이다.

① ㄱ, ㄴ
② ㄱ, ㄹ
③ ㄴ, ㄷ
④ ㄱ, ㄷ, ㄹ

정답 ② ㄱ, ㄹ [O]
해설 ㄴ. [×] 비용편익분석은 유형적 비용과 편익뿐만 아니라 간접적이고 무형적인 비용과 편익까지도 모두 화폐가치로 환산된다.
ㄷ. [×] 순현재가치는 편익의 총 현재가치에서 비용의 총 현재가치를 뺀 것을 의미한다.

06

다음은 비용편익분석에 대한 내용이다. 빈칸에 들어갈 단어로 옳은 것은?

2024. 국회 9급

> 비용편익분석은 주어진 비용으로 최대의 편익을 얻거나 일정한 수준의 편익을 얻기 위하여 최소한의 비용을 투입할 수 있는 대안을 찾아내는 분석기법이다. 비용과 편익을 비교평가하는 방법 중 편익비용비율은 편익의 ___㉠___를 비용의 ___㉡___로 나눈 것이다. 편익비용비율이 ___㉢___ 보다 큰 대안은 일단 경제성이 있는 것으로 판단된다.

	㉠	㉡	㉢
①	미래가치	현재가치	0.5
②	현재가치	현재가치	0.5
③	미래가치	미래가치	1
④	현재가치	미래가치	1
⑤	현재가치	현재가치	1

정답 ⑤
해설 편익비용비율은 편익의 현재가치(㉠)를 비용의 현재가치(㉡)로 나눈 것으로, 편익비용비율이 1(㉢)보다 큰 대안은 경제성이 있는 것으로 판단된다.

07

비용편익분석과 비용효과분석에 대한 설명으로 옳지 않은 것은? 2016. 지방 9급

① 순현재가치(NPV)는 할인율의 크기에 따라 그 값이 달라지지만 편익 비용비(B/C ratio)는 할인율의 크기에 영향을 받지 않는다.
② 내부수익률은 공공프로젝트를 평가하는 데 적절한 할인율이 알려져 있지 않을 경우 유용하게 사용할 수 있다.
③ 비용효과분석은 비용과 효과가 서로 다른 단위로 측정되기 때문에 총효과가 총비용을 초과하는지의 여부에 대한 직접적 증거는 제시하지 못한다.
④ 비용효과분석은 산출물을 금전적 가치로 환산하기 어렵거나 산출물이 동일한 사업의 평가에 주로 이용되고 있다.

정답 ① [×]
해설 편익비용비는 비용의 총현재가치 대비 편익의 총현재가치이다. 따라서 편익비용비 역시 미래가치를 현재가치로 환산하기 위해 할인율을 적용해야 하므로, 할인율에 따라 결과가 달라진다.

08

비용효과분석에 대한 설명으로 옳은 것은? 2022. 국회 8급

① 모든 관련 요소를 공통의 가치 단위로 측정한다.
② 경제적 합리성과 정책대안의 효과성을 강조한다.
③ 시장가격에 대한 의존도가 낮으므로 민간부문의 사업 대안 분석에 적용가능성이 낮다.
④ 외부효과와 무형적 가치 분석에 적합하지 않다.
⑤ 변동하는 비용과 효과의 문제 분석에 활용한다.

정답 ③ [○]
해설 비용효과분석은 편익을 화폐가치로 환산하기 어려운 사업에 적용하기 좋은 방법으로, 민간부문의 사업 대안 분석보다는 공공부문(국방, 경찰행정, 보건 영역 등)에 적용 가능성이 높다.
① [×] 비용효과분석은 비용은 화폐가치로 측정하여 계량화하고, 효과는 화폐단위가 아닌 재화나 서비스 단위 또는 기타 산출물 단위로 표시하므로 공통의 가치 단위로 측정하지 않는다.
② [×] 경제적 합리성(능률성)을 강조하는 것은 비용편익분석이다. 비용효과분석은 기술적 합리성, 목표와 수단 간의 도구적 합리성(동일한 효과 중 비용이 가장 낮은가 등을 판단), 효과성(동일한 비용 중 가장 효과가 높은가 등을 판단)을 강조한다.
④ [×] 비용편익분석에 비해 비용효과분석은 화폐가치로 환산이 곤란한 공공재, 준공공재처럼 시장가격이 없는 무형적, 질적 가치 분석에 적합하다.
⑤ [×] 비용효과분석은 변동하는 비용과 효과의 문제를 다루는 데는 적합하지 않다. 즉, 비용이나 효과 중 하나가 고정되어 있는 경우(비용이 일정한 경우 최대 효과, 효과가 일정한 경우 최소 비용)에 적용가능한 분석방법이다.

제7절 정책결정 모형

01
다음 설명에 해당하는 정책결정모형은? 2015. 사복직 9급

- 정책결정은 부분적, 순차적으로 이루어진다.
- 집단의 합의를 중시하는 특징이 있다.
- 정책을 축소하거나 종결하기 어렵다.

① 합리모형 ② 최적모형
③ 점증모형 ④ 만족모형

정답 ③
해설 점증모형에 대한 설명이다. 점증모형은 인간의 인지능력의 한계를 전제로 기존 정책을 토대로 하여 그보다 약간 수정된 내용의 정책을 추구하는 방식의 의사결정모형이다. 점증모형은 연속적·순차적으로 정책결정이 이루어지며, 정치적 타협과 조정을 중시하는 특징을 가지고 있다.

02
정책결정모형 중에서 점증모형을 주장하는 논리적 근거로 적절하지 않은 것은? 2014. 국가 9급

① 정치적 실현 가능성
② 정책 쇄신성
③ 매몰비용
④ 제한적 합리성

정답 ② [×]
해설 정책 쇄신성은 합리모형의 특성이다. 점증모형은 급격한 정책의 쇄신보다는 현재보다 약간 향상된 대안을 중시하므로 근본적인 변화(쇄신)가 어려우며 점진적·소폭적·한계적 변화를 추구한다.

03
점증주의에 대한 설명으로 옳지 않은 것은? 2019. 국회 8급

① 정책을 결정할 때 현존의 정책에서 약간만 변화시킨 대안을 고려한다.
② 고려하는 정책대안이 가져올 결과를 모두 분석하지 않고, 제한적으로 비교·분석하는 방법을 사용한다.
③ 경제적 합리성보다는 정치적 합리성을 추구하여 타협과 조정을 중요시한다.
④ 일단 불완전한 예측을 전제로 하여 정책대안을 실시하여 보고 그때 나타나는 결과가 잘못된 점이 있으면 그 부분만 다시 수정·보완하는 방식을 택하기도 한다.
⑤ 수단과 목표가 명확히 구분되지 않으므로 흔히 목표-수단의 분석이 부적절하거나 제한되는 경우가 많으며, 정책목표 달성을 극대화하는 정책을 최선의 정책으로 평가한다.

정답 ⑤ [×]
해설 정책목표 달성을 극대화하는 정책을 최선의 정책으로 평가하는 것은 합리모형에 대한 설명이다.

04
정책결정의 유형 가운데 린드블룸(Lindblom)과 윌다브스키(Wildavsky) 등이 주장한 점증주의(Incrementalism)에 대한 설명으로 옳지 않은 것은? 2014. 사복직 9급

① 합리적인 요소뿐만 아니라 직관과 통찰력 같은 초합리적 요소의 중요성을 강조한다.
② 기존의 정책에서 소폭의 변화를 조정하여 정책대안으로 결정한다.
③ 정책결정은 다양한 정치적 이해관계자들의 타협과 조정의 산물이다.
④ 정책의 목표와 수단은 뚜렷이 구분되지 않으므로 목표와 수단 사이의 관계 분석은 한계가 있다.

정답 ① [×]
해설 합리적인 요소뿐만 아니라 정책결정자의 직관과 통찰력 같은 초합리적 요소의 중요성을 강조한 것은 드로어(Dror)의 최적모형에 대한 설명이다.

05
에치오니(Etzioni)가 제시한, 근본적인 결정은 합리모형에 의하고 세부적인 대안은 점증모형에 의하는 정책결정 모형은?
2019. 국회 9급

① 혼합주사모형(Mixed Scanning Model)
② 사이버네틱스모형(Cybernetics Model)
③ 최적모형(Optimal Model)
④ 만족모형(Satisficing Model)
⑤ 쓰레기통모형(Garbage Can Model)

정답 ①
해설 혼합주사 모형(Mixed Scanning Model)에 대한 설명이다.

06
사이먼(H.Simon)의 정책결정 만족모형에 대한 설명으로 옳지 않은 것은?
2020. 군무원 9급

① 사이먼(H. Simon)은 합리모형의 의사결정자를 경제인으로, 자신이 제시한 의사결정자를 행정인으로 제시한다.
② 경제인은 목표달성의 극대화를, 행정인은 만족하는 선에서 그친다.
③ 경제인은 합리적 분석적 결정을, 행정인은 직관, 영감에 기초한 결정을 한다.
④ 경제인은 복잡하고 동태적인 모든 상황을 고려하지만 행정인은 실제 상황을 단순화시키고 무작위적이고 순차적으로 대안을 탐색한다.

정답 ③ [×]
해설 사이먼(H. A. Simon)이 주장한 의사결정의 만족모형은 합리모형과 달리 의사결정자를 경제인이 아닌 행정인으로 가정하며 따라서 최선의 합리성 보다는 제한된 합리성에 따라 의사결정을 하는 것으로 간주한다. 직관이나 영감에 기초를 둔 의사결정은 사이먼의 만족모형이 아니라 Dror가 주장한 최적모형에서 중시하는 의사결정 기준이다.

07
다음 설명에 해당하는 정책결정모형은?
2020. 국가 9급

> 지난 30년간 자료를 중심으로 전국의 자연재난 발생현황을 개략적으로 파악한 다음, 홍수와 지진 등 두 가지 이상의 재난이 한 해에 동시에 발생한 지역을 중심으로 다시 면밀하게 관찰하며 정책을 결정한다.

① 만족모형
② 점증모형
③ 최적모형
④ 혼합탐사모형

정답 ④
해설 합리모형과 점증모형을 결합한 혼합탐사모형에 대한 설명이다. 지난 30년간 자료를 중심으로 전국의 자연재난 발생현황을 개략적으로 파악하는 것은 근본적 결정에 해당하고, 홍수와 지진 등 두 가지 이상의 재난이 한 해에 동시에 발생한 지역을 중심으로 다시 면밀하게 관찰하는 것은 세부적 결정으로, 근본적 결정에는 합리모형을, 세부적 결정에는 점증적 결정을 적용하는 혼합모형을 적용한 것이다.

08
만족모형에 대한 비판으로 옳은 것만을 모두 고르면?
2023. 국가 7급

> ㄱ. 책임회피의식과 보수적 사고가 지배적인 상황에서 혁신을 이끄는 데 한계가 있다.
> ㄴ. 만족에 대한 기대수준을 지나치게 명확히 규정하여 획일적인 의사결정 구조가 나타난다.
> ㄷ. 조직 내 상하관계 등에서 나타나는 권력적 측면이 의사결정에 미치는 영향을 간과한다.
> ㄹ. 일반적이고 가벼운 의사결정과 달리 중대한 의사결정에 적용하기 어려울 수 있다.

① ㄱ, ㄴ
② ㄱ, ㄹ
③ ㄴ, ㄷ
④ ㄷ, ㄹ

정답 ② ㄱ, ㄹ
해설 ㄴ. [×] 선택 기준이 지나치게 주관적이고 유동적이어서 객관적 기준을 제시하기 어렵다(만족에 대한 기대수준 명확히 규정 ×).
ㄷ. [×] 하위조직 간 관계에 집착해 상하관계를 주로 다루는 권력을 측면을 소홀히 취급하고 있는 점은 회사모형의 단점이다.

09
다음에서 설명하는 정책결정모형으로 옳은 것은?

2023. 국회 9급

- 정책결정자의 직관적 판단을 정책결정의 중요한 요인으로 고려
- 합리성과 초합리성을 함께 고려
- 상위정책결정(메타정책결정)을 중시

① 최적모형(Optimal model)
② 만족모형(Satisficing model)
③ 쓰레기통모형(Garbage Can model)
④ 사이버네틱스모형(Cybernetics model)
⑤ 혼합주사모형(Mixed Scanning model)

정답 ①

10
정책결정모형 가운데 드로(Y. Dror)의 최적모형에 대한 설명으로 옳지 않은 것은?

2015. 국회 8급

① 합리적 정책결정모형이론이 과도하게 계량적 분석에 의존해 현실 적합성이 떨어지는 한계를 보완하기 위해 제시되었다.
② 정책결정자의 직관적 판단도 중요한 요소로 간주한다.
③ 경제적 합리성의 추구를 기본 원리로 삼는다.
④ 느슨하게 연결되어 있는 조직의 결정을 다룬다.
⑤ 양적 분석과 함께 질적 분석결과도 중요한 고려 요인으로 인정한다.

정답 ④ [×]
해설 느슨하게 연결되어 있는 조직의 결정을 다루는 모형은 회사모형(또는 엘리슨의 조직과정모형)이다. 드로의 최적모형은 경제적 합리성과 동시에 초합리성(질적 합리성)까지 고려할 것을 강조하는 모형이다.

11
다음 중 정책결정과 관련하여 드로(Dror)가 제시한 최적모형에서 메타정책결정 단계(meta-policy making stage)에 해당하지 않는 것은?

2016. 국회 8급

① 정책결정 전략의 결정
② 정책결정체제의 설계·평가 및 재설계
③ 정책집행을 위한 동기부여
④ 문제·가치 및 자원의 할당
⑤ 자원의 조사·처리 및 개발

정답 ③ [×]
해설 정책집행을 위한 동기부여는 정책결정 이후(post-policy making) 단계에 해당한다.

12
사이어트(R. Cyert)와 마치(J. March)가 주장한 회사모형(firm model)의 내용이 아닌 것은?

2014. 서울시 9급

① 조직의 전체적 목표 달성의 극대화를 위하여 장기적 비전과 전략을 수립·집행한다.
② 조직 내 갈등의 완전한 해결은 불가능하며 타협적 준해결에 불과하다.
③ 정책결정능력의 한계로 인하여 관심이 가는 문제 중심으로 대안을 탐색한다.
④ 조직은 반복적인 의사결정의 경험을 통하여 결정의 수준이 개선되고 목표달성도가 높아진다.
⑤ 표준운영절차(SOP: Standard Operation Procedure)를 적극적으로 활용한다.

정답 ① [×]
해설 합리모형에 대한 설명이다. 회사모형은 문제상황의 복잡성과 동태성 때문에 단기적 환류에 의존하는 의사결정절차를 이용하여 불확실성을 회피하려고 한다.

13
정책결정모형 중에서 회사모형에 대한 설명으로 옳지 않은 것은?
2015. 국가 9급

① 회사조직이 서로 다른 목표를 지닌 구성원들의 연합체(coalition)라고 가정한다.
② 연합모형 또는 조직모형이라고 불리기도 한다.
③ 조직이 환경에 대해 장기적으로 대응하고 환경 변화에 수동적으로 적응한다고 한다.
④ 문제를 여러 하위문제로 분해하고 이들을 하위조직에게 분담시킨다고 가정한다.

정답 ③ [×]
해설 회사모형은 장기적 전략보다는 단기적 환류에 의존하는 전략을 강조한다.

14
정책결정 모형에 관한 설명으로 〈보기〉에서 옳은 것을 모두 고른 것은?
2016. 지방교행 9급

〈보기〉
ㄱ. 점증모형은 집단의 합의 과정이 반영되는 장점이 있다.
ㄴ. 만족모형은 대안 선택의 객관적 기준을 제시하기가 어렵다.
ㄷ. 회사모형은 조직이 단일한 목표를 지닌 구성원들의 연합체라고 가정한다.
ㄹ. 합리모형은 정치적 합리성에 기반하기 때문에 현실에 대한 설명력이 높다.

① ㄱ, ㄴ ② ㄱ, ㄹ
③ ㄴ, ㄷ ④ ㄷ, ㄹ

정답 ① ㄱ, ㄴ [○]
해설 ㄷ. [×] 회사모형에서 조직은 유기체가 아니라 서로 다른 목표를 지닌 하위조직들이 느슨하게 연결되어 있는 연합체로 가정한다.
ㄹ. [×] 합리모형은 경제적 합리성을 추구하는 규범적인 모형. 정치적 합리성에 기반하여 현실에 대한 설명력이 높은 것은 점증모형이다.

15
대형 참사를 계기로 그동안 해결하지 못했던 정책문제에 대한 대책을 마련하게 되는 상황을 설명하는데 적합한 정책결정모형은?
2011. 서울 9급

① 합리모형   ② 만족모형   ③ 점증모형
④ 혼합모형   ⑤ 쓰레기통모형

정답 ⑤
해설 극도로 불합리한 집단적 의사결정을 설명하는 쓰레기통 모형에 대한 설명이다.

16
의사결정모형 중 쓰레기통 모형의 내용이 아닌 것은?
2016. 지방 7급

① 진빼기 결정
② 의사결정을 구성하는 네 가지의 흐름
③ 조직화된 무정부 상태
④ 갈등의 준해결

정답 ④ [×]
해설 갈등의 준해결은 사이어트(Richard Cyert)와 마치(James March)의 연합모형(혹은 회사모형, Coalition Model)의 특징이다.

17
쓰레기통 모형에 대한 설명으로 옳지 않은 것은?
2015. 사복직 9급

① 명확하지 않은 인과관계를 토대로 해결책이 제시되는 경우가 많다.
② 이해관계자들의 지속적인 의사결정 참여가 어렵다.
③ 목표나 평가기준이 명확하지 않은 경우가 많다.
④ 현실 적합성이 낮아 이론적으로만 설명이 가능한 모형이다.

정답 ④ [×]
해설 쓰레기통 모형은 정부 안팎의 다양한 주체들에 의해 표류되던 정책문제가 특정한 사회적 사건(재난이나 사회적 위기 등)을 계기로 해결되는 경우를 잘 설명할 수 있다.

18
정책결정 모형에 대한 설명으로 옳은 것만을 모두 고르면?

2020. 지방 9급

ㄱ. 만족 모형에서는 정책결정을 근본적 결정과 세부적 결정으로 구분한다.
ㄴ. 점증주의 모형은 현상유지를 옹호하므로 보수적이라는 비판을 받고 있다.
ㄷ. 쓰레기통 모형에서 의사결정의 4가지 요소는 문제, 해결책, 선택기회, 참여자이다.
ㄹ. 갈등의 준해결과 표준운영절차(SOP)의 활용은 최적 모형의 특징이다.

① ㄱ, ㄴ ② ㄱ, ㄹ
③ ㄴ, ㄷ ④ ㄷ, ㄹ

정답 ③ ㄴ, ㄷ [O]
해설 ㄱ. [×] 정책결정을 근본적 결정과 세부적 결정으로 구분하는 것은 혼합모형이다.
ㄹ. [×] 갈등의 준해결과 표준운영절차(SOP)의 활용은 회사모형의 특징이다.

19
앨리슨(G. T. Allison)의 세 가지 의사결정모형에 대한 설명으로 옳지 않은 것은?

2015. 국가 9급

① 집단적 의사결정을 국가의 정책결정에 적용하기 위해 합리적 행위자모형, 조직과정모형, 관료정치모형으로 분류하였다.
② 관료정치모형은 조직 하위계층에의 적용가능성이 높고, 조직과정모형은 조직 상위계층에의 적용가능성이 높다.
③ 실제 정책결정에서는 어느 하나의 모형이 아니라 세 가지 모형이 모두 적용될 수 있다.
④ 원래 국제정치적 사건과 위기적 사건에 대응하는 정책결정을 설명하기 위한 모형으로 고안되었으나, 일반정책에도 적용 가능하다.

정답 ② [×]
해설 관료정치모형은 조직 상위계층에서 적용가능성이 높고, 조직과정모형은 조직 하위계층에서 적용가능성이 높다.

20
앨리슨(Allison) 모형에 대한 설명으로 옳은 것은?

2019. 국가 9급

① 합리적 행위자 모형에서는 국가전체의 이익과 국가목표 추구를 위해서 개인의 이익을 고려하지 않는 것을 경계하며 국가가 단일적인 결정자임을 부정한다.
② 조직과정모형에서 조직은 불확실성을 회피하기 위하여 정책 결정을 할 때 표준운영절차(SOP)나 프로그램 목록(program repertory)에 의존하지 않는다.
③ 관료정치모형은 여러 다양한 문제에 관심을 갖는 다수의 행위자를 상정하며 이들의 목표는 일관되지 않는다.
④ 외교안보 문제 분석에 있어서 설명력을 높이기 위한 대안적 모형으로 조직과정모형을 고려하지는 않는다.

정답 ③ [O]
해설 ① [×] 합리적 행위자 모형에서는 국가를 조정과 통제가 이루어지는 유기체적 조직으로 전제하여 국가전체의 이익을 위한 단일한 의사결정권을 행사할 수 있다고 본다.
② [×] 조직과정모형에서 조직은 불확실성을 회피하기 위하여 정책 결정을 할 때 표준운영절차(SOP)나 프로그램 목록(program repertory)에 의한 의사결정을 강조한다.
④ [×] 외교안보 문제 분석에 있어서 설명력을 높이기 위해 합리모형 외에도 대안적 모형으로 조직과정모형, 관료정치모형을 동시에 적용할 것을 제시하였다. 앨리슨은 1960년대 초 쿠바가 소련의 미사일을 도입하려고 했을 때 미사일이 운반되지 못하도록 미국이 해상봉쇄라는 대안을 채택한 사건 당시 의사결정 과정을 세 가지 모형을 동시에 적용하여 설명하였다.

구분(기준)	합리모형	조직과정 모형	관료정치 모형
조직관	조정과 통제가 잘 된 유기체	느슨하게 연결된 하위조직들의 연합체	독립적인 개인적 행위자들의 집합체
권력의 소재	최고지도자가 보유	반독립적인 하위조직들이 분산 소유	개인적 행위자들의 정치적 자원에 의존
행위자의 목표	조직 전체의 목표	조직전체 목표 + 하위 조직들의 목표	조직 전체 목표 + 하위조직들 목표 + 개별 행위자들의 목표
목표 공유도	매우 강함	약함	매우 약함
정책결정 양태	최고 지도자의 명령·지시	SOP(표준운영절차)에 의한 정책결정	정치적 게임의 규칙에 따른 타협, 흥정, 지배
합리성	완전한 합리성	제한된 합리성	정치적 합리성

정책결정의 일관성	매우 강함 (일관성 유지)	약함 (자주 바뀜)	매우 약함 (거의 불일치)
적용계층	조직전반	하위 계층	상위계층

21
앨리슨(Allison)의 정책결정모형 중 Model Ⅱ(조직과정모형)에 대한 설명으로 옳지 않은 것은? 2013. 국가 9급

① 정부는 느슨하게 연결된 연합체이다.
② 권력은 반독립적인 하위조직에 분산된다.
③ 정책결정은 SOP에 의해 프로그램 목록에서 대안을 추출한다.
④ 정책결정의 일관성이 강하다.

정답 ④ [×]
해설 엘리슨모형Ⅱ(조직과정모형)은 정부기관들은 각기 목표가 다르고 목표에 대한 공유도가 약한 준독립적인 연합체로서, 같은 문제에 대해서도 문제해결을 위해 각기 다른 방법으로 접근하기 때문에 정책결정의 일관성이 약하다.

22
앨리슨(Allison)의 관료정치모형(모형 Ⅲ)에 대한 설명으로 옳은 것은? 2023. 국가 9급

① 정책결정은 준해결(quasi-resolution)적 상태에 머무르는 경우가 많다.
② 정책결정자들은 국가 전체의 이익이나 전략적 목표를 극대화하기 위한 결정을 한다.
③ 정책결정에 참여하는 구성원들 간의 목표 공유 정도와 정책결정의 일관성이 모두 매우 낮다.
④ 정부는 단일한 결정주체가 아니며 반독립적(semi-autonomous) 하위조직들이 느슨하게 연결된 집합체이다.

정답 ③ [○]
해설 ① 회사모형(연합모형)의 특징에 대한 설명이다.
② 합리모형(모형Ⅰ)에 대한 설명이다.
④ 조직과정모형(모형Ⅱ)에 대한 설명이다.

23
앨리슨(Allison)모형 중 다음 내용에 초점을 두고 정책결정을 설명하는 것은? 2021. 지방 9급

> 1960년대 쿠바 미사일 사태에서 미국은 해안봉쇄로 위기를 극복하였다. 정부의 각 부처를 대표하는 사람들은 위기 상황에서 각자가 선호하는 대안을 제시하였다. 대표자들은 여러 대안에 대하여 갈등과 타협의 과정을 거쳤고, 결국 해안봉쇄 결정이 내려졌다. 이는 대통령이 사태 초기에 선호했던 국지적 공습과는 다른 결정이었다. 물론 해안봉쇄가 위기를 해소하는 최선의 대안이라는 보장은 없었고, 부처에 따라서는 불만을 가진 대표자도 있었다.

① 합리적 행위자 모형   ② 쓰레기통 모형
③ 조직과정 모형   ④ 관료정치 모형

정답 ④ [○]
해설 정부의 각 부처를 대표하는 사람들이 갈등과 타협의 과정을 거쳐 결정이 이루어졌다고 설명하고 있으므로 관료정치모형에 해당한다.

24
사이버네틱스(cybernetics) 의사결정 모형에 대한 설명으로 옳지 않은 것은? 2018. 국가 9급

① 주요 변수가 시스템에 의하여 일정한 상태로 유지되는 적응적 의사결정을 강조한다.
② 문제를 해결하고 목표를 달성하기 위해 정보와 대안의 광범위한 탐색을 강조한다.
③ 자동온도조절장치와 같이 사전에 프로그램 된 메커니즘에 따라 의사결정이 이루어진다.
④ 한정된 범위와 변수에만 관심을 집중함으로써 불확실성을 통제하려는 모형이다.

정답 ② [×]
해설 합리모형에 대한 설명이다. 사이버네틱스 모형은 합리모형과 대립되는 적응적·습관적 의사결정모형이다.

25
정책결정모형에 대한 설명으로 옳은 것은? 2023. 지방 9급

① 혼합주사모형(mixed scanning approach)은 1960년대 미국의 쿠바 미사일 위기사건을 설명하기 위해 연구된 모형이다.
② 사이버네틱스모형을 설명하는 예시로 자동온도조절장치를 들 수 있다.
③ 쓰레기통모형은 갈등의 준해결, 문제 중심의 탐색, 불확실성 회피, 표준운영절차의 활용을 설명하는 모형이다.
④ 합리모형은 만족할 만한 수준에서 의사결정이 이루어진다고 설명하는 모형이다.

정답 ② [O]
해설 ① [×] 1960년대 미국의 쿠바 미사일 위기사건을 설명하기 위해 연구된 모형은 앨리슨 모형이다.
③ [×] 갈등의 준해결, 문제 중심의 탐색, 불확실성의 회피, 표준운영절차의 활용을 설명하는 모형은 회사모형이다.
④ [×] 여러 제약조건하에서는 목표달성을 극대화하는 대안을 선택하기보다 만족할 만한 대안을 선택하는 의사결정을 하는 것은 만족모형에 대한 설명이다.

26
정책결정 모형에 대한 설명 중 옳은 것을 모두 고른 것은?
2011. 지방 9급

ㄱ. 점증주의 모형에 따르면 합리적 방법에 의한 쇄신보다는 기존의 상태에 바탕을 둔 점진적 변동을 시도한다고 본다.
ㄴ. 공공선택 모형은 관료들의 자기이익 추구를 배제한 공익차원의 집단적 의사결정 방식이다.
ㄷ. 앨리슨 모형은 정책결정 모형을 합리모형, 조직과정 모형, 관료정치모형 관점에서 정리한 것이다.
ㄹ. 쓰레기통 모형에 따르면 문제 흐름, 선택기회 흐름 및 참여자 흐름이 만나 무의사결정을 하게 된다고 본다.

① ㄱ, ㄴ
② ㄱ, ㄷ
③ ㄴ, ㄹ
④ ㄷ, ㄹ

정답 ② ㄱ, ㄷ [O]
해설 ㄴ. [×] 공공선택모형은 관료들도 개인과 마찬가지로 자신의 이익을 추구하는 존재로 가정한다.
ㄹ. [×] 쓰레기통 모형에 따르면 문제, 해결책, 선택기회, 참여자의 네 가지 흐름이 만나 어떤 계기로 교차하여 동시에 만나게 될 때 비합리적인 의사결정이 이루어진다고 보았다(무의사결정 ×).

27
정책결정모형에 관한 설명으로 옳은 것은? 2014. 지방 9급

① 합리 모형 - 일반적으로 인간의 제한된 분석 능력을 보완할 수 있는 기능을 포함한다.
② 점증 모형 - 정책결정과정에서 정치적 합리성보다 경제적 합리성을 더욱 중요시한다.
③ 사이버네틱스 모형 - 습관적인 의사결정을 설명하는 데 유용하며, 반복적인 의사결정과정의 수정이 환류된다.
④ 쓰레기통 모형 - 위계적인 조직구조의 의사결정과정에 적용되며, 정책갈등 상황 해결에 유용하다.

정답 ③ [O]
해설 ① [×] 합리 모형은 인간의 완전한 합리성과 분석능력을 가정한다.
② [×] 점증 모형은 정책결정과정에서 정치적 합리성을 중요시한다.
④ [×] 쓰레기통 모형은 조직화된 무정부(혼란) 상태에서의 의사결정을 설명하는 데 적절한 모형이다.

28
정책결정 모형에 대한 설명으로 옳지 않은 것은?
2025. 지방 9급

① 킹던(Kingdon)의 정책흐름모형은 문제의 흐름, 해결책의 흐름, 참여자의 흐름, 선택기회의 흐름을 제시한다.
② 혼합탐사모형은 정책결정을 근본적 결정과 세부적 결정으로 구분하고 지속적인 교호작용이 이루어진다고 본다.
③ 최적모형은 정책결정에 경제적 합리성과 함께 직관, 통찰력과 같은 초합리적 요소들도 고려해야 한다고 주장한다.
④ 앨리슨모형 중 조직과정모형(Model Ⅱ)에 따르면 정부는 하위조직들의 집합체이며, 하위조직의 표준운영절차(SOP)에 의해 정책이 결정된다.

> **정답** ① [×]
> **해설** 킹던의 정책의 창 모형은 정책문제 흐름, 정책대안 흐름, 정치 흐름이 서로 아무런 관련 없이 흘러다니다가 사회적 사건이나 정치적 사건 등의 발생이 점화장치가 되어 세 개의 흐름이 하나로 결합될 때, 정책의 창(window of policy)이 열리고, 이러한 창을 통해 정책의제가 형성된다고 설명한다.

29
정책결정모형에 대한 설명으로 옳은 것은? 2024. 지방 7급

① 혼합주사모형에서 '문제성 있는 선호(problematic preferences)'란 의사결정 참여자들이 무엇이 바람직한지에 관한 선호가 분명하지 않은 상태에서 결정에 참여하는 것이다.
② 최적모형에서 '불명확한 기술'이란 목표와 수단 사이의 인과관계가 명확하지 않은 것이다.
③ 쓰레기통모형에서 '문제중심의 탐색'이란 정책결정 능력의 한계로 관심 있는 문제 중심으로 대안을 탐색하는 것이다.
④ 앨리슨 모형(Allison Model)의 '합리적 행위자모형(모형 I)'에 따르면 국가 또는 정부에 의해서 채택된 정책은 그 국가의 전략적 목표나 목적을 극대화하도록 의도된다.

> **정답** ④ [○]
> **해설** 합리적 행위자모형에서는 한 국가 또는 그 나라의 대표가 특정한 행위를 취한다면 그 국가 또는 행위자의 목적을 달성하는 데 있어서 가치를 극대화시키는 수단으로서 선택되었다고 본다.
> ①, ② [×] 문제성 있는 선호와 불명확한 기술은 쓰레기통 모형에서의 조직화된 무정부 상태의 특징이다.
> ③ [×] 문제중심의 탐색은 회사모형의 특징이다.

30
정책결정모형에 대한 설명으로 옳지 않은 것은? 2024. 국회 8급

① 합리모형은 완전한 합리성에 기초하고 있기 때문에 현실적인 정책결정을 설명하기보다는 이상적 모형이라 할 수 있다.
② 린드블룸(Lindblom)의 점증모형은 사이먼(Simon)의 제한된 합리성에 바탕을 두고 있는 이론으로 주로 정책결정자에게 적용된다.
③ 회사모형은 조직의 의사결정 행태와 관련하여 갈등의 준해결, 표준운영절차(SOP), 문제중심의 탐색, 조직체의 학습 등을 기본개념으로 하고 있다.
④ 쓰레기통 모형에서는 불확정적 선호, 불명확한 기술, 상시적 참여자를 기본 전제로 의사결정의 기회, 해결을 요하는 문제, 문제의 해결책, 의사결정의 참여자 등이 서로 다른 시간에 통 안에 들어와 우연히 한 곳에서 만날 때 비로소 결정이 이루어진다고 본다.
⑤ 드로어(Dror)의 최적모형은 양적인 측면과 질적인 측면, 그리고 합리적 요소와 초합리적 요소를 동시에 고려한다.

> **정답** ④ [×]
> **해설** 쓰레기통 모형에서는 불확정적 선호, 불명확한 기술, 수시적 참여자(상시적 ×)를 기본 전제로 해결을 요하는 문제, 문제의 해결책, 정책결정의 참여자, 정책결정의 기회 등 네 가지 정책 결정 요소들이 서로 다른 통(can)에 들어와서, 우연히 한 곳에서 동시에 만날 때 비로소 결정이 이루어진다고 본다.

Chapter 05 정책집행

제1절 정책집행 연구의 접근방법

01
하향적 정책집행에 대한 설명으로 적절하지 않은 것은?
2016. 지방교행 9급

① 정책집행의 객관적인 평가가 가능하다.
② 집행과정에서 현장을 강조하고 재량권을 부여한다.
③ 정책 목표와 수단 간의 타당한 인과관계를 전제로 한다.
④ 다원화된 사회에서는 하향적 접근이 불가능한 경우가 많다.

정답 ② [×]
해설 집행과정에서 현장을 강조하고 재량권을 부여하는 것은 상향적 정책집행이다.

02
정책집행의 하향식 접근(top-down approach)에 대한 설명으로 옳은 것만을 모두 고르면?
2020. 지방 9급

ㄱ. 집행이 일어나는 현장에 초점을 맞춘다.
ㄴ. 일선공무원의 전문지식과 문제해결 능력을 중시한다.
ㄷ. 하위직보다는 고위직이 주도한다.
ㄹ. 정책결정자는 정책집행에 영향을 미치는 정치적·조직적·기술적 과정을 충분히 통제할 수 있다.

① ㄱ, ㄴ
② ㄱ, ㄷ
③ ㄴ, ㄹ
④ ㄷ, ㄹ

정답 ④ ㄷ, ㄹ [○]
해설 하향식 접근은 정책결정자의 역할을 강조하는 접근법이다.
ㄱ. [×] 집행이 일어나는 현장에 초점을 맞추는 것은 상향식 접근의 특징이다.
ㄴ. [×] 일선공무원의 전문지식과 문제해결능력을 중시하는 것은 상향식 접근의 특징이다.

03
정책집행에 있어 하향적 접근방법의 장점에 대한 설명으로 옳은 것을 <보기>에서 고른 것은?
2018. 지방교행 9급

| 보기 |

ㄱ. 정책목표와 그 달성을 중시하는 접근방법으로 객관적인 정책평가가 가능하다.
ㄴ. 문제해결능력 측면에서 정부프로그램의 상대적 중요도를 평가할 수 있다.
ㄷ. 실제적인 정책집행과정을 상세히 기술하여 정책집행과정의 인과관계를 보다 잘 설명할 수 있다.
ㄹ. 하향적 집행론자들이 제시한 변수들은 체크리스트로서 집행과정을 점검하는 데 사용할 수 있다.

① ㄱ, ㄴ
② ㄱ, ㄹ
③ ㄴ, ㄷ
④ ㄷ, ㄹ

정답 ② ㄱ, ㄹ [○]
해설 ㄴ. [×] 상향적 접근방법의 장점에 대한 설명이다. 상향적 접근방법은 정책집행 문제의 해결에 초점을 맞추고 있기 때문에 문제해결 능력 측면에서 정부프로그램의 상대적 중요도를 평가할 수 있다.
ㄷ. [×] 상향적 접근방법은 정책집행과정을 상세히 기술하여 정책집행과정의 인과관계를 설명할 수 있다.

04

사바티어(P. Sabatier)와 마즈매니언(D. Mazmanian)이 효과적인 정책집행을 위해서 필요하다고 본 전제조건에 해당되지 않는 것은?   2011. 지방 9급

① 정책결정의 내용은 타당한 인과이론에 바탕을 둔 것이어야 한다.
② 법령은 명확한 정책지침을 가지고 대상 집단의 순응을 극대화 시켜야 한다.
③ 정책목표의 집행과정에서 우선순위를 탄력적이고 신축적으로 조정하여야 한다.
④ 유능하고 헌신적인 관료가 정책집행을 담당해야 한다.

> **정답** ③ [×]
> **해설** 효과적인 정책집행을 위해서는 정책목표의 집행 과정 동안 우선순위가 변하지 않아야 한다.

05

정책집행연구의 하향식 접근에서 효과적인 정책집행의 조건이 아닌 것은?   2016. 사회복지 9급

① 정책목표와 정책수단 사이에 타당한 인과관계가 있어야 한다.
② 일선공무원의 재량과 자율을 확대하여야 한다.
③ 정책과 관련된 이익집단, 주요 입법가, 행정부의 장 등으로부터 지속적인 지지를 받아야 한다.
④ 정책이 집행되는 동안 정책목표의 우선순위가 변하지 않아야 한다.

> **정답** ② [×]
> **해설** 일선공무원의 재량과 자율을 확대해야 한다고 보는 것은 상향식 접근의 특성에 해당한다.

06

밑줄 친 연구에 해당하는 것은?   2024. 지방 9급

> 이 연구에서는 정책과 성과를 연결하는 모형에 정책 기준과 목표, 집행에 필요한 자원, 조직 간 의사소통과 집행 활동(enforcement activities), 집행기관의 특성, 경제·사회·정치적 조건, 정책집행자의 성향(disposition)이라는 변수를 제시하였다.

① 립스키(Lipsky)의 일선관료제 연구
② 오스트롬(Ostrom)의 제도분석 연구
③ 사바티어와 마즈마니언(Sabatier & Mazmanian)의 집행과정 연구
④ 반 미터와 반 혼(Van Meter & Van Horn)의 정책 집행과정 연구

> **정답** ④
> **해설** 반 미터와 반 혼(Van Meter & Van Horn)의 정책 집행과정 연구에 대한 설명이다.
> 반 미터와 반 혼(Van Meter & Van Horn)의 집행연구는 오클랜드 집행사례 선행연구를 검토한 후 집행현상을 설명하는 이론적 관점이 결여되었음을 지적하고, 집행 모형의 구축 필요성을 강조했다. 정책집행을 정책이 결정되어 산출로 이어지는 연속적 과정으로 파악하고 그 과정에서 발생하는 일들을 모형화하여 설명하였다.
> ③ [×] 사바티어와 마즈마니언은 하향식 접근의 대표적 연구로 정책 집행의 성공·실패를 설명할 수 있는 분석틀을 제시하였다.

07

정책집행 연구 중 상향적 접근방법(bottom-up approach)으로 옳은 것만을 모두 고르면?   2022. 지방 9급

> ㄱ. 엘모어(Elmore)의 후방향적 집행연구
> ㄴ. 사바티어(Sabatier)와 매즈매니언(Mazmanian)의 집행과정 모형
> ㄷ. 립스키(Lipsky)의 일선관료제
> ㄹ. 반 미터(Van Meter)와 반 호른(Van Horn)의 집행연구

① ㄱ, ㄷ   ② ㄱ, ㄹ
③ ㄴ, ㄷ   ④ ㄴ, ㄹ

> **정답** ④ ㄴ, ㄹ [×]
> **해설** 사바티어(Sabatier)와 매즈매니언(Mazmanian), 반 미터(Van Meter)와 반 호른(Van Horn)의 집행모형은 대표적인 하향적(top-down) 접근방법에 해당한다.

> **정답** ③ [○]
> **해설** ① [×] 사바티어(Sabatier)의 정책지지연합모형은 통합모형에 해당한다.
> ② [×] 정책결정과 집행이 뚜렷하게 구분된다고 보는 것은 하향식 접근이다.
> ④ [×] 안정되고 구조화된 정책상황을 전제로 하는 것은 하향식 접근이다.

08

정책집행에 대한 연구방법 중 상향적 접근방법(bottom-up approach 또는 backward mapping)에 대한 설명으로 옳지 않은 것은? 2010. 국가 9급

① 분명하고 일관된 정책목표의 존재가능성을 부인하고, 정책목표 대신 집행문제의 해결에 논의의 초점을 맞춘다.
② 집행의 성공 또는 실패의 판단기준은 '정책결정권자의 의도에 얼마나 순응하였는가'가 아니라 '일선집행관료의 바람직한 행동이 얼마나 유발되었는가'이다.
③ 말단집행계층부터 차상위 계층으로 올라가면서 바람직한 행동과 조직운용절차를 유발하기 위하여 필요한 재량과 자원을 파악한다.
④ 일선집행관료의 재량권을 축소하고 통제를 강화한다.

> **정답** ④ [×]
> **해설** 상향적 접근방법은 일선관료의 재량과 자율을 강조하는 접근방법이다. 일선관료의 재량권을 축소하고 통제를 강화하는 접근방법은 하향적 접근방법이다.

10

립스키(Lipsky)의 '일선관료제'에서 일선관료들이 처하는 업무환경의 특징으로 옳지 않은 것은? 2022. 국가 9급

① 자원의 부족
② 일선관료 권위에 대한 도전
③ 모호하고 대립되는 기대
④ 단순하고 정형화된 정책대상 집단

> **정답** ④ [×]
> **해설** 단순하고 정형화된 대응 메커니즘은 일선관료가 처한 업무환경에서 일선관료의 적응방식이다.

11

립스키(Lipsky)가 말하는 일선관료의 업무환경과 거리가 먼 것은? 2009. 국회 9급

① 자원이 만성적으로 부족하다.
② 서비스 수요는 증가하는 경향이 있다.
③ 업무를 수행하는 기관에 대한 목표기대는 애매하고, 모호하며, 갈등적이다.
④ 목표달성을 지향하는 성과의 측정이 용이하다.
⑤ 고객들은 대체로 비자발적이다.

> **정답** ④ [×]
> **해설** 일선관료의 업무성과를 객관적으로 평가할 기준이 없기 때문에 성과 측정이 곤란하다.

09

정책집행의 상향적 접근방법에 대한 설명으로 옳은 것은? 2017. 국가 9급

① 대표적인 모형은 사바티어(Sabatier)의 정책지지 연합모형(Advocacy Coalition Framework)이다.
② 정책결정과 정책집행은 뚜렷하게 구분된다고 본다.
③ 집행현장에서 일선관료의 재량과 자율을 강조한다.
④ 안정되고 구조화된 정책상황을 전제로 한다.

12
립스키(M. Lipsky)의 일선관료제(Street-Level Bureaucracy)이론에 대한 설명으로 옳은 것은? 2018. 국가 9급

① 일선관료제는 고객에 대한 고정관념(stereotype)을 타파함으로써 복잡한 문제와 불확실한 상황에 대처한다.
② 일선관료가 업무를 수행하는 기관에 대한 고객들의 목표기대는 서로 일치하고 명확하다.
③ 일선관료는 집행에 필요한 자원이 부족할 경우 대체로 부분적이고 간헐적으로 정책을 집행한다.
④ 일선관료는 계층제의 하위에 위치하기 때문에, 직무의 자율성이 거의 없고 의사결정에 있어서 재량권의 범위가 좁다.

정답 ③ [○]
해설 ① [×] 일선관료는 인종, 성, 학력, 계급 등 고정관념을 가지고, 고객을 재정의 한 후 고객에 책임을 전가하거나 사회문제 탓으로 하여 책임을 회피한다.
② [×] 일선관료의 업무환경에는 모호하고 대립되는 기대가 존재하므로 일선관료가 업무를 수행하는 기관에 대한 고객의 목표 기대는 애매하거나 이율배반적인 경우가 많다.
④ [×] 일선관료는 직무의 자율성이 높고, 많은 재량권을 갖는다.

13
립스키(Lipsky)의 일선관료제(street level bureaucracy)에 대한 설명으로 옳지 않은 것은? 2023. 국가 7급

① 일선관료에 대한 재량권 강화는 집행 현장의 특수성 및 예상치 못한 사태에 대비하게 할 수 있다.
② 일선관료는 만성적으로 부족한 자원, 모호한 역할 기대, 그들의 권위에 대한 위협과 도전이라는 업무환경에 처해 있다.
③ 일선관료는 일반시민을 분류하지 않고, 모든 계층을 공평하게 대우한다.
④ 일선관료는 정부를 대신하여 시민에게 정책을 직접 전달하는 존재로, 특히 사회경제적 취약계층의 삶에 큰 영향력을 미친다.

정답 ③ [×]
해설 립스키(Lipsky)의 일선관료제 이론에서 일선관료들이 사용하는 적응 메커니즘의 가장 큰 특징은 일반시민들을 구분하여 인식하고(segmenting the population), 특정 계층에 집중적인 관심을 쏟는다. 일선관료들은 자신의 인지구조 속에 단순화시켜 놓은 인종, 성, 학력, 경제적 계급 등의 기준을 가지고 고객을 재정의 한 후(예를 들어, 빈민지역의 거주자, 결손가정의 학생, 노숙자) 해결해야 할 문제의 원인이 고객 자신에게 있거나 전반적인 사회적·경제적 구조의 변화 없이는 해결이 불가능하다고 주장함으로써 고객에 책임을 전가하거나 사회문제 탓으로 책임을 회피한다.

14
정책집행의 하향적 접근법과 상향적 접근법에 대한 설명으로 옳지 않은 것은? 2025. 지방 9급

① 하향적 접근법은 정책결정자의 의도와 정책목표를 중시한다.
② 상향적 접근법은 집행과정을 이해하기 위해 일선집행관료의 행태에 주목한다.
③ 하향적 접근법은 정책목표와 정책수단 간 긴밀한 인과관계를 강조한다.
④ 상향적 접근법은 정책결정과 집행의 엄격한 분리를 강조한다.

정답 ④ [×]
해설 정책결정과 집행의 엄격한 분리를 강조하는 정치·행정 이원론에 가까운 것은 하향적 접근법이다. 상향적 접근법은 실제의 정책결정은 일선 집행권자의 집행과정에서 구체화되는 것으로 보고, 정책결정과 정책집행 사이의 엄밀한 구분에 대해 의문을 제기하는 정치·행정 일원론 시각에 해당하다.

15
정책집행에 대한 설명으로 가장 옳지 않은 것은? 2017. 서울 9급

① 나카무라(R. T. Nakamura)와 스몰우드(F. Smallwood)는 정책결정자와 집행자 간의 관계에 따라 정책집행을 유형화하였다.
② 사바티어(P. Sabatier)는 정책지지연합모형을 제시하였다.
③ 버만(P. Berman)은 집행 현장을 강조하는 입장을 취하였다.
④ 엘모어(R. F. Elmore)는 일선현장에 종사하는 공무원이 정책집행에 가장 큰 영향을 미치는 행위자라고 하면서, 이를 전방접근법(forward mapping)이라고 했다.

정답 ④ [×]
해설 엘모어는 정책집행을 전방접근법(forward mapping, 하향적 접근)과 후방접근법(backward mapping, 상향적 접근)으로 구분하였다. 일선현장에서 종사하는 공무원이 정책집행에 가장 큰 형향을 미치는 행위자라고 보는 것은 후방접근법에 해당한다.
③ [○] 버만(P. Berman)은 바람직한 정책집행을 위해서는 개별적인 집행환경에 부합하는 적응적 정책집행의 필요성을 강조했다.

정형적 집행	명확한 정책목표에 의거해 사전에 수립된 집행계획에 따라 일사분란하게 집행(하향적 접근과 유사)
적응적 집행	주어진 정책을 집행현장의 제도적 환경에 맞게 적응적으로 수정하고 구체화하여 집행(상향적 접근과 유사)

제2절 정책결정자와 집행자의 관계 유형 구분: 나카무라와 스몰우드의 유형

01
나카무라와 스몰우드(R. T. Nakamura & F. Smallwood)의 정책집행자 유형 중 정책결정자가 정책집행자를 엄격히 통제하여 집행자가 결정된 정책내용을 충실히 집행하는 유형은? 2006. 국회 8급

① 고전적 기술관료형
② 지시적 위임가형
③ 협상자형
④ 재량적 실험자형
⑤ 관료적 기업가형

정답 ①
해설 정책결정자가 정책집행자를 엄격히 통제하여 집행자가 결정된 정책내용을 충실히 집행하는 유형은 고전적 기술관료형에 해당한다.

02
나카무라(Nakamura)와 스몰우드(Smallwood)의 정책집행유형 중 정책결정자들은 추상적인 수준의 정책 방향만을 제시하는 반면, 정책집행자들이 정책 목표를 구체화하고 필요한 정책 수단을 선택하는 유형은? 2023. 국회 9급

① 지시적 위임형
② 협상형
③ 관료제적 기업가형
④ 재량적 실험형
⑤ 고전적 기술자형

정답 ④ [O]
해설 재량적 실험형에 대한 설명이다.

03
나카무라(Nakamura)와 스몰우드(Smallwood)의 정책결정자와 정책집행자의 관계 유형 중 다음 설명에 해당하는 것은? 2019. 국가 9급

- 정책집행자는 공식적 정책결정자로 하여금 자신이 결정한 정책목표를 받아들이도록 설득 또는 강제할 수 있다.
- 정책집행자는 목표를 달성하기 위한 수단을 획득하기 위해 정책결정자와 협상한다.
- 미국 FBI의 국장직을 수행했던 후버(Hoover) 국장이 대표적인 예이다.

① 지시적 위임형
② 협상형
③ 재량적 실험가형
④ 관료적 기업가형

정답 ④ [O]
해설 관료적 기업가형에 대한 설명이다. 관료적 기업가형에서 정책집행자는 정책결정 권한까지 행사하며, 결정자로 하여금 자신이 결정한 정책목표를 받아들이도록 설득 또는 강제할 수 있다.

04
Nakamura와 Smallwood는 정책결정자와 정책집행자 사이의 관계를 5가지 유형으로 구분하였다. 다음의 설명에 맞는 정책집행자의 유형은? 2011. 국회 9급

정보, 기술, 현실 여건들 때문에 결정자들이 구체적인 정책이나 목표를 설정하지 못하고 추상적인 수준에 머문다. 결정자들은 정책에 대한 확신이 없고 정책의 대부분을 집행자들에게 위임한다. 집행자들은 정책목표의 구체화, 수단 선택, 정책 시행을 자기 책임 하에 관장한다.

① 지시적 위임형
② 고전적 기술자형
③ 협상형
④ 재량적 실험형
⑤ 관료적 기업가형

정답 ④

05

나카무라(Nakamura)와 스몰우드(Smallwood)의 정책결정자와 정책집행자의 관계에 따른 정책집행의 유형에 대한 설명으로 옳지 않은 것은? 2022. 국가 9급

① '고전적 기술자형'은 정책결정자가 구체적인 목표를 설정하면, 정책집행자는 그 목표를 지지하고 목표달성을 위한 기술적인 수단을 강구하는 역할을 담당한다고 본다.
② '재량적 실험형'은 정책결정자가 추상적인 목표를 설정하면, 정책집행자는 정책결정자를 위해 목표와 수단을 명확하게 하는 역할을 담당한다고 본다.
③ '관료적 기업가형'은 정책집행자가 목표와 수단을 강구한 다음 정책결정자를 설득하고, 정책결정자는 정책집행자가 수립한 목표와 수단을 기술하는 역할을 담당한다고 본다.
④ '지시적 위임형'은 정책결정자가 구체적인 목표와 수단을 설정하면, 정책집행자는 정책결정자의 지시와 위임을 받아 정책대상집단과 협상하는 역할을 담당한다고 본다.

정답 ④ [×]
해설 지시적 위임형은 정책결정자가 구체적인 목표와 수단을 설정하면, 정책집행자는 정책결정자의 지시와 위임을 받아 정책을 집행하는 역할을 담당한다.

나카무라(Nakamura)와 스몰우드(Smallwood)의 정책집행 유형

구분	특징
고전적 기술자형	• 정책결정자: 구체적인 정책목표와 세부 정책내용(수단)까지 결정 • 정책집행자: 기술적인 수단에 대해서만 재량권 행사
지시적 위임형	• 정책결정자: 정책목표와 대체적인 결정 • 정책집행자: 구체적인 집행에 필요한 재량권 부여 (기술적 + 행정적 재량)
협상형	• 정책결정자: 정책목표 설정 • 정책집행자: 정책목표와 수단에 대해 결정자와 협상
재량적 실험형	• 정책결정자: 구체적인 목표를 설정하지 못하고 추상적인 목표만 설정. 정책집행자에게 광범위한 재량권을 부여 • 정책집행자: 정책목표의 구체화, 수단 선택을 자기 책임하에 관장
관료적 기업가형	• 정책결정자: 형식상 결정권을 소유 • 정책집행자: 정책과정 전체를 지배. 정책결정권까지 행사

Chapter 06 정책변동

01
정책변동의 유형 중 정책평가로부터 얻은 정보가 정책채택 단계에서 다시 활용되는 경우로, 정책목표는 유지하면서 정책수단을 새로운 수단으로 대체하는 것은?

2014. 사복직 9급

① 정책유지 ② 정책혁신
③ 정책종결 ④ 정책승계

정답 ④

해설 정책승계에 대한 설명이다. 정책승계란 현존하는 정책의 기본적 성격을 바꾸는 것으로서 정책목표가 변화하지 정책수단인 사업, 조직, 예산의 중대한 변화가 발생하는 것을 의미한다.

02
호그우드(Hogwood)와 피터스(Peters)가 제시한 정책변동의 유형에 대한 설명으로 옳지 않은 것은?

2022. 지방 9급

① 정책혁신은 기존의 조직이나 예산을 기반으로 새로운 형태의 개입을 결정하는 것이다.
② 정책승계는 정책의 기본 목표는 유지하되, 정책을 대체 혹은 수정하거나 일부 종결하는 것이다.
③ 정책유지는 기존 정책의 기본 골격을 유지하면서 정책수단의 부분적인 변화만 이루어지는 것이다.
④ 정책종결은 다른 정책으로의 대체 없이 기존 정책을 완전히 중단하는 것이다.

정답 ① [×]

해설 정책혁신은 기존의 조직이나 예산의 기반이 아니라 완전히 새로운 정책을 채택하는 것을 의미한다.

03
호그우드(Hogwood)와 피터스(Peters)가 제시한 다음의 정책변동 유형에 해당하는 것은?

2025. 국가 9급

> 동일한 정책문제와 관련되는 영역에서 기존 정책목표는 유지되지만, 이전의 프로그램과 조직이 새로운 것으로 대체되는 것을 의미한다. 세부적으로는 정책통합, 정책분할 등이 있다.

① 정책승계(policy succession)
② 정책쇄신(policy innovation)
③ 정책유지(policy maintenance)
④ 정책종결(policy termination)

정답 ①

해설 기존 정책의 목표는 유지하되 의도적으로 정책의 기본성격을 바꾸는 것으로 정책수단인 사업, 담당조직, 예산항목 등에서 중대한 변화가 나타난다는 점에서 정책유지와 차이가 있다. 정책통합은 두 개 이상의 정책을 하나로 통합하는 것이다. 정책분할은 하나의 정책을 두 개 이상으로 분리하는 것이다.
② 정책쇄신(policy innovation)은 정부가 관여하지 않던 분야에 개입할 목적으로 새로운 정책을 결정하는 것을 의미한다.
③ 정책유지(policy maintenance)는 현재의 정책을 기본적으로 유지하면서 정책수단의 부분적인 변화만 이루어지는 것이다.
④ 정책종결(policy termination)은 해당 분야에 대한 정부의 개입을 완전히 중단하는 것으로, 정책, 사업, 그리고 담당 조직을 폐지하고 이를 전혀 대체하지 않는 것을 의미한다.

04

정책변동에 대한 설명으로 옳지 않은 것은? 2020. 국가 9급

① 킹던(Kingdon)의 정책흐름이론에 따르면 정책변동은 정책문제의 흐름, 정치의 흐름, 정책대안의 흐름이 결합하여 이루어진다.
② 무치아로니(Mucciaroni)의 이익집단 위상변동모형에서 이슈 맥락은 환경적 요인과 같이 정책의 유지 혹은 변동에 영향을 미치는 정책요인을 말한다.
③ 실질적인 정책내용이 변하더라도 정책목표가 변하지 않는다면 이를 정책유지라 한다.
④ 정책목표를 달성하기 위한 전반적인 정책수단을 소멸시키고 이를 대체할 다른 정책을 마련하지 않는 것을 정책종결이라 한다.

정답 ③ [×]
해설 실질적인 정책내용이 변하더라도 정책목표가 변하지 않는 것은 정책승계에 대한 설명이다.

06

정책변동에 대한 설명으로 옳지 않은 것은? 2020. 국가 9급

① 킹던(Kingdon)의 정책흐름이론에 따르면 정책변동은 정책문제의 흐름, 정치의 흐름, 정책대안의 흐름이 결합하여 이루어진다.
② 무치아로니(Mucciaroni)의 이익집단 위상변동모형에서 이슈 맥락은 환경적 요인과 같이 정책의 유지 혹은 변동에 영향을 미치는 정책요인을 말한다.
③ 실질적인 정책내용이 변하더라도 정책목표가 변하지 않는다면 이를 정책유지라 한다.
④ 정책목표를 달성하기 위한 전반적인 정책수단을 소멸시키고 이를 대체할 다른 정책을 마련하지 않는 것을 정책종결이라 한다.

정답 ③ [×]
해설 실질적인 정책내용이 변하더라도 정책목표가 변하지 않는 것은 정책승계에 대한 설명이다.

05

홀(Hall)에 의해 제시된 정책변동모형으로 정책목표, 정책수단, 정책환경의 세 가지 변수 중 정책 목표와 정책수단에 급격한 변화가 발생하는 정책변동모형은?
2016. 지방 9급

① 쓰레기통 모형
② 단절균형모형
③ 정책지지연합모형
④ 정책패러다임 변동모형

정답 ④
해설 홀(Hall)이 제시한 정책패러다임 변동모형에 따르면 정책패러다임의 변화로 근본적 정책변동이 가능하다고 본다. 정책패러다임이란 정책결정자들이 정책문제의 본질을 파악하고 정책목표와 이를 달성하기 위한 정책수단을 구체화하는 데 있어서 일정한 사고와 기준의 틀을 말한다.

07

다음 특징을 가진 정책변동 모형은? 2019. 지방 9급

- 분석단위로서 정책하위체제(policy sub-system)에 초점을 두고 정책변화를 이해한다.
- 신념체계, 정책학습 등의 요인은 정책변동에 영향을 준다.
- 정책변동 과정에서 정책중재자(policy mediator)가 중요한 역할을 한다.

① 정책흐름(Policy Stream) 모형
② 단절적 균형(Punctuated Equilibrium) 모형
③ 정책지지연합(Advocacy Coalition Framework) 모형
④ 정책패러다임 변동(Paradigm Shift) 모형

정답 ③
해설 사바티에의 정책지지연합 모형에 대한 설명이다.

08
정책변동 모형 중에서 정책과정 참여자의 신념체계를 가장 강조하는 모형은? 2016. 국가직 9급

① 단절균형(punctuated equilibrium)모형
② 정책 패러다임변동(paradigm shift)모형
③ 정책 지지연합(advocacy coalition)모형
④ 제도의 협착(lock-in) 모형

정답 ③
해설 Sabatier & mazmanian이 제시한 정책지지연합모형에 해당한다.

09
정책옹호연합모형(advocacy coalition framework)에 대한 설명으로 옳지 않은 것은? 2021. 지방 9급

① 외적인 환경변수를 정책 과정과 연계함으로써 정책변동을 설명한다.
② 정책학습을 통해 행위자들의 기저 핵심 신념(deep core beliefs)을 쉽게 변화시킬 수 있다.
③ 옹호연합 사이에서 정치적 갈등 발생 시 정책중개자가 이를 조정할 수 있다.
④ 옹호연합은 그들의 신념 체계가 정부 정책에 관철되도록 여론, 정보, 인적자원 등을 동원한다.

정답 ② [×]
해설 사바티어는 정책 참여자(actor)의 신념을 3계층으로 구분했다. 기저 핵심 신념(Deep core beliefs)은 인간 본성, 사회 질서, 국가·시장·개인의 기본적 관계 등에 대한 신념(예 "환경보호는 성장보다 우선한다", "시장은 정부보다 효율적이다")으로 철학적·이념적 수준이며, 매우 안정적이고 거의 변하지 않는다고 보았다.

10
정책옹호연합모형(advocacy coalition framework)에 대한 설명으로 옳지 않은 것은? 2011. 국가 9급

① 신념체계별로 여러 개의 연합으로 구성된 정책행위자 집단이 자신들의 신념을 정책으로 관철하기 위하여 경쟁한다는 점을 강조한다.
② 사바띠에(Sabatier) 등에 의해 종전의 정책과정 단계모형의 한계를 극복하기 위하여 개발되었다.
③ 정책문제나 쟁점에 적극적으로 관심을 가지는 공공 및 민간 조직의 행위자들로 구성되는 정책하위체계(policy subsystem)라는 개념을 활용한다.
④ 정책변화 또는 정책학습보다 정책집행과정에 초점을 맞춘 이론이다.

정답 ④ [×]
해설 정책옹호(지지)연합모형은 정책집행과정보다는 정책학습에 초점을 맞춘 이론이다. 정책은 단기 집행 과정만으로 설명하기 어렵고, 연합 간 경쟁과 학습, 외부 충격이 축적되면서 점진적 또는 급격한 변화가 발생한다고 설명하기 때문에 ACF의 초점은 "집행"이 아니라 "정책변화"와 "정책학습"이라고 볼 수 있다.

11
옹호연합모형(Advocacy Coalition Framework)에 대한 설명으로 옳은 것만을 모두 고르면?

2024. 지방 9급

ㄱ. 정책하위체제에 초점을 두어 정책변화를 이해한다.
ㄴ. 정책지향학습은 옹호연합 내부만 아니라 옹호연합 사이에서도 발생한다.
ㄷ. 행정규칙, 예산배분, 규정의 해석에 대한 결정은 정책 핵심 신념과 관련된다.
ㄹ. 신념 체계 구조에서 규범적 핵심 신념은 관심 있는 특정 정책 규범에 적용되며, 이차적 측면(secondary aspects)보다 변화 가능성이 작다.

① ㄱ, ㄴ
② ㄱ, ㄹ
③ ㄴ, ㄷ
④ ㄷ, ㄹ

정답 ① ㄱ, ㄴ [O]
해설 ㄷ. [×] 정책집행에 필요한 행정상·입법상의 정책수단(행정규칙, 예산배분, 규정 해석 등)에 대한 결정은 도구적 신념(Secondary beliefs)과 관련된다. 도구적 신념은 세부 정책도구나 집행방식에 관한 신념(예 "태양광 보조금 비율을 20%로 할 것인가 30%로 할 것인가")으로 상대적으로 유연하며 정책학습(policy-oriented learning)을 통해 변화가 가능하다. 정책 핵심 신념(Policy core beliefs)은 특정 정책 영역 내에서의 근본적 가치관과 기본 방향(예 에너지 정책에서 "원자력이 불가피하다 vs 재생에너지가 중심이어야 한다")에 대한 것으로 쉽게 변하기 어렵지만 외부 충격·정치적 사건에 의해 바뀔 수 있다.
ㄹ. [×] 규범적 핵심 신념(normative core) 또는 기저 핵심 신념은 인간 본성, 사회 질서, 국가·시장·개인의 기본적 관계 등에 대한 신념으로 철학적·이념적 수준의 신념으로 매우 안정적이고 거의 변하지 않는다.

12
사바티어(Sabatier)의 옹호연합모형(Advocacy Coalition Framework)에 대한 설명으로 옳지 않은 것은?

2024. 지방 7급

① 정책 변화를 이해하기 위한 분석 단위로서 정책하위체제(policy subsystem)에 중점을 두고 있다.
② 정책 변화과정을 이해하기 위해 1년 이내 단기간에 초점을 둔다.
③ 옹호연합들 간의 대립과 갈등을 정책 중재자(policy broker)가 중재한다.
④ 정책하위체제에 영향을 미치는 외생변수는 안정적 변수와 역동적 변수로 구분된다.

정답 ② [×]
해설 정책학습을 통해 정책옹호연합을 구성하며 특정 신념을 공유하는 행위자들의 신념체계를 변화시키고, 점진적으로 장기간에 걸친 정책변화를 이끌어낸다. 따라서 정책변화과정을 이해하려면 상당한 기간이 필요한 것으로 보아 분석의 시계를 10년 이상 장기간으로 설정한다.

Chapter 07 정책평가

제1절 정책평가의 의의

01
정책평가의 목적으로 적절하지 <u>않은</u> 것은? 2010. 서울 9급
① 정책대안의 예측과 결과에 대한 비교 평가
② 목표의 충족 여부 파악
③ 성공과 실패의 원인 제시
④ 목표달성을 위해 사용된 수단과 하위목표의 재구성
⑤ 효과성을 증진시키기 위해 여러 기법을 사용하는 실험 과정으로의 유도

정답 ① [×]
해설 정책대안의 예측과 결과에 대한 비교 평가는 정책분석에 해당되는 개념이다. 정책분석은 정책결정 단계에서 정책대안에 대한 비교·평가를 통해 정책결정자가 최적의 대안을 선택할 수 있도록 필요한 정보를 산출하고 제시하는 분석 작업을 의미한다.

02
일반적인 정책평가의 절차를 순서대로 연결한 것은? 2017. 사복직 9급

ㄱ. 인과모형의 설정
ㄴ. 자료 수집 및 분석
ㄷ. 정책목표의 확인
ㄹ. 정책평가 대상 및 기준의 확정
ㅁ. 평가 결과의 환류

① ㄱ → ㄴ → ㄷ → ㄹ → ㅁ
② ㄴ → ㄷ → ㄱ → ㄹ → ㅁ
③ ㄷ → ㄹ → ㄱ → ㄴ → ㅁ
④ ㄹ → ㄱ → ㄴ → ㄷ → ㅁ

정답 ③
해설 정책평가의 단계는 ㄷ. 정책목표 확인 → ㄹ. 정책평가 대상 및 평가기준의 확정 → ㄱ. 인과모형의 설정(정책평가 연구설계) → ㄴ. 자료의 수집 분석 → ㅁ. 평가결과의 환류 및 활용의 순서로 이루어진다.

03
정책평가 유형에 대한 설명으로 옳지 <u>않은</u> 것은? 2025. 국가 9급
① 총괄평가는 정책 집행이 완료된 후 정책의 효과성과 효율성을 종합적으로 판단하는 평가이다.
② 형성평가는 일종의 예비평가로 공식 영향평가의 실행 가능성과 유용성을 검토하기 위하여 실시된다.
③ 과정평가는 정책이 의도한 대로 집행되고 있는지, 정책 집행과정의 문제점을 파악하고 개선하는 데 초점을 맞춘 평가이다.
④ 집행 모니터링은 프로그램 투입 또는 활동을 측정하고 이를 사전에 결정되거나 기대하였던 기준값과 비교하여, 프로그램이 설계에 명시된 대로 수행되고 있는지를 판단한다.

정답 ② [×]
해설 공식 영향평가의 실행 가능성과 유용성을 검토하기 위하여 실시하는 것은 평가성 사정이다. 형성평가는 정책집행 도중에 원래의 집행계획이나 집행설계에 따라 의도한대로 정책집행이 이루어지고 있는지 확인·점검하는 목적으로 수행되는 평가이다.

04
정책평가의 유형에 대한 설명으로 옳지 않은 것은?

2023. 국가 7급

① 평가성 사정(evaluability assessment)은 평가의 실행가능성을 검토하는 일종의 예비평가이다.
② 정책영향평가는 사후평가이며 동시에 효과성 평가로 볼 수 있다.
③ 모니터링은 과정평가에 속하지만 집행의 능률성과 효과성을 확보하기 위한 평가이다.
④ 형성평가는 집행이 종료된 후 정책이 의도했던 목적을 달성했는지에 초점을 맞춘다.

정답 ④ [×]
해설 집행이 종료된 후 정책이 의도했던 목적을 달성했는지에 초점을 맞추는 것은 총괄평가이다. 형성평가는 집행 과정에서 발생하는 문제점을 해결하는 목적으로 이루어지는 평가로 집행 도중에 이루어진다.
③ [○] 모니터링(Monitoring)은 정책이나 프로그램이 집행되는 동안, 목표·계획·집행활동이 계획대로 진행되는지를 지속적이고 체계적으로 관찰·점검하는 것으로 과정평가에 해당한다.

05
정책평가의 방법에 대한 설명으로 옳지 않은 것은?

2009. 국가 9급

① 착수직전분석(front-end-analysis)은 주로 새로운 프로그램 평가를 기획하기 위하여 평가를 착수하기 직전에 수행되는 평가작업이다.
② 평가성 사정(evaluation assessment)은 여러 가지 가능한 평가로부터 얻을 수 있는 정보수요를 사정하고, 실행가능하고 유용한 평가 설계를 선택하도록 함으로써 평가의 공급과 수요를 합치시키도록 도와준다.
③ 집행에 있어 과정평가(process evaluation)는 정책집행 및 활동을 분석하여 이를 근거로 보다 효율적인 집행전략을 수립하거나 정책내용을 수정·변경하는 데 도움을 준다.
④ 총괄평가(summative evaluation)는 정책이 집행되고 난 후에 인과관계의 경로를 검증·확인하고 정책이 사회에 미친 영향(impact)을 추정하는 판단활동이다.

정답 ④ [×]
해설 정책이 집행되고 난 후에 인과관계의 경로를 검증·확인하는 것은 협의의 과정평가에 해당한다.

제2절 정책평가의 구성논리와 방법

01
정책평가의 논리에서 수단과 목표 간의 인과관계에 대한 설명으로 옳은 것만을 모두 고르면? 2020. 지방 9급

ㄱ. 정책목표의 달성이 정책수단의 실현에 선행해서 존재해야 한다.
ㄴ. 특정 정책수단 실현과 정책목표 달성 간 관계를 설명하는 다른 요인이 배제되어야 한다.
ㄷ. 정책수단의 변화 정도에 따라 정책목표의 달성 정도도 변해야 한다.

① ㄱ
② ㄷ
③ ㄱ, ㄴ
④ ㄴ, ㄷ

정답 ④ ㄴ, ㄷ [O]
해설 ㄱ. [×] 정책수단의 실현(독립변수)이 정책목표의 달성(종속변수)에 선행해서 존재해야 한다.

02
정책평가에 대한 설명으로 옳지 않은 것은? 2012. 국가 9급

① 정책평가의 외적 타당도란 특정한 상황에서 얻은 정책평가의 결과를 일반화할 수 있는 정도를 말한다.
② 정책평가의 내적 타당도란 관찰된 결과가 다른 경쟁적 요인들 보다는 해당 정책에 기인하는 것이라고 판단할 수 있는 정도를 의미한다.
③ A라는 정책이 집행된 이후에 그 정책의 목표 B가 달성된 것을 발견한 경우, 정책평가자는 A와 B 사이에 인과관계가 존재한다고 결론을 내릴 수 있다.
④ 신뢰도는 동일한 측정도구를 반복하여 사용했을 때 동일한 결과를 얻을 확률을 의미한다.

정답 ③ [×]
해설 정책과 정책효과(목표 달성) 간에 인과관계가 존재한다는 결론을 내리기 위해서는 세 가지 조건이 충족되어야 한다. 첫째, 정책(독립변수)은 정책효과(종속변수)보다 시간적으로 선행해야 하고(시간적 선행성), 둘째, 정책과 정책효과는 모두 일정한 방향으로 변화해야 하며(공동 변화), 셋째, 정책결과(종속변수)는 오직 해당 정책(원인변수)에 의해서만 설명되어야 하며, 제3의 변수는 배제되어야 한다(경쟁가설 배제).

03
통계적 결론의 타당성 확보에 있어서 발생할 수 있는 오류와 그에 대한 설명을 바르게 연결한 것은? 2015. 국가 9급

ㄱ. 정책이나 프로그램의 효과가 실제로 발생하였음에도 불구하고 통계적으로 효과가 나타나지 않은 것으로 결론을 내리는 경우
ㄴ. 정책의 대상이 되는 문제 자체에 대한 정의를 잘못 내리는 경우
ㄷ. 정책이나 프로그램의 효과가 실제로 발생하지 않았음에도 불구하고 통계적으로 효과가 나타난 것으로 결론을 내리는 경우

	제1종 오류	제2종 오류	제3종 오류
①	ㄱ	ㄴ	ㄷ
②	ㄱ	ㄷ	ㄴ
③	ㄴ	ㄱ	ㄷ
④	ㄷ	ㄱ	ㄴ

정답 ④
해설 ㄷ - 제1종 오류: 정책효과가 발생하지 않았음에도 효과가 발생했다고 결론을 내리는 경우
ㄱ - 제2종 오류: 정책효과가 발생했음에도 효과가 발생하지 않았다고 결론을 내리는 경우
ㄴ - 제3종 오류: 정책문제 자체에 대한 정의를 잘못 내리는 경우

04
정책변수에 대한 설명으로 옳은 것만을 모두 고르면?

2020. 국가 9급

> ㄱ. 매개변수 – 독립변수의 원인인 동시에 종속변수의 원인이 되는 제3의 변수
> ㄴ. 조절변수 – 독립변수와 종속변수 간에 상호작용 효과를 나타나게 하는 제3의 변수
> ㄷ. 억제변수 – 독립변수와 종속변수 간에 상관관계가 없는데도 있는 것으로 나타나게 하는 제3의 변수
> ㄹ. 허위변수 – 독립변수와 종속변수 모두에게 영향을 미치며 이들 사이의 공동변화를 설명하는 제3의 변수

① ㄱ, ㄷ
② ㄱ, ㄹ
③ ㄴ, ㄷ
④ ㄴ, ㄹ

정답 ④ ㄴ, ㄹ [O]
해설 ㄱ. [×] 매개변수는 독립변수와 종속변수 사이에서 매개 역할을 하여 독립변수의 결과인 동시에 종속변수의 원인이 되는 제3의 변수를 말한다.
ㄷ. [×] 억제변수란 독립변수와 종속변수 간에 상관관계가 있는데도 없는 것으로 나타나게 하는 제3의 변수를 말한다.

05
다음 제시문의 ㉠, ㉡에 들어갈 용어가 바르게 연결된 것은?

2016. 지방 9급

> (㉠)는 독립변수인 정책수단과 함께 종속변수인 정책효과를 가져오는 요인으로 정책수단과 정책효과 사이의 인과관계를 과대 또는 과소평가하며 (㉡)는 독립변수인 정책수단의 효과가 전혀 없을 때 숨어서 정책효과를 가져오는 변수로 정책수단과 정책효과 사이의 인과관계를 완전히 왜곡하는 요인이다.

	㉠	㉡
①	허위변수 (spurious variable)	매개변수 (mediating variable)
②	혼란변수 (confounding variable)	허위변수 (spurious variable)
③	혼란변수 (confounding variable)	매개변수 (mediating variable)
④	허위변수 (spurious variable)	혼란변수 (confounding variable)

정답 ② [O]
해설 ㉠ 혼란변수(confounding variable)란 독립변수와 종속변수 간에 상관관계가 있는 상태에서 두 변수 간의 관계를 과대 또는 과소평가하게 만드는 제3의 변수이다.
㉡ 허위변수(spurious variable)란 독립변수와 종속변수 간 전혀 관계가 없음에도 불구하고 마치 상관관계가 있는 것처럼 보이도록 하는 제3의 변수이다.

06
정책평가를 위한 측정도구의 타당성과 신뢰성에 대한 설명으로 옳지 않은 것은? 2020. 국가 9급

① 타당성은 없지만 신뢰성이 높은 측정도구가 있을 수 있다.
② 신뢰성이 없지만 타당성이 높은 측정도구는 있을 수 없다.
③ 신뢰성은 측정도구의 타당성을 담보할 수 있는 충분조건이다.
④ 타당성이 없는 측정도구는 제1종 오류를 범하는 원인이 될 수 있다.

정답 ③ [×]
해설 신뢰성은 타당성의 필요조건이지만 충분조건은 아니다. 즉, 신뢰성이 높지 않으면 타당성이 높을 수 없지만, 신뢰성이 높아도 타당성이 반드시 높아지는 것은 아니다.

07
정책분석 및 평가연구에 적용되는 기준 중 내적 타당성에 대한 설명으로 옳은 것은? 2023. 국가 9급

① 분석 및 평가 결과를 다른 상황에서도 적용할 수 있는 정도를 의미한다.
② 이론적 구성요소들의 추상적 개념을 성공적으로 조작화한 정도를 의미한다.
③ 집행된 정책내용과 발생한 정책효과 간의 관계에 대한 인과적 추론의 정확성 정도를 의미한다.
④ 반복해서 측정했을 때 일관성 있는 결과를 얻는 정도를 의미한다.

정답 ③ [○]
해설
① [×] 외적타당성에 대한 설명이다.
② [×] 구성적 타당성에 대한 설명이다.
④ [×] 신뢰성에 대한 설명이다.

08
정책평가의 타당성에 대한 설명으로 옳지 않은 것은? 2025. 지방 9급

① 외적 타당성(external validity)은 추정된 인과관계를 다른 상황에서도 일반화시킬 수 있는가를 의미한다.
② 구성적 타당성(construct validity)은 추상적 개념과 이를 측정하는 측정도구가 얼마나 일치하는가를 의미한다.
③ 통계적 결론의 타당성(statistical conclusion validity)은 표본자료의 통계적 검증에서 도출한 결론이 얼마나 정확한가를 의미한다.
④ 내적 타당성(internal validity)에 대한 논의는 우선 외적 타당성의 확보가 전제되어야 한다.

정답 ④ [×]
해설 정책평가의 1차적 목적은 내적타당성(인과적 추론의 정확성)을 확보하는 것이다. 따라서 내적 타당성 확보가 외적 타당성에 우선한다.

09
정책평가에 있어 타당성(validity)과 관련된 설명으로 옳지 않은 것은? 2009. 국가 9급

① 외적타당성(external validity)은 어떤 특정한 상황에서 내적타당성을 확보한 정책평가가 다른 상황에서도 적용될 가능성을 의미한다.
② 정책평가를 위하여 고찰된 통계적·실험적 방법들은 외적타당성을 제고하는 것을 제1차적 목적으로 한다.
③ 성숙효과(maturation effect)는 평가에 동원된 집단구성원들이 정책의 효과와는 관계없이 스스로 성장함으로써 나타날 수 있는 효과로서 내적 타당성을 저하시킬 수 있는 요인에 속한다.
④ 회귀인공요소(regression artifact)들은 프로그램 집행 전의 1회 측정에서 극단적인 점수를 얻은 것을 기초로 개인들을 선발하게 되면, 다음의 측정에서 그들의 평균점수가 덜 극단적인 방향으로 이동하게 되는 것을 의미한다.

정답 ② [×]
해설 정책평가의 제1차적 목적은 정책과 그 결과 사이에 존재하는 인과관계 추론의 정확도를 의미하는 내적타당성을 확보하는 것이다.

10
정책평가의 내적 타당성을 저해하는 요인들 중 외재적 요인은?
2014. 지방 9급

① 선발요인 ② 역사요인
③ 측정요인 ④ 도구요인

정답 ①
해설 선발요인(선정요인)은 실험집단과 통제집단을 구성할 때 실험집단과 비교집단 간 구성원이 다르기 때문에 나타나는 현상으로 내적타당성을 저해하는 요인 중 외재적 요인에 해당한다.

11
정책평가와 관련하여 실험결과의 외적 타당성을 저해하는 요인으로 옳지 않은 것은?
2021. 국가 9급

① 연구자의 측정기준이나 측정도구가 변화되는 경우
② 표본으로 선택된 집단의 대표성이 약할 경우
③ 실험집단 구성원 자신이 실험대상임을 인지하고 평소와 다른 특별한 반응을 보일 경우
④ 실험의 효과가 크게 나타날 것으로 예상되는 집단만을 의도적으로 실험집단에 배정하는 경우

정답 ① [×]
해설 측정도구요인으로 외적 타당성이 아니라 내적 타당성을 저해하는 요인이다.
② 표본의 대표성 부족, ③ 호오손 효과, ④ 크리밍 효과에 대한 설명으로 외적타당성을 저해하는 요인이다.

내적 타당성 저해요인	외재적 요인	선발요소(선정요인)
	내재적 요인	역사적 요소(사건요소), 성숙효과(성장효과), 상실효과, 측정요소(시험효과), 측정도구의 변화, 회귀인공요소, 오염효과 등
외적타당성 저해요인		호손효과, 다수적 처리에 의한 간섭, 표본의 대표성 부족, 크리밍 효과, 실험조작과 측정의 상호작용 등

12
〈보기〉 중 정책평가의 내적 타당성을 저해하는 요인은 모두 몇 개인가?
2010. 국회 8급

가. 역사요인
나. 회귀인공요인
다. 실험조작의 반응효과
라. 처치와 상실의 상호작용
마. 측정요인
바. 선발과 성숙의 상호작용
사. 측정도구요인
아. 표본추출의 대표성 문제
자. 다수 처리의 간섭
차. 실험조작과 측정의 상호작용

① 2개   ② 4개   ③ 5개
④ 6개   ⑤ 8개

정답 ④ 가, 나, 라, 마, 바, 사 - 6개
해설
- 내적 타당성 저해요인: 가. 역사요인, 나. 회귀인공요인, 라. 처치와 상실의 상호작용, 마. 측정요인, 바. 선발과 성숙의 상호작용, 사. 측정도구요인
- 외적 타당성 저해요인: 다. 실험조작의 반응효과(호손효과), 아. 표본추출의 대표성 문제, 자. 다수 처리의 간섭, 차. 실험조작과 측정의 상호작용

13
정책실험에서 내적 타당성을 위협하는 요인 중 다음 설명에 해당하는 것은?
2021. 지방 9급

사전측정을 경험한 실험 대상자들이 측정 내용에 대해 친숙해지거나 학습 효과를 얻음으로써 사후측정 때 실험집단의 측정값에 영향을 주는 효과이며, '눈에 띄지 않는 관찰' 방법 등으로 통제할 수 있다.

① 검사요인   ② 선발요인
③ 상실요인   ④ 역사요인

정답 ① [O]
해설 검사(측정) 자체가 실험 결과에 영향을 주는 검사요인에 대한 설명이다.

14
다음 내용에서 정책평가의 내적 타당성을 위협하는 요인은?
2016. 국가 9급

> 정부는 혼잡통행료 제도의 효과를 측정하기 위해 혼잡통행료 실시 이전과 실시 후의 도심의 교통 흐름도를 측정, 비교하였다. 그런데 두 측정시점 사이에 유류가격이 급등하는 상황이 발생하였다.

① 상실요인(mortality)
② 회귀요인(regression)
③ 역사요인(history)
④ 검사요인(testing)

정답 ③
해설 제시문은 혼잡통행료 제도라는 정책과 정책 효과 간의 인과관계를 측정하려는 것으로 정책과 효과 발생 사이에 유류 가격 급등이라는 역사적 사건이 발생한 것이므로 역사요인 또는 사건 효과에 해당한다.

15
A 지방자치단체는 알코올 중독자들을 위한 6개월 단주 교실을 운영하였다. 처음에는 50명의 수강자들로 시작하였는데, 중도에 탈락되어 20명만이 수료하였고, 그 중 15명이 단주에 성공하였다. A지방자치단체는 단주교실 운영의 효과를 75%(수료자 20명 가운데 15명)가 단주에 성공했다고 평가하는 오류를 범하였다. 이는 평가의 내적 타당성을 위협하는 요인 중 어느 요인의 오류를 범한 것인가?
2012년. 국회 9급

① 역사적(history) 요인
② 선발(selection) 요인
③ 회귀(regression) 요인
④ 상실(mortality) 요인
⑤ 성숙(maturation) 요인

정답 ④ [O]
해설 6개월의 실험기간 동안 50명의 실험집단 중 30여 명이 중도 탈락하고 20명만이 수료하였다. 남아 있는 20명의 실험집단 구성원을 가지고 결과를 평가하는 오류를 범하였으므로 상실요인에 해당한다.

16
정책평가에 있어서 조건이 양호한 집단을 대상으로 정책수단을 실시한 후 그 결과가 좋게 나타난 정책수단을 다른 상황에 적용하려고 하는 경우에 나타나는 외적 타당성의 문제는?
2017. 국가 9급

① 크리밍효과(creaming effect)
② 성숙효과(maturation effect)
③ 허위상관(spurious correlation)
④ 호손효과(Hawthorne effect)

정답 ①
해설 크리밍 효과에 대한 설명이다.

제3절 정책평가(연구설계)의 방법

01
정책평가에 대한 설명으로 옳지 않은 것은? 2022. 국회 9급

① 양적평가(계량평가)는 연역적 방법을 활용한다.
② 질적평가(비계량평가)는 연구자의 주관이 개입될 여지가 있다.
③ 진실험 평가는 실험집단과 통제집단의 동질성을 확보하여 측정하는 방법이다.
④ 준실험 평가는 실험집단과 통제집단을 무작위적으로 배정한다.
⑤ 비실험적 평가에서는 주로 통계적 통제에 의한 평가와 인과모형에 의한 방법 등이 활용된다.

> **정답** ④ [×]
> **해설** 진실험 평가는 실험집단(정책실시 집단)과 통제집단(실시하지 않는 집단)의 동질성을 확보하고 하는 실험으로 무작위 배정을 통해 실험집단과 통제집단을 동질적으로 구성할 수 있다. 준실험 평가는 실험집단과 통제집단의 동질성을 확보하지 못한 상태에서 정책을 처리하여 정책효과를 판단하는 실험으로 무작위 배정이 어려운 상황에서 적용한다.
> ① [○] 양적평가는 정책집행 결과 나타나는 성과에 초점을 맞추는 평가로서 연역적 방법을 활용한다.
> ② [○] 질적평가는 정책사업 수행 과정의 난이도, 수치화하여 측정이 어려운 사업 결과 내지는 산출물 등 계량적으로 측정하기 어려운 분야에 대한 평가를 위해 활용되며 주로 귀납적 방법이 활용된다. 이 평가 방법은 그 특성상 연구자의 주관이 개입될 여지가 있다.
> ⑤ [○] 비실험적 평가의 방법으로 통계적 통제(시계열분석, 회귀분석 등), 인과모형에 의한 추론 등이 있다.

02
정책평가에서 내적 타당성에 대한 설명으로 옳지 않은 것은? 2019. 지방 9급

① 준실험설계보다 진실험설계를 사용할 때 내적 타당성의 저해요인이 다양하게 나타난다.
② 정책의 집행과 효과 사이에 존재하는 인과관계의 추론이 가능한 평가가 내적 타당성이 있는 평가이다.
③ 허위변수나 혼란변수를 배제할 수 있다면 내적 타당성을 높일 수 있다.
④ 선발요인이나 상실요인을 통제하기 위해서는 무작위배정이나 사전측정이 필요하다.

> **정답** ① [×]
> **해설** 준실험 설계에서 내적타당성 저해요인이 다양하게 나타난다. 진실험 설계는 무작위배정을 통해 실험집단과 통제집단의 동질성을 확보하기 때문에 준실험 설계보다 내적타당성을 저해하는 역사적 효과, 성숙효과, 선발효과 등을 통제할 수 있다.

03
정책평가방법에 대한 설명으로 옳지 않은 것은? 2014. 지방 9급

① 진실험설계는 정책을 집행하는 실험집단과 집행하지 않는 통제집단을 구성하되, 두 집단이 동질적인 집단이 되도록 한다.
② 정책의 실험과정에서 실험대상자와 통제대상자들이 서로 접촉하는 경우에는, 모방효과가 나타날 수 있다.
③ 준실험설계는 짝짓기(matching) 방법으로 실험집단과 통제집단을 구성하여 정책영향을 평가하거나, 시계열적인 방법으로 정책 영향을 평가한다.
④ 준실험설계는 자연과학 실험과 같이 대상자들을 격리시켜 실험하기 때문에, 호손효과(Hawthorne effects)를 강화시킨다.

> **정답** ④ [×]
> **해설** 자연과학 실험과 같이 대상자들을 격리시켜 실험하는 것은 진실험 설계이다.

04
정책평가를 위한 사회실험에 대한 설명으로 옳지 않은 것은? 2023. 국가 9급

① 통제집단 사전·사후 설계는 검사효과를 통제할 수 있다.
② 준실험은 진실험에 비해 실행 가능성이 높다는 장점이 있다.
③ 회귀불연속 설계는 구분점(구간)에서 회귀직선의 불연속적인 단절을 이용한다.
④ 솔로몬 4집단 설계는 통제집단 사전·사후 설계와 통제집단 사후 설계의 장점을 갖는다.

정답 ① [×]

해설 통제집단 사전사후 측정설계(사전에 통제집단과 실험집단을 무작위배정에 의하여 동질적으로 구성하여 사전사후측정값을 비교)가 갖는 약점은 검사요인의 효과를 통제할 수 없다는 것이다. 즉 사전측정을 함으로써, 실험집단과 통제집단에 속한 대상들이 사전측정에 의하여 정상과는 다른 민감한 반응을 보일 수도 있고(검사요인 효과), 또한 연구자의 의도를 파악하거나 테스트의 양식에 익숙하여 실제의 실험변수의 효과와는 다른 결과를 산출할 수도 있다.
④ [○] 솔로몬 4집단 설계는 가장 강력한 실험설계 유형으로 고전적 진실험 설계에서 나타날 수 있는 사전 측정에 의한 영향, 즉 검사효과를 통제하기 위해 솔로몬(R. L. Solomon)이 제안한 것이다. 두 개의 실험집단과 두 개의 통제집단으로 4개 집단을 구성한 후, 하나의 실험집단과 통제집단에 대해서는 사전 측정을 하고, 또 다른 실험집단과 통제집단에 대해서는 사전측정을 하지 않은 채 실험을 하여 각 집단들 간의 결과 변수값의 차이를 비교하기 때문에 검사효과까지도 통제할 수 있다. 이처럼 통제집단 사전·사후 설계와 통제집단 사후 설계의 장점을 결합하고 있는 이 설계는 고전적 진실험 설계와 마찬가지로 선정·성숙·역사 효과 등의 분리가 가능할 뿐만 아니라, 고전적 실험설계의 약점인 검사효과까지 통제할 수 있어 사회과학의 가장 이상적인 설계유형이라고 할 수 있다. 그러나 현실적으로 이 설계는 두 가지 다른 실험을 동시적으로 수행해야 한다는 점과 동일한 종류의 더 많은 연구대상들을 확보해야 한다는 점 및 비용이 많이 들어 비경제적이라는 등 몇 가지 단점으로 인해 실제 사용에는 한계를 나타내고 있다.

05
정책평가의 방법을 논리모형(논리 매트릭스)과 목표모형으로 구분할 경우, 논리모형에 대한 설명으로 옳지 않은 것은?
2017. 국가 9급

① 정책 프로그램이 특정성과를 산출하기 위해 어떤 논리적 인과구조를 가지고 있는지를 명시적으로 보여준다.
② 프로그램이 해결하려는 정책문제 및 정책의 결과물이 무엇인지를 명확히 해주기 때문에 정책형성과정의 인과관계에 대한 가정의 오류와 정책집행의 실패를 구분할 수 있도록 한다.
③ 정책이 달성하려는 장기목표와 중·단기 목표들을 잘 달성했는지에 초점을 맞춘 평가모형이다.
④ 프로그램 논리의 분석 및 정리과정이 이해관계자의 정책프로그램에 대한 이해를 높인다.

정답 ③ [×]

해설 정책이 달성하려는 목표들이 잘 달성되었는지에 초점을 맞춘 평가모형은 목표모형이다. 목표모형이 정책의 목표달성도(효과성)에 초점을 맞춘 총괄평가에 해당한다면, 논리모형은 프로그램의 인과경로를 구축하여 프로그램의 타당성을 제고시키는 형성평가 모형에 해당한다.

06
정책평가의 논리모형에 대한 설명으로 옳지 않은 것은?
2024. 국가 9급

① 정책프로그램의 요소들과 해결하려는 문제들 사이의 논리적 인과관계를 투입(input) − 활동(activity) − 산출(output) − 결과(outcome)로 도식화한다.
② 산출은 정책집행이 종료된 직후의 직접적인 결과물을 의미하며, 결과는 산출로 인해 나타나는 변화를 의미한다.
③ 과정평가이기 때문에 정책프로그램의 목표달성 여부를 보여 주지는 못한다는 한계가 있다.
④ 정책프로그램과 관련된 다양한 이해관계자의 이해도를 높일 수 있다.

정답 ③ [×]

해설 논리모형은 프로그램을 통해 핵심적으로 해결하려는 정책문제 및 정책 목표 결과물이 무엇인지를 명확히 해준다. 다른 평가방법과 비교할 때 프로그램이론 평가의 가장 큰 장점은 프로그램 관련 활동(요인)이 어떻게 궁극적으로 의도하는 목표를 달성하게 하는지에 대한 논리모형을 포함하고 있다는 점이다.
① [○] 논리모형 혹은 정책 프로그램 논리모형은 정책 프로그램의 요소들과 정책 프로그램이 해결하려고 하는 문제들 사이의 논리적 인과 관계를 투입 → 활동 → 산출 → 결과로 정리하여 표현해주는 하나의 다이어그램이자 텍스트로 볼 수 있다.

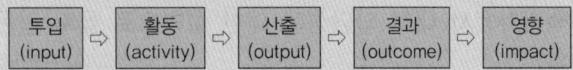

② [○] 산출은 생산과정과 활동에서 창출된 직접적인 1차 성과를 의미하고, 결과는 정책대상에 나타난 직접적인 변화를 말한다.
④ [○] 프로그램 논리의 분석 및 정리 과정이 이해관계자의 정책 프로그램에 대한 이해를 높이고 정책 프로그램의 논리적 구조적 문제를 해결할 수 있는 소통의 장이 제공된다.

제4절 우리나라의 정책평가제도 : 정부업무평가

01
「정부업무평가 기본법」에 따른 정부업무평가의 종류가 아닌 것은?
2017. 사복직 9급

① 중앙행정기관의 자체평가
② 지방자치단체의 자체평가
③ 중앙행정기관에 대한 합동평가
④ 공공기관에 대한 평가

정답 ③ [×]
해설 합동평가는 지방자치단체의 국가위임사무 등을 대상으로 하는 평가이다.

제21조(국가위임사무등에 대한 평가) ① 지방자치단체 또는 그 장이 위임받아 처리하는 국가사무, 국고보조사업 그 밖에 대통령령이 정하는 국가의 주요시책 등(이하 이 조에서 "국가위임사무 등"이라 한다)에 대하여 국정의 효율적인 수행을 위하여 평가가 필요한 경우에는 행정안전부장관이 관계중앙행정기관의 장과 합동으로 평가(이하 "합동평가"라 한다)를 실시할 수 있다.

02
「정부업무평가 기본법」상 정부업무평가의 종류가 아닌 것은?
2017. 지방 9급

① 중앙행정기관의 자체평가
② 공공기관에 대한 평가
③ 환경영향평가
④ 지방자치단체의 자체평가

정답 ③ [×]
해설 환경영향평가제도는 대규모 개발사업이나 특정 프로그램을 비롯하여 「환경영향평가법」에서 규정하는 대상사업에 대하여 사업으로부터 유발될 수 있는 모든 환경영향에 대하여 사전에 조사·예측·평가하여 자연훼손과 환경오염을 최소화하기 위한 방안을 마련하려는 제도이다.
①, ②, ④ 「정부업무평가 기본법」상 정부업무평가 유형에 해당한다.

03
정부에서 실시하고 있는 분석 및 평가제도에 대한 설명으로 옳은 것만을 모두 고르면?
2018. 지방 9급

ㄱ. 규제영향분석 – 「행정규제기본법」상 규제를 신설·강화할 때, 규제를 받는 집단과 국민이 부담해야 할 비용과 편익도 비교·분석해야 한다.
ㄴ. 지방공기업평가 – 「지방공기업법」에 근거를 두고 있으며, 원칙적으로 지방자치단체장이 실시하되 필요 시 행정안전부장관이 실시할 수 있다.
ㄷ. 정부업무평가 – 「정부업무평가기본법」상 국무총리는 중앙행정기관의 자체평가 결과에 대해 필요 시 정부업무평가위원회의 심의·의결을 거쳐 재평가를 할 수 있다.
ㄹ. 환경영향평가 – 2003년 「환경영향평가법」에 처음으로 근거가 명시된 후 발전해 온 평가제도이다.

① ㄱ, ㄷ   ② ㄱ, ㄹ   ③ ㄴ, ㄷ   ④ ㄴ, ㄹ

정답 ① ㄱ, ㄷ [O]
해설 ㄴ. [×] 지방공기업평가는 원칙적으로 행정안전부장관이 실시하며, 행정안전부장관이 필요하다고 인정하는 경우에는 지방자치단체장으로 하여금 경영평가를 하게 할 수 있다(지방공기업법 제78조).

지방공기업법 제78조(경영평가 및 지도) ① 행정안전부장관은 제3조에 따른 지방공기업의 경영기본원칙을 고려하여 대통령령으로 정하는 바에 따라 지방공기업에 대한 경영평가를 하고, 그 결과에 따라 필요한 조치를 하여야 한다. 다만, 행정안전부장관이 필요하다고 인정하는 경우에는 지방자치단체의 장으로 하여금 경영평가를 하게 할 수 있다.

ㄹ. [×] 환경영향평가제도는 1977년 「환경보전법」에 최초로 근거가 명시되었으며, 현재는 「환경영향평가법」에 규정되어 있다.
ㄱ. [O] 규제영향분석은 규제로 인한 국민의 일상생활과 사회·경제·행정 등에 미치는 제반 영향을 객관적이고 과학적인 방법을 사용하여 미리 예측·분석함으로써 규제의 타당성을 판단하는 기준을 제시하는 것(행정규제기본법 제2조 ①항)이다.
ㄷ. [O] 「정부업무평가 기본법」상 재평가는 이미 실시된 평가의 결과·방법 및 절차에 관하여 그 평가를 실시한 기관 외의 기관이 다시 평가하는 것으로, 국무총리는 자체평가의 재평가가 필요하다고 판단 시 정부업무평가위원회의 심의·의결을 거쳐 재평가를 실시할 수 있다.

정부업무평가기본법 제17조(자체평가결과에 대한 재평가) 국무총리는 중앙행정기관의 자체평가결과를 확인·점검 후 평가의 객관성·신뢰성에 문제가 있어 다시 평가할 필요가 있다고 판단되는 때에는 위원회의 심의·의결을 거쳐 재평가를 실시할 수 있다.

04
정부업무평가 제도에 대한 설명으로 가장 옳지 않은 것은?

2016. 서울시 9급

① 「정부업무평가 기본법」에 의한 정부업무평가 대상은 중앙행정기관과 지방자치단체를 포함하며 공공기관은 제외된다.
② 지방자치단체 합동평가위원회는 행정안전부 소속 위원회로 「정부업무평가 기본법」에 설치근거를 둔다.
③ 정부업무평가 중 특정평가는 국무총리가 중앙행정기관을 대상으로 정책을 평가하는 것을 의미한다.
④ 중앙행정기관의 장은 그 소속 기관의 정책 등을 포함하여 자체평가를 실시하여야 한다.

정답 ① [×]
해설 「정부업무평가 기본법」에 의한 정부업무평가 대상에는 공공기관도 포함된다.
② [○] 지방자치단체 합동평가위원회는 「정부업무평가 기본법」에 설치 근거를 둔다.

> 정부업무평가기본법 제21조(국가위임사무등에 대한 평가) ① 지방자치단체 또는 그 장이 위임받아 처리하는 국가사무, 국고보조사업 그 밖에 대통령령이 정하는 국가의 주요시책 등(이하 이 조에서 "국가위임사무등"이라 한다)에 대하여 국정의 효율적인 수행을 위하여 평가가 필요한 경우에는 행정안전부장관이 관계중앙행정기관의 장과 합동으로 평가(이하 "합동평가"라 한다)를 실시할 수 있다.
> ② 행정안전부장관은 지방자치단체를 합동평가하고자 하는 경우에는 위원회의 심의·의결을 거쳐야 한다.

③ [○] 동법 제2조 각호 4

> 정부업무평가기본법 제2조(정의) 이 법에서 사용하는 용어의 정의는 다음과 같다.
> 4. "특정평가"라 함은 국무총리가 중앙행정기관을 대상으로 국정을 통합적으로 관리하기 위하여 필요한 정책 등을 평가하는 것을 말한다.

④ [○] 동법 제14조 제1항

> 정부업무평가기본법 제14조(중앙행정기관의 자체평가) ① 중앙행정기관의 장은 그 소속기관의 정책등을 포함하여 자체평가를 실시하여야 한다.

05
「정부업무평가기본법」에 의한 정부업무 평가제도에 대한 설명으로 옳지 않은 것은?

2017. 국가 9급

① 김포시와 도로교통공단은 평가대상에 포함된다.
② 관세청장은 자체평가위원회를 운영한다.
③ 행정안전부장관은 지방자치단체합동평가위원회의 당연직 위원장이다.
④ 기획재정부장관은 정부업무평가위원회의 위원이다.

정답 ③ [×]
해설 지방자치단체합동평가위원회의 위원장은 민간위원 중에서 행정안전부장관이 지명한다.

> 정부업무평가 기본법 시행령 제18조(지방자치단체합동평가위원회의 구성·운영 등)
> ② 지방자치단체합동평가위원회의 위원장은 제3항의 민간위원 중에서 행정안전부장관이 지명한다.

① [○] 김포시는 지방자치단체, 도로교통공단은 공공기관에 해당하므로 평가대상에 포함된다(정부업무평가기본법 제2조).
② [○] 중앙행정기관인 관세청장은 자체평가위원회를 운영한다.

> 정부업무평가기본법 제14조(중앙행정기관의 자체평가) ① 중앙행정기관의 장은 그 소속기관의 정책등을 포함하여 자체평가를 실시하여야 한다.
> ② 중앙행정기관의 장은 자체평가조직 및 자체평가위원회를 구성·운영하여야 한다. 이 경우 평가의 공정성과 객관성을 확보하기 위하여 자체평가위원의 3분의 2 이상은 민간위원으로 하여야 한다.

④ [○] 기획재정부장관은 정부업무평가위원회의 위원이다.

> 정부업무평가기본법 제10조(위원회의 구성 및 운영) ① 위원회는 위원장 2인을 포함한 15인 이내의 위원으로 구성한다.
> ② 위원장은 국무총리와 제3항제2호의 자 중에서 대통령이 지명하는 자가 된다.
> ③ 위원은 다음 각 호의 자가 된다.
> 1. 기획재정부장관, 행정안전부장관, 국무조정실장

06

「정부업무평가 기본법」상 정책평가제도에 대한 설명으로 옳지 <u>않은</u> 것은?   2019. 국가 9급

① 지방자치단체의 장은 정부업무평가시행 계획에 기초하여 자체평가계획을 매년 수립하여야 한다.
② 국무총리는 2 이상의 중앙행정기관 관련 시책, 주요 현안시책, 혁신관리 및 대통령령이 정하는 대상부문에 대하여 특정평가를 실시하고, 그 결과를 공개하여야 한다.
③ 중앙행정기관 또는 지방자치단체의 소속기관이 행하는 정책은 정부업무평가의 대상에 포함된다.
④ 정부업무평가위원회는 위원장 1인과 14인 이내의 위원으로 구성한다.

정답 ④ [×]

해설 정부업무평가위원회는 위원장 2인을 포함한 15인 이내의 위원으로 구성한다.

> 정부업무평가기본법 제10조(위원회의 구성 및 운영) ① 위원회는 위원장 2인을 포함한 15인 이내의 위원으로 구성한다.

① [○]
> 제18조(지방자치단체의 자체평가) ① 지방자치단체의 장은 그 소속기관의 정책등을 포함하여 자체평가를 실시하여야 한다.
> ② 지방자치단체의 장은 자체평가조직 및 자체평가위원회를 구성·운영하여야 한다. 이 경우 평가의 공정성과 객관성을 담보하기 위하여 자체평가위원의 3분의 2 이상은 민간위원으로 하여야 한다.
> ③ 지방자치단체의 장은 정부업무평가시행계획에 기초하여 소관 정책등의 성과를 높일 수 있도록 제15조 각 호의 사항이 포함된 자체평가계획을 매년 수립하여야 한다.

② [○]
> 제20조(특정평가의 절차) ① 국무총리는 2 이상의 중앙행정기관 관련 시책, 주요 현안시책, 혁신관리 및 대통령령이 정하는 대상부문에 대하여 특정평가를 실시하고, 그 결과를 공개하여야 한다.

③ [○]
> 제2조(정의) 이 법에서 사용하는 용어의 정의는 다음과 같다.
> 2. "정부업무평가"라 함은 국정운영의 능률성·효과성 및 책임성을 확보하기 위하여 다음 각 목의 기관·법인 또는 단체(이하 "평가대상기관"이라 한다)가 행하는 정책등을 평가하는 것을 말한다.
> 가. 중앙행정기관(대통령령이 정하는 대통령 소속기관 및 국무총리 소속기관·보좌기관을 포함한다. 이하 같다)
> 나. 지방자치단체
> 다. 중앙행정기관 또는 지방자치단체의 소속기관

07

「정부업무평가 기본법」상 정부업무 평가제도에 대한 설명으로 옳지 <u>않은</u> 것은?   2015. 사복직 9급

① 중앙행정기관의 장은 그 소속기관의 정책 등을 포함하여 자체평가를 실시하여야 한다.
② 지방자치단체의 자체평가위원회는 공정성과 객관성을 담보하기 위하여 2분의 1 이상의 민간위원으로 구성되어야 한다.
③ 지방자치단체가 위임받은 국가사무에 대해 행정안전부장관이 관계중앙행정기관의 장과 합동평가를 실시할 수 있다.
④ 공공기관의 경우 기관의 특수성과 전문성을 고려하고 평가의 객관성 및 공정성을 확보하기 위하여 공공기관 외부의 기관이 평가하여야 한다.

정답 ② [×]

해설 중앙행정기관과 지방자치단체의 자체평가위원회는 공정성과 객관성을 담보하기 위하여 3분의 2 이상의 민간위원으로 구성되어야 한다(정부업무평가기본법 제14조 제2항).

> 정부업무평가기본법 제14조(중앙행정기관의 자체평가) ① 중앙행정기관의 장은 그 소속기관의 정책등을 포함하여 자체평가를 실시하여야 한다.
> ② 중앙행정기관의 장은 자체평가조직 및 자체평가위원회를 구성·운영하여야 한다. 이 경우 <u>평가의 공정성과 객관성을 확보하기 위하여 자체평가위원의 3분의 2 이상은 민간위원으로 하여야 한다.</u>

① [○]
> 제14조(중앙행정기관의 자체평가) ① 중앙행정기관의 장은 그 소속기관의 정책등을 포함하여 자체평가를 실시하여야 한다.

③ [○]
> 제21조(국가위임사무등에 대한 평가) ① <u>지방자치단체 또는 그 장이 위임받아 처리하는 국가사무,</u> 국고보조사업 그 밖에 대통령령이 정하는 국가의 주요시책 등(이하 이 조에서 "국가위임사무 등"이라 한다)에 대하여 국정의 효율적인 수행을 위하여 평가가 필요한 경우에는 행정안전부장관이 관계중앙행정기관의 장과 <u>합동으로 평가(이하 "합동평가"라 한다)를 실시할 수 있다.</u>

④ [○]
> 제22조(공공기관에 대한 평가) ① <u>공공기관에 대한 평가(이하 "공공기관평가"라 한다)는 공공기관의 특수성·전문성을 고려하고 평가의 객관성 및 공정성을 확보하기 위하여 공공기관 외부의 기관이 실시하여야 한다.</u>

08
「정부업무평가 기본법」상 우리나라 정부업무평가제도에 대한 설명으로 옳지 않은 것은? 2022. 국가 9급

① 특정평가는 국무총리가 중앙행정기관과 공공기관을 대상으로 국정을 통합적으로 관리하기 위한 목적을 갖는다.
② 국무총리 소속하에 심의 의결기구로서 정부업무평가위원회를 둔다.
③ 지방자치단체의 자체평가에 있어서 행정안전부장관은 평가 관련 사항에 대하여 지방자치단체를 지원할 수 있다.
④ 자체평가는 중앙행정기관 또는 지방자치단체가 소관 정책 등을 스스로 평가하는 것을 말한다.

정답 ① [×]
해설 특정평가는 중앙행정기관을 대상으로 한다.

> 정부업무평가기본법 제2조(정의) 이 법에서 사용하는 용어의 정의는 다음과 같다.
> 4. "특정평가"라 함은 국무총리가 중앙행정기관을 대상으로 국정을 통합적으로 관리하기 위하여 필요한 정책 등을 평가하는 것을 말한다.

② [○]

> 정부업무평가기본법 제9조(정부업무평가위원회의 설치 및 임무) ① 정부업무평가의 실시와 평가기반의 구축을 체계적·효율적으로 추진하기 위하여 국무총리 소속하에 정부업무평가위원회를 둔다.

③ [○]

> 정부업무평가기본법 제18조(지방자치단체의 자체평가) ① 지방자치단체의 장은 그 소속기관의 정책등을 포함하여 자체평가를 실시하여야 한다.
> ④ 행정안전부장관은 평가의 객관성 및 공정성을 높이기 위하여 평가지표, 평가방법, 평가기반의 구축 등에 관하여 지방자치단체를 지원할 수 있다.

④ [○]

> 정부업무평가기본법 제2조(정의) 이 법에서 사용하는 용어의 정의는 다음과 같다.
> 3. "자체평가"라 함은 중앙행정기관 또는 지방자치단체가 소관 정책등을 스스로 평가하는 것을 말한다.

09
「정부업무평가 기본법」상 정부업무평가에 대한 설명으로 옳은 것만을 모두 고르면? 2024. 지방 7급

> ㄱ. 정부업무평가의 실시와 평가기반의 구축을 체계적·효율적으로 추진하기 위하여 행정안전부장관 소속하에 정부업무평가위원회를 둔다.
> ㄴ. 정부업무평가위원회는 위원장 2인을 포함한 15인 이내의 위원으로 구성한다.
> ㄷ. 행정안전부장관은 매년 각종 평가결과보고서를 종합하여 이를 국무회의에 보고하거나 평가보고회를 개최하여야 한다.
> ㄹ. 정부업무평가의 대상에는 중앙행정기관 또는 지방자치단체의 소속기관이 포함된다.

① ㄱ, ㄷ
② ㄱ, ㄹ
③ ㄴ, ㄷ
④ ㄴ, ㄹ

정답 ④ ㄴ, ㄹ
해설 ㄱ. [×] 행정안전부장관 소속이 아니라 국무총리 소속이다.

> 정부업무평가기본법 제9조(정부업무평가위원회의 설치 및 임무) ① 정부업무평가의 실시와 평가기반의 구축을 체계적·효율적으로 추진하기 위하여 국무총리 소속하에 정부업무평가위원회를 둔다.

ㄷ. [×] 국무총리는 매년 각종 평가결과보고서를 종합하여 이를 국무회의에 보고하거나 평가보고회를 개최하여야 한다.

> 정부업무평가기본법 제27조(평가결과의 보고) ① 국무총리는 매년 각종 평가결과보고서를 종합하여 이를 국무회의에 보고하거나 평가보고회를 개최하여야 한다.

ㄴ. [○] 「정부업무평가 기본법」 제10조 제1항

> 정부업무평가기본법 제10조(위원회의 구성 및 운영) ① 위원회는 위원장 2인을 포함한 15인 이내의 위원으로 구성한다.

ㄹ. [○] 「정부업무평가 기본법」 제2조

> 「정부업무평가 기본법」 제2조(정의) 이 법에서 사용하는 용어의 정의는 다음과 같다.
> 2. "정부업무평가"라 함은 국정운영의 능률성·효과성 및 책임성을 확보하기 위하여 다음 각 목의 기관·법인 또는 단체(이하 "평가대상기관"이라 한다)가 행하는 정책등을 평가하는 것을 말한다.
> 　가. 중앙행정기관(대통령령이 정하는 대통령 소속기관 및 국무총리 소속기관·보좌기관을 포함한다. 이하 같다)
> 　나. 지방자치단체
> 　다. 중앙행정기관 또는 지방자치단체의 소속기관
> 　라. 공공기관

PART 03
조직이론

Chapter 01 조직의 기초이론
Chapter 02 조직구조의 형성
Chapter 03 한국의 행정조직
Chapter 04 동기부여이론
Chapter 05 리더십이론
Chapter 06 조직관리론
Chapter 07 조직목표와 성과관리
Chapter 08 행정개혁

Chapter 01 조직의 기초이론

제1절 조직이론의 발달

01
다음 중 고전적 조직이론(classic organization theory)의 특징에 대한 설명으로 가장 옳지 않은 것은?

2015. 국회 9급

① 기계론적 조직관에 입각하고 있다.
② 공조직과 사조직의 관리는 완전히 다르다는 공사행정이원론에 입각하고 있다.
③ 공식적인 조직구조를 강조한다.
④ 과학적 관리론과 밀접한 관련을 가지고 있다.
⑤ Taylor와 Gulick 등은 고전적 조직이론자들이다.

정답 ② [×]
해설 고전적 조직이론은 행정학 성립 초기의 이론으로 공조직과 사조직의 유사성을 전제로 하는 공사행정일원론, 즉 정치행정이원론에 입각하고 있다.

02
신고전 조직이론에 대한 설명으로 옳지 않은 것은?

2015. 지방 9급

① 메이요(Mayo) 등에 의한 호손(Hawthorne) 공장 실험에서 시작되었다.
② 공식조직에 있는 자생적, 비공식적 집단을 인정하고 수용한다.
③ 인간의 사회적 욕구와 사회적 동기유발 요인에 초점을 맞춘다.
④ 조직이란 거래비용을 감소하기 위한 장치로 기능한다고 본다.

정답 ④ [×]
해설 거래비용 경제학에 해당하는 설명으로 조직과 환경과의 상호작용을 연구하는 현대적 조직이론에 해당한다.

03
조직이론에 대한 설명 중 옳지 않은 것은?

2014. 국가 9급

① 고전적 조직이론에서는 조직 내부의 효율성과 합리성이 중요한 논의 대상이었다.
② 신고전적 조직이론은 인간에 대한 관심을 불러일으켰고 조직행태론 연구의 출발점이 되었다.
③ 신고전적 조직이론은 인간의 조직 내 사회적 관계와 더불어 조직과 환경의 관계를 중점적으로 다루었다.
④ 현대적 조직이론은 동태적이고 유기체적인 조직을 상정하며 조직발전(OD)을 중시해 왔다.

정답 ③ [×]
해설 신고전적 조직이론은 조직 내 사회적 관계에 대해서는 관심이 높았으나, 조직과 환경의 관계를 중점적으로 다루지는 못하는 폐쇄 조직이론에 속한다.

04
조직이론의 유형들을 발달 순으로 옳게 나열한 것은?

2018. 서울 9급

> 보기
> ㄱ. 체제이론   ㄴ. 과학적 관리론
> ㄷ. 인간관계론   ㄹ. 신제도이론

① ㄱ → ㄴ → ㄹ → ㄷ
② ㄴ → ㄷ → ㄱ → ㄹ
③ ㄴ → ㄱ → ㄷ → ㄹ
④ ㄷ → ㄴ → ㄹ → ㄱ

정답 ② [○]
해설 ㄴ. 과학적 관리론 → ㄷ. 인간관계론 → ㄱ. 체제이론 → ㄹ. 신제도이론의 순이다.

05

〈보기〉의 내용을 조직이론의 발전 과정에 따라 고전적 조직이론 → 신고전적 조직이론 → 현대적 조직이론의 순서로 배열한 것은? 2021. 국회 9급

---보기---
ㄱ. 조직을 환경과 상호작용하는 동태적이고 유기체적인 존재로 파악한다.
ㄴ. 인간의 감정적·정서적 측면에 관심을 기울인다.
ㄷ. 과학적 관리론과 관료제 등이 대표적이다.
ㄹ. 상황이론과 자원의존이론 등이 대표적이다.
ㅁ. 행정의 체계화와 합리화, 능률의 향상을 목적으로 한다.
ㅂ. 호손실험연구 등을 포함한 인간관계학파가 대표적이다.

① (ㄱ, ㄹ) → (ㄴ, ㅂ) → (ㄷ, ㅁ)
② (ㄴ, ㄹ) → (ㄷ, ㅂ) → (ㄱ, ㅁ)
③ (ㄴ, ㅂ) → (ㄱ, ㄹ) → (ㄷ, ㅁ)
④ (ㄷ, ㅁ) → (ㄱ, ㄴ) → (ㄹ, ㅂ)
⑤ (ㄷ, ㅁ) → (ㄴ, ㅂ) → (ㄱ, ㄹ)

정답 ⑤ [○]
해설 Waldo는 조직이론은 중점변수에 따라 고전적 – 신고전적 – 현대적 조직이론으로 구분하였다.
ㄱ. 개방체제적 관점에 대한 설명으로 현대적 조직이론에 해당한다.
ㄴ. 인간관계론 등 신고전적 조직이론에 해당한다.
ㄷ. 과학적 관리론과 관료제 이론은 고전적 조직이론에 해당한다.
ㄹ. 상황이론과 자원의존이론 등은 거시조직론으로 현대적 조직이론에 해당한다.
ㅁ. 고전적 조직이론에 해당한다.
ㅂ. 인간관계론에 대한 설명으로 신고전적 조직이론에 해당한다.

제2절 과학적 관리론과 인간관계론

01
테일러(Taylor)의 과학적 관리론에 대한 설명으로 옳지 않은 것은?
2021. 국가 9급

① 관리자는 생산증진을 통해서 노·사 모두를 이롭게 해야 한다.
② 조직 내의 인간은 사회적 욕구에 의해 동기가 유발된다고 전제한다.
③ 업무와 인력의 적정한 결합은 노동자가 아닌 관리자에 의해 결정되어야 한다.
④ 업무수행에 관한 유일 최선의 방법을 찾기 위해 동작연구와 시간연구를 사용한다.

정답 ② [×]
해설 사회적 욕구는 인간관계론 등 신고전 조직이론에서 중시하는 동기요인이다. 테일러의 과학적 관리론은 고전적 조직이론으로 인간은 합리적 경제인으로 가정하고 경제적 보상에 의해 동기가 유발된다고 가정한다.

02
행정개혁수단 가운데 테일러(F. Taylor)의 과학적 관리법 내용을 가장 잘 반영하고 있는 것은?
2012. 국가 9급

① 다면평가제(360-degree appraisal)
② 성과상여금제(bonus pay)
③ 고위공무원단제(Senior Civil Service)
④ 목표관리제(MBO)

정답 ②
해설 테일러(F. Taylor)의 과학적 관리법은 시간 및 동작연구를 통해 작업을 표준화하고, 작업성과에 따른 차별적 성과급 보수제도 등의 기업의 경영방식을 행정에 적용할 것을 제시하였다.

03
다음 〈보기〉중 테일러(F. W. Taylor)가 제시한 과학적 관리법에 관한 설명으로 옳은 것은?
2014. 국회 9급

보기
ㄱ. 업무에 가장 적합한 사람을 과학적으로 선정하고 훈련시키는 것이 필요하다.
ㄴ. 테일러는 생산성과 임금에 있어 고용주와 종업원 간에 이견이 있다고 가정한다.
ㄷ. 업무를 가장 효율적으로 수행할 수 있는 최선의 방법이 있다고 가정한다.
ㄹ. 목표관리제(MBO)처럼 종업원의 과업은 조직의 상관과 협의하여 과학적으로 정해진다.
ㅁ. 동기부여의 가정과 방법 면에서 현재의 성과관리제도에 이론적 기반을 제공한다.

① ㄱ, ㄴ, ㄷ
② ㄱ, ㄷ, ㅁ
③ ㄱ, ㄹ, ㅁ
④ ㄴ, ㄷ, ㄹ
⑤ ㄴ, ㄹ, ㅁ

정답 ② ㄱ, ㄷ, ㅁ [○]
해설
ㄴ. [×] 테일러는 고용주와 종업원 모두 성과급을 원하는 경제인으로 가정한다.
ㄹ. [×] 과학적 관리론에서 종업원의 과업은 상관과의 협의가 아니라 시간연구와 동작연구를 통하여 과학적이고 객관적으로 설정된다.

04
다음 중 인간관계론의 주요내용이 아닌 것은?
2012. 서울시 9급

① 사회적 능력과 사회적 규범에 의한 생산성 결정
② 시간과 동작에 관한 연구
③ 비경제적 요인의 우월성
④ 비공식 집단중심의 사기형성
⑤ 의사소통과 리더십

정답 ② [×]
해설 시간과 동작에 관한 연구는 과학적 관리론(F. W. Taylor)의 내용이다.

제3절 거시조직이론 분류

01
다음 중 거시적 조직 이론에 대한 설명으로 가장 옳지 않은 것은? 2016. 서울시 9급

① 전략적 선택이론은 임의론이다.
② 조직군생태론은 자연선택론을 취한다.
③ 조직군생태론은 결정론적이다.
④ 전략적 선택이론의 분석단위는 조직군이다.

정답 ④ [×]
해설 전략적 선택이론의 분석단위는 개별조직(조직군×)이며, 임의론이다.

02
조직이론에 대한 설명으로 옳은 것은? 2021. 지방 9급

① 인간관계론은 동기 유발 기제로 사회심리적 측면을 강조한다.
② 귤릭(Gulick)은 시간−동작 연구를 통해 과학적 관리론을 주장하였다.
③ 고전적 조직이론은 조직 내 사회적 능률을 강조하고, 조직 속의 인간을 자아실현인으로 간주한다.
④ 상황이론(contingency theory)은 모든 상황에서 적용되는 유일·최선의 조직구조를 찾는다.

정답 ① [○]
해설 ② [×] 시간−동작 연구를 통해 과학적 관리론을 주장한 것은 테일러(F. Taylor)이다.
③ [×] 고전적 조직이론은 조직 내 기계적 능률을 강조하고, 조직 속의 인간을 합리적 경제인으로 간주한다.
④ [×] 상황이론은 모든 상황에 적용되는 유일·최선의 조직구조는 존재하지 않는다고 보았으며, 상황에 따라 효과적인 조직구조가 달라진다고 보았다.

03
조직이론에 대한 설명으로 옳지 않은 것은? 2018. 지방 9급

① 구조적 상황이론 − 상황과 조직특성 간의 적합 여부가 조직의 효과성을 결정한다.
② 전략적 선택이론 − 상황이 구조를 결정하기보다는 관리자의 상황 판단과 전략이 구조를 결정한다.
③ 자원의존이론 − 조직의 안정과 생존을 위해서 조직의 주도적·능동적 행동을 중시한다.
④ 대리인이론 − 주인·대리인의 정보 비대칭 문제를 해결하기 위해 대리인에게 대폭 권한을 위임한다.

정답 ④ [×]
해설 대리인 이론은 주인 − 대리인 간의 정보 비대칭 문제를 해결하기 위해 정보균형화 방안, 대리인에게 인센티브를 제공하는 방법 등을 활용한다.

04
조직이론에 대한 설명으로 옳은 것만을 모두 고른 것은? 2013. 지방 9급

ㄱ. 베버(M.Weber)의 관료제론에 따르면, 규칙에 의한 규제는 조직에 계속성과 안정성을 제공한다.
ㄴ. 행정관리론에서는 효율적 조직관리를 위한 원리들을 강조한다.
ㄷ. 호손(Hawthorne)실험을 통하여 조직 내 비공식집단의 중요성이 부각된다.
ㄹ. 조직군생태이론(population ecology theory)에서는 조직과 환경의 관계를 분석함에 있어 조직의 주도적·능동적 선택과 행동을 강조한다.

① ㄱ, ㄴ
② ㄱ, ㄴ, ㄷ
③ ㄱ, ㄷ, ㄹ
④ ㄴ, ㄷ, ㄹ

정답 ② ㄱ, ㄴ, ㄷ [○]
해설 ㄹ. [×] 조직군 생태 이론은 환경결정론으로, 조직의 생존과 발전이 환경에 대한 조직적합도에 의해 결정된다고 보는 이론이다. 조직과 환경의 관계를 분석함에 있어 조직의 주도적·능동적 선택과 행동을 강조하는 것은 임의론에 대한 설명이다.

05
조직이론과 그 내용에 대한 설명으로 옳지 않은 것은?
2023. 국가 9급

① 구조적 상황이론 – 불안정한 환경 속에 있는 조직은 유기적인 조직구조를 선택하는 것이 효과적이다.
② 전략적 선택이론 – 동일한 환경에 처한 조직도 환경에 대한 관리자의 지각 차이로 상이한 선택을 할 수 있다.
③ 거래비용이론 – 시장에서의 거래비용이 조직의 내부 거래비용보다 클 경우 내부 조직화를 선택한다.
④ 조직군 생태학이론 – 조직군의 변화를 이끄는 변이는 우연적 변화(돌연변이)로 한정되며, 계획적이고 의도적인 변화는 배제된다.

> **정답** ④ [×]
> **해설** 조직개체군의 자연선택은 변이(variation), 선택(selection), 보존(retention)이라는 세 과정으로 이뤄진다. 조직군생태학에서 변이란 조직개체군 안에 새로운 성질이나 형태의 조직이 나타나고 그 성질이나 차이가 드러나는 것이다. 변이가 발생함으로써 조직 형태의 다양성과 복잡성이 증가한다. 다윈은 생물에서 변이는 돌연변이만 있다고 한다. 그러나 조직군생태학에서는 돌연변이(우연)뿐만 아니라 계획적이고 의도적인 변이도 포함된다. 예측이나 통제할 수 없는 사건(재해, 전쟁, 사고 등)에 의해 변이가 생길 수 있지만 신중한 계획과 의도에 의해 변이를 유도하거나 촉진할 수도 있다.

06
조직이론에 대한 설명으로 옳지 않은 것은? 2017. 국가 9급

① 자원의존이론에 따르면, 조직은 환경으로부터 필요한 자원을 획득하기 위하여 환경에 피동적으로 순응하여야 한다.
② 주인-대리인이론에 따르면, 주인과 대리인 간에는 정보의 비대칭으로 인해 대리인의 도덕적 해이와 주인의 역선택이 발생할 수 있다.
③ 거래비용이론에 따르면, 시장의 자발적인 교환행위에서 발생하는 거래비용이 관료제의 조정비용보다 클 경우 거래를 내부화하는 것이 효율적이다.
④ 상황론적 조직이론에 따르면, 모든 상황에 적용되는 유일·최선의 조직구조나 관리방법은 없다.

> **정답** ① [×]
> **해설** 자원의존이론은 환경에 대한 임의론에 해당하는 이론으로, 조직은 스스로의 이익을 위해 주도적·능동적으로 환경에 대처하며, 환경을 조직에 유리하도록 관리하려는 존재로 보는 접근방법이다.

07
상황적응적 접근방법(contingency approach)에 대한 설명으로 옳지 않은 것은? 2018. 국가 9급

① 체제이론의 거시적 관점에 따라 모든 상황에 적합한 유일최선의 관리방법을 모색한다.
② 체제이론에서와 같이 조직은 일정한 경계를 가지고 환경과 구분되는 체제의 하나로 본다.
③ 조직을 구성하고 운영하는 방법의 효율성은 그것이 처한 상황에 의존한다고 가정한다.
④ 연구대상이 될 변수를 한정하고 복잡한 상황적 조건들을 유형화함으로써 거대이론보다 분석의 틀을 단순화한다.

> **정답** ① [×]
> **해설** 상황적응적 접근방법은 모든 상황에 적합한 유일·최선의 조직구조나 관리방법은 없다는 전제 하에, 조직이 처해있는 상황조건에 따라 적합한 방법을 적용해야 한다고 강조한다.

08
조직의 배태성(embeddedness)과 제도적 동형화(isomorphism)에 대한 설명으로 옳지 않은 것은? 2017. 지방 9급

① 조직 배태성의 특징은 조직구성원들이 정당성보다 경제적 이익을 추구하는 행위를 하려는 것이다.
② 조직의 제도적 동형화는 특정 조직이 환경에 있는 다른 조직을 닮는 것을 말한다.
③ 제도적 동형화에는 강압적 동형화, 모방적 동형화, 규범적 동형화 등이 있다.
④ 제도적으로 조직이 동형화될 경우 조직이 교란되는 것을 막을 수 있다.

정답 ① [×]
해설 조직 배태성(embeddedness)은 조직구성원들이 경제적 이익(경제적 합리성)보다는 사회적 정당성을 추구하는 행위를 하려는 것을 설명하는 개념으로 사회학적 신제도주의 이론의 특징에 해당한다. 배태성이란 "어떤 현상이나 사물이 발생하거나 일어날 원인을 속으로 가진다"는 의미이다. 사회학적 신제도주의자들은 개인의 행위가 고립된 상태에서 선택되는 것이 아니라 사회적 관계에 의하여 영향을 받으며, 사회적 관계 속에서 지속적으로 맥락지어진다는 것을 의미하는 개념으로 배태성이란 용어를 사용하고 있다. 즉 사회학적 신제도주의자들은 개인의 선택과 선호가 그것이 배태된 문화적·역사적 틀 밖에서는 제대로 이해될 수 없다고 본다. 사람들은 행동할 때 주위 사람과의 관계 속에서 눈치도 보고 사회규범도 고려하기 마련이다. 사회생활을 하면서 무엇이 중요하고 무엇이 중요하지 않은지를 배우게 되며, 그 결과 경제적 합리성이 다소 떨어지더라도 사회관계에서 정당성이 있는 행동을 하게 된다.

09
윌리암슨(Williamson)의 거래비용이론 관점에서 계층제가 시장보다 효율적일 수 있는 근거로 옳지 않은 것은? 2011. 국가 9급

① 계층제는 연속적 의사결정을 용이하게 함으로써 인간의 제한된 합리성을 완화한다.
② 계층제는 집합적 의사결정의 외부비용을 감소시킨다.
③ 계층제는 불확실성을 감소시킨다.
④ 계층제는 정보밀집성의 문제를 극복할 수 있다.

정답 ② [×]
해설 계층제는 집합적 의사결정의 외부비용을 증가시킨다. 거래비용 관점에서 볼 때 계층제(조직)가 시장보다 효율적인 이유는 계층제는 거래가 내부화되어 있어 참여자가 적으므로 내부에서의 의사결정비용이 적게 들기 때문이다. 즉, 집합적 의사결정에서 외부비용(집행비용 ; 집행과정에서 협조나 순응을 구하는 비용)은 늘어나지만, 내부비용(의사결정비용)은 감소시킨다.

10
다음 거래비용경제학에 대한 설명으로 옳지 않은 것은? 2018. 군무원 9급

① 조직비용이 거래비용보다 클 때 거래의 내부화가 일어나고 그로인하여 계서제 조직이 출현한다.
② 거래비용 경제학은 조직 안팎에서 이루어지는 모든 거래, 즉 소유자와 관리자, 관리자와 부하, 공급자와 생산자, 판매자와 구매자 간의 거래를 분석하여 조직현상을 연구한다.
③ 생산보다는 비용에 관심을 갖고 시장에서 이루어지는 개인 및 조직간의 거래를 미시적으로 분석한다.
④ Williamson은 조직 내 거래비용을 최소화하기 위하여 종전의 U형(Unitary : 단순)에서 M형(Multi-divisionalized : 다차원적 관리)로 전환할 것을 주장하였다.

정답 ① [×]
해설 거래비용이론은 시장에서의 거래비용이 계층제적 조직에서의 조정비용보다 클 경우 거래비용을 내부화하기 위해 계층제 조직이 형성된다고 본다.

11
거래비용이론(transaction cost theory)에 관한 설명으로 옳은 것을 모두 고르면? 2009. 국회 8급

> ㄱ. 조직은 경제활동에서 재화나 용역의 거래비용을 줄이기 위해 만들어지는 장치이다.
> ㄴ. 대리인이론과 함께 신제도주의 경제학 이론에 해당된다.
> ㄷ. 공공분야의 민영화, 민간위탁, 계약제 등에 응용되고 있다.
> ㄹ. 조직은 능률성을 높일 수 있는 유일한 방안이다.
> ㅁ. 행정의 효율성뿐만 아니라 민주성이나 형평성도 적절히 고려한다.

① ㄱ, ㄴ, ㄷ
② ㄱ, ㄴ, ㅁ
③ ㄱ, ㄷ, ㄹ
④ ㄴ, ㄷ, ㅁ
⑤ ㄷ, ㄹ, ㅁ

정답 ① ㄱ, ㄴ, ㄷ [O]
해설 ㄹ. [×] 거래비용 경제학은 거래비용을 줄이고 능률성을 높이기 위하여 계서제적 조직(기업)이 출현하였다고 주장하면서 계서조직이 시장조직보다 능률적이라고 주장하지만, 조직이 능률성을 높일 수 있는 유일한 방안은 아니며, 계서제적 조직 또한 비능률적인 요인을 내포하고 있다는 비판이 있다.
ㅁ. [×] 거래비용경제학은 거래비용을 최소화하기 위한 시장논리나 효율성의 논리만을 중시하므로 상대적으로 공공행정의 민주성이나 형평성을 적절히 고려하기 힘들다.

12
상황론적 조직이론과 자원의존이론에 대한 다음 설명 중 가장 옳지 않은 것은? 2015. 서울 9급

① 자원의존이론은 어떤 조직도 필요로 하는 자원을 모두 획득할 수는 없다는 것을 전제로 삼는다.
② 상황론적 조직이론은 모든 상황에 적합한 최선의 조직화 방법은 존재하지 않는다고 전제한다.
③ 자원의존이론은 조직이 생존과 발전에 필요한 자원을 환경에 의존하기 때문에 조직을 환경과의 관계에서 피동적 존재로 본다.
④ 상황론적 조직이론은 효과적인 조직설계와 관리방법은 조직환경에 달려있다고 주장한다.

정답 ③ [×]
해설 자원의존이론은 전략적 선택이론의 일종으로 조직이 생존을 위해 필요한 자원을 환경에 의존하지만, 조직을 환경적 결정에 피동적인 존재로 보지 않고 스스로의 이익을 위해 주도적·능동적으로 환경에 대처하며, 환경을 조직에 유리하도록 관리하려는 존재로 보는 임의론에 해당한다.

13
혼돈이론(chaos theory)에 대한 설명으로 옳지 않은 것은? 2011. 지방 9급

① 현실의 복잡성과 불확실성을 극복하기 위해 단순화, 정형화를 추구한다.
② 비선형적, 역동적 체제에서의 불규칙성을 중시한다.
③ 전통적 관료제 조직의 통제중심적 성향을 타파하도록 처방한다.
④ 조직의 자생적 학습능력과 자기조직화 능력을 전제한다.

정답 ① [×]
해설 혼돈이론은 복잡한 문제에 대한 통합적 접근을 시도하여 복잡한 관계를 단순화하지 않고, 있는 그대로 파악하는 것을 추구한다. 복잡한 현상을 단순화하려 하지 않으며 사소하게 보이는 조건들도 생략하려 하지 않는다. 사소하거나 부수적인 원인적 조건들도 그 결과에 있어서 거대한 차이를 낳을 수 있다고 보기 때문이다.

14
혼돈이론에 대한 설명으로 옳은 것만을 〈보기〉에서 모두 고르면? 2021. 국회 8급

> **보기**
> ㄱ. 혼돈이론은 안정된 운동 상태를 보이는 계(系)가 어떻게 혼돈상태로 바뀌는가를 설명하고, 또 혼돈상태에서 숨겨진 질서를 찾으려는 시도이다.
> ㄴ. 혼돈이론에 의하면, 혼돈은 스스로 불규칙하게 변화할 뿐 아니라 미세한 초기조건의 차이가 점차 증폭되어 시간이 얼마간 지나면 완전히 다른 결과를 나타낸다.
> ㄷ. 혼돈이론은 선형적 변화를 가정하며, 이는 뉴턴(Newton)의 운동법칙을 계승한 것이다.
> ㄹ. 혼돈이론에서 설명하는 혼돈 속에서 질서를 찾는 과정은 자기조직화(self-organizing)와 공진화(coevolution)이다.

① ㄱ, ㄴ
② ㄴ, ㄷ
③ ㄱ, ㄴ, ㄹ
④ ㄱ, ㄷ, ㄹ
⑤ ㄱ, ㄴ, ㄷ, ㄹ

정답 ③ ㄱ, ㄴ, ㄹ [O]

해설 ㄷ. [X] 혼돈이론은 Newton의 운동법칙을 비판하는 비선형적(nonlinear) 변화를 가정한다. Newton은 자연현상을 선형방정식으로 표현하여 예측가능하고 질서정연한 것으로 보았지만, 혼돈이론은 원인과 결과가 비례하지 않는 변화가 불규칙적으로 전개되고 결과를 예측하기 어려운 상태를 가정한다.
ㄱ. [O] 혼돈 속에 숨겨진 규칙성을 찾아내거나 간단한 규칙으로부터 출발하여 대혼돈으로 변화되는 상태를 설명하고 연구하는 혼돈이론은 안정된 운동상태를 보이는 계(界)가 어떻게 흔돈상태로 바뀌는가를 설명하고, 또 혼돈상태에서 숨겨진 질서를 찾으려는 시도이다.
ㄴ. [O] 혼돈은 스스로 불규칙하게 변화할 뿐만 아니라 미세한 초기조건의 차이가 점차 증폭되어 시간이 얼마간 지나면 완전히 서로 다른 결과를 나타낸다.
ㄹ. [O] 혼돈이론에서 설명하는 혼돈 속에서 질서를 찾는 과정은 자기조직화(self-organizing), 공진화(coevolution) 등을 통해 이루어진다. 자기조직화(self-organizing)는 비선형적 변화를 일으키는 사물 또는 현상들이 자기 스스로 구조와 질서를 갖추어 나가는 것을 의미하며, 공진화(coevolution)는 계(界)를 구성하는 각 개체들이 끊임없이 서로에게 적응하면서 변화해 가는 과정을 의미한다.

제4절 베버(M. Weber)의 관료제 이론

01
베버(Weber)의 관료제 모형을 설명한 것으로 옳지 <u>않은</u> 것은?
2014. 지방 9급

① 조직이 바탕으로 삼는 권한의 유형을 전통적 권한, 카리스마적 권한, 법적·합리적 권한으로 나누었다.
② 직위의 권한과 관할범위는 법규에 의하여 규정된다.
③ 인간적 또는 비공식적 요인의 중요성을 간과하였다.
④ 관료제의 긍정적인 측면으로 목표대치 현상을 강조하였다.

정답 ④ [×]
해설 목표대치 현상은 관료제의 병리적 현상이다.

02
베버(M. Weber)가 주장한 이념형(ideal type)으로서의 근대 관료제에 대한 설명으로 옳지 <u>않은</u> 것은?
2017. 국가 9급

① 관료는 계급과 근무연한에 따라 정해진 금전적 보수를 받는다.
② 관료는 객관적·중립적 입장보다는 민원인의 입장에서 판단하고 결정한다.
③ 모든 직위의 권한과 관할범위는 법규에 의하여 규정된다.
④ 관료의 업무 수행은 문서에 의한다.

정답 ② [×]
해설 Weber의 근대 관료제는 임무수행의 비개인화(impersonalism)를 특징으로 한다. 관료는 인간으로서의 감정이나 충동을 멀리하고 객관적이고 공정하게 행동할 것이 기대된다(공평무사한 행정).

03
베버(Weber)의 이념형(ideal type) 관료제에 대한 설명으로 옳지 <u>않은</u> 것은?
2023. 국가 9급

① 관료제 성립의 배경은 봉건적 지배체제의 확립이다.
② 법적·합리적 권위에 기초를 둔 조직구조와 형태이다.
③ 직위의 권한과 임무는 문서화된 법규로 규정된다.
④ 관료는 원칙적으로 상관이 임명한다.

정답 ① [×]
해설 베버의 관료제는 산업사회에 등장한 근대관료제를 의미하며, 봉건적 지배체제를 극복하고 법과 이성에 근거한 지배체제를 확립했다.

04
베버(W. weber)의 관료제에 대한 설명이 <u>아닌</u> 것은?
2010. 서울 9급

① 관료제는 일정한 자격 또는 능력에 따라 규정된 기능을 수행하는 분업의 원리에 따른다.
② 조직은 엄격한 계층제의 원리에 따라 운영된다.
③ 조직의 기능은 일정한 규칙에 의해 제한된다.
④ 이상적 관료제는 증오나 열정 없이 형식주의적인 비정의성(impersonality)에 따라 움직인다.
⑤ 이상적 관료제는 정치적 전문성에 의하여 충원되는 제도를 갖는다.

정답 ⑤ [×]
해설 M. Weber의 이상적인 관료제는 정치적 전문성에 의해 충원되는 제도가 아니라 기술적 전문성(전문화)에 의해 충원되는 제도이다.

05
관료제의 여러 병리현상 중 '과잉동조'에 대한 설명으로 옳은 것은?   2014. 국가 9급

① 목표 달성을 위해 마련된 규정이나 절차에 집착함으로써 결국 수단이 목표를 압도해버리는 현상
② 세분화된 특정 업무에서는 전문적인 능력이 있지만 그 밖의 업무에 대해서는 문외한이 되는 현상
③ 다양한 외부 환경의 변화에 둔감하고 조직목표의 혁신에 적극적으로 저항하는 현상
④ 자신이 소속된 기관이나 부서만을 생각하고 다른 기관이나 부서를 배려하지 않는 현상

정답 ① [O]
해설 ② [×] 전문가적 무능에 대한 설명이다.
③ [×] 변화에 대한 저항에 대한 설명이다.
④ [×] 할거주의(국지주의) 현상에 대한 설명이다.

06
관료제 병리현상에 대한 설명으로 옳지 <u>않은</u> 것은?   2017. 국가 9급

① 규칙이나 절차에 지나치게 집착하게 되면 목표와 수단의 대치 현상이 발생한다.
② 모든 업무를 문서로 처리하는 문서주의는 번문욕례(繁文縟禮)를 초래한다.
③ 자신의 소속기관만을 중요시함에 따라 타 기관과의 업무협조나 조정이 어렵게 되는 문제가 나타난다.
④ 법규와 절차 준수의 강조는 관료제 내 구성원들의 비정의성(非情誼性)을 저해한다.

정답 ④ [×]
해설 비정의성(impersonality, 비개인화)은 관료들이 개인적 이익이나 특별한 사정, 상대방의 지위 등에 구애되는 일 없이 공평무사하게 업무처리를 할 것을 요구하는 것으로, 관료제의 병리현상이 아니라 관료제의 특징에 해당한다.

07
관료제 병리현상과 그 특징을 짝지은 것으로 옳지 <u>않은</u> 것은?   2022. 지방 9급

① 할거주의 – 조정과 협조 곤란
② 형식주의 – 번거로운 문서 처리
③ 피터(Peter)의 원리 – 관료들의 세력 팽창 욕구로 인한 기구와 인력의 증대
④ 전문화로 인한 무능 – 한정된 분야의 전문성 강조로 타 분야에 대한 이해력 부족

정답 ③ [×]
해설 관료들의 세력 팽창 욕구로 인한 기구와 인력의 증대는 관료제의 제국주의 현상에 대한 설명이다. 피터(Peter)의 원리란 관료제 규모가 커지면 승진의 기회가 확대되고 무능한 사람들이 높은 자리를 차지함을 설명한다.

08
상사의 계서적 권한과 부하의 전문적 권력이 충돌하는 관료제의 역기능과 관련된 요소는?   2011. 서울 9급

① 양적 복종
② 훈련된 무능
③ 권력구조의 이원화
④ 국지주의
⑤ 권위주의

정답 ③
해설 상관의 계서적 권한(직위에 의한 권한)과 부하의 전문성에 근거한 권력이 이원화되어 갈등을 야기하는 경우, 조직구성원들의 불만을 야기하고 조직의 효율성을 저하시킬 수 있다. 이러한 현상을 권력구조의 이원화라고 한다.

09
관료제 병리에 관한 연구 내용과 학자 간 연결이 옳지 않은 것은?
2015. 서울시 9급

① 굴드너(Gouldner) – 관료들이 규칙의 범위 내에서 소극적으로 행동하는 무사안일주의를 초래한다.
② 굿셀(Goodsell) – 계층제 조직의 구성원이 각자의 능력을 넘는 수준까지 승진하게 되는 병리현상이 나타난다.
③ 머튼(Merton) – 최고관리자의 관료에 대한 지나친 통제가 관료들의 경직성을 초래한다.
④ 셀즈닉(Selznick) – 권한의 위임과 전문화가 조직 하위체제 간 이해관계의 지나친 분극을 초래한다.

정답 ② [×]
해설 굿셀(Goodsell)이 아니라 피터(Peter)가 주장한 병리현상이다. 굿셀(Goodsell)은 1980년대 중반에 관료제에 대한 부정적 시각은 관료제에 대한 이해 부족에서 비롯된 것으로 보고 관료제를 적극 옹호한 학자이다.

10
관료제 비판 중 다음 설명에 해당하는 것은?
2025. 국가 9급

> 각 계층에서 유능한 자가 승진하고 나면 결국 무능한 자만 남게 되어 관료제의 대다수 계층이 무능력자로 채워진다.

① 번문욕례(red tape)
② 파킨슨 법칙(Parkinson's law)
③ 피터의 원리(Peter's principle)
④ 훈련된 무능(trained incapacity)

정답 ③
해설 ① 번문욕례(red tape) : 규칙과 절차의 강조 및 형식주의는 불필요하거나 번잡스러운 문서처리가 늘어나는 현상이다.
② 파킨슨 법칙(Parkinson's law) : 공무원의 수가 해야 할 업무의 경중이나 그 유무에 관계없이 일정비율로 증가하는 현상이다.
④ 훈련된 무능(trained incapacity) : 조직 구성원은 한 가지의 지식 또는 기술에 관하여 훈련받고 기존규칙을 준수하도록 길들여지기 때문에 변동된 조건 하에서는 대응이 어렵다.

제5절 탈관료제(후기관료제)

01
다음 중 탈관료제의 특징으로 가장 적절하지 않은 것은?
2024. 군무원 7급

① 비계서구조
② 임무와 능력 중심
③ 분업화에 의한 문제 해결
④ 상황 적응성 강조

정답 ③ [×]
해설 분업화를 강조하는 것은 관료제의 특징이다. 탈관료제는 부서 간의 경계를 타파하고, 참여적·협동적 관계를 통한 집단적 문제해결을 중시한다.

02
견인이론(Pull Theory)이 말하는 구조의 특성을 설명한 것 중 옳지 않은 것은?
2007. 국가 7급

① 기능의 동질성과 일의 흐름을 중시한다.
② 권한의 흐름을 하향적·일방적인 것이 아니라 상호적인 것으로 생각한다.
③ 자율규제를 촉진하여 통솔범위를 넓힐 수 있다.
④ 구성원의 변동에 대한 적응을 용이하게 한다.

정답 ① [×]
해설 견인이론은 기능의 동질성보다는 일의 흐름을 중시한다.

03

커크하트(Larry Kirkhart)는 연합적 이념형이라고 하는 반관료제적 모형을 제시하였는데, 이 모형이 강조하는 조직구조 설계원리의 처방에 해당하지 <u>않는</u> 것은?

2019. 서울 7급

① 컴퓨터 활용
② 사회적 층화의 억제
③ 고용관계의 안정성 · 영속성
④ 권한체제의 상황적응성

> **정답** ③ [×]
> **해설** 연합적 이념형에서는 조직 간 자유로운 인력이동 즉 고용관계의 잠정성(안정성·영속성 ×)을 특징으로 한다.
> 커크하트(Kirkhart)의 연합적 이념형은 ㉠ 조직 간의 자유로운 인력이동, ㉡ 변화에 대한 적응, ㉢ 권한체제의 상황적응성, ㉣ 구조의 잠정성, ㉤ 조직 내의 상호의존적·협조적 관계, ㉥ 고객의 참여, ㉦ 컴퓨터의 활용, ㉧ 사회적 층화의 억제, ㉨ 업무처리기술과 사회적 기술 등을 제시하였다.

04

테이어(F. C. Thayer)가 주장하는 '계서제 없는 조직'의 특징으로 옳지 <u>않은</u> 것은?

2011. 국가 7급

① 소집단의 연합체 형성
② 책임과 권한에 따른 보수의 차등화
③ 집단내 또는 집단간 협동적 과정을 통한 의사결정
④ 모호하고 유동적인 집단과 조직의 경계

> **정답** ② [×]
> **해설** 책임과 권한에 따른 보수의 차등화는 관료제(기계적) 조직구조의 특징에 해당한다. 테이어(Thayer)의 '계서제 없는 조직'은 ㉠ 의사결정권의 이양, ㉡ 고객의 참여, ㉢ 조직경계의 개방, ㉣ 작업과정의 개편을 통해 계서제를 소멸시키고, ㉤ 협동적이고 집단적인 문제해결을 추구하는 탈관료제 조직이론에 해당한다.

05

'이음매 없는 행정서비스(seamless service)'에 관한 설명으로 옳지 <u>않은</u> 것은?

2008. 국가 7급

① 린덴(Linden)의 '이음매 없는 조직'과의 관련성이 높다.
② 전통적 조직에 비하여 조직 내 역할 구분이 비교적 명확하지 않다.
③ BSC(Balanced Score Card)를 비롯한 신공공관리적 성과관리 방식과는 지향성에 있어서 차이가 있다.
④ 행정조직의 구성원들은 시민에게 보다 향상된 서비스를 직접 제공한다.

> **정답** ③ [×]
> **해설** 이음매 없는 행정서비스는 고객지향적 행정을 강조하는 신공공관리적 성과관리 방식(BSC)과 관련이 깊다. 린덴은 산업화 시대의 생산자·공급자 중심의 사회에서 만들어진 관료제 구조는 오늘날 소비자 중심 사회에는 부적합하다고 보고, 정부조직을 근본적으로 재설계하여 조직간 경계가 없고, 정보가 자유롭게 유통될 수 있는 이음매 없는 조직을 창설해야 한다고 주장했다.

Chapter 02 조직구조의 형성

제1절 조직구조의 기본변수

01
조직의 구조적 특성을 나타내는 지표로서 거리가 먼 것은?
2015. 지방교행 9급

① 의사결정 권한의 분산 정도
② 수직적·수평적·지리적 분화의 정도
③ 행동을 표준화하는 문서화·규정화의 정도
④ 조직의 투입을 산출로 전환하는 데 필요한 지식 및 기술(skills)의 정도

정답 ④ [×]
해설 조직의 구조적 특성을 나타내는 기본적인 지표는 기본변수를 말하는데 기본변수에는 복잡성(분화), 공식화, 집권성이 있다.
① 집권성 ② 복잡성 ③ 공식성에 대한 설명에 해당한다.

02
조직구조에 대한 설명으로 옳지 않은 것은? 2013. 지방 9급

① 공식화(formalization)의 수준이 높을수록 조직구성원들의 재량이 증가한다.
② 통솔범위(span of control)가 넓은 조직은 일반적으로 저층구조의 형태를 보인다.
③ 집권화(centralization)의 수준이 높은 조직의 의사결정 권한은 조직의 상층부에 집중된다.
④ 명령체계(chain of command)는 조직 내 구성원을 연결하는 연속된 권한의 흐름으로, 누가 누구에게 보고하는지를 결정한다.

정답 ① [×]
해설 공식화의 수준이 높을수록 조직구성원들의 재량은 감소한다.

03
조직의 집권화에 관한 설명으로 옳지 않은 것은?
2009. 국회 9급

① 대부분의 조직에서 위기는 집권화를 초래하기 쉽다.
② 역사가 짧은 조직의 경우 집권화되기 쉽다.
③ 결정사항의 중요도가 높을 경우 집권화되기 쉽다.
④ 조직의 운영이 특정 개인의 리더십에 의존하는 정도가 높을수록 집권화되기 쉽다.
⑤ 조직의 규모가 커지면 집권화되기 쉽다.

정답 ⑤ [×]
해설 일반적으로 조직의 규모가 커지면 분권화되기 쉽다.

제2절 조직의 상황에 따른 조직구조 설계

01
조직의 규모에 대한 설명으로 가장 옳은 것은?

2019. 서울 9급

① 조직의 규모가 클수록 공식화 수준이 낮아진다.
② 조직의 규모가 클수록 조직 내 구성원의 응집력이 강해진다.
③ 조직의 규모가 클수록 분권화되는 경향이 있다.
④ 조직의 규모가 클수록 복잡성이 낮아진다.

정답 ③
해설 ① [×] 조직의 규모가 클수록 공식화 수준이 높아진다.
② [×] 조직의 규모가 클수록 조직 내 구성원의 응집력은 약해진다.
④ [×] 조직의 규모가 클수록 복잡성은 높아진다.

구분	규모 (증가할수록)	기술 (일상적 기술)	환경 (불확실성 정도)
복잡성	+	−	−
공식성	+	+	−
집권성	−	+	−

02
조직상황 요인과 조직구조 간의 관계를 설명한 것으로 옳지 않은 것은?

2016. 지방교행 9급

① 조직규모가 커질수록, 분권화 정도가 높은 조직구조가 적합하다.
② 조직환경이 불확실할수록, 분권화 정도는 높고 공식화 정도는 낮은 조직구조가 적합하다.
③ 조직이 방어적 전략을 추구할수록, 공식화 정도는 낮고 분권화 정도는 높은 조직구조가 적합하다.
④ 조직이 비일상적인 기술을 사용할수록, 분권화 정도는 높고 공식화 정도는 낮은 조직구조가 적합하다.

정답 ③ [×]
해설 조직이 방어적 전략(저비용 전략, 안정적 전략)을 추구할수록 공식화 정도는 높고 집권화 정도가 높은 기계적 구조가 적합하다. 방어적 전략이란 저비용 전략이라고 하며 비용절감 위주의 소극적인 전략으로 내부지향적이고 안정적인 환경에서 공식화 정도와 집권화 정도가 높은 기계적 구조가 적합하다. 반면에 탐색형 전략은 개방적, 적극적 대응 전략으로 유기적 구조가 적합하다.

03
조직기술을 과제다양성과 분석가능성의 정도에 따라 범주화할 때 이에 대한 설명으로 옳지 않은 것은?

2009. 국가 9급

① 일상기술은 과제다양성이 낮고 분석가능성이 높아 표준화 가능성이 크다.
② 비일상기술은 과업의 다양성이 높고 성공적인 방법을 발견하는 탐색절차가 복잡하여 통제·규격화된 조직구조가 필요하다.
③ 장인기술은 발생하는 문제가 일상적이지 않아 분권화된 의사결정구조가 필요하다.
④ 공학기술은 과제다양성이 높지만 분석가능성도 높아 일반적 탐색과정에 의하여 문제가 해결될 수 있다.

정답 ② [×]
해설 비일상기술은 높은 과업다양성과 복잡한 탐색절차로 인해 통제, 규격화된 조직구조(기계적 구조)보다는 유기적 조직구조가 적합하다.
페로우(C. Perrow)는 '예외적인 사건의 정도(과업의 다양성)'와 업무처리가 '표준화된 절차에 의해 수행되는 정도(문제의 분석가능성)'를 기준으로 조직의 기술을 장인(기예적) 기술, 비일상적(비정형화된) 기술, 일상적(정형화된) 기술, 공학적 기술로 구분하여 조직구조와의 관계를 분석했다.

페로우(C. Perrow)의 기술 분류와 조직구조

구분		과제의 다양성(예외의 빈도)	
		낮음 (예외 발생이 거의 없음)	높음 (예외 발생이 많음)
문제의 분석가능성	낮음	장인 기술(예술) : 대체로 유기적 구조	비일상적 기술(연구) : 유기적 구조
	높음	일상적 기술(제조 업무) : 기계적 구조	공학적 기술(회계 업무) : 대체로 기계적 구조

04
기술과 조직구조의 관계에 대한 페로우(Perrow)의 설명으로 옳지 않은 것은? 2020. 지방 9급

① 정형화된(routine) 기술은 공식성 및 집권성이 높은 조직구조와 부합한다.
② 비정형화된(non-routine) 기술은 부하들에 대한 상사의 통솔 범위를 넓힐 수밖에 없을 것이다.
③ 공학적(engineering) 기술은 문제의 분석가능성이 높다.
④ 기예적(craft) 기술은 대체로 유기적 조직구조와 부합한다.

정답 ② [×]
해설 단순반복적인 업무(정형화된 기술)을 사용하는 경우 통솔범위가 넓은 반면, 비정형화된 기술은 통솔범위가 좁게 설정된다.

05
다음 중 톰슨(Thompson)의 기술모형 중 설명이 틀린 것은? 2007. 경기 9급

① 조직이 사용하는 기술을 길게 연결된 기술(long-linked technology), 중개적 기술(mediating technology), 집약형 기술(intensive technology)로 구분하여 설명하였다.
② 집약적 기술(intensive technology)을 사용하는 부서의 의존관계는 교호적 상호작용이다.
③ 길게 연결된 기술(long-linked technology)을 사용하는 경우 표준화가 가능하고, 순차적 의존관계를 지니게 된다.
④ 중개적 기술(mediating technology)은 다양한 기술의 복합체로서 종합병원과 같은 곳에서 사용한다.

정답 ④
해설 중개적 기술(mediating technology)은 집합적 의존관계에 있는 고객들을 연결하는 단순한 기술이다. 다양한 기술의 복합체로서 종합병원과 같은 곳에서 사용하는 기술은 집약적 기술(intensive technology)로서 이러한 기술을 사용하는 부서의 의존관계는 교호적 상호작용이다.

톰슨(Thompson)의 기술모형

기술	상호의존성	의사전달의 빈도	조정형태
중개적 기술	집합적 상호의존성	낮음	규칙, 표준화
연계형 기술	연속적 상호의존성	중간	정기적 회의, 수직적 의사전달, 계획
집약적 기술	교호적 상호의존성	높음	부정기적 회의, 상호 조정, 수평적 의사전달, 예정표

06
다음 글의 (㉠)에 해당하는 것은? 2021. 국회 8급

톰슨(Thompson)의 이론에 따르면, (㉠)의 경우 단위부서들 사이의 과업은 관련성이 거의 없으며 각 부서는 조직의 공동목표에 독립적으로 공헌하게 된다. 이러한 (㉠)은 주로 중개형 기술을 활용하는 조직에서 나타나는데 부서들이 과업을 독자적으로 수행하면서 서비스를 제공하므로 단위작업간의 조정 필요성이 크지 않다. (㉠)이 있는 경우 부서간 의사소통의 빈도가 상대적으로 낮아 관리자들은 부서간 조정을 위해 표준화된 절차와 규칙 등을 많이 사용하게 된다.

① 교호적 상호의존성(reciprocal interdependence)
② 연속적 상호의존성(sequential interdependence)
③ 집합적 상호의존성(pooled interdependence)
④ 과업의 상호의존성(task interdependence)
⑤ 공동의 상호의존성(common interdependence)

정답 ③ [○]
해설 집합적 상호의존성(pooled interdependence)에 대한 설명이다. 집합적 상호의존성(중개적 기술)은 상호의존상태에 있는 고객들을 연결하는 활동에 쓰이는 기술로 부서들 사이의 과업이 서로 관련성이 없는 집합적(pooled) 상호의존관계에서 발생한다.

07
조직구조에 대한 특징 중 옳지 않은 것으로만 연결된 것은?

2010. 국가 7급

구분		기계적 구조	유기적 구조
장점	ㄱ	예측가능성	적응성
조직 특성	ㄴ ㄷ ㄹ ㅁ ㅂ	좁은 직무범위 적은 규칙/절차 분명한 책임관계 분화된 채널 비공식적/인간적 대면관계	넓은 직무범위 표준운영절차 모호한 책임관계 계층제 공식적/몰인간적 대면관계
상황 조건	ㅅ ㅇ ㅈ ㅊ ㅋ ㅌ	명확한 조직목표와 과제 분업적 과제 단순한 과제 성과측정이 어려움 금전적 동기부여 권위의 정당성 확보	모호한 조직목표와 과제 분업이 어려운 과제 복합적 과제 성과측정이 가능 복합적 동기부여 도전받는 권위

① ㄱ, ㄷ ② ㄷ, ㅁ
③ ㅁ, ㅅ ④ ㅅ, ㅈ

정답 ② ㄷ, ㅁ [×]
해설 ㄷ. [×] 적은 규칙과 절차는 유기적 구조의 특성이며, 표준운영절차는 기계적 구조의 특성이다.
ㅁ. [×] 기계적 구조의 경우 계층제적 고층구조의 특성을 갖으며, 유기적 구조는 저층구조의 분화된 채널을 갖는 특징이 있다.
ㅂ. [×] 기계적 구조는 공식적/몰인간적 대면관계를 특징으로 하며, 유기적 구조는 비공식적/인간적 대면관계를 특징으로 한다.
ㅊ. [×] 성과측정이 어려운 것은 유기적 구조의 특징이며, 성과측정이 가능한 것은 기계적 구조의 특징이다.

08
외부환경의 불확실성에 대응하는 조직구조상의 특징에 따라 기계적 조직과 유기적 조직으로 구분하는 경우에, 유기적 조직의 특성에 해당하는 것만을 모두 고른 것은?

2015. 국가 9급

> ㄱ. 넓은 직무범위
> ㄴ. 분명한 책임관계
> ㄷ. 몰인간적 대면관계
> ㄹ. 다원화된 의사소통채널
> ㅁ. 높은 공식화 수준
> ㅂ. 모호한 책임관계

① ㄱ, ㄹ, ㅂ ② ㄴ, ㄷ, ㅁ
③ ㄴ, ㄹ, ㅁ ④ ㄱ, ㄷ, ㅂ

정답 ① ㄱ, ㄹ, ㅂ [○]
해설 유기적 구조는 분권화된 구조로서 ㄱ. 넓은 직무범위, ㄹ. 다원화된 의사소통채널, ㅂ. 모호한 책임관계의 특징을 가지며, ㄴ. 분명한 책임관계, ㄷ. 몰인간적 대면관계, ㅁ. 높은 공식화 수준은 기계적 구조의 특징에 해당한다.

기계적 구조와 유기적 구조 비교

구분	기계적 구조	유기적 구조
주안점	예측 가능성	적응성
조직 특성	① 좁은 직무 범위 ② 표준 운영절차 ③ 분명한 책임 관계 ④ 계층제 ⑤ 공식적이고 몰인간적 대면 관계	① 넓은 직무 범위 ② 적은 규칙과 절차 ③ 모호한 책임 관계 ④ 채널의 분화 ⑤ 비공식적이고 인간적인 대면 관계
상황 조건	① 명확한 조직목표와 과제 ② 분업적 과제 ③ 단순한 과제 ④ 성과측정이 가능 ⑤ 금전적 동기부여 ⑥ 권위의 정당성 확보	① 모호한 조직목표와 과제 ② 분업이 어려운 과제 ③ 복합적 과제 ④ 성과측정이 어려움 ⑤ 복합적 동기부여 ⑥ 도전 받는 권위

제3절 조직구조의 설계원리

01
조직의 원리에 대한 설명으로 옳지 않은 것은?

2017. 지방 9급

① 계층제의 원리는 조직 내의 권한과 책임 및 의무의 정도가 상하의 계층에 따라 달라지도록 조직을 설계하는 것이다.
② 통솔범위란 한 사람의 상관 또는 감독자가 효과적으로 통솔할 수 있는 부하 또는 조직단위의 수를 말하며, 감독자의 능력, 업무의 난이도, 돌발 상황의 발생 가능성 등 다양한 요소를 고려하여 정해진다.
③ 분업의 원리에 따라 조직 전체의 업무를 종류와 성질별로 나누어 조직구성원이 가급적 한 가지의 주된 업무만을 전담하게 하면, 부서 간 의사소통과 조정의 필요성이 없어진다.
④ 부성화의 원리는 한 조직 내에서 유사한 업무를 묶어 여러 개의 하위기구를 만들 때 활용되는 것으로 기능부서화, 사업부서화, 지역부서화, 혼합부서화 등의 방식이 있다.

정답 ③ [×]
해설 분업(전문화)의 원리에 따라 업무를 세분화할수록 전체 조직 목표의 효과적 달성을 위해서 부서 간 의사소통과 조정의 필요성은 오히려 증가한다.

02
계층제에 대한 설명으로 옳지 않은 것은?

2016. 지방 9급

① 조직의 수직적 분화가 많이 이루어졌을 때 고층구조라 하고 수직적 분화가 적을 때 저층구조라 한다.
② 조직 내의 권한과 책임 및 의무의 정도가 상하의 계층에 따라 달라지도록 조직을 설계하는 것을 말한다.
③ 조직에서 지휘명령 등 의사소통 특히 상의하달의 통로가 확보되는 순기능이 있다.
④ 엄격한 명령계통에 따라 상명하복의 관계 유지를 위해서는 통솔 범위를 넓게 설정한다.

정답 ④ [×]
해설 엄격한 명령계통에 따라 상명하복의 관계 유지를 위해서는 통솔 범위를 좁게 설정해야 한다.

03
조직구성 원리에 대한 설명으로 옳지 않은 것은?

2020. 지방 9급

① 분업의 원리 – 일은 가능한 한 세분해야 한다.
② 통솔범위의 원리 – 한 명의 상관이 감독하는 부하의 수는 상관의 통제능력 범위 내로 한정해야 한다.
③ 명령통일의 원리 – 여러 상관이 지시한 명령이 서로 다를 경우 내용이 통일될 때까지 명령을 따르지 않아야 한다.
④ 조정의 원리 – 권한 배분의 구조를 통해 분화된 활동들을 통합해야 한다.

정답 ③ [×]
해설 명령통일의 원리는 한 사람의 부하는 자신에게 권한과 책임을 위임한 한 사람의 상관으로부터만 명령을 받아야 한다는 원리이다.

04

조직 내에서 직무의 범위와 깊이는 과제의 성격에 따라 달라져야 한다. 아래는 직무전문화와 과제 성격과의 관계를 나타낸 표이다. (가), (나), (다), (라)에 들어갈 내용이 옳게 연결된 것은?

2011. 국회 8급

구분		수평적 전문화	
		높음	낮음
수직적 전문화	높음	(가)	(나)
	낮음	(다)	(라)

	(가)	(나)	(다)	(라)
①	일선 관리직무	비숙련직무	전문가적 직무	고위 관리직무
②	일선 관리직무	비숙련직무	고위 관리직무	전문가적 직무
③	고위 관리직무	전문가적 직무	일선 관리직무	비숙련직무
④	비숙련직무	일선 관리직무	고위 관리직무	전문가적 직무
⑤	비숙련직무	일선 관리직무	전문가적 직무	고위 관리직무

정답 ⑤
해설

구분		수평적 전문화	
		높음	낮음
수직적 전문화	높음	비숙련직무	일선관리직무
	낮음	전문가적 직무	고위관리직무

05

분업에 대한 설명으로 옳지 않은 것은? 2017. 지방 9급

① 분업의 심화는 작업도구·기계와 그 사용방법을 개선하는 데 기여할 수 있다.
② 작업 전환에 드는 시간(change-over time)을 단축할 수 있다.
③ 분업이 고도화되면 조직구성원에게 심리적 소외감이 생길 수 있다.
④ 분업은 업무량의 변동이 심하거나 원자재의 공급이 불안정한 경우에 더 잘 유지된다.

정답 ④ [×]
해설 분업의 원리란 업무를 종류와 성질별로 나누어 한 사람의 구성원이 가급적 한 가지의 주된 업무만을 전담하게 하는 원리이다. 분업은 사전에 정해진 역할 분담이나 작업 과정에 따라 업무를 안정적으로 수행하도록 해야 하기 때문에 업무량의 변동이 심하거나 원료의 공급이 불안정한 경우에는 유지되기가 힘들다. 분업의 원리는 전통적인 관료제 조직(기계적 구조)의 특징으로 일반적으로 안정적 환경에 적합하다.
① [○] 어떤 개인이 복잡한 여러 가지 일이 아니라 매우 한정적이고 단순한 작업에 몰두하게 되면 그가 사용하는 도구, 기계 및 그 사용방법의 개선방안을 착안하기가 쉽다.
② [○] 팔다리의 근육 사용을 바꿀 때나 정신집중의 대상을 바꿀 때 또는 작업도구를 바꿀 때는 시간손실이 뒤따르는데 분업을 심화하면 그러한 시간손실을 줄일 수 있다.

06

조직구조의 설계에 있어서 '조정의 원리'에 대한 설명으로 옳지 않은 것은? 2018. 국가 9급

① 수직적 연결은 상위계층의 관리자가 하위계층의 관리자를 통제하고 하위계층 간 활동을 조정하는 것을 목적으로 한다.
② 수직적 연결방법으로는 임시적으로 조직 내의 인적·물적 자원을 결합하는 프로젝트 팀(project team)의 설치 등이 있다.
③ 수평적 연결은 동일한 계층의 부서 간 조정과 의사소통을 목적으로 한다.
④ 수평적 연결방법으로는 다수 부서 간의 긴밀한 연결과 조정을 위한 태스크포스(task force)의 설치 등이 있다.

정답 ② [×]
해설 임시적으로 조직 내의 인적·물적 자원을 결합하는 프로젝트 팀(project team)은 수평적 연결방법에 해당한다.

수직적·수평적 연결조정기제(Daft)

수직적 조정기제	① 계층제, ② 규칙, ③ 계획, ④ 계층직위 추가, ⑤ 수직정보시스템
수평적 조정기제	① 정보시스템, ② 직접 접촉(연락책), ③ 임시작업단(task force), ④ 프로젝트 매니저(project manager), ⑤ 프로젝트 팀(project team)

07
조직의 통합 및 조정 방법에 대한 설명으로 옳지 않은 것은?
2016. 국가직 9급

① 민츠버그(Mintzberg)에 의하면 연락 역할 담당자는 상당한 공식적 권한을 부여받아 조직 내 부문 간 의사전달 문제를 처리한다.
② 태스크포스는 여러 부서에서 차출된 직원으로 구성되며 특정 과업이 해결된 후에는 해체된다.
③ 리커트(Likert)의 연결핀 모형에 의하면 관리자는 연결핀으로서 자신이 관리하는 집단의 구성원인 동시에 상사에게 보고하는 관리자 집단의 구성원이다.
④ 차관회의는 조직 간 조정방법 중 하나이다.

정답 ① [×]
해설 연락 역할 담당자란 조직이 여러 부서로 세분화되어 부서 간 의사전달 문제가 중요하게 대두될 때 부서 간의 직접적인 의사전달로 효과적인 조직 활동이 가능하도록 하는 방법을 말한다. 연락 역할 담당자는 공식적인 권한은 없으나 비공식적 권한을 부여받아 업무를 수행하게 된다.
③ [○] 리커트(Likert)는 조직을 집단 간의 관계 체제로 보고 집단 간의 관계 형성과 조직의 결합을 촉진시키는 방법으로서 개인을 조직에 있는 여러 단위 부문 사이의 연결핀으로 삼는 연결핀 모형을 제시했다. 조직은 일련의 중첩된 집단들로 구성되어 있으며, 모든 관리자는 연결핀으로서 자신이 관리하는 집단의 구성원인 동시에 상사에게 보고하는 관리자 집단의 구성원이 되며, 경우에 따라서는 자신이 수평적인 연락을 취해야만 하는 집단의 구성원이 되기도 한다고 보았다.

08
개별 직무와 직위를 부서로 묶어서 관리하는 조직구조설계에 대한 설명으로 가장 거리가 먼 것은?
2010. 서울 7급

① 기능부서화 - 유사기능 혹은 업무과정을 수행하는 구성원을 동일 부서로 묶는 방식
② 사업부서화 - 구성원을 조직 생산물에 따라 동일부서로 묶는 방식
③ 지역부서화 - 특정지역 고객에게 봉사하기 위해 조직 자원을 조직하는 방식
④ 혼합부서화 - 두 개의 부서화 대안을 동시에 적용하는 조직구조 설계
⑤ 자원부서화 - 지역적으로 부서화되어 고객에게 통합 서비스를 제공하는 방식

정답 ⑤ [×]
해설 조직구조설계의 방식에는 기능부서화, 사업부서화, 혼합부서화, 지역부서화 방식이 있다(Daft).

제4절 조직구조의 형태에 관한 이론

01
민츠버그(Mintzberg)가 제시한 조직유형이 아닌 것은?
2023. 지방 9급

① 기계적 관료제
② 애드호크라시(adhocracy)
③ 사업부제 구조
④ 홀라크라시(holacracy)

정답 ④ [×]
해설 민츠버그는 조직유형을 단순구조, 기계적 관료제, 전문적 관료제, 임시체제(애드호크라시)로 분류하였다. 홀라크라시는 해당하지 않는다. 홀라크라시란 권한과 의사결정이 상위 계층에 속하지 않고 조직 전체에 걸쳐 분배되어 있는 조직구조이다.

02
민츠버그(Mintzberg)가 제시한 조직(구조)을 구성하는 기본 부문들에 대한 설명으로 옳지 않은 것은?
2020. 국회 9급

① 전략부문(strategic apex)은 최고관리층이 있는 곳이다.
② 핵심운영부문(operating core)은 조직의 제품이나 서비스를 생산해 내는 기본적인 일들이 발생하는 곳이다.
③ 중간부문(middle line)은 핵심운영부문과 전략부문을 연결하는 기능을 한다.
④ 핵심운영부문(operating core)은 조직을 가장 포괄적인 관점에서 관리한다.
⑤ 기술구조부문(technostructure)은 업무의 표준화를 추구한다.

정답 ④ [×]
해설 조직을 가장 포괄적인 관점에서 관리하는 것은 전략부문이다. 전략부문(strategic apex)은 조직을 가장 포괄적인 관점에서 관리한다.

03
민츠버그(H. Mintzberg)가 제시한 조직구조 유형에 대한 설명으로 옳은 것은?
2011. 지방 9급

① 기계적 관료제(machine bureaucracy)는 막스 베버의 관료제와 유사하다.
② 임시조직(adhocracy)은 대개 단순하고 반복적인 문제를 해결하기 위해 생성된다.
③ 폐쇄체계(closed system)적 관점에서 조직이 수행하는 기능을 기준으로 유형을 분류하였다.
④ 사업부 조직(divisionalized organization)은 기능별, 서비스별 독립성으로 인해 조직전체 공통관리비의 감소 효과가 크다.

정답 ① [○]
해설
② [×] 임시조직은 복잡하고 동태적 환경에 적합한 조직으로 대개 복잡하고 비정형적인 문제를 해결하기 위해 생성된다.
③ [×] 민츠버그는 조직을 둘러싼 환경과의 특성과 조직과 환경과의 관계를 고려하는 개방체제적 관점에서 조직구조 유형을 분류하였다.
④ [×] 사업부제 조직은 산출물 표준화에 의한 조정을 하므로 산출물별 생산라인(기능)의 중복으로 규모의 경제 실현이 어렵다. 따라서 조직전체의 공통관리비의 감소가 곤란하다.

Mintzberg의 조직유형론

분류	단순구조	기계적 관료제	전문적 관료제	사업부제	임시체제 (Adhocracy)
조정 기제	직접 감독 및 통제	작업과정 표준화	작업 기술 표준화	산출물 표준화	상호조절
구성 부문	최고관리층 (전략적 상층 부문)	기술관리 부문	핵심운영 부문 (작업계층)	중간관리 부문 (중간계선)	지원 스태프 (참모) 부문
권력	최고관리층	기술관료	전문가	중간관리층	전문가
환경	단순·동태적 환경	단순·안정적 환경	복잡·안정적 환경	안정적 환경	복잡·동태적 환경
상황	소규모 초창기 조직	대규모, 오래된 조직	조직의 역사와 규모는 다양함	오래된 대규모 조직	신생조직
기술	단순기술	비교적 단순기술	복잡한 기술	기술정도는 가변적	매우 복잡한 기술
예	예) 신생조직	예) 행정부, 교도소	예) 종합대학, 종합병원	예) 재벌조직	예) 연구소
구조	낮은 공식화 높은 집권화 낮은 분화 (낮은 전문화)	높은 공식화 높은 집권화 높은 분화	낮은 공식화 높은 분권화 높은 분화수준	높은 공식화 제한된 수직적 분권 중간 수준의 전문화	낮은 공식화 선택적 분권 높은 횡적 분화

04

다음 조직구조의 유형들을 수직적 계층을 강조하는 구조에서 수평적 조정을 강조하는 구조로 옳게 배열한 것은?

2017. 사복직 9급

```
ㄱ. 네트워크 구조      ㄴ. 매트릭스 구조
ㄷ. 사업부제 구조      ㄹ. 수평구조
ㅁ. 관료제
```

① ㄷ-ㅁ-ㄴ-ㄹ-ㄱ
② ㄷ-ㅁ-ㄹ-ㄱ-ㄴ
③ ㅁ-ㄷ-ㄴ-ㄹ-ㄱ
④ ㅁ-ㄷ-ㄹ-ㄴ-ㄱ

정답 ③
해설 조직구조의 일반적 모형을 기계적 구조(수직적 계층)에서 유기적 구조(수평적 조정) 순으로 나열하면 ㅁ. 기능구조(관료제) → ㄷ. 사업구조 → ㄴ. 매트릭스구조 → ㄹ. 수평구조 → ㄱ. 네트워크 구조 → 유기적 구조의 순서이다.

05

조직구조모형을 유기적인 성격이 약한 것에서부터 강한 것의 순서로 바르게 배열한 것은?

2012. 국가 7급

① 네트워크구조 < 매트릭스구조 < 수평구조 < 사업구조 < 기능구조
② 기능구조 < 사업구조 < 수평구조 < 매트릭스구조 < 네트워크구조
③ 기능구조 < 사업구조 < 매트릭스구조 < 수평구조 < 네트워크구조
④ 기능구조 < 매트릭스구조 < 사업구조 < 수평구조 < 네트워크구조

정답 ③
해설 Daft는 기계적 구조와 유기적 구조를 양극단에 위치시키고 기능구조 ⇨ 사업구조 ⇨ 매트릭스 구조 ⇨ 수평구조 ⇨ 네트워크구조의 순서로 유기적 구조의 특징이 강하게 나타난다고 보았다.

06

조직은 크게 기능별 조직과 사업별 조직으로 나눌 수 있다. 다음 중 기능별 조직에 대한 설명으로 옳지 않은 것은?

2011. 국회 9급

① 기능의 중복을 막아 효율성을 높일 수 있다.
② 전문지식과 기술의 깊이를 제고할 수 있다.
③ 기능 간 조정이 용이하므로 환경 변화에 신속하고 유연하게 대처할 수 있다.
④ 전체 업무의 성과에 대한 책임소재를 규명하는 것이 어렵다.
⑤ 수평적 조정의 필요성이 낮을 때 효과적인 조직구조이다.

정답 ③ [×]
해설 기능별 조직은 안정적 환경에 적합한 기계적 구조로, 기능 전문화로 인해 이질적인 기능 간 수평적 조정이 곤란하며, 환경 변화에 대한 대응성이 떨어진다는 한계가 있다. 기능간 조정이 용이하고 환경변화에 신속하고 유연하게 대처할 수 있는 것은 사업별 조직의 특징이다.

07

사업구조에 대한 설명과 가장 거리가 먼 것은?

2010. 서울 9급

① 산출물에 기반한 사업부서화 방식이다.
② 사업 부서들은 자율적으로 운영되므로 각 기능의 조정은 부서 내에서 이루어진다.
③ 규모의 경제에 따른 효율성을 확보한다.
④ 기능구조보다 환경변화에 신축이고 대응적이다.
⑤ 성과에 대한 책임성의 소재가 분명해져 성과관리에 유리하다.

정답 ③ [×]
해설 규모의 경제에 따른 효율성 확보는 기능구조의 장점에 해당된다.

📖 사업구조의 장·단점	
장점	단점
① 사업부서 내 기능 간 조정이 용이하고 신속한 환경 변화에 적합 ② 특정 산출물 별로 운영되기 때문에 고객만족도 제고 ③ 성과책임의 소재가 분명해 성과관리체제에 유리 ④ 의사결정의 분권화	① 산출물별 기능의 중복에 따른 규모의 불경제와 비효율 ② 사업부서 내의 조정은 용이하지만, 사업부서간 조정 곤란 ③ 사업부서간 경쟁이 심화될 경우 조직 전반적인 목표달성 곤란 ④ 각 기능에 맞는 기술 개발 곤란

08
조직구조의 유형에 대한 설명으로 옳지 않은 것은?

2023. 국가 9급

① 사업(부)구조는 조직의 산출물에 기반을 둔 구조화 방식으로 사업(부) 간 기능 조정이 용이하다.
② 매트릭스구조는 수직적 기능구조에 수평적 사업구조를 결합시켜 조직운영상의 신축성을 확보한다.
③ 네트워크구조는 복수의 조직이 각자의 경계를 넘어 연결고리를 통해 결합 관계를 이루어 환경 변화에 대처한다.
④ 수평(팀제)구조는 핵심업무 과정 중심의 구조화 방식으로 부서 사이의 경계를 제거하여 의사소통을 원활하게 한다.

정답 ① [×]
해설 사업(부)구조는 사업(부) 간 기능 조정이 곤란하다.

09
기능(functional) 구조와 사업(project) 구조의 통합을 시도하는 조직 형태는?

2020. 지방 9급

① 팀제 조직
② 위원회 조직
③ 매트릭스 조직
④ 네트워크 조직

정답 ③
해설 매트릭스 조직은 기능구조와 사업구조를 화학적으로 결합한 조직이다.

10
매트릭스 구조에 대한 설명으로 옳은 것은?

2011. 국가 9급

① 산출물에 기초한 사업부서화 방식의 조직구조이다.
② 기능구조와 사업구조의 화학적 결합을 시도하는 조직구조이다.
③ 조직구성원을 핵심업무를 중심으로 배열하는 조직구조이다.
④ 핵심기능 이외의 기능은 외부기관들과 계약관계를 통해 수행하는 조직구조이다.

정답 ② [○]
해설 ① [×] 산출물에 기초한 사업부서화 방식은 사업구조이다.
③ [×] 조직구성원을 핵심업무 중심으로 구성하는 것은 수평구조(팀 조직)이다.
④ [×] 조직의 자체기능은 핵심역량위주로 합리화하고, 핵심 기능 이외의 기능은 외부기관들과 계약관계를 통해 수행하는 구조는 네트워크 구조이다.

11
매트릭스(matrix) 조직구조의 특징으로 옳지 않은 것은?

2014. 지방 9급

① 잦은 대면과 회의를 통해 과업조정이 이루어지기 때문에 신속한 결정이 가능하다.
② 구성원들은 다양한 경험을 통해 전문기술을 개발하면서, 넓은 시야와 목표관을 가질 수 있다.
③ 급변하는 환경변화에 탄력적으로 대응할 수 있다.
④ 경직화되어 가는 대규모 관료제 조직에 융통성을 부여해 줄 수 있다.

정답 ① [×]
해설 기능구조와 사업구조 간 잦은 대면과 회의를 통해 과업조정이 이루어지기 때문에 의사결정의 지연을 초래하며, 신속한 결정이 곤란하다.

12
조직 구조 형태의 하나인 복합구조(matrix structure)가 유용하게 쓰일 수 있는 조건에 해당하지 않는 것은?

2015. 사회복지 9급

① 조직의 규모가 너무 크거나 너무 작지 않은 중간 정도의 크기일 것
② 기술적 전문성이 높고 산출의 변동도 빈번해야 한다는 이원적 요구가 강력할 것
③ 조직이 사용하는 기술이 일상적일 것
④ 사업부서들이 사람과 장비 등을 함께 사용해야 할 필요가 클 것

> **정답** ③ [×]
> **해설** 매트릭스 구조는 기능구조의 전문성과 사업구조의 신속한 대응성을 활용할 수 있는 복합구조로, 신축성과 적응성이 요구되는 불안정하고 급변하는 환경에서 잦은 대면과 회의를 통해 예상치 못한 문제를 파악하고, 새로운 해결책을 찾는 데 유용한 조직구조 형태이다. 따라서 조직환경이 복잡하고, 불확실한 경우 효과적이며, 비일상적 기술에 적합한 조직이다.

13
다음 내용에 해당하는 조직유형에 대한 설명으로 옳지 않은 것은?

2024. 국가 9급

> A회사는 장기적인 제품개발 프로젝트 수행을 위해 각 부서에서 총 10명을 차출하여 팀을 운영하려고 한다. 이 팀에 소속된 팀원들은 원부서에서 주어진 고유 기능을 수행하면서 제품개발을 위한 별도 직무가 부여된다. 따라서 프로젝트 수행 기간 중 팀원들은 프로젝트팀장과 원소속 부서장의 지휘를 동시에 받게 된다.

① 기능구조와 사업구조를 결합한 혼합형 구조이다.
② 동태적 환경 및 부서 간 상호 의존성이 높은 상황에서 효과적이다.
③ 조직 내부의 갈등 가능성이 커질 우려가 있다.
④ 명령 계통의 다원화로 유연한 인적자원 활용이 어렵다.

> **정답** ④ [×]
> **해설** 매트릭스 조직은 명령계통이 이중적이라는 단점이 있으나, 이중구조로 인적 자원의 경제적 활용을 도모할 수 있다.
> ② [○] 매트릭스 조직은 환경적 변화가 심하고 사업부서들이 사람과 장비 등을 함께 사용해야 할 필요가 클 때 효과적이다.
> ③ [○] 명령계통이 이중적이어서 갈등이 발생할 수 있다.

14
팀제 조직에 대한 설명으로 옳은 것만을 모두 고르면?

2024. 지방 9급

> ㄱ. 결정과 기획의 핵심 기능만 남기고 사업집행 기능은 전문업체에 위탁한다.
> ㄴ. 역동적 환경변화에 유연하게 적응하고 신속한 문제 해결이 가능하다.
> ㄷ. 기술구조 부문이 중심이 되고 작업 과정의 표준화가 주요 조정수단이다.
> ㄹ. 관료제의 병리를 타파하고 업무수행에 새로운 의식과 행태의 변화 필요성으로 등장하였다.

① ㄱ, ㄴ
② ㄱ, ㄷ
③ ㄴ, ㄹ
④ ㄷ, ㄹ

> **정답** ③ ㄴ, ㄹ [○]
> **해설** ㄱ. [×] 네트워크 조직에 대한 설명이다.
> ㄷ. [×] 민츠버그(H. Mintzberg)의 조직유형 중 기계적 관료제의 특징이다.

15
결정과 기획 같은 핵심기능만 수행하는 조직을 중심에 놓고 다수의 독립된 조직들을 협력 관계로 묶어 일을 수행하는 조직형태는?

2021. 국가 9급

① 태스크 포스
② 프로젝트 팀
③ 네트워크 조직
④ 매트릭스 조직

> **정답** ③ [○]
> **해설** 네트워크 조직에 대한 설명이다.

16
네트워크조직에 대한 설명으로 옳지 않은 것은?

2025. 국회 8급

① 상호 독립적인 조직들이 상대방의 자원을 활용하기 위하여 수평적 신뢰관계로 연결된다.
② 업무 처리의 신속성과 유연성을 확보할 수 있다.
③ 조직 간의 상호의존성과 관계성이 중시된다.
④ 네트워크조직은 조직 간에도 형성될 수 있고, 조직 내의 집단 간에도 형성될 수 있다.
⑤ 네트워크조직은 집권화된 의사결정, 엄밀한 규칙과 절차, 업무의 명확한 구분을 특징으로 한다.

> **정답** ⑤ [×]
> **해설** 집권화된 의사결정, 엄밀한 규칙과 절차, 업무의 명확한 구분은 기계적 구조의 특징이다.

17
네트워크 조직구조가 가지는 일반적인 장점에 대한 설명으로 가장 옳지 않은 것은?

2019. 서울 9급

① 조직의 유연성과 자율성 강화를 통해 창의력을 발휘할 수 있다.
② 통합과 학습을 통해 경쟁력을 제고할 수 있다.
③ 조직의 네트워크화를 통해 환경 변화에 따른 불확실성을 감소시킬 수 있다.
④ 조직의 정체성과 응집력을 강화시킬 수 있다.

> **정답** ④ [×]
> **해설** 네트워크 조직은 느슨하게 연결된 다수 조직들로 구성되기 때문에 조직들 간의 정체성이 약하며 응집력 있는 조직문화를 갖기 어렵다.

18
네트워크 조직에 대한 설명으로 옳은 것만을 모두 고른 것은?

2015. 국가 9급

ㄱ. 구조의 유연성이 강조된다.
ㄴ. 조직 간 연계장치는 수직적인 협력관계에 바탕을 둔다.
ㄷ. 개방적 의사전달과 참여보다는 타율적 관리가 강조된다.
ㄹ. 조직의 경계는 유동적이며 모호하다.

① ㄱ, ㄴ ② ㄱ, ㄹ
③ ㄴ, ㄷ ④ ㄷ, ㄹ

> **정답** ② ㄱ, ㄹ [○]
> **해설** 네트워크 조직은 동태적 환경에 적합한 유기적 구조로, 환경 변화에 신축적으로 적용가능한 유연한 조직구조를 특징으로 하며, 조직의 경계는 개방적이고 유동적이다.
> ㄴ. [×] 네트워크 조직간 연계는 수평적 협력관계에 바탕을 둔다.
> ㄷ. [×] 네트워크 조직은 타율적 관리보다는 개방적 의사전달과 참여가 강조된다.

19
조직유형에 대한 설명으로 옳지 않은 것은? 2017. 국가 9급

① 태스크 포스(task force)는 특수한 과업 완수를 목표로 기존의 서로 다른 부서에서 사람들을 선발하여 구성한 팀으로서, 본래 목적을 달성하면 해체되는 임시조직이다.
② 프로젝트 팀(project team)은 전략적으로 중요하거나 창의성이 요구되는 프로젝트를 진행하기 위하여 여러 부서에서 적합한 사람들을 선발하여 구성한 조직이다.
③ 매트릭스 조직(matrix organization)은 기능 중심의 수직조직과 프로젝트 중심의 수평조직을 결합한 구조로서, 명령통일의 원리에 따라 책임과 권한의 한계가 명확하다.
④ 네트워크 조직(network organization)은 핵심기능을 수행하는 소규모의 조직을 중심에 두고 다수의 협력업체를 네트워크로 묶어 과업을 수행한다.

정답 ③ [×]
해설 매트릭스 조직은 기능구조와 사업구조의 화학적 결합을 시도한 구조로써 이중권한체계가 특징이다. 이로 인해 책임과 권한의 한계가 불명확하다는 한계가 있다.

정답 ④ ㄹ – 네트워크구조 [○]
해설 ㄱ – 기능구조에 대한 설명이다.
ㄴ – 사업구조에 대한 설명이다.
ㄷ – 수평구조(팀 조직)에 대한 설명이다.

20
계층제적 조직구조의 한계를 극복하고자 다양하게 시도되고 있는 조직모형에 대한 설명으로 옳지 <u>않은</u> 것은?
2010. 지방 9급

① 사업구조는 각 기능의 조정이 사업부서 내에서 이루어지므로 기능구조보다 분권적인 조직구조를 갖고 있다.
② 매트릭스구조는 단일의 권한체계를 통하여 불안정하고 급변하는 조직환경에 대응하고자 고안된 조직구조이다.
③ 팀구조는 특정한 업무과정에서 일하는 개인을 팀으로 모아 의사소통과 조정을 쉽게 하는 조직구조이다.
④ 네트워크구조는 핵심기능을 제외한 기능들을 외부기관과의 계약관계를 통하여 수행하는 조직구조이다.

정답 ② [×]
해설 매트릭스 구조는 기능구조와 사업구조의 화학적 결합을 시도한 조직구조로써, 이원적(단일적 ×) 권한체계를 특징으로 한다.

21
조직구조의 모형에 대한 설명으로 바르게 연결된 것은?
2012. 국가 9급

ㄱ. 수평적 조정의 필요성이 낮을 때 효과적인 조직구조로서 규모의 경제를 제고할 수 있다.
ㄴ. 자기완결적 기능을 단위로 기능간 조정이 용이하여 환경변화에 대한 대응이 신축적이다.
ㄷ. 조직구성원을 핵심 업무과정 중심으로 조직화하는 방식이다.
ㄹ. 조직 자체 기능은 핵심역량 위주로 하고 여타 기능은 외부 계약 관계를 통해서 수행한다.

① ㄱ – 사업구조
② ㄴ – 매트릭스구조
③ ㄷ – 수직구조
④ ㄹ – 네트워크 구조

22
애드호크라시(adhocracy)에 대한 설명으로 가장 옳지 <u>않은</u> 것은?
2022. 군무원 9급

① 탈관료화 현상의 하나로 등장했다.
② 구조적으로 높은 수준의 복잡성, 낮은 수준의 공식화, 낮은 수준의 집권화를 특징으로 한다.
③ 고도의 창의성과 환경적응성이 필요한 상황에서 유효한 조직이다.
④ 업무처리과정에서 갈등과 비협조가 일어나고, 창의적인 업무 수행 과정에서 직원들이 심적 스트레스를 많이 받는다는 단점이 있다.

정답 ② [×]
해설 애드호크라시는 구조적으로 낮은 수준의 복잡성, 낮은 수준의 공식화, 낮은 수준의 집권화를 특징으로 한다.

23
애드호크라시(adhocracy)에 대한 설명으로 옳지 <u>않은</u> 것은?
2022. 지방7급

① 업무가 비정형적일 때 유용하다.
② 변화에 신속하게 대응할 수 있는 장점이 있다.
③ 책임소재가 명확하여 갈등이 생길 가능성이 작다.
④ 조직 목표 달성을 위해 조직 내 전문 능력이 있는 구성원들을 연결하는 구조이다.

정답 ③ [×]
해설 애드호크라시는 상·하 구분, 권한과 책임의 명확한 구분이 없어 모호성이 존재하여 갈등발생이 불가피하다.

24
애드호크라시(Adhocracy)에 대한 설명으로 옳지 않은 것은? 2016. 국가 7급

① 구조적으로 복잡성 공식화 집권화의 정도가 낮은 수준이다.
② 고도의 창의성과 환경 적응성이 필요한 상황에서 유효한 임시조직이다.
③ 다양한 전문가들로 구성된 집합으로 조직화와 표준화가 신속하게 이뤄진다.
④ 업무 처리 과정에서 갈등과 비협조가 일어나고 창의적 업무수행과정에서 심적 스트레스를 많이 받는다.

정답 ③ [×]
해설 애드호크라시는 다양한 전문가들로 구성된 조직으로, 동태적 환경에 적합한 유기적 구조의 특성을 갖는 조직이다. 따라서 기계적 구조와는 달리 조직화와 표준화가 신속하게 이루어지지 않는다.

25
애드호크라시(Adhocracy)에 속하는 조직유형에 대한 설명으로 가장 적절하지 않은 것은? 2023. 군무원 9급

① 테스크포스는 특수한 과업 완수를 목표로 기존의 서로 다른 부서에서 선발하여 구성한 팀으로, 목적을 달성하면 해체되는 임시조직이다.
② 프로젝트 팀은 테스크포스와 마찬가지로 한시적이고 횡적으로 연결된 조직유형이지만 테스크포스에 비해 참여자의 전문성과 팀에 대한 소속감이 강하다는 특성을 가지고 있다.
③ 매트릭스 조직은 기능 중심의 수직적 분화가 되어있는 기존의 지시 라인에 횡적으로 연결된 또 하나의 지시 라인을 인정하는 이원적 권위계통을 가진다.
④ 네트워크조직은 전체 기능을 포괄하는 조직을 중심에 놓고 다수의 협력체를 묶어 일을 수행하는 조직형태이다.

정답 ④

26
애드호크라시(adhocracy)에 대한 설명으로 옳지 않은 것은? 2021. 국회 8급

① 업무수행자가 복잡한 환경에 탄력적으로 대응하도록 하기 위해서 업무수행 방식을 법규나 지침으로 경직화시키지 않는다.
② 전문성이 강한 전문인들로 구성되기 때문에 업무의 동질성이 높다.
③ 수평적 분화의 정도는 높은 반면, 수직적 분화의 정도는 낮다.
④ 태스크포스는 특수한 과업완수를 목표로 기존의 서로 다른 부서에서 사람들을 선발하여 구성한 팀으로 본래 목적이 달성되면 해체되는 임시조직이다.
⑤ 네트워크 조직은 핵심 기능을 수행하는 소규모의 조직을 중심에 놓고 다수의 협력업체들을 네트워크로 묶어 일을 수행하는 조직으로 협력업체들은 하위조직이 아니며 별도의 독립된 조직들이다.

정답 ② [×]
해설 애드호크라시(adhocracy)는 전문성이 매우 강한 전문인들로 구성되기 때문에 업무의 이질성이 매우 높다. 따라서 횡적인 분화가 많이 일어나지만 업무수행이 자율적 책임 하에 주로 이루어지기 때문에 지시·감독의 필요성은 낮아 종적인 분화는 높지 않다.

27
조직구조에 대한 설명으로 옳지 않은 것은? 2025. 지방 9급

① 이음매 없는(seamless) 조직은 내부적 필요에 의해 조직단위와 기능을 분산적으로 설계한다.
② 네트워크 조직은 수직적 계층의 수가 최소화되고 유기적 구조로 환경적 변화에 적응성이 높다.
③ 매트릭스 조직은 기능적 조직의 역할과 프로젝트팀의 구조적 역할을 동시에 수행하는 이중구조의 성격을 갖는다.
④ 팀제는 수평적 구조와 자율적 권한부여로 구성원의 지식과 아이디어를 모아 창의적 문제해결에 유리하다.

정답 ① [×]
해설 내부적 필요에 의해 조직단위와 기능을 분산적으로 설계하는 것은 관료제와 같은 기계적 구조의 특징이다. 이음매 없는 조직은 유기적 조직구조 또는 탈관료제 조직구조에 해당한다. 린덴(Linden)은 산업화 시대의 생산자·공급자 중심의 사회에서 만들어진 분산적 관료제 구조는 오늘날 소비자 중심 사회에는 부적합하다고 보고, 소비자 중심의 사회에서는 소비자들이 다양한 서비스를 언제나 편리하게 그리고 자유롭게 선택하여 누릴 수 있게 해야 한다는 요청에 대응하기 위해 전통적인 분산적 조직(전통적 관료제 조직 구조)을 근본적으로 재설계하여 이음매 없는 조직으로 변신시켜야 한다고 주장했다.

28
학습조직과 관련된 설명으로 옳지 <u>않은</u> 것은?
2016. 지방교행 9급

① 개방체계와 자아실현적 인간관에 기반한다.
② 자극·반응적 학습을 주된 방법으로 활용한다.
③ 역량기반 교육훈련제도의 대표적인 방식으로 활용되고 있다.
④ 핵심 가치는 의사소통과 수평적 협력을 통한 조직의 문제해결이다.

정답 ② [×]
해설 학습조직은 자극·반응적 학습이 아니라 조직의 전략에 따라 의도적, 주체적, 자주적, 능동적, 자기창조적으로 학습을 하는 전략·변혁적 학습 방법을 활용한다.

29
전통적인 기계적 조직과 구별되는 학습조직의 특징에 대한 설명으로 옳지 <u>않은</u> 것은?
2014. 사복직 9급

① 기능보다 업무 프로세스 중심으로 조직을 구조화한다.
② 위계적 통제보다 구성원 간의 수평적 협력을 중시한다.
③ 학습조직 활성화에 리더의 역할이 상대적으로 중요하지 않다.
④ 조직의 목표 달성을 위하여 구성원의 권한 강화(empowerment)를 강조한다.

정답 ③ [×]
해설 학습조직은 학습을 촉진하기 위해 리더십의 역할(공유된 리더십)이 중요하며, 조직의 리더는 조직구성원들의 사고와 행동을 통제하는 것이 아니라 그들의 자율성을 존중하고 적극적으로 학습을 지원하고 촉진하는 리더십이 되어야 한다.

30
셍게(P. Senge)가 제시한 학습조직(Learning Organization) 구축을 위한 다섯 가지 방법에 해당하지 <u>않는</u> 것은?
2022. 국회 8급

① 조직이 달성하고자 하는 목표, 가치 등에 관한 비전 공유가 필요하다.
② 공동학습을 통해 지식을 공유하고 토론을 활성화하는 집단학습이 필요하다.
③ 개인의 전문지식 습득 노력을 통한 자기완성이 필요하다.
④ 조직에 대한 종합적·동태적 이해를 위해 시스템적 사고가 필요하다.
⑤ 학습효과를 극대화하기 위해 관리자의 리더십이 필요하다.

정답 ⑤ [×]
해설 관리자의 리더십은 셍게(P. Senge)가 제시한 다섯 가지 방법에 해당하지 않는다. 학습조직에서는 사려 깊은 리더십(dful leadership)이 요구된다.
셍게(P. Senge)는 학습조직을 위한 다섯 가지 수련으로 자기완성(전문적 소용), 사고의 틀, 공유된 비전, 집단적 학습(팀 학습), 시스템적 사고를 제시했다.

31

지식정보화 시대에 필요한 학습조직의 특성에 대한 설명으로 옳은 것만 묶은 것은? 2010. 국가 9급

ㄱ. 조직의 기본구성 단위는 팀으로, 수직적 조직구조를 강조한다.
ㄴ. 불확실한 환경에 요구되는 조직의 기억과 학습의 가능성에 주목한다.
ㄷ. 리더에게는 구성원들이 공유할 수 있는 미래비전 창조의 역할이 요구된다.
ㄹ. 체계화된 학습이 강조됨에 따라 조직구성원의 권한은 약화된다.

① ㄱ, ㄴ
② ㄱ, ㄹ
③ ㄴ, ㄷ
④ ㄷ, ㄹ

정답 ③ ㄴ, ㄷ [O]
해설 ㄱ. [×] 학습조직은 수평적 조직구조를 강조한다.
ㄹ. [×] 학습조직에서 조직구성원의 권한은 강화된다.

32

학습조직에 대한 설명으로 옳지 않은 것은? 2020. 국가 7급

① 개방체제와 자아실현적 인간관을 바탕으로 새로운 지식을 창출하고자 한다.
② 연결된 체계 간의 상호작용을 이해하고, 이를 효과적으로 활용하기 위한 체계적 사고(systems thinking)를 강조한다.
③ 조직구성원들의 비전 공유를 중시한다.
④ 조직구성원의 합이 조직이 된다는 점에서, 조직 내 구성원 각자의 개인적 학습을 강조한다.

정답 ④ [×]
해설 셍게(Senge)는 학습조직 탄생을 위한 5가지 수련으로 자기완성, 사고의 틀(사고모형), 공동의 비전, 집단적 학습, 시스템 중심의 사고를 강조하였다.

33

학습조직을 구현하기 위한 조직관리 기법으로 가장 옳은 것은? 2010. 지방 9급

① 정책집행의 합법성을 강조한 책임행정의 확립
② 부분보다 전체를 중시하고 의사소통을 원활하게 하는 공동체 문화의 강조
③ 성과주의를 제고하기 위한 성과급제도의 강화
④ 신상필벌을 강조한 행정윤리의 강화

정답 ② [O]
해설 ①, ③, ④는 기계적 구조 또는 고전적 조직에 적합한 조직관리 기법에 해당한다.

34

지식정보화사회의 도래와 함께 급속히 진행된 정보화가 조직구조 및 조직행태에 미친 변화에 대한 설명으로 옳지 않은 것은? 2009. 국가 9급

① 지식정보사회의 조직은 수평적으로 연결된 네트워크 구조나 가상조직의 형태를 띠게 되는 경향이 있다.
② 린덴(R. M. Linden)이 정의한 '이음매 없는 조직'의 출현이 확산된다.
③ 지식정보사회의 조직에서는 개인의 역량이 강조되기 때문에 조직의 협력적 행태가 저해된다.
④ 지식정보사회에서는 조직구조의 신축성과 유연성을 보다 강조한다.

정답 ③ [×]
해설 지식정보사회의 조직에서는 개인의 역량이 강조되며, 문제해결을 위한 조직의 협력적 행태가 강조된다.

제5절 조직유형론

01
블라우(Blau)와 스콧(Scott)의 조직유형에 대한 설명으로 옳지 않은 것은? 2025. 국가 9급

① '호혜적 조직(mutual-benefit associations)'은 고객이 주요 수익자가 되는 조직이다.
② '사업조직(business concerns)'은 조직의 소유자나 관리자가 주요 수익자가 된다.
③ '서비스조직(service organizations)'의 대표적인 예는 법률상담소, 학교, 사회사업기관 등이다.
④ '공익조직(commonweal organizations)'의 대표적인 예는 일반행정기관, 경찰서, 소방서 등이다.

정답 ① [×]
해설 블라우 & 스콧은 수혜자를 중심으로 조직유형을 분류하였다. 호혜적 조직은 구성원이 수익자가 되는 조직이다.
블라우(P. Blau)와 스코트(W. Scott)의 조직유형 분류

조직 유형	수혜자	예
호혜조직	구성원	정당, 노조
사업조직	소유주	기업체, 은행
서비스 조직	고객	병원, 학교
공익 조직	일반국민	행정기관

02
파슨스(T. Parsons)의 조직유형 중 조직체제의 목표달성 기능과 관련된 유형으로 옳은 것은? 2020. 군무원 9급

① 경제적 생산조직
② 정치조직
③ 통합조직
④ 형상유지조직

정답 ②
해설 파슨스(T.Parsons)는 체제의 4가지 기능(AGIL)을 중심으로 조직을 경제적 생산조직, 정치조직, 통합조직, 형상유지조직으로 구분하였다. 목표 달성 기능을 수행하는 조직유형은 정치조직이다.
사회적 기능에 따른 분류 : 파슨스(T. Parsons)

사회적 기능	조직유형	예
적응기능(Adaptation)	경제조직	민간기업
목표달성기능(Goal Attainment)	정치조직	행정기관
통합기능(Integration)	통합조직	정당, 법원, 경찰서 등
체제유지기능(Latent Pattern maintenance)	유형유지 조직	교육기관, 종교단체

03
파슨스(Parsons)가 제시한 사회적 기능, 각 기능을 수행하는 조직유형, 그리고 각 조직유형별 예시를 모두 바르게 연결한 것은? 2015. 지방 7급

① 적응(Adaptation) 기능 – 교육조직 – 학교
② 목표 달성(Goal Attainment) 기능 – 정치조직 – 행정기관
③ 통합(Integration) 기능 – 통합조직 – 종교단체
④ 잠재적 형상 유지(Latent Pattern Maintenance) 기능 – 경제조직 – 민간기업

정답 ② [○]
해설 ① [×] 교육조직은 체제유지 기능을 수행한다.
③ [×] 종교단체는 체제유지 기능을 수행한다.
④ [×] 민간기업은 적응기능을 수행한다.

04
학자와 조직유형간 관계를 연결한 것으로 옳지 않은 것은?

2010. 지방 7급

① Parsons - 강압적 조직, 공리적 조직, 규범적 조직
② Mintzberg - 단순구조, 기계적 관료제, 전문적 관료제, 할거적 구조, 임시체제
③ Blau & Scott - 호혜적 조직, 기업조직, 봉사조직, 공익조직
④ Cox, Jr. - 획일적 조직, 다원적 조직, 다문화적 조직

정답 ① [×]

해설 조직유형을 강압적 조직, 공리적 조직, 규범적 조직으로 구분한 학자는 Parsons가 아니라 A. Etzioni 이다. Parsons는 체제의 4대 기능(AGIL)에 따라 경제조직, 정치조직, 통합조직 및 형상유지조직 구분하였다.

에치오니(Etzioni)의 조직분류 유형

분류	권한 행사와 복종 양태	구체적 예
강제적 조직	• 권한: 강압적 권한 • 복종: 굴종적 복종	교도소, 강제수용소
공리적 조직	• 권한: 공리적 권한 • 복종: 타산적 복종	사기업
규범적 조직	• 권한: 규범적 권한 • 복종: 도덕적 복종	종교단체, 정당, 대학, 병원 등

Chapter 03 한국의 행정조직

제1절 우리나라 행정조직

01
정부조직에 대한 설명으로 옳은 것은? 2017. 국가 9급

① 감사원은 「정부조직법」에서 정하는 합의제 행정기관에 해당한다.
② 금융감독원은 「정부조직법」에 따라 설치된 중앙행정기관이다.
③ 소청심사위원회는 행정안전부 소속으로 행정기관 소속 공무원의 징계처분에 관한 사무를 관장한다.
④ 특허청은 행정 및 재정상의 자율성이 부여되고 성과에 대해 책임을 지도록 하는 책임운영기관에 해당한다.

> **정답** ④ [○]
> **해설** 특허청은 중앙책임운영기관이다.
> ① [×] 감사원은 헌법상 기관이다.
> > 헌법 제97조 국가의 세입·세출의 결산, 국가 및 법률이 정한 단체의 회계검사와 행정기관 및 공무원의 직무에 관한 감찰을 하기 위하여 대통령 소속하에 감사원을 둔다.
> ② [×] 금융감독원은 「금융위원회의 설치 등에 관한 법률」에 의해 설치된 특수법인이다.
> ③ [×] 소청심사위원회는 인사혁신처 소속이다.

02
「정부조직법」상 우리나라 정부조직 체계에 대한 설명으로 옳은 것만을 〈보기〉에서 모두 고르면? 2020. 국회 8급

〈보기〉
ㄱ. 행정기관에는 그 소관사무의 일부를 독립하여 수행할 필요가 있는 때에는 법률로 정하는 바에 따라 행정위원회 등 합의제 행정기관을 둘 수 있다.
ㄴ. 과학기술정보통신부·문화체육관광부에는 차관 2명을 둔다.
ㄷ. 행정각부의 장은 국무위원이다.
ㄹ. 각 부(部) 밑에 처(處)를 둔다.
ㅁ. 각 위원회 밑에 청(廳)을 둔다.

① ㄱ, ㄹ ② ㄱ, ㄴ, ㄷ
③ ㄱ, ㄴ, ㅁ ④ ㄴ, ㄷ, ㅁ
⑤ ㄷ, ㄹ, ㅁ

> **정답** ② ㄱ, ㄴ, ㄷ [○]
> **해설** ㄱ. [○]
> > 정부조직법 제5조(합의제행정기관의 설치) 행정기관에는 그 소관 사무의 일부를 독립하여 수행할 필요가 있는 때에는 법률로 정하는 바에 따라 행정위원회 등 합의제행정기관을 둘 수 있다.
> ㄴ, ㄷ. [○]
> > 정부조직법 제26조(행정각부) ② 행정각부에 장관 1명과 차관 1명을 두되, 장관은 국무위원으로 보하고, 차관은 정무직으로 한다. 다만, 기획재정부·과학기술정보통신부·외교부·문화체육관광부·산업통상자원부·보건복지부·국토교통부에는 차관 2명을 둔다.
> ㄹ. [×] 「정부조직법」상 처는 모두 국무총리 소속하에 두도록 하고 있다.
> ㅁ. [×] 청은 행정각부 소속 외청으로, 「정부조직법」상 청은 행정각부 소속하에 두도록 하고 있다.

03
우리나라 정부조직에 대한 설명으로 옳지 않은 것은? 2025. 국가 9급

① 중앙행정기관의 설치와 직무 범위는 법률로 정한다.
② 식품 및 의약품의 안전에 관한 사무를 관장하기 위하여 보건복지부 소속으로 식품의약품안전처를 둔다.
③ 국무총리가 특별히 위임하는 사무를 수행하기 위하여 부총리 2명을 둔다.
④ 특허청은 중앙책임운영기관의 유형에 해당한다.

> **정답** ②
> **해설** 식품의약품안전처는 국무총리 소속이다.

04

「정부조직법」에서 규정하고 있는 관장 사무에 대한 설명으로 가장 옳지 않은 것은? 2020. 서울 9급

① 교육부장관은 인적자원개발정책 등에 관한 사무를 관장한다.
② 산업통상자원부장관은 창업·벤처기업의 지원 등에 관한 사무를 관장한다.
③ 법무부장관은 출입국관리 등에 관한 사무를 관장한다.
④ 과학기술정보통신부장관은 우편·우편환 및 우편대체 등에 관한 사무를 관장한다.

정답 ② [×]
해설 창업·벤처기업의 지원 등에 관한 사무는 산업통상자원부장관이 아닌 중소벤처기업부장관이 관장한다.

05

우리나라 행정조직에 대한 설명으로 옳지 않은 것은? 2019. 국회 8급

① 책임운영기관은 「정부조직법」에 의하여 설치되고 운영한다.
② 「행정기관 소속 위원회의 설치·운영에 관한 법률」상 위원회 소속위원 중 공무원이 아닌 위원의 임기는 대통령령으로 정하는 특별한 경우를 제외하고는 3년을 넘지 아니하도록 하여야 한다.
③ 특별지방행정기관의 사례로는 서울지방국세청, 중부지방고용노동청이 있다.
④ 실, 국, 과는 부처 장관을 보조하는 기관으로 계선 기능을 담당하고, 참모 기능은 차관보, 심의관 또는 담당관 등의 조직에서 담당한다.
⑤ 중앙선거관리위원회와 공정거래위원회는 행정위원회에 속한다.

정답 ① [×]
해설 책임운영기관은 「책임운영기관의 설치·운영에 관한 법률」에 의하여 설치되고 운영된다.

> 행정기관 소속 위원회의 설치·운영에 관한 법률 제8조(위원회의 구성)
> ② 공무원이 아닌 위원의 임기는 대통령령으로 정하는 특별한 경우를 제외하고는 3년을 넘지 아니하도록 하여야 한다.

06

행정기관에 대하여 관계 법령에 규정된 내용으로 옳은 것은? 2018. 국가 9급

① 방송통신위원회, 공정거래위원회, 소청심사위원회 등은 행정기관의 소관 사무에 관하여 자문에 응하거나 조정, 협의, 심의 또는 의결 등을 하기 위해 복수의 구성원으로 이루어진 합의제 기관으로서 행정기관이 아니다.
② 하부기관이란 중앙행정기관에 소속된 기관으로서, 특별지방행정기관과 부속기관을 말한다.
③ 보조기관이란 행정기관이 그 기능을 원활하게 수행할 수 있도록 그 기관장을 보좌함으로서 행정기관의 목적달성에 공헌하는 기관을 말한다.
④ 부속기관이란 행정권의 직접적인 행사를 임무로 하는 기관에 부속하여 그 기관을 지원하는 행정기관을 말한다.

정답 ④ [○]
해설 ① [×] 방송통신위원회, 공정거래위원회, 소청심사위원회 등은 합의제 중앙행정기관이다.
② [×] 소속기관에 대한 설명이다. 하부기관이란 행정기관의 보조기관과 보좌기관을 말한다.
③ [×] 보좌기관에 대한 설명이다. 보조기관은 행정기관의 의사 또는 판단의 결정이나 표시를 보조함으로써 행정기관의 목적달성에 공헌하는 기관을 말한다.

> 행정기관의 조직과 정원에 관한 통칙 제2조(정의) 이 영에서 사용되는 용어의 정의는 다음과 같다.
> 3. "부속기관"이라 함은 행정권의 직접적인 행사를 임무로 하는 기관에 부속하여 그 기관을 지원하는 행정기관을 말한다.
> 4. "자문기관"이라 함은 부속기관 중 행정기관의 자문에 응하여 행정기관에 전문적인 의견을 제공하거나, 자문을 구하는 사항에 관하여 심의·조정·협의하는 등 행정기관의 의사결정에 도움을 주는 행정기관을 말한다.
> 5. "소속기관"이라 함은 중앙행정기관에 소속된 기관으로서, 특별지방행정기관과 부속기관을 말한다.
> 6. "보조기관"이라 함은 행정기관의 의사 또는 판단의 결정이나 표시를 보조함으로써 행정기관의 목적달성에 공헌하는 기관을 말한다.
> 7. "보좌기관"이라 함은 행정기관이 그 기능을 원활하게 수행할 수 있도록 그 기관장이나 보조기관을 보좌함으로써 행정기관의 목적달성에 공헌하는 기관을 말한다.
> 8. "하부조직"이라 함은 행정기관의 보조기관과 보좌기관을 말한다.

07
현재 행정 각부와 그 소속 행정기관으로 옳은 것만을 〈보기〉에서 모두 고르면? 2019. 국회 8급

> ㄱ. 산업통상자원부 – 관세청
> ㄴ. 행정안전부 – 경찰청
> ㄷ. 중소벤처기업부 – 특허청
> ㄹ. 환경부 – 산림청
> ㅁ. 기획재정부 – 조달청
> ㅂ. 해양수산부 – 해양경찰청

① ㄱ, ㄴ, ㅁ
② ㄱ, ㄷ, ㄹ
③ ㄱ, ㄹ, ㅁ
④ ㄴ, ㄷ, ㅁ
⑤ ㄴ, ㅁ, ㅂ

정답 ⑤ ㄴ, ㅁ, ㅂ [O]
해설 ㄱ, ㄷ. [×] 관세청은 기획재정부 소속기관이다. 특허청은 산업통상자원부 소속기관이다.
ㄹ. [×] 산림청은 농림축산식품부 소속기관이다.

중앙행정기관	소속기관
기획재정부	국세청, 관세청, 조달청, 통계청
법무부	검찰청
국방부	병무청, 방위사업청
문화체육관광부	문화재청
행정안전부	경찰청, 소방청
농림축산식품부	농촌진흥청, 산림청
산업통상자원부	특허청
환경부	기상청
국토교통부	행정중심복합 도시건설청, 새만금개발청
해양수산부	해양경찰청

08
「정부조직법」 상 행정기관의 소속으로 옳지 않은 것은? 2018. 지방 9급

① 법제처 – 국무총리
② 국가정보원 – 대통령
③ 소방청 – 행정안전부장관
④ 특허청 – 기획재정부장관

정답 ④ [×]
해설 특허청은 산업통상자원부장관 소속이다.

09
국무총리 소속기관이 아닌 것은? 2012. 국가 9급

① 공정거래위원회
② 금융위원회
③ 방송통신위원회
④ 국민권익위원회

정답 ③ [×]
해설 방송통신위원회는 대통령 소속기관이다.

10
〈보기〉에 제시된 계선기관에 관한 내용 중 옳은 것을 모두 고르면? 2015. 국회 9급

> 보기
> ㄱ. 권한 및 책임의 한계의 명확성, 신속한 결정력, 업무 수행 능률성 등의 장점이 있다.
> ㄴ. 각 행정기관의 장의 인격을 연장·보완하는 역할을 하며 지휘·감독의 범위를 넓혀 준다.
> ㄷ. 기관장이 주관적·독단적 결정이나 조치를 취할 가능성이 존재하고, 조직의 경직성을 초래한다.
> ㄹ. 전문적 지식과 경험으로 행정목표의 달성에 간접적으로 기여한다.

① ㄱ, ㄴ
② ㄱ, ㄷ
③ ㄱ, ㄴ, ㄹ
④ ㄱ, ㄷ, ㄹ
⑤ ㄱ, ㄴ, ㄷ, ㄹ

정답 ② ㄱ, ㄷ [O]
해설 계선기관은 상하명령복종 관계를 가진 수직적·계층적 구조를 형성하는 기관으로 조직목표 달성에 직접적으로 기여하는 기관이며, 참모(막료)기관은 계선기관이 원활한 기능을 수행할 수 있도록 지원·보조·촉진함으로써 조직의 목표달성에 간접적으로 공헌하는 기관을 의미한다.
ㄴ, ㄹ. [×] 계선이 아닌 참모기관의 역할에 대한 설명이다.

계선기관과 막료기관의 비교	
계선기관	막료기관
정부조직법상 보조기관	정부조직법상 보좌기관
계층제적 성격 (장·차관 – 실·국장 – 과장 – 계장 – 직원)	비계층제적 성격 (차관보, 심의관, 담당관 등)
조직목표 달성에 직접적 기여	조직목표달성에 간접적 기여 (자문·권고·조사·연구 등의 기능)
명령권·집행권 행사	명령권·집행권 없음
현실적·보수적 성향	이상적·개혁적 성향
수직적 명령복종 관계	수평적 대등한 관계
일반행정가 중심	전문행정가 중심

11
보조기관과 보좌기관에 대한 설명으로 옳지 않은 것은?

2014. 지방 7급

① 보조기관은 위임·전결권의 범위 내에서 의사결정과 집행의 권한을 가진다.
② 보좌기관은 정책에 대한 최종적인 책임을 지지 않는 경우가 많으며 보조기관과 갈등을 유발할 수도 있다.
③ 보좌기관이 보조기관보다는 더 현실적이고 보수적인 속성을 가질 가능성이 높다.
④ 보좌기관은 목표달성 및 정책수행에 간접적으로 기여한다.

정답 ③ [×]
해설 보조기관(line, 계선기관)은 직접 정책결정과 집행에 대한 책임이 수반되기 때문에 보좌기관(staff, 참모기관)에 비해서 더 현실적이고 보수적인 성향을 가진다.

제2절 우리나라 정부조직 구조

01
행정기관위원회에 대한 설명으로 옳지 않은 것은?

2025. 지방 9급

① 행정위원회는 합의제 행정기관으로 법률에 의하여 행정기관 소관 사무의 일부를 독립하여 수행할 필요가 있을 때 둔다.
② 자문위원회는 행정기관의 자문에 응해 의견을 제공하거나 심의·조정·협의를 통해 의사결정에 도움을 준다.
③ 행정위원회인 공정거래위원회는 의사결정의 권한은 갖지만 집행까지 책임지지는 않는다.
④ 다양한 이해관계자들의 참여와 의견 반영으로 다양성의 가치를 증진할 수 있다.

정답 ③ [×]
해설 공정거래위원회는 의결권과 집행권을 가지는 행정위원회에 해당한다.

자문 위원회	• 참모기관 성격의 위원회로 자문기능만 수행 • 의결권·집행권 × • 국정기획자문위원회, 일자리위원회 등
행정 위원회	• 법령에 의해 행정권한을 부여받아 독자적 권한을 행사하는 행정관청 성격의 위원회 • 의사결정권·집행권 (○). 위원회 결정은 법적 구속력을 가짐 • 국민권익위원회, 방송통신위원회, 공정거래위원회 등
의결 위원회	• 의결권 (○), 집행권 (×) • 징계위원회, 공직자윤리위원회

① [○] 정부조직법 제5조

> 정부조직법 제5조(합의제행정기관의 설치) 행정기관에는 그 소관 사무의 일부를 독립하여 수행할 필요가 있는 때에는 법률로 정하는 바에 따라 행정위원회 등 합의제행정기관을 둘 수 있다.

02
위원회(committee) 조직의 장점으로 보기 어려운 것은?

2012. 지방 9급

① 집단결정을 통해 행정의 안정성과 지속성을 확보할 수 있다.
② 조직 각 부문 간의 조정을 촉진한다.
③ 경험과 지식을 지닌 전문가를 활용할 수 있다.
④ 의사결정과정이 신속하고 합의가 용이하다.

정답 ④ [×]
해설 위원회 조직은 합의제 조직이므로 의사결정에 많은 시간과 경비가 소요되기 때문에 의사결정의 지연을 초래할 수 있다.

03
정부위원회에 대한 설명으로 옳은 것만을 모두 고르면?

2022. 지방 9급

> ㄱ. 책임성이 결여될 수 있다.
> ㄴ. 자문위원회는 업무가 계속성·상시성이 있어야 한다.
> ㄷ. 민주성을 제고하는 장점이 있다.
> ㄹ. 방송통신위원회, 공정거래위원회, 국민권익위원회, 금융위원회, 개인정보 보호위원회, 원자력안전위원회는 중앙행정기관이다.

① ㄱ, ㄷ
② ㄴ, ㄷ
③ ㄴ, ㄹ
④ ㄱ, ㄷ, ㄹ

정답 ④ ㄱ, ㄷ, ㄹ [○]
해설

> 정부조직법 제2조(중앙행정기관의 설치와 조직 등) ① 중앙행정기관의 설치와 직무범위는 법률로 정한다.
> ② 중앙행정기관은 이 법에 따라 설치된 부·처·청과 다음 각 호의 행정기관으로 하되, 중앙행정기관은 이 법 및 다음 각 호의 법률에 따르지 아니하고는 설치할 수 없다.
> 1. 「방송통신위원회의 설치 및 운영에 관한 법률」 제3조에 따른 방송통신위원회
> 2. 「독점규제 및 공정거래에 관한 법률」 제54조에 따른 공정거래위원회

3. 「부패방지 및 국민권익위원회의 설치와 운영에 관한 법률」 제11조에 따른 국민권익위원회
4. 「금융위원회의 설치 등에 관한 법률」 제3조에 따른 금융위원회
5. 「개인정보 보호법」 제7조에 따른 개인정보 보호위원회
6. 「원자력안전위원회의 설치 및 운영에 관한 법률」 제3조에 따른 원자력안전위원회
7. 「신행정수도 후속대책을 위한 연기·공주지역 행정중심복합도시 건설을 위한 특별법」 제38조에 따른 행정중심복합도시건설청
8. 「새만금사업 추진 및 지원에 관한 특별법」 제34조에 따른 새만금개발청

ㄴ. [×] 업무가 계속성·상시성이 있어야 하는 것은 행정위원회의 특징이다.

> 행정기관 소속 위원회의 설치·운영에 관한 법률 제5조(위원회의 설치요건) ① 「정부조직법」 제5조에 따라 합의제행정기관(이하 "행정위원회"라 한다)을 설치할 경우에는 다음 각 호의 요건을 갖추어야 한다.
> 1. 업무의 내용이 전문적인 지식이나 경험이 있는 사람의 의견을 들어 결정할 필요가 있을 것
> 2. 업무의 성질상 특히 신중한 절차를 거쳐 처리할 필요가 있을 것
> 3. 기존 행정기관의 업무와 중복되지 아니하고 독자성(獨自性)이 있을 것
> 4. 업무가 계속성·상시성(常時性)이 있을 것

04
정부의 각종 위원회에 대한 설명으로 가장 옳은 것은?

2018. 서울 9급

① 의결위원회는 의사결정의 구속력은 있지만 집행권이 없다.
② 행정위원회의 대표적인 예로 공정거래위원회, 공직자윤리위원회 등을 들 수 있다.
③ 행정위원회는 독립지위를 가진 행정관청으로 결정권은 없고 집행권만 갖는다.
④ 자문위원회는 계선기관으로서 사안에 따라 조사·분석 등의 기능을 수행한다.

정답 ① [○]
해설 ② [×] 행정위원회의 대표적인 예로 중앙선거관리위원회, 공정거래위원회 등을 들 수 있다. 공직자 윤리위원회의 경우 의결위원회에 해당한다.
③ [×] 행정위원회는 독립지위를 가진 행정관청으로 결정권과 집행권을 갖는다.
④ [×] 자문위원회는 참모기관(계선기관 ×)으로 사안에 따라 조사·분석 기능을 수행한다.

구분	자문위원회	행정위원회	
		의결위원회	행정위원회
권한 및 성격	결정권 × 집행권 ×	의사결정 권한 ○ 집행권 ×	독립 지위를 가진 행정관청 의사결정의 법적 구속력 ○ 행정 집행권 ○
예	기업 및 부처(정책) 자문위원회, 정부업무평가 위원회 등	각 부처 징계위원회 정부 공직자윤리위원회 소청심사위원회 등	중앙선거관리위원회 공정거래위원회 국가인권위원회 금융위원회 등

05
정부의 위원회 조직에 대한 설명으로 옳지 않은 것은?

2019. 국가 9급

① 결정에 대한 책임의 공유와 분산이 특징이다.
② 복수인으로 구성된 합의형 조직의 한 형태다.
③ 국민권익위원회는 의사결정의 권한이 없는 자문위원회에 해당된다.
④ 소청심사위원회는 행정관청적 성격을 지닌 행정위원회에 해당된다.

정답 ③ [×]
해설 국민권익위원회는 자문위원회가 아니라 결정권과 집행권을 갖는 행정위원회에 속한다.

06

우리나라 행정기관 소속 위원회에 대한 설명으로 옳지 않은 것은?
2015. 지방 9급

① 행정위원회와 자문위원회 등으로 크게 구분할 수 있다.
② 방송통신위원회, 금융위원회, 국민권익위원회는 행정위원회에 해당된다.
③ 관련분야 전문지식이 있는 외부전문가만으로 구성하여야 한다.
④ 자문위원회의 의사결정은 일반적으로 구속력을 갖지 않는다.

정답 ③ [×]
해설 위원회는 다양한 의견을 필요로 하므로 외부 전문가와 시민대표, 정부 내부 공무원 등 다양한 참여자들로 구성된다.

07

다음 중 책임운영기관에 대한 설명으로 가장 적절하지 않은 것은?
2024. 군무원 9급

① 기관장은 계약직으로 임용되지만, 소속 직원은 공무원 신분을 유지하는 공법인이다.
② 성과를 중시하는 신공공관리론의 원리에 따라 등장한 제도이다.
③ 시장원리에 대한 강조로 인하여 공공서비스의 형평성과 안정성이 저하될 가능성이 있다.
④ 정책 결정 기능으로부터 집행기능을 분리한 집행 중심의 조직이다.

정답 ① [×]
해설 소속 책임운영기관장은 임기제 공무원으로 임용하며, 근무기간은 5년의 범위에서 소속중앙행정기관의 장이 정하되, 최소한 2년 이상으로 하여야 한다. 소속 책임운영기관은 정부 부처의 일부이며, 별도의 법인격이 없다. 구성원은 공무원 신분이다.
② [○] 1970년대 석유파동 이후 신공공관리론이 대두됨에 따라 등장한 제도이다.
④ [○] 책임운영기관은 정책집행 및 서비스 전달 기능 성격의 업무를 주로 담당한다.

08

책임운영기관에 대한 설명으로 옳지 않은 것은?
2020. 국가 9급

① 기관장에게 기관 운영의 자율성을 보장하고, 기관 운영 성과에 대해 책임을 지도록 한다.
② 공공성이 크기 때문에 민영화하기 어려운 업무를 정부가 직접 수행하기 위해 고안된 것이다.
③ 객관적이고 신뢰할 수 있는 성과평가 시스템 구축은 책임운영 기관의 성공 여부를 결정짓는 요건 중의 하나이다.
④ 1970년대 영국에서 집행기관(executive agency)이라는 이름으로 처음 도입되었고, 우리나라는 1990년부터 운영하고 있다.

정답 ④ [×]
해설 책임운영기관은 1988년 영국 대처 정부에서 국방·보건·교도소 등 140여개 부서를 집행기관(Executive Agency)으로 지정하면서 처음 도입되었고, 우리나라는 김대중 정부에서 1999년 「책임운영기관의 설치·운영에 관한 법률」에 근거해 도입되었다.

09

우리나라의 책임운영기관(Executive Agency)에 대한 설명으로 가장 옳지 않은 것은?
2019. 서울 9급

① 신공공관리론(NPM)의 조직원리에 따라 등장한 성과 중심 정부 실현의 한 방안으로 도입되었다.
② 책임운영기관의 장에게 행정 및 재정상의 자율성을 부여하고 그 운영성과에 대하여 책임을 지도록 하는 행정기관을 말한다.
③ 책임운영기관은 사무성격에 따라 조사연구형, 교육훈련형, 문화형, 의료형, 시설관리형, 그 밖에 대통령령으로 정하는 기타 유형으로 구분된다.
④ 「책임운영기관의 설치·운영에 관한 법률」에 근거하여 1995년부터 제도가 시행되었다.

정답 ④ [×]
해설 우리나라에서 책임운영기관 제도는 1999년 「책임운영기관의 설치·운영에 관한 법률」 제정에 의해서 시행되었다.

10

「책임운영기관의 설치·운영에 관한 법률」의 내용으로 옳지 않은 것은?　　2022. 국회 8급

① 행정안전부장관은 5년 단위로 책임운영기관의 관리 및 운영 전반에 관한 중기관리계획을 수립한다.
② 중앙책임운영기관의 장의 임기는 2년으로 하되, 한 차례만 연임할 수 있다.
③ 소속책임운영기관에는 소속 기관을 둘 수 없다.
④ 중앙책임운영기관의 장은 고위공무원단에 속하는 공무원을 제외한 소속 공무원에 대한 일체의 임용권을 가진다.
⑤ 책임운영기관운영위원회는 위원장 및 부위원장 각 1명을 포함한 15명 이내의 위원으로 구성한다.

정답 ③ [×]
해설 소속책임운영기관에는 대통령령으로 정하는 바에 따라 소속 기관을 둘 수 있다.

> 책임운영기관의 설치·운영에 관한 법률 제15조(소속 기관 및 하부조직의 설치) ① 소속책임운영기관에는 대통령령으로 정하는 바에 따라 소속기관을 둘 수 있다.

① [○]
> 책임운영기관의 설치·운영에 관한 법률 제3조의2 (중기관리계획의 수립 등) ① 행정안전부장관은 5년 단위로 책임운영기관의 관리 및 운영 전반에 관한 기본계획(이하 "중기관리계획"이라 한다)을 수립하여야 한다.

② [○]
> 책임운영기관의 설치·운영에 관한 법률 제40조(중앙책임운영기관의 장의 임기) 중앙책임운영기관의 장의 임기는 2년으로 하되, 한 차례만 연임할 수 있다.

④ [○]
> 책임운영기관의 설치·운영에 관한 법률 제47조(인사 관리) ① 중앙책임운영기관의 장은 「국가공무원법」 제32조제1항 및 제2항이나 그 밖의 공무원 인사 관계 법령에도 불구하고 고위공무원단에 속하는 공무원을 제외한 소속 공무원에 대한 일체의 임용권을 가진다.

⑤ [○]
> 책임운영기관의 설치·운영에 관한 법률 제50조(위원회의 구성 및 운영) ① 위원회는 위원장 및 부위원장 각 1명을 포함한 15명 이내의 위원으로 구성한다.

11

「책임운영기관의 설치·운영에 관한 법률」상 책임운영기관에 대한 설명으로 옳지 않은 것은?　　2019. 국가 9급

① 책임운영기관은 기관장에게 재정상의 자율성을 부여하고 그 운영성과에 대해 책임을 지도록 하는 행정기관의 특성을 갖는다.
② 소속책임운영기관에 두는 공무원의 총 정원 한도는 총리령으로 정하며, 이 경우 고위공무원단에 속하는 공무원의 정원은 부령으로 정한다.
③ 소속책임운영기관 소속 공무원의 임용시험은 기관장이 실시함을 원칙으로 한다.
④ 기관장의 근무기간은 5년의 범위에서 소속중앙행정기관의 장이 정하되, 최소한 2년 이상으로 하여야 한다.

정답 ② [×]
해설 소속책임운영기관에 두는 공무원의 총 정원 한도는 대통령령으로 정하며, 이 경우 고위공무원단에 속하는 공무원의 정원은 부령으로 정한다.

> 책임운영기관의 설치·운영에 관한 법률 제16조(공무원의 정원) ① 소속책임운영기관에 두는 공무원의 총 정원 한도는 대통령령으로 정한다. 이 경우 다음 각 호의 정원은 총리령 또는 부령으로 정하되, 대통령령으로 정하는 바에 따라 통합하여 정할 수 있다.
> 1. 공무원의 종류별·계급별 정원
> 2. 고위공무원단에 속하는 공무원의 정원

③ [○]
> 제19조(임용시험) ① 소속책임운영기관 소속 공무원의 임용시험은 기관장이 실시한다. 다만, 기관장이 단독으로 실시하기 곤란한 경우에는 중앙행정기관의 장이 실시할 수 있으며, 다른 시험실시기관의 장과 공동으로 실시하거나 대통령령으로 정하는 다른 기관의 장에게 위탁하여 실시할 수 있다.

④ [○]
> 제7조(기관장의 임용) ③ 기관장의 근무기간은 5년의 범위에서 소속중앙행정기관의 장이 정하되, 최소한 2년 이상으로 하여야 한다.

12
현재 정부가 운영 중인 책임운영기관에 대한 설명으로 옳지 않은 것은?
2013. 국회 9급

① 책임운영기관 소속 직원의 신분은 공무원이다.
② 책임운영기관의 장은 공개모집을 통해 충원된다.
③ 직원의 임용시험은 책임운영기관의 장이 담당한다.
④ 책임운영기관의 성과평가를 위해 행정안전부에 책임운영기관운영위원회가 있다.
⑤ 조직이나 정원 운영이 신축적이기 때문에 총정원은 안전행정부령으로 정한다.

정답 ⑤ [×]
해설 책임운영기관의 기관별 총 정원은 대통령령으로 규정하고 있다.

> 책임운영기관의 설치·운영에 관한 법률 제16조(공무원의 정원)
> ① 소속책임운영기관에 두는 공무원의 총 정원 한도는 대통령령으로 정한다. 이 경우 다음 각 호의 정원은 총리령 또는 부령으로 정하되, 대통령령으로 정하는 바에 따라 통합하여 정할 수 있다.

② [○]
> 제7조(기관장의 임용) ① 소속중앙행정기관의 장은 공개모집 절차에 따라 행정이나 경영에 관한 지식·능력 또는 관련 분야의 경험이 풍부한 사람 중에서 기관장을 선발하여 「국가공무원법」 제26조의5에 따른 임기제공무원으로 임용한다. 이 경우 대통령령으로 정하는 바에 따라 기관장으로 임용하려는 사람의 능력과 자질을 평가하여 임용 여부에 활용하여야 한다.

③ [○]
> 제19조(임용시험) ① 소속책임운영기관 소속 공무원의 임용시험은 기관장이 실시한다. 다만, 기관장이 단독으로 실시하기 곤란한 경우에는 중앙행정기관의 장이 실시할 수 있으며, 다른 시험실시기관의 장과 공동으로 실시하거나 대통령령으로 정하는 다른 기관의 장에게 위탁하여 실시할 수 있다.

④ [○]
> 책임운영기관의 설치·운영에 관한 법률 제49조(책임운영기관운영위원회의 설치 및 기능 등) ① 책임운영기관의 존속 여부 및 제도의 개선 등에 관한 중요 사항을 심의하기 위하여 행정안전부장관 소속으로 책임운영기관운영위원회를 둔다.

13
책임운영기관에 대한 설명으로 옳지 않은 것은?
2013. 서울 9급

① 책임운영기관은 집행기능 중심의 조직이다.
② 책임운영기관의 성격은 정부기관이며 구성원은 공무원이다.
③ 책임운영기관은 융통성과 책임성을 조화시킬 수 있다.
④ 책임운영기관은 공공성이 강하고 성과관리가 어려운 분야에 적용할 필요가 있다.
⑤ 책임운영기관은 정부팽창의 은폐수단 혹은 민영화의 회피수단으로 사용될 가능성이 있다.

정답 ④ [×]
해설 책임운영기관은 전문성이 있어 성과관리를 강화할 필요가 있는 사무에 대해 기관 운영상의 자율성을 부여하고 성과에 대하여 책임을 지도록 설치된 기관이므로 성과관리가 용이한 분야에 적용할 필요가 있다.

> 제4조(책임운영기관의 설치 및 해제) ① 책임운영기관은 그 사무가 다음 각 호의 기준 중 어느 하나에 맞는 경우에 대통령령으로 설치한다.
> 1. 기관의 주된 사무가 사업적·집행적 성질의 행정 서비스를 제공하는 업무로서 성과 측정기준을 개발하여 성과를 측정할 수 있는 사무
> 2. 기관 운영에 필요한 재정수입의 전부 또는 일부를 자체적으로 확보할 수 있는 사무

14
책임운영기관 제도에 대한 설명으로 옳지 않은 것은?
2017. 국회 9급

① 행정운영의 효율성과 행정서비스의 질적 향상을 도모하기 위해 도입된 제도이다.
② 신공공관리 운동의 일환으로 개발 및 채택되었다.
③ 정부서비스 민영화 방식의 일종이다.
④ 집행·서비스 전달 기능을 정책 기능으로부터 분리한다.
⑤ 우리나라는 1999년에 책임운영기관 제도를 도입하였다.

정답 ③ [×]
해설 책임운영기관은 인사·예산 등 운영상에 자율성을 부여하는 행정기관으로 민영화 방식은 아니다.

15
공기업에 대한 설명으로 옳지 않은 것은? 2021. 국가 9급

① 공공수요가 있으나 민간부문의 자본이 부족한 경우 공기업 설립이 정당화된다.
② 시장에서 독점성이 나타나는 경우 공기업 설립이 정당화된다.
③ 전통적인 자본주의적 사기업 질서에 반하여 사회주의적 간섭을 하는 것으로 볼 수 있다.
④ 주식회사형 공기업은 특별법 혹은 상법에 의해 설립되지만 일반 행정기관에 적용되는 조직·인사 원칙이 적용된다.

> **정답** ④ [×]
> **해설** 주식회사형 공기업은 특별법 또는 상법에 의하여 설립되며 일반 행정기관이 아니므로 일반 행정기관에 적용되는 조직·인사원칙(정부조직법, 국가공무원법)이 적용되지 않는다. 주식회사형 공기업은 사기업의 주식회사와 같은 조직 구조를 가지며 정부가 그 주식의 전부나 일부를 소유하는 형태의 공기업으로, 기업 운영에 있어서 공공성(공익)보다 기업성(생산성·이윤)에 더 비중을 둔다. 소속직원의 신분은 공무원이 아닌 회사원으로 직원에 대한 인사규정은 자체적으로 제정할 수 있다.
> ④ [×] 주식회사형 공기업은 특별법 또는 상법에 의하여 설립되며 일반 행정기관이 아니므로 일반 행정기관에 적용되는 조직.인사원칙(정부조직법, 국가공무원법)이 적용되지 않는다.

정부부처형 공기업	공사형 공기업	주식회사형 공기업
정부기관 형태를 띄는 관청 기업	정부가 전액 출자한 법인	민간자본 + 정부 자본 결합
정부조직법에 의해 설립 공공성 > 기업성	특별법에 의해 설립 공공성 + 기업성	특별법 또는 회사법에 의해 설립 공공성 < 기업성
정부예산으로 운영 직원은 일반 공무원	독립채산제로 운영 「공공기관의 운영에 관한 법률」 적용 임원: 준공무원 직원: 회사원	
책임운영기관, 우편, 조달, 양곡관리, 우체국예금	한국철도공사, 대한석탄공사 등	한국전력공사, 한국가스공사 등

16
다음 공공기관 가운데 그 유형이 다른 하나는? 2021. 국회 9급

① 예금보험공사
② 한국지역난방공사
③ 한국자산관리공사
④ 한국주택금융공사
⑤ 한국무역보험공사

> **정답** ② [○]
> **해설** 한국지역난방공사만 공기업(시장형공기업)에 해당하고 나머지는 모두 준정부기관(기금관리형 준정부기관)에 속한다.
> ①③④⑤ [×] 기금관리형 준정부기관에 해당한다.

17
「공공기관의 운영에 관한 법률」에 따른 기관유형과 그 사례가 바르게 연결된 것은? 2014. 서울 9급

① 시장형 공기업 - 한국조폐공사
② 준시장형 공기업 - 한국마사회
③ 기금관리형 준정부기관 - 한국농어촌공사
④ 위탁집행형 준정부기관 - 국민연금공단
⑤ 기타공공기관 - 한국연구재단

> **정답** ② [○]
> **해설** ① [×] 준시장형 공기업이다.
> ③ [×] 위탁집행형 준정부기관이다.
> ④ [×] 기금관리형 준정부기관이다.
> ⑤ [×] 위탁집행형 준정부기관이다.

18
공공서비스 공급주체의 유형과 예시를 바르게 연결한 것은? 2017. 국가 9급

① 준시장형 공기업 - 한국방송공사
② 시장형 공기업 - 한국마사회
③ 기금관리형 준정부기관 - 한국연구재단
④ 위탁집행형 준정부기관 - 한국소비자원

> **정답** ④ [○]
> **해설** ① [×] 한국방송공사는 현재 공공기관에 해당하지 않는다.
> ② [×] 한국마사회는 준시장형 공기업이다.
> ③ [×] 한국연구재단은 위탁집행형 준정부기관에 해당한다.

19
현행 「공공기관의 운영에 관한 법률」상 공공기관의 구분과 그 사례의 연결로 옳은 것은? 2025. 국회 8급

① 위탁집행형준정부기관 - 한국재정정보원
② 준시장형공기업 - 대한석탄공사
③ 기금관리형준정부기관 - 한국관광공사
④ 시장형공기업 - 한국마사회
⑤ 기타공공기관 - 한국소비자원

정답 ① [○]
해설 한국재정정보원은 위탁집행형 준정부기관이다. 참고로 2025년 이전에는 기타공공기관이었으나, 2025년 1월 위탁집행형 준정부기관으로 변경되었다.
② [×] 대한석탄공사는 기타공공기관이다. 2025. 1.21 준시장형 공기업에서 기타 공공기관으로 변경되었다.
③ [×] 한국관광공사 - 위탁집행형 준정부기관
④ [×] 한국마사회 - 준시장형 공기업
⑤ [×] 한국소비자원 - 위탁집행형 준정부기관

20
공공서비스 공급주체와 그 사례의 연결로 옳은 것만을 〈보기〉에서 모두 고르면? 2021. 국회 8급

〈보기〉
ㄱ. 기타공공기관 - 국립중앙의료원
ㄴ. 준시장형 공기업 - 한국관광공사
ㄷ. 위탁집행형 준정부기관 - 근로복지공단
ㄹ. 시장형 공기업 - 한국철도공사
ㅁ. 정부기업 - 우정사업본부

① ㄱ, ㅁ
② ㄴ, ㄹ
③ ㄱ, ㄴ, ㅁ
④ ㄴ, ㄷ, ㄹ
⑤ ㄷ, ㄹ, ㅁ

정답 ① ㄱ, ㅁ [○]
해설 ㄴ. [×] 한국관광공사는 위탁집행형 준정부기관에 해당한다.
ㄷ. [×] 근로복지공단은 기금관리형 준정부기관에 해당한다.
ㄹ. [×] 한국철도공사는 준시장형 공기업에 해당한다.

21
2022년 현재 「공공기관의 운영에 관한 법률」 및 관련 공공기관의 유형에 대한 설명으로 옳은 것은? 2022. 국회 9급

① 한국방송공사는 공공기관 유형 중 준시장형 공기업에 해당한다.
② 한국조폐공사는 공공기관 유형 중 시장형 공기업에 해당한다.
③ 지방자치단체가 설립하고 그 운영에 관여하는 기관을 공공기관으로 지정할 수 있다.
④ 기금관리형 준정부기관은 「국가재정법」에 따라 기금을 관리하거나 기금의 관리를 위탁받은 준정부기관이다.
⑤ 공공기관의 유형을 구분하고 지정하는 것은 행정안전부장관의 권한이다.

정답 ④ [○]
해설 「공공기관의 운영에 관한 법률」 제5조 제4항

「공공기관의 운영에 관한 법률」 제5조(공공기관의 구분) ① 기획재정부장관은 공공기관을 다음 각 호의 구분에 따라 지정한다.
④ 기획재정부장관은 제1항 및 제3항의 규정에 따른 공기업과 준정부기관을 다음 각 호의 구분에 따라 세분하여 지정한다.
2. 준정부기관
가. 기금관리형 준정부기관: 「국가재정법」에 따라 기금을 관리하거나 기금의 관리를 위탁받은 준정부기관
나. 위탁집행형 준정부기관: 기금관리형 준정부기관이 아닌 준정부기관

①, ③ [×] 한국방송공사(KBS), 한국교육방송공사(EBS), 구성원 상호 간의 상호부조·복리증진·권익향상 또는 영업질서 유지 등을 목적으로 설립된 기관, 지방자치단체가 설립하고, 그 운영에 관여하는 기관은 공공기관으로 지정할 수 없다.

「공공기관의 운영에 관한 법률」 제4조
② 제1항에도 불구하고 기획재정부장관은 다음 각 호의 어느 하나에 해당하는 기관을 공공기관으로 지정할 수 없다.
1. 구성원 상호 간의 상호부조·복리증진·권익향상 또는 영업질서 유지 등을 목적으로 설립된 기관
2. 지방자치단체가 설립하고, 그 운영에 관여하는 기관
3. 「방송법」에 따른 한국방송공사와 「한국교육방송공사법」에 따른 한국교육방송공사

② [×] 한국조폐공사는 준시장형 공기업이다.
⑤ [×] 행정안전부장관이 아닌 기획재정부장관이 지정한다.

22

「공공기관의 운영에 관한 법률」상 공공기관에 대한 설명으로 옳지 않은 것은? 2018. 국가 7급

① 위탁집행형 준정부기관은 기금관리형 준정부기관이 아닌 준정부기관을 의미한다.
② 기금관리형 준정부기관은 「국가재정법」에 따라 기금을 관리하거나 기금의 관리를 위탁받은 준정부기관을 의미한다.
③ 기획재정부장관은 공공기관을 공기업, 준정부기관과 기타공공기관으로 구분하여 지정하되, 공기업과 준정부기관은 직원 정원이 50인 이상인 공공기관 중에서 지정한다.
④ 기획재정부장관은 지방자치단체가 설립하고 그 운영에 관여하는 기관을 공공기관으로 지정할 수 있다.

정답 ④ [×]

해설 기획재정부 장관은 지방자치단체가 설립하고 그 운영에 관여하는 기관은 공공기관으로 지정할 수 없다.

> 공공기관의 운영에 관한 법률 제4조(공공기관) ① 기획재정부장관은 국가·지방자치단체가 아닌 법인·단체 또는 기관(이하 "기관"이라 한다)으로서 다음 각 호의 어느 하나에 해당하는 기관을 공공기관으로 지정할 수 있다.
> ② 제1항의 규정에 불구하고 기획재정부장관은 다음 각 호의 어느 하나에 해당하는 기관을 공공기관으로 지정할 수 없다.
> 1. 구성원 상호 간의 상호부조·복리증진·권익향상 또는 영업질서 유지 등을 목적으로 설립된 기관
> 2. 지방자치단체가 설립하고, 그 운영에 관여하는 기관
> 3. 「방송법」에 따른 한국방송공사와 「한국교육방송공사법」에 따른 한국교육방송공사

①, ② [○]

> 공공기관의 운영에 관한 법률 제5조(공공기관의 구분) ③ 기획재정부장관은 제1항 및 제2항의 규정에 따른 공기업과 준정부기관을 다음 각 호의 구분에 따라 세분하여 지정한다.
> 2. 준정부기관
>   가. 기금관리형 준정부기관 : 「국가재정법」에 따라 기금을 관리하거나 기금의 관리를 위탁 받은 준정부기관
>   나. 위탁집행형 준정부기관 : 기금관리형 준정부기관이 아닌 준정부기관

③ [○]

> 제5조(공공기관의 구분) ① 기획재정부장관은 공공기관을 다음 각 호의 구분에 따라 지정한다. [개정 2020.3.31] [[시행일 2021.1.1]]
> 1. 공기업·준정부기관 : 직원 정원, 수입액 및 자산규모가 대통령령으로 정하는 기준에 해당하는 공공기관
> 2. 기타공공기관 : 제1호에 해당하는 기관 이외의 기관

Chapter 04 동기부여이론

제1절 동기부여의 의의 및 동기부여 이론

01
동기이론을 동기를 유발하는 내용에 중점을 두는 내용이론과 동기를 일으키는 과정에 중점을 두는 과정이론으로 나눌 때, 〈보기〉에서 내용이론과 관련된 이론을 모두 바르게 묶은 것은? 2011. 국회 9급

〔보기〕
ㄱ. Vroom의 기대이론
ㄴ. Maslow의 욕구계층이론
ㄷ. Porter & Lawler의 업적만족이론
ㄹ. Adams의 형평성이론
ㅁ. Argyris의 성숙 미성숙이론
ㅂ. Skinner의 강화이론
ㅅ. Ouchi의 Z이론

① ㄱ, ㄴ, ㅁ, ㅂ ② ㄱ, ㄴ, ㄹ
③ ㄴ, ㄷ, ㅁ ④ ㄴ, ㅁ, ㅅ
⑤ ㄴ, ㅂ, ㅅ

정답 ④ ㄴ, ㅁ, ㅅ [○]

02
다음 동기부여에 대한 이론 중 성격이 <u>다른</u> 하나는?
2022. 국회 9급

① 성과 만족이론 - 포터와 롤러(Porter and Lawler)
② 동기위생이원론 - 허즈버그(Herzberg)
③ ERG이론 - 앨더퍼(Alderfer)
④ 성취동기이론 - 맥클리랜드(McClelland)
⑤ 욕구계층이론 - 매슬로우(Maslow)

정답 ① [×]
해설 Porter와 Lawler의 업적-만족이론은 동기부여에 대한 과정이론이고, 나머지는 동기부여에 대한 내용이론이다.

03
동기유발의 과정을 설명하는 '과정이론'에 해당하는 것만을 모두 고르면? 2022. 국가 9급

ㄱ. 브룸(Vroom)의 기대이론
ㄴ. 애덤스(Adams)의 공정성이론
ㄷ. 로크(Locke)의 목표설정이론
ㄹ. 앨더퍼(Alderfer)의 ERG이론
ㅁ. 맥그리거(McGregor)의 X이론 Y이론

① ㄱ, ㄴ, ㄷ ② ㄱ, ㄴ, ㄹ
③ ㄴ, ㄷ, ㅁ ④ ㄷ, ㄹ, ㅁ

정답 ① ㄱ, ㄴ, ㄷ

제2절 동기부여 이론 : 내용이론

01
다음 설명에 해당하는 조직의 인간관은? 2019. 국가 9급

- 인간을 자신의 이익을 극대화하기 위해 행동하는 존재로 본다.
- 인간은 조직에 의해 통제·동기화되는 수동적 존재이며, 조직은 인간의 감정과 같은 주관적 요소를 통제할 수 있도록 설계돼야 한다.

① 합리적·경제적 인간관
② 사회적 인간관
③ 자아실현적 인간관
④ 복잡한 인간관

정답 ①
해설 인간은 피동적이고 수동적인 존재로 통제 내지는 경제적인 보상에 의해 동기부여가 되는 존재라고 보는 입장은 합리적·경제적 인간관이다.

02
다음 내용이 설명하는 인간관에 부합하는 조직관리 전략은? 2015. 지방 9급

대부분의 사람들은 본질적으로 일을 싫어하는 것이 아니다. 사람들에게 일이란 작업조건만 제대로 정비되면 놀이를 하거나 쉬는 것과 같이 극히 자연스러운 것이며, 인간이 물리적·사회적 환경에 도전하는 여러 방법 중의 하나이다.

① 업무지시를 정확하게 하고 엄격한 상벌 원칙을 제시해야 한다.
② 업무평가 하위 10%에 해당하는 직원에 대한 20%의 급여삭감계획은 더욱 많은 업무 노력을 이끌어 낼 수 있는 방법이다.
③ 의사결정 시 부하직원을 참여시키고 자율적으로 업무를 수행할 수 있도록 해야 한다.
④ 관리자가 조직구성원에게 적절한 업무량을 부과하여 수행하게 해야 한다.

정답 ③
해설 맥그리거의 Y이론에 대한 설명이므로, 자율적이고 참여적인 관리전략이 적절하다.
①, ②, ④는 X이론의 관리전략에 해당한다.

03
직원 A의 동기 특성은 직원 B의 동기 특성과 구분된다. 직원 A의 동기 특성을 고려한 인사관리 방식으로 옳은 것을 〈보기〉에서 모두 고른 것은?(단, 두 가지 동기는 상충관계로 전제함) 2018. 지방교행 9급

직원 A : 이번에 인사평가 결과를 잘 받아서 기분이 좋아. 인사평가 항목에 잘 맞춰야 평가를 잘 받을 수 있으니까 참고해.
직원 B : 평가 결과가 좋다니 축하해. 그런데 나는 인사평가 결과보다는 일할 때 스스로 발전한다는 느낌이 드는 것이 좋아.

보기
ㄱ. 성과급제도의 전면 실시
ㄴ. 직무태만, 규정위반에 대한 처벌강화
ㄷ. 평가실적과 승진제도의 연계성 확대
ㄹ. 흥미도를 반영한 직무충실화

① ㄱ, ㄷ
② ㄴ, ㄹ
③ ㄱ, ㄴ, ㄷ
④ ㄴ, ㄷ, ㄹ

정답 ③ ㄱ, ㄴ, ㄷ [O]
해설 직원 A와 직원 B의 동기 특성의 차이는 맥그리거(McGregor)의 X·Y이론으로 설명할 수 있다. X이론은 인간의 하급 욕구에 착안하여 권위적 통제에 입각한 교환형 관리전략을 처방하는 전통적 관점이며, Y이론은 인간의 고급 욕구, 즉 존경에 대한 욕구 및 자아실현의 욕구 등에 착안하여 통합형 관리전략을 처방한다. 직원 A는 X이론에 가까운 특성을 나타내며, 직원 B는 Y이론에 가까운 특성을 나타낸다. ㄱ, ㄴ, ㄷ은 X이론에 근거한 관리전략에 해당하며, ㄹ. 흥미도를 반영한 직무충실화는 Y이론에 근거한 관리전략에 해당한다.

X이론과 Y이론 비교

	X이론	Y이론
인간관	① 본질적으로 일을 싫어하며 가능하면 일을 하지 않으려고 한다. ② 야망이 없고 책임지기를 싫어하고 외재적인 지도를 받으려 한다. ③ 안전을 원하고 변동에 저항한다. ④ 자기중심적이며, 조직 문제를 해결하는데 창의력을 발휘하지 못한다. ⑤ 생리적 욕구 또는 안전의 욕구(하급욕구)에 자극을 주는 금전적 보상이나 제재 등 외재적 유인에 반응한다.	① 본질적으로 일을 싫어하는 것은 아니다. ② 자기 행동의 방향을 스스로 정하고 자율적으로 자기규제를 할 수 있는 존재이다. ③ 적절한 조건만 갖추어지면 책임지기를 원하며 책임 있는 행동을 수행하고자 한다. ④ 이기적으로만 행동하는 것이 아니라 같은 사회 내의 타인을 위해 행동하기도 한다. ⑤ 직무동기는 존경의 욕구, 자기실현 욕구(고급욕구)에 해당한다.
관리전략	① 경제적 보상체계의 강화 ② 권위주의적 리더십의 확립 ③ 엄격한 감독과 통제제도의 확립 ④ 상부책임 제도의 강화 ⑤ 고층적 조직구조	① 민주적 리더십의 확립 ② 분권화와 권한의 위임 ③ 목표에 의한 관리 ④ 직무확장 (job enlargement) ⑤ 비공식적 조직의 활용 ⑥ 자체평가제도의 활성화 ⑦ 평면적 조직구조

04
동기부여 이론가들과 그 주장에 바탕을 둔 관리 방식을 연결한 것이다. 이들 중 동기부여 효과가 가장 낮다고 판단되는 것은? 2013. 국가 9급

① 매슬로우(Maslow) - 근로자의 자아실현 욕구를 일깨워 준다.
② 허즈버그(Herzberg) - 근로 환경 가운데 위생요인을 제거해 준다.
③ 맥그리거(McGregor)의 Y이론 - 근로자들은 작업을 놀이처럼 즐기고 스스로 통제할 줄 아는 존재이므로 자율성을 부여한다.
④ 앨더퍼(Alderfer) - 개인의 능력개발과 창의적 성취감을 북돋운다.

정답 ② [×]
해설 허츠버그의 위생요인(불만요인)은 충족시켜준다 하더라도 불만족만 제거될 뿐 동기부여가 이루어지지는 않는다고 하였다.

05
허즈버그(F. Herzberg)의 욕구충족요인 이원론의 설명으로 옳은 것은? 2010. 지방 9급

① 동기요인을 충족시켜주지 못하면 조직에 대한 불만이 커진다.
② 동기요인의 충족은 직무수행을 위한 노력을 강화한다.
③ 위생요인은 주로 직무자체와 관련되어 있다.
④ 위생요인의 충족은 동기유발을 촉진한다.

정답 ② [○]
해설 ① [×] 위생요인(불만요인)을 충족시켜주지 못하면 조직에 대한 불만이 커진다.
③ [×] 직무자체와 관련되어 있는 요인은 동기(만족)요인이다. 위생요인은 근무환경과 같은 직무 외적 요인과 관련되어 있다.
④ [×] 동기유발을 촉진하는 것은 동기요인이다.

06
허즈버그(Herzberg)의 욕구충족요인 이원론에서 위생요인에 해당하지 않는 것은? 2022. 지방 9급

① 감독
② 대인관계
③ 보수
④ 성취감

정답 ④ [×]
해설 성취감은 동기(만족)요인에 해당한다.

07
다음 내용을 설명할 수 있는 이론으로 가장 적합한 것은?
2017. 지방교행 9급

> A교육청의 교육감은 직원들의 근무 의욕이 낮아지고 있는 문제를 인식하였다. 이를 해결하기 위해 그는 상관의 감독 방식, 작업 조건 등의 업무 환경요인을 개선하였다. 그러나 직원들에 대한 다양한 조사 결과 직무수행과 관련된 성취감, 책임감, 자기 존중감이 낮아 근무 의욕이 여전히 개선되지 않은 것으로 나타났다.

① 사이먼(H. Simon)의 만족모형
② 브룸(V. Vroom)의 기대이론
③ 애덤스(J. Adams)의 형평이론
④ 허즈버그(F. Herzberg)의 욕구충족요인이원론

정답 ④
해설 제시문의 사례는 허즈버그(F. Herzberg)의 욕구충족요인 이원론의 이론이 가장 높은 설명력을 갖는다. 허즈버그의 욕구충족요인 이원론은 불만을 주는 요인(위생요인)과 만족을 주는 요인(동기요인)이 상호 독립되어 있다고 보고, 만족요인(동기요인)의 증대가 인간의 자기실현 욕구에 자극을 주고 직무수행의 동기를 유발한다고 보았다. 사례에서 '업무 환경 요인'은 불만(위생)요인에 해당되며, 직무수행과 관련된 성취감, 책임감, 자기 존중감 등은 만족(동기)요인에 해당한다.

08
허즈버그(F. Herzberg)의 욕구충족요인이원론에서 제시하는 동기요인(motivator) 내지 만족요인(satisfier)과 가장 거리가 먼 것은?
2010. 국가 9급

① 보다 많은 책임을 부여받는다.
② 상사로부터 직무성취에 대한 인정을 받는다.
③ 보다 많은 개인적 성장과 발전을 경험하고 있다.
④ 원만한 대인관계를 유지하고 있다.

정답 ④ [×]
해설 원만한 대인관계는 위생요인(불만요인)에 해당한다.

09
허즈버그(Herzberg)의 욕구충족요인 이원론에 대한 설명으로 옳지 않은 것은?
2017. 국가 9급

① 욕구의 계층화를 시도한 점에서 매슬로(Maslow)의 욕구단계 이론과 유사하다.
② 불만을 주는 요인과 만족을 주는 요인은 서로 다르다고 주장한다.
③ 무엇이 동기를 유발하는가에 초점을 두는 내용이론으로 분류된다.
④ 작업조건에 대한 불만을 해소한다고 하더라도 근무태도에 장기적인 영향을 미치지는 않는다고 본다.

정답 ① [×]
해설 욕구의 계층화를 시도한 이론은 매슬로(Maslow)의 욕구 5단계 이론과 앨더퍼의 ERG이론이다. 허즈버그의 욕구충족요인 이원론은 조직구성원에게 불만을 주는 요인(위생요인)과 만족을 주는 요인(만족요인)이 상호독립 되어 있다는 것을 제시한 이론이다.

10
동기이론에 대한 설명으로 옳지 않은 것은?
2016. 사회복지 9급

① 매슬로우(A. H. Maslow)의 욕구계층론에 대하여는 각 욕구단계가 명확히 구분되지 않는다는 비판이 있다.
② 앨더퍼(C. P. Alderfer)는 ERG이론에서 두 가지 이상의 욕구가 동시에 작용되기도 한다고 주장한다.
③ 허즈버그(F. Herzberg)의 욕구충족요인이원론에 대하여는 개인의 욕구 차이에 대한 충분한 고려가 없다는 비판이 있다.
④ 맥클리랜드(D. McClelland)의 성취동기이론은 개인의 욕구를 성취욕구, 친교욕구, 권력욕구로 분류하고 권력욕구가 높을수록 생산성이 높아진다고 주장한다.

정답 ④ [×]
해설 맥클리랜드(D.McClelland)의 성취동기이론은 개인의 욕구를 성취욕구(어려운 일을 성취하려는 욕구, 자신의 능력을 스스로 성공적으로 발휘함으로써 자부심을 높이려는 욕구), 친교욕구(타인과 따뜻하고 친근한 관계를 유지하려는 욕구), 권력욕구(타인의 행동에 영향력을 미치거나 통제하려는 욕구)로 분류하고 성취욕구가 높을수록 생산성이 높아진다며 성취동기를 중시하였다.

11

조직구성원의 인간관에 따른 조직관리와 동기부여에 관한 이론들로서 바르게 설명한 것을 모두 고른 것은?

2014. 서울시 9급

> ㉠ 허즈버그의 욕구충족요인 이원론에 의하면, 불만요인을 제거해야 조직원의 만족감을 높이고 동기가 유발된다는 것이다.
> ㉡ 로크의 목표설정이론에 의하면, 동기유발을 위해서는 구체성이 높고 난이도가 높은 목표가 채택되어야 한다는 것이다.
> ㉢ 합리적·경제적 인간관은 테일러의 과학적 관리론, 맥그리거의 X이론, 아지리스의 미성숙인 이론의 기반을 이룬다.
> ㉣ 자아실현적 인간관은 호손실험을 바탕으로 해서 비공식적 집단의 중요성을 강조하며, 자율적으로 문제를 해결하도록 한다.

① ㉠, ㉡, ㉢, ㉣
② ㉠, ㉡, ㉢
③ ㉠, ㉡, ㉣
④ ㉡, ㉢
⑤ ㉢, ㉣

정답 ④ ㉡, ㉢ [O]

해설 ㉠ [×] 허즈버그의 욕구충족요인 이원론에 의하면, 만족(동기)요인을 충족시켜야 조직원의 만족감을 높이고 동기가 유발된다. 불만요인을 제거해도 동기가 유발되지는 않는다.
㉣ [×] 호손실험을 바탕으로 해서 비공식적 집단의 중요성을 강조한 것은 인간관계론이며, 사회적 인간관을 전제로 한다.

12

동기이론에 대한 설명으로 가장 옳은 것은? 2019. 서울 7급

① 머슬로(A. Maslow)는 욕구를 하위 욕구부터 상위 욕구까지 총 5단계로 분류하면서, 하위욕구를 충족하게 되면 상위욕구를 추구하게 되나, 하위욕구인 생리적 욕구와 안전 욕구는 충족되더라도 필수적 욕구로 동기유발이 지속된다고 주장하였다.
② 허즈버그(F. Herzberg)의 욕구충족요인 이원론은 불만요인(위생요인)은 개인의 불만족을 방지하는 효과를 가져오는 요인으로 충족이 되지 않으면 심한 불만을 일으키지만 충족이 되면 강한 동기요인이 되기 때문에 개인의 불만에 대하여 관심을 갖고 관리해야 한다고 주장하였다.
③ 앨더퍼(C. Alderfer)의 ERG 이론은 머슬로의 욕구 5단계이론과 달리, 욕구 추구는 분절적으로 일어날 수도 있지만, 두 가지 이상의 욕구를 동시에 추구하기도 한다고 주장하였다.
④ 매클랜드(D. McClelland)는 성취동기이론에서 공식 조직이 개인의 행태에 미치는 영향 연구를 통하여 미성숙 상태에서 성숙 상태로 발전하는 성격 변화의 경험이 성취동기의 기본이 된다고 주장하였다.

정답 ③ [O]

해설 ① [×] 머슬로(A. Maslow)는 일단 충족된 욕구는 동기부여의 효과가 없어지고 바로 상위의 욕구가 영향력을 주기 시작한다고 보았으며, 어떤 욕구가 충족되면 그 욕구의 강도는 약해지며 충족된 욕구는 동기유발요인으로서의 의미를 상실한다고 보았다.
② [×] 허즈버그의 욕구충족요인 이원론에 따르면 불만요인이 충족되지 않으면 불만을 일으키지만, 충족되어도 단지 불만을 제거하는 소극적 효과만을 가진다.
④ [×] 아지리스의 미성숙·성숙 이론에 대한 설명이다.

제3절 과정이론(Process Theory)

01
Hackman과 Oldham의 직무특성이론에 대한 설명 중 가장 옳지 않은 것은?   2015. 국회 9급

① 기술다양성, 직무정체성, 직무중요성 등이 동기부여에 중요한 영향을 미친다고 가정한다.
② 구성원의 외재적 동기부여를 강조한 이론이다.
③ 구성원의 성장욕구가 강할 때 효과적인 이론이다.
④ 업무수행에 있어서 갖는 자율성을 강조한다.
⑤ 업무결과에 대한 환류는 동기부여에 긍정적 작용을 한다고 가정한다.

> **정답** ② [×]
> **해설** Hackman과 Oldham의 직무특성이론은 직무의 5가지 특성(기술 다양성, 직무정체성, 직무중요성, 자율성, 환류)과 직무수행자의 성장욕구 수준에 부합될 때 동기유발 효과가 있다는 이론으로 내재적 동기부여를 강조한 이론이다.

> **정답** ① [×]
> **해설** 해크먼(J. Hackman)과 올드햄(G. Oldham)의 직무특성이론에서 잠재적 동기지수 공식에 따르면 자율성과 환류의 중요성을 가장 강조하고 있다.
>
> **잠재적 동기지수**
> $$= \frac{기술다양성 + 직무정체성 + 직무중요성}{3} \times 자율성 \times 환류$$
>
> | 직무특성 | 정의 |
> |---|---|
> | ① 기술 다양성 | 직무를 수행하는 데 요구되는 기술의 종류가 얼마나 여러 가지인가의 정도 |
> | ② 직무정체성 | 직무의 내용이 하나의 제품이나 서비스를 처음부터 끝까지 완성시킬 수 있도록 구성되어 있는가의 정도 |
> | ③ 직무중요성 | 자기 직무가 다른 사람의 작업이나 행동에 영향을 미치는 정도 |
> | ④ 자율성 | 자신의 직무에 대해 개인적으로 느끼는 책임감 정도 |
> | ⑤ 피드백 | 직무 자체가 주는 직무수행 성과에 대한 정보 유무 |

02
해크먼(J. Hackman)과 올드햄(G. Oldham)의 직무특성 모델에 대한 설명으로 옳지 않은 것은?   2011. 지방 9급

① 잠재적 동기지수(Motivating Potential Score : MPS) 공식에 의하면 제시된 직무특성들 중 직무정체성과 직무중요성이 동기부여에 가장 중요한 역할을 한다.
② 허즈버그의 욕구충족요인 이원론보다 진일보한 것으로 이해할 수 있다.
③ 직무정체성이란 주어진 직무의 내용이 하나의 제품 혹은 서비스를 처음부터 끝까지 완성시킬 수 있도록 구성되어 있는지에 관한 것이다.
④ 이 모델은 기술다양성, 직무정체성, 직무중요성, 자율성, 환류 등 다섯 가지의 핵심 직무특성을 제시한다.

03
다음 〈보기〉의 사례를 가장 잘 설명할 수 있는 이론은?   2018. 국회 9급

> **보기**
> 한 학생이 공무원 시험을 준비하고 있다. 이 학생은 열심히 노력한 만큼 좋은 성적이 나올 것이라 생각하며, 좋은 성적을 받으면 공무원에 임용될 수 있을 것이라고 믿고 있다. 또한 본인이 공무원이라는 직업을 매우 원했기 때문에 시험공부를 하는 데에 충분한 동기부여가 이루어졌다.

① 앨더퍼(Aldefer)의 E·R·G 이론
② 허즈버그(Herzberg)의 욕구충족요인 이원론
③ 마슬로우(Maslow)의 욕구계층이론
④ 브룸(Vroom)의 기대이론
⑤ 맥그리거(McGregor)의 X이론

정답 ④
해설 〈보기〉에서 '노력한 만큼 좋은 성적이 나올 것'은 기대감(Expectation), '좋은 성적을 받으면 공무원에 임용될 수 있을 것이라는 믿음'은 수단성(Instrumentality), '공무원이라는 직업을 매우 원하였다는 점'은 유인가(Valence)에 해당한다. 따라서 기대감, 수단성, 유인가에 의해서 동기부여의 강도가 결정된다고 보는 브룸(Vroom)의 기대이론에 대한 설명이다.

04
브룸(Vroom)의 기대이론에 대한 설명으로 옳지 않은 것은?
2020. 국회 9급

① 기대감은 일정한 노력을 기울이면 근무 성과를 가져올 수 있다는 가능성에 대한 주관적 확률과 관련된 믿음이다.
② 유의성은 개인이 원하는 특정한 보상에 대한 선호의 강도이다.
③ 높은 성과가 항상 높은 보상을 가져올 것이라고 기대한 경우 수단성의 값은 0으로 표현된다.
④ 브룸(Vroom)의 기대이론은 동기부여의 방안을 구체적으로 제시하지 못한다.
⑤ 선호의 강도는 개인이 보상을 받지 않았을 때보다 받았을 때 더 선호를 느끼는 경우 정(+)의 유의성을 갖는다.

정답 ③ [×]
해설 수단성은 성과가 보상을 가져올 것이라는 믿음이다. 여기서 높은 성과가 항상 높은 보상을 가져올 것이라 기대한 경우 수단성의 값은 1로 표현된다(−1 ≤ 수단성 ≤ 1).

05
애덤스(Adams)의 공정성이론에 대한 설명으로 옳지 않은 것은?
2024. 지방 9급

① 투입과 산출의 비율을 준거인과 비교하여 공정성을 지각한다.
② 불공정성을 느낄 때 자신의 지각을 의도적으로 왜곡하기도 한다.
③ 노력과 기술은 투입에 해당하며, 보수와 인정은 산출에 해당한다.
④ 준거인과 비교하여 과소보상자는 불공정하다고 생각하고, 과대보상자는 공정하다고 생각한다.

정답 ④ [×]
해설 과대보상과 과소보상 모두 불공정으로 인식한다.

06
조직 내에서 구성원 A는 구성원 B와 동일한 정도로 일을 하였음에도 구성원 B에 비하여 보상을 적게 받았다고 느낄 때 애덤스(J. Stacy Adams)의 공정성 이론에 의거하여 취할 수 있는 구성원 A의 행동 전략으로 가장 옳지 않은 것은?
2019. 서울 9급

① 자신의 투입을 변화시킨다.
② 구성원 B의 투입과 산출에 대해 의도적으로 자신의 지각을 변경한다.
③ 이직을 한다.
④ 구성원 B의 투입과 산출의 실제량을 자신의 것과 객관적으로 비교하여 보상의 재산정을 요구한다.

정답 ④ [×]
해설 구성원 B의 투입과 산출의 실제량을 자신의 것과 주관적(객관적 ×)으로 비교하여 보상의 재산정을 요구한다.

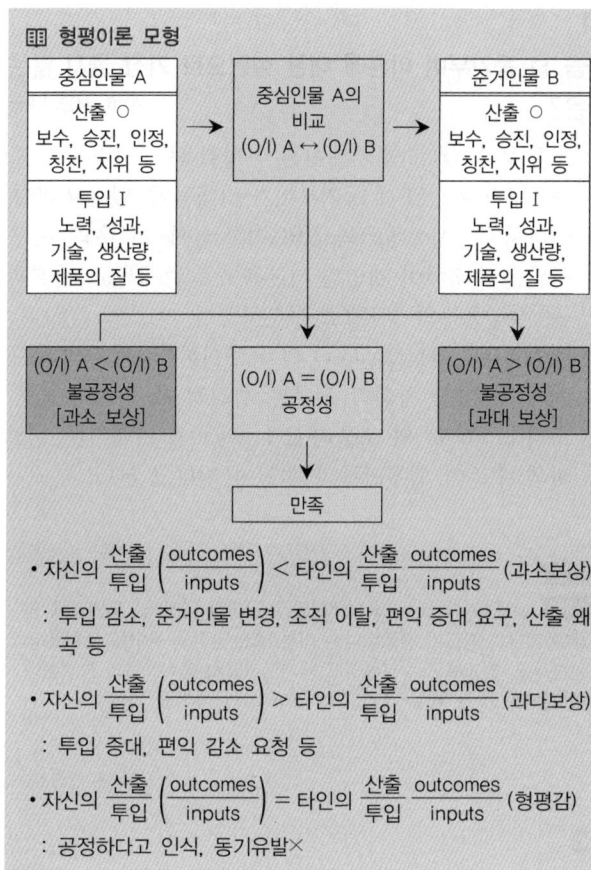

정답 ① [×]
해설 매슬로우(Maslow)는 욕구의 좌절 – 퇴행적 진행을 고려하지 못했다. 즉, 욕구는 하위욕구에서 상위욕구로 순차적으로 유발되는 것으로만 보았다. 욕구의 좌절 – 퇴행 진행을 설명한 것은 앨더퍼의 ERG 이론이다.

08
동기요인 이론에 대한 설명으로 옳지 않은 것은?

2021. 국가 9급

① 아담스(Adams)의 공정성 이론에 따르면 공정하다고 인식할 때 동기가 유발된다.
② 매클리랜드(McClelland)의 성취동기이론에 따르면 개인들의 욕구가 학습을 통해 개발될 수 있다.
③ 브룸(Vroom)의 기대이론에서 기대감은 특정 결과는 특정한 노력으로 인해 나타날 수 있다는 가능성에 대한 개인의 신념으로 통상 주관적 확률로 표시된다.
④ 앨더퍼(Alderfer)의 ERG이론에 따르면 상위욕구 충족이 좌절되면 하위욕구를 충족시키고자 할 수 있다.

정답 ① [×]
해설 아담스의 공정성 이론에 따르면 자신이 기울인 노력과 보상 간의 비율이 준거인과 비교하여 불공정하다고 느낄 때 동기가 유발된다고 주장한다.

07
동기이론에 대한 설명으로 옳지 않은 것은?

2016. 지방 9급

① 매슬로우(Maslow)는 상위 차원의 욕구가 충족되지 못하거나 좌절될 경우 하위욕구를 더욱 더 충족시키고자 한다고 주장하였다.
② 앨더퍼(Alderfer)는 ERG이론에서 매슬로우의 욕구 단계를 줄여서 생존욕구·대인관계 욕구·성장욕구의 세 단계를 제시하였다.
③ 허츠버그(Herzberg)는 욕구충족요인 이원론에서 불만족 요인·위생요인을 제거한다고 해서 만족을 보장하는 것은 아니라고 주장하였다.
④ 애덤스(Adams)는 형평성 이론에서 자신의 노력과 그 결과로 얻어지는 보상과의 관계를 다른 사람의 것과 비교해 상대적으로 느끼는 공평한 정도가 행동 동기에 영향을 준다고 본다.

09
동기이론에 대한 설명으로 옳지 않은 것은? 2019. 국가 9급

① 매슬로우(Maslow)는 충족된 욕구는 동기부여의 역할이 약화되고 그 다음 단계의 욕구가 새로운 동기 요인이 된다고 하였다.
② 앨더퍼(Alderfer)는 매슬로우의 5단계 욕구이론을 수정해서 인간의 욕구를 3단계로 나누었다.
③ 허즈버그(Herzberg)는 불만요인(위생요인)을 없앤다고 해서 적극적으로 만족감을 느끼는 것은 아니라고 했다.
④ 브룸(Vroom)의 기대이론에서 수단성(instrumentality)은 특정한 결과에 대한 선호의 강도를 의미한다.

정답 ④ [×]
해설 유인가(valence)에 대한 설명이다. 유인가는 '보상이 얼마나 바람직한 것인가, 가치 있는 것인가'에 대한 주관적 믿음을 나타내는 개념이다. 수단성(instrumentality)은 목표를 달성했을 때 그 결과가 가져올 보상에 대한 가능성을 의미한다.

10
동기부여 이론에 대한 설명으로 옳은 것은? 2023. 지방 9급
① 로크(Locke)의 목표설정이론에서는 목표의 도전성(난이도)과 명확성(구체성)을 강조했다.
② 매슬로우(Maslow)의 욕구 5단계설에서는 욕구의 좌절과 퇴행을 강조했다.
③ 해크만과 올드햄(Hackman & Oldham)의 직무특성이론에서는 유의성, 수단성, 기대감을 동기부여의 핵심으로 보았다.
④ 앨더퍼(Alderfer)의 ERG이론에서는 위생요인이 충족되었다고 하더라도 동기부여가 되는 것은 아니라고 주장했다.

정답 ① [○]
해설 로크의 목표설정이론은 개인의 목표를 강력한 동기유발요인으로 보고, 목표의 도전성과 명확성에 따라 직무 성과가 결정된다고 주장하였다.
② [×] 매슬로우는 욕구가 충족되지 않을 때 하위욕구가 발로되는 욕구의 후진적·퇴행적 진행을 인지하지 못하였다.
③ [×] 유의성, 수단성, 기대감을 동기부여의 핵심으로 본 것은 브룸의 기대이론이다.
④ [×] 위생요인이 충족되었다고 하더라도 동기부여가 되는 것은 아니라고 주장한 것은 허즈버그의 욕구충족요인이원론이다.

11
다음 중 동기부여 이론에 대한 설명으로 가장 옳지 않은 것은? 2016. 서울시 9급
① 브룸(V. Vroom)의 기대이론 - 성취욕구, 권력욕구, 자율욕구가 구성될 때 동기부여가 기대될 수 있다고 본다.
② 앨더퍼(C. Alderfer)의 ERG이론 - 매슬로우의 욕구이론을 수정하여 개인의 기본욕구를 존재욕구, 관계욕구, 성장욕구의 3단계로 구분하였다.
③ 매슬로우(A. H. Maslow)의 욕구이론 - 5단계의 욕구체계 중 가장 하위의 욕구는 생리적 욕구이다.
④ 포터(L. Porter)와 로울러(E. Lawler)의 기대이론 - 성과의 수준이 업무만족의 원인이 된다고 본다.

정답 ① [×]
해설 브룸(V. Vroom)의 기대이론은 기대감, 수단성, 유인가에 의해 동기부여 강도가 결정된다는 이론이다. 인간의 욕구를 성취욕구, 권력욕구, 친교욕구로 분류하고 동기부여에서 성취욕구의 중요성에 중점을 둔 것은 맥클리랜드(McClelland)의 성취동기이론이다.

12
동기부여 이론에 대한 설명으로 옳은 것은? 2024. 지방 7급
① 아지리스(Argyris)의 성숙·미성숙이론은 사회문화적으로 학습된 욕구를 성취욕구, 권력욕구, 친교욕구로 구분한다.
② 해크만(Hackman)과 올드햄(Oldham)의 직무특성이론은 핵심적인 직무특성을 기술 다양성, 과업 정체성, 과업 중요성, 자율성, 피드백으로 구분한다.
③ 애덤스(Adams)의 공정성 이론은 타인과 비교하지 않고 자신의 노력 대비 보상 정도가 동기부여에 영향을 미친다고 본다.
④ 포터(Porter)와 롤러(Lawler)의 업적·만족이론은 목표의 난이도와 구체성에 의해 개인의 동기부여가 결정된다고 주장한다.

정답 ② [○]

해설 ① [×] 맥클리랜드(McClelland)의 성취동기이론에 대한 설명이다.
③ [×] 애덤스(Adams)의 공정성 이론은 자신의 노력과 보상과의 관계를 다른 사람과의 비교를 통해 상대적으로 느끼는 공정성의 정도가 동기부여에 영향을 미친다고 설명한다.
④ [×] 목표의 난이도와 구체성에 의해 개인의 동기부여가 결정된다고 주장한 것은 로크(Locke)의 목표설정이론에 대한 설명이다.

13
팀의 주요사업에 기여도가 약한 사람에게는 팀에 주어지는 성과포인트를 배정하지 않음으로써, 성실한 참여를 유도하는 방식은 다음 중 어디에 해당하는가? 2010. 서울 9급

① 긍정적 강화
② 소거
③ 처벌
④ 부정적 강화
⑤ 타산적 몰입

정답 ②

해설

강화의 유형	의미	예
적극적 강화	행위자가 원하는 바람직한 결과의 제공	승진, 칭찬
소극적 강화 (회피)	행위자가 원하지 않는 바람직하지 않은 결과의 제거 또는 회피	부담(불편) 제거
처벌(제재)	행위자가 원하지 않는 상황(바람직하지 않은 결과)을 제공	질책, 징계
소거(중단)	바람직한 결과의 제거, 행위자가 원하는 상황의 제공을 중단	성과급 폐지

14
다음 중 강화일정(schedules of reinforcement)에 대한 설명으로 가장 옳지 않은 것은? 2013. 국회 8급

① 연속적 강화는 행동이 일어날 때마다 강화 요인을 제공하는 것이다.
② 고정간격 강화는 부하의 행동이 발생하는 빈도에 따라 일정한 간격으로 강화 요인을 제공하는 것이다.
③ 변동간격 강화는 일정한 간격을 두지 않고 변동적인 간격으로 강화 요인을 제공하는 것이다.
④ 고정비율 강화는 성과급제와 같이 행동의 일정 비율에 의해 강화요인을 제공하는 것이다.
⑤ 변동비율 강화는 불규칙한 횟수의 행동이 나타났을 때 강화 요인을 제공하는 것이다.

정답 ② [×]

해설 고정간격 강화는 규칙적 시간 간격으로 강화 요인을 제공하는 방법이다. 고정간격 강화는 부하의 행동이 발생하는 빈도에 따라 일정한 간격으로 강화요인을 제공하는 것이 아니라 미리 결정되어진 일정한 간격으로 강화요인을 제공하는 것이다. 발생하는 빈도에 따라 제공하는 것은 고정비율 강화이다.

강화일정

연속적 강화			• 성과(바람직한 행동)가 나올 때마다 강화 • 초기학습 단계에 효과적이지만 강화 효과가 빨리 소멸하기 때문에 관리자에게 큰 도움을 주지 못함
단속적 강화	간격 강화	고정간격 강화	• 성과에 관계없이 일정한 규칙적인 시간 간격으로 강화요인 제공 • 예 매월 말에 지급하는 보수
		변동간격 강화	불규칙적인 시간 간격으로 강화요인을 사용하는 것
	비율 강화	고정비율 강화	• 일정한 비율의 성과에 따라 강화요인을 제공하는 것 • 바람직한 행동을 유지하는 데 효과적 • 예 생산량에 비례하여 임금을 지급하는 성과급제
		변동비율 강화	• 불규칙적인 비율의 성과에 따라 강화 요인을 제공 경우에는 적합하지 못함 • 예 금액이 일정치 않은 특별 보너스 지급

제4절 공공봉사동기(PSM : Public Service Motivation)

01
동기유발요인으로 금전적·물질적 보상보다 지역공동체나 국가, 인류를 위해 봉사하려는 이타심에 주목하는 이론은?
2015. 국가 7급

① 페리(Perry)의 공공서비스동기이론
② 스키너(Skineer)의 강화이론
③ 해크만(Hackman)과 올드햄(Oldham)의 직무특성이론
④ 매슬로우(Maslow)의 욕구계층이론

정답 ① [○]
해설 공공봉사동기(PSM : public service motivation)는 국민과 사회, 그리고 국가를 위해 봉사하려는 이타적 동기를 가지고 공익 증진 및 공공의 목표 달성을 위해 헌신적으로 기여하고자 하는 공무원들의 고유한 동기로 정의할 수 있다(Perry & Wise, 1990).

02
공공봉사동기이론(public service motivation)에 대한 설명으로 옳지 않은 것은?
2021. 국가 9급

① 공사부문 간 업무성격이 다르듯이, 공공부문의 조직원들은 동기구조 자체도 다르다는 입장에 있다.
② 정책에 대한 호감, 공공에 대한 봉사, 동정심(compassion) 등의 개념으로 구성되어 있다.
③ 공공봉사동기가 높은 사람을 공직에 충원해야 한다는 주장의 근거가 될 수 있다.
④ 페리와 와이스(Perry & Wise)는 제도적 차원, 금전적 차원, 감성적 차원을 제시하였다.

정답 ④ [×]
해설 페리와 와이스(Perry & Wise)는 공공봉사동기를 합리적 차원(개인의 합리적 이익 추구), 규범적 차원(공익에 대한 봉사), 정서적 차원(애국심, 동정심 등)으로 제시하였다.

03
공직동기이론에 대한 설명으로 가장 옳지 않은 것은?
2022. 군무원 9급

① 공직동기는 민간부문 종사자와는 차별화되는 공공부문 종사자의 가치체계를 의미한다.
② 공직동기이론에서는 공공부문의 종사자들을 봉사의식이 투철하고 공공문제에 더 큰 관심을 가지며 공공의 문제에 영향을 미칠 수 있다는 것에 큰 가치를 부여하고 있는 개인으로 가정한다.
③ 페리와 와이즈(Perry & Wise)에 따르면 공직동기는 합리적 차원과 규범적 차원, 그리고 정서적 차원으로 구성된다.
④ 1980년대 이후 급격히 확산된 신공공관리론의 외재적 보상에 의한 동기부여를 재차 강조한다.

정답 ④ [×]
해설 공직동기이론에 따르면 동기유발 요인으로 금전적·물질적 보상(외재적 보상)보다 지역공동체나 국가, 인류를 위해 봉사하려는 이타심 등 내재적 요인에 주목한다.

04
페리(Perry)의 공공서비스동기(public service motivation)에 대한 설명으로 옳지 않은 것은?
2020. 국회 9급

① 공공서비스동기는 공공기관이나 공공조직에서 특별히 나타나는 특성을 지닌다.
② 합리적(rational) 동기는 공공부문 종사자가 정책과정에 참여하기를 원하는 것과 관련 있다.
③ 규범적(normative) 동기의 예로 공익에 대한 봉사 및 사회적 형평의 추구가 있다.
④ 정서적(affective) 동기의 예로 특정 집단의 이익을 옹호하는 정책에 대한 헌신이 있다.
⑤ 공공서비스동기는 금전적 보상보다 지역 공동체나 국가에 대한 봉사에 무게를 둔다.

정답 ④ [×]
해설 정서적(감성적) 동기는 이성보다는 국민(특정 집단×)에 대해 적극적으로 희생하겠다는 희생정신과 사회적 약자를 적극적으로 보호하겠다는 감정적 표현이다.
①, ⑤ [○] 페리(Perry)의 공공서비스동기(Public Service Motivation)는 동기유발요인으로 금전적·물질적 보상보다 지역공동체나 국가, 인류를 위해 봉사하려는 이타심에 주목한 이론이다. 즉, 민간부문 종사자들에게 나타나지 않는 공공부문 종사자들에게 특수하게 나타나는 동기부여라고 할 수 있다.
② [○] 합리적 동기는 공무원의 동기부여 역시 개인의 효용 극대화를 위한 합리적 행위로 간주하는 것이다. 그러나 공직자의 효용극대화는 사익추구가 아니라 적극적인 정책참여, 중요한 사회정책 참가로 인한 효용을 개인의 효용과 동일시하는 극대화 전략이다.
③ [○] 규범적 동기는 공익에 대한 봉사 욕구와 정부전체에 대한 충성심이 핵심이다.

☑ **조직시민행동의 유형**
① **이타적 행동(이타주의)**: 타인을 도와주려는 친사회적 행동 또는 친밀한 행동
② **양심적 행동(성실성, 양심성)**: 시간을 정확하게 지키고, 조직의 규칙 등 요구하는 수준 이상의 역할을 수행하고 규정 들을 잘 따르는 것
③ **신사적 행동(스포츠맨십)**: 불평, 불만, 험담을 하지 않는 등 정당한 행동을 하는 것
④ **예의적 행동**: 다른 사람의 권리를 염두에 두고 존중하는 것
⑤ **공익적 행동(시민정신)**: 조직 활동에 책임의식을 갖고 솔선수범하는 행동

05
조직시민행동(organizational citizenship behavior)에 대한 설명으로 옳지 않은 것은? 2016. 국가 9급

① 공식적인 보상 시스템에 의하여 직접적으로 또는 명시적으로 인식되지 않는 직무역할 외 행동이다.
② 구성원들의 역할모호성 지각은 조직시민행동에 긍정적 영향을 미친다.
③ 구성원들의 절차공정성 지각은 조직시민행동에 긍정적 영향을 미친다.
④ 작업장의 청결을 유지하는 것은 조직시민행동 유형 중 양심행동에 속한다.

정답 ② [×]
해설 구성원들의 역할모호성 지각은 조직시민행동에 부정적인 영향을 미친다. 역할모호성이란 역할이 불분명 할 때 발생하는 불확실성으로 이는 긴장감이나 무력감을 증가시키고 직무만족·자신감을 감퇴시켜 자발적인 조직시민행동이나 노동력의 손실을 초래한다.
① [○] 조직시민행동은 조직의 공식적인 보상 체계에 의해 보상되지 않는, 전체적으로 통합되어 조직이 효과적으로 기능하는 데 도움이 되는 행동으로, 조직의 동료를 기꺼이 도와주고 조직목표와 가치를 공유·협동하여 자발적으로 봉사하는 일련의 행동을 의미한다.
③ [○] 조직시민행동에 영향을 미치는 요인으로는 조직의 공정성(특히 분배보다는 절차 공정성)이 지각될 때, 직무만족, 조직몰입이 이루어질 때 구성원은 조직시민행동을 증가시키게 된다.
☑ **직무만족**: 사람들이 자신의 직무에 대해 감사하고 성취감을 느끼는 정도
☑ **조직몰입**: 조직에 대해 갖고 있는 개인적 태도로서 개인이 자신이 소속되어 있는 조직에 얼마나 헌신적이고자 하는가 하는 정도, 즉 조직구성원이 조직에 대해 가지는 애착의 정도
④ [○]

Chapter 05 리더십이론

01
프렌치(J. R. P. French, Jr.)와 레이븐(B. H. Raven)의 권력유형 분류에서 권력의 원천이 아닌 것은?

2018. 국가 9급

① 준거(reference)
② 전문성(expertness)
③ 강제력(coercion)
④ 상징(symbol)

> **정답** ④ [×]
> **해설** 프렌치와 레이븐의 권력유형 분류에서 권력의 원천은 합법적 권력, 보상적 권력, 강압적 권력, 전문적 권력, 준거적 권력으로 상징은 해당하지 않는다.

권력의 원천(기초)에 따른 구분(French & Raven)	
합법적 권력	• 계층상의 위계에 비추어 권력 행사자가 정당한 권력을 행사할 수 있는 권리를 가지고 있다고 인정되는 경우에 성립하는 권력 • M. Weber의 합법적 권력과 유사
보상적 권력	• 복종의 대가로 타인이 원하는 것을 줄 수 있을 때 성립하는 권력 • 지도자는 부하에게 보상을 줄 수 있는 능력을 가지고 있다는 점 때문에 조직 내에서 보상적 권력을 갖게 됨 예 임금인상, 승진, 선호하는 직책에의 배치, 칭찬 등
강압적 권력	상대방을 처벌할 수 있을 때 성립하는 권력 예 강등, 임금동결 혹은 삭감, 징계, 위협 등
전문적 권력	전문기술이나 지식·정보에 기반한 권력
준거적 권력	복종자가 지배자와 일체감·유사성을 가지고 자기의 행동모형을 권력행사자로부터 찾으려고 하는 역할 모형화에 의한 권력으로 어떤 사람이 자신보다 월등하다고 느끼는 무언가의 매력이나 카리스마에 의한 권력

02
프렌치와 레이븐(French & Raven)이 주장하는 권력의 원천에 대한 설명으로 옳지 않은 것은?

2020. 국가 9급

① 합법적 권력은 권한과 유사하며 상사가 보유한 직위에 기반한다.
② 강압적 권력은 카리스마 개념과 유사하며 인간의 공포에 기반한다.
③ 전문적 권력은 조직 내 공식적 직위와 항상 일치하는 것은 아니다.
④ 준거적 권력은 자신보다 뛰어나다고 생각하는 사람을 닮고자 할 때 발생한다.

> **정답** ② [×]
> **해설** 강압적 권력은 인간의 공포에 기반하지만, 처벌과 위협을 가함으로써 상대방의 복종을 이끌어내는 권력으로, 카리스마적 권력과는 다르다. 카리스마적 권력은 자신보다 뛰어나다고 생각하는 지도자에게 매력을 느낌으로써 자발적으로 복종하려는 권력으로 준거적 권력과 유사하다.

03
권력의 원천에 대한 설명으로 옳지 않은 것은?

2010. 국회 9급

① 권한과 유사한 개념인 강압적 권력은 상사가 보유하고 있는 직위에 기반을 둔 권력으로서 어떤 사람이 다른 사람을 처벌할 수 있는 능력을 가지거나, 육체적 또는 심리적으로 다른 사람에게 위해를 가할 수 있는 능력을 가진 경우에 발생하게 된다.
② 전문적 권력이란 다른 사람들이 가치를 두는 정보를 갖고 있는 정도를 말한다.
③ 준거적 권력은 어떤 사람이 자신보다 뛰어나다고 생각하는 사람을 닮고자 할 때 발생하며 일면 카리스마의 개념과 유사하다.
④ 보상적 권력은 다른 사람들에게 보상을 제공할 수 있는 능력에 기반을 두며 이러한 보상의 예로는 봉급, 승진, 직위 부여 등이 있다.
⑤ 전문적 권력은 직위와 직무를 초월하여 조직 내의 누구나 가질 수 있다.

> **정답** ① [×]
> **해설** 강압적 권력은 상사가 보유하고 있는 직위에 기반을 둔 권력으로서 어떤 사람이 다른 사람을 처벌할 수 있는 능력을 가지거나, 육체적 또는 심리적으로 다른 사람에게 위해를 가할 수 있는 능력을 가진 경우에 발생하게 되지만 이는 권한과는 다르다. 권한이란 권위(authority)와 동일시되는 개념으로 정당성이 부여되고 부하들에 의하여 자발적으로 수용되어지는 권력을 의미한다.
> ⑤ [○] 전문적 권력은 전문지식이나 정보만 가지고 있으면 직위와 직무를 초월하여 조직 내의 누구나 가질 수 있는 권력이다.

04

리더십에 대한 설명으로 옳지 않은 것은? 2019. 국가 9급

① 특성론에 대한 비판은 지도자의 자질이 집단의 특성·조직목표·상황에 따라 완전히 달라질 수 있고, 동일한 자질을 갖는 것은 아니며, 반드시 갖춰야 할 보편적인 자질은 없다는 것이다.
② 행태이론에서는 눈에 보이지 않는 능력 등 리더가 갖춘 속성보다 리더가 실제 어떤 행동을 하는가에 초점을 맞춘다.
③ 상황론에서는 리더십을 특정한 맥락 속에서 발휘되는 것으로 파악해, 상황 유형별로 효율적인 리더의 행태를 찾아내기 위한 연구를 수행하였다.
④ 번스(Burns)의 리더십이론에서 거래적 리더십은 카리스마적 리더십을 기반으로 하므로 카리스마적 리더십과 중첩되는 측면이 있다.

> **정답** ④ [×]
> **해설** 번스(Burns)는 거래적 리더십을 리더가 자신의 노동력과 지식, 아이디어 등을 자신의 구성원에게 제공해주고 구성원이 원하는 욕구를 충족시켜 주는 교환관계에서 발생하는 것으로 정의한다. 카리스마적 리더십은 거래적 리더십과는 대비되는 변혁적 리더십의 구성요소이다.

05

리더십 이론에 대한 설명으로 옳지 않은 것은? 2015. 지방 9급

① 피들러(Fiedler)는 리더의 행태에 따라 권위주의형, 민주형, 자유방임형의 세 가지 유형으로 구분하였다.
② 행태이론은 리더의 자질보다 리더의 행태적 특성이 조직성과에 영향을 미친다고 본다.
③ 허시(Hersey)와 블랜차드(Blanchard)는 부하의 성숙도에 따라 리더의 역할이 달라져야 한다고 주장한다.
④ 하우스(House)의 경로-목표이론에 의하면 참여적 리더십은 부하들이 구조화되지 않은 과업을 수행할 때 필요하다.

> **정답** ① [×]
> **해설** 리더의 행태에 따라 권위주의형, 민주형, 자유방임형의 세 가지 유형으로 구분한 것은 행태론에 해당하는 아이오와(Iowa) 대학의 리피트와 화이트(R. Lippitt & R. K. White)의 연구이다. 피들러(Fiedler)는 상황적응적 리더십 이론을 제시하였다.

06

리더십 이론에 대한 설명 중 가장 옳지 않은 것은? 2020. 서울 9급

① 피들러(Fiedler)는 상황 요소로 리더의 자질, 과업 구조, 부하의 특성을 들었다.
② 블레이크(Blake)와 머튼(Mouton)의 리더십 격자모형은 리더의 행태를 사람과 과업(생산)의 두 차원으로 나눈다.
③ 허쉬(Hersey)와 블랜차드(Blanchard)는 리더십의 효과에 영향을 미치는 상황 요소로 부하의 성숙도를 들었다.
④ 아이오와(Iowa) 주립대학의 리더십 연구에서는 리더의 행태를 민주형, 권위형, 방임형으로 분류하였다.

> **정답** ① [×]
> **해설** 피들러(Fiedler)는 리더십의 효율성은 상황요인에 따라 달라진다는 상황론적 리더십을 제시한 학자이지만 상황요인으로 리더와 부하의 관계, 과업구조, 직위권력 세 가지를 제시하였다. 리더의 자질이나 부하의 특성은 포함되지 않는다. 그는 결론적으로 상황이 유리(상하관계가 우호적이고, 과업구조가 명확하며, 충분한 직위권력을 보유할 때)하거나 반대로 불리할 때는 과업지향형이 유리하고 중간 정도일 때는 인간중심형이 효과적이라고 하였다.

07
다음 내용을 모두 특징으로 하는 리더십의 유형은?
2014. 사복직 9급

- 추종자의 성숙단계에 따라 효율적인 리더십 스타일이 달라진다.
- 리더십은 개인의 속성이나 행태뿐만 아니라 환경의 영향을 받는다.
- 가장 유리하거나 가장 불리한 조건에서는 과업중심적 리더십이 효과적이다.

① 변혁적 리더십
② 거래적 리더십
③ 카리스마적 리더십
④ 상황론적 리더십

정답 ④
해설 상황론적 리더십에 대한 설명이다. 첫 번째, 추종자의 성숙단계에 따라 효율적인 리더십 스타일이 달라진다고 설명한 이론은 허쉬와 블랜차드(Hersey & Blanchard)의 리더십 상황이론이다. 세 번째, 가장 유리하거나 가장 불리한 조건에서는 과업중심적 리더십이 효과적이라고 보는 것은 피들러(Fiedler)의 상황적응적 모형에 대한 설명이다.

08
리더십에 대한 다음 설명 중 가장 옳지 않은 것은?
2017. 서울 9급

① 자질론은 지도자의 자질 특성에 따라 리더십이 발휘된다는 가정 하에, 지도자가 되게 하는 개인의 속성자질을 연구하는 이론이다.
② 행태이론은 눈에 보이지 않는 능력 등 리더가 갖춘 속성보다 리더가 실제 어떤 행동을 하는가에 초점을 맞춘 이론이다.
③ 상황론의 대표적인 예로 피들러(F. Fiedler)의 상황조건론, 하우스(R. J. House)의 경로-목표 모형 등이 있다.
④ 변혁적 리더십은 거래적 리더십을 기반으로 하므로 거래적 리더십과 중첩되는 측면이 있다.

정답 ④ [×]
해설 변혁적 리더십은 거래적 리더십과는 구분된다.

09
리더십 이론 중 상황이론으로 널리 알려진 경로-목표 이론(path-goal theory)에서 상황요인에 해당하는 것은?
2011. 국회 8급

① 목표달성 확률
② 보상의 가치
③ 부하의 특성
④ 리더의 지원적 행태
⑤ 부하의 만족도와 근무성과

정답 ③
해설 하우스와 에반스(House & Evans)의 경로-목표 이론에서 상황요인에 해당하는 것은 부하의 특성과 무환경의 특성이다.

10
허시(Hersey)와 블랜차드(Blanchard)는 부하의 성숙도(Maturity)에 따른 효과적인 리더십을 제시하였다. 부하가 가장 미성숙한 상황에서 점점 성숙해간다고 할 때, 가장 효과적인 리더십 유형을 〈보기〉에서 골라 순서대로 나열한 것은?
2019. 서울 9급

| 보기 |
| (가) 참여형   (나) 설득형 |
| (다) 위임형   (라) 지시형 |

① (다) → (가) → (나) → (라)
② (라) → (가) → (나) → (다)
③ (라) → (나) → (가) → (다)
④ (라) → (나) → (다) → (가)

정답 ③
해설 (라) 지시적 → (나) 설득형 → (가) 참여형 → (다) 위임형
허시와 블랜차드는 리더십의 라이프 사이클(life-cycle) 가설을 가정하여, 부하의 성숙도가 높아짐에 따라 리더십의 유형이 지시형 → 설득형 → 참여형 → 위임형으로 나아가야 조직의 효과성이 제고될 수 있다고 보았다.

11
리더십에 관한 다음 설명 중 가장 옳지 않은 것은?
2015. 서울시 9급

① 특성론적 접근법은 주로 업무의 특성과 리더십 스타일 사이의 관계에 초점을 맞춘다.
② 행태론적 접근법은 리더의 행동과 효과성 사이의 관계에 관심을 갖는다.
③ 상황론적 접근법에 기초한 이론의 예로 피들러(F. Fiedler)의 상황적합적 리더십 이론, 하우스(R. J. House)의 경로-목표 모형 등을 들 수 있다.
④ 변혁적(transformatioinal) 리더십이 거래적(transactional) 리더십보다 늘 행정에 유용한 것은 아니다.

정답 ① [×]
해설 리더십 이론에서 업무의 특성과 리더십 스타일 사이의 관계에 초점을 두는 것은 행태론적 접근법의 특징이다. 특성론은 리더가 타고난 자질(속성)을 리더십의 본질로 보고 그 자질을 연구하는 이론이다.

12
하우스(House)의 경로-목표모형에서 부하들의 욕구를 배려하고 그들의 복지에 관심을 가지며 구성원들의 인간관계를 강조하는 리더십은?
2025. 지방 9급

① 지시적(directive) 리더십
② 후원적(supportive) 리더십
③ 참여적(participative) 리더십
④ 성취 지향적(achievement-oriented) 리더십

정답 ② [○]
해설 부하가 업무를 원활하게 수행할 수 있도록 부하의 욕구를 배려하며 복지에 관심을 가지고 만족스러운 인간관계를 강조하는 것은 후원적(지원적) 리더십이다.
① 지시적 리더십은 부하의 역할 모호성이 높은 상황(비구조화된 업무 상황)에서 부하가 할 일이 무엇인지 분명히 알려주고, 구체적 지시를 하며 규칙과 절차의 준수를 요구하고 직무를 명확히 해준다.
③ 참여적 리더십은 비구조화된 과업수행 시 부하를 과업 목표·계획·절차·방법에 관한 의사결정에 참여시켜 기대나 직무수행 동기를 높이는 데 초점을 둔다.
④ 성취지향적 리더십은 부하가 비구조화된 과업을 수행하는 상황에서 부하에게 도전적인 목표를 설정해주고, 부하에게 높은 성과를 달성할 수 있다는 확신을 보여주어 부하가 목표달성을 추구하는 데 자신감을 갖게 한다.

13
리더십에 대한 설명으로 옳지 않은 것은?
2012. 국가 7급

① 피들러(F. Fiedler)에 따르면 리더십의 효과성을 제고하기 위해서는 리더의 스타일을 정확히 파악하고 상황에 맞춰 리더를 배치하는 것이 필요하다.
② 하우스(R.J. House)의 경로-목표이론에 따르면 참여적 리더십은 부하들이 구조화되지 않은 과업을 수행할 때 필요하다.
③ 허시(P. Hersey)와 블랜차드(K. Blanchard)의 생애주기이론에 따르면 효과적 리더십을 위해서는 리더가 부하의 성숙도에 따라 다른 행동 양식을 보여야 한다.
④ 리더십 대체이론(leadership substitutes theory)에 따르면 구성원들이 충분한 경험과 능력을 갖추고 있는 상황에서는 지원적 리더십이 불필요하다.

정답 ④ [×]
해설 리더십 대체이론에 따르면 구성원들이 자신의 직무를 수행할 능력과 기술, 경험을 갖추고 있는 상황에서는 지시적 리더십이 불필요하다.

14
커와 저미어(S. Kerr & J. Jermier)가 주장한 '리더십 대체물 접근법'에 대한 설명으로 옳은 것만을 모두 고른 것은?

2014. 지방 7급

> ㄱ. 구조화되고, 일상적이며, 애매하지 않은 과업은 리더십의 대체물이다.
> ㄴ. 조직이 제공하는 보상에 대한 무관심은 리더십의 대체물이다.
> ㄷ. 부하의 경험, 능력, 훈련 수준이 높은 것은 리더십의 중화물이다.
> ㄹ. 수행하는 과업의 결과에 대한 환류(feedback)가 빈번한 것은 리더십의 대체물이다.

① ㄱ, ㄷ   ② ㄱ, ㄹ
③ ㄴ, ㄷ   ④ ㄴ, ㄹ

정답 ② ㄱ, ㄹ [○]
해설 리더십 대체물은 리더의 행동을 필요 없게 하는 부하의 특성, 과업 및 조직의 특성을 의미하며, 중화물이란 리더십 스타일을 중화시키고 리더가 취한 행동의 효과를 약화시키는 요인을 의미한다.
ㄴ. [×] 조직이 제공하는 보상에 대한 무관심은 리더십의 중화물에 해당한다.
ㄷ. [×] 부하의 경험, 능력, 훈련 수준이 높은 것은 리더십의 대체물이다.

15
리더십에 대한 설명으로 옳은 것은?

2017. 지방 7급

① 피들러(Fiedler)는 리더십 유형을 결정하는 조건으로 부하의 성숙도를 중요시한다.
② 번스(Burns)의 거래적 리더십은 영감, 개인적 배려에 치중하고 조직에서 변화를 주도하는 리더십이다.
③ 하우스(House)의 참여적 리더는 부하들과 상담하고 의사결정 전에 부하들의 의견을 반영하려고 한다.
④ 블레이크와 머튼(Blake & Mouton)은 직원지향적 리더십이 가장 이상적인 리더십 유형이라고 규정한다.

정답 ③ [○]
해설 ① [×] 리더십 유형을 결정하는 조건(상황변수)으로 부하의 성숙도를 중요시한 것은 허쉬와 블랜차드(Hersey & Blanchard)이다. 피들러(Fiedler)는 리더의 효과성은 상황에 의해 결정된다고 보고, 리더의 스타일을 과업지향형 리더와 인간관계지향적 리더 두 가지 유형으로 분류하였다.
② [×] 영감, 개인적 배려에 치중하고 조직에서 변화를 주도하는 리더십은 변혁적 리더십이다. 거래적 리더십은 합리적 교환관계를 중시하는 리더십이다.
④ [×] 블레이크와 머튼(Blake & Mouton)은 인간에 대한 관심과 생산에 대한 관심이 함께 높은 단합형(team)이 가장 이상적 리더십이라고 규정한다.

16
바스(B. Bass) 등이 제시한 변혁적 리더십(Transformational Leadership)의 주된 요인으로 옳지 않은 것은?

2010. 국가 9급

① 영감적 리더십   ② 합리적 과정
③ 카리스마적 리더십   ④ 개별적 배려

정답 ② [×]
해설 합리적 과정은 거래적 리더십에 관한 설명이다.

17
변혁적(transformational) 리더십에 대한 설명으로 옳은 것은?

2021. 지방 9급

① 적응보다 조직의 안정을 강조한다.
② 기계적 조직체계에 적합하며, 개인적 배려는 하지 않는다.
③ 부하에게 새로운 비전을 제시하며, 지적 자극을 통한 동기부여를 강조한다.
④ 리더와 부하의 관계를 경제적 교환관계로 인식하고, 보상에 관심을 둔다.

정답 ③ [○]
해설 ② [×] 변혁적 리더십은 유기적 조직체계에 적합하고, 개별적 배려를 특징으로 한다.
①, ④ [×] 거래적 리더십의 특징에 해당한다.

18
거래적 리더십과 대비되는 변혁적 리더십에 대한 설명 중 옳지 않은 것은?　　2010. 서울 9급

① 리더가 부하에게 자긍심과 신념을 심어 준다.
② 리더가 부하로 하여금 미래에 대한 비전을 열정적으로 수용하고 계속 추구하도록 격려한다.
③ 리더가 부하에 대해 개인적으로 존중한다는 것을 전달한다.
④ 리더는 부하가 적절한 수준의 노력과 성과를 보이면 그만큼의 보상을 제공한다.
⑤ 리더는 부하로 하여금 형식적 관례와 사고를 다시 생각하게 함으로써 새로운 관념을 촉발시킨다.

정답 ④ [×]
해설 거래적 리더십에 해당되는 설명이다.

구분	거래적 리더십	변혁적 리더십
초점	일반 관리층	최고 관리층
관리전략	• 관리자와 부하 간의 합리적 교환관계와 통제에 초점 • 하급욕구의 충족	• 비전공유를 통한 내적 동기유발 • 고급욕구의 충족 • 영감과 비전제시, 공유에 의한 동기유발
이념	능률지향	적응지향
변화관	안전지향(폐쇄적)	변화지향(개방적), 환경적응 지향
조직구조	• 고전적 관료제 • 기계적 관료제 • 합리적 구조	• 탈관료제(구조의 융통성 중시) • 단순구조나 임시조직 등 탈관료제, 유기적 구조에 적합

19
변혁적 리더십에 대한 설명으로 옳지 않은 것은?　　2023. 지방 9급

① 도전적 목표와 임무, 미래에 대한 비전을 추구하도록 격려한다.
② 구성원 개개인에게 관심을 가지고 배려한다.
③ 상황적 보상과 예외관리를 특징으로 한다.
④ 새로운 관점에서 문제를 재구성하고 해결책을 찾도록 자극한다.

정답 ③ [×]
해설 조건적 보상(높은 성과에 대한 보상 예 상여금)과 예외 관리(합의된 성과수준에 도달하지 못할 경우에 리더가 개입)를 구성요소로 하는 것은 거래적 리더십의 특징이다.

20
'변혁적 리더십(transformational leadership)'에 대한 설명으로 옳지 않은 것은?　　2019. 지방 9급

① 조직참여의 기대가 적은 경우에 적합하며 예외 관리에 초점을 둔다.
② 리더가 부하에게 특별한 관심을 보이거나 자긍심과 신념을 심어준다.
③ 리더가 부하들의 창의성을 계발하는 지적 자극(intellectual stimulation)을 중시한다.
④ 리더가 인본주의, 평화 등 도덕적 가치와 이상을 호소하는 방식으로 부하들의 의식수준을 높인다.

정답 ① [×]
해설 예외 관리에 초점을 두는 것은 거래적 리더십의 특징이다.

21
리더십에 대한 설명으로 옳은 것은?   2013. 지방 9급

① 변혁적(transformational) 리더십 – 무엇인가 가치 있는 것을 교환함으로써 추종자에게 영향력을 행사하는 리더십
② 거래적(transactional) 리더십 – 리더가 부하로 하여금 형식적 관례와 사고를 다시 생각하게 함으로써 새로운 관념을 촉발시키는 리더십
③ 카리스마적(charismatic) 리더십 – 리더가 특출한 성격과 능력으로 추종자들의 강한 헌신과 리더와의 일체화를 이끌어내는 리더십
④ 서번트(servant) 리더십 – 과업을 구조화하고 과업요건을 명확히 하는 리더십

정답 ③ [O]
해설 ① [×] 거래적 리더십에 대한 설명이다.
② [×] 변혁적 리더십의 구성요소인 지적 자극(촉매적 리더십)에 대한 설명이다.
④ [×] 서번트 리더십은 인간 존중을 바탕으로 구성원들이 업무수행에서 잠재력과 기량을 충분히 발휘할 수 있도록 도와주는 리더십으로서, 구성원들이 공동의 목표를 이뤄 나갈 수 있도록 환경을 조성해주고 도와주는 섬기는 리더십을 의미한다.

22
〈보기〉에서 리더십에 대한 이론과 설명이 바르게 연결되지 않은 것을 모두 고른 것은?   2020. 서울 9급

보기
ㄱ. 변혁적 리더십: 리더는 부하들에게 영감적 동기를 부여하고 지적 자극 등을 제공하며 조직을 이끈다.
ㄴ. 거래적 리더십: 리더는 부하의 과업을 정확히 이해하고 목표 달성 정도를 평가하여 성과에 대한 적절한 보상을 한다.
ㄷ. 셀프 리더십: 리더는 구성원들이 잠재력을 발휘할 수 있도록 구성원들을 섬기는 데 중점을 둔다.

① ㄱ   ② ㄴ
③ ㄷ   ④ ㄴ, ㄷ

정답 ③ ㄷ [×]
해설 셀프리더십이 아니라 서번트(발전적) 리더십에 대한 설명이다. 셀프리더십은 정보화 사회나 네트워크화된 지능시대에서 구성원 모두가 자기 스스로를 이끌어나가는 리더라는 인식을 갖는 것을 말한다.

23
서번트(servant) 리더십에 대한 설명으로 옳은 것만을 모두 고르면?   2022. 지방 9급

ㄱ. 구성원들이 공동의 목표를 이뤄 나갈 수 있도록 환경을 조성하고 도와준다.
ㄴ. 보상과 처벌을 핵심 관리수단으로 한다.
ㄷ. 그린리프(Greenleaf)는 존중, 봉사, 정의, 정직, 공동체 윤리를 강조했다.
ㄹ. 리더의 최우선적인 역할은 업무를 명확하게 지시하는 것이다.

① ㄱ, ㄷ   ② ㄱ, ㄹ
③ ㄴ, ㄷ   ④ ㄴ, ㄹ

정답 ① ㄱ, ㄷ [O]
해설 ㄱ, ㄷ. [O] 서번트 리더십은 인간존중을 바탕으로 구성원들이 업무 수행에서 잠재력과 기량을 충분히 발휘할 수 있도록 도와주는 리더십으로, 구성원들이 목표를 이뤄나갈 수 있도록 환경을 조성해 주고 도와주는 섬기는 리더십이다. 그린리프(Greenleaf)에 따르면, 서번트 리더십을 구성하는 하위개념에는 경청, 공감, 치유(healing), 설득, 자각, 통찰, 비전, 청지기 정신(stewardship), 구성원 성장, 공동체 형성 등이다.
ㄴ. [×] 거래적 리더십에 대한 설명이다. 서번트 리더십은 신뢰와 봉사를 핵심 관리수단으로 한다.
ㄹ. [×] 서번트 리더십에서 리더의 최우선적 역할은 구성원의 성장을 지원하기 위한 후원자의 역할을 강조하며, 지도자와 구성원 간의 신뢰를 바탕으로 조직성과 달성 및 긍정적 조직 변화를 도모하고자 한다.

24
리더-구성원 교환이론에 대한 설명으로 옳은 것만을 모두 고르면? 2024. 지방 9급

ㄱ. 내집단(in-group)에 속한 구성원이 많을수록 집단의 성과가 높아진다고 본다.
ㄴ. 리더와 구성원이 파트너십 관계로 발전하는 과정을 '리더십 만들기'라 한다.
ㄷ. 리더가 모든 구성원을 차별 없이 대우하는 공정성을 중시한다.
ㄹ. 리더와 구성원이 점점 높은 도덕성과 동기 수준으로 서로를 이끌어 가는 상호 관계를 중시한다.

① ㄱ, ㄴ
② ㄱ, ㄹ
③ ㄴ, ㄷ
④ ㄷ, ㄹ

정답 ① ㄱ, ㄴ

해설 ㄷ. [×] 기존의 평균적 리더십 이론에서는 리더의 행동이 모든 부하들에게 동일하다는 것을 전제로 하며, 구성원 전체가 하나의 단위로 취급되었다. 리더-구성원 교환이론에서는 리더와 각각의 부하 간의 관계가 서로 다를 수 있다는 것을 강조(리더의 행동이 모든 부하에게 동일하지는 않음)하고, 리더십의 효과도 이 관계가 어떤 특성을 가지느냐에 따라 제각각일 수 있다고 본다. 이러한 관점에 착안하여 리더가 구성원과 각기 상이한 관계를 발전시키며 그 관계의 특이성에 따라 리더십 효과가 달라질 수 있다고 주장한다. 이처럼 리더가 부하 직원들에 따라 상대적으로 그들의 행태를 달리할 경우에, 부하직원들은 상황을 불공정하다고 인식할 가능성이 높기 때문에 동기부여에 문제가 발생할 소지가 있다.
ㄹ. [×] 번스에 따르면 변혁적 리더십은 추종자들의 욕구의 능력을 인정하고 그들의 잠재력을 일깨워 '사람들로 하여금 보다 더 훌륭한 사람으로 향상시키는 리더십'이며, 리더십의 과정을 통하여 리더와 추종자들이 상대방을 더 높은 수준의 동기유발과 도덕성을 갖도록 고양시킨다고 주장했다.
ㄱ. [○] 리더-구성원 교환 이론(leader-member exchange theory)인 수직적-쌍방관계 연결이론(vertical-dyad linked model)은 집단 내 부하들을 비교한 후 집단에 공헌도가 높거나, 능력이 있거나, 리더와 부하간의 욕구가 맞는 등 서로간의 동질성이 있는 집단을 내집단(within-group)으로 분류하고 나머지 집단을 외집단(between-group)으로 분류하여 리더가 각각 다른 영향력을 행사한다는 리더십 이론이다. 즉, 리더는 내집단에 속한 부하들에게는 후원적, 위임적, 참여적 행동을 하거나 도전적이고 흥미로운 직무를 할당하고, 보상과 혜택을 부여하는 반면, 외집단에 속한 부하들에게는 최소한의 관심과 배려만 함은 물론 관리자로서의 역할인 지시, 관리, 감독 등의 업무만 수행한다. 이러한 리더의 차별적 행동 하에서 부하들의 성과를 높일 수 있다는 것이다.
◎ 내집단(in-group) : 리더가 신뢰하고 특별한 관계를 맺은 소수의 부하, 책임·자율성이 있는 특별한 임무를 수행하고 특권을 누리며 근무성과와 만족도가 외집단보다 높음
◎ 외집단(out-group) : 내집단에 속하지 못하고 공식적으로 규정된 권한과 의무만 이해, 리더와 함께 하는 시간이 적고, 리더의 관심을 적게 받음
ㄴ. [○] 수직쌍 연결 모형의 관점은 리더와 구성원 각자의 관계의 질에 대해 더 관심을 가지는 리더-구성원 교환(Leader member exchange : LMX) 이론으로 발전하게 된다. 즉, 리더가 단지 몇 사람의 부하보다는 모든 부하와 양질의 교환 관계를 구축해야 한다는 것을 강조한다. 그래서 모든 구성원들이 자신들을 내집단의 구성원으로 느끼도록 해야 한다는 것이다. 이렇게 함으로써 공정성으로 인한 문제를 피할 수 있고 구성원들이 외집단에 있는데서 오는 부정적 관계를 없앨 수 있다고 주장한다. 리더와 구성원 간의 관계 발전 과정은 일종의 '리더십 만들기(leadership making)' 과정으로서 리더십에 대한 처방적 접근법이라고 할 수 있다. 이를 통해 리더들은 조직 전체에 걸쳐 파트너 관계의 연결망을 만들 수 있고, 이는 궁극적으로 조직 목표 달성에 기여할 수 있다. 즉, 리더-구성원 교환관계가 바람직한 형태를 보일 때 리더, 구성원, 조직의 목표 달성이 모두 촉진된다는 것이다.

25
탭스콧(D. Tapscott)이 주장한 지식정보사회의 리더십에 관한 설명으로 옳지 않은 것은? 2012. 국회 9급

① 감정 및 가치관이나 상징적인 행태의 중요성과 어떠한 사건을 부하의 입장에서 볼 때 의미 있게 만드는 리더의 역할을 강조한다.
② 조직성원 전체의 명백하고 공유된 비전과 끊임없는 학습의지를 강조한다.
③ 다양한 개인들의 역량이 효과적으로 결합될 수 있는 리더십의 발휘를 강조한다.
④ 조직구성원 누구나 리더로서의 기능을 수행해야 하는 네트워크화된 지능을 강조한다.
⑤ 상호 연계적 리더십을 형성하고 발휘하는 데 있어서의 최고관리자의 역할을 강조한다.

정답 ① [×]

해설 변혁적 리더십에 대한 설명이다.

26
리더십과 팔로워십 이론에 대한 설명으로 옳은 것만을 모두 고르면? 2023. 국가 7급

ㄱ. 켈리(Kelley)는 소외적 추종자(alienated followers), 순응적 추종자(sheep), 수동적 추종자(yes people), 효과적 추종자(effective followers) 등 네 가지 추종자 유형을 제시하였고, 그 중 소외적 추종자가 가장 위험하다고 주장하였다.
ㄴ. 블레이크(Blake)와 머튼(Mouton)은 생산에 대한 관심과 사람에 대한 관심이 모두 높은 단합형(team management) 리더십 유형을 최선의 관리방식으로 제안하였다.
ㄷ. 상황적응적 리더십 모형의 주창자 중 하나인 피들러(Fiedler)는 리더-구성원 관계, 직무구조, 직위권력 등 3가지 변수를 중요한 상황요소로 설정하였다.
ㄹ. 오하이오 주립대 리더십 연구자들은 리더의 행동을 구조주도(initiating structure)와 배려로 설명하며 가장 훌륭한 리더 유형을 중간 수준의 구조주도와 배려를 갖춘 균형잡힌 리더형태로 보았다.

① ㄱ, ㄴ ② ㄱ, ㄹ
③ ㄴ, ㄷ ④ ㄷ, ㄹ

정답 ③ ㄴ, ㄷ [○]
해설 ㄱ. [×] 켈리의 팔로워십에서는 팔로워를 독립성과 활동이라는 두 가지 기준을 가지고 5가지 유형[소외된 팔로워(alienated follower), 순응적 팔로워(conforming follower), 실용적 팔로워(pragmatic follower), 수동적 팔로워(passive follower), 효과적 팔로워(effective follower)]으로 구분하고, 그 중 소외된 팔로워가 가장 위험하다고 주장했다.
ㄹ. [×] 오하이오(Ohio) 주립대학의 연구에 따르면 가장 훌륭한 리더십 형태는 구조설정(구조주도)과 배려의 수준이 모두 높은 형태이다.

보충자료 켈리(R. Kelly)의 팔로어십(followership) 이론

기존 리더십 이론은 리더의 역할에 초점을 두었지만 추종자가 적절한 역할을 해주지 않으면 리더십의 성과는 나타날 수 없다는 점에 착안하여 켈리(R. Kelly)는 팔로어십(followership)을 연구
조직의 성공에 리더가 기여하는 정도는 10~20% 정도에 불과하고 나머지 80~90%는 팔로어십(followership)이 결정한다고 가정하고 추종자를 독립적·능동적 주체로 인식해야 한다고 봄

■ 팔로어십(followership)의 유형

구분		행동	
		수동적(피동적)	적극적(능동적)
사고	독립적·비판적 사고	소외형 alienated followers	모범형(효율적) exemplary followers
		실무형 (실용주의자)	
	의존적·무비판적 사고	수동형(피동형) passive followers	순응형 conformist followers

㉠ 소외형: 독립적·비판적 사고를 하지만 조직과 함께 적극적으로 참여하여 역할수행을 하지 않음. 가장 파괴적이고 위험한 유형
㉡ 순응형: 조직에 적극적으로 참여하나 독립성이 부족해 리더의 권위에 복종하며 리더의 결정을 지나치게 따름
㉢ 수동형(피동형): 독립성이 결여되어 있고 조직의 업무를 위해 자발적으로 참여하지 않음. 직무만족이나 직무수행능력이 가장 낮음
㉣ 모범형(효율적 추종자): 조직성과와 관련하여 조직의 유익한 자산이 되는 유형. 조직의 이익을 위해 모험·갈등도 피하지 않음. 가장 바람직
㉤ 실무형(실용주의자): 필요에 따라 유동적으로 유형을 바꾸며 조직 내 자신의 생존·안정을 추구

Chapter 06 조직관리론

제1절 갈등관리

01
조직 내부에서 발생하는 갈등에 대한 설명으로 옳지 않은 것은?
2013. 국가 9급

① 갈등은 양립할 수 없는 둘 이상의 목표를 추구하는 상황에서도 발생한다.
② 고전적 조직이론에서는 갈등을 중요하게 고려하지 않는다.
③ 행태론적 입장에서는 모든 갈등이 조직성과에 부정적 영향을 미치므로 제거되어야 한다고 본다.
④ 현대적 접근방식은 갈등을 정상적인 현상으로 보고 경우에 따라서는 조직 발전의 원동력으로 본다.

> **정답** ③ [×]
> **해설** 행태론적 입장이 아니라 인간관계론의 입장에 대한 설명이다. 행태론적 입장에서는 갈등을 조직 내에 불가피하게 존재하는 자연스러운 현상으로 인식하고 갈등의 역기능뿐만 아니라 갈등의 순기능도 인식하였다.

02
조직 내의 갈등관리에 대한 설명으로 옳지 않은 것은?
2015. 사복직 9급

① 고전적 갈등관리 이론에서는 갈등의 유해성에 주목하고 그 해소방법을 처방하는 데 몰두하였다.
② 행태주의 관점의 갈등관리 이론에서는 갈등이 조직 발전의 원동력이 된다고 주장하였다.
③ 갈등관리 전략으로서 조성전략은 갈등의 순기능적 측면에 입각해 있다.
④ 로빈스(Robbins)는 갈등관리를 전통주의자, 행태주의자, 상호작용주의자의 관점으로 구분하여 접근한다.

> **정답** ② [×]
> **해설** 행태주의적 견해에서는 조직 내 갈등을 필연적으로 인식하고, 갈등의 순기능적 측면이 있음을 인정하였다. 갈등이 조직발전의 원동력이 된다고 주장한 것은 1970년대 후반 이후에 등장한 상호작용론적 관점에 대한 설명이다.

03
조직 내 갈등에 대한 설명으로 옳지 않은 것은?
2020. 국가 9급

① 과업의 상호의존성이 높은 경우 잠재적 갈등이 야기될 수 있다.
② 고전적 관점에서 갈등은 조직 효과성에 부정적인 영향을 끼친다고 가정한다.
③ 의사소통 과정에서 충분한 양의 정보도 갈등을 유발하는 경우가 있다.
④ 진행단계별로 분류할 때 지각된 갈등은 갈등이 야기될 수 있는 상황 또는 조건을 의미한다.

> **정답** ④ [×]
> **해설** 갈등이 야기될 수 있는 상황 또는 조건을 의미하는 것은 지각된 갈등이 아니라 잠재적 갈등에 해당한다. Pondy는 갈등을 진행단계에 따라 잠재적 갈등 ⇨ 지각된 갈등 ⇨ 감정적 갈등 ⇨ 표면화된 갈등(표출된 갈등) ⇨ 갈등의 결과(갈등의 여파)로 구분하였다.
>
> ⊙ **잠재적 갈등 단계**: 조직 안에 일정한 갈등의 조건이나 원인이 잠복한 상태로 있는 상태. 갈등의 선행조건 상태
> ⊙ **지각적 갈등 단계**: 조직구성원이 조직 안에 존재하는 갈등의 조건과 갈등의 개연성이 있음을 지각하는 것
> ⊙ **감정적 갈등 단계**: 조직 안의 구성원 및 집단 간에 지각적 갈등이 깊어지면 당사자들 간에 감정적인 의견 대립·긴장·불안 등을 경험하게 되는 단계
> ⊙ **표출적 갈등 단계**: 갈등이 표면으로 심하게 드러나는 간게 혹은 가시적 차원의 갈등
> ⊙ 갈등의 결과(여파)

04

다음 중 의사결정자가 각 대안의 결과를 알고는 있으나 대안 간 비교 결과 어떤 것이 최선의 결과인지 알 수 없어 발생하는 개인적 갈등의 원인은?　　2017. 서울 9급

① 비수락성(unacceptability)
② 불확실성(uncertainty)
③ 비비교성(incomparability)
④ 창의성(creativity)

정답 ③
해설 대안의 결과를 알지만 최선의 대안이 어느 것인지 비교하기 곤란한 경우는 비비교성(incomparability)에서 기인한 갈등이다.

04

다음 중 조직에서 갈등이 발생할 수 있는 소지가 가장 적은 경우는?　　2016. 서울 9급

① 자원의 희소성이 강할 때
② 업무의 일방향·집중형 상호의존성이 강할 때
③ 개인 사이의 가치관 격차가 클 때
④ 분업구조의 성격이 강할 때

정답 ② [○]
해설 업무의 일방향·집중형 상호의존성이 아니라 업무를 수행하는 사람들 사이에 긴밀한 영향을 미치는 쌍방향의 상호의존성 또는 순차적 상호의존성이 높을 때 갈등이 발생할 소지가 높다.

05

다음은 토머스(Thomas)가 제시한 대인적 갈등관리 방안과 관련되는 내용이다. 각각의 내용이 바르게 연결된 것은?　　2009. 지방 9급

> ㉠ 상대방의 이익을 희생하여 자신의 이익을 추구하는 경우이다.
> ㉡ 자신의 이익이나 상대방의 이익 모두에 무관심한 경우이다.
> ㉢ 자신과 상대방 이익의 중간 정도를 만족시키려는 경우이다.
> ㉣ 자신의 이익을 희생하여 상대방의 이익을 만족시키려는 경우이다.

	㉠	㉡	㉢	㉣
①	강제	회피	타협	포기
②	경쟁	회피	타협	순응
③	위협	순응	타협	양보
④	경쟁	회피	순응	양보

정답 ② [○]
해설 토머스(Thomas)는 대인적 갈등의 대처 전략을 두 가지 차원 – ㉠ 자신 이익을 만족시키는 정도, ㉡ 상대 이익을 만족시키려는 정도 – 을 이용하여 5가지로 분류하였다.

회피 전략	• 자신의 이익이나 상대방의 이익 모두에 무관심 • 갈등을 연기하거나 문제를 회피함으로써 갈등을 무시하는 방식
경쟁 전략	• 상대방의 이익을 희생하여 자신의 이익을 추구하려는 행태 • 상대방을 희생시킴으로써 목표를 달성하려는 방식
순응 전략	자신의 이익은 희생하면서, 상대방의 이익을 만족시키려는 행태
타협 전략	• 자신과 상대방 이익의 중간 정도를 만족시키려는 행태 • 상호 희생을 반영
협동 전략	자신과 상대방의 이익 모두를 만족(상호이익 극대화)시키려는 행태

06

토머스(K. Thomas)가 제시하고 있는 대인적 갈등관리 방안에 대한 설명으로 옳지 않은 것은?
2012. 지방 9급

① 자신의 이익과 상대방의 이익을 만족시키려는 정도라는 두 가지 차원으로 구분하여 설명한다.
② 경쟁이란 상대방의 이익을 희생하여 자신의 이익을 추구하는 방안이다.
③ 순응이란 자신의 이익은 희생하면서 상대방의 이익을 만족시키려는 방안이다.
④ 타협이란 자신과 상대방의 이익 모두를 만족시키려는 방안이다.

정답 ④ [×]
해설 타협이란 자신과 상대방의 이익의 중간정도를 만족시키려는 행태를 의미한다. 자신과 상대방의 이익 모두를 만족시키려는 전략은 협동이다.

07

갈등관리 유형에 대한 설명으로 옳지 않은 것은?
2024. 국가 9급

① 회피(avoiding)는 갈등이 존재함을 알면서도 표면상으로는 그것을 무시하거나 인정하지 않음으로써 갈등 상황에 소극적으로 대응한다.
② 수용(accommodating)은 자신의 이익을 양보하고 상대방의 이익을 배려해 협조한다.
③ 타협(compromising)은 갈등 당사자 간 서로 존중하고 자신과 상대방 모두의 이익을 극대화하려는 유형으로 'win-win' 전략을 취한다.
④ 경쟁(competing)은 갈등 당사자가 자기 이익은 극대화하고 상대방의 이익은 최소화한다.

정답 ③ [×]
해설 협동에 대한 설명이다. 타협은 자신과 상대방 이익의 중간 정도를 만족시키는 것(상호 양보)을 의미한다.

08

조직의 갈등관리에 대한 설명으로 옳지 않은 것은?
2016. 지방교행 9급

① 통합형 협상은 자원이 제한되어 있어 제로섬 방식을 기본 전제로 하는 협상이다.
② 수평적 갈등은 목표의 분업 구조, 과업의 상호 의존성, 제한된 자원으로 인해 발생한다.
③ 집단 간 목표의 차이로 인해 발생한 갈등은 상위 목표를 제시하거나 계층제 또는 권위를 이용하여 해결한다.
④ 조직의 불확실성을 높이거나 위기감을 불러일으키는 것과 같이 조직의 갈등을 인위적으로 조성하는 전략은 조직의 생존·발전에 필요한 전략 중 하나이다.

정답 ① [×]
해설 자원이 제한되어 있어 제로섬 방식을 기본 전제로 하는 협상은 분배적 협상에 대한 설명이다. 통합적 협상은 자원이 제한되어 있는 것이 아니라 키울 수 있다고 믿고 협력적 노력으로 서로의 이익을 최대한 추구하는 전략으로 win-win형 접근을 전제로 하는 방식이다.

09
조직 내 협상의 유형은 배분적 협상과 통합적 협상으로 구분된다. 각각의 특징으로 옳지 않은 것은?

2018. 지방교행 9급

협상의 특징	배분적 협상	통합적 협상
① 이용가능 자원	고정적인 양	유동적인 양
② 주요 동기	승-승 게임	승-패 게임
③ 이해관계	서로 상반	조화, 상호수렴
④ 관계의 지속성	단기간	장기간

정답 ② [×]

해설 배분적 협상은 내가 이익을 보면 상대자는 손해를 보게 되는 것으로 고정된 양의 자원을 나눠 가지려고 하는 협상으로 영합(zero-sum, win-loss) 게임이다. 반면에 통합적 협상은 서로 이익이 되는 해결책을 얻고자 하는 것을 목표로 하며 당사자들이 강한 유대감과 서로 승리했다는 느낌이 들게 되는 윈-윈(plus-sum, win-win) 게임이라고 할 수 있다.

분배형 협상 (distributive negotiation)	• zero-sum방식, win-lose형 접근, 타협(compromise) • 자원이 제한되어 있어, 한쪽이 더 가져가면 다른 쪽이 덜 가져가야 하는 win-lose형 접근 • 분배형 협상(타협)은 당사자 모두 적당한 선에서 자신의 이익을 양보하고 부분적인 목표달성에 만족하는 방식
통합형 협상 (integrative negotiation)	• win-win형 접근, 협력(collaboration) • 자원은 제한되어 있는 것이 아니라 키울 수 있다고 믿고 이를 위해 서로 협력하는 것. 협력적 노력으로 서로의 이익을 최대한 추구하는 전략

10
갈등관리의 방법을 갈등 해소 전략과 갈등 조성 전략으로 나눌 때, 다음 중 갈등 조성 전략만으로 묶인 것은?

2017. 국회 9급

① 공동의 적 확인, 상관의 명령
② 상위목표의 제시, 구조적 요인의 개편
③ 회피, 직위 간의 관계 재설정
④ 구조의 분화, 의사전달통로의 변경
⑤ 자원의 증대, 정보전달 억제

정답 ④

해설 구조의 분화, 의사전달통로의 변경은 모두 갈등 조성 전략에 해당한다.
① [×] 공동의 적 확인, 상관의 명령은 모두 갈등해소 전략에 해당한다.
② [×] 상위 목표의 제시는 갈등해소전략에 해당한다.
③ [×] 회피는 Thomas의 대인간 갈등해소 전략에 해당한다. 직위 간의 관계 재설정은 갈등조성전략에 해당한다.
⑤ [×] 희소한 자원의 증대는 갈등해소전략에 해당하며, 정보전달 억제는 갈등조성전략에 해당한다.

제2절 조직발전(Organization Development)

01
조직발전에 대한 설명 중 옳지 않은 것은? 2010. 국회 9급
① 조직의 인간적 측면을 중요시하며 인간의 잠재력을 최대한으로 개발함으로써 조직 전체의 개혁을 도모하려는 체제론적 접근방법이다.
② 실천적인 문제를 해결하려는 응용행태과학의 한 유형이다.
③ 행태과학적 지식과 기술에 조예가 있는 상담자(consultant)를 참여시켜 그로 하여금 개혁추진자의 역할을 맡게 한다.
④ 조직발전은 결과지향적이며 목표를 달성하는 과정보다 결과를 중시한다.
⑤ 실제적인 자료를 중시하는 진단적 과정이며 경험적 자료를 바탕으로 실천계획을 수립한다.

정답 ④ [×]
해설 조직발전은 문제해결을 위해 조직구성원의 참여를 통한 협력적 과정을 중시하며 지속적인 개선을 강조하는 과정지향적인 접근법이다.

02
훈련의 참가자들이 그들의 태도와 행동을 성찰하고 자신의 행동이 타인에게 미치는 영향을 검토함으로 개인의 태도와 행동의 변화를 유도하는 개인적 차원의 조직발전기법은? 2005. 국가 9급
① 관리망 훈련 ② 대면회합
③ 팀 구축   ④ 감수성훈련

정답 ④ [×]
해설 감수성 훈련에 대한 설명이다.

03
조직발전(OD)에 대한 설명으로 가장 옳은 것은? 2017. 서울시 7급
① 조직 전체의 변화를 추구하는 계획적·의도적인 개입방법이다.
② 감수성훈련은 동료 간, 동료와 상사 간의 상호작용을 진작시키기 위한 실제 근무상황에서 실시하는 기법이다.
③ 블레이크와 머튼(Blake & Mouton)은 과업형 리더를 가장 효과적인 관리유형으로 꼽았다.
④ 변화관리자의 도움으로 단기간에 급진적 조직변화를 추구한다.

정답 ① [○]
해설 ② [×] 감수성훈련은 실험실 훈련이라고도 하며, 소수의 사람들로 훈련 집단을 편성하고 훈련이 진행되는 동안 외부의 영향에서 차단(격리)된 장소에서 훈련 참여자들이 토론 등에 참여하여 상호작용하는 가운데 자기 자신과 타인의 감정·가치관·동기 및 행태를 이해하고 통찰하며 집단과 조직의 문제해결 능력을 높이는 조직발전 기법이다.
③ [×] 블레이크와 머튼(Blake & Mouton)은 인간에 대한 관심과 생산에 대한 관심이 함께 높은 단합형(team)이 가장 효과적인 관리유형이라고 보았다.
④ [×] 조직발전(OD)은 지속적·장기적 변화과정이다.

04

조직발전(Organization Development)에 대한 기술 중 잘못된 것으로만 묶인 것은?   2008. 지방 7급

> ㄱ. 조직발전은 조직의 실속, 효과성, 건강성을 높이기 위한 조직전반에 걸친 계획된 노력을 의미한다.
> ㄴ. 조직발전은 조직구성원의 행태변화를 통하여 조직의 생산성과 환경에의 적응능력을 향상시키는 것을 목표로 한다.
> ㄷ. 조직발전에서 인간에 대한 가정은 맥그리거(McGregor)의 X이론이다.
> ㄹ. 조직발전에서 가정하는 조직은 폐쇄체제 속에서 복합적 인과관계를 가진 유기체이다.
> ㅁ. 조직발전에서 추구하는 변화는 조직문화의 변화를 포함한다.

① ㄱ, ㄴ, ㄷ   ② ㄴ, ㄷ, ㄹ
③ ㄷ, ㄹ   ④ ㄹ, ㅁ

정답 ③ ㄷ, ㄹ [×]
해설 조직발전(OD)은 조직의 효과성과 건전성을 높이기 위하여 조직 구성원의 가치관, 신념, 태도 등의 행태와 문화를 변화시켜 조직의 환경변화에 대한 대응능력과 문제해결능력을 향상시키려는 계획적·복합적인 관리전략이다.
ㄷ. [×] 조직발전에서 인간에 대한 가정은 맥그리거(McGregor)의 Y이론이다.
ㄹ. [×] 조직발전은 조직을 환경과 상호작용하는 개방체제적 유기체로 간주한다.

제3절 조직의 의사전달(Communication)

01
조직의 의사전달(communication)에 관한 설명으로 옳지 않은 것은?
                                    2015. 지방교행 9급

① 조직구조상 지나친 계층화는 수직적 의사전달을 저해한다.
② 지나친 전문화와 할거주의는 수평적 의사전달을 저해한다.
③ 비공식적 의사전달은 공식적 의사전달에 비해 조정과 통제가 곤란하다.
④ 공식적 의사전달은 비공식적 의사전달에 비해 신속하지만 책임 소재는 불명확하다.

정답 ④ [×]
해설 공식적 의사전달은 비공식적 의사전달에 비해 책임소재가 명확하다.

공식적 의사전달과 비공식적 의사전달 비교

구분	장점	단점
공식적 의사전달	① 의사소통이 객관적 ② 책임 소재가 명확 ③ 상관의 권위 유지 ④ 정책결정에 활용이 용이 ⑤ 자료 보존이 용이	① 법규에 의거하므로 의사전달의 신축성이 없고 형식화되기 쉬움 ② 배후 사정을 전달하기 곤란 ③ 변동하는 사태에 신속한 적응이 곤란 ④ 근거가 남기 때문에 기밀 유지가 어려움
비공식적 의사전달	① 신속한 전달 ② 배후 사정을 소상히 전달 ③ 의사소통 과정에서 긴장과 소외감을 극복하고 개인적 욕구를 충족시킴 ④ 공식적 의사전달을 보완 ⑤ 관리자에 대한 조언 기능	① 책임 소재가 불분명 ② 의사결정에 활용할 수 없음 ③ 공식적 의사소통을 마비시킴 ④ 수직적 계층 하에서 상관의 권위를 손상 ⑤ 조정과 통제가 곤란

02
조직의 의사전달에 대한 설명으로 옳지 않은 것은?
                                    2016. 지방 9급

① 공식적 의사전달은 의사소통이 객관적이고 책임 소재가 명확하다는 장점이 있다.
② 비공식적 의사전달은 의사소통 과정에서의 긴장과 소외감을 극복하고 개인적 욕구를 충족시킨다는 장점이 있다.
③ 공식적 의사전달은 조정과 통제가 곤란하다는 단점이 있다.
④ 참여인원이 적고 접근가능성이 낮은 경우 의사전달체제의 제한성은 높다.

정답 ③ [×]
해설 공식적 의사전달이란 조직의 공식적 통로와 수단에 의해 이루어지는 의사전달로, 의사소통이 객관적이며, 책임 소재가 명확하고, 조정과 통제가 용이하다.

03
포도덩굴 커뮤니케이션으로 불리는 비공식적 의사소통의 특징으로 볼 수 없는 것은?
                                    2009. 서울 7급

① 왜곡된 정보를 전달할 가능성이 있다.
② 공식적 의사소통의 결함을 보완할 수 있다.
③ 관리차원에서 중요한 의미를 가진다.
④ 많은 조직에서 실제 의사결정과정에 활용된다.
⑤ 공식적 권위를 유지·향상시키는 데에 기여한다.

정답 ⑤ [×]
해설 공식적 권위를 유지·향상시키는 데에 기여하는 것은 공식적 의사소통의 특징이다. 포도덩쿨(grapevine) 커뮤니케이션(비공식적 의사전달)은 조직 내의 비공식 커뮤니케이션 통로를 따라 확인되지 않은 소문이 급격히 확산되어 가는 현상을 의미한다.

04
조직 내 의사전달과 의사결정현상에 대한 설명으로 옳지 않은 것은? 2009. 국가 9급

① 조직 내 의사전달에는 공식적·비공식적 전달유형이 있다.
② 대각선적 의사전달은 공식업무를 촉진하거나 개인적·사회적 욕구충족을 위해 나타난다.
③ 의사전달의 과정은 발신자, 코드화, 발송, 통로, 수신자, 해독, 환류로 이루어진다.
④ 의사전달 과정에서 환류의 차단은 의사전달의 신속성을 저해할 수 있다.

> **정답** ④ [×]
> **해설** 의사전달 과정에서 환류를 차단하면 의사전달의 신속성은 높아질 수 있지만, 정확성은 저해할 수 있다.
> ② [○] 대각선적 의사전달은 조직 내에서 기능과 계층을 가로질러 이루어지는 의사전달을 의미한다. 직접적인 보고계통에 속하지 않은 개인끼리의 의사전달이나 조직구조상 부서가 다른 사람들 사이의 의사소통을 의미하는 것으로 프로젝트 팀이나 태스크포스 등의 조직에서 발생한다.

05
다음 설명에 해당하는 의사전달 네트워크(communication network)의 유형으로 가장 적합한 것은? 2017. 지방교행 9급

> 이 유형은 조직 내 각 구성원이 다른 모든 구성원들과 직접적인 의사전달을 하는 형태로서, 구성원들 모두가 서로 정보를 교환하기 때문에 문제해결에 시간이 많이 걸리나 상황판단의 정확성이 높은 장점을 가지고 있다. 그리고 이 유형에는 중심적 위치(구심성 : centrality)를 차지하는 단일의 리더는 없다.

① 원(circle)형　　② 연쇄(chain)형
③ 바퀴(wheel)형　　④ 개방(all channel)형

> **정답** ④ [○]
> **해설** 개방형은 가장 민주적인 형태의 의사전달망으로, 모든 구성원들이 누구하고나 서로 의사전달을 할 수 있는 형태이다.
> ① 원(circle)형 : 의사전달망 내에서 구성원들이 양 옆의 두 사람과만 의사전달을 할 수 있게 되어 있는 형태
> ② 선형 또는 연쇄(chain)형 : 계서적 의사전달망. 의사전달망 내의 직위 또는 연결점 들이 한 줄로 이어지는 형태
> ③ 바퀴(wheel)형 : 의사전달망의 중앙에 리더가 있으며, 모든 의사전달이 리더를 통해서 이루어지게 되어 있는 형태
> ④ Y 형 : 의사전달망의 최상층에 두 개의 대등한 직위가 있거나 거꾸로 최하위층에 두 개의 대등한 직위를 가진 사람이 있는 형태. 가장 능률적인 형태의 의사전달망
> ⑤ 혼합형 : 구성원들이 서로 자유스럽게 의사전달을 하지만 리더로 받아들여지는 한 사람이 중심적 위치를 차지함
>
>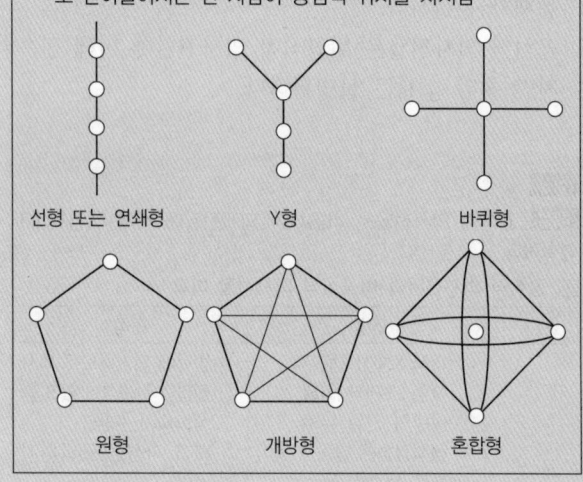

06
의사전달의 장애요인에 대한 설명으로 옳지 않은 것은? 2010. 국가 7급

① 어의상 문제, 의사전달 기술의 부족 등 매체의 불완전성으로 인해 의사전달의 장애가 발생할 수 있다.
② 수신자의 선입관은 준거틀을 형성하여 발신자의 의도를 왜곡할 수 있다.
③ 환류의 차단은 의사전달의 정확성을 제고할지 모르나 신속성이 우선되는 상황에서는 장애가 될 수 있다.
④ 시간의 압박, 의사전달의 분위기, 계서제적 문화는 의사전달에 영향을 미칠 수 있다.

> **정답** ③ [×]
> **해설** 환류의 차단은 의사전달에 있어 신속성은 높일 수 있지만 정확성을 훼손할 수 있다.

Chapter 07 조직목표와 성과관리

제1절 조직목표

01
조직목표의 기능에 대한 설명으로 옳지 않은 것은?
2021. 국가 9급

① 조직구성원들이 목표로 인해 일체감을 느끼기 때문에 구성원들의 동기를 유발해준다.
② 조직의 구조와 과정을 설계하는 준거를 제공하고 성과를 평가하는 기준이 되기도 한다.
③ 미래의 바람직한 상태를 밝혀 조직활동의 방향을 제시한다.
④ 조직이 존재하는 정당성의 근거가 될 수는 없다.

정답 ④ [×]
해설 조직 목표는 조직이 추구하는 미래의 바람직한 상태나 방향을 의미하며, 조직이 존재하는 정당성의 근거가 된다.

✓ 조직목표의 기능
1. 조직이 나아가야 할 미래의 바람직한 방향 제시
2. 조직이 존재하는 정당성의 근거
3. 조직의 성과를 측정하는 기준 또는 척도
4. 구성원의 응집성·일체감 확보로 동기부여 및 통합·조정 촉진

02
본래 표방한 정책 목표를 달성하였거나 표방한 목표를 달성할 수 없을 경우 새로운 목표를 재설정하는 것은?
2005. 서울 9급

① 목표의 비중변동
② 목표의 추가, 확대
③ 목표의 감소, 축소
④ 목표의 전환
⑤ 목표의 승계

정답 ⑤
해설 목표의 승계에 대한 설명이다.

03
조직목표 변동의 한 유형으로 조직이 추구하고자 하는 원래의 목표가 다른 목표로 뒤바뀌어 조직의 목표가 왜곡되는 현상을 일컫는 용어는?
2012. 서울시 9급

① 목표의 대치
② 목표의 추가
③ 목표의 승계
④ 목표의 비중변동
⑤ 목표의 감소

정답 ①
해설 목표의 대치는 본래의 공식적 목표보다 수단을 우선시하여 조직의 본래 목표가 왜곡되는 현상을 의미한다.

04
조직목표에 대한 설명으로 옳지 않은 것은? 2018. 지방 7급

① 목표의 다원화(multiplication) 및 목표의 확대(expansion)는 기존목표에 새로운 목표가 추가되거나 기존목표의 범위가 넓어지는 것을 말한다.
② 목표의 전환(diversion)은 애초에 설정된 목표를 달성할 수 없거나 목표가 완전히 달성된 경우 같은 유형의 다른 목표로 교체되는 것을 말한다.
③ 목표의 대치(displacement)란 조직의 목표 추구가 왜곡되는 현상으로, 조직이 정당하게 추구하는 종국적 목표가 다른 목표나 수단과 뒤바뀌는 것을 말한다.
④ 조직의 운영상 목표는 공식목표를 추진하는 과정에서 추구하는 목표로, 비공식적 목표다.

정답 ② [×]
해설 목표가 달성 불가능하거나 완전히 달성된 경우, 같은 유형의 다른 목표로 교체되는 형태로 목표가 변동되는 것은 목표의 승계(succession)이다. 목표의 전환(diversion)은 조직이 추구한 최초의 목표를 달성하지 못했으나 조직이 소멸하지 않고 성격이 다른 새로운 목표가 과거의 목표를 대체한 것을 의미한다.

05
조직목표의 변동에 대한 설명으로 가장 옳은 것은?

2019. 서울 9급

① 목표의 대치(displacement)는 조직목표 달성이 어려울 때 기존 목표를 새로운 목표로 전환하는 것이다.
② 목표의 다원화(multiplication)는 조직목표 달성이 어려울 때 기존 목표에 새로운 목표를 추가하는 것이다.
③ 목표의 확대(expansion)는 본래 조직목표를 달성하였을 때, 새로운 목표를 발견하여 선택하는 것이다.
④ 목표의 승계(succession)는 본래 조직목표 달성이 불가능할 때 기존 목표의 범위를 확장하는 것이다.

정답 ② [○]

해설 목표의 다원화(multiplication) 또는 목표의 추가는 기존 목표에 새로운 목표를 첨가하는 것이다.
① [×] 목표의 전환에 대한 설명이다. 목표의 대치는 본래적 목표와 수단적 목표의 우선순위가 뒤바뀌는 현상을 의미한다. 목표의 전환은 조직이 추구한 최초의 목표는 달성하지 못했으나 조직이 소멸하지 않고 성격이 다른 새로운 목표가 과거의 목표를 대체한 것을 의미한다. 목표의 대치는 원래 설정한 1차적 목표를 고려하지 않고, 2차적 목표(수단적 가치)에 집착하는 것을 말한다.
③ [×] 목표의 승계에 대한 설명이다. 목표의 확대는 목표의 범위가 확장되거나 목표의 수준을 보다 높이는 것을 말한다.
④ [×] 목표의 확대에 대한 설명이다. 목표의 승계(succession)는 목표를 달성하였거나, 목표를 달성할 수 없게 된 경우 새로운 목표를 재설정하는 것을 의미한다.

제2절 효과성 평가 모형

01
조직효과성의 경쟁가치모형(Competing Values Model)에서 조직의 성장 및 자원획득의 목표를 강조하는 관점은?

2018. 서울 7급

① 개방체제 관점
② 내부과정 관점
③ 인간관계 관점
④ 합리적 목표 관점

정답 ① [○]
해설 개방체제모형의 관점에서 조직의 성장 및 자원획득을 강조한다.
② [×] 내부과정 모형에서는 안정성과 균형을 강조한다.
③ [×] 인간관계 모형에서는 인적자원개발을 강조한다.
④ [×] 합리목표 모형에서는 생산성과 능률성을 강조한다.

02
조직문화의 경쟁가치모형에 대한 설명으로 옳지 않은 것은?

2022. 지방 9급

① 위계 문화는 응집성을 강조한다.
② 혁신지향 문화는 창의성을 강조한다.
③ 과업지향 문화는 생산성을 강조한다.
④ 관계지향 문화는 사기 유지를 강조한다.

정답 ① [×]
해설 응집력은 관계지향 문화에서 강조하는 가치이다. 위계적 조직문화는 내부의 안정성과 지속성을 중요시하며, 조직구성원들의 표준화된 규칙과 절차 준수를 강조한다.

	유연성(신축성)		
내부지향 (조직구성원의 복지·발전)	집단(clan)문화 / 공동체문화 (인간관계 모형)	혁신(adhocracy) 문화 (개방체제 모형)	외부지향 (조직자체의 발전)
	위계(hierarchy) 문화 (내부과정 모형)	시장문화 / 과업지향 문화 (합리목표 모형)	
	통제 및 질서(안정성)		

03
〈보기〉에서 설명하는 모형으로 옳은 것은?

2020. 국회 8급

보기
이 모형은 한 조직, 특히 공공조직은 다양한 가치를 공유할 수 밖에 없음에도 불구하고 기존 연구들이 조직문화를 단일 차원적으로 접근함으로써 갖게 되는 한계를 극복하기 위한 다중 차원적 접근방법 중 하나이다. 이 모형에 따르면, 조직문화의 유형은 두 가지 차원, 즉 내부 대 외부, 그리고 통제성 대 유연성을 기준으로 인간관계모형, 개방체제모형, 내부과정모형, 그리고 합리적 목표모형 등 네 가지로 구분된다.

① 조직문화창조 모형
② 갈등·협상 모형
③ 혼합주사모형
④ 경쟁가치모형
⑤ 하위정부모형

정답 ④ [○]
해설 퀸과 로보그(Quinne & Rohbaugh, 1983)의 경쟁가치모형에 대한 설명이다. 경쟁가치모형은 조직이 내부·외부 중 어디에 초점을 두고 있는가, 조직구조가 통제(안정)를 강조하는가 아니면 변화와 융통성을 강조하는가를 기준으로 조직효과성에 대한 네 가지 경쟁적인 모형(인간관계, 개방체제, 내부과정, 합리적 목표모형)을 도출하였다.

04

효과성 평가모형 중 퀸과 로보그(Quinne & Rohrbaugh)의 경합가치모형에 관한 다음의 설명 중 적절하지 못한 것은?

2014. 서울 7급

① 조직이 내부·외부 중 어디에 초점을 두고 있는지와 조직 구조가 통제와 융통성 중 어떤 것을 강조하는지를 기준으로 조직효과성에 관한 네 가지 경쟁모형을 도출하였다.
② 조직의 내부에 초점을 두고 융통성을 강조하는 경우의 효과성 평가유형은 인간관계 모형이다.
③ 개방체제 모형은 조직의 외부에 초점을 두며 융통성을 강조하는 경우의 평가유형이다.
④ 조직의 외부에 초점을 두고 통제를 강조하는 경우 성장 및 자원 확보를 목표로 하게 된다.
⑤ 조직의 내부에 초점을 두고 통제를 강조하는 경우 안정성 및 균형을 목표로 하게 된다.

정답 ④ [×]
해설 조직의 외부에 초점을 두고 통제를 강조하는 것은 합리목표 모형으로써, 생산성과 능률성을 목표로 한다. 성장 및 자원 확보를 목표로 하는 것은 조직의 외부에 초점을 두고 융통성을 강조하는 개방체제 모형에 대한 설명이다.

제3절 목표에 의한 관리(MBO : Management By Objectives)

01
목표관리제(MBO)에 대한 설명으로 옳은 것만을 모두 고르면? 2022. 국가 9급

ㄱ. 부하와 상사의 참여를 통해 목표를 설정한다.
ㄴ. 중·장기목표를 단기목표보다 강조한다.
ㄷ. 조직 내·외의 상황이 안정적이고 예측가능한 조직에서 성공확률이 높다.
ㄹ. 개별 구성원의 직무 특수성을 반영하기 위하여 목표의 정성적, 주관적 성격이 강조된다.

① ㄱ, ㄴ
② ㄱ, ㄷ
③ ㄴ, ㄹ
④ ㄷ, ㄹ

정답 ② ㄱ, ㄷ [○]
해설 ㄴ. [×] 목표관리제는 성과평가를 강조하기 때문에 단기적인 목표 설정을 강조한다.
ㄹ. [×] 목표관리제는 객관적인 성과평가를 위해 계량적이고 객관적인 목표 설정을 강조한다.

02
목표관리제(MBO)에 대한 설명으로 옳지 않은 것은? 2019. 국회 9급

① 조직의 목표와 조직원의 목표를 통합하여 조직의 목표 달성을 유도한다.
② 목표관리제는 조직문화가 권위주의적일수록 효과적이다.
③ 목표관리제를 운영하는 과정에서 지나치게 쉬운 목표가 채택되거나 중요하지 않은 목표가 채택될 수 있다는 한계가 있다.
④ 산출물에 대한 평가와 환류를 통해 조직과 개인을 통제하고 관리한다.
⑤ 목표와 산출을 연계하여 조직원이 직무에 몰입하도록 유도한다.

정답 ② [×]
해설 목표관리제(MBO)는 조직구성원들의 참여를 강조하므로, 분권적이고 참여적인 조직문화일수록 효과적이다.

03
목표관리(Management by Objective, MBO)에 대한 설명으로 옳지 않은 것은? 2023. 국회 8급

① 상급자와 하급자 간 상호협의를 통해 일정 기간 달성해야 할 구체적인 업무목표를 설정한다.
② 결과지향적 관리전략으로, X이론적 인간관에 기초한다.
③ 계급과 서열을 근거로 위계적으로 운영되는 조직문화에서는 제도 도입의 효과가 크지 않다.
④ 목표달성과정의 자율성과 성과에 따른 보상과 환류를 특징으로 한다.
⑤ 양적 평가는 가능하나 질적 평가에는 한계가 있다.

정답 ② [×]
해설 MBO는 구성원의 자율성·내면적인 동기부여 및 자아실현인관을 전제로 하는 Y이론적인 인간관에 기초한다.

04
다음 중 목표관리제(MBO)가 성공하기 쉬운 조직은? 2010. 지방 9급

① 집권화되어 있고 계층적 질서가 뚜렷하다.
② 성과와 관련 없이 보수를 균등하게 지급한다.
③ 목표를 계량적으로 측정하기가 용이하다.
④ 업무환경이 가변적이고 불확실성이 크다.

정답 ③
해설 MBO는 조직 상하구성원의 광범위한 참여·합의하에 조직목표, 각 부서목표, 개인목표를 설정하고 그에 따라 사업이나 생산 활동을 수행한 후 활동결과를 평가·환류시키는 관리기법으로, 목표를 구체적·계량적으로 측정하기 용이한 상황에서 성공하기 쉽다.

05
목표관리제(MBO)와 성과관리제를 비교한 〈보기〉의 설명 중 옳은 것을 모두 고르면? 2019. 서울 9급

┌─ 보기 ─────────────────────────────┐
ㄱ. 목표관리제는 개인이나 부서의 목표를 조직의 관리자가 제시한다는 측면에서 조직목표 달성을 위한 하향식 접근이다.
ㄴ. 목표관리제와 성과관리제 모두 성과지표별로 목표 달성수준을 설정하고 사후의 목표달성도에 따라 보상과 재정지원의 차등을 약속하는 계약을 체결한다.
ㄷ. 성과평가에서는 평가의 타당성, 신뢰성, 객관성을 확보하는 것이 중요하다.
ㄹ. 성과관리는 조직의 비전과 목표로부터 이를 달성하기 위한 부서단위의 목표와 성과지표, 개인단위의 목표와 지표를 제시한다는 점에서 상향식 접근이다.
└─────────────────────────────────┘

① ㄷ ② ㄴ, ㄷ
③ ㄱ, ㄴ, ㄷ ④ ㄴ, ㄷ, ㄹ

정답 ② ㄴ, ㄷ [○]
해설 ㄱ. [×] 목표관리제는 하급자의 참여를 통해 목표를 설정한다는 점에서 조직 목표 달성을 위한 상향식 접근이다.
ㄹ. [×] 성과관리는 조직의 비전과 목표로부터 이를 달성하기 위한 부서 단위의 목표와 성과지표, 개인 단위의 목표와 성과지표를 제시한다는 점에서 연역적·하향식 접근이다.

06
품질관리(TQM)와 목표관리(MBO)에 대한 설명으로 가장 옳은 것은? 2017. 서울 9급

① TQM이 X이론적 인간관에 기반하고 있다면, MBO는 Y이론적 인간관에 기반하고 있다.
② TQM이 분권화된 조직관리 방식이라고 하면, MBO는 집권화된 조직관리 방식이다.
③ TQM이 조직 내부 성과의 효율성에 초점을 둔다면, MBO는 고객만족도 중심의 대응성에 초점을 둔다.
④ TQM이 팀 단위의 활동을 바탕으로 한다면, MBO는 개별 구성원의 활동을 바탕으로 한다.

정답 ④ [○]
해설 ① [×] TQM(총체적 품질관리)과 MBO(목표관리)는 모두 Y-이론적 인간관에 입각하고 있다.
② [×] TQM과 MBO는 모두 분권적 조직관리 방식을 특징으로 한다.
③ [×] TQM은 고객에 대한 행정서비스 품질 향상을 통해 고객에 대한 대응성 제고에 초점을 두는 반면, MBO는 조직 내부의 성과 관리모형이다.

MBO와 TQM

구분	MBO	TQM
관점	단기적, 미시적, 양적 (계량화 중시) 대내적	장기적, 거시적, 질적 고객지향(대외적)
지향	평가 및 환류 중시 (사후적 관리)	사전적 관리
초점	결과 초점	총체적: 과정, 절차, 문화
보상	개인별 보상	집단 중심

제4절 성과관리

01
〈보기〉 정책의 전략적 관리방안을 단계별 순서대로 바르게 나열한 것은?
2019. 서울 9급

보기
㉠ 총체적인 정책 방향과 통용되는 규범적 가치 파악
㉡ 전략적 의제 개발
㉢ 전략적 정책 집행
㉣ 전략적 대안 모색
㉤ SWOT 분석을 통한 현재 상황의 파악
㉥ 전략적 정책대안의 성공 가능성 평가

① ㉠ → ㉣ → ㉤ → ㉥ → ㉢ → ㉡
② ㉠ → ㉤ → ㉡ → ㉣ → ㉥ → ㉢
③ ㉠ → ㉡ → ㉣ → ㉤ → ㉢ → ㉥
④ ㉠ → ㉢ → ㉥ → ㉡ → ㉣ → ㉤

정답 ②
해설 전략기획은 일반적으로 전략기획의 기획 → 조직의 미션과 비전의 확인 → 환경분석(SWOT 분석) → 전략적 이슈 결정 → 전략 형성 → 보고서 작성 및 제출의 과정으로 이루어진다.

02
전략기획(strategic planning)에 대한 설명으로 가장 옳지 않은 것은?
2022. 군무원 9급

① 불확실한 미래에 체계적이고 능동적으로 대응하기 위한 전략을 만드는 과정이다.
② 상대적으로 정치 및 경제 등이 불안정한 환경 속에서 유용성이 높다.
③ 정책결정에 비해 외부환경에 개방되지 않고 전문가의 역할이 강조되는 편이다.
④ 환경에 대한 체계적인 분석과 조직진단을 통해 실현가능한 설계에 초점을 맞춘다.

정답 ② [×]
해설 전략기획은 내·외부 환경에 대한 분석이 중요한 만큼 상대적으로 정치 및 경제 등이 안정된 환경 속에서 유용성이 높다. 불확실한 환경에서는 장기적으로 합리적인 기획이 곤란하다는 한계가 있다.

03
SWOT분석에 대한 설명으로 옳지 않은 것은?
2017. 국가 7급

① 조직 내적 특성과 외부 환경의 조합에 따른 맞춤형 대응전략 수립에 도움이 된다.
② 조직 외부 환경은 기회와 위협으로, 조직 내부 자원.역량은 강점과 약점으로 구분한다.
③ 다양화 전략은 조직의 강점을 활용하여 위협을 회피하거나 최소화하는 전략이라고 볼 수 있다.
④ 기존 프로그램의 축소 또는 폐지는 약점-기회를 고려한 방어적 전략이라고 볼 수 있다.

정답 ④ [×]
해설 기존 프로그램을 축소 또는 폐지는 약점-기회를 고려한 방향전환전략(WO전략)이다. 방어적 전략은 조직의 약점을 보완하면서 위협을 극복(회피하거나 최소화)하는 WT전략 것이다.

☑ SWOT분석은 미국 하버드 대학에서 개발한 전략적 관리(하버드 정책모형)의 일종으로 조직 내부 역량은 강점(S)과 약점(W)으로, 조직 외부 환경은 기회(O)와 위협(T)으로 구분하여 이를 바탕으로 하는 미래지향적 관리모형이다. 그 중 방어적 전략은 약점과 위협을 모두 최소화하는 가장 소극적인 전략이다. 따라서 방어적 전략은 약점-기회가 아니라 약점-위협을 고려한 전략이다.

환경변화와 대응 전략

외부\내부	강점(S)	약점(W)
기회(O)	SO 전략 (공격적 전략) : 강점을 가지고 기회를 살리는 전략	WO 전략 (방향전환 전략) 약점을 보완하여 기회를 살리는 전략
위협(T)	ST 전략 (다양화 전략) : 강점을 가지고 위협을 회피하거나 최소화 하는 전략	WT 전략 (방어적 전략) : 약점을 보완하면서 위협을 회피하거나 최소화하는 전략

04
정부 성과평가에 대한 설명으로 옳지 않은 것은?

2013. 국가 9급

① 성과평가는 개인의 성과를 향상시키기 위한 방법을 모색하기 위해서 사용될 수 있다.
② 총체적 품질관리(Total Quality Management)는 개인의 성과평가를 위한 도구로 도입되었다.
③ 관리자와 구성원의 적극적인 참여는 성과평가 성공에 있어서 중요한 역할을 한다.
④ 조직목표의 본질은 성과평가제도의 운영과 직접 관련성을 갖는다.

정답 ② [×]
해설 총체적 품질관리(TQM) 고객지향 행정을 위해 행정서비스 품질개선을 위한 관리기법으로 집단적 차원의 관리기법으로, 개인의 성과를 측정하기 위한 MBO와 차이가 있다.

05
성과중심주의에 입각한 성과관리의 효용 또는 한계에 대한 설명으로 부적절한 것은?

2013. 지방 7급

① 목표성취도에 유인기제를 연결하기 때문에 관리대상자들이 성과목표를 매우 높게 설정하는 행동 경향을 보인다.
② 관료적 조직문화의 변화를 유도한다.
③ 다양한 이해관계자들과 압력단체들의 개입 때문에 성과계획이 합리적으로 수립되기 어렵다.
④ 업무수행과 성과 사이에 개입하는 변수들이 많아 인과관계를 확인하기 어렵다.

정답 ① [×]
해설 목표성취도에 따라 유인기제를 연결하기 때문에 관리대상자들이 성과목표를 낮추어 설정하는 행동 경향을 보인다. 개인 또는 집단은 현재 시점에서 더 많은 성과를 달성하면 차기에 더 높은 성과목표를 설정해야 하기 때문에 미래의 좋은 평가 결과를 위하여 현재의 성과목표 설정 수준이나 달성된 성과를 낮추려는 유인이 발생하는 부작용이 발생할 수 있다(톱니효과).

06
성과의 측정은 투입(input)지표, 산출(output)지표, 성과(outcome)지표, 영향(impact)지표 등을 통하여 이루어진다. 아래의 사례에서 성과지표에 해당하는 것은?

2014. 서울시 9급

> 고용노동부에서는 2013년도에 10억 원의 예산을 투입하여 강사 50명을 채용하고, 200명의 교육생에게 연 300시간의 직업교육을 실시하였다. 교육 이수 후 200명 중에서 50명이 취업하였으며, 이를 통하여 국가경쟁력이 3% 제고되었다.

① 10억 원의 예산
② 200명의 교육생
③ 연 300시간의 교육
④ 50명의 취업
⑤ 3%의 국가경쟁력 제고

정답 ④ [○]
해설 ①은 투입지표, ②, ③은 산출지표에 해당한다. ⑤는 영향지표에 해당된다.

투입지표 (input)	• 사업에 투입된 시간이나 비용, 노력, 인력, 장비 등을 의미 • 도로건설·포장사업의 경우 사업비 지출금액, 도로포장을 위해 이용된 중장비 규모 등
산출지표 (output)	• 생산과정에서 창출된 직접적인 생산물(1차적인 성과)를 의미 • 도로건설 사업의 경우 도로 증가 비율(포장된 도로 비율) 등
결과지표 (result)	• 산출물이 창출한 조직 환경에서 직접적인 변화, 최종적인 결과를 의미 • 도로건설사업의 경우 차량 통행 속도 증가율
영향지표 (impact)	• 사회에 미친 최종적인 영향(효과)을 의미 • 도로건설사업의 경우 지역사회 경쟁력 제고, 지역균형발전 등

07
공공서비스의 성과지표와 예시로 바르게 연결된 것은?

2008. 서울 9급

> ㄱ. 지역 간 균형발전
> ㄴ. 포장된 도로의 비율
> ㄷ. 도로포장을 위해 이용된 중장비의 규모
> ㄹ. 차량의 통행 속도 증가율

	ㄱ	ㄴ	ㄷ	ㄹ
①	영향	투입	산출	결과
②	영향	산출	투입	결과
③	산출	투입	결과	영향
④	결과	산출	영향	투입

정답 ① [○]
해설 ㄱ은 영향, ㄴ은 산출, ㄷ은 투입, ㄹ은 결과에 해당한다.

제5절 균형성과관리(BSC : Balanced Scored Card)

01
균형성과평가(BSC)의 요소에 해당하지 <u>않은</u> 것은?
2008. 서울 9급

① 내부업무 과정적 관점
② 학습과 성장적 관점
③ 재정적 관점
④ 환경적 관점
⑤ 고객의 관점

정답 ④ [×]
해설 BSC의 4대 관점은 프로세스 관점, 학습과 성장관점, 재무관점, 고객 관점이다. 환경적 관점은 포함되지 않는다.

02
다음 중 균형성과표(Balanced Score Card)에서 강조하는 네 가지 관점으로 옳지 <u>않은</u> 것은?
2018. 국회 8급

① 재무적 관점
② 프로그램적 관점
③ 고객 관점
④ 내부프로세스 관점
⑤ 학습과 성장 관점

정답 ② [×]
해설 균형성과표에서는 재무적 관점, 고객 관점, 내부 프로세스 관점, 학습과 성장관점의 네 가지 관점으로 구성된다.

03
다음 중 성과평가시스템으로서의 균형성과표(Balanced Score Card : BSC)에 대한 설명으로 옳지 <u>않은</u> 것은?
2015. 국회 8급

① BSC는 추상성이 높은 비전에서부터 구체적인 성과지표로 이어지는 위계적인 체제를 가진다.
② 잘 개발된 BSC라 할지라도 조직구성원들에게 조직의 전략과 목적 달성에 필요한 성과가 무엇인지 알려주는 데 한계가 있기 때문에 조직전략의 해석지침으로는 적합하지 않다.
③ 내부 프로세스 관점의 대표적인 지표들로는 의사결정과정에 시민참여, 적법절차, 조직 내 커뮤니케이션 구조 등이 있다.
④ BSC를 공공부분에 적용할 때 재무적 관점이라 함은 국민이 요구하는 수준의 공공서비스를 제공할 수 있는 재정자원을 확보하여야 한다는 측면을 포함하며 지원시스템의 예산부분이 여기에 해당한다.
⑤ BSC를 공공부분에 적용할 때는 고객, 즉 국민의 관점을 가장 중시한다.

정답 ② [×]
해설 잘 개발된 BSC라 할지라도 조직구성원들에게 조직의 전략과 목적 달성에 필요한 성과가 무엇인지 알려주기 때문에(한계×) 조직전략의 해석지침으로 적합하다. 즉, BSC는 주요 4대 관점(고객관점, 재무관점, 업무처리(프로세스)관점, 학습 성장관점)에서 개발된 성과 요소들이 전략과의 인과성을 토대로 개발되고 또 이들 성과요소들 간의 개념적인 인과구조를 제시하므로 조직의 전략과 목적 달성에 필요한 성과가 무엇인지 알려주는 데 도움을 줄 수 있다.

04
균형성과표(BSC : Balanced Score Card)의 관점과 측정지표가 바르게 연결된 것은?
2017. 사복직 9급

① 학습과 성장 관점 – 직무만족도
② 내부 프로세스 관점 – 민원인의 불만율
③ 재무적 관점 – 신규 고객의 증감
④ 고객 관점 – 조직 내 커뮤니케이션 구조

정답 ①
해설 ② [×] 민원인의 불만율은 고객관점 성과지표에 해당한다.
③ [×] 신규 고객의 증감은 고객관점 성과지표에 해당한다.
④ [×] 조직 내 커뮤니케이션 구조는 내부프로세스 관점 성과지표에 해당한다.

4대관점	공공부문	성과 지표
고객	국민 관점	정책순응도, 고객만족도, 불만 민원 접수 건수, 삶의 질에 대한 통계지표 등
재무	예산	• 사업집행이나 서비스 제공에 대한 비용과 편익(효과) • 의무적 경비비율, 예산불용액 비율, 채무상환비 비율 등(지방정부)
업무 프로세스	정책과정 조직시스템	• 정책결정과정: 이해당사자들(시민)의 참여 보장, 적법절차 준수 • 집행시스템: 관련 정보의 공개, 정책수단의 적실성, 서비스 전달시스템의 효율성 등 • 조직 시스템 측면: 부서간의 업무협조를 포함한 커뮤니케이션이나 프로세스에 적합한 조직구조 개편, 결재단계의 축소 등
학습과 성장	인사행정 및 지원시스템	• 조직구성원들의 직무수행능력 • 직무만족(공무원의 직무만족도) • 지식의 창조와 관리 • 지속적인 자기혁신과 성장 • 내부 제안 건수, 학습동아리(스터디 그룹) 수

05
균형성과표(BSC)에 대한 설명으로 옳지 않은 것은?
2021. 지방 9급

① 조직의 장기적 전략 목표와 단기적 활동을 연결할 수 있게 한다.
② 재무적 성과지표와 비재무적 성과지표를 통한 균형적인 성과관리 도구라고 할 수 있다.
③ 재무적 정보 외에 고객, 내부 절차, 학습과 성장 등 조직 운영에 필요한 관점을 추가한 것이다.
④ 고객 관점에서의 성과지표는 시민참여, 적법절차, 내부 직원의 만족도, 정책 순응도, 공개 등이 있다.

정답 ④ [×]
해설 정책 순응도만 고객관점의 성과지표에 해당한다. 시민참여, 적법절차, 공개는 내부프로세스 관점의 성과지표이며, 내부 직원의 만족도는 학습과 성장 관점의 성과지표이다.

06
균형성과표(BSC)의 성과지표에 대한 설명 중 옳지 않은 것은?
2014. 지방 9급

① 고객 관점에서의 성과지표에는 고객만족도, 정책순응도, 민원인의 불만율, 신규 고객의 증감 등이 있다.
② 내부 프로세스 관점의 성과지표에는 의사결정 과정의 시민참여, 적법적 절차, 커뮤니케이션 구조 등이 있다.
③ 재무적 관점의 성과지표는 전통적인 선행지표로서 매출, 자본 수익률, 예산 대비 차이 등이 있다.
④ 학습과 성장 관점의 성과지표에는 학습동아리 수, 내부 제안 건수, 직무만족도 등이 있다.

정답 ③ [×]
해설 재무적 관점의 성과지표는 전통적인 후행지표(선행지표 ×)로서 매출, 자본 수익률, 예산 대비 차이 등이 있다.

07
균형성과지표(BSC)에 대한 설명으로 옳은 것만을 모두 고른 것은?　　2015. 국가 9급

ㄱ. 조직의 비전과 목표, 전략으로부터 도출된 성과지표의 집합체이다.
ㄴ. 재무지표 중심의 기존 성과관리의 한계를 극복하기 위한 것이다.
ㄷ. 조직의 내부요소보다는 외부요소를 중시한다.
ㄹ. 재무, 고객, 내부 프로세스, 학습과 성장이라는 네 가지 관점 간의 균형을 중시한다.
ㅁ. 성과관리의 과정보다는 결과를 중시한다.

① ㄱ, ㄴ, ㅁ
② ㄴ, ㄷ, ㄹ
③ ㄱ, ㄴ, ㄹ
④ ㄷ, ㄹ, ㅁ

정답 ③ ㄱ, ㄴ, ㄹ [○]
해설 ㄷ. [×] 조직의 내부요소(업무프로세스 관점, 학습과 성장 관점)와 외부요소(고객 관점, 재무 관점)의 균형을 중시한다.
ㅁ. [×] 균형성과표는 성과관리의 과정과 결과의 균형을 강조한다.
ㄱ. [○] 1990년대 초 카플란과 노턴(Kaplan & Norton)이 개발한 균형성과표는 조직의 비전과 목표, 전략으로부터 하향적으로 도출된 엄선된 성과 지표의 집합체이다.
ㄴ, ㄹ. [○] 균형성과표는 재무지표 중심의 기존의 성과관리의 한계를 극복하고 다양한 관점의 균형을 추구하는 것이 특징이다. 재무적 지표와 비재무적 지표(고객, 학습과 성장, 내부 프로세스)의 균형, 조직의 내부 관점과 외부 관점간의 균형, 결과를 예측해주는 선행지표와 결과인 후행지표 간 균형, 단기적 관점(재무관점)과 장기적 관점(학습과 성장 관점)간의 균형을 추구한다.

08
균형성과표(Balanced Score Card)를 활용한 성과관리에 대한 설명으로 옳지 않은 것은?　　2022. 국회 8급

① 결과에 초점을 둔 재무지표 방식의 성과관리에 대한 대안으로 개발되었다.
② 성과관리를 위한 단기적 관점과 장기적 관점의 균형을 중시한다.
③ 고객관점의 성과지표로 고객만족도, 민원인의 불만율 등을 제시한다.
④ 재무적 관점은 전통적인 선행 성과지표이다.
⑤ 성과에 대한 조직구성원 간의 커뮤니케이션 도구로 사용할 수 있다.

정답 ④ [×]
해설 재무적 관점의 성과지표는 전통적인 후행지표(결과로 나온 지표, 추세가 시작된 후에 보내는 신호)이다. 학습과 성장 관점(유능한 직원) → 내부 프로세스 관점(업무처리 절차 개선) → 고객관점(고객 만족) → 재무적 관점(수익 창출) 순으로 연결된다고 볼 수 있다. 학습과 성장 관점은 투입지표, 내부 프로세스 관점은 과정 지표, 고객관점과 재무관점은 산출지표로 연결될 수 있다.

Chapter 08 행정개혁

01
행정개혁의 주요 속성에 해당되는 것이 <u>아닌</u> 것은?

2011. 서울 9급

① 공공적 상황에서의 개혁
② 포괄적 연관성
③ 동태성
④ 시간적 단절성
⑤ 목표지향성

정답 ④ [×]
해설 행정개혁은 장기적이고 지속적인 과정이다.

02
행정개혁의 저항을 줄이는 방법에 대한 다음 〈보기〉의 설명 중 옳은 것을 모두 고르면?

2014. 국회 8급

〔보기〕
ㄱ. 참여기회 제공
ㄴ. 포괄적 개혁추진
ㄷ. 구성원의 부담 최소화
ㄹ. 외부집단에 의한 개혁추진
ㅁ. 피개혁자 교육 및 홍보
ㅂ. 개혁안의 명료화

① ㄱ, ㄴ, ㄷ, ㅁ
② ㄱ, ㄷ, ㅁ, ㅂ
③ ㄱ, ㄴ, ㄷ, ㅁ, ㅂ
④ ㄱ, ㄷ, ㄹ, ㅁ, ㅂ
⑤ ㄱ, ㄴ, ㄷ, ㄹ, ㅁ, ㅂ

정답 ② ㄱ, ㄷ, ㅁ, ㅂ [○]
해설 ㄴ. [×] 개혁에 대한 저항은 포괄적이고, 급진적으로 진행했을 때 더 크게 나타난다. 그러므로 개혁은 절차, 수단, 방법 등에 있어 구체성을 가지고 부문적, 점진적으로 진행해야 한다.
ㄹ. [×] 외부집단에 의해 개혁이 추진될 경우 내부에 의한 개혁보다 조직구성원의 더 큰 저항을 가져올 수 있다.

03
행정개혁의 구조적 접근방법에 해당되지 <u>않는</u> 것은?

2008. 서울 9급

① 기능중복의 제거
② 의사전달체계의 수정
③ 관리과학의 활용
④ 책임의 재규정
⑤ 분권화의 확대

정답 ③ [×]
해설 관리과학의 활용은 관리기술적(과정적) 접근법이다.

04
행정개혁을 위한 다음의 내용 중 접근방법이 <u>다른</u> 한 가지는?

2011. 군무원 9급

① 분권화의 확대
② 조직내 운영과정의 개선
③ 의사결정권한의 수정
④ 의사전달체계의 수정

정답 ②
해설 조직내 운영과정의 개선은 관리·기술적 접근법이고 나머지는 모두 구조적 접근법에 해당한다.

05
행정개혁의 접근방법에 대한 설명으로 옳지 않은 것은?
2015. 국가 9급

① 사업(산출)중심적 접근방법은 행정활동의 목표를 개선하고 서비스의 양과 질을 개선하려는 접근방법으로 분권화의 확대, 권한 재조정, 명령계통 수정 등에 관심을 갖는다.
② 과정적 접근방법은 행정체제의 과정 또는 일의 흐름을 개선하려는 접근방법이다.
③ 행태적 접근방법의 하나인 조직발전(OD : Organizational Development)은 의식적인 개입을 통해서 조직 전체의 임무수행을 효율화하려는 계획적이고 지속적인 개혁 활동이다.
④ 문화론적 접근방법은 행정문화를 개혁함으로써 행정체제의 보다 근본적이고 장기적인 개혁을 성취하려는 접근방법이다.

> **정답** ① [X]
> **해설** 분권화의 확대, 권한 재조정, 명령계통 수정 등에 관심을 갖는 것은 구조적 접근방법에 해당한다. 사업중심적 접근방법은 행정산출의 정책목표와 내용, 소요자원에 초점을 두어 행정의 목표를 개선하고, 서비스의 양과 질을 개선하려는 접근법이다.

06
행정개혁에 대한 저항이 나타나는 원인이나 요인으로 가장 옳지 않은 것은?
2022. 군무원 9급

① 행정개혁을 담당하는 조직의 중복성 혹은 가외성(redundancy)의 존재
② 행정개혁의 내용이나 그 실행계획의 모호성
③ 행정개혁에 요구되는 지식이나 기술의 부족
④ 행정개혁에 필요한 관련 법규의 제·개정의 어려움

> **정답** ① [X]
> **해설** 행정개혁을 담당하는 조직의 중복성 혹은 가외성(redundancy)이 존재하면 행정개혁을 안정적으로 추진할 수 있다.

07
행정개혁에 대한 저항을 극복하는 전략 및 방법에 관한 설명으로 옳은 것은?
2021. 국가 7급

① 경제적 손실 보상, 임용상 불이익 방지는 규범적·사회적 전략이다.
② 개혁지도자의 신망 개선, 의사전달과 참여의 원활화, 사명감 고취는 공리적·기술적 전략이다.
③ 교육훈련과 자기계발 기회 제공은 규범적·사회적 전략이다.
④ 개혁 시기 조정은 강제적 전략이다.

> **정답** ③ [O]
> **해설** 교육훈련과 자기계발 촉진 등은 규범적·사회적 방법(저항의 근본적 해결책)에 해당한다.
> ① [X] 경제적 손실보상, 임용상 불이익 방지(신분 및 보수 보장)는 피해집단이 저항하는 경우 유효한 전략으로 기술적·공리적 방법이다.
> ② [X] 개혁지도자의 신망 개선, 의사전달과 참여의 원활화, 사명감 고취 등은 저항의 근본적 해결책에 가까운 전략으로 규범적·사회적 방법이다.
> ④ [X] 개혁 시기의 조정(점진적 추진)은 기술적·공리적 방법에 해당한다.

행정개혁의 저항 극복 전략

규범적· 사회적 전략	• 상징조작과 설득을 통해 대상 집단의 심리적 저항요인을 약화시키는 전략으로 외부지지 세력과 연합하여 개혁을 추진할 때 효과적 • 방법 : 개혁지도자의 카리스마 제고와 솔선수범, 의사소통의 개선 및 참여확대, 시간적 여유 제공 등 적응지원, 개혁의 당위성과 성과에 대한 정보제공 및 설득, 교육훈련을 통한 자기계발 촉진, 가치관 변화를 위한 훈련 실시 등
공리적· 기술적 전략	• 이익 침해 상황을 기술적으로 조정하거나 보상을 제공하여 저항을 회피하는 전략 • 방법 : 손해에 대한 적정한 보상, 호혜적 방법, 개혁의 편익에 대한 홍보, 인사이동 등 적절한 인사배치 개혁의 점진적 추진, 적절한 범위와 시기의 선택, 개혁안의 명확화와 공공성 강조, 개혁방법·기술의 수정, 손실의 최소화와 보상의 명확화 등
강제적· 물리적 전략	• 저항자에게 물리적 제재나 불이익의 위협을 가하는 전략 • 방법 : 계층제상의 권한 행사, 물리적 제재나 불이익의 위협 등 압력 행사, 긴장 분위기 조성과 압력의 행사, 권력구조의 개편 등

08
다음 중 한국의 행정개혁에 관한 내용을 시대적 순서대로 배열한 것은?　　2015. 국회 8급

> ㄱ. 정보통신정책과 국가정보화를 전담하여 추진하던 정보통신부를 폐지하고 방송통신 융합을 주도할 방송통신위원회를 설치했다.
> ㄴ. 대통령 소속의 중앙인사위원회를 설치해 대통령의 인사권 행사를 강화했다.
> ㄷ. 부총리제가 부활되고 외교통상부의 통상 교섭 기능이 산업통상자원부로 이관됐다.
> ㄹ. 법제처와 국가보훈처를 장관급 기구로 격상하고, 소방방재청을 신설했다.

① ㄱ - ㄹ - ㄴ - ㄷ
② ㄴ - ㄱ - ㄹ - ㄷ
③ ㄴ - ㄹ - ㄱ - ㄷ
④ ㄹ - ㄱ - ㄴ - ㄷ
⑤ ㄹ - ㄴ - ㄱ - ㄷ

정답 ③

해설 ㄱ. 이명박 정부(2008. 04): 정보통신정책과 국가정보화를 전담 추진하던 정보통신부를 폐지하고 방송통신 융합을 주도할 방송통신위원회를 설치했다.
ㄴ. 김대중 정부(1999. 05): 대통령 소속의 중앙인사위원회를 신설하고, 기획예산위원회와 예산청을 통합해 국무총리 소속 기획예산처로 개편하였다.
ㄷ. 박근혜 정부(2013. 03): 부총리 제도가 부활하였으며, 특임장관실과 국가과학기술위원회는 폐지되었다. 통상 교섭의 전문화를 강화하고 국내산업의 대외경쟁력을 제고하기 위해 외교통상부의 통상 교섭 기능을 산업통상자원부로 이관했다.
ㄹ. 노무현 정부(2004. 09): 법제처와 국가보훈처를 장관급 기구로 격상시켰으며, 공무원 인사관리 기능을 행정자치부에서 중앙인사위원회로 이관, 행정자치부 장관 소속하에 소방방재청을 신설하였다.

최윤경 행정학
단원별 기출문제집

박문각

PART 04
전자정부와 정보공개

Chapter 01 전자정부의 의의와 전개과정
Chapter 02 우리나라 전자정부
Chapter 03 우리나라 정보공개 제도
(공공기관의 정보공개에 관한 법률)

Chapter 01 전자정부의 의의와 전개과정

01
전자정부 또는 디지털 행정에 대한 설명으로 옳지 않은 것은?
2022. 국회 9급

① 우리나라 전자정부의 개념은 「전자정부법」에 명시되어 있으며, 정보기술 및 행정 업무의 효율화에 초점을 둔다.
② 전자정부는 정부 내 공문서나 자료가 전자적으로 처리되어 종이 없는 행정을 구현한다.
③ 첨단기술의 발전 및 디지털 행정의 혁신이 중앙집권적 경향을 띠게 됨에 따라 시민참여나 행정의 대응성은 퇴보할 가능성이 크다.
④ 이른바 '민첩한 정부(agile government)'는 데이터 분석 등 디지털 기술을 활용하여 기민하게 환경변화에 대응하는 정부를 말한다.
⑤ 우리나라 전자정부 업무는 현재 행정안전부에서 총괄하고 있지만, 범부처적인 차원에서 디지털 행정이 이루어지고 있다.

정답 ③ [×]
해설 전자정부는 첨단기술의 발전 및 디지털 행정의 혁신이 세계화 및 지방분권적 경향을 띠게 됨에 따라 시민참여나 행정의 대응성을 제고할 가능성이 크다.
① [○] 「전자정부법」 제2조

> 「전자정부법」 제2조(정의) 이 법에서 사용하는 용어의 뜻은 다음과 같다.
> 1. "전자정부"란 정보기술을 활용하여 행정기관 및 공공기관(이하 "행정기관등"이라 한다)의 업무를 전자화하여 행정기관 등의 상호 간의 행정업무 및 국민에 대한 행정업무를 효율적으로 수행하는 정부를 말한다.

⑤ [○] 「정부조직법」 제34조

> 정부조직법 제34조(행정안전부) ① 행정안전부장관은 국무회의의 서무, 법령 및 조약의 공포, 정부조직과 정원, 상훈, 정부혁신, 행정능률, 전자정부, 정부청사의 관리, 지방자치제도, 지방자치단체의 사무지원·재정·세제, 낙후지역 등 지원, 지방자치단체 간 분쟁조정, 선거·국민투표의 지원, 안전 및 재난에 관한 정책의 수립·총괄·조정, 비상대비, 민방위 및 방재에 관한 사무를 관장한다.

02
전자정부가 구현되었을 때 기대할 수 있는 장점만으로 구성된 것은?
2008. 지방 9급

> ㄱ. 국민 참여 증진을 통한 민주주의의 발전
> ㄴ. 행정의 생산성 향상
> ㄷ. 대고객 관계의 인간화 촉진
> ㄹ. 행정서비스의 효과적 공급 및 민원인의 비용 절감
> ㅁ. 개인정보 및 인권의 보호 강화

① ㄱ, ㄴ, ㄷ
② ㄱ, ㄴ, ㄹ
③ ㄴ, ㄷ, ㄹ
④ ㄴ, ㄹ, ㅁ

정답 ② ㄱ, ㄴ, ㄹ [○]
해설 ㄷ. [×] 전자정부는 기술적 정보화로 인한 인간적 과정의 위축으로 인한 인간적 소외와 대고객관계의 비인간화 현상을 야기할 수 있다.
ㅁ. [×] 국민 개개인에 대한 인적·물적 정보가 확보됨으로써 개인정보의 누출 현상이 발생할 가능성이 있어, 개인정보 및 인권의 보호가 어려워질 수 있다.

03
전자적 행정서비스를 제공받는 집단에 대한 설명으로 옳은 것은? 2018. 지방 7급

① G2G(Government, Government)에서는 그룹웨어시스템을 통한 원격지 연결, 정보 공유, 업무의 공동처리, 업무 유연성 등으로 행정의 생산성이 저하된다.
② G2C(Government, Citizen)의 관계 변화를 통해 시민 요구에 부응하는 질 높은 행정서비스를 제공하고 시민참여를 촉진할 수 있지만 공공서비스 수요에 대한 대응성이 낮아진다.
③ G2G(Government, Government)에서는 정부부처 간, 중앙과 지방정부 간에 정보를 공동활용하여 행정업무의 정확성과 효율성이 증대되고 거래비용이 감소한다.
④ G2B(Government, Business)의 관계 변화로 정부의 정책 수행을 위한 권고, 지침전달 등을 위한 정보교류 비용이 감소하지만 조달행정 비용은 증가한다.

정답 ③ [O]
해설 ① [×] G2G는 그룹웨어시스템을 통한 원격지 연결, 정보 공유, 업무의 공동처리, 업무 유연성 등을 통해 행정의 생산성을 제고한다.
② [×] G2C는 정부와 시민 간에 관계변화를 통해 시민참여를 촉진하고, 시민의 요구에 대응성을 제고한다.
④ [×] G2B는 정보교류 비용과 조달행정 비용을 감소시킨다.

04
유비쿼터스 전자정부에 대한 설명으로 옳은 것만을 모두 고르면? 2020. 지방 9급

ㄱ. 기술적으로 브로드밴드와 무선, 모바일 네트워크, 센싱, 칩 등을 기반으로 한다.
ㄴ. 서비스 전달 측면에서 지능적인 업무수행과 개개인의 수요에 맞는 맞춤형 서비스를 제공한다.
ㄷ. Any-time, Any-where, Any-device, Any-network, Any-service 환경에서 실현되는 정부를 지향한다.

① ㄱ, ㄴ
② ㄱ, ㄷ
③ ㄴ, ㄷ
④ ㄱ, ㄴ, ㄷ

정답 ④ ㄱ, ㄴ, ㄷ [O]

05
유비쿼터스 정부(u-government)의 특성과 거리가 먼 것은? 2013. 국가 9급

① 중단 없는 정보 서비스 제공
② 맞춤 정보 제공
③ 고객 지향성, 실시간성, 형평성 등의 가치 추구
④ 일방향 정보 제공

정답 ④ [×]
해설 유비쿼터스 전자정부는 전자정부의 발전형태로서 무선모바일을 기반으로 하여 언제 어디서나 중단 없는 정보서비스, 개개인의 수요에 맞는 맞춤형 서비스를 제공하는 정부를 의미하며, 이러한 서비스를 구현하기 위해서는 일방향적 정보제공이 아닌 쌍방향적 정보교환이 이루어져야 한다.
①, ②, ③ [O] 유비쿼터스 정부는 유·무선, 모바일 기기 통합으로 언제 어디서나 중단 없는 서비스를 제공하는 편재성/상시성(ubiquity), 개인별 요구사항·특성·선호를 사전에 파악하여 맞춤형 서비스를 제공하는 고객맞춤화(uniqueness), 사회인프라에 센서나 태그를 이식해 공간환경·사물·사람에 관한 상황인식 정보를 감지해 사물·컴퓨터가 직접 지능화된 서비스를 제공하는 지능화(intelligence) 등을 특징으로 한다.

06
유비쿼터스 정부(u-government)에 대한 설명으로 옳지 않은 것은? 2009. 지방 7급

① 언제 어디서나 개인화되고 중단 없는 정보서비스를 제공함으로써 부가적인 가치를 제공하는 정부이다.
② 개인의 관심사, 선호도 등에 따른 실시간 맞춤정보 제공으로 시민참여도가 제고되어 궁극적으로 투명한 정책결정과 행정처리가 가능해진다.
③ 행정 서비스가 추구하는 가치는 고객지향성, 지능성, 실시간성, 형평성 등으로 요약된다.
④ 인터넷 기반 온라인 서비스의 강화에 초점을 맞춘 웹(web)2.0시대의 미래형 전자정부이다.

정답 ④ [×]
해설 유비쿼터스 정부란 종래의 유선인터넷을 기반으로 한 초기 전자정부 개념을 뛰어넘어 전자공간과 물리적 공간을 연결시킴으로써 정보화서비스의 이용공간과 이용매체를 대폭적으로 확대시킨 차세대 전자정부로 web 3.0시대의 전자정부이다. 웹 3.0은 이용자가 원하는 정보를 찾아주는 시멘틱 웹(Semantic Web) 기반의 지능형 웹을 의미한다. 이러한 웹 3.0 시대의 정부는 언제 어디서나 이용자가 원하는 정보를 찾아 개인별 맞춤서비스가 가능한 유비쿼터스 정부, 정부 3.0과 연결된다.

구분	정부 1.0 (World Wide Web)	정부 2.0 (Web 2.0)	정부 3.0 (Semantic web)
중심	정부 중심	국민 중심	국민 개개인 중심
기반	유선 인터넷	무선 모바일	유무선 통합
참여	관주도·동원 방식	제한된 공개·참여	• 능동적 공개·참여 • 개방·공유·소통·협력
서비스	일방향 정보제공 공급 위주	양방향 정보 제공 정보공개 확대	양방향·개인별 맞춤 제공
가치	효율성	민주성	확장된 민주성
수단	직접 방문	인터넷	무선인터넷, 스마트 모바일 서비스

정답 ① [×]
해설 스마트사회의 전자정부는 시민 개인 수요 중심(집단×)의 맞춤형 전자정부서비스 제공을 강조한다.

기존 전자정부와 스마트 전자정부의 비교

구분	유형	기존 전자정부 (~2010)	스마트 전자정부
국민	접근방법	PC만 가능	스마트폰, 태블릿 PC, 스마트 TV 등 다매체
	서비스 방식	공급자 중심의 획일적 서비스	• 개인별 맞춤형 통합 서비스 • 공공정부 개방을 통해 국민이 직접 원하는 서비스 개발
	민원신청	• 개별 신청 • 동일 서류도 복수 제출	1회 신청으로 연관 민원 일괄처리
	수혜방식 (지원금/복지 등)	국민이 직접 자격증명 신청	정부가 자격요건 확인·지원
공무원	근무위치	사무실(PC)	위치 무관 (스마트 워크센터/모바일 오피스)
	일하는 방식 (재난/안전 등)	사후 복구 위주	사전예방 및 예측

07
다음 중 스마트사회의 전자정부에서 강조되는 특징으로 옳지 않은 것은? 2016. 국회 8급

① 시민집단 수요 중심의 맞춤형 전자정부서비스 제공을 강조한다.
② 모바일 기술에 의해 현장근무·재택근무 등의 유연근무가 촉진된다.
③ 국민들이 민원서비스를 신청하지 않더라도 정부가 국민의 요구들을 미리 파악해서 행정서비스를 선제적으로 제공한다.
④ 지능형 정보기술을 활용하여 재난사고 등에 대해 사전예방 위주의 위기관리를 강화한다.
⑤ 스마트기술을 활용하여 국민이 시간과 장소에 상관없이 필요할 경우 원하는 방식으로 정부서비스에 접근할 수 있다.

08
기존 전자정부와 비교한 스마트 전자정부의 특징이 아닌 것은? 2016. 지방 7급

① 개인별 맞춤형 통합서비스 제공
② 스마트폰, 태블릿 PC, 스마트 TV 등 다매체 활용
③ 공급자 중심의 서비스 개발
④ 1회 신청으로 연관 민원 일괄처리

정답 ③ [×]
해설 스마트 정부란 개인별 맞춤서비스, 중단 없는 서비스, 실시간 정보공개 등 국민이 요구하기 전에 먼저 알아서 개개인의 수요에 맞는 맞춤형 서비스(수요자 중심)를 제공하는 정부를 말한다.

09
스마트사회 및 스마트정부의 모습과 거리가 먼 것은?
2013. 지방 7급

① 유연성·창의성·인간중심 가치가 중시되는 사회이다.
② 정부는 국민이 요구하기 전에 먼저 알아서 서비스를 제공한다.
③ 스마트워크의 확산으로 현장에서 업무를 처리하고 실시간으로 입력하기 때문에 효율성과 생산성이 제고된다.
④ 재난 발생 후 최대한 빠른 시간 내에 복구하는 것을 정책 목표로 추구한다.

정답 ④ [×]
해설 스마트 정부는 재난 발생 후의 복구를 중시하는 것이 아니라 공공서비스의 지능화를 통한 미래예측으로 재난 발생 이전에 재난의 사전 예측과 예방을 추구한다.

10
기존 전자정부 대비 지능형 정부의 특징에 대한 설명으로 가장 옳지 않은 것은?
2022. 군무원 9급

① 국민주도로 정책결정이 이루어진다.
② 현장 행정에서 복합문제의 해결이 가능하다.
③ 생애주기별 맞춤형 서비스를 제공한다.
④ 서비스 전달방식은 수요기반 온·오프라인 멀티채널이다.

정답 ③ [×]
해설 지능형 전자정부란 인공지능, 빅데이터, 사물인터넷 등 지능정보기술을 활용하여 국민 중심으로 정부서비스를 최적화하고 스스로 일하는 방식을 혁신하며, 국민과 함께 국정 운영을 실현함으로써 안전하고 편안한 상생의 사회를 만드는 디지털 신정부를 의미한다. 기존 전자정부는 생애주기별 맞춤형 서비스 제공, 지능형 정부는 그에 더해 사용자의 일상을 빈틈없이 채워주는 개인비서와 같은 지능화된 맞춤 서비스를 제공한다.

기존 전자정부와 지능형 정부의 비교

구분	전자정부	지능형 정부
정책결정	정부주도	국민 주도
행정업무	• 국민·공무원 문제 제기 → 개선 • 현장 행정: 단순업무 처리 중심	• 문제 자동 인지 → 스스로 대안 제시 → 개선 • 현장 행정: 복합문제 해결 가능
서비스 목표	양적·효율적 서비스 제공	질적·공감적 서비스 공동 생산
서비스 내용	생애주기별 맞춤형	일상 틈새 + 생애주기별 비서형
서비스 전달 방식	온라인 + 모바일 채널	수요 기반 온·오프라인 멀티채널

11
다음 중 UN에서 본 전자거버넌스로서의 전자적 참여의 형태가 진화하는 단계로 옳은 것은?
2010. 서울 9급

① 전자정보화 - 전자자문 - 전자결정
② 전자문서화 - 전자결정 - 전자자문
③ 전자자문 - 전자문서화 - 전자결정
④ 전자정보화 - 전자결정 - 전자문서화
⑤ 전자자문 - 전자정보화 - 전자결정

정답 ① [○]
해설 UN의 전자적 참여의 진화형태(2008)는 전자정보화 → 전자자문 → 전자결정의 순이다.

■ **전자적 시민참여의 진화단계(UN, 2008)**
① **전자정보화 단계(정보제공형: E-information)**: 전자적 정보공개. 정부가 생산한 정보를 전자적 채널(정부기관의 웹사이트 등)을 통해 일방적으로 제공하는 단계
② **전자자문 단계(협의형: E-consultation)**: 가상공간에서 공무원과 시민 간에 정책토론과 환류가 일어나는 단계. 주로 정부 주도에 의한 의사소통이 이루어지며 시민들의 정책순응 확보를 위해 활용됨
③ **전자결정 단계(E-decision making)**: 시민들이 정책과정에 적극적으로 참여함으로서 시민들의 의견이 정책과정에 직접 반영되는 단계

12
정보화와 전자정부 등에 대한 설명으로 옳지 않은 것은?
2016. 국가직 9급

① e-거버넌스는 모범적인 거버넌스를 실현하기 위하여 다양한 차원의 정부와 공공부문에서 정보통신기술의 잠재력을 활용하기 위한 과정과 구조의 실현을 추구한다.
② 웹접근성이란 장애인 등 정보 소외계층이 웹 사이트에 있는 정보에 접근할 수 있도록 편의를 제공하는 것을 말한다.
③ 빅데이터의 3대 특징은 크기, 정형성, 임시성이다.
④ 지역정보화 정책의 기본목표는 지역경제의 활성화, 주민의 삶의 질 향상, 행정의 효율성 강화이다.

정답 ③ [×]
해설 빅데이터의 3대 특징은 다양성(Variety), 속도(Velocity), 볼륨(Volume)이다.

크기 (Volume)	데이터의 물리적 크기: 기업 데이터, 웹 데이터, 센서 데이터에서 페타바이트(PB) 규모로 확장된 데이터 등장
다양성 (Variety)	데이터의 형태를 의미: 기존 기업 데이터 환경에서 사용하는 관계형 데이터베이스에 저장된 데이터인지, 웹 로그나 기기 데이터와 같은 데이터인지, 비디오 이미지 같은 비정형 데이터인지 등 데이터의 형태에 따라 종류가 구분됨
속도 (Velocity)	데이터 처리 능력: 데이터를 수집·가공·분석하는 일련의 과정을 실시간 또는 일정 주기에 맞춰 처리할 수 있어야 함

13
기존 데이터와 비교할 때 빅데이터의 주요 특징이 아닌 것은?
2017. 지방 9급

① 속도(velocity)
② 다양성(variety)
③ 크기(volume)
④ 수동성(passivity)

정답 ④ [×]
해설 빅데이터의 3대 특징은 크기, 다양성, 속도이다.

14
빅데이터에 대한 설명으로 옳지 않은 것은?
2021. 국가 7급

① 사진은 빅데이터에 포함되지 않는다.
② 정형 데이터도 포함하는 개념이다.
③ 각종 센서 장비의 발달로 데이터가 늘어나면서 나타났다.
④ 데이터를 실시간으로 처리하기도 한다.

정답 ① [×]
해설 빅데이터에는 사진, 오디오, 비디오, 소셜 미디어 데이터, 로그 파일 등과 같은 비정형 데이터도 포함된다.

15
데이터 기반의 과학적 정책 수립을 위하여 빅데이터의 중요성이 커지고 있다. 빅데이터에 대한 설명으로 옳지 않은 것은?
2015. 국가 7급

① 빅데이터 부상의 이유로 페이스북(Facebook)·트위터(Twitter) 등의 소셜네트워크 서비스(SNS)의 보급 확대를 들 수 있다.
② 인터넷쇼핑업체인 아마존(Amazon)이 고객 행동 패턴 데이터를 분석하여 상품 추천 시스템을 도입한 것은 빅데이터를 활용한 사례이다.
③ 빅데이터는 비정형적 데이터가 아닌 정형적 데이터를 지칭한다.
④ 빅데이터를 활성화하기 위해서는 개인정보 보호 장치가 제도적으로 선행될 필요가 있다.

정답 ③ [×]
해설 빅데이터란 데이터의 생성, 양·주기·형식 등이 기존 데이터에 비해 너무 크기 때문에, 종래의 방법으로는 수집·저장·검색·분석이 어려운 방대한 데이터를 의미한다. 따라서 정형화된 데이터는 물론 반정형화된 데이터, 비정형 데이터를 모두 포함한다.

16
데이터기반행정에 대한 설명으로 옳지 않은 것은?

2025. 지방 9급

① 우리나라는 2020년 데이터기반행정 활성화에 관한 법률을 제정하였다.
② 데이터기반행정이란 공공기관이 생성하거나 취득하여 관리하고 있는 데이터를 수집하고 분석하여 정책 수립 및 결정에 활용하는 행정을 의미한다.
③ 데이터 분석뿐만 아니라 정책결정자의 경험에 근거한 의사결정을 지향하여 객관적이고 과학적인 행정을 구현하고자 한다.
④ 행정안전부장관은 데이터기반행정을 체계적으로 추진하기 위하여 데이터기반행정 활성화를 위한 기본계획을 3년마다 수립하여야 한다.

정답 ③ [×]

해설 데이터기반 행정이란 정책결정자가 정책을 정부 사업의 개발, 실행, 평가에 컴퓨터 기술의 발달로 인해 향상된 데이터 수집, 통합 및 분석 기술과 활용 가능해진 정보를 활용 및 확산하는 것을 지칭하는 용어로 사용된다. 기존의 경험이나 직관적인 정책수립 및 의사결정을 지양하고 데이터 분석을 통하여 데이터 기반에 근거를 두는 객관적이고 과학적인 행정을 구현하고자 하는 것이다.
①, ② [○] 「데이터기반행정 활성화에 관한 법률」은 데이터를 기반으로 한 행정의 활성화에 필요한 사항을 정함으로써 객관적이고 과학적인 행정을 통하여 공공기관의 책임성, 대응성 및 신뢰성을 높이고 국민의 삶의 질을 향상시키는 것을 목적으로 2020년 제정되었다.

> 「데이터기반행정 활성화에 관한 법률」 제2조(정의) 이 법에서 사용하는 용어의 뜻은 다음과 같다.
> 2. "데이터기반행정"이란 공공기관이 생성하거나 다른 공공기관 및 법인·단체 등으로부터 취득하여 관리하고 있는 데이터를 수집·저장·가공·분석·표현하는 등(이하 "분석등"이라 한다)의 방법으로 정책 수립 및 의사결정에 활용함으로써 객관적이고 과학적으로 수행하는 행정을 말한다.

④ [○]

> 데이터기반행정 활성화에 관한 법률 제6조(데이터기반행정 활성화 기본계획) ① 행정안전부장관은 데이터기반행정을 체계적으로 추진하기 위하여 데이터기반행정 활성화를 위한 기본계획(이하 "기본계획"이라 한다)을 3년마다 수립하여야 한다.

17
우리나라의 공공부문 빅데이터 정책에 대한 설명으로 옳지 않은 것은?

2017. 국가 7급

① 과거 국가정보화전략위원회에서는 공공부문의 빅데이터 활용 시나리오를 제시하였다.
② 빅데이터의 유통 활성화를 위해서는 데이터 보안, 암호화, 비식별화 등 개인정보보호를 위한 기술 개발이 중요하다.
③ 우리나라는 현재 빅데이터 활성화를 목표로 한 기본법이 시행되고 있지만 아직 지방자치단체의 조례는 제정되지 않았다.
④ 반정형화된 데이터나 비정형 데이터에 이르기까지 활용하는 데이터의 수준이나 폭이 확대되고 있다.

정답 ③ [×]

해설 빅데이터의 활용은 「지능정보화기본법」에서 규정하고 있으며, 지방자치단체의 경우에도 빅데이터 활용에 관한 조례를 제정·시행하고 있다.
① [○] 박근혜 정부의 「정부 3.0」을 구체화하기 위해 과거 국가전략위원회는 공공부문의 빅데이터 활용 시나리오로 재난전조 감지, 구제역 예방, 물가관리, 사회복지통합관리망 구축으로 맞춤형 복지 서비스 제공 등을 제시했다.

18
다음은 4차 산업혁명 시대의 주요 정보기술을 설명하고 있다. 이에 해당하는 것은?

2024. 국가 9급

> 거래정보의 기록을 중앙집중화 된 서버나 관리 기능에 의존하지 않고, 분산원장(distributed ledger)을 기반으로 모든 참여자에게 분산된 형태로 배분함으로써, 데이터 관리의 탈집중화된 환경을 제공하는 기술이다.

① 인공지능(AI)
② 블록체인(block chain)
③ 빅데이터(big data)
④ 사물인터넷(IoT)

정답 ②

해설 블록체인(block chain)이란 블록에 데이터를 담아 체인 형태로 연결, 수많은 컴퓨터에 동시에 이를 복제해 저장하는 분산형 데이터 저장 기술이다.
① [×] 인공지능이란 인간의 인지·추론·판단 등의 능력을 컴퓨터로 구현하기 위한 기술 혹은 그 연구 분야로 인간의 인지·추론·판단 등의 능력을 컴퓨터로 구현하기 위한 기술 혹은 그 연구 분야 등을 총칭하는 용어로 사용된다.
④ [×] 사물인터넷(Internet of Things)은 세상에 존재하는 유형 혹은 무형의 객체들이 다양한 방식으로 서로 연결되어 개별 객체들이 제공하지 못했던 새로운 서비스를 제공하는 것을 말한다.

19
전자정부의 역기능에 해당하는 내용과 그 요인을 〈보기〉에서 모두 고른 것은?

2018. 서울 7급

> ㄱ. 인포데믹스(infordemics)
> ㄴ. 집단극화(group polarization)
> ㄷ. 선택적 정보접촉(selective exposure to information)
> ㄹ. 정보격차(digital divide)

① ㄱ, ㄴ
② ㄷ, ㄹ
③ ㄱ, ㄴ, ㄹ
④ ㄱ, ㄴ, ㄷ, ㄹ

정답 ④

해설
ㄱ. [○] 인포데믹스(infordemics): 정보(information)와 전염병(epidemics)의 합성어로, 정보 확산으로 인한 각종 부작용을 의미. 추측이나 루머가 결합된 부정확한 정보가 인터넷이나 휴대 전화를 통해 전염병과 같이 빠르게 전파됨으로써 개인의 사생활 침해는 물론 사회, 정치, 경제, 안보 등에 치명적 영향을 미치는 현상
ㄴ. [○] 집단극화(group polarization): 집단극화는 개인이 의사결정을 내릴 때보다 집단으로 의사결정을 내릴 때 과격해지는 현상을 의미. 정보화 사회에서는 개인이 집단의 의사를 확인하기 용이해지므로 의사결정이 보다 양극화되는 경향성이 나타날 수 있음
ㄷ. [○] 선택적 정보 접촉(selective exposure to information): 선택적 정보접촉은 본인에게 유리한 정보만을 선별적으로 선택하는 현상. 자신의 입장에 부합하는 정보들을 선택하는 것으로 역설적으로 중요한 사회적·정치적 이슈를 둘러싼 서로 다른 관점들에 대한 노출을 저해할 수 있음
ㄹ. [○] 정보격차(digital divide): 정보접근과 정보이용이 가능한 자와 그렇지 못한 자 사이에 경제적·사회적 격차가 심화되는 현상. 즉, 개인·가정·기업 및 지역들 간의 상이한 사회경제적 여건으로 정보능력을 지닌 사람과 그렇지 못한 사람들 간에 정치·경제·사회·문화 등 모든 부분에서 불평등이 나타나는 현상을 의미

20
전자정부의 역기능에 대한 설명으로 옳은 것을 모두 고르면?

2020. 군무원 7급

> ㉠ 행정의 민주화를 저해할 수 있다.
> ㉡ 사이버 범죄가 발생할 수 있다.
> ㉢ 전자감시의 위험이 심화될 수 있다.
> ㉣ 정보격차가 심화될 수 있다.

① ㉠, ㉡
② ㉡, ㉢
③ ㉠, ㉡, ㉢
④ ㉡, ㉢, ㉣

정답 ④ ㉡, ㉢, ㉣ [○]

해설 ㉠ [×] 전자정부는 정보통신기술을 활용하여 정부의 업무수행을 전자화하여 행정의 생산성·투명성·민주성을 제고하고 국민의 삶의 질 향상에 기여하는 것을 목표로 한다. 행정의 민주화 제고는 전자정부의 목표(장점)에 해당한다.

21
정보 격차에 대한 설명으로 옳지 않은 것은?

2017. 국가 9급

① 경제협력개발기구(OECD)는 정보 격차를 '개인, 가정, 기업 및 지역들 간에 상이한 사회·경제적 여건에서 비롯된 정보통신 기술에 대한 접근 기회와 다양한 활동을 위한 인터넷 이용에서의 차이'로 정의했다.
② '정보화마을'은 우리나라에서 도농 간 정보 격차 해소를 위해 시행한 지역정보화정책의 사례이다.
③ 「지능정보화 기본법」은 국가기관과 지방자치단체뿐 아니라 민간기업에 대해서도 정보격차 해소 시책을 마련할 의무를 규정하고 있다.
④ 「장애인차별금지 및 권리구제 등에 관한 법률」은 정보통신·의사소통 등에서의 정당한 편의제공의무에 관한 규정을 두고 있다.

정답 ③
해설 「지능정보화기본법」에 따르면 국가기관과 지방자치단체(민간기업 ×)에게 정보격차 해소 시책을 마련할 의무를 규정하고 있다.

> 지능정보화기본법 제45조(정보격차 해소 시책의 마련) 국가기관과 지방자치단체는 모든 국민이 지능정보서비스에 원활하게 접근하고 이를 유익하게 활용할 기본적 권리를 누구나 격차 없이 실질적으로 누릴 수 있도록 필요한 시책을 마련하여야 한다.

④ [○] 장애인차별금지 및 권리구제 등에 관한 법률 제21조 (정보통신·의사소통 등에서의 정당한 편의제공의무)

> 21조(정보통신·의사소통 등에서의 정당한 편의제공의무) ① 제3조제4호·제6호·제7호·제8호가목 후단 및 나목·제11호·제19호·제20호에 규정된 행위자, 제13호·제15호부터 제17호까지의 규정에 관련된 행위자, 제10조제1항의 사용자 및 같은 조 제2항의 노동조합 관계자(행위자가 속한 기관을 포함한다. 이하 이 조에서 "행위자 등"이라 한다)는 당해 행위자 등이 생산·배포하는 전자정보 및 비전자정보에 대하여 장애인이 장애인 아닌 사람과 동등하게 접근·이용할 수 있도록 한국수어, 문자 등 필요한 수단을 제공하여야 한다. 이 경우 제3조제8호가목 후단 및 나목에서 말하는 자연인은 행위자 등에 포함되지 아니한다.

22
전자정부 및 지역정보화에 대한 설명으로 옳지 않은 것은?

2010. 지방 7급

① UN이 전자정부 발달단계에서 최종단계로 본 것은 통합처리(seamless) 단계이다.
② 지역정보화에는 기존의 산업화 과정에서 나타난 지역 간 격차문제 해결을 위해 지방정부의 주체적 노력이 요구된다.
③ 지역정보화는 지역 간 정보 격차를 해소하는 지역의 정보화와 지역의 균형적 발전을 위한 정보의 지방화를 포함한다.
④ 정보의 그레샴(Gresham) 법칙은 공개되는 공적정보시스템에는 사적정보시스템에 비해서 상대적으로 가치가 큰 정보가 축적되는 현상을 말한다.

정답 ④ [×]
해설 정보의 그레샴(Gresham) 법칙은 가치가 낮은 정보를 공공정보 시스템에 남기고 가치가 높은 정보는 사적으로 보유하는 성향을 의미하는 것으로, 이로 인해 쓸모없는 정보가 공공정보 시스템에 많이 잔여함에 따라 나타나는 부작용을 의미한다.

23
4차 산업혁명에 관한 설명으로 옳지 않은 것은?

2021. 지방 9급

① 초연결성, 초지능성 등의 특징이 있다.
② 대량 생산 및 규모의 경제 확산이 핵심이다.
③ 사물인터넷은 스마트 도시 구현에 도움이 된다.
④ 빅데이터를 활용한 맞춤형 공공 서비스 제공이 가능하다.

정답 ② [×]
해설 대량 생산 및 규모의 경제 확산은 2차 산업혁명의 특징이다. 4차 산업혁명은 인공지능(AI), 사물인터넷(IoT), 로봇기술, 드론, 자율주행차, 가상현실(VR) 등이 주도하는 차세대 산업혁명을 말한다.

24
4차 산업혁명으로 인한 행정 변화로 옳지 않은 것은?

2021. 국회 8급

① ICT기술의 발달로 투명하고 효율적인 정부가 운영된다.
② 대규모 정보에 대한 분석으로 정책의 예측가능성이 높아지게 된다.
③ 정보 및 분석기술의 발달로 의사결정의 분권화가 촉진될 수 있다.
④ 정보의 공개와 유통으로 간접민주주의가 활성화되고 시민중심의 서비스가 제공된다.
⑤ 행정서비스의 종합적 제공을 위한 플랫폼 중심의 서비스가 발달한다.

정답 ④ [×]
해설 정보의 공개와 유통으로 직접(간접 ×)민주주의가 활성화되고 시민중심의 서비스가 제공된다.

25
4차 산업혁명에 대한 설명으로 가장 옳지 않은 것은?

2019. 서울 7급

① 산업과 산업 간의 초연결성을 바탕으로 초지능성을 창출한다.
② 3차 산업혁명의 연장선상이며 근본적인 특성을 공유하고 있다.
③ 사이버 물리 시스템(cyber-physical system) 혁명이라고 할 수 있다.
④ IoT, 인공지능, 빅데이터 등의 신기술을 기존 제조업과 융합해 생산능력과 효율을 극대화시킨다

정답 ② [×]
해설 4차 산업혁명은 3차 산업혁명(20세기 이후 인터넷의 발전으로 이루어진 컴퓨터 정보화)의 연장선상이라고 할 수 있지만 근본적인 특성은 확연히 다르다. 4차 산업혁명은 로봇이나 인공지능(AI)이 이끄는 정보통신기술의 융합으로 이뤄지는 차세대 산업혁명을 의미한다.

Chapter 02 우리나라 전자정부

01
정보화와 전자정부에 대한 설명으로 옳지 <u>않은</u> 것을 〈보기〉에서 모두 고르면?
2018. 국회 9급

보기
ㄱ. 민주성과 효율성(efficiency)을 모두 추구한다.
ㄴ. 전자정부는 정부 내 공문서나 자료가 전자적으로 처리되어 종이 없는 행정을 추구한다.
ㄷ. 전자정부는 맞춤형서비스에서 쌍방향서비스로 정부혁신을 추구한다.
ㄹ. 행정안전부 장관은 국가와 지방자치단체의 부문계획을 종합하여 5년마다 지능정보사회 종합계획을 수립하여야 한다.
ㅁ. 국민을 위해 언제 어디서나 한 번에 서비스가 제공되는 원스톱(one-stop) 전자민원서비스를 제공한다.

① ㄱ, ㄷ   ② ㄱ, ㄹ
③ ㄴ, ㅁ   ④ ㄷ, ㄹ
⑤ ㄷ, ㅁ

정답 ④ ㄷ, ㄹ [×]
해설 ㄷ. [×] 전자정부는 쌍방향 서비스에서 맞춤형 서비스로 정부혁신을 추구한다.
ㄹ. [×] 지능정보사회 종합계획은 과학기술정보통신부 장관이 3년 단위로 수립한다.

지능정보화기본법 제6조(지능정보사회 종합계획의 수립) ① 정부는 지능정보사회 정책의 효율적·체계적 추진을 위하여 <u>지능정보사회 종합계획</u>(이하 "종합계획"이라 한다)을 <u>3년 단위로 수립</u>하여야 한다.
② 종합계획은 <u>과학기술정보통신부장관이</u> 관계 중앙행정기관(대통령 소속 기관 및 국무총리 소속 기관을 포함한다. 이하 같다)의 장 및 지방자치단체의 장의 의견을 들어 수립하며, 「정보통신 진흥 및 융합 활성화 등에 관한 특별법」 제7조에 따른 정보통신 전략위원회(이하 "전략위원회"라 한다)의 심의를 거쳐 수립·확정한다. 종합계획을 변경하는 경우에도 또한 같다.

02
「전자정부법」에서 정의하고 있는 다음의 개념은?
2022. 국가 9급

일정한 기준과 절차에 따라 업무, 응용, 데이터, 기술, 보안 등 조직 전체의 구성요소들을 통합적으로 분석한 뒤 이들 간의 관계를 구조적으로 정리한 체제 및 이를 바탕으로 정보화 등을 통하여 구성요소들을 최적화하기 위한 방법

① 전자문서   ② 정보기술아키텍처
③ 정보시스템   ④ 정보자원

정답 ②
해설
전자정부법 제2조(정의) 이 법에서 사용하는 용어의 뜻은 다음과 같다.
7. "<u>전자문서</u>"란 컴퓨터 등 정보처리능력을 지닌 장치에 의하여 전자적인 형태로 작성되어 송수신되거나 저장되는 표준화된 정보를 말한다.
11. "<u>정보자원</u>"이란 행정기관등이 보유하고 있는 행정정보, 전자적 수단에 의하여 행정정보의 수집·가공·검색을 하기 쉽게 구축한 정보시스템, 정보시스템의 구축에 적용되는 정보기술, 정보화예산 및 정보화인력 등을 말한다.
12. "<u>정보기술아키텍처</u>"란 일정한 기준과 절차에 따라 업무, 응용, 데이터, 기술, 보안 등 조직 전체의 구성요소들을 통합적으로 분석한 뒤 이들 간의 관계를 구조적으로 정리한 체제 및 이를 바탕으로 정보화 등을 통하여 구성요소들을 최적화하기 위한 방법을 말한다.
13. "<u>정보시스템</u>"이란 정보의 수집·가공·저장·검색·송신·수신 및 그 활용과 관련되는 기기와 소프트웨어의 조직화된 체계를 말한다.

03
다음 글의 (ㄱ)에 해당하는 것은?   2019. 국회 8급

> (ㄱ)은(는) 정부업무, 업무수행에 필요한 데이터, 업무를 지원하는 응용서비스 요소, 데이터와 응용시스템의 실행에 필요한 정보기술, 보안 등의 관계를 구조적으로 연계한 체계로서 정보자원관리의 핵심수단이다. (ㄱ)은(는) 정부의 정보시스템 간의 상호운용성 강화, 정보자원 중복투자 방지, 정보화 예산의 투자효율성 제고 등에 기여한다.

① 블록체인 네트워크
② 정보기술아키텍처
③ 제3의 플랫폼
④ 클라우드-클라이언트 아키텍처
⑤ 스마트워크센터

정답 ②
해설 정보기술아키텍처에 대한 설명이다.
① 블록체인 네트워크: 가상화폐를 거래할 때 해킹을 막기 위한 기술망으로 출발한 개념으로 블록에 데이터를 담아 체인 형태로 연결 수많은 컴퓨터에 동시에 이를 복제해 저장하는 분산형 데이터 저장 기술
③ 제3의 플랫폼: 서버, 스토리지 등 전통적인 ICT 산업인 제2플랫폼과 대비되는 모바일, 빅데이터, 클라우드, 소셜네트워크 등으로 구성된 새로운 플랫폼
④ 클라우드-클라이언트 아키텍처: 인터넷상에 자료를 저장해 두고 사용자가 필요한 자료나 프로그램을 자신의 컴퓨터에 설치하지 않고도 인터넷 접속을 통해 언제 어디서나 이용할 수 있는 서비스
⑤ 스마트워크센터: 이용자가 자신의 원래 근무지가 아닌 주거지와 가까운 지역에서 근무할 수 있도록 환경을 제공하는 원격근무용 업무공간으로 업무에 필요한 IT인프라 및 업무환경은 물론, 원 근무지와의 원활한 커뮤니케이션을 위한 영상회의 시스템이 마련되어 있음

04
「전자정부법」에서 규정하는 전자정부의 원칙에 해당되지 않는 것은?   2014. 지방 7급

① 개인정보 및 사생활의 보호
② 행정정보의 공개 및 공동이용의 확대
③ 중복투자의 방지 및 상호운용성 증진
④ 행정기관 및 국가공무원의 통제 효율성 확대

정답 ④ [×]
해설 「전자정부법」상 전자정부 원칙에 해당하지 않는다.

05
현행 「전자정부법」상 행정기관이 전자정부의 구현·운영 및 발전을 추진할 때 우선적으로 고려해야 하는 사항으로 옳지 않은 것은?   2011. 국가 7급

① 대민서비스의 전자화 및 행정기관 편의의 증진
② 행정업무의 혁신 및 효율성의 향상
③ 정보시스템의 안정성·신뢰성의 확보
④ 행정정보의 공개 및 공동이용의 확대

정답 ① [×]
해설 「전자정부법」상 전자정부의 원칙에 따르면, 행정기관 편의의 증진이 아니라 대민서비스의 전자화 및 국민편익의 증진이다.

> 전자정부법 제4조(전자정부의 원칙) ① 행정기관등은 전자정부의 구현·운영 및 발전을 추진할 때 다음 각 호의 사항을 우선적으로 고려하고 이에 필요한 대책을 마련하여야 한다.
> 1. 대민서비스의 전자화 및 국민편익의 증진
> 2. 행정업무의 혁신 및 생산성·효율성의 향상
> 3. 정보시스템의 안전성·신뢰성의 확보
> 4. 개인정보 및 사생활의 보호
> 5. 행정정보의 공개 및 공동이용의 확대
> 6. 중복투자의 방지 및 상호운용성 증진
> ② 행정기관등은 전자정부의 구현·운영 및 발전을 추진할 때 정보기술아키텍처를 기반으로 하여야 한다.
> ③ 행정기관등은 상호간에 행정정보의 공동이용을 통하여 전자적으로 확인할 수 있는 사항을 민원인에게 제출하도록 요구하여서는 아니 된다.
> ④ 행정기관등이 보유·관리하는 개인정보는 법령에서 정하는 경우를 제외하고는 당사자의 의사에 반하여 사용되어서는 아니 된다.

06

전자정부의 효율적 구현을 목적으로 하는 「전자정부법」의 내용으로 옳지 않은 것은?   2019. 지방 7급

① 행정정보의 처리업무를 방해할 목적으로 행정정보를 위조·변경·훼손하거나 말소하는 행위를 한 사람은 10년 이하의 징역에 처한다.
② 전자정부의 발전과 촉진을 위해 「전자정부법」은 전자정부의 날을 규정하고 있다.
③ 행정기관의 장은 3년마다 해당 기관의 전자정부의 구현·운영 및 발전을 위한 기본계획을 수립하여야 한다.
④ 행정안전부장관은 전자적 대민서비스와 관련된 보안대책을 국가정보원장과 사전 협의를 거쳐 마련하여야 한다.

정답 ③ [×]
해설 행정기관의 장은 5년마다 해당 기관의 전자정부 구현·운영 및 발전을 위한 기본계획을 수립한다.

전자정부법 제5조의2 (기관별 계획의 수립 및 점검) ① 행정기관등의 장은 5년마다 해당 기관의 전자정부의 구현·운영 및 발전을 위한 기본계획(이하 "기관별 계획"이라 한다)을 수립하여 중앙사무관장기관의 장에게 제출하여야 한다.

근거법	계획	주무기관	기간
전자정부법	전자정부 기본계획	중앙사무관장기관의 장(행정안전부 등)	5년
	기관별 계획	행정기관 등의 장	5년
지능화정보법	지능정보화사업 종합계획	과학기술정보통신부장관	3년
	실행계획	중앙행정기관의 장과 지방자치단체의 장	매년

① [○] 행정정보의 처리업무를 방해할 목적으로 행정정보를 위조·변경·훼손하거나 말소하는 행위 등을 한 사람은 10년 이하의 징역에 처한다.

전자정부법 제76조(벌칙) ① 제35조제1호를 위반하여 행정정보를 위조·변경·훼손하거나 말소하는 행위를 한 사람은 10년 이하의 징역에 처한다.

② [○] 전자정부의 발전과 촉진을 위해 매년 6월24일을 전자정부의 날을 규정하고 있다(법 제5조의3).

전자정부법 제5조의3 (전자정부의 날) ① 전자정부의 우수성과 편리함을 국민에게 알리고 국제적 위상을 제고하는 등 지속적으로 전자정부의 발전을 촉진하기 위하여 매년 6월 24일을 전자정부의 날로 한다.

④ [○]
전자정부법 전자정부법 제24조(전자적 대민서비스 보안대책) ① 행정안전부장관은 전자적 대민서비스와 관련된 보안대책을 국가정보원장과 사전 협의를 거쳐 마련하여야 한다.

07

「전자정부법」상 전자정부 추진에 대한 설명으로 옳지 않은 것은?   2021. 지방 7급

① 「고등교육법」상 사립대학은 적용받지 않는다.
② 행정기관등의 장은 해당기관의 전자정부의 구현·운영 및 발전을 위한 기본계획을 5년마다 수립하여야 한다.
③ 전자정부의 날이 지정되었다.
④ 필요한 경우 둘 이상의 지방자치단체가 공동으로 지역정보통합센터를 설립·운영할 수 있다.

정답 ① [×]
해설 「고등교육법」상 사립대학도 「전자정부법」에 적용을 받는다.

전자정부법 제2조(정의) 이 법에서 사용하는 용어의 뜻은 다음과 같다.
2. "행정기관"이란 국회·법원·헌법재판소·중앙선거관리위원회의 행정사무를 처리하는 기관, 중앙행정기관(대통령 소속 기관과 국무총리 소속 기관을 포함한다. 이하 같다) 및 그 소속 기관, 지방자치단체를 말한다.
3. "공공기관"이란 다음 각 목의 기관을 말한다.
  가. 「공공기관의 운영에 관한 법률」 제4조에 따른 법인·단체 또는 기관
  나. 「지방공기업법」에 따른 지방공사 및 지방공단
  다. 특별법에 따라 설립된 특수법인
  라. 「초·중등교육법」, 「고등교육법」 및 그 밖의 다른 법률에 따라 설치된 각급 학교
  마. 그 밖에 대통령령으로 정하는 법인·단체 또는 기관

② [○] 전자정부법 제5조 제1항

전자정부법 제5조(전자정부기본계획의 수립) ① 중앙사무관장기관의 장은 전자정부의 구현·운영 및 발전을 위하여 5년마다 제5조의2제1항에 따른 행정기관등의 기관별 계획을 종합하여 전자정부기본계획을 수립하여야 한다.

③ [○] 전자정부법 제5조의3

전자정부법 제5조의3 (전자정부의 날) ① 전자정부의 우수성과 편리함을 국민에게 알리고 국제적 위상을 제고하는 등 지속적으로 전자정부의 발전을 촉진하기 위하여 매년 6월 24일을 전자정부의 날로 한다.

④ [○] 전자정부법 제55조 제1항

전자정부법 제55조(지역정보통합센터 설립·운영) ① 지방자치단체는 정보자원을 효율적으로 관리하고 지역정보화를 통합적으로 추진하기 위하여 지역정보통합센터를 설립·운영할 수 있고, 필요한 경우 국가와 지방자치단체 또는 둘 이상의 지방자치단체가 공동으로 지역정보통합센터를 설립·운영할 수 있다.

08
우리나라의 전자정부에 대한 설명으로 옳지 않은 것은?
2023. 국가 9급

① 정부는 '지능정보사회 종합계획'을 3년 단위로 수립하여야 한다.
② 과학기술정보통신부장관은 5년마다 행정기관등의 기관별 계획을 종합하여 '전자정부기본계획'을 수립하여야 한다.
③ 「전자정부법」상 '전자화문서'는 종이문서와 그 밖에 전자적 형태로 작성되지 아니한 문서를 정보시스템이 처리할 수 있는 형태로 변환한 문서를 말한다.
④ 중앙행정기관의 장과 지방자치단체의 장은 해당기관의 지능정보사회 시책의 효율적 수립·시행과 대통령령이 정하는 업무를 총괄하는 '지능정보화책임관'을 임명하여야 한다.

정답 ② [×]

해설 과학기술정보통신부장관이 아니라 행정안전부장관이다.

전자정부법 제5조(전자정부기본계획의 수립) ① <u>중앙사무관장기관의 장</u>은 전자정부의 구현·운영 및 발전을 위하여 5년마다 제5조의2 제1항에 따른 행정기관 등의 기관별 계획을 종합하여 <u>전자정부기본계획을 수립하여야 한다.</u>

제2조(정의) 이 법에서 사용하는 용어의 뜻은 다음과 같다.
4. "<u>중앙사무관장기관</u>"이란 국회 소속 기관에 대하여는 국회사무처, 법원 소속 기관에 대하여는 법원행정처, 헌법재판소 소속 기관에 대하여는 헌법재판소사무처, 중앙선거관리위원회 소속 기관에 대하여는 중앙선거관리위원회사무처, <u>중앙행정기관 및 그 소속 기관과 지방자치단체에 대하여는 행정안전부</u>를 말한다.

① [○]

지능정보화 기본법 제6조(지능정보사회 종합계획의 수립) ① 정부는 지능정보사회 정책의 효율적·체계적 추진을 위하여 지능정보사회 종합계획(이하 "종합계획"이라 한다)을 3년 단위로 수립하여야 한다.

③ [○]

전자정부법 제2조(정의) 이 법에서 사용하는 용어의 뜻은 다음과 같다.
8. "전자화문서"란 종이문서와 그 밖에 전자적 형태로 작성되지 아니한 문서를 정보시스템이 처리할 수 있는 형태로 변환한 문서를 말한다.

④ [○]

지능정보화기본법 제8조(지능정보화책임관) ① 중앙행정기관의 장과 지방자치단체의 장은 해당 기관의 지능정보사회 시책의 효율적인 수립·시행과 지능정보화 사업의 조정 등 대통령령으로 정하는 업무를 총괄하는 책임관(이하 "지능정보화책임관"이라 한다)을 임명하여야 한다.

09
「지능정보화기본법」상 정보화책임관의 담당업무가 아닌 것은?
2013. 국가 7급

① 지능정보 사회 정책의 총괄, 조정 지원 및 평가
② 건전한 정보문화의 창달 및 지능정보사회 윤리의 확립
③ 지능정보 기술개발·고도화 및 실용화·사업화
④ 전자정부법 제2조 제12호에 따른 정보기술아키텍처의 도입·활용

정답 ③ [×]

해설 지능정보 기술개발·고도화 및 실용화·사업화는 과학기술정보통신부장관의 소관사무에 해당한다.

지능정보화기본법 제27조(지능정보기술 관련 지식재산권 등의 관리·유통) 과학기술정보통신부장관은 지능정보기술 개발·고도화 및 실용화·사업화를 효율적으로 지원하기 위하여 다음 각 호의 시책을 수립하고 이를 추진하여야 한다.

①, ②, ④ [○]

지능정보화기본법 제8조(지능정보화책임관) ① 중앙행정기관의 장과 지방자치단체의 장은 해당 기관의 지능정보사회 시책의 효율적인 수립·시행과 지능정보화 사업의 조정 등 대통령령으로 정하는 업무를 총괄하는 책임관(이하 "지능정보화책임관"이라 한다)을 임명하여야 한다.
지능정보화기본법 시행령 제6조(지능정보화책임관의 업무) 법 제8조제1항에서 "지능정보화 사업의 조정 등 대통령령으로 정하는 업무"란 다음 각 호의 업무를 말한다.
1. 지능정보화 사업의 조정, 지원 및 평가
2. <u>지능정보사회 정책의 총괄, 조정 지원 및 평가</u>
3. 지능정보사회 정책과 기관 내 다른 정책 등과의 연계·조정
4. 지능정보기술을 이용한 행정업무의 지원
5. 정보자원의 현황 및 통계자료의 체계적 작성·관리

6. 「전자정부법」 제2조제12호에 따른 정보기술아키텍처(이하 "정보기술아키텍처"라 한다)의 도입·활용
7. 건전한 정보문화의 창달 및 지능정보사회윤리의 확립
8. 지능정보화 및 지능정보사회 관련 교육 및 역량강화

10
정보통신기술을 활용한 행정개선 사례로 옳지 않은 것은?
2017. 국가 7급

① 정부서울청사 등에 스마트워크센터를 설치하여 운영하고 있다.
② 민원서비스를 통합적으로 제공하는 '정부24'를 도입하였다.
③ 정부에 대한 불편사항 제기, 국민제안, 부패 및 공익 신고 등을 위해 '국민신문고'를 도입하였다.
④ 공공기관의 공사, 용역, 물품 등의 발주정보를 공개하고 조달절차를 인터넷으로 처리하도록 '온나라시스템'을 도입하였다.

정답 ④ [×]
해설 나라장터에 대한 설명이다. 온나라시스템은 행정 업무의 효율성을 제고하고 비용 절감을 위해 정부가 수행하는 모든 업무를 체계적으로 분류하고, 온라인상에서 실시간으로 업무를 처리하는 전산시스템이다. 온나라 시스템은 과제수행계획에서부터 최종 의사결정에 이르는 업무처리 전 과정을 표준화 통합화 체계화한 시스템으로서 개별 공무원이 행하는 보고·의견제시·회의·지시사항 등 일체의 관련 내용을 온라인 상에서 실시간으로 시스템에 입력하고 이를 축적·활용할 수 있도록 만든 것이다.

11
전자정부에 대한 설명으로 옳지 않은 것은? 2020. 국가 7급

① 온라인 참여포털 국민신문고는 국민의 고충 민원과 제안을 원스톱으로 접수 및 처리하는 것을 목적으로 한다.
② 디지털예산회계시스템(D-Brain)은 재정업무의 전 과정을 온라인으로 수행하고 재정사업의 현황을 실시간으로 파악할 수 있는 통합재정정보시스템이다.
③ 스마트워크(smart work)란 통신, 방송, 인터넷 등을 통합한 멀티미디어 서비스를 안전하게 제공하는 통합네트워크를 의미한다.
④ 전자정부 2020 기본계획은 「전자정부법」에 따라 2016년부터 2020년까지 5개년 계획으로 수립되었다.

정답 ③ [×]
해설 스마트워크(smart work)란 원격근무의 한 형태로 영상회의 등 정보통신기술을 이용해 시간·장소의 제약 없이 업무를 수행하는 유연한 근무형태를 말한다. 통신, 방송, 인터넷 등을 통합한 멀티미디어 서비스를 안전하게 제공하는 통합 네트워크를 BCN(광대역 통합 무선망: Broadband Convergence Network)이라 한다.
① [○] 온라인 국민참여포털인 국민신문고는 국민들이 인터넷 단일창구를 통해 행정기관에 고충 민원과 제안을 접수·처리하도록 구축된 시스템이다.
② [○] 디지털예산회계시스템은 예산, 회계, 정보의 국면을 하나로 통합하거나 연계하여 재정전체 업무가 동일 시스템에서 이루어지고, 관련 정보가 생성되는 통합재정정보시스템을 의미한다.
④ [○] 전자정부법 제5조 제1항

전자정부법 제5조(전자정부기본계획의 수립) ① 중앙사무관장기관의 장은 전자정부의 구현·운영 및 발전을 위하여 5년마다 제5조의2제1항에 따른 행정기관등의 기관별 계획을 종합하여 전자정부기본계획을 수립하여야 한다.

12
전자정부의 발전단계에 대한 설명으로 가장 옳지 않은 것은?
2017. 서울 7급

① 우리나라의 나라장터(G2B)는 2002년 개설된 범정부적 전자조달사업으로서 입찰공고 및 조달정보 제공, 제안서 제출시스템 등을 갖추고 있다.
② 미국의 'challenge. gov'프로그램은 국민을 프로슈머 협력자로 보기보다는 정부 정책을 홍보해야 할 대상으로 여긴다.
③ 정부의 '국민신문고'나 서울시의 '천만상상 오아시스' 시스템은 참여형 전자거버넌스의 예이다.
④ 공동생산형 전자정부 단계에서는 정부와 국민이 공동생산자로 등장하기 때문에 GNC(Government and Citizen)로 약칭한다.

정답 ② [×]
해설 미국의 'challenge. gov' 프로그램은 연방부처 및 기관들이 정책현안 및 문제 해결을 위한 정책 솔루션 공모안을 제시하고, 일정기간 동안 다양한 정책 솔루션을 수렴하여 심사한 뒤, 선정된 아이디어에 일정 금액을 포상하는 등 시민들의 정책참여에 대한 동기부여를 촉진하는 방법으로, 국민을 정부 정책을 홍보해야 할 대상으로 보기보다는 프로슈머 협력자로 여긴다.

13
전자정부 구현사례에 대한 설명으로 옳지 않은 것은?
2022. 국가 7급

① 'G2B'의 대표적 사례는 '나라장터'이다.
② 'G2C'는 조달 관련 온라인 서비스를 통합적으로 제공하는 것이다.
③ 'G4C'는 단일창구를 통한 민원업무혁신사업으로 데이터베이스 공동활용시스템 구축을 내용으로 한다.
④ 'G2G'는 정부 내 업무처리의 전자화를 내용으로 하고 있으며 대표적 사례로는 '온-나라시스템'이 있다.

정답 ② [×]
해설 조달관련 온라인 서비스를 통합적으로 제공하는 것은 '나라장터'에 대한 설명으로 'G2B'에 해당한다.
① [○] G2B(Government to Business)의 사례로 나라장터, 전자통관시스템 등이 있다. 조달 관련 온라인 서비스를 통합적으로 제공하는 것은 G2B의 사례이다.
③ [○] 민원업무 혁신 사업은 G2C(Government to Customer 또는 Citizen)와 관련이 있다.
④ [○] 온-나라시스템은 G2G(Government to Government)의 사례이다.

14
다음 중 한국의 대민 전자정부(G2C 또는 G2B)의 사례가 아닌 것은?
2015. 국회 8급

① 정부24
② 국민신문고
③ 전자조달 나라장터
④ 온-나라시스템
⑤ 전자통관시스템

정답 ④
해설 온-나라시스템은 행정업무의 효율성을 제고하고 비용을 절감하기 위해 정부가 수행하는 모든 업무를 체계적으로 분류하고, 온라인상에서 실시간으로 업무를 처리하는 전산시스템으로 G2G(Government to Government)에 해당한다.
①, ②는 G2C(Government to Citizen), ③, ⑤는 G2B(Government to Business)에 해당한다.

Chapter 03 우리나라 정보공개 제도(공공기관의 정보공개에 관한 법률)

01
우리나라 공공기관의 정보공개제도에 대한 설명으로 옳지 않은 것은?
2022. 국가 7급

① 당시 법률의 구체적 위임은 없었으나 청주시에서 우리나라 최초로 행정정보공개조례가 제정되었다.
② 청구에 의한 공개도 가능하지만 특정 정보는 별도의 청구 없이도 사전에 공개해야 한다.
③ 비공개 대상 정보를 제외한 모든 정보를 공개 대상으로 하는 네거티브 방식을 취하고 있다.
④ 정보목록은 비공개 대상 정보가 포함된 경우라도 공공기관이 작성, 공개하여야 한다.

정답 ④ [×]
해설 정보목록은 비공개 대상 정보가 포함된 경우 공개하지 않을 수 있다.

「공공기관의 정보공개에 관한 법률」 제8조(정보목록의 작성·비치 등) ① 공공기관은 그 기관이 보유·관리하는 정보에 대하여 국민이 쉽게 알 수 있도록 정보목록을 작성하여 갖추어 두고, 그 목록을 정보통신망을 활용한 정보공개시스템 등을 통하여 공개하여야 한다. 다만, 정보목록 중 제9조 제1항에 따라 공개하지 아니할 수 있는 정보가 포함되어 있는 경우에는 해당 부분을 갖추어 두지 아니하거나 공개하지 아니할 수 있다.

① [○] 1992년 중앙정부보다 앞서 헌법상의 알 권리를 기반으로 청주시에서 행정정보공개조례를 제정하였다.
② [○] 국민생활에 큰 영향을 미치는 정책정보 등에 대해서는 별도의 청구 없이 사전에 공개해야 한다.

「공공기관의 정보공개에 관한 법률」 제7조(정보의 사전적 공개 등)
① 공공기관은 다음 각 호의 어느 하나에 해당하는 정보에 대해서는 공개의 구체적 범위, 주기, 시기 및 방법 등을 미리 정하여 정보통신망 등을 통하여 알리고, 이에 따라 정기적으로 공개하여야 한다. 다만, 제9조 제1항 각 호의 어느 하나에 해당하는 정보에 대해서는 그러하지 아니하다.
1. 국민생활에 매우 큰 영향을 미치는 정책에 관한 정보
2. 국가의 시책으로 시행하는 공사(工事) 등 대규모 예산이 투입되는 사업에 관한 정보
3. 예산집행의 내용과 사업평가 결과 등 행정감시를 위하여 필요한 정보
4. 그 밖에 공공기관의 장이 정하는 정보
② 공공기관은 제1항에 규정된 사항 외에도 국민이 알아야 할 필요가 있는 정보를 국민에게 공개하도록 적극적으로 노력하여야 한다.

③ [○] 모든 정보는 공개되는 것이 원칙이지만, 예외적으로 「공공기관의 정보공개에 관한 법률」 제9조에 근거하여 공개하지 않을 수 있다(네거티브 방식: 원칙 허용, 예외 금지).

02
행정정보공개에 대한 설명으로 옳지 않은 것은?
2012. 지방 7급

① 국민생활에 큰 영향을 미치는 정책정보는 청구가 없더라도 공개해야 한다.
② 유비쿼터스(ubiquitous) 정부의 실현은 행정정보공개제도의 실질적 구현에 긍정적인 영향을 미칠 수 있다.
③ 행정정보공개의 확대는 공무원의 도전적이고 적극적인 행태를 조장한다.
④ 정보공개청구제도는 특정 청구인을 대상으로 한다.

정답 ③ [×]
해설 행정정보공개의 확대는 자신의 실책과 무능을 가리기 위하여 공무원들이 소극적 행태를 조장할 수 있다는 단점이 있다.
① [○] 「공공기관의 정보공개에 관한 법률」 제7조 (정보의 사전적 공개 등)

03
우리나라의 행정정보공개제도에 대한 설명으로 옳지 않은 것은?
2014. 국가 9급

① 국정에 대한 국민의 참여와 국정 운영의 투명성 확보를 목적으로 한다.
② 중앙행정기관의 경우 전자적 형태의 정보 중 공개대상으로 분류된 정보는 공개 청구가 없더라도 공개하여야 한다.
③ 정보의 공개 및 우송 등에 드는 비용은 실비 범위에서 청구인이 부담한다.
④ 정보공개 청구는 말로써도 할 수 있으나 외국인은 청구할 수 없다.

정답 ④ [×]

해설 정보공개청구는 문서로 청구서를 제출하거나 말로써 할 수 있으며, 외국인도 대통령령으로 정하는 일정한 경우에는 청구할 수 있다.

> 「공공기관의 정보공개에 관한 법률」 제10조(정보공개의 청구방법) ① 정보의 공개를 청구하는 자(이하 "청구인"이라 한다)는 해당 정보를 보유하거나 관리하고 있는 공공기관에 다음 각 호의 사항을 적은 정보공개 청구서를 제출하거나 말로써 정보의 공개를 청구할 수 있다.
> 「공공기관의 정보공개에 관한 법률」 제5조(정보공개 청구권자) ① 모든 국민은 정보의 공개를 청구할 권리를 가진다.
> ② 외국인의 정보공개 청구에 관하여는 대통령령으로 정한다.

① [○]

> 「공공기관의 정보공개에 관한 법률」 제1조(목적) 이 법은 공공기관이 보유·관리하는 정보에 대한 국민의 공개 청구 및 공공기관의 공개 의무에 관하여 필요한 사항을 정함으로써 국민의 알권리를 보장하고 국정(國政)에 대한 국민의 참여와 국정 운영의 투명성을 확보함을 목적으로 한다.

② [○]

> 「공공기관의 정보공개에 관한 법률」 제8조의 2 (공개대상 정보의 원문공개) 공공기관 중 중앙행정기관 및 대통령령으로 정하는 기관은 전자적 형태로 보유·관리하는 정보 중 공개대상으로 분류된 정보를 국민의 정보공개 청구가 없더라도 정보통신망을 활용한 정보공개시스템 등을 통하여 공개하여야 한다.

③ [○]

> 「공공기관의 정보공개에 관한 법률」 제17조(비용 부담) ① 정보의 공개 및 우송 등에 드는 비용은 실비(實費)의 범위에서 청구인이 부담한다.

04

다음은 우리나라의 「공공기관의 정보공개에 관한 법률」에 대한 설명이다. 옳은 것으로 짝지어진 것은? 2010. 지방 9급

> ㄱ. 헌법상의 '알 권리'를 구체화하기 위하여 1996년에 제정되었다.
> ㄴ. 공공기관에 의한 자발적, 능동적인 정보제공을 주된 내용으로 하고 있다.
> ㄷ. 외국인은 행정정보의 공개를 청구할 수 없다.
> ㄹ. 직무를 수행한 공무원의 성명·직위는 공개할 수 있다.
> ㅁ. 공공기관은 부득이한 사유가 없는 한 정보공개 청구를 받은 날부터 10일 이내에 공개여부를 결정해야 한다.

① ㄱ, ㄴ, ㅁ ② ㄱ, ㄹ, ㅁ
③ ㄴ, ㄷ, ㄹ ④ ㄷ, ㄹ, ㅁ

정답 ② ㄱ, ㄹ, ㅁ [○]

해설 ㄴ. [×] 우리나라의 정보공개제도는 청구에 의한 공개를 원칙으로 한다. 공공기관에 의한 자발적이고 능동적인 정보제공은 행정 PR에 해당되는 설명이다.

ㄷ. [×] 국내에 일정한 주소를 두고 거주하거나 학술·연구를 위하여 일시적으로 체류하는 자나, 국내에 사무소를 두고 있는 법인 또는 단체는 외국인도 정보공개를 청구할 수 있다(「공공기관의 정보공개에 관한 법률」 제5조 및 동법 시행령 제3조).

> 시행령 제3조(외국인의 정보공개 청구) 법 제5조제2항에 따라 정보공개를 청구할 수 있는 외국인은 다음 각 호의 어느 하나에 해당하는 자로 한다.
> 1. 국내에 일정한 주소를 두고 거주하거나 학술·연구를 위하여 일시적으로 체류하는 사람
> 2. 국내에 사무소를 두고 있는 법인 또는 단체

PART 05
인사행정

Chapter 01 인사행정제도의 발달
Chapter 02 공직의 분류체계
Chapter 03 인사행정 기관
Chapter 04 공무원의 임용 및 능력발전
Chapter 05 사기관리
Chapter 06 공무원 신분보장
Chapter 07 공무원의 권리와 의무

Chapter 01 인사행정제도의 발달

제1절 직업공무원제(Career Civil Service System)

01
직업공무원제에 대한 설명으로 옳지 <u>않은</u> 것은?
2019. 지방 9급

① 젊고 우수한 인재가 공직을 직업으로 선택해 일생을 바쳐 성실히 근무하도록 운영하는 인사제도이다.
② 폐쇄적 임용을 통해 공무원집단의 보수화를 예방하고 전문행정가 양성을 촉진한다.
③ 행정의 안정성을 확보할 수 있고, 높은 수준의 행동규범을 유지하는 데 도움이 된다.
④ 조직 내에 승진적체가 심화되면서 직원들의 불만이 증가할 수 있다.

> **정답** ② [×]
> **해설** 직업공무원제도는 폐쇄적 임용을 통해 공무원 집단의 보수화를 초래할 수 있으며, 일반행정가 중심의 인사관리로 전문행정가 양성이 곤란하다는 단점이 있다.

02
직업공무원제 확립의 조건이 <u>아닌</u> 것은?
2012. 국회 9급

① 공직에 대한 높은 사회적 평가가 있어야 한다.
② 개방형 임용제가 존재하여야 한다.
③ 젊은 사람이 채용되어야 한다.
④ 보수의 수준이 적정해야 한다.
⑤ 능력발전의 기회가 공정하게 주어져야 한다.

> **정답** ② [×]
> **해설** 직업공무원제가 확립되기 위해서는 폐쇄형 임용제가 확립되어야 한다. 개방형 임용제는 직업공무원제의 성립을 저해하게 된다. 직업공무원제의 수립조건에는 젊고 유능한 인재의 채용, 실적주의의 확립, 공직에 대한 높은 사회적 평가, 능력발전 기회 부여, 적절한 보수 및 연금제도의 확립 등이 있다.

03
직업공무원제의 특징으로 옳지 <u>않은</u> 것은?
2022. 국가 9급

① 직무급 중심 보수체계
② 능력발전의 기회 부여
③ 폐쇄형 충원방식
④ 신분의 보장

> **정답** ① [×]
> **해설** 직업공무원제는 계급제와 제도적 친화성이 높은 제도로, 생활급과 연공급 중심의 보수체계를 특징으로 한다. 직무급 중심의 보수체계는 직위분류제의 특징에 해당한다.

04
직업공무원제에 대한 설명으로 옳지 <u>않은</u> 것은?
2024. 국가 7급

① 공무원의 직업의식을 고무시키는 시스템이며, 공직에 대한 자부심과 일체감을 제고한다.
② 젊은 인재를 공직에 임용하여 장기간 근무하게 만드는 제도이다.
③ 외부환경에 대한 적극적 대응과 새로운 지식 및 기술 도입이 활성화되어 행정의 전문성을 강화한다.
④ 계급제를 근간으로 하며, 정부 업무의 안정성과 계속성을 확보할 수 있다는 장점이 있다.

> **정답** ③ [×]
> **해설** 직업공무원제도는 폐쇄적 임용으로 인해 공무원집단이 보수화되거나 관료주의화되는 경향이 강하기 때문에 외부환경에 대한 적극적 대응이 어려우며, 일반행정가 중심의 인사관리로 행정의 전문성을 강화하기 곤란한 문제가 있다.

05
직업공무원제에 대한 설명으로 옳지 않은 것은?

2015. 사복직 9급

① 공무원집단이 환경적 요청에 민감하지 못하고 특권 집단화될 우려가 있다.
② 직업공무원제가 성공적으로 확립되기 위해서는 공직에 대한 사회적 평가가 높아야 한다.
③ 직업공무원제는 행정의 계속성과 안정성 및 일관성 유지에 유리하다.
④ 직업공무원제는 일반적으로 전문행정가 양성에 유리하기 때문에 행정의 전문화 요구에 부응한다.

> **정답** ④ [×]
> **해설** 직업공무원제는 일반행정가 양성에 유리한 반면, 전문행정가 양성이 곤란하기 때문에 행정의 전문화 요구에 부응하기 어렵다.

06
직업공무원제의 장·단점에 관한 설명으로 옳지 않은 것은?

2009. 국회 9급

① 행정의 지속성, 안정성, 일관성을 유지하는 데 기여한다.
② 정부 관료제에 대한 정당 및 정치지도자의 지도력과 통솔력을 강화한다.
③ 공직을 하나의 전문 직업분야로 확립하는 데 기여한다.
④ 공무원집단의 폐쇄성과 관료주의화를 초래할 수 있다.
⑤ 공무원의 신분보장으로 인한 무사안일을 초래할 수 있다.

> **정답** ② [×]
> **해설** 직업공무원제가 아닌 엽관주의의 특징에 해당한다.

07
직업공무원제의 단점을 보완하는 것으로 옳지 않은 것은?

2020. 지방 9급

① 개방형 인사제도
② 계약제 임용제도
③ 계급정년제의 도입
④ 정치적 중립의 강화

> **정답** ④ [×]
> **해설** 정치적 중립은 직업공무원제도의 특징(또는 장점)에 해당한다. 직업공무원제도는 정치적 중립과 신분보장을 통해 정권 교체에도 불구하고 행정의 안정성, 일관성, 계속성 확보가 가능하다.
> ①, ②, ③ [○] 직업공무원제의 한계로서 폐쇄적 임용으로 인한 공무원집단의 보수화·관료주의화 경향, 공직분위기 침체로 공무원의 전반적인 질적 수준의 저하 우려, 공무원에 대한 신분보장으로 민주적 통제가 곤란한 점, 일반행정가 중심의 인사관리로 행정의 전문화 요구에 역행할 수 있다는 점 등을 들 수 있다. 이러한 단점을 극복하기 위해서 개방형 임용제도와 계약제 임용제도를 도입하고, 직위분류 구조와 보직경로를 세분화하는 등 미국식의 직위분류제와 전문가주의의 특성을 도입하고자 노력하고 있다. 또한 고위직의 정치적 임용방식 활용을 통한 민주적 책임성 확보를 들 수 있다.

제2절 엽관주의(Spoils System)

01
엽관주의(spoils system)에 대한 설명으로 옳은 것은?
2011. 국회 9급

① 관료가 정당을 위해서 봉사하기 때문에 행정의 공정성 확보가 용이하다.
② 국민의 지지에 따라서 정부가 구성되므로 정책추진이 용이하며 의회와 행정부 간의 조정이 활성화된다.
③ 모든 사람은 누구나 일정한 자격만 갖추면 공직에 취임할 수 있다는 기회균등의 정신을 구현할 수 있다.
④ 엽관주의를 택한 영국에서는 대대적인 교체가 있었으나, 일단 임용이 되면 종신적 성격을 띠어 신분이 보장되었다.
⑤ 엽관주의란 공직임용 기준을 개인의 객관적인 능력, 자격, 성적에 두는 인사행정제도이다.

정답 ② [○]
해설 ① [×] 관료가 정당을 위해서 봉사하기 때문에 행정의 공정성 확보가 곤란하다.
④ [×] 영국에서는 정실주의가 보편화되었으며 정권교체 시 대대적인 교체임용보다는 결원을 수시로 보충하는 형식이었으며 일단 임용이 되면 종신적 성격을 띠어 신분이 보장되었다.
③, ⑤ [×] 실적주의에 대한 설명에 해당한다.

02
엽관주의의 정당화 근거로 옳지 않은 것은? 2021. 국가 7급

① 행정 민주화에 기여
② 정치지도자의 행정 통솔력 강화
③ 정당정치 발달에 공헌
④ 행정의 안정성과 지속성 확보

정답 ④ [×]
해설 실적주의의 장점에 해당한다. 엽관주의는 정권 교체 시 공직의 대량경질로 인해 행정의 안정성과 지속성 및 일관성 등을 훼손할 수 있다.

03
엽관주의 인사의 단점에 대한 다음 설명 중 가장 옳지 않은 것은?
2015. 서울시 9급

① 행정의 안정성을 저해할 수 있다.
② 공무원의 정치적 중립을 저해한다.
③ 행정의 전문성을 저하시킬 수 있다.
④ 행정에 대한 민주적 통제를 약화시킨다.

정답 ④ [×]
해설 엽관주의는 행정에 대한 책임확보와 민주적 통제를 강화시킨다.

04
정실주의와 엽관제에 대한 설명으로 옳지 않은 것은?
2022. 국가 7급

① 실적제로 전환을 위한 영국의 추밀원령은 미국의 펜들턴법보다 시기적으로 앞섰다.
② 엽관제는 전문성을 통한 행정의 효율성 제고와 정부관료의 역량 강화에 기여한 것으로 평가된다.
③ 미국의 잭슨 대통령은 엽관제를 민주주의의 실천적 정치원리로 인식하고 인사행정의 기본 원칙으로 채택하였다.
④ 엽관제는 관료제의 특권화를 방지하고 국민에 대한 대응성을 높인다는 점에서 현재도 일부 정무직에 적용되고 있다.

정답 ② [×]
해설 실적주의에 대한 설명이다. 엽관제는 능력 이외의 요인을 임용기준으로 삼음으로써 복잡성과 전문성을 요구하는 환경변화에 대응하지 못하고 행정의 비능률성을 야기했으며 관료의 전문성을 위협하는 결과를 초래하게 되었다.
① [○] 영국의 실적제는 1855년 제정된 추밀원령을 거쳐 1870년의 추밀원령에 의해 제도적인 기초가 확립되었다. 미국의 경우 1883년에 제정된 펜들턴법을 계기로 실적제가 확립되었다.
③ [○] 1829년 제7대 잭슨 대통령(서민출신)이 취임하면서 동부출신들에 의한 공직독점의 해체와 서부 개척민들에게 공직을 개방하기 위해 엽관주의를 미국 인사행정의 공식적인 기본 원칙으로 채택하였다.
④ [○] 우리나라는 장·차관 임용, 광역자치단체 정무부시장과 같은 별정직 일부 등에서 엽관적 임용을 공식적으로 허용하고 있다.

05
국회 인사청문회 제도에 관한 설명으로 옳지 않은 것은?

2017. 지방교행 9급

① 국회의 인사청문회는 인사청문특별위원회와 소관 상임위원회로 구분하여 실시하고 있다.
② 국회의 인사청문회의 진행은 원칙적으로 공개되어야 하나, 예외적으로 공개하지 않을 수 있다.
③ 소관상임위원회 인사청문에서 상임위원회가 경과보고서를 채택하지 않는 경우에, 대통령이 후보자를 임명하는 것을 실정법으로 막을 수 있다.
④ 대법원장·헌법재판소장·국무총리·감사원장 및 대법관과 국회에서 선출하는 헌법재판소 재판관 및 중앙선거관리위원회 위원은 인사청문특별위원회에서 인사청문이 이루어진다.

정답 ③ [×]

해설 소관상임위원회 인사청문에서 상임위원회가 경과 보고서를 채택하지 않는 경우에도 대통령이 해당 후보자를 임명하는 것을 실정법으로 막을 수 없다. 인사청문 자체는 구속력이 없으며 다만, 헌법상 국회의 임명동의가 필요하여 본회의 표결을 거쳐야 하는 경우에 본회의 표결은 구속력이 있다.
④ [○]

인사청문의 방식과 대상

구분		대상 공직후보자
인사청문 특별위원회	국회동의	대법원장, 헌법재판소장, 국무총리, 감사원장, 대법관
	국회선출	헌법재판소 재판관(3인), 중앙선거관리위원회 위원(3인)
부처별 소관상임위원회	대통령 지명	헌법재판소 재판관(3인), 중앙선거관리위원회 위원(3인), 국무위원, 방송통신위원회 위원장, 국가정보원장, 공정거래위원회 위원장, 금융위원회 위원장, 국가인권위원회 위원장, 고위공직자범죄수사처장, 국세청장, 검찰총장, 경찰청장, 합동참모의장, 한국은행 총재, 특별감찰관, 한국방송공사 사장
	대통령 지명	국무위원
	대법원장 지명	헌법재판소 재판관(3인), 중앙선거관리위원회 위원(3인)

국회법 제46조의3 (인사청문특별위원회) ① 국회는 다음 각 호의 임명동의안 또는 의장이 각 교섭단체 대표의원과 협의하여 제출한 선출안 등을 심사하기 위하여 인사청문특별위원회를 둔다. 다만, 「대통령직 인수에 관한 법률」 제5조제2항에 따라 대통령당선인이 국무총리 후보자에 대한 인사청문의 실시를 요청하는 경우에 의장은 각 교섭단체 대표의원과 협의하여 그 인사청문을 실시하기 위한 인사청문특별위원회를 둔다.
1. 헌법에 따라 그 임명에 국회의 동의가 필요한 대법원장·헌법재판소장·국무총리·감사원장 및 대법관에 대한 임명동의안
2. 헌법에 따라 국회에서 선출하는 헌법재판소 재판관 및 중앙선거관리위원회 위원에 대한 선출안

국회법 제65조의2 (인사청문회) ① 제46조의3에 따른 심사 또는 인사청문을 위하여 인사에 관한 청문회(이하 "인사청문회"라 한다)를 연다.
② 상임위원회는 다른 법률에 따라 다음 각 호의 어느 하나에 해당하는 공직후보자에 대한 인사청문 요청이 있는 경우 인사청문을 실시하기 위하여 각각 인사청문회를 연다.
1. 대통령이 임명하는 헌법재판소 재판관, 중앙선거관리위원회 위원, 국무위원, 방송통신위원회 위원장, 국가정보원장, 공정거래위원회 위원장, 금융위원회 위원장, 국가인권위원회 위원장, 국세청장, 검찰총장, 경찰청장, 합동참모의장, 한국은행 총재, 특별감찰관 또는 한국방송공사 사장의 후보자
2. 대통령당선인이 「대통령직 인수에 관한 법률」 제5조제1항에 따라 지명하는 국무위원 후보자
3. 대법원장이 지명하는 헌법재판소 재판관 또는 중앙선거관리위원회 위원의 후보자

제3절 실적제(Merit System)

01
실적주의 공무원제도에 대한 설명으로 옳은 것은?

2024. 국가 9급

① 미국에서는 잭슨(Jackson) 대통령에 의해 공식화되었다.
② 공직의 일은 건전한 상식과 인품을 가진 일반 대중 누구나 수행할 수 있는 것이라고 전제하였다.
③ 공개경쟁시험, 신분보장, 정치적 중립이 핵심적인 요소이다.
④ 사회적 형평성을 가장 중요한 가치로 삼는 인사제도이다.

> **정답** ③ [○]
> **해설** ① [×] 1829년에 취임한 앤드류 잭슨(Andrew Jackson) 대통령은 동부 상류계층에 의해 독점되어 있던 관직을 서부 개척민을 포함한 일반 대중에게 공개하기 위하여 엽관주의를 '민주주의의 실천적인 정치원리'라고 선언하고 미국 인사행정의 공식적인 기본원칙으로 채택하였다.
> ② [×] 잭슨 대통령은 북동부 상류 계층에 독점되어 있던 공직을 서부 개척민을 포함한 일반 대중에게 공개하기 위해 엽관제를 "선거의 자유와 모순되는 연방정부 공직의 특권적 임용을 바로잡는 개혁과제", "민주주의의 실천적인 정치 원리"라고 선언하고, 미국 인사행정의 공식적인 기본 원칙으로 채택하였다. 그는 모든 공직은 건전한 상식을 갖춘 사람이면 누구나 수행할 수 있을 정도로 단순하기 때문에 특정인이 공직을 오랫동안 점유하는 것은 그에 따른 순기능보다는 역기능이 더욱 크다고 지적하면서, 엽관제를 통해 공직의 대중화를 추진했다.
> ④ [×] 실적주의는 능률성과 전문성을 중요한 가치로 삼는 인사제도이다. 형평성을 중요한 가치로 삼는 인사제도는 대표관료제이다.

02
실적주의의 주요 구성요소로 보기 어려운 것은?

2012. 지방 9급

① 공직취임의 기회균등
② 공무원 인적구성의 다양화
③ 신분보장 및 정치적 중립
④ 실적에 의한 임용

> **정답** ② [×]
> **해설** 공무원 인적구성의 다양화는 대표관료제의 특징에 해당된다.

03
실적주의(merit system)에 대한 설명으로 옳지 않은 것은?

2019. 지방 7급

① 실적주의의 도입은 중앙인사기관의 권한과 기능을 분산시키는 결과를 가져왔다.
② 사회적 약자의 공직진출을 제약할 수 있다는 점은 실적주의의 한계이다.
③ 미국의 실적주의는 펜들턴법(Pendleton Act)이 통과됨으로써 연방정부에 적용되기 시작하였다.
④ 실적주의에서 공무원은 자의적인 제재로부터 적법절차에 의해 구제받을 권리를 보장 받는다.

> **정답** ① [×]
> **해설** 실적주의의 도입은 정치적 영향력으로부터 독립적이고 공정한 인사행정을 위해 행정수반으로부터 독립된 중앙인사기관을 설치·운영함으로써 인사행정의 집권화를 초래했다.

04
다음 중 1883년 미국에서 제정된 Pendleton법의 내용에 속하는 것으로만 묶인 것은?

2009. 서울 7급

㉠ 공무원의 중립성
㉡ Merit Pay System
㉢ 공무원의 교육·훈련 의무
㉣ 인사위원회 설치
㉤ 공개경쟁시험 실시

① ㉠㉡㉢
② ㉠㉡㉣
③ ㉠㉡㉤
④ ㉠㉢㉣
⑤ ㉠㉣㉤

> **정답** ⑤ ㉠, ㉣, ㉤ [○]
> **해설** Merit Pay System은 성과급 제도를 의미하며, 펜들톤법(Pendleton법)에서 규정된 내용은 아니다.

05
실적주의의 정당화 근거로 옳지 않은 것은? 2024. 국가 7급

① 공직 취임에 대한 기회의 균등 보장
② 행정의 능률성 제고
③ 행정의 공정성과 안정성 확보
④ 행정에 대한 민주적 통제 강화

> **정답** ④ [×]
> **해설** 행정에 대한 민주적 통제 강화는 엽관주의의 정당화 근거에 해당한다. 정치적 중립과 신분보장을 특징으로 하는 실적주의는 국민과 선출직 지도자에 의한 관료집단에 대한 통제력을 약화시킴으로써 민주적 통제를 약화시킨다는 한계가 있다.

06
엽관주의와 실적주의에 대한 설명으로 옳은 것은?
2021. 지방 9급

① 엽관주의는 개인의 능력, 적성, 기술을 공직 임용 기준으로 한다.
② 엽관주의는 정치지도자의 국정 지도력을 약화한다.
③ 실적주의는 국민에 대한 관료의 대응성을 높인다.
④ 실적주의는 공직 임용에 대한 기회의 균등을 보장한다.

> **정답** ④ [○]
> **해설** ① [×] 엽관주의는 정당에의 충성도와 공헌도를 관직의 임용기준으로 한다. 개인의 능력, 적성, 기술을 공직 임용 기준으로 하는 것은 실적주의이다.
> ② [×] 엽관주의는 정치지도자의 국정 지도력을 강화(약화 ×)한다.
> ③ [×] 실적주의는 정치적 중립과 신분보장으로 관료조직이 국민의 요구에 둔감한 폐쇄집단화를 초래하여 국민에 대한 관료의 대응성을 저해할 수 있다.

07
엽관주의와 실적주의에 대한 설명으로 옳은 것만을 모두 고르면?
2014. 국가 9급

ㄱ. 엽관주의는 실적 이외의 요인을 고려하여 임용하는 방식으로 정치적 요인, 혈연, 지연 등이 포함된다.
ㄴ. 엽관주의는 정실임용에 기초하고 있기 때문에 초기부터 민주주의의 실천원리와는 거리가 멀었다.
ㄷ. 엽관주의는 정치지도자의 국정지도력을 강화함으로써 공공정책의 실현을 용이하게 해 준다.
ㄹ. 실적주의는 정치적 중립에 집착하여 인사행정을 소극화·형식화시켰다.
ㅁ. 실적주의는 국민에 대한 관료의 대응성을 높일 수 있다는 장점이 있다.

① ㄱ, ㄷ
② ㄴ, ㄹ
③ ㄴ, ㅁ
④ ㄷ, ㄹ

> **정답** ④ ㄷ, ㄹ [○]
> **해설** ㄱ. [×] 엽관주의는 정치적인 요인을 고려하지만 혈연, 지연 등을 고려하지는 않는다.
> ㄴ. [×] 엽관주의는 정실 임용이 아니라 정당에 대한 충성도에 따라 임용하기 때문에 민주주의의 실천원리와 밀접하게 연관되어 발달하였다.
> ㅁ. [×] 실적주의의 특징인 공무원의 신분보장은 정치지도자들에 의한 관료 통제를 어렵게 하고, 관료제의 특권화(관료주의화)로 국민에 대한 대응성을 확보하기 어렵다는 단점을 갖는다.

제4절 대표관료제와 균형인사정책

01
대표관료제에 대한 설명으로 가장 옳지 않은 것은?
2019. 서울 9급

① 관료들은 누구나 자신의 사회적 배경의 가치나 이익을 정책 과정에 반영시키려고 노력한다는 명제를 전제로 한다.
② 할당제로 인한 역차별의 문제를 야기할 수 있다.
③ 실적제 구현과 행정 능률 향상에 기여하는 제도로 평가받는다.
④ 우리나라는 현재 여성, 장애인, 지방인재 등에 대한 공직임용 확대 노력을 하고 있다.

정답 ③ [×]
해설 대표관료제는 능력과 업적에 따른 인사관리를 강조하는 실적주의 원리를 훼손할 수 있다는 문제점이 있다.

02
다음 제도에 대한 설명으로 옳지 않은 것은?
2020. 국가 7급

> 킹슬리(Kingsley)가 처음 사용한 용어로, 그 사회의 주요 인적 구성에 기반하여 정부관료제를 구성함으로써, 정부관료제 내에 민주적 가치를 주입하려는 의도에서 발달되었다.

① 관료들은 누구나 자신의 사회적 배경의 가치나 이익을 정책과정에 반영시키려고 노력한다는 점을 전제로 한다.
② 크랜츠(Kranz)는 이 제도의 개념을 비례대표(proportional representation)로까지 확대하는 것에 반대한다.
③ 라이퍼(Riper)는 이 제도의 개념을 확대해 사회적 특성 외에 사회적 가치까지도 포함시키고 있다.
④ 현대 인사행정의 기본 원칙인 실적제를 훼손할 뿐만 아니라 역차별을 야기할 수 있다는 비판을 받는다.

정답 ② [×]
해설 크랜츠(Kranz)는 대표관료제의 개념을 '비례대표'로까지 확대하고 있다. 그에 의하면, 특정 집단 출신이 정부관료제 내에서 차지하는 비율이 그 집단의 구성원들이 국가의 총인구에서 차지하는 비율과 동일해야 할 뿐만 아니라, 사회 내의 모든 집단이 관료제 내의 모든 직무 분야와 계급에 인구 비율과 상응하게 분포되어야 한다.
③ [○] 라이퍼(Van Riper)는 대표관료제의 개념을 확대해 사회적 특성 외에 사회적 가치까지도 대표관료제의 요소로 포함시키고 있다. 그에 의하면, 대표관료제는 직업, 사회계층, 지역 등의 관점에서 그 사회의 모든 계층과 집단을 합리적으로 대표할 수 있도록 구성되어야 할 뿐만 아니라, 그 사회의 사조(ethos)나 태도까지도 충분히 반영될 수 있도록 구성되어야 한다고 본다.

03
다음 〈보기〉의 제도들을 설명하는 개념과 가장 거리가 먼 것은?
2012. 국회 9급

> ㉠ 양성채용목표제
> ㉡ 여성관리자임용목표제
> ㉢ 지방인재채용목표제
> ㉣ 장애인 의무고용제
> ㉤ 저소득층 채용목표제
> ㉥ 이공계출신채용목표제

① 대표관료제
② 임용할당제
③ 집단주의
④ 균형인사정책
⑤ 교체임용주의

정답 ⑤ [×]
해설 교체임용주의는 정권 변동에 따라 공직을 대량 경질하는 제도로 엽관제의 특징에 해당한다.

04
대표관료제에 대한 설명으로 옳지 <u>않은</u> 것은?

2019. 지방 9급

① 소극적 대표가 적극적 대표를 촉진한다는 가정 하에 제도를 운영해 왔다.
② 엽관주의 폐단을 시정하기 위해 등장하였으며 역차별의 문제를 완화할 수 있다.
③ 소극적 대표성은 전체 사회의 인구 구성적 특성과 가치를 반영하는 관료제의 인적 구성을 강조한다.
④ 우리나라는 균형인사제도를 통해 장애인·지방인재·저소득층 등에 대한 공직진출 지원을 하고 있다.

정답 ② [×]
해설 대표관료제는 실적주의의 한계(인사행정의 소극성, 형식적 기회균등)를 보완하기 위한 적극적 행정의 일환으로 등장하였으며, 역차별의 문제를 야기할 수 있다는 문제점이 있다.

05
대표관료제에 대한 설명으로 옳지 <u>않은</u> 것은?

2023. 지방 9급

① 우리나라는 양성채용목표제, 장애인 의무고용제 등 다양한 균형인사제도를 통해 대표관료제의 논리를 반영하고 있다.
② 다양한 집단의 이익을 반영하는 실적주의 이념에 부합하는 인사제도이다.
③ 할당제를 강요하는 결과를 초래하고, 특정 집단에 대한 역차별 문제를 야기할 수 있다.
④ 임용 전 사회화가 임용 후 행태를 자동적으로 보장한다는 가정하에 전개되어 왔다.

정답 ② [×]
해설 대표관료제는 실적주의의 폐단을 보완하기 위해 도입되었다(실적주의 이념에 부합 ×). 또한 능력·자격을 2차적인 기준으로 생각하여 행정의 전문성, 생산성, 능률성이 저하될 수 있다.

06
다음 중 대표관료제에 대한 설명으로 옳지 <u>않은</u> 것은?

2016. 국회 9급

① 대표관료제는 실적주의의 폐단과 직업공무원제의 한계를 극복하고 사회적 약자를 보호하기 위해 등장했다.
② 대표관료제의 기본 전제인 적극적 대표성은 그 나라의 사회, 경제적 인구 구성의 특징이 관료제의 구성에 그대로 반영되는 것을 의미한다.
③ 대표성을 지닌 관료집단 사이의 견제와 균형을 통해 국민의 의사를 균형 있게 대변하여 관료제 내부 통제를 강화할 수 있기 때문에 도입 필요성이 인정된다.
④ 대표관료제는 관료제 인적 구성 비율을 사회의 각 집단에 비례하도록 구성하여 정부관료제의 민주성을 확보하고자 한다.
⑤ 대표관료제를 실시할 경우 임용할당제로 인한 역차별이라는 문제가 발생할 수 있다.

정답 ② [×]
해설 그 나라의 사회, 경제적 인구 구성의 특징이 관료제의 구성에 그대로 반영되는 것은 소극적 대표성이다. 적극적 대표성은 관료가 출신 집단의 가치와 이익을 적극적으로 대변하고 정책에 반영하며 그에 대한 책임까지 지는 것을 의미한다.

07
대표관료제와 관련이 적은 것은?

2013. 지방 9급

① 양성평등채용목표제
② 지방인재채용목표제
③ 총액인건비제
④ 장애인 고용촉진제

정답 ③ [×]
해설 총액인건비제도는 인력과 예산 운영의 효율성을 제고하고 조직의 성과를 향상하기 위하여 각 시행기관이 당해 연도에 편성된 총액인건비 예산의 범위 안에서 기구, 정원, 보수, 예산의 운영에 관한 자율성을 가지되, 그 결과에 대해 책임을 지는 제도를 말한다. 총액인건비제도는 각 부처가 스스로의 특성에 맞는 자율적인 조직·정원, 보수제도 운영을 통해 복잡하게 변화하는 환경에 탄력적으로 대응하고, 한정된 인건비 예산의 효율적 운용을 도모하여 정부조직의 성과를 극대화하는 것을 목표로 한다.

08
우리나라 균형인사정책에 대한 설명으로 옳지 않은 것은?

2025. 지방 9급

① 장애인, 지방·지역인재, 양성평등, 이공계, 저소득층을 주요 대상으로 한다.
② 지방인재채용목표제, 전국 지역인재추천채용제, 양성평등채용목표제 순으로 도입하였다.
③ 장애인 구분모집제는 선발예정인원의 일정 규모를 장애인만 응시할 수 있도록 구분하여 시험을 실시한다.
④ 사회적 소수집단의 공직진출을 위한 지원정책으로 대표관료제의 적용사례라고 할 수 있다.

정답 ② [×]
해설 양성평등채용목표제(2003년) → 지역인재추천채용제(2005년) → 지방인재채용목표제(2007년) 순으로 도입되었다.

09
인사행정제도에 대한 다음 설명 중 가장 옳은 것은?

2017. 서울 9급

① 직업공무원제는 장기근무를 장려하고 행정의 계속성과 일관성을 유지하는 데 긍정적인 제도로 개방형 인사제도 및 전문행정가주의에 입각하고 있다.
② 엽관주의는 정당에의 충성도와 공헌도를 임용 기준으로 삼는 인사행정제도로 행정의 민주화에 공헌한다는 장점이 있다.
③ 실적주의는 개인의 능력이나 자격, 적성에 기초한 실적을 임용기준으로 삼는 인사행정제도로 정치지도자들의 행정 통솔력을 강화시키는 데 기여한다.
④ 대표관료제는 전체 국민에 대한 정부의 대응성을 향상시키고 실적주의를 강화하여 행정의 능률성을 향상시키는 장점이 있다.

정답 ② [○]
해설 ① [×] 직업공무원제는 장기 근무를 장려하므로 행정의 계속성과 일관성을 유지하는 데 긍정적인 제도로 폐쇄형(개방형 ×) 인사제도 및 일반행정가주의(전문행정가주의 ×)에 입각하고 있다.
③ [×] 실적주의는 정치적 중립성과 신분보장을 특징으로 하기 때문에 정치지도자의 공무원에 대한 통제력 확보가 어렵다. 정치지도자들의 행정 통솔력을 강화시키는 데 기여하는 것은 엽관주의의 특징이다.
④ [×] 대표관료제는 국민에 대한 정부의 대응성과 사회적 형평성을 향상시키는 반면, 실적주의 확립을 저해하고 행정의 전문성과 능률성을 저해할 수 있다는 단점이 있다.

10
공무원인사제도에 대한 설명 중 옳은 것만을 고른 것은?

2009. 지방 9급

ㄱ. 엽관주의와 실적주의는 제도의 취지나 목적이 서로 다르기 때문에 상호 조화될 수 없어서 양 제도의 혼합운용이 어렵다.
ㄴ. 엽관주의는 공무원의 충성심을 확보하기는 용이하나, 행정의 안정성과 지속성을 확보하기 어렵다.
ㄷ. 직업공무원제도는 일반적으로 폐쇄형 임용체계를 채택하고 있으며, 공무원의 연대감을 높여준다.
ㄹ. 직업공무원제도는 대체로 실적주의를 전제로 하며, 전문가주의를 지향하고 있다.
ㅁ. 대표관료제는 정부정책 집행의 효율성, 공정성 및 책임성을 높여준다.

① ㄱ, ㄴ
② ㄱ, ㅁ
③ ㄴ, ㄷ
④ ㄷ, ㄹ

정답 ③ ㄴ, ㄷ [○]
해설 ㄱ. [×] 엽관주의와 실적주의는 제도의 취지나 목적이 서로 다르지만, 현대 인사행정에서 실적주의를 원칙으로 하면서도, 행정의 정치적 책임성을 확보하고 선출직 정치 지도자의 국정지도력을 강화하기 위해 일정 범위의 엽관주의(정치적 임용)가 허용된다(정무직, 별정직 등)
ㄹ. [×] 직업공무원제도와 실적제와 별개로 발전한 제도이며, 직업공무원제도는 일반행정가 중심으로 운영된다.
ㅁ. [×] 대표관료제는 국민 대표성과 형평성을 제고하며, 실적주의 원리를 훼손함으로써 효율성과 전문성을 저해할 수 있다.

Chapter 02 공직의 분류체계

제1절 계급제(Rank-in-person System)

01
계급제에 대한 설명으로 옳지 않은 것은? 2023. 지방 9급

① 직무의 속성을 중심으로 공직을 분류하는 제도이다.
② 폐쇄형 충원방식을 원칙으로 한다.
③ 일반행정가 양성을 지향한다.
④ 탄력적 인사관리에 용이하다.

정답 ① [×]
해설 직무가 가지는 속성을 중심으로 직위를 분류하는 직무 중심의 분류 체계는 직위분류제이다.

02
계급제의 장점에 대한 설명으로 옳지 않은 것은?
2017. 국가 9급

① 공무원의 신분안정과 직업공무원제 확립에 기여한다.
② 인력활용의 신축성과 융통성이 높다.
③ 정치적 중립 확보를 통해 행정의 전문성을 제고할 수 있다.
④ 단체정신과 조직에 대한 충성심 확보에 유리하다.

정답 ③ [×]
해설 계급제는 일반행정가 중심주의를 특징으로 하며, 순환보직을 통해 여러 직무를 수행하도록 함으로써 행정의 전문성을 제고하기 어렵다는 단점이 있다.

03
계급제의 특징에 대한 설명으로 옳은 것은? 2022. 국회 8급

① 업무 분담과 직무분석으로 합리적인 정원관리 및 사무관리에 유리하다.
② 계급에 따른 권한과 책임의 명확화를 통해 전문화되고 체계적인 조직관리가 가능하다.
③ 동일 직무에 대한 동일 보수의 원칙을 따르는 직무급 제도를 통해 합리적인 보수체계를 확립할 수 있다.
④ 직무의 종류·책임도·곤란도에 따라 공직을 분류하므로 시험·임용·승진·전직을 위한 기준을 제공해 줄 수 있다.
⑤ 담당할 직무와 관계없이 인사배치를 할 수 있어 인사배치의 신축성·융통성을 기할 수 있다.

정답 ⑤ [○]
해설 ①, ②, ③, ④ 직위분류제의 특징이다.

04
사람을 기준으로 공직을 분류한 계급제의 특성에 대한 설명으로 옳지 않은 것은? 2014. 사복직 9급

① 순환보직을 통해 다양한 업무를 경험할 수 있도록 한다.
② 공직에 자리가 비었을 때 외부 충원을 원칙으로 한다.
③ 계급을 신분과 동일시하려는 경향이 강하다.
④ 공무원의 신분이 안정적으로 보장된다.

정답 ② [×]
해설 공직에 자리가 비었을 때 외부충원을 원칙으로 하는 것은 개방형 임용으로 직위분류제의 특징이다. 계급제는 공직에서 자리가 비었을 때 그 빈자리를 공직 내부의 인사이동이나 승진을 통해 채우는 폐쇄형 임용을 특징으로 한다.

제2절 직위분류제(Position Classification)

01
직위분류제에 대한 설명으로 옳은 것을 모두 고르면?
2011. 국가 9급

ㄱ. 과학적 관리운동은 직위분류제의 발달에 많은 자극을 주었다.
ㄴ. 직무의 종류, 곤란성과 책임도가 상당히 유사한 직위의 군은 직렬이다.
ㄷ. 조직 내에서 수평적 이동이 용이하여 유연한 인사행정이 가능하다.
ㄹ. 사회적 출신배경에 관계없이 담당 직무의 수행능력과 지식기술을 중시한다.

① ㄱ, ㄴ
② ㄱ, ㄹ
③ ㄴ, ㄷ
④ ㄷ, ㄹ

정답 ② ㄱ, ㄹ [O]
해설 ㄴ. [×] 직렬이 아니라 직급에 대한 설명이다.
ㄷ. [×] 계급제에 대한 설명이다.

02
직위분류제에 대한 설명으로 옳지 않은 것은?
2022. 국회 9급

① 교육훈련 수요 파악 및 근무성적평정을 명확하게 할 수 있다.
② 직위의 권한과 책임의 한계를 명확하게 할 수 있다.
③ 전문행정가를 양성할 수 있으므로 분화된 산업사회에 적합하다.
④ 전문적인 인재양성을 통해 조직 및 직무환경의 변화 대응에 용이하다.
⑤ 동일직무 동일보수 원칙에 입각한 직무급 수립이 용이하여 보수의 형평성이 높다.

정답 ④ [×]
해설 직위분류제는 조직이나 직무의 변화, 그리고 새로운 직무의 부과 등 변화하는 상황에 신속하게 대응하지 못한다. 직위분류제하에서는 정부에 새로운 임무가 생기거나 비상시에는 직위를 신속하게 분류하기 어렵고 또 이를 수행하는 사람을 내부에서 구하기도 힘들다. 즉, 지나친 직무구조의 편협성과 비탄력적 분류체계 때문에 변화하는 상황에 적절히 대응하지 못한다.
① [O] 직위분류제는 직무의 특성이나 성격 및 내용을 구체적으로 나타내 주므로 근무성적평정을 객관적으로 할 수 있는 기준을 확립할 수 있고, 담당 직원의 교육훈련 수요 파악에 유리하다.
② [O] 직무의 내용이나 수준을 명확하게 나타내 주므로 직위간의 권한과 책임의 한계를 명확히 해준다.
③ [O] 동일 직렬에 장기간 근무하는 것을 원칙으로 하기 때문에 전문직업인을 양성하는 데 도움이 되고 행정의 전문화에 기여한다.
⑤ [O] 동일 직무에 대한 동일 보수의 원칙에 입각한 직무급 체계를 확립하게 해줌으로써 공평한 보수체계 확립에 기여한다.

03
계급제와 비교할 때, 직위분류제의 특성과 가장 거리가 먼 것은?
2016. 사회복지 9급

① 업무의 전문화로 인하여 상위직급에서의 업무 통합이 쉽다.
② 인사관리의 탄력성과 신축성이 저해되기 쉽다.
③ 동일 직무에 대한 동일 보수의 원칙을 적용하기 쉽다.
④ 각 직무를 담당하고 있는 직원들의 교육훈련수요를 파악하기 쉽다.

정답 ① [×]
해설 직위분류제는 업무의 전문화로 계급제에 비해서 상위 직급에서의 업무 통합이 어렵다.

04
직위분류제에 대한 설명으로 옳은 것만을 모두 고르면?

2025. 지방 9급

> ㄱ. 인사의 탄력성과 융통성이 높다.
> ㄴ. 사람보다는 일을 기준으로 공직을 분류한다.
> ㄷ. 동일직무에 동일보수를 지급하는 보수체계 확립이 장점이다.
> ㄹ. 신분이 강하게 보장되어 직업공무원제 확립에 유리하다.

① ㄱ, ㄷ   ② ㄱ, ㄹ
③ ㄴ, ㄷ   ④ ㄴ, ㄹ

정답 ③ [O] ㄴ, ㄷ
해설 ㄱ, ㄹ. 계급제의 특성에 대한 설명이다.

05
직위분류제의 장점에 대한 설명으로 가장 옳지 않은 것은?

2018. 서울 9급

① 근무성적평정을 객관적으로 할 수 있는 기준을 제시해준다.
② 직위 간의 권한과 책임의 한계를 명확히 해준다.
③ 전문직업인을 양성하는 데 도움이 되고 행정의 전문화에 기여한다.
④ 조직과 직무의 변화 등에 신속히 대응할 수 있다.

정답 ④ [×]
해설 직위분류제는 직무 구조의 수평적 폐쇄성과 비탄력적 분류체계로 인해 인사관리의 경직성을 초래하여 조직과 직무의 변화에 적절한 대응이 곤란하다는 단점이 있다.

06
다음 중 직위분류제에 대한 설명으로 옳지 않은 것은?

2015. 국회 8급

① 계급제가 사람의 자격과 능력을 기준으로 한 계급구조라면 직위분류제는 사람이 맡아서 수행하는 직무와 그 직무수행에 수반되는 책임을 기준으로 분류한 직위구조이다.
② 직위분류제는 책임 명료화, 갈등예방, 합리적 절차수립을 돕는다는 장점이 있다.
③ 직무 수행의 책임도와 자격 요건이 다르지만, 직무의 종류가 유사해 동일한 보수를 지급할 수 있는 직위의 횡적 군을 등급이라고 한다.
④ 직위분류제는 인적자원 활용에 주는 제약이 크다는 비판을 받는다.
⑤ 직렬은 직무의 종류가 유사하고 그 책임과 곤란성의 정도가 상이한 직급의 군이다.

정답 ③ [×]
해설 등급이란 직무의 곤란성과 책임도가 상당히 유사한 직위의 군으로 직무의 종류는 다르나 직무 수행의 책임도와 자격요건이 유사해 동일한 보수를 지급할 수 있는 횡적 군이다.
② [O] 직위분류제는 공무원들의 직무 한계와 책임 소재를 분명히 규정하므로 역할의 갈등을 사전에 방지할 수 있다. 그러나 전문화에서 기인하는 비융통성 때문에 갈등이 생기면 사후적으로 조정하기 어렵다.
④ [O] 직위분류제는 동일 직렬에서의 승진이나 전보는 가능하지만 다른 직렬로의 전직이 어렵기 때문에 인사관리의 탄력성과 신축성이 결여된다.

07
직위분류제에 대한 설명으로 옳은 것만을 〈보기〉에서 모두 고르면?
2025. 국회 8급

보기
ㄱ. 직급은 직무의 종류, 곤란성, 책임도가 상당히 유사한 직위의 군을 의미한다.
ㄴ. 직류는 동일한 직렬 내에서 담당 분야가 같은 직무의 군을 의미한다.
ㄷ. 직위분류제는 서로 다른 직무 사이에 경계를 구분하는 수평적 폐쇄성을 특징으로 한다.
ㄹ. 직위분류제는 계급제보다 보수 및 직무수행의 형평성을 확보하기에 더 용이하다.

① ㄱ
② ㄴ, ㄷ
③ ㄱ, ㄴ, ㄹ
④ ㄴ, ㄷ, ㄹ
⑤ ㄱ, ㄴ, ㄷ, ㄹ

정답 ⑤ ㄱ, ㄴ, ㄷ, ㄹ
해설 ㄱ, ㄴ. [O]「국가공무원법」제5조

「국가공무원법」제5조(정의) 이 법에서 사용하는 용어의 뜻은 다음과 같다.
2. "직급(職級)"이란 직무의 종류·곤란성과 책임도가 상당히 유사한 직위의 군을 말한다.
9. "직류(職類)"란 같은 직렬 내에서 담당 분야가 같은 직무의 군을 말한다.

08
공직분류에 관한 설명으로 옳지 않은 것은?
2015. 지방교행 9급

① 사람을 기준으로 한 공직분류는 공무원의 신분보장에 용이하다.
② 개인의 능력과 자격을 기준으로 한 공직분류는 일반행정가 양성에 용이하다.
③ 직무분석을 통한 직무의 구조적 배열에 중점을 둔 공직분류는 외부에 대한 공직개방에 용이하다.
④ 직무의 난이도와 책임도를 기준으로 한 공직분류는 순환보직제도를 통한 탄력적 인력운용에 용이하다.

정답 ④ [×]
해설 직무의 난이도와 책임도를 기준으로 한 공직분류는 직위분류제로, 직위분류제는 직무의 성격이 엄격하게 구분되기 때문에 탄력적 인력운용이 곤란하다. 순환보직제도를 통한 탄력적 인력운용에 용이한 것은 계급제의 특징에 해당한다.

09
계급제와 직위분류제에 대한 설명으로 가장 옳은 것은?
2019. 서울 9급

① 과학적 관리론과 실적제의 발달은 직위분류제의 쇠퇴와 계급제의 발전에 기여했다.
② 우리나라「국가공무원법」에는 직위분류제 주요 구성 개념인 '직위, 직군, 직렬, 직류, 직급' 등이 제시되어 있다.
③ 직위분류제는 공무원 개인의 능력이나 자격을 기준으로 공직분류체계를 형성한다.
④ 계급제와 직위분류제는 절대 양립불가능하며 우리나라는 계급제를 기반으로 한다.

정답 ② [O]
해설 ① [×] 과학적 관리론과 실적제의 발달은 직위분류제의 발전에 기여했다.
③ [×] 공무원 개인의 능력이나 자격을 기준으로 하는 공직분류체계를 형성하는 것은 계급제에 해당한다. 직위분류제는 직무를 중심으로 공직구조를 형성한다.
④ [×] 우리나라는 계급제를 기반으로 하고, 직위분류제 요소를 가미하고 있다.

10
공직의 설계 방식인 계급제와 직위분류제에 대한 설명으로 옳은 것은?
2019. 국회 9급

① 직위분류제는 직책을 중심으로 공직을 분류하기 때문에 행정의 전문화를 저해한다는 비판이 있다.
② 직위분류제는 직무의 난이도에 따른 차별적 직무급 수립에는 기여하나 지나친 신분보장으로 공직자를 특권집단화 할 수 있다.
③ 직위분류제를 엄격하게 시행할 경우 업무가 세분화되기 때문에 직무 간 협의와 조정이 용이해진다.
④ 계급제는 차별화된 직무급 체계 확립은 어려우나 인사의 융통성을 확보하기 용이하다.
⑤ 계급제는 일반행정가 양성에는 불리하나 계급이 올라감에 따라 직무 전문성이 축적되기 때문에 한 분야에 특화된 전문가 양성에 적합하다.

정답 ④ [○]
해설
① [×] 계급제는 직책을 중심으로 공직을 분류하기 때문에 행정의 전문화를 저해한다는 비판이 있다.
② [×] 직위분류제는 직무의 난이도에 따른 차별적 직무급 수립에는 기여하나 직무의 전문성을 중심으로 운영되기 때문에 신분보장이 약화된다. 지나친 신분보장으로 공직자를 특권집단화 할 수 있는 것은 계급제의 특징에 해당한다.
③ [×] 직위분류제는 엄격하게 시행할 경우 업무가 세분화되기 때문에 직무 간 협의와 조정이 곤란해진다.
⑤ [×] 직위분류제는 일반행정가 양성에는 불리하나 계급이 올라감에 따라 직무 전문성이 축적되기 때문에 한 분야에 특화된 전문가 양성에 적합하다.

계급제와 직위분류제 비교

구분	계급제	직위분류제
발달 배경	농업사회	산업사회 과학적 관리론, 실적주의
경계간의 이동성	계급·계급군 간의 수직적 이동 곤란	직무의 성격이 다른 직무간의 수평적 이동 곤란
전문성 요구	일반행정가	전문행정가
중상위직에의 충원	폐쇄형	개방형
인사관리	연공서열 중심	능력과 실적 중심
신분보장	강	약
동일시 경향	부처의 조직차원	담당 직무와 역할
채용과 시험	일반 소양 관련 과목	당장의 직무 수행에 필요한 지식, 능력·기술 중시
보직관리	보직관리의 불합리성 인사관리의 융통성	보직관리의 합리화 인사관리의 경직성 초래
인사이동	인사이동 범위·승진 계통이 넓음	인사이동 범위·승진계통이 좁음
보수	생활급	직무급
교육훈련	재직훈련 강조, 일반적 교육 중심	수요에 맞는 교육훈련 프로그램 실시
행정상의 조정	갈등이 발생했을 때는 일반행정가로서 융통성과 신축성을 발휘해 갈등을 비교적 쉽게 해결 가능	업무의 전문화에서 기인하는 비융통성 때문에 갈등이 발생하면 사후적 조정 곤란

11
직위분류제의 주요 개념에 대한 설명으로 옳지 않은 것은?
2022. 국가 9급

① '직위'는 한 사람의 공무원에게 부여할 수 있는 직무와 책임을 의미한다.
② '직급'은 직무의 종류가 유사하고 곤란도 책임도가 서로 다른 군(群)을 의미한다.
③ '직류'는 동일 직렬 내에서 담당분야가 동일한 직무의 군(群)을 의미한다.
④ '직무등급'은 직무의 곤란도 책임도가 유사해 동일 보수를 줄 수 있는 직위의 군(群)을 의미한다.

정답 ② [×]
해설 '직급'은 직무의 종류·곤란성·책임도가 상당히 유사한 직위의 군을 의미한다.

직위분류제의 구성요소

직위	• 1인에게 부여할 수 있는 직무와 책임 • 일반적으로 직위의 숫자와 직원의 수는 일치함
직급	직무 종류·곤란성과 책임도가 유사해 채용과 보수 등에서 동일하게 다룰 수 있는 직위의 군(동일 직급은 임용자격, 시험, 보수 등 동일)
직류	동일한 직렬 내에서 담당분야가 동일한 직무의 집합
직렬	직무의 종류는 유사하지만 책임과 곤란성(난이도)의 정도가 서로 다른 직급의 군
직군	직무의 성질이 유사한 직렬의 군
등급	• 직무의 곤란성과 책임도가 상당히 유사한 직위의 군 • 직무의 종류는 다르지만 직무의 책임도나 자격요건이 유사해 동일한 보수를 지급할 수 있는 직위의 횡적 군(우리나라 실정법상 계급)

12
공직분류에 대한 설명으로 가장 옳은 것은? 2018. 서울 9급

① 직무의 종류는 다르나 곤란도와 책임도가 상당히 유사한 직위의 군을 직렬이라고 한다.
② 직무의 종류는 유사하지만 곤란도와 책임도가 서로 다른 직무의 군을 직급이라고 한다.
③ 비슷한 성격의 직렬들을 모은 직위 분류의 대단위는 직군이라고 한다.
④ 동일한 직급 내에 담당 분야가 동일한 직무의 군으로 세분화한 것을 직류라고 한다.

> **정답** ③ [○]
> **해설** ① [×] 직렬이 아니라 등급에 대한 설명이다.
> ② [×] 직급은 직무의 종류도 유사하고 곤란도와 책임도도 유사한 직무의 군을 말한다.
> ④ [×] 직류는 동일한 직렬 내에서 담당 분야가 동일한 직무의 군을 말한다.

13
직위분류제의 주요 개념에 대한 설명으로 옳은 것은? 2016. 국가 9급

① 등급은 직위에 포함된 직무의 성질, 난이도, 책임의 정도가 유사해 채용과 보수 등에서 동일하게 다룰 수 있는 직위의 집단이다.
② 직류는 직무 종류가 광범위하게 유사한 직렬의 군이다.
③ 직렬은 직무 종류는 유사하나 난이도와 책임 수준이 다른 직급 계열이다.
④ 직군은 동일 직렬 내에서 담당 직책이 유사한 직무군이다.

> **정답** ③ [○]
> **해설** ① [×] 등급이 아니라 직급에 대한 설명이다.
> ② [×] 직류가 아니라 직군에 대한 설명이다.
> ④ [×] 직군이 아니라 직류에 대한 설명이다.

14
직위분류제 수립절차를 순서대로 바르게 나열한 것은? 2020. 국가 7급

ㄱ. 직급명세서 작성	ㄴ. 직무조사
ㄷ. 정급	ㄹ. 직무평가
ㅁ. 직무분석	

① ㄴ → ㄱ → ㄹ → ㅁ → ㄷ
② ㄴ → ㄷ → ㄹ → ㅁ → ㄱ
③ ㄴ → ㅁ → ㄹ → ㄱ → ㄷ
④ ㄴ → ㅁ → ㄹ → ㄷ → ㄱ

> **정답** ③ [○]
> **해설** 직위분류제는 직무조사, 직무기술서 작성(ㄴ), 직무분석(ㅁ)과 직무평가(ㄹ), 직급명세서 작성(ㄱ), 정급(ㄷ) 단계를 거쳐 수립된다.

15
직위분류제에 있어 직무의 난이도와 책임의 경중에 따라 직위의 상대적 수준과 등급을 구분하는 것은? 2015. 국가 9급

① 직무평가(job evaluation)
② 직무분석(job analysis)
③ 정급(allocation)
④ 직급명세(class specification)

> **정답** ① [○]
> **해설** 직무평가(job evaluation)는 직무수행의 난이도와 책임도에 따라 직위의 상대적 수준과 등급을 구분한다.
> ② 직무분석(job analysis)은 직무의 종류가 같거나 유사한 직위들을 묶어 직렬을 형성하고, 이러한 직렬들을 묶어 직군을 형성하는 작업이다.
> ③ 정급(定級)은 직급명세서 작성이 끝나면 분류대상 직위들을 해당 직급에 배치하는 작업을 의미한다.
> ④ 직급명세서(class specification)는 각 직급별 특성을 설명한 것으로, 직급 명칭, 직무 개요, 직무수행의 예시, 자격요건 등을 명시한 것으로, 채용, 승진, 보수 등 인사행정의 기준으로 사용된다.

16
직무평가방법과 설명이 바르게 연결된 것은?

2016. 국가 9급

> A. 서열법(job ranking)
> B. 분류법(classification)
> C. 점수법(point method)
> D. 요소비교법(factor comparison)

> ㄱ. 직무 전체를 종합적으로 판단해 미리 정해 놓은 등급기준표와 비교해가면서 등급을 결정한다.
> ㄴ. 대표가 될 만한 직무들을 선정하여 기준 직무(key job)로 정해놓고 각 요소별로 평가할 직무와 기준 직무를 비교해가며 점수를 부여한다.
> ㄷ. 비계량적 방법을 통해 직무기술서의 정보를 검토한 후 직무 상호 간에 직무전체의 중요도를 종합적으로 비교한다.
> ㄹ. 직무평가표에 따라 직무의 세부 구성요소들을 구분한 후 요소별 가치를 점수화 하여 측정하는데, 요소별 점수를 합산한 총점이 직무의 상대적 가치를 나타낸다.

	A	B	C	D
①	ㄱ	ㄴ	ㄷ	ㄹ
②	ㄱ	ㄷ	ㄹ	ㄴ
③	ㄷ	ㄴ	ㄱ	ㄹ
④	ㄷ	ㄱ	ㄹ	ㄴ

정답 ④

해설
ㄱ: 분류법(B)에 대한 설명이다.
ㄴ: 요소비교법(D)에 대한 설명이다.
ㄷ: 서열법(A)에 대한 설명이다.
ㄹ: 점수법(C)에 대한 설명이다.

구분	비계량적 방법 (직무전체 비교)	계량적 방법 (직무구성요소 비교)
직무와 직무 상호비교	서열법 (직무와 직무 비교)	요소비교법 (기준이 되는 대표직위와 각 직위 비교)
직무와 척도 (기준표)	분류법 (직무와 등급기준표 비교)	점수법 (직무평가기준표에 따라 평가한 점수를 총합하는 방식)

비교 기준	비계량적 방법		계량적 방법	
	서열법	분류법	점수법	요소비교법
척도의 형태	서열	등급	점수, 요소	점수, 기준직위
평가 대상	직무 전체	직무 전체	직무의 평가 요소	직무의 평가 요소
평가 방법	상대평가	절대평가	절대평가	상대평가
	비계량적 방법	비계량적 방법	계량적 방법	계량적 방법
비교 방법	직무와 직무 비교	직무와 등급기준표 비교	직무와 직무평가 기준표 비교	직무와 직무 비교

17
직무평가 방법에 대한 설명으로 옳지 않은 것은?

2023. 국가 9급

① 점수법은 직무를 구성하는 하위요소별 점수를 합산하여 평가하는 방법이다.
② 분류법은 미리 정한 등급기준표와 직무 전체를 비교하여 등급을 결정하는 비계량적 방법이다.
③ 서열법은 직무의 구성요소를 구별하지 않고 직무 전체의 중요도를 종합적으로 평가하는 방법이다.
④ 요소비교법은 기준직무(key job)와 평가할 직무를 상호 비교해 가며 평가하는 비계량적 방법이다.

정답 ④ [×]
해설 요소비교법은 계량적인 방법이다.

18
직무평가 방법에 대한 설명으로 옳지 않은 것은?

2024. 지방 9급

① 분류법은 미리 정해진 등급기준표를 이용하는 비계량적 방법이다.
② 서열법은 비계량적 방법으로, 직무의 수가 적은 소규모 조직에 적절하다.
③ 점수법은 직무와 관련된 평가요소를 선정하고 각 요소별로 중요도를 부여하는 과정에서 계량화를 통해 명확하고 객관적인 이론적 증명이 가능하다.
④ 요소비교법은 조직 내 기준직무(key job)를 선정하여 평가하려는 직무와 기준직무의 평가요소를 상호비교하여 상대적 가치를 판단하는 방법이다.

정답 ③ [×]
해설 점수법은 직무의 평가요소별 가중치를 부여하고, 각 직무에 대하여 요소별로 점수를 매긴 다음 이를 합산하는 방법이다. 평가요소의 단계구분과 비중결정이 명확한 객관성을 가지기 곤란하고, 상당한 전문지식을 갖춘 전문가가 필요하다는 한계가 있다.

19
직무평가의 방법 중 점수법에 대한 설명으로 가장 옳은 것은?

2018. 서울 9급

① 직무 전체를 종합적으로 판단해 미리 정해 놓은 등급기준표와 비교해가면서 등급을 결정한다.
② 대표가 될 만한 직무들을 선정하여 기준 직무(key job)로 정해놓고 각 요소별로 평가할 직무와 기준 직무를 비교해가며 점수를 부여한다.
③ 비계량적 방법을 통해 직무기술서의 정보를 검토한 후 직무상호 간에 직무 전체의 중요도를 종합적으로 비교한다.
④ 직무평가 기준표에 따라 직무의 세부 구성요소들을 구분한 후 요소별 가치를 점수화하여 측정하는데, 요소별 점수를 합산한 총점이 직무의 상대적 가치를 나타낸다.

정답 ④ [○]
해설 ① [×] 분류법에 대한 설명이다. 분류법은 직무와 등급 기준표를 비교하여 판단하는 것으로 비계량적 방법이다.
② [×] 요소비교법에 대한 설명이다. 요소비교법은 직무와 기준직무의 평가요소를 상호 비교하여 평가(상대평가)하는 계량적 평가방법이다.
③ [×] 서열법에 대한 설명이다. 서열법은 직무 상호 간의 상대적 가치를 비교하여 우열을 정하는 방법으로 비계량적 방법이다.

제3절 우리나라 공무원의 구분 체계

01
우리나라의 국가공무원과 지방공무원에 대한 설명으로 옳은 것은?
2014. 국가 7급

① 인사관리에 적용하는 기본 법률이 동일하다.
② 고위공무원단제도는 동일하게 시행되고 있다.
③ 모두 「공무원연금법」의 적용을 받는다.
④ 특별지방행정기관에 소속된 공무원은 국가직이 아니다.

정답 ③ [○]
해설 ① [×] 국가공무원은 「국가공무원법」, 지방공무원은 「지방공무원법」의 적용을 받는다.
② [×] 고위공무원단제도는 국가공무원에만 시행되고 있다. 지방공무원은 고위공무원단에 포함되지 않는다.
④ [×] 특별지방행정기관은 중앙부처에 소속된 일선행정기관이므로 소속된 공무원은 국가직 공무원이다.

국가공무원과 지방공무원

구분	국가공무원	지방공무원
법적근거	국가공무원법, 정부조직법	지방공무원법, 지방자치법, 조례
임용권자	• 5급 이상 - 대통령 • 6급 이하 - 소속장관 또는 위임된 자	지방자치단체장
보수재원	국비	지방비

02
국가공무원과 지방공무원과의 비교에 대한 설명으로 적절한 것은?
2013. 서울 7급

① 계약직 지방공무원은 지방자치단체의 채용계약에 따른다.
② 국가공무원과 지방공무원은 법적 근거로 「국가공무원법」을 따른다.
③ 국가공무원과 지방공무원의 보수재원은 모두 국비로 충당한다.
④ 정무직 지방공무원도 국회의 동의를 얻어야 한다.
⑤ 국가공무원과 지방공무원은 모두 임용권자가 대통령이나 소속 장관이다.

정답 ① [○]
해설 ② [×] 국가공무원은 「국가공무원법」, 지방공무원은 「지방공무원법」의 적용을 받는다.
③ [×] 국가공무원은 국비, 지방공무원은 지방비로 보수재원으로 충당한다.
④ [×] 단체장, 지방의회 의원 등 정무직 지방 공무원은 선출직이므로 국회의 동의를 거칠 필요가 없다.
⑤ [×] 지방공무원의 임용권자는 지방자치단체의 장이다.

03
경력직 공무원에 관한 내용으로 옳지 않은 것은?
2012. 서울시 9급

① 실적과 자격에 의해서 임용된다.
② 신분이 보장되며 정년까지 공무원으로 근무할 것이 예정된다.
③ 특정직 공무원
④ 경찰공무원과 소방공무원
⑤ 별정직 공무원

정답 ⑤ [×]
해설 별정직 공무원은 실적주의와 신분보장이 적용되지 않는 특수경력직 공무원이다.

04
인사제도에 대한 설명으로 옳지 않은 것은? 2012. 국가 9급

① 직위분류제는 동일직무에 동일보수를 원칙으로 한다.
② 한국의 공무원제도는 계급제적 토대 위에 직위분류제적 요소가 가미된 혼합형 인사체계이다.
③ 특정직 공무원은 직업공무원제의 적용을 받는다.
④ 비교류형 인사체계는 교류형에 비해 기관간 승진 기회의 형평성 확보에 유리하다.

정답 ④ [×]
해설 비교류형 인사체계는 교류형에 비해 승진 기회의 형평성 확보에 불리하다.

05
공직 분류 체계에 대한 설명으로 옳은 것은? 2021. 지방 9급

① 소방 공무원은 특수경력직 공무원에 해당한다.
② 국회 수석전문위원은 일반직 공무원에 해당한다.
③ 차관에서 3급 공무원까지는 특정직 공무원에 해당한다.
④ 경력직 공무원은 실적과 자격에 의해 임용되고 신분이 보장된다.

> **정답** ④ [○]
> **해설** 경력직 공무원은 실적주의와 직업공무원제의 적용을 받는 공무원으로, 일반직과 특정직으로 분류되고 실적과 자격에 의해 임용, 신분이 보장된다.
>
> 국가공무원법 제2조(공무원의 구분) ② "경력직공무원"이란 실적과 자격에 따라 임용되고 그 신분이 보장되며 평생 동안(근무기간을 정하여 임용하는 공무원의 경우에는 그 기간 동안을 말한다) 공무원으로 근무할 것이 예정되는 공무원을 말하며, 그 종류는 다음 각 호와 같다.
>
> ① [×] 소방 공무원은 경력직 공무원 중 특정직 공무원이다.
>
> 국가공무원법 제2조(공무원의 구분)
> 1. 일반직공무원: 기술·연구 또는 행정 일반에 대한 업무를 담당하는 공무원
> 2. 특정직공무원: 법관, 검사, 외무공무원, 경찰공무원, 소방공무원, 교육공무원, 군인, 군무원, 헌법재판소 헌법연구관, 국가정보원의 직원, 경호공무원과 특수 분야의 업무를 담당하는 공무원으로서 다른 법률에서 특정직공무원으로 지정하는 공무원
>
> ② [×] 국회수석전문위원은 별정직 공무원에 해당한다.
> ③ [×] 차관은 정무직 공무원이며, 1~3급 공무원은 일반적으로 일반직 공무원으로 경력직 공무원에 해당한다.

06
( ) 안에 들어갈 말을 바르게 나열한 것은? 2016. 국가직 7급

국가공무원법 상 행정각부의 차관은 (㉠)공무원 중 (㉡)공무원이다.

	㉠	㉡
①	경력직	일반직
②	경력직	특정직
③	특수경력직	별정직
④	특수경력직	정무직

> **정답** ④
> **해설** 국가공무원법 상 행정각부의 차관은 특수경력직 공무원 중 정무직 공무원에 해당한다.

07
다음 중 우리나라 공무원 분류에 대한 설명으로 옳은 것은? 2016. 국회 9급

① 특수경력직 공무원은 일반직 공무원을 제외한 공무원을 통칭하는 말이다.
② 별정직 공무원은 특정직 공무원의 한 유형이다.
③ 법관과 검사는 특수경력직 공무원에 해당된다.
④ 국회사무총장, 감사원장 등은 정무직 공무원이다.
⑤ 특수경력직 공무원은 특정직 공무원과 정무직 공무원으로 구성된다.

> **정답** ④ [○]
> **해설** ① [×] 일반직 외에 특정직 공무원도 특수경력직이 아닌 경력직 공무원에 속하므로 틀린 설명이다.
> ② [×] 별정직 공무원은 특수경력직 공무원의 한 유형이고, 특정직 공무원은 경력직 공무원의 한 유형이다.
> ③ [×] 법관과 검사는 특정직 공무원이므로, 경력직 공무원에 해당된다.
> ⑤ [×] 특수경력직 공무원은 정무직 공무원과 별정직 공무원으로 구성된다. 특정직 공무원은 경력직 공무원이다.

08
다음 중 국가공무원법 및 지방공무원법 상 특수경력직 공무원에 해당하는 사람을 〈보기〉에서 모두 고르면? 2017. 국회 8급

보기
ㄱ. A 파출소에 근무 중인 순경 甲
ㄴ. B 국회의원 의원실에 근무 중인 비서관 乙
ㄷ. 국토교통부에서 차관으로 근무 중인 丙
ㄹ. C 병무청에서 근무 중인 군무원 丁
ㅁ. 청와대에서 대통령비서실 민정수석비서관으로 근무하는 戊

① ㄱ, ㄴ, ㄷ
② ㄱ, ㄷ, ㄹ
③ ㄱ, ㄹ, ㅁ
④ ㄴ, ㄷ, ㅁ
⑤ ㄴ, ㄹ, ㅁ

정답 ④ ㄴ, ㄷ, ㅁ [○]
해설 ㄴ. [○] 국회의원 비서관은 특수경력직 공무원 중 별정직 공무원에 해당한다.
ㄷ. [○] 차관은 특수경력직 공무원 중 정무직 공무원에 해당한다.
ㅁ. [○] 대통령비서실 비서관은 특수경력직 공무원 중 정무직 공무원에 해당한다.
ㄱ. [×] 경찰은 경력직 공무원 중 특정직 공무원에 해당한다.
ㄹ. [×] 군무원은 경력직 공무원 중 특정직 공무원이다.

ㄹ [×] 임기제 공무원은 전문지식·기술, 특수성이 요구되는 업무를 담당하기 위한 공무원으로 경력직공무원으로 임용된다.

국가공무원법 제26조의5(근무기간을 정하여 임용하는 공무원) ① 임용권자는 전문지식·기술이 요구되거나 임용관리에 특수성이 요구되는 업무를 담당하게 하기 위하여 경력직공무원을 임용할 때에 일정기간을 정하여 근무하는 공무원(이하 "임기제공무원"이라 한다)을 임용할 수 있다.

09
정무직 공무원에 해당하지 <u>않는</u> 것은?　　2019. 국가 7급

① 국가정보원 차장
② 국무총리실 사무차장
③ 헌법재판소 사무차장
④ 감사원 사무차장

정답 ④ [×]
해설 감사원 사무차장은 일반직 공무원에 해당한다.

11
전문경력관제도에 대한 설명으로 옳지 <u>않은</u> 것은?　　2018. 국가 9급

① 소속 장관은 해당 기관의 일반직공무원 직위 중 순환보직이 곤란하거나 장기 재직 등이 필요한 특수 업무 분야의 직위를 인사혁신처장과 협의하여 전문경력관직위로 지정할 수 있다.
② 일반직공무원과 마찬가지로 계급 구분과 직군 및 직렬의 분류를 적용한다.
③ 전문경력관직위의 군은 직무의 특성·난이도 및 직무에 요구 되는 숙련도 등에 따라 구분한다.
④ 임용권자는 일정한 경우에 전직시험을 거쳐 전문경력관을 다른 일반직공무원으로 전직시킬 수 있다.

10
공무원 구분에 관한 설명으로 옳은 것을 〈보기〉에서 고른 것은?　　2017. 지방교행 9급

〈보기〉
ㄱ. 헌법재판소 헌법연구관은 특정직 공무원이다.
ㄴ. 감사원 사무총장은 별정직 공무원이다.
ㄷ. 실적주의 적용과 신분보장의 여부에 따라 경력직과 특수경력직 공무원으로 구분된다.
ㄹ. 임기제공무원은 근무 기간을 정하여 임용하는 특수경력직 공무원이다.

① ㄱ, ㄴ　　② ㄱ, ㄷ
③ ㄴ, ㄹ　　④ ㄷ, ㄹ

정답 ② ㄱ, ㄷ [○]
해설 ㄱ. [○] 헌법재판소의 헌법연구관은 경력직 공무원의 특정직 공무원에 해당한다.
ㄷ. [○] 경력직과 특수경력직 공무원은 실적주의와 직업공무원제의 적용여부에 따라 구분할 수 있다.
ㄴ. [×] 감사원 사무총장은 특수경력직 공무원의 정무직(별정직 ×) 공무원에 해당한다.

정답 ② [×]
해설 전문경력관직위의 군은 일반직 공무원과는 달리 직무의 특성·난이도 및 직무에 요구되는 숙련도 등에 따라 가군, 나군 및 다군으로 구분한다.
①, ③ [○]

전문경력관 규정 제3조(전문경력관직위 지정) ① 임용령 제2조제3호에 따른 소속 장관(이하 "소속 장관"이라 한다)은 해당 기관의 일반직공무원 직위 중 순환보직이 곤란하거나 장기 재직 등이 필요한 특수 업무 분야의 직위를 전문경력관직위로 지정할 수 있다.
전문경력관 규정 제4조(직위군 구분) ① 제3조에 따른 전문경력관 직위(이하 "전문경력관직위"라 한다)의 군(이하 "직위군"이라 한다)은 직무의 특성·난이도 및 직무에 요구되는 숙련도 등에 따라 가군, 나군 및 다군으로 구분한다.

④ [○] 전문경력관 규정 제17조 제1항

제17조(전직) ① 임용권자는 다음 각 호의 어느 하나에 해당하는 경우에는 전직시험을 거쳐 <u>전문경력관을 다른 일반직공무원으로 전직시키거나 다른 일반직공무원을 전문경력관으로 전직시</u>킬 수 있다.

> 1. 직제나 정원의 개정 또는 폐지로 인하여 해당 직(職)의 인원을 조정할 필요가 있는 경우
> 2. 제7조에 따른 전문경력관 경력경쟁채용시험 등의 응시요건을 갖춘 경우(전문경력관이 아닌 일반직공무원이 전문경력관으로 전직하는 경우로 한정한다)

12
우리나라의 공무원에 대한 설명으로 옳지 않은 것은?

2017. 국가 9급

① 특수경력직 공무원은 경력직 공무원 이외의 공무원으로서 실적주의와 직업공무원제의 획일적인 적용을 받지는 않는다.
② 법관, 검사, 외무공무원, 경찰공무원, 소방공무원, 교육공무원, 군인, 군무원, 헌법재판소 헌법연구관, 국가정보원 직원 등은 경력직 공무원 중에서 특정직 공무원에 해당한다.
③ 선거로 취임하거나 임명할 때 국회의 동의가 필요한 공무원은 특수경력직 공무원 중에서 정무직 공무원에 해당한다.
④ 고위공무원단은 중앙행정기관과 지방자치단체의 실장·국장 및 이에 상당하는 보좌기관에 임용되어 재직 중이거나 파견·휴직 등으로 인사관리 되고 있는 국가공무원과 지방공무원을 말한다.

정답 ④ [×]
해설 지방공무원은 고위공무원단에 포함되지 않는다. 다만 지방에서 근무하는 국가직 고위공무원은 고위공무원단에 포함된다.

13
「국가공무원법」상 우리나라 인사제도에 대한 설명으로 옳지 않은 것은?

2016. 지방 9급

① 인사혁신처장은 고위공무원단에 속하는 공무원이 갖추어야 할 능력과 자질을 설정하고 이를 기준으로 고위공무원단 직위에 임용되려는 자를 평가하여 신규채용·승진임용 등 인사관리에 활용할 수 있다.
② 국가공무원은 경력직 공무원과 특수경력직 공무원으로 구분하고 경력직 공무원은 다시 일반직 공무원과 특정직 공무원으로 나뉜다.
③ 개방형 직위로 지정된 직위에는 외부 적격자뿐만 아니라 내부 적격자도 임용할 수 있다.
④ 고위공무원단에 속하는 일반직 공무원의 경우 소속 장관은 해당 기관에 소속되지 아니한 공무원에 대하여 임용제청을 할 수 없다.

정답 ④ [×]
해설 고위공무원단에 속하는 일반직 공무원의 경우 소속 장관은 해당 기관에 소속되지 아니한 공무원에 대하여도 임용제청 할 수 있다.

> 「국가공무원법」제32조(임용권자) ① 행정기관 소속 5급 이상 공무원 및 고위공무원단에 속하는 일반직공무원은 소속 장관의 제청으로 인사혁신처장과 협의를 거친 후에 국무총리를 거쳐 대통령이 임용하되, 고위공무원단에 속하는 일반직공무원의 경우 소속 장관은 해당 기관에 소속되지 아니한 공무원에 대하여도 임용제청할 수 있다.

14

통상적인 근무시간보다 짧은 시간(주 15~35시간)을 근무하는 공무원으로서 일반 공무원처럼 시험을 통해 채용되고 정년이 보장되는 공무원으로 옳은 것은?

2020. 군무원 9급

① 시간선택제전환공무원
② 시간선택제임기제공무원
③ 시간선택제채용공무원
④ 한시임기제공무원

> **정답** ③ [○]
> **해설** ① [×] 시간선택제전환공무원은 정규직으로 임용된 이후 중간에 시간선택제채용공무원으로 전환된 공무원을 말한다.
> ② [×] 임기제공무원 중 시간선택제채용공무원으로 채용된 공무원을 말한다.
> ④ [×] 한시임기제공무원은 임기제공무원 중 공무원의 휴직이나 병가, 특별휴가로 인한 공무원의 업무를 대행하기 위하여 1년 6개월 이내의 기간 동안 임용되는 임기제 공무원을 말한다.

15

우리나라의 시간선택제 공무원 제도에 대한 설명으로 옳은 것은?

2017. 지방 7급

① 시간선택제채용공무원을 통상적인 근무시간 동안 근무하는 공무원으로 임용하는 경우 어떠한 우선권도 인정하지 않는다.
② 유연근무제도의 일환으로 도입되었으며, 기관 사정이나 정부의 일자리 나누기 정책 구현 등을 위해서는 활용되지 않는다.
③ 시간선택제채용공무원의 주당 근무시간은 40시간으로 한다.
④ 2013년에 국가공무원, 2015년에 지방공무원을 대상으로 시간 선택제채용공무원 시험이 최초로 실시되었다.

> **정답** ① [○]
> **해설**
> 공무원임용령 제3조의3 (시간선택제채용공무원의 임용) ③ 시간선택제채용공무원을 통상적인 근무시간 동안 근무하는 공무원으로 임용하는 경우에는 어떠한 우선권도 인정하지 아니한다.
>
> ②, ③ [×] 통상적인 근무시간 보다 짧은 시간(주당 20시간, 5시간 범위에서 조정가능)을 근무하는 공무원으로 유연근무제도의 일환으로 도입되었으며, 기관 사정이나 정부의 일자리 나누기 정책 구현 등을 위해서 활용되기도 한다.
>
> 국가공무원법 제26조의2 (근무시간의 단축 임용) 국가기관의 장은 업무의 특성이나 기관의 사정 등을 고려하여 소속 공무원을 대통령령 등으로 정하는 바에 따라 통상적인 근무시간보다 짧게 근무하는 공무원으로 임용할 수 있다.
>
> ④ [×] 2014년부터 국가직·지방직 공무원을 대상으로 시간선택제 채용 공무원 시험이 최초로 실시되었다.

제4절 우리나라 공무원 제도

01
개방형 인사관리에 관한 설명으로 틀린 것은?

2014. 서울시 9급

① 충원된 전문가들이 관료집단에서 중요한 역할을 수행하게 된다.
② 개방형은 승진기회의 제약으로, 직무의 폐지는 대개 퇴직으로 이어진다.
③ 정치적 리더십의 요구에 따른 고위층의 조직 장악력의 약화를 초래한다.
④ 공직의 침체, 무사안일주의 등 관료제의 병리를 억제한다.
⑤ 민간부문과의 인사교류로 적극적 인사행정이 가능하다.

정답 ③ [×]
해설 개방형 인사관리는 정치적 임용이 가능하기 때문에 정치적 리더십의 요구에 따른 고위층의 조직 장악력의 강화를 초래한다.

02
개방형 인사제도에 대한 설명으로 옳지 않은 것은?

2015. 지방 9급

① 폭넓은 지식을 갖춘 일반행정가를 육성하는 데에 효과적이다.
② 기존 관료들에게 승진기회가 축소될 수 있다는 불안감을 주고 사기를 저하시킬 수 있다.
③ 정실주의로 전락할 가능성이 있다.
④ 기존 내부관료들에게 전문성 축적에 대한 자극제가 된다.

정답 ① [×]
해설 개방형 인사제도는 전문행정가 육성에 유리하며, 폭넓은 지식과 안목을 갖춘 일반행정가를 양성하는 데에는 불리하다.

03
중앙행정기관의 개방형 임용제도에 대한 설명으로 옳지 않은 것은?

2016. 지방교행 9급

① 경력개방형 직위제도는 공무원과 민간인이 경쟁하여 최적임자를 선발하는 것이다.
② 개방형 직위는 고위공무원단 또는 과장급 직위 총수의 20% 범위에서 지정한다.
③ 공무원이 개방형 직위나 공모직위를 통해 임용된 경우 공히 임용기간 만료 후 원 소속으로 복귀가 가능하다.
④ 공모직위제도는 타 부처 공무원들과의 경쟁을 통해 최적임자를 선발하는 제도로 경력직 고위공무원단 직위 수의 30% 범위에서 지정한다.

정답 ① [×]
해설 경력개방형 직위제도는 공직 외부에서만 적격자를 선발하는 제도이다.

> 개방형 직위 및 공모 직위의 운영 등에 관한 규정 제3조(개방형 직위의 지정)
> ③ 소속 장관은 제1항 및 제2항에 따른 개방형 직위 중 특히 공직 외부의 경험과 전문성을 적극 활용할 필요가 있는 직위를 공직 외부에서만 적격자를 선발하는 개방형 직위(이하 "경력개방형 직위"라 한다)로 지정할 수 있다.

③ [○] 공무원이 개방형 직위나 공모직위를 통해 임용된 경우 임용기간 만료 후 원소속으로 복귀가 가능하다(개방형 직위 및 공모 직위의 운영 등에 관한 규정 제10조).

> 개방형 직위 및 공모 직위의 운영 등에 관한 규정 제10조(개방형 직위 임용기간 만료자의 보직관리 등) ① 고위공무원단직위에 개방형임용될 당시 고위공무원단 직위 또는 그에 상당하는 직위에 재직하고 있던 경력직공무원이었던 사람 또는 고위공무원단 직위로의 승진임용 요건을 갖춘 공무원이었던 사람의 임용기간이 만료되는 경우 소속 장관은 그 공무원을 경력직고위공무원으로 임명할 수 있는 직위에 임용하여야 한다. 다만, 고위공무원단 개방형 직위에 임용될 당시 다른 중앙행정기관, 지방자치단체 또는 지방교육행정기관 소속 공무원이었던 사람에 대해서는 제9조제1항에 따른 임용기간이 만료되는 날의 3개월 전까지 원(原) 소속 기관(개방형 직위 임용 당시의 소속 기관을 말한다. 이하 이 조 및 제19조에서 같다)으로의 복귀 여부를 결정하되, 그 공무원이 원 소속 기관에서의 근무를 원하는 경우에는 임용기간이 만료된 후 원 소속 장관(지방자치단체의 장을 포함한다. 이하 같다)은 그 공무원을 경력직고위공무원(지방공무원의 경우에는 개방형 직위 임용 당시의 직급을 말한다)으로 임명할 수 있는 직위에 임용하여야 한다.

우리나라 개방형 임용제도 비교

구분	공모 직위 (국가공무원법 제28조의5)	개방형 직위	
		(국가공무원법 제28조의 4)	경력개방형 직위 (개방형 직위 및 공모 직위의 운영 등에 관한 규정 제3조 제3항)
사유	효율적인 정책수립·관리	전문성, 효율적인 정책수립	개방형 직위 중 특히 공직 외부의 경험과 전문성을 적극 활용할 필요가 있는 직위
선발 범위	부처 내·외 (현직 공무원에 한함)	공직 내·외 (민간인 포함)	공직 외부에서만

구 분		개방형 직위	공모 직위
사유		전문성, 효율적인 정책수립	효율적인 정책수립·관리
대상 직종		일반직·특정직·별정직	일반직·특정직 (경력직에 한함)
선발 범위		공직 내외 (민간인 포함)	부처 내외 (현직 공무원에 한함)
지정 범위	중앙 행정 기관	• 고위공무원단 직위 총수의 20% 이내 • 과장급직위 총수의 20% 이내	• 고위공무원단 직위 총수의 30% 이내 • 과장급직위 총수의 20% 이내
	지방 자치 단체	• 광역자치단체 1~5급 공무원의 10% 이내 • 기초자치단체의 2~5급 직위의 10% 이내	공모직위 지정범위와 지정 비율은 임용권자가 정함
신분		임기제 공무원 원칙 (경력직도 가능)	경력직 공무원
임용기간		5년 범위 안에서 소속장관이 정하되, 최소 2년 이상	기간 제한 없음

04
우리나라 인사제도에 대한 설명으로 옳지 않은 것은?
2020. 국가 9급

① 인사혁신처는 비독립형 단독제 형태의 중앙인사기관이다.
② 전문경력관이란 직무 분야가 특수한 직위에 임용되는 일반직 공무원을 말한다.
③ 별정직 공무원의 근무상한연령은 65세이며, 일반임기제 공무원으로 채용할 수 있다.
④ 각 부처의 고위공무원을 범정부적 차원에서 효율적으로 관리 하고자 고위공무원단 제도를 운영하고 있다.

정답 ③ [×]
해설 별정직 공무원의 근무상한 연령도 일반직 공무원과 마찬가지로 60세이다.

> 별정직 공무원 인사규정 제6조(근무상한연령) ① 별정직공무원의 근무상한연령은 60세로 한다. 다만, 「대통령 등의 경호에 관한 법률」제6조에 따른 별정직공무원에 대해서는 임용권자나 임용제청권자가 근무상한연령을 따로 정할 수 있다.

05
우리나라 고위공무원단제도에 대한 설명으로 옳지 않은 것은?
2011. 지방 9급

① 국가의 고위공무원을 범정부적 차원에서 효율적으로 인사관리하기 위하여 도입하였다.
② 개방형임용 방법, 직위공모 방법, 자율임용 방법을 실시한다.
③ 국가공무원으로 보하는 부시장, 부지사, 부교육감 등은 해당되지 않는다.
④ 원칙적으로 직무성과급적 연봉제를 적용한다.

정답 ③ [×]
해설 국가공무원으로 보하는 부시장, 부지사, 부교육감 등도 고위공무원단에 포함된다.

06
고위공무원단제도에 대한 설명으로 옳지 않은 것은?

2021. 지방 9급

① 역량 중심의 인사관리
② 계급 중심의 인사관리
③ 성과와 책임 중심의 인사관리
④ 개방과 경쟁 중심의 인사관리

정답 ② [×]
해설 고위공무원단 제도는 1~3급의 계급을 폐지하고 직무등급을 적용하여 계급보다는 직무중심의 인사관리를 강조한다.

07
고위공무원단제도에 대한 설명으로 옳지 않은 것은?

2016. 국가 9급

① 전(全) 정부적으로 통합 관리되는 공무원 집단이다.
② 계급제나 직위분류제적 제약이 약화되어 인사 운영의 융통성이 강화된다.
③ 고위공무원단에 속하는 모든 일반직 공무원의 신규채용 임용권은 각 부처의 장관이 가진다.
④ 성과계약을 통해 고위직에 대한 성과관리가 강화된다.

정답 ③ [×]
해설 고위공무원단에 속하는 모든 일반직 공무원의 신규채용 임용권은 대통령의 권한이다.

> 국가공무원법 제32조(임용권자) ① 행정기관 소속 5급 이상 공무원 및 고위공무원단에 속하는 일반직공무원은 소속 장관의 제청으로 인사혁신처장과 협의를 거친 후에 국무총리를 거쳐 대통령이 임용하되, 고위공무원단에 속하는 일반직공무원의 경우 소속 장관은 해당 기관에 소속되지 아니한 공무원에 대하여도 임용제청할 수 있다. 이 경우 국세청장은 국회의 인사청문을 거쳐 대통령이 임명한다.
>
> ② [○] 계급제를 근간으로 하는 영국이나 우리나라는 고위공무원단 제도에 직위분류제적 요소를 가미하고, 직위분류제를 취하는 미국은 계급제적 요소를 도입함으로써 전통적인 계급제 또는 직위분류제적 제약이 약화되어 인사 운영의 융통성이 강화된다.

08
'고위공무원단'에 대한 설명으로 옳지 않은 것은?

2014. 지방 9급

① 우리나라에서 '고위공무원'이 되기 위해서는 '고위공무원후보자과정'을 이수해야 하고, '역량평가'를 통과해야 한다.
② 미국의 '고위공무원단' 제도에는 엽관주의적 요소가 혼재되어 있다.
③ 우리나라의 경우 이명박 정부 시기인 2008년 7월 1일에 '고위공무원단' 제도를 도입하였다.
④ 미국에서는 '고위공무원단' 제도를 카터 행정부 시기인 1978년에 공무원제도개혁법 개정으로 도입하였다.

정답 ③ [×]
해설 우리나라는 2006년 노무현 정부에서 고위공무원단 제도를 처음 도입, 시행하였다.

09
우리나라 고위공무원단 제도 운영의 효과에 대한 설명으로 옳지 않은 것은?

2018. 지방 7급

① 민간전문가의 고위직 임용가능성이 증가하였다.
② 연공서열에 의한 인사관리를 강화하여 직위의 안정을 도모하였다.
③ 고위직 공무원이 다른 부처로 이동할 가능성이 증가하였다.
④ 공무원 개개인의 능력발전과 성과관리의 중요성이 더욱 커졌다.

정답 ② [×]
해설 고위공무원단 제도는 연공서열 중심의 인사관리가 아닌 직무와 성과중심의 인사관리를 특징으로 하며, 성과평가 결과에 따른 적격심사를 통해 직권면직이 가능하도록 함으로써 신분보장을 완화하였다.

10
고위공무원단제도에 대한 설명으로 옳은 것은?

2017. 국가 7급

① 고위공무원단의 구성은 소속 장관별로 개방형 직위 30%, 공모 직위 20%, 기관자율 직위 50%로 이루어져 있다.
② 고위공무원단 직무 등급이 2009년 2등급에서 5등급으로 변경됨에 따라 계급중심의 인사관리로 회귀할 가능성이 높아졌다.
③ 적격 심사에서 부적격 결정을 받은 경우에 한해서만 직권면직이 가능하므로 제도 도입 전보다 고위공무원의 신분보장이 강화되었다.
④ 고위공무원단으로 관리되는 풀(pool)에는 일반직공무원 뿐만 아니라 외무공무원도 포함된다.

정답 ④ [O]
해설 ① [×] 고위공무원단은 개방형직위(20%), 공모직위(30%), 부처자율직위(50%)로 구성된다.
② [×] 고위공무원단 직무등급은 2009년 5등급에서 2등급으로 변경되었다.
③ [×] 적격 심사에서 부적격 결정을 받은 경우 직권면직이 가능하도록 함으로써 고위공무원의 신분보장이 완화되었다.

11
역량평가에 대한 설명으로 옳은 것만을 모두 고르면?

2018. 지방 9급

ㄱ. 역량은 조직의 평균적인 성과자의 행동특성과 태도를 의미한다.
ㄴ. 다수의 훈련된 평가자가 평가대상자가 수행하는 역할과 행동을 관찰하고 합의하여 평가결과를 도출한다.
ㄷ. 고위공무원단 역량평가의 대상은 문제인식, 전략적 사고, 성과지향, 변화관리, 고객만족, 조정·통합의 6가지 역량으로 구성되어 있다.
ㄹ. 고위공무원단 후보자가 되기 위해서는 역량평가를 거친 후 반드시 고위공무원단 후보자 교육과정을 이수해야 한다.

① ㄱ, ㄴ
② ㄱ, ㄹ
③ ㄴ, ㄷ
④ ㄷ, ㄹ

정답 ③ ㄴ, ㄷ [O]
해설 ㄱ. [×] 역량이란 직무에서 탁월한 성과를 나타내는 고성과자에게서 일관되게 관찰되는 행동적 특성이다.
ㄹ. [×] 고위공무원단 후보자가 되기 위해서는 역량평가를 통과해야 한다.

12
다음 중 역량평가제도에 대한 설명으로 가장 옳은 것은?

2016. 서울시 9급

① 역량평가제도는 근무 실적 수준만으로 해당 업무 수행을 위한 역량을 보유하고 있는지에 대해 평가하는 것을 목적으로 한다.
② 역량평가제도는 대상자의 과거 성과를 평가하는 것이고 성과에 대한 외부 변수를 통제하지 않는다.
③ 역량평가제도는 구조화된 모의 상황을 설정한 뒤 현실적 직무 상황에 근거한 행동을 관찰해 평가하는 방식이다.
④ 역량평가는 한 개의 실행 과제만을 활용하여 평가한다.

정답 ③ [O]
해설 ① [×] 역량평가제는 근무 실적 수준만으로 평가하는 것이 아니라, 다양한 평가기법을 활용하여 실제와 유사한 모의상황에서의 피평가자 행동 특성을 다수의 평가자가 평가한다.
② [×] 역량평가제도는 미래 행동에 대한 잠재력을 측정하며, 성과에 대한 외부변수를 통제함으로써 객관적 평가가 가능하다.
④ [×] 역량평가는 역할수행, 서류함기법, 집단토론 등 다양한 실행과제로 평가한다.

13
역량평가제에 대한 설명 중 옳은 것만을 모두 고른 것은?
2014. 사복직 9급

> ㄱ. 일종의 사전적 검증장치로 단순한 근무실적 수준을 넘어 공무원에게 요구되는 해당 업무 수행을 위한 충분한 능력을 보유하고 있는지에 대한 평가를 목적으로 한다.
> ㄴ. 근무실적과 직무수행능력을 대상으로 정기적으로 이루어지며 그 결과는 승진과 성과급 지급, 보직관리 등에 활용된다.
> ㄷ. 조직 구성원으로 하여금 조직 내외의 모든 사람과 원활한 인간관계를 증진시키려는 강한 동기를 부여함으로써 업무 수행의 효율성을 제고할 수 있다.
> ㄹ. 다양한 평가기법을 활용하여 실제 업무와 유사한 모의상황에서 나타나는 평가 대상자의 행동 특성을 다수의 평가자가 평가하는 체계이다.
> ㅁ. 미래 행동에 대한 잠재력을 측정하는 것이며 성과에 대한 외부변수를 통제함으로써 객관적 평가가 가능하다.

① ㄱ, ㄴ, ㄷ
② ㄱ, ㄹ, ㅁ
③ ㄴ, ㄷ, ㄹ
④ ㄷ, ㄹ, ㅁ

정답 ② ㄱ, ㄹ, ㅁ [O]
해설 ㄴ. [×] 5급 이하 공무원에 적용되는 근무성적평가에 대한 설명이다. 근무성적평가는 근무실적과 직무수행능력을 대상으로 연 2회 정기적으로 평가한다.
ㄷ. [×] 다면평가제에 대한 설명이다.

14
우리나라 국가공무원제도에 대한 설명으로 옳지 <u>않은</u> 것은?
2011. 국가 9급

① 현재 시행하고 있는 고위공무원단제도는 일반직 공무원만을 대상으로 하고 있다.
② 계급제를 기본으로 직위분류제적 요소를 가미하여 운영하고 있다.
③ 예산의 범위 안에서 기구, 정원, 보수 및 예산에 관한 자율성을 가지되 그 결과에 대하여 책임을 지는 총액인건비제를 운영할 수 있다.
④ 결원이 발생하였을 때 정부 내 공개모집을 통하여 해당 기관 내부 또는 외부의 공무원 중에서 적격자를 임용할 수 있는 공모직위제도를 운영할 수 있다.

정답 ① [×]
해설 우리나라의 고위공무원단은 중앙행정기관의 실·국장급 및 이에 상당하는 보좌기관으로 일반직, 별정직 공무원, 외무공무원, 행정부시장, 부지사, 부교육감 등으로 구성되어 있다.

국가공무원법 제2조의2 (고위공무원단) ① 국가의 고위공무원을 범정부적 차원에서 효율적으로 인사관리하여 정부의 경쟁력을 높이기 위하여 고위공무원단을 구성한다.
② 제1항의 "고위공무원단"이란 직무의 곤란성과 책임도가 높은 다음 각 호의 직위(이하 "고위공무원단 직위"라 한다)에 임용되어 재직 중이거나 파견·휴직 등으로 인사관리 되고 있는 <u>일반직공무원, 별정직공무원 및 특정직공무원(특정직공무원은 다른 법률에서 고위공무원단에 속하는 공무원으로 임용할 수 있도록 규정하고 있는 경우만 해당한다)</u>의 군(群)을 말한다.
1. 「정부조직법」 제2조에 따른 중앙행정기관의 실장·국장 및 이에 상당하는 보좌기관
2. 행정부 각급 기관(감사원은 제외한다)의 직위 중 제1호의 직위에 상당하는 직위
3. 「지방자치법」 제110조제2항, 제112조제5항 및 「지방교육자치에 관한 법률」 제33조제2항에 따라 국가공무원으로 보하는 지방자치단체 및 지방교육행정기관의 직위 중 제1호의 직위에 상당하는 직위

Chapter 03 인사행정 기관

제1절 중앙인사기관

01
중앙인사기관에 대한 설명으로 가장 옳지 않은 것은?
2017. 서울 9급

① 우리나라의 중앙인사위원회는 합의제 중앙인사기관으로 1999년부터 2008년까지 존속했다.
② 미국의 연방인사위원회가 독립형 합의제 중앙인사기관의 대표적인 예이다.
③ 일본의 총무성은 중앙인사기관이 행정부의 한 부처로 속해 있는 비독립형 단독제 기관의 예이다.
④ 현재 우리나라 인사혁신처는 합의제 중앙인사기관으로 설립되어 있다.

정답 ④ [×]
해설 현재 우리나라 인사혁신처는 합의제 기관이 아니라 비독립 단독형 중앙인사기관이다.

독립성 \ 합의성	합의성	단독성
독립성	독립합의형(위원회형) 미국 연방인사위원회 (1883~1978), 실적제보호위원회 (1978~), 연방노사관계청, 일본 인사원	(독립단독형)
비독립성	(비독립합의형)	비독립단독형(집행부형) 미국 인사관리처(OPM), 일본 총무성, 영국 인사관리처 · 총무부, 한국 인사혁신처 등

02
중앙인사기관에 대한 설명으로 옳지 않은 것은?
2016. 지방 9급

① 독립합의형은 엽관주의를 배제하고 실적제를 발전시키는 데 유리하지만 책임소재가 불분명해질 수 있는 단점이 있다.
② 비독립단독형은 집행부형태로 인사행정의 책임이 분명하고 신속한 의사결정을 가능하게 해주지만 인사행정의 정실화를 막기 어렵다.
③ 독립단독형은 독립합의형과 비독립단독형의 절충적 성격을 가진 형태로서 대표적인 예는 미국의 인사관리처나 영국의 공무원 장관실 등이다.
④ 정부 규모의 확대로 전략적 인적자원관리가 강조되어 중앙인사기관의 설치 및 기능이 중요시 된다.

정답 ③ [×]
해설 미국의 인사관리처(OPM), 영국 내각사무처의 공무원 장관실 등은 비독립 · 단독형에 속한다. 독립 · 단독형은 중앙인사기관이 독립성이 있으며, 한 사람의 기관장에 의해 관리되는 형태로 일반적으로 잘 활용되지 않는 형태이다.

03
현재 우리나라와 같은 유형의 중앙인사기관이 갖는 특성으로 적절한 것은?

2014. 국가 9급

① 인사에 대한 의사결정이 신속하고, 책임소재의 명확화가 가능한 유형이다.
② 행정수반의 적극적인 지원을 받고 있어 인사상의 공정성 확보가 용이하다.
③ 복수 위원들 간의 합의에 의한 결정방식을 특징으로 한다.
④ '1883년 펜들톤(Pendleton)법'에 의해 창설된 미국의 연방인사기구가 이 유형에 속한다.

정답 ①
해설 우리나라의 중앙인사기관은 인사혁신처로 비독립 단독형이다. 비독립단독형은 인사에 대한 의사결정이 신속하고 책임소재가 명확하다는 장점이 있다.
② [×] 비독립·단독형은 행정수반으로부터 인사행정의 독립성이 확보되어 있지 않기 때문에 인사의 공정성 확보가 곤란하다.
③, ④ [×] 독립·합의형 인사기관의 특성이다. 미국은 1883년 펜들튼법에 의하여 실적주의 확립과 함께 독립·합의제 인사기관인 인사위원회(Civil Service Commission)가 설치되었다.

04
인사행정기관의 유형에 대한 설명으로 옳지 <u>않은</u> 것은?

2019. 국회 9급

① 독립합의형은 엽관주의의 영향력을 배제함으로써 실적제를 발전시키는 데 유리하다.
② 비독립단독형은 인사행정의 정실화와 기관장의 자의적 결정을 견제하기 어렵다.
③ 독립단독형의 조직 형태가 가장 보편적이고 흔하다.
④ 비독립합의형은 미국의 연방노동관계청(FLRA)과 과거 우리나라의 중앙인사위원회 등이 있다.
⑤ 독립합의형은 행정수반이 정책을 강력하게 추진하기 위한 인사관리 수단을 제한한다.

정답 ③ [×]
해설 일반적으로 중앙인사기관의 조직형태는 독립합의형과 비독립단독형을 설치해 운영하거나, 이들을 절충해서 설치해 운영하는 절충형을 채택하는 것이 일반적이다(예 미국의 인사관리처(Office of Personal Management : OPM)는 집행부형의 비독립단독형 기관으로 전반적인 인사행정을, 실적제보호위원회(Merit System Protection Board : MSPB)는 위원회형인 독립합의형 기관으로 공무원의 권익보호를 위한 소청심사와 실적제도 보호기능을 수행한다). 독립단독형은 일반적으로 잘 활용되지 않는다.

제2절 우리나라 중앙인사기관

01
공무원과 관할 소청심사기관의 연결로 옳지 <u>않은</u> 것은?

2024. 국가 9급

① 경기도청 소속의 지방공무원 甲 - 경기도 소청심사위원회
② 지방검찰청 소속의 검사 乙 - 법무부 소청심사위원회
③ 소방청 소속의 소방위 丙 - 인사혁신처 소청심사위원회
④ 국립대학교 소속의 교수 丁 - 교육부 교원소청심사위원회

정답 ② [×]
해설 검사는 소청제도가 없다.
① [○] 경기도청 소속 지방공무원은 시·도 지방공무원 소청심사위원회가 관할이다.
③ [○] 소방공무원은 인사혁신처 소청심사위원회가 관할이다.
④ [○] 교원은 교육부 교원소청심사위원회가 관할이다.

행정부	국가공무원	경력직	일반직	인사혁신처 소청심사위원회
			외무·경찰·소방공무원 국가정보원, 대통령경호실	
		특정직	검사	소청심사제도 없음
			교원	교원소청심사위원회 (교육부)
			군인 장교 및 준사관	국방부 중앙군인사 소청심사위원회 / 항고심사위원회
			군인 부사관	각 군 본부의 군인사 소청심사위원회 / 항고심사위원회
			군무원	국방부 군무원 인사 소청심사위원회 / 항고심사위원회
		특수경력직	원칙적으로 소청대상에 포함되지 않음. 별정직의 경우 행정심판법 상 행정심판을 청구해야 함	
	지방공무원	경력직	일반	각 시·도 지방공무원 소청심사위원회
				교육소청심사위원회(지방직 교육직렬)
		특수경력직	원칙적으로 소청대상에 포함되지 않음	
입법부 (국회)	국회 사무처 소청심사위원회			

입법부 (국회)	국회 사무처 소청심사위원회
사법부 (법원)	법원 행정처 소청심사위원회
헌법재판소	헌법재판소 사무처 소청심사위원회
중앙선관위	중앙선거관리위원회 사무처 소청심사위원회

02
「국가공무원법」상 소청심사위원회를 둘 수 <u>없는</u> 기관은?

2018. 지방 7급

① 행정안전부
② 국회사무처
③ 중앙선거관리위원회사무처
④ 법원행정처

정답 ① [×]
해설 행정기관 소속 공무원의 징계처분, 그 밖에 그 의사에 반하는 불리한 처분이나 부작위에 대한 소청을 심사·결정하게 하기 위하여 인사혁신처에 소청심사위원회를 둔다.

> 국가공무원법 제9조(소청심사위원회의 설치) ① 행정기관 소속 공무원의 징계처분, 그 밖에 그 의사에 반하는 불리한 처분이나 부작위에 대한 소청을 심사·결정하게 하기 위하여 인사혁신처에 소청심사위원회를 둔다.
> ② 국회, 법원, 헌법재판소 및 선거관리위원회 소속 공무원의 소청에 관한 사항을 심사·결정하게 하기 위하여 국회사무처, 법원행정처, 헌법재판소사무처 및 중앙선거관리위원회사무처에 각각 해당 소청심사위원회를 둔다.

03
우리나라 중앙인사기관에 대한 설명으로 옳지 않은 것은?

2020. 국가 7급

① 인사혁신처는 세월호 침몰사고를 계기로 공직사회의 개방성과 전문성을 강화하고 공직개혁을 추구하기 위한 목적으로 설립되었다.
② 소청심사위원회는 공무원의 징계, 그 밖에 그 의사에 반하는 불리한 처분이나 부작위에 대한 소청을 심사 결정하기 위한 합의제기관으로 재결기능을 갖는다.
③ 인사혁신처는 독립합의형의 형태를 취한다.
④ 인사혁신처장은 차관급 정무직 공무원으로 대통령이 임명한다.

> **정답** ③ [×]
> **해설** 우리나라의 인사혁신처는 비독립단독형(독립합의형 ×)의 형태를 취한다.
> ② [○] 소청심사제도는 공무원이 징계처분 및 기타 그 의사에 반하는 불리한 처분이나 부작위에 대하여 이의를 제기하는 경우 이를 심사하고 결정하는 행정심판제도의 일종으로 준사법적 합의제 의결기관인 소청심사위원회에서 한다.
> ④ [○]
>> 정부조직법 제22조의3【인사혁신처】② 인사혁신처에 처장 1명과 차장 1명을 두되, 처장은 정무직으로 하고, 차장은 고위공무원단에 속하는 일반직공무원으로 보한다.

04
인사혁신처에 설치된 소청심사위원회에 대한 설명으로 옳지 않은 것은?

2014. 국가 7급

① 「정당법」에 따른 정당의 당원, 「공직선거법」에 따라 실시하는 선거에 후보로 등록한 자는 소청심사위원회의 위원이 될 수 없다.
② 다른 법률로 정하는 바에 따라 특정직공무원의 소청을 심사·결정할 수 있다.
③ 위원장 1명을 포함한 5명 이상 7명 이내의 상임위원으로 구성하고, 필요시 비상임위원을 둘 수 있다.
④ 행정기관 소속 공무원의 징계처분, 그 밖에 그 의사에 반하는 불리한 처분이나 부작위에 대한 소청을 심사·결정한다.

> **정답** ③ [×]
> **해설** 소청심사위원회는 위원장 1명을 포함한 5명 이상 7명 이내의 상임위원과 상임위원 수의 2분의 1 이상인 비상임위원으로 구성한다.
>> 국가공무원법 제9조(소청심사위원회의 설치) ③ 국회사무처, 법원행정처, 헌법재판소사무처 및 중앙선거관리위원회사무처에 설치된 소청심사위원회는 위원장 1명을 포함한 위원 5명 이상 7명 이하의 비상임위원으로 구성하고, 인사혁신처에 설치된 소청심사위원회는 위원장 1명을 포함한 5명 이상 7명 이하의 상임위원과 상임위원 수의 2분의 1 이상인 비상임위원으로 구성하되, 위원장은 정무직으로 보한다.
>
> ① [○]
>> 국가공무원법 제10조의2(소청심사위원회위원의 결격사유) ① 다음 각 호의 어느 하나에 해당하는 자는 소청심사위원회의 위원이 될 수 없다.
>> 1. 제33조 각 호의 어느 하나에 해당하는 자
>> 2. 「정당법」에 따른 정당의 당원
>> 3. 「공직선거법」에 따라 실시하는 선거에 후보자로 등록한 자

05

행정부 소속 소청심사위원회에 대한 설명으로 옳지 않은 것은?
2019. 국회 8급

① 심사의 결정을 하기 위해서는 재적 위원의 3분의 1이상의 출석이 필요하며, 심사의 결정은 출석위원의 과반수의 합의에 따른다.
② 강임·휴직·직위해제·면직 처분을 받은 공무원은 처분사유 설명서를 받은 후 30일 이내에 심사청구를 할 수 있다.
③ 소청심사위원회는 인사혁신처 소속이며 그 위원장은 정무직으로 보한다.
④ 원징계처분보다 무거운 징계를 부과하는 결정을 할 수 없다.
⑤ 위원장 1인을 포함한 5명 이상 7명 이하의 상임위원과 상임위원 수의 2분의 1 이상의 비상임위원으로 구성되어 있다.

> **정답** ① [×]
>
> **해설** 소청 사건의 심사·결정은 재적 위원 3분의 2이상의 출석과 출석 위원 과반수의 합의에 따른다.
>
> 국가공무원법 제14조(소청심사위원회의 결정) ① 소청 사건의 결정은 재적 위원 3분의 2 이상의 출석과 출석 위원 과반수의 합의에 따르되, 의견이 나뉠 경우에는 출석 위원 과반수에 이를 때까지 소청인에게 가장 불리한 의견에 차례로 유리한 의견을 더하여 그 중 가장 유리한 의견을 합의된 의견으로 본다.
>
> ② [○] 국가공무원법 제76조 제1항
>
> 국가공무원법 제75조(처분사유 설명서의 교부) ① 공무원에 대하여 징계처분 등을 할 때나 강임·휴직·직위해제 또는 면직처분을 할 때에는 그 처분권자 또는 처분제청권자는 처분사유를 적은 설명서를 교부(交付)하여야 한다.
>
> 국가공무원법 제76조(심사청구와 후임자 보충 발령) ① 제75조에 따른 처분사유 설명서를 받은 공무원이 그 처분에 불복할 때에는 그 설명서를 받은 날부터, 공무원이 제75조에서 정한 처분 외에 본인의 의사에 반한 불리한 처분을 받았을 때에는 그 처분이 있은 것을 안 날부터 각각 30일 이내에 소청심사위원회에 이에 대한 심사를 청구할 수 있다. 이 경우 변호사를 대리인으로 선임할 수 있다.
>
> ③, ⑤ [○] 국가공무원법 제9조 제1항, 제3항
>
> 국가공무원법 제9조(소청심사위원회의 설치) ① 행정기관 소속 공무원의 징계처분, 그 밖에 그 의사에 반하는 불리한 처분이나 부작위에 대한 소청을 심사·결정하게 하기 위하여 인사혁신처에 소청심사위원회를 둔다.
>
> ③ 국회사무처, 법원행정처, 헌법재판소사무처 및 중앙선거관리위원회사무처에 설치된 소청심사위원회는 위원장 1명을 포함한 위원 5명 이상 7명 이하의 비상임위원으로 구성하고, 인사혁신처에 설치된 소청심사위원회는 <u>위원장 1명을 포함한 5명 이상 7명 이하의 상임위원과 상임위원 수의 2분의 1 이상인 비상임위원으로 구성하되, 위원장은 정무직으로 보한다.</u>
>
> ④ [○] 국가공무원법 제14조 제7항

Chapter 04 공무원의 임용 및 능력발전

제1절 임용

01
공무원의 인사이동에 대한 설명으로 옳은 것은?

2020. 국가 9급

① 겸임은 한 사람에게 둘 이상의 직위를 부여하는 것으로 그 대상은 특정직 공무원이며, 겸임 기간은 3년 이내로 한다.
② 전직은 인사 관할을 달리하는 기관 사이의 수평적 인사이동에 해당하며, 예외적인 경우에만 전직시험을 거치도록 하고 있다.
③ 같은 직급 내에서 직위 등을 변경하는 전보는 수평적 인사이동에 해당하며, 전보의 오용과 남용을 방지하기 위해 전보가 제한되는 기간이나 범위를 두고 있다.
④ 예산 감소 등으로 직위가 폐지되어 하위 계급의 직위에 임용하려면 별도의 심사 절차를 거쳐야 하고, 강임된 공무원에게는 강임된 계급의 봉급이 지급한다.

정답 ③ [○]

해설

> 공무원임용령 제45조(필수보직기간의 준수) ① 임용권자 또는 임용제청권자는 소속 공무원을 해당 직위에 임용된 날부터 필수보직기간(휴직기간, 직위해제처분기간, 강등 및 정직 처분으로 인하여 직무에 종사하지 않은 기간은 포함하지 않는다. 이하 이 조에서 같다)이 지나야 다른 직위에 전보(소속 장관이 다른 기관으로 전보하는 경우는 제외한다. 이하 이 조에서 같다)할 수 있다. 이 경우 필수보직기간은 3년으로 하되, 「정부조직법」 제2조제3항 본문에 따라 실장·국장 밑에 두는 보조기관 또는 이에 상당하는 보좌기관인 직위에 보직된 3급 또는 4급 공무원, 연구관 및 지도관과 고위공무원단 직위에 재직 중인 공무원의 필수보직기간은 2년으로 한다.

① [×] 겸임은 직위 및 직무 내용이 유사하고 담당 직무 수행에 지장이 없다고 인정되는 경우에 한 사람의 공무원에게 둘 이상의 직위를 부여하는 것이다. 일반직공무원을 특정직공무원이나 특수 전문 분야의 특수 전문 분야의 일반직공무원 또는 교육·연구기관, 그 밖의 기관·단체의 임직원과 서로 겸임하게 할 수 있으며, 겸임기간은 2년 이내로 하며, 필요한 경우 2년의 범위에서 연장할 수 있다.

> 국가공무원법 제32조의3(겸임) 직위와 직무 내용이 유사하고 담당 직무 수행에 지장이 없다고 인정하면 대통령령등으로 정하는 바에 따라 일반직공무원을 대학 교수 등 특정직공무원이나 특수 전문 분야의 일반직공무원 또는 대통령령으로 정하는 관련 교육·연구기관, 그 밖의 기관·단체의 임직원과 서로 겸임하게 할 수 있다.
> 공무원임용령 제40조(겸임) ③ 제2항에 따른 겸임기간은 2년 이내로 하며, 특히 필요한 경우 2년의 범위에서 연장할 수 있다.

② [×] 전직은 직무의 종류가 달라지는 직렬을 달리하는 수평적 인사이동으로 원칙적으로 전직 시험을 거치도록 하고 있다. 인사 관할을 달리하는 기관 사이의 수평적 인사이동은 전출·입에 해당한다.

> 국가공무원법 제28조의2(전입) 국회, 법원, 헌법재판소, 선거관리위원회 및 행정부 상호 간에 다른 기관 소속 공무원을 전입하려는 때에는 시험을 거쳐 임용하여야 한다. 이 경우 임용 자격 요건 또는 승진소요최저연수·시험과목이 같을 때에는 대통령령등으로 정하는 바에 따라 그 시험의 일부나 전부를 면제할 수 있다.
> 국가공무원법 제28조의3(전직) 공무원을 전직 임용하려는 때에는 전직시험을 거쳐야 한다. 다만, 대통령령등으로 정하는 전직의 경우에는 시험의 일부나 전부를 면제할 수 있다.

④ [×] 강임은 별도의 심사 절차를 걸쳐야 하는 것은 아니며, 봉급도 강임된 봉급이 강임되기 전보다 많아지게 될 때까지는 강임되기 전의 봉급에 해당하는 금액을 지급한다.

> 국가공무원법 제73조의4(강임) ① 임용권자는 직제 또는 정원의 변경이나 예산의 감소 등으로 직위가 폐직되거나 하위의 직위로 변경되어 과원이 된 경우 또는 본인이 동의한 경우에는 소속 공무원을 강임할 수 있다.
> ② 제1항에 따라 강임된 공무원은 상위 직급 또는 고위공무원단 직위에 결원이 생기면 제40조·제40조의2·제40조의4 및 제41조에도 불구하고 우선 임용된다. 다만, 본인이 동의하여 강임된 공무원은 본인의 경력과 해당 기관의 인력 사정 등을 고려하여 우선 임용될 수 있다.
> 공무원보수규정 6조(강임 시 등의 봉급 보전) ① 강임된 사람에게는 강임된 봉급이 강임되기 전보다 많아지게 될 때까지는 강임되기 전의 봉급에 당하는 금액을 지급한다.

02
공무원의 인사이동 방식에 대한 설명으로 옳지 않은 것은?
2025. 국가 9급

① '승진'은 상위 직급에 적합한 인재를 하위 직급으로부터 선별해 내는 내부임용을 말한다.
② '겸임'은 한 사람의 공무원에게 둘 이상의 직위를 부여하는 것을 말한다.
③ '강임'은 같은 직렬 내에서 하위 직급에 임명하거나 하위 직급이 없어 다른 직렬의 하위 직급으로 임명하는 것을 말한다.
④ '전직'은 같은 직급 내에서의 보직 변경 또는 고위공무원단 직위 간의 보직 변경을 말한다.

정답 ④
해설 ④는 전보에 대한 설명이다. 전직은 직렬을 달리하는 임명이다.

③ [O] 「국가공무원법」 제28조의2

제28조의2 (전입) 국회, 법원, 헌법재판소, 선거관리위원회 및 행정부 상호 간에 다른 기관 소속 공무원을 전입하려는 때에는 시험을 거쳐 임용하여야 한다. 이 경우 임용 자격 요건 또는 승진소요최저연수·시험과목이 같을 때에는 대통령령등으로 정하는 바에 따라 그 시험의 일부나 전부를 면제할 수 있다.

④ [O] 「국가공무원법」 제32조의3

제32조의3 (겸임) 직위와 직무 내용이 유사하고 담당 직무 수행에 지장이 없다고 인정하면 대통령령등으로 정하는 바에 따라 경력직공무원 상호 간에 겸임하게 하거나 경력직공무원과 대통령령으로 정하는 관련 교육·연구기관, 그 밖의 기관·단체의 임직원 간에 서로 겸임하게 할 수 있다.

②, ⑤ [O] 「국가공무원법」 제5조

「국가공무원법」 제5조(정의) 이 법에서 사용하는 용어의 뜻은 다음과 같다.
4. "강임(降任)"이란 같은 직렬 내에서 하위 직급에 임명하거나 하위 직급이 없어 다른 직렬의 하위 직급으로 임명하거나 고위공무원단에 속하는 일반직공무원(제4조제2항에 따라 같은 조 제1항의 계급 구분을 적용하지 아니하는 공무원은 제외한다)을 고위공무원단 직위가 아닌 하위 직위에 임명하는 것을 말한다.
5. "전직(轉職)"이란 직렬을 달리하는 임명을 말한다.
6. "전보(轉補)"란 같은 직급 내에서의 보직 변경 또는 고위공무원단 직위 간의 보직 변경(제4조제2항에 따라 같은 조 제1항의 계급 구분을 적용하지 아니하는 공무원은 고위공무원단 직위와 대통령령으로 정하는 직위 간의 보직 변경을 포함한다)을 말한다.

03
인사이동에 대한 설명으로 옳지 않은 것은? 2025. 국회 8급

① 강임은 중징계의 하나로 한 계급 아래로 이동하는 것이다.
② 전보는 동일한 직급 내에서 직위만 변경하는 것이다.
③ 전입이란 인사관할을 달리하는 입법부·행정부·사법부 간 소속을 달리하는 인사이동을 말한다.
④ 겸임은 직위 및 직무 내용이 유사하고 담당 직무 수행에 지장이 없다고 인정하는 경우 한 사람의 공무원에게 둘 이상의 직위를 부여하는 것이다.
⑤ 전직은 상이한 직렬의 동일한 계급 또는 등급으로 수평이동 하는 것이다.

정답 ① [×]
해설 강등에 대한 설명이다.

제80조(징계의 효력) ① 강등은 1계급 아래로 직급을 내리고(고위공무원단에 속하는 공무원은 3급으로 임용하고, 연구관 및 지도관은 연구사 및 지도사로 한다) 공무원신분은 보유하나 3개월간 직무에 종사하지 못하며 그 기간 중 보수는 전액을 감한다. 다만, 제4조제2항에 따라 계급을 구분하지 아니하는 공무원과 임기제공무원에 대해서는 강등을 적용하지 아니한다.

04
「지방공무원법」상 공무원 인사이동에 대한 설명으로 옳지 않은 것은?
2024. 지방 9급

① 전직은 직렬을 달리하는 임명을 말한다.
② 전보는 같은 직급 내에서 보직변경을 말한다.
③ 강임의 경우, 같은 직렬의 하위 직급이 없는 경우 다른 직렬의 하위 직급으로는 이동할 수 없다.
④ 지방자치단체의 장 또는 지방의회의 의장은 공무원을 전입시키려고 할 때에는 해당 공무원이 소속된 지방자치단체의 장 또는 지방의회의 의장의 동의를 받아야 한다.

> **정답** ③ [×]
> **해설** 강임이란 같은 직렬 내에서 하위직급에 임명하거나, 하위 직급이 없어 다른 직렬의 하위 직급에 임명하는 것을 말한다.
>
> 지방공무원법 제5조(정의)
> 4. "강임(降任)"이란 같은 직렬 내에서 하위 직급에 임명하거나 하위 직급이 없어 다른 직렬의 하위 직급에 임명하는 것을 말한다.
>
> ④ [○]
> 지방공무원법 제29조의3 (전입) 지방자치단체의 장 또는 지방의회의 의장은 공무원을 전입시키려고 할 때에는 해당 공무원이 소속된 지방자치단체의 장 또는 지방의회의 의장의 동의를 받아야 한다.

05
배치전환에 대한 설명으로 가장 옳지 않은 것은?
2019. 서울 9급

① 능력의 정체와 퇴행현상을 방지할 수 있다.
② 직무의 부적응을 해소하고 조직 구성원에게 재적응의 기회를 부여할 수 있다.
③ 행정의 전문성과 능률성을 증진시킬 수 있다.
④ 정당한 징계절차에 의하지 않고 일종의 징계수단으로 활용될 가능성이 존재한다.

> **정답** ③ [×]
> **해설** 배치전환이란 전직, 전보, 파견 등 수평적 인사이동을 의미하는 것으로 보직변동이 지나치게 빈번하게 이루어지게 되면 행정의 전문성과 능률성을 저하시킬 수 있다.

06
순환보직에 대한 설명으로 옳지 않은 것은? 2025. 국가 7급

① 배치전환이라고도 하며 외부임용 중 하나이다.
② 기관이 수행하는 다양한 업무에 대한 이해를 가능하게 한다.
③ 특정 분야에서 전문성 축적을 어렵게 한다.
④ 조직 단위에서 새로운 아이디어의 유입을 기대할 수 있다.

> **정답** ① [×]
> **해설** 배치전환이라고도 하며, 내부임용(외부임용 ×)에 해당한다.

07
정부 내의 인적자원을 효율적으로 활용하기 위한 배치전환의 본질적인 용도와 가장 거리가 먼 것은?
2014. 사복직 9급

① 선발에서의 불완전성을 보완하여 개인의 능력을 촉진한다.
② 조직 구조 변화에 따른 저항을 줄이고 비용을 절감한다.
③ 부서 간 업무 협조를 유도하고 구성원 간 갈등을 해소한다.
④ 징계의 대용이나 사임을 유도하는 수단으로 사용한다.

> **정답** ④ [×]
> **해설** 배치전환이란 보수나 계급의 변동 없이 수평적으로 직위를 옮기는 것으로 배치전환의 본질적 기능은 공직사회의 침체를 방지하고, 직무의 부적응 해소와 적재적소의 배치를 통해 조직구성원의 재적응 기회를 부여하는 것이다. 징계의 대용이나 사임을 유도하는 수단으로 사용되는 것은 배치전환의 본질적인 용도라고 볼 수 없으며, 역기능에 해당된다.

08
우리나라의 시보제도에 대한 설명으로 가장 옳은 것은?

2022. 군무원 9급

① 시보기간 동안은 신분이 보장되지 않기 때문에 그 기간은 공무원 경력에 포함되지 아니한다.
② 시보공무원은 공무원법상 공무원에 해당하기 때문에 시보기간 동안에도 보직을 부여받을 수 있다.
③ 시보기간 동안에 직권면직이 되면, 향후 3년간 다시 공무원으로 임용될 수 없는 결격사유에 해당한다.
④ 시보기간 동안은 신분이 보장되지 않기 때문에 징계처분에 대한 소청심사청구를 할 수 없다.

> **정답** ② [○]
>
> **해설** 시보 공무원은 공무원법상 공무원에 해당하기 때문에 시보기간 동안에도 직위를 맡을 수 있다.
> ① [×] 시보기간 동안 신분보장이 제한되지만, 시보기간은 승진소요 최저연수 및 경력평정 대상 기간에 산입이 된다.
> ③ [×] 「국가공무원법」상 임용결격 사유에 직권면직은 해당하지 않는다. 징계로 인한 해임의 경우 3년간, 파면의 경우 5년간을 임용결격 사유로 규정하고 있다.
> ④ [×] 시보기간 동안에는 신분보장이 제약되지만, 시보기간이라도 인사상 불이익 조치에 대해서는 소청심사청구가 가능하다.

09
우리나라 공무원의 시보임용에 관한 설명으로 옳지 <u>않은</u> 것은?

2013. 행정사

① 임용권자는 시보임용 기간 중에 있는 공무원의 근무상황을 항상 지도·감독하여야 한다.
② 시보기간 중 근무성적이 좋으면 정규공무원으로 임용한다.
③ 시보기간은 시보공무원에게 행정실무의 습득기회를 제공하는 것이다.
④ 시보임용은 공무원으로서 적격성 여부를 판단하는 선발과정의 일부이다.
⑤ 시보공무원은 일종의 교육훈련 과정으로 교육에만 전념할 수 있도록 정규 공무원과 동일하게 공무원 신분을 보장한다.

> **정답** ⑤ [×]
>
> **해설** 시보기간 동안에는 신분보장이 제한적이다. 시보기간 중 근무성적 및 교육훈련 성적이 불량할 경우에는 면직이 가능하다.
>
> 국가공무원법 제29조(시보 임용) ① 5급 공무원(제4조제2항에 따라 같은 조 제1항의 계급 구분이나 직군 및 직렬의 분류를 적용하지 아니하는 공무원 중 5급에 상당하는 공무원을 포함한다. 이하 같다)을 신규 채용하는 경우에는 1년, 6급 이하의 공무원을 신규 채용하는 경우에는 6개월간 각각 시보(試補)로 임용하고 그 기간의 근무성적·교육훈련성적과 공무원으로서의 자질을 고려하여 정규 공무원으로 임용한다. 다만, <u>대통령령으로 정하는 경우에는 시보 임용을 면제하거나 그 기간을 단축할 수 있다.</u>
> ② <u>휴직한 기간, 직위해제 기간 및 징계에 따른 정직이나 감봉 처분을 받은 기간은 제1항의 시보 임용 기간에 넣어 계산하지 아니한다.</u>
> ③ 시보 임용 기간 중에 있는 공무원이 근무성적·교육훈련성적이 나쁘거나 이 법 또는 이 법에 따른 명령을 위반하여 공무원으로서의 자질이 부족하다고 판단되는 경우에는 제68조와 제70조에도 불구하고 <u>면직시키거나 면직을 제청할 수 있다.</u>

제2절 채용시험의 효용성

01
선발시험의 효용성에 대한 설명으로 옳지 <u>않은</u> 것은?
2010. 국회 8급

① 신뢰성은 시험 그 자체의 문제이지만, 타당성은 시험과 기준과의 관계를 말한다.
② 신뢰성이 높다고 해서 반드시 타당성이 높은 시험이라고 할 수 없다.
③ 타당성의 기준 측면이 되는 것은 근무성적, 결근율, 이직률 등이다.
④ 재시험법, 복수양식법, 이분법 등은 신뢰성을 검증하는 수단이다.
⑤ 동시적 타당성 검증과 예측적 타당성 검증은 구성타당성을 검증하는 수단이다.

정답 ⑤ [X]
해설 동시적 타당성 검증과 예측적 타당성 검증은 기준타당성을 검증하는 수단이다.

02
다음에서 사용한 신뢰성·타당성의 검증 방법으로 옳은 것은?
2019. 국회 9급

> 국회사무처 직원 선발 시험에 합격한 사람들의 채용시험 성적과 1년 후 근무성적을 비교하여 검증한다.

① 내용타당성
② 재시험법
③ 동질이형법
④ 기준타당성
⑤ 구성타당성

정답 ④ [O]
해설 기준타당성에 대한 설명이다. 기준타당성은 시험이 실제 시험대상자의 직무수행능력을 얼마나 정확하게 예측했는가의 정도이다.

03
다음에 설명하는 개념과 가장 관련이 높은 것은?
2011. 서울 9급

> 학생들의 수학능력평가를 수능시험을 측정해 산출한다면 측정대상의 의미, 즉 수학능력을 포괄적으로 측정했다고 설명하기 어렵다. 학생들의 수학능력평가는 수능은 물론 학생부, 자기소개서, 면접 등을 포함해 포괄적으로 이루어져야 한다.

① 구성타당성
② 내용타당성
③ 신뢰성
④ 액면타당성
⑤ 예측타당성

정답 ②
해설 내용타당성이란 능력요소와 시험문제의 부합 정도를 의미한다. 보기의 내용은 수능시험만으로는 학생들의 수학능력을 포괄적으로 측정하기 곤란하므로 수능은 물론 학생부, 자기소개서, 면접 등 다양한 시험방법으로 수학능력 요소를 평가해야 한다는 것으로 내용타당성과 관련된다.

04
(가)~(다)의 공무원 선발시험의 타당성 유형과 〈보기〉의 타당성 검증방법을 바르게 연결한 것은? 2018. 지방교행 9급

> (가) 이론적으로 추정한 능력요소를 얼마나 정확하게 측정할 수 있는가에 관한 것이다.
> (나) 직무수행능력의 예측이 얼마나 정확한가에 관한 것이다.
> (다) 특정한 직위의 의무와 책임에 직결되는 요소들을 선발시험이 어느 정도나 측정할 수 있는가에 관한 것이다.

┌ 보기 ┐
ㄱ. 추상성을 측정할 지표개발과 고도의 계량분석 기법 및 행태과학적 조사
ㄴ. 직무수행에 필요한 능력요소와 선발시험요소에 대한 전문가의 부합도 평가
ㄷ. 선발시험성적과 업무수행실적의 상관계수 측정

	(가)	(나)	(다)
①	ㄱ	ㄴ	ㄷ
②	ㄱ	ㄷ	ㄴ
③	ㄴ	ㄷ	ㄱ
④	ㄷ	ㄱ	ㄴ

정답 ② [○]
해설 (가) 구성타당성에 대한 설명 - (ㄱ) 고도의 계량적 분석기법을 통하여 검증한다.
(나) 기준타당성에 대한 설명 - (ㄷ) 선발시험 성적과 업무수행 실적의 상관계수 측정을 통하여 검증한다.
(다) 내용타당성에 대한 설명 - (ㄴ) 직무에 정통한 전문가 집단이 시험의 구체적 내용과 직무수행의 적합성 여부를 주관적으로 판단하여 검증한다.

05
공무원 임용시험의 효용성을 측정하는 기준에 대한 설명으로 옳지 않은 것은?
2018. 국가 7급

① 시험의 타당성은 시험이 측정하고자 하는 것을 실제로 얼마나 정확하게 측정했는가를 의미하며 그 종류에는 기준타당성, 내용타당성, 구성타당성 등이 있다.
② 내용타당성은 시험 성적이 직무수행실적과 얼마나 부합하는가를 판단하는 타당성으로 두 요소 간 상관계수로 측정된다.
③ 측정 대상을 일관성 있게 측정하는 정도를 신뢰성이라고 하며 같은 사람이 여러 번 시험을 반복하여 치르더라도 결과가 크게 변하지 않을 때 신뢰성을 갖게 된다.
④ 신뢰도를 측정하는 방법으로는 재시험법(test-retest)과 동질이형법(equivalent forms) 등이 사용된다.

정답 ② [×]
해설 기준타당성에 대한 설명이다.

06
선발시험의 타당성과 신뢰성에 대한 설명으로 옳은 것은?
2017. 지방 7급

① 현재 근무하고 있는 재직자에게 시험을 실시한 결과 근무실적이 좋은 재직자가 시험성적도 좋았다면, 그 시험은 구성적 타당성을 갖추었다고 인정할 수 있다.
② 내용타당성은 직무에 정통한 전문가 집단이 시험의 구체적 내용이나 항목이 직무의 성공적 임무 수행에 얼마나 적합한지를 판단하여 검증하게 된다.
③ 동시적 타당성 검증에서는 시험합격자를 대상으로 시험성적과 일정기간을 기다려야 나타나는 근무실적을 시차를 두고 수집하여 비교하는 것이다.
④ 시험의 신뢰성은 시험과 기준의 관계이며, 재시험법은 시험의 횡적 일관성을 조사하는 것이다.

정답 ② [○]
해설 ① [×] 현재 근무하고 있는 재직자에게 시험을 실시한 결과 근무실적이 좋은 재직자가 시험성적도 좋았다면, 그 시험은 기준타당성 중 동시적 타당성을 갖춘 시험이라고 할 수 있다.
③ [×] 예측적 타당성에 대한 설명이다. 동시적 타당성은 재직자에게 시험을 실시하여 얻은 시험성적과 그들의 근무실적에 대한 자료를 수집하여 상관관계를 분석하는 것이다.
④ [×] 시험과 기준의 관계는 기준타당성을 의미하며, 시험의 신뢰성은 시험결과로 나온 성적의 일관성을 의미한다. 신뢰성의 측정방법 중 하나인 재시험법은 동일한 시험을 동일한 대상 집단에게 시간 간격을 두고 2회 이상 실시하여 그 성적을 비교하는 방법으로 시험의 종적(횡적 ×) 일관성을 검증하는 것이다.

제3절 교육훈련(Education and Training)

01
교육훈련은 실시되는 장소가 직장 내인가, 외인가에 따라 직장훈련(On-the-Job Training)과 교육원훈련(Off-the-Job Training)으로 나뉜다. 다음 중 직장훈련의 장점으로 볼 수 없는 것은?
2009. 국가 9급

① 사전에 예정된 계획에 따라 실시하기가 용이하다.
② 상사나 동료 간의 이해와 협동정신을 강화·촉진시킨다.
③ 피훈련자의 습득도와 능력에 맞게 훈련할 수 있다.
④ 훈련으로 구체적인 학습 및 기술향상의 정도를 알 수 있으므로 구성원의 동기를 유발할 수 있다.

정답 ① [×]
해설 직장훈련은 피훈련자가 평상시의 근무상황에서 실제 직무를 수행하면서 감독자 또는 선임자로부터 직무수행에 관한 지식과 기술을 배우는 것으로 사전에 예정된 계획에 따라 실시하기가 어렵다는 단점이 있다. 현장의 업무수행과 관계없이 예정된 계획에 따라 실시하기가 용이한 것은 교육원 훈련의 장점이다.

02
교육훈련의 종류를 OJT(On-the-Job Training)와 OFFJT(Off-the-Job Training)로 구분할 때 OJT의 주요 프로그램에 해당하지 않는 것은?
2019. 서울 9급

① 인턴십(internship)
② 역할 연기(role playing)
③ 직무순환(job rotation)
④ 실무지도(coaching)

정답 ② [×]
해설 역할연기(role play)는 주로 실제 근무상황 속의 특정 역할(상관에게는 부하 역할을, 부하에게는 상관 역할을 부여), 즉 자신과 반대되는 역할연기를 이행함으로써 인간관계 개선이나 태도 변화를 유도하기 위한 목적의 교육훈련 방법으로 별도로 마련된 교육원에서 실시하는 훈련이다.

03
공무원 교육훈련 방법에 대한 설명으로 옳지 않은 것은?
2009. 국가 7급

① 강의(lecture)는 교육내용을 다수의 피교육자에게 단시간에 전달하는데 효과적인 방법이다.
② 역할연기(role playing)는 실제 직무상황과 같은 상황을 실연시킴으로써 문제를 빠르게 이해시키고 참여자들의 태도변화와 민감한 반응을 촉진시킨다.
③ 감수성훈련(sensitivity training)은 어떤 사건의 윤곽을 피교육자에게 알려주고 그 해결책을 찾게 하는 방법이다.
④ 시뮬레이션(simulation)은 업무수행 중 직면할 수 있는 어떤 상황을 가상적으로 만들어 놓고 피교육자가 그 상황에 대처해보도록 하는 방법이다.

정답 ③ [×]
해설 어떤 사건의 윤곽을 피교육자에게 알려주고 그 해결책을 찾게 하는 방법은 사건처리연습이다.

04
공무원 교육훈련 방법에 대한 설명으로 옳지 않은 것은?
2016. 지방 7급

① 현장훈련(on the job training)은 피훈련자가 실제 직무를 수행하면서 직무수행에 관한 지식과 기술을 배우는 방법이다.
② 강의, 토론회, 시찰, 시청각교육 등은 태도나 행동의 변화를 주된 목적으로 한다.
③ 액션러닝(action learning)은 소규모로 구성된 그룹이 실질적인 업무현장의 문제를 해결해 내고 그 과정에서 성찰을 통해 학습하도록 하는 행동학습(learning by doing) 교육훈련 방법이다.
④ 감수성훈련(sensitivity training)은 대인관계의 이해와 이를 통한 인간관계의 개선을 목적으로 한다.

정답 ② [×]
해설 강의, 토론회, 시찰, 시청각 교육 등은 지식의 습득을 위한 교육훈련 방법이다. 태도나 행동의 변화를 주된 목적으로 하는 것은 감수성 훈련, 역할연기, 사례연구 등이다.

정답 ③
해설 감수성 훈련에 대한 설명이다.
① [×] 역할연기는 어떤 사례나 사건을 피훈련자들이 연기로 보여 준 다음 그에 관해 토의하는 교육훈련 방식이다. 주로 실제 근무상황 속의 특정 역할(상관에게는 부하 역할을, 부하에게는 상관 역할을 부여), 즉 자신과 반대되는 역할연기를 이행함으로써 인간관계 개선이나 태도변화를 유도하고, 상대방에 대한 이해를 돕고자 하는 방법이다.
② [×] 직무순환이란 피훈련자를 일정한 시일의 간격을 두고 여러 다른 직위·직급에 전보 또는 순환보직 시키면서 훈련을 시키는 방법이다.
④ [×] 프로그램화 학습이란 일련의 질의와 응답을 통해 학습이 가능하도록 진도별 학습지침을 제공하는 책자나 컴퓨터 프로그램을 이용하는 것이다.

05
다음 설명에 해당하는 공무원 교육훈련 방법으로 가장 적합한 것은?　　　2017. 지방교행 9급

> 공무원들 간 비정형적 체험을 통해서 자기에 대한 인식과 타인에 대한 이해의 기회를 갖게 하여, 태도와 행동의 변화를 가져오고 궁극적으로 대인관계 기술을 향상시키려는 목적을 갖는다.

① 강의(lecture)
② 액션러닝(action learning)
③ 감수성훈련(sensitivity training)
④ 현장훈련(on-the-job-training)

정답 ③
해설 감수성 훈련에 대한 설명이다.

07
다음 설명에 해당하는 공무원 교육훈련 방법은?　　　2024. 국가 9급

> 교육 참가자들을 소그룹 규모의 팀으로 구성해 개인, 그룹 또는 조직에 중요한 의미가 있는 실제 현안 문제를 해결하면서 동시에 문제 해결 과정에 대한 성찰을 통해 학습하도록 지원하는 교육방식이다. 우리나라 정부 부문에는 2005년부터 고위공직자에 대한 교육훈련 방법으로 도입되었다.

① 액션러닝　　② 역할연기
③ 감수성훈련　　④ 서류함기법

정답 ① [○]
해설 실제 현안 문제이다. 해결, 성찰을 통해 학습하도록 지원 → 액션러닝에 대한 설명이다. 액션러닝은 정책 현안에 대한 현장 방문, 사례조사와 성찰 미팅을 통해 문제 해결 능력을 함양하는 것으로, 교육생들이 실제 현장에서 부딪치는 현안 문제를 가지고 자율적 학습 또는 전문가의 지원을 받으며 구체적인 문제 해결방안을 모색하는 방식으로 이루어진다.
④ [×] 서류함 기법이란 조직운영상의 의사결정에 필요한 자료(예 메모, 공문서, 우편물 등)를 정돈하지 않은 상태로 제공한 다음 피훈련자가 그것을 정리하고 중요한 정보를 가려내 그에 기초하여 어떤 의미 있는 결정을 내려보도록 하는 방법을 말한다.

06
다음 설명에 해당하는 교육훈련 방법은?　　　2019. 국가 9급

> 서로 모르는 사람 10명 내외로 소집단을 만들어 허심탄회하게 자신의 느낌을 말하고 다른 사람이 자신을 어떻게 생각 하는지를 귀담아듣는 방법으로 훈련을 진행하기 위한 전문가의 역할이 요구된다.

① 역할연기　　② 직무순환
③ 감수성 훈련　　④ 프로그램화 학습

08
교육훈련 방식에 대한 설명으로 옳은 것만을 〈보기〉에서 모두 고르면?

2022. 국회 8급

보기

ㄱ. 멘토링은 조직 내 핵심 인재의 육성과 지식 이전, 구성원들 간의 학습활동을 촉진할 수 있는 방법으로, 조직 내 업무 역량을 조기에 배양할 수 있다.
ㄴ. 학습조직은 암묵적 지식으로 관리되던 조직의 내부 역량을 체계적으로 관리하는 방법으로, 조직설계 기준 제시가 용이하다.
ㄷ. 액션러닝은 참여와 성과 중심의 교육훈련을 지향하는 방법으로, 현장에서 발생하는 현안 문제를 가지고 자율적 학습 또는 전문가의 지원을 받아 구체적인 문제 해결 방안을 모색한다.
ㄹ. 워크아웃 프로그램은 전 구성원의 자발적 참여에 의한 행정혁신을 추진하는 방법으로, 관리자의 의사결정과 문제 해결이 지연되는 한계가 있다.

① ㄱ, ㄴ
② ㄱ, ㄷ
③ ㄱ, ㄹ
④ ㄴ, ㄷ
⑤ ㄴ, ㄹ

정답 ② ㄱ, ㄷ [○]
해설 ㄱ. [○] 멘토링은 조직 내 전문지식이 있는 선임자(mentor)가 근무하면서 신입공무원(mentee)을 일대일로 지도하는 방식이다.
ㄷ. [○] 액션러닝은 소그룹 규모의 팀을 구성해서 조직의 실제 현안문제를 해결하면서 동시에 문제해결과정에 대한 성찰을 통해 학습하도록 지원하는 행동학습(learning by doing)이다.
ㄴ. [×] 학습조직은 조직 운영을 위한 구체적인 조직설계의 기준을 제시하기 어렵다는 한계가 있다.
ㄹ. [×] 워크아웃 프로그램은 조직의 수평적·수직적 장벽을 제거하고 전 구성원의 자발적 참여에 의한 행정혁신, <u>관리자의 신속한 의사결정과 문제 해결을 도모하는</u> 훈련방식이다.

09
역량기반 교육훈련(CBC: competency-based curriculum)에 대한 설명으로 옳은 것만을 모두 고른 것은?

2017. 국가 7급

ㄱ. 맥클랜드(McClelland)는 우수성과자의 인사 관련 행태를 역량으로 규정하고 이를 중심으로 한 인사관리를 주장하였다.
ㄴ. 직무분석으로 도출된 직무명세서를 바탕으로 교육과정을 설계하는 직무지향적 교육훈련 방법이다.
ㄷ. 역량모델은 전체 구성원에게 적용되는 공통역량, 원활한 조직운영을 위한 직무역량, 전문적 직무수행을 위한 관리역량으로 구성된다.
ㄹ. 피교육자의 능력을 정확히 진단하여 부족한 부분(gap)을 보충하는 교육이 가능하다.

① ㄱ, ㄴ
② ㄱ, ㄹ
③ ㄴ, ㄷ
④ ㄷ, ㄹ

정답 ② ㄱ, ㄹ [○]
해설 ㄴ. [×] 역량기반 교육훈련은 조직이 필요로 하는 역량모델을 개발하고, 조직이 필요로 하는 역량수준에 비추어 현재 개인이 보유하고 있는 역량수준을 진단하여 필요수준과 현재수준 간 격차(gap)를 확인하고 이를 해소시키기 위한 다양한 교육훈련을 실시한다. 조직구성원의 개인별 역량을 체계적으로 진단하여 피드백한 후 부족역량을 보완하는 교육훈련방법이다.
ㄷ. [×] 역량모델은 전체 구성원에게 적용되는 공통역량, 원활한 조직운영을 위한 관리역량(직무역량 ×), 전문적 직무수행을 위한 직무역량(관리역량 ×)으로 구성된다.

제4절 근무성적평정(Performance Appraisal or Evaluation)

01
공무원을 대상으로 하는 성과평가제도에 대한 설명으로 가장 옳지 않은 것은?
2016. 서울시 9급

① 성과평가제도의 목적은 공무원의 능력과 성과를 향상시켜 성과 중심의 인사제도를 구성하는 것이 핵심요소이다.
② 근무성적평가제도는 4급 이상 고위공무원단을 대상으로 시행한다.
③ 현행 평가제도는 직급에 따라 차별적 평가체계를 적용하고 있다.
④ 다면평가제도는 능력보다는 인간관계에 따른 친밀도로 평가가 이루어질 수 있다는 단점이 있다.

> **정답** ② [×]
> **해설** 우리나라는 공무원 성과평가 등에 관한 규정에 따라 4급 이상 및 고위공무원단을 평가의 대상으로 하는 '성과계약 등 평가'와 5급 이하의 '근무성적평가제도'로 나누어 근무성적을 평가하고 있다. 즉, 근무성적평가제도는 5급 이하의 공무원을 대상으로 시행한다.

02
근무성적평가제에 대한 설명 중 가장 옳은 것은?
2017. 서울 9급

① 4급 이상 공무원을 대상으로 한다.
② 매년 말일을 기준으로 연 1회 평가가 실시된다.
③ 평가단위는 소속 장관이 정할 수 있다.
④ 공정한 평가를 위해 평가자와 피평가자의 사전협의가 금지된다.

> **정답** ③ [○]
> **해설** 평가단위는 소속 장관이 정할 수 있다.
>
> 공무원 성과평가 등에 관한 규정 제14조(근무성적평가의 평가항목 등)
> ③ 근무성적평가는 직급별로 구성한 평가 단위별로 실시하되, 소속 장관은 직무의 유사성 및 직급별 인원수 등을 고려하여 평가단위를 달리 정할 수 있다.

① [×] 4급 이상 공무원을 대상으로 하는 것은 성과계약등 평가이다.

> 공무원 성과평가 등에 관한 규정 제7조(평가 대상) 4급 이상 공무원(고위공무원단에 속하는 공무원을 포함한다)과 연구관·지도관(연구직 및 지도직공무원의 임용 등에 관한 규정 제9조에 따른 연구관 및 지도관은 제외한다) 및 전문직공무원에 대한 근무성적평정은 성과계약등 평가에 의한다.
>
> 공무원 성과평가 등에 관한 규정 제12조(근무성적평가의 대상) 5급 이하 공무원, 우정직공무원, 연구직 및 지도직공무원의 임용 등에 관한 규정 (이하 "연구직및지도직규정"이라 한다) 제9조에 따른 연구직 및 지도직공무원에 대한 근무성적평정은 근무성적평가에 의한다.

② [×] 근무성적평가는 매년 6월 30일과 12월 31일 연2회 실시를 원칙으로 한다.

> 공무원 성과평가 등에 관한 규정 제5조(평가 시기) 제2항에 따른 정기평가 또는 정기평정은 6월 30일과 12월 31일을 기준으로 실시한다.

④ [×] 평가자는 근무성적평정의 공정성 타당성 확보를 위해 평정 대상 공무원과 의견교환 등 성과면담을 실시한다.

> 공무원 성과평가 등에 관한 규정 제20조(성과면담 등) ① 평가자는 근무성적평정이 공정하고 타당하게 실시될 수 있도록 하기 위하여 근무성적평정 대상 공무원과 성과면담을 실시하여야 한다.
> ② 평가자는 근무성적평정 대상 공무원의 소관 업무 추진상황 및 환경변화에 대한 대응 여부 등을 확인하기 위하여 평가 대상 기간 중에 근무성적평정 대상 공무원의 성과목표 수행과정 등을 점검하여야 한다.
> ④ 평가자가 성과계약등 평가 또는 근무성적평가 정기평가를 실시할 때에는 평정 대상 기간의 성과목표 추진결과 등에 관하여 근무성적 평정 대상 공무원과 서로 의견을 교환하여야 한다.

03
공무원의 근무성적평정에 대한 설명으로 옳은 것은?
2019. 지방 9급

① 평정대상자의 근무실적과 직무수행능력을 평가하지만 적성, 근무태도 등은 평가하지 않는다.
② 중요사건기록법은 평정대상자로 하여금 자신의 근무실적을 스스로 보고하도록 하는 방법이다.
③ 평정자가 평정대상자를 다른 평정대상자와 비교함으로써 발생하는 오류는 대비오차이다.
④ 우리나라의 6급 이하 공무원에게는 직무성과계약제가 적용되고 있다.

정답 ③ [○]

해설 ① [×] 공무원의 근무성적평정은 평정대상자의 근무실적 및 직무수행능력을 기본항목으로 하되, 필요시 소속장관이 판단하여 직무수행태도의 평가 또는 부서단위의 운영평가를 평가항목으로 추가 지정하여 평가할 수 있다(공무원 성과평가 등에 관한 규정 제14조).

> 공무원 성과평가 등에 관한 규정 제14조(근무성적평가의 평가항목 등) ① 근무성적평가의 평가항목은 근무실적과 직무수행능력으로 하되, 소속 장관이 필요하다고 인정하는 경우에는 인사혁신처장이 정하는 범위에서 직무수행태도 또는 부서 단위의 운영평가 결과를 평가항목에 추가할 수 있다.
> ② 제1항에 따른 평가항목별 평가요소는 소속 장관이 직급별·부서별 또는 업무분야별 직무의 특성을 반영하여 정한다. 이 경우 평가요소는 평가 대상 공무원이 수행하는 업무와 관련성이 있도록 하고, 근무성적평가가 객관적으로 이루어질 수 있도록 정하여야 한다.
> ③ 근무성적평가는 직급별로 구성한 평가 단위별로 실시하되, 소속 장관은 직무의 유사성 및 직급별 인원수 등을 고려하여 평가단위를 달리 정할 수 있다.

② [×] 중요사건기록법은 평정기간 중 피평정자의 근무실적에 큰 영향을 주는 중요 사건들을 평정자로 하여금 기술하게 하는 방법이다.

④ [×] 직무성과계약제는 장·차관 등 기관의 책임자와 실·국장, 과장 간에 성과목표와 지표 등에 대해 합의하여 하향적(top-down) 방식으로 직근 상하급자 간에 공식적인 성과계약을 체결하고, 그 이행도를 평가지표 측정결과를 토대로 계약당사자 상호간 면담을 통해 평가하고, 결과를 성과급, 승진 등에 반영하는 인사관리 시스템이다.

04
평정자가 평정표(평정서)에 나열된 평정요소에 대한 설명 또는 질문을 보고 피평정자에게 해당되는 것을 골라 표시를 하는 평정방법은?
2016. 사회복지 9급

① 도표식 평정척도법 ② 체크리스트법
③ 산출기록법 ④ 직무기준법

정답 ②

해설 체크리스트법(프로브스트식 평정법)은 사실표지법이라고도 하는데, 공무원을 평가하는 데 적절하다고 판단되는 표준행동목록을 미리 작성해 두고, 이 목록에 단순히 가부를 표시하게 하는 방법이다.
③ [○] 산출기록법은 일정한 시간 내에 달성한 일의 양, 또는 일정한 일을 완성하는 데 소요되는 시간을 기준으로 평정하는 방법이다.

05
〈보기〉의 설명과 근무성적평정 방법을 바르게 연결한 것은?
2021. 국회 9급

> **보기**
> ㄱ. 평정자의 직관과 선험을 바탕으로 하여 평정하기 때문에 작성이 빠르고 쉬우며 경제적이라는 강점이 있으나, 연쇄효과가 나타나기 쉽다.
> ㄴ. 협의를 통해 목표를 정하는 등 평정자와 피평정자의 참여를 바탕으로 평정하기에 비용과 시간이 많이 들 수 있다.
> ㄷ. 평정자가 평정서에 나열된 평정 요소에 대한 설명이나 질문 중 피평정자에게 해당하는 사실 표지 항목을 골라 표시하게 하는 방법이다.

	ㄱ	ㄴ	ㄷ
①	목표관리제 평정법	주기적 검사법	체크리스트법
②	도표식 평정척도법	행태기준평정척도법	산출기록법
③	행태관찰척도법	목표관리제 평정법	산출기록법
④	행태관찰척도법	행태기준평정척도법	체크리스트법
⑤	도표식 평정척도법	목표관리제 평정법	체크리스트법

정답 ⑤

해설 사실기록법은 공무원의 근무 성적을 객관적인 사실에 기초를 두고 평가하는 방법을 의미. 무엇을 평가기준으로 하는가에 따라 ① 공무원이 달성한 작업량을 평가대상으로 하는 산출기록법, ② 평정 기간 중 일정 시간에 한정해 작업량을 조사하고 그것으로 전 기간의 성적을 추정해 평정하는 주기적 검사법, ③ 공무원의 지각 빈도, 결근 일수 등의 기록을 근무성적 평정의 주요 요소로 해서 평정하는 근태기록법 등이 있다.
ㄱ. 도표식 평정척도법에 대한 설명이다.
ㄴ. 목표관리(MBO) 평정법에 대한 설명이다.
ㄷ. 사실표지법(체크리스트법)에 대한 설명이다.

06
다음 설명에 해당하는 근무성적평정 방법은? 2023. 지방 7급

- 다수의 평정요소와 평정요소별 수준을 나타내는 등급으로 구성
- 평정요소별 해당 등급에 표시하는 방법으로 평정대상자 평가
- 평정요소와 평정등급에 대한 평정자의 자의적 해석 가능

① 도표식 평정척도법   ② 가감점수법
③ 서열법   ④ 체크리스트 평정법

정답 ① [O]
해설 평정요소를 나열하고 각 평정요소(예 기획력, 의사전달력, 협상력, 추진력, 신속성, 팀워크, 성실성)마다 그 우열을 나타내는 척도인 등급을 표시하는 방법은 도표식 평정척도법이다. 도표식평정척도법은 평정 요소에 대한 등급을 정한 기준이 모호(예 우수, 매우 우수)하여 평정요소와 평정등급에 대한 평정자의 자의적 해석이 가능하다.

07
다음 중 공무원 평정방법에 대한 설명으로 옳지 않은 것은? 2015. 국회 8급

① 도표식 평정척도법은 전형적인 평정방법으로 직관과 선험에 근거하여 평가요소를 결정하기 때문에 작성이 빠르고 쉬우며, 경제적이라는 장점이 있다.
② 도표식 평정척도법은 평정요소와 등급의 추상성이 높기 때문에 평정자의 자의적 해석에 의한 평가가 이루어지기 쉽다는 단점이 있다.
③ 집중화, 관대화, 엄격화 경향이란 각각 평정척도상의 중간 등급에 집중적으로 몰리거나 실제 실적 수준보다 후하거나 엄한 경향으로, 강제배분법을 사용함으로써 발생하는 오류이다.
④ 목표관리제 평정법에서는 목표 설정과정에 개인의 능력 및 태도가 반영되지만 실제 평가에서는 활동결과를 평가 대상으로 한다.
⑤ 다면평정법은 여러 사람을 평정자로 활용함으로써 소수평정자의 주관과 편견, 그리고 이들 간의 개인 편차를 줄여 공정성을 높일 수 있는 제도이다.

정답 ③ [×]
해설 집중화, 관대화, 엄격화의 경향은 강제배분법을 사용함으로써 방지할 수 있다.

08
〈보기〉의 설명에 해당하는 근무성적 평정 방법으로 가장 옳은 것은? 2019. 서울 9급

|보기|
저는 학생들을 평가함에 있어 성적 분포의 비율을 미리 정해 놓고 등급을 줍니다. 비록 평가 대상 전원이 다소 부족하더라도 일정 비율의 인원이 좋은 평가를 받거나, 혹은 전원이 우수하더라도 일부의 학생은 낮은 평가를 받게 되지만, 이 방법을 통해 학생들의 성적 분포가 과도하게 한쪽으로 집중되는 것을 막아 평정 오차를 방지할 수 있다는 점에서 유용합니다.

① 강제배분법   ② 서열법
③ 도표식 평정척도법   ④ 강제선택법

정답 ①
해설 강제배분법은 집중화 경향이나 관대화 경향의 오류를 막기 위해서 성적 분포의 비율을 미리 정해 높은 방법이다.

09
근무성적평정에서 나타나기 쉬운 집중화 경향과 관대화 경향을 시정하기 위한 방법으로 적절한 것은?

2019. 국가 9급

① 자기평정법
② 목표관리제 평정법
③ 중요사건기록법
④ 강제배분법

정답 ④
해설 강제배분법은 등급 분포 비율을 강제로 할당하는 방법으로 집중화 경향과 관대화 경향을 시정할 수 있다.
① [×] 자기평정법은 피평정자가 자기를 스스로 평가하는 근무성적평정 방법으로, 직무수행에 대한 체계적 반성 기회를 제공하는 장점을 지닌다.
② [×] 목표관리제 평정법은 상하급자 간에 협의를 통해 목표를 정하고, 목표달성도를 평가하고 환류하는 방법이다.
③ [×] 중요사건기록법은 근무실적에 영향을 주는 중요한 사건들을 평정자로 하여금 기술하게 하거나 또는 중요사건들에 대한 설명구를 미리 만들어 평정자로 하여금 해당되는 사건에 표시하게 하는 평정 방법이다.

10
국내 최고 대학을 졸업했기 때문에 일을 잘했을 것이라고 생각하여 피평정자에게 높은 근무성적평정 등급을 부여할 경우 평정자가 범하는 오류는?

2020. 지방 9급

① 선입견에 의한 오류
② 집중화 경향으로 인한 오류
③ 엄격화 경향으로 인한 오류
④ 첫머리 효과에 의한 오류

정답 ①
해설 선입견에 의한 오류에 대한 설명이다. 선입견에 의한 오류는 평정요소와 관계가 없는 성별, 출신학교, 종교, 연령 등에 대하여 평정자가 갖고 있는 편견이 평정에 영향을 미치는 현상이다.

11
근무성적평정의 오류 중 강제배분법으로 방지할 수 있는 것만을 〈보기〉에서 모두 고르면?

2019. 국회 8급

| ㄱ. 첫머리 효과 | ㄴ. 집중화 경향 |
| ㄷ. 엄격화 경향 | ㄹ. 선입견에 의한 오류 |

① ㄱ, ㄴ
② ㄱ, ㄷ
③ ㄴ, ㄷ
④ ㄴ, ㄹ
⑤ ㄷ, ㄹ

정답 ③ ㄴ, ㄷ [○]
해설 강제배분법이란 피평정자의 성적분포가 과도하게 집중화되거나 관대화되는 것을 막기 위해 성적분포를 미리 정해 놓는 방법으로 연쇄효과, 집중화 경향, 관대화 경향, 엄격화 경향에 따른 근무성적평정의 오류를 방지할 수 있다.

12
근무성적 평정시 어떤 평정자가 다른 평정자보다 언제나 좋은 점수 또는 나쁜 점수를 주는 오류는?

2011. 지방 9급

① 엄격화 경향(tendency of strictness)
② 규칙적 오류(systematic error)
③ 총계적 오류(total error)
④ 선입견에 의한 오류(prejudice error)

정답 ②

13
평정자인 A팀장은 피평정자인 B팀원이 성실하다는 것을 이유로 창의적이고 청렴하다고 평정하였다. A팀장이 범한 오류에 가장 가까운 것은?

2010. 국가 9급

① 연쇄효과(halo effect)
② 근접효과(recency effect)
③ 관대화 경향(tendency of leniency)
④ 선입견과 편견(prejudice)

정답 ①
해설 ① 어느 하나의 평정요소가 다른 평정요소에도 영향을 미치는 연쇄효과, 후광효과에 대한 설명이다.

14
근무성적평정상의 오류 중 평가자가 일관성 있는 평정기준을 갖지 못하여 관대화 및 엄격화 경향이 불규칙하게 나타나는 것은? 2018. 국가 9급

① 연쇄 효과(halo effect)
② 규칙적 오류(systematic error)
③ 집중화 경향(central tendency)
④ 총계적 오류(total error)

정답 ④ [○]
해설 총계적 오류에 대한 설명이다. 총계적 오류는 평정자의 평정기준이 일정하지 않아 관대화 및 엄격화 경향이 불규칙하게 나타나는 오류를 말한다.

15
다음과 같은 상황을 가장 잘 설명하는 근무성적평정 오류는? 2012. 국가 9급

> 임용된 이후 단 한번도 무단결근을 하지 않던 어떤 직원이 근무성적평정 하루 전날 무단결근을 하게 되었다. 이로 인하여 이 직원은 평정요소 중 직무수행태도에 대하여 낮은 점수를 받게 되었다.

① 집중화 오류(central tendency error)
② 근접효과로 인한 오류(recency effect error)
③ 연쇄효과로 인한 오류(halo effect error)
④ 선입견에 의한 오류(personal bias error)

정답 ②
해설 전체 기간의 근무성적을 평가하기 보다는 최근의 실적이나 능력을 과도하게 평가하는 것으로 시간적 오류 중 근접효과로 인한 오류에 해당된다.

16
근무성적평정 오차 중 사람에 대한 경직적 편견이나 고정관념 때문에 발생하는 오차는? 2014. 서울시 9급

① 상동적 오차(error of stereotyping)
② 연속화의 오차(error of hallo effect)
③ 관대화의 오차(error of leniency)
④ 규칙적 오차(systematic error)
⑤ 시간적 오차(recency error)

정답 ①
해설 상동적 오차(error of stereotyping)는 편견이나 선입견 또는 고정관념에 의해 발생하는 오차를 의미한다.

17
근무성적평정 시 나타날 수 있는 오류에 대한 설명으로 옳지 않은 것은? 2025. 국가 9급

① '후광효과(halo effect)'는 어떤 요소에 대한 평정이 다른 요소에 대한 평정에 연쇄적으로 영향을 미치는 현상이다.
② '근접효과(recency effect)'는 최초의 근무성적에 대한 평정자의 인식이 전체 기간의 평정에 영향을 미치는 현상이다.
③ '관대화 경향(tendency of leniency)'은 실제 수준보다 더 높게 평정하여 발생하는 현상이다.
④ '집중화 경향(central tendency)'은 평정 결과가 중간 등급을 중심으로 집중되는 현상이다.

정답 ②
해설 ②는 첫머리 효과(primacy effect)에 대한 설명이다. 근접효과(recency effect)는 최근 실적을 중심으로 평가하는 것이다.

18

조직 구성원의 인지과정에서 편의적 지각 방법에 대한 설명으로 옳은 것은?

2018. 지방교행 9급

① 후광효과(halo effect)는 첫 인상이나 가장 최근의 정보를 가지고 대상을 판단하는 것이다.
② 상동적 태도(stereotyping)는 인지 대상이 속한 집단의 특성에 비추어 그 대상을 지각하는 것이다.
③ 대비효과(contrast effect)는 비교 대상의 개인적 요인의 영향은 과대평가하고 상황적 요인의 영향은 과소평가하는 경향을 말한다.
④ 투사(projection)는 잘된 성과에 대해서는 자신의 내적 요소에 귀인하고 좋지 않은 성과에 대해서는 외적 요소에 귀인하는 경향을 말한다.

정답 ② [○]
해설 ① [×] 첫 인상이나 가장 최근의 정보를 가지고 대상을 판단하는 것은 시간적 오류이다. 후광효과(연쇄효과)는 한 평정요소가 그와 관계없는 다른 평정요소에도 영향을 미치는 오류이다.
③, ④ [×] 투사(projection)는 다른 사람을 자신의 시각으로 바라볼 때 일어나는 현상이다. 개인적 요인은 과대평가하고 상황적 요인은 과소평가하거나, 잘된 성과에 대해서는 자신의 내적 요소에 귀인하고 좋지 않은 성과에 대해서는 외적 요소에 귀인하는 경향은 근본적 귀속의 착오라고 한다.

19

근무성적평정 과정상의 오류와 완화방법에 대한 설명으로 옳지 않은 것은?

2021. 국가 9급

① 일관적 오류는 평정자의 기준이 다른 사람보다 높거나 낮은 데서 비롯되며 강제배분법을 완화방법으로 고려할 수 있다.
② 근접효과는 전체 기간의 실적을 같은 비중으로 평가하지 못할 때 발생하며 중요사건기록법을 완화방법으로 고려할 수 있다.
③ 관대화 경향은 비공식 집단적 유대 때문에 발생하며 평정결과의 공개를 완화방법으로 고려할 수 있다.
④ 연쇄효과는 도표식 평정척도법에서 자주 발생하며 피평가자별이 아닌 평정요소별 평정을 완화방법으로 고려할 수 있다.

정답 ③ [×]
해설 관대화 경향은 평정이 관대한 쪽에(우수한 쪽에) 집중되는 것을 의미한다. 일반적으로 직근 상관인 평정자들이 부하들과의 비공식적 집단적 유대 때문에 우수한 평점을 주는 현상으로 평정결과를 공개할 경우 피평정자와 불편한 관계에 놓일 것을 우려하여 관대화 경향은 더욱 심화될 수 있다. 관대화 경향을 완화하기 위해서는 강제배분법을 적용하는 것을 고려할 수 있다.

20

근무성적평정상의 오류에 대한 설명으로 옳지 않은 것은?

2023. 지방 9급

① 평정자가 피평정자를 잘 모르는 경우 집중화 경향이 발생할 수 있다.
② 평정자의 평정기준이 일정하지 않은 경우 총계적 오류(total error)가 발생할 수 있다.
③ 연쇄효과(halo effect)는 초기 실적이나 최근의 실적을 중심으로 평가함으로써 발생하는 시간적 오류를 의미한다.
④ 관대화 경향의 폐단을 막기 위해 강제배분법을 활용할 수 있다.

정답 ③ [×]
해설 연쇄효과는 한 평정 요소에 대한 평정자의 판단이 연쇄적으로 다른 요소의 평정에도 영향을 주는 현상이다.

21
다음은 공무원 평정제도와 관련되는 내용이다. 각각의 내용이 바르게 연결된 것은?
2009. 지방 9급

> ㄱ. 고위공무원단제도의 도입에 따라 고위공무원으로서 요구되는 역량을 구비했는지를 사전에 검증하는 제도적 장치이다.
> ㄴ. 직무분석을 통해 도출된 성과책임을 바탕으로 성과목표를 설정·관리·평가하고, 그 결과를 보수 혹은 처우 등에 적용하는 제도를 말한다.
> ㄷ. 조직구성원들과 원만한 관계를 증진시키도록 동기를 부여함으로써 조직 내 상하 간, 동료 간 의사소통을 원활히 한다.
> ㄹ. 공무원의 근무실적, 직무수행능력 등을 평가하여 승진 및 보수결정 등의 인사관리자료를 얻는 데 활용한다.

	ㄱ	ㄴ	ㄷ	ㄹ
①	역량평가제	직무성과관리제	다면평가제	근무성적평정제
②	다면평가제	역량평가제	직무성과관리제	근무성적평정제
③	역량평가제	근무성적평정제	다면평가제	직무성과관리제
④	다면평가제	직무성과관리제	역량평가제	근무성적평정제

정답 ① [O]
해설 ㄱ. 역량평가제에 대한 설명이다.
ㄴ. 직무성과관리제에 대한 설명이다.
ㄷ. 다면평가제에 대한 설명이다.
ㄹ. 근무성적평정제에 대한 설명이다.

22
공무원 평정제도에 대한 설명으로 옳은 것은?
2015. 국가 7급

① 근무성적평가 결과는 승진 및 보직관리에는 이용되지 않고 성과급 지급에만 활용된다.
② 근무성적평정 결과와 공무원채용시험 성적의 일치성이 높을수록 시험의 타당성이 높다고 할 수 있다.
③ 역량평가제는 고위공무원으로 임용된 이후 업무실적을 평가하는 사후평가제도로서 고위공무원의 업무역량 강화에 기여할 수 있다.
④ 다면평가를 계서적 문화가 강한 조직에 적용할 경우 상급자과 하급자 간의 갈등을 최소화할 수 있다.

정답 ② [O]
해설 ① [X] 근무성적평가의 결과는 승진 및 보직관리와 성과급 지급 등에 활용된다.

> 공무원 성과평가 등에 관한 규정 제22조(평가결과의 활용) 소속 장관은 성과계약 등 평가 및 근무성적평가의 결과를 평가대상 공무원에 대한 승진임용·교육훈련·보직관리·특별승급 및 성과상여금 지급 등 각종 인사관리에 반영하여야 한다.

③ [X] 역량평가제는 고위공무원으로서 요구되는 역량을 구비했는지를 사전에 검증하는 제도적 장치이다.
④ [X] 다면평가는 계서적 문화가 강한 조직에 적용할 경우 상급자와 하급자 간의 갈등이 발생할 수 있다. 다면평가제는 팀워크가 강조되는 현대 사회의 새로운 조직형태에 부합하는 제도이다.

23
우리나라의 다면평가제도에 대한 설명으로 옳지 않은 것은?
2017. 국가 9급

① 해당 공무원에게 평가정보를 다각적으로 제공하는 경우에는 능력개발을 유도할 수 있다.
② 다면평가의 결과는 승진, 전보, 성과급 지급 등에 참고자료로 활용될 수 있다.
③ 다면평가의 결과는 해당 공무원에게 공개할 수 있다.
④ 민원인은 해당 공무원에 대한 다면평가에 참여할 수 없다.

정답 ④ [X]
해설 다면평가제도는 피평정자의 직무 수행과 관련된 여러 분야의 사람들이 평정하는 방법으로, 상급자·동료·부하·고객(민원인) 등이 평정에 참여하는 평정방법을 의미한다.

24
다면평가제도에 대한 설명으로 가장 옳지 않은 것은?

2017. 서울 9급

① 다수의 평가자가 참여해 합의를 통해 평가 결과를 도출하는 체계이며, 개별평가자의 오류를 방지하고 평가의 공정성을 확보할 수 있다.
② 개인을 평가할 때 직속상사에 의한 일방향의 평가가 아닌 다수의 평가자에 의한 다양한 방향에서의 평가이다.
③ 조직구성원들에게 조직 내외의 모든 사람과 원활한 인간관계를 증진시키려는 강한 동기를 부여함으로써 업무수행의 효율성을 제고할 수 있다.
④ 능력보다는 인간관계에 따른 친밀도로 평가가 이루어져 상급자가 업무추진보다는 부하의 눈치를 의식하는 행정이 이루어질 가능성이 높다.

정답 ① [×]
해설 다수의 평가자가 합의를 통하여 평가결과를 도출하는 것은 역량평가제도에 대한 설명이다.

25
다면평가제도의 장점에 대한 설명 중 가장 거리가 먼 것은?

2013. 서울 9급

① 평가의 객관성과 공정성 제고에 기여할 수 있다.
② 계층제적 문화가 강한 사회에서 조직간 화합을 제고해준다.
③ 피평가자가 자기의 역량을 강화할 수 있는 기회를 제공해준다.
④ 조직 내 상하간, 동료간, 부서간 의사소통을 촉진할 수 있다.
⑤ 팀워크가 강조되는 현대 사회의 새로운 조직 유형에 부합한다.

정답 ② [×]
해설 다면평가제도는 계층제적 문화가 강한 사회에서는 관리자가 부하들의 평가를 받는 데 대한 저항감과 불쾌감으로 상사와 부하 간 갈등 야기로 조직 내 화합을 저해할 수 있다.

Chapter 05 사기관리

제1절 고충처리 및 제안제도

01
공무원의 사기관리에 대한 설명으로 옳은 것은?
2017. 지방 9급

① 공무원 제안 규정상 우수한 제안을 제출한 공무원에게 인사상 특전을 부여할 수 있지만, 상여금은 지급할 수 없다.
② 소청심사제도는 징계처분과 같이 의사에 반하는 불이익 처분을 받은 공무원이 그에 불복하여 이의를 제기했을 때 이를 심사하여 결정하는 절차이다.
③ 우리나라는 공무원의 고충을 심사하기 위하여 행정안전부에 중앙고충심사위원회를 둔다.
④ 성과상여금 제도는 공직의 경쟁력을 높이기 위하여 공무원 인사와 급여체계를 사람과 연공 중심으로 개편한 것이다.

정답 ② [○]
해설 ① [×] 우수한 제안을 제출한 공무원에게는 상여금을 지급할 수 있으며 특별승진이나 특별승급을 시킬 수 있다.

> 국가공무원법 제53조(제안 제도) ① 행정 운영의 능률화와 경제화를 위한 공무원의 창의적인 의견이나 고안(考案)을 계발하고 이를 채택하여 행정 운영의 개선에 반영하도록 하기 위하여 제안 제도를 둔다.
> ② 제안이 채택되고 시행되어 국가 예산을 절약하는 등 행정 운영 발전에 뚜렷한 실적이 있는 자에게는 상여금을 지급할 수 있으며 특별승진이나 특별승급을 시킬 수 있다.

③ [×] 6급 이하의 공무원은 각 부처에 설치된 보통고충심사위원회가, 5급 이상의 공무원은 중앙고충심사위원회가 각각 담당하며, 중앙고충심사위원회는 중앙인사관장기관(행정안전부×, 인사혁신처○)에 둔다.

> 국가공무원법 제76조의2 (고충처리) 공무원의 고충을 심사하기 위하여 중앙인사관장기관에 중앙고충심사위원회를, 임용권자 또는 임용제청권자 단위로 보통고충심사위원회를 두되, 중앙고충심사위원회의 기능은 소청심사위원회에서 관장한다.

④ [×] 성과상여금제도는 사람과 연공 중심이 아니라 업무실적, 직무수행의 성과를 측정하여 그 결과에 따라 보수를 차등적으로 지급하는 방식이다.

02
고충처리제도와 소청심사제도에 대한 설명으로 옳지 않은 것은?
2015. 지방 9급

① 양자 모두 공무원의 권익보호를 위한 제도이다.
② 고충심사위원회와 소청심사위원회의 결정은 관계기관의 장을 기속한다.
③ 중앙고충심사위원회의 기능은 인사혁신처 소청심사위원회에서 관장한다.
④ 소청심사제도는 공무원이 징계처분 기타 그 의사에 반하는 불이익 처분에 대해 이의를 제기하는 경우 이를 심사·결정하는 특별행정심판제도이다.

정답 ② [×]
해설 소청심사위원회의 결정은 구속력이 있지만 고충심사위원회의 결정은 구속력이 없다.

고충심사와 소청심사의 차이

구분	고충심사	소청심사
담당 기구	• 보통고충심사위원회(각 부처) : 6급 이하 • 중앙고충심사위원회(인사혁신처) : 5급 이상 - 소청심사위원회가 대행	인사혁신처 소청심사위원회
구속력	×	○

03
공무원고충처리에 대한 설명으로 옳지 않은 것은?

2021. 지방 7급

① 5급 이상 공무원 및 고위공무원단에 속하는 일반직공무원의 고충을 다루는 중앙고충심사위원회의 기능은 소청심사위원회가 관장한다.
② 고충처리대상은 인사·조직·처우 등의 직무조건과 성폭력범죄, 성희롱 등으로 인한 신상문제에 대하여 광범위하게 인정된다.
③ 소청심사위원회의 결정은 처분청에 대한 법적 기속력이 있지만, 고충심사위원회의 결정은 처분청에 대한 법적 기속력이 없다.
④ 고충심사위원회가 청구서를 접수한 때에는 30일 이내에 고충심사에 대한 결정을 해야 하고 그 결정은 위원 과반수의 출석과 과반수의 합의에 의한다.

④ 공무원의 고충을 심사하기 위하여 중앙인사관장기관에 중앙고충심사위원회를, 임용권자 또는 임용제청권자 단위로 보통고충심사위원회를 두되, 중앙고충심사위원회의 기능은 소청심사위원회에서 관장한다.
⑤ 중앙고충심사위원회는 보통고충심사위원회의 심사를 거친 재심청구와 5급 이상 공무원 및 고위공무원단에 속하는 일반직 공무원의 고충을, 보통고충심사위원회는 소속 6급 이하의 공무원의 고충을 각각 심사한다. 다만, 6급 이하의 공무원의 고충이 성폭력 범죄 또는 성희롱 사실에 관한 고충 등 보통고충심사위원회에서 심사하는 것이 부적당하다고 대통령령등으로 정한 사안이거나 임용권자를 달리하는 둘 이상의 기관에 관련된 경우에는 중앙고충심사위원회에서, 원 소속 기관의 보통고충심사위원회에서 고충을 심사하는 것이 부적당하다고 인정될 경우에는 직근 상급기관의 보통고충심사위원회에서 각각 심사할 수 있다.

정답 ④ [×]

해설 고충심사위원회가 청구서를 접수한 때에는 30일 이내에 고충심사에 대한 결정을 하여야 한다. 보통고충심사위원회의 결정은 위원 5명 이상의 출석과 출석위원 과반수의 합의에 따르며, 중앙고충심사위원회의 결정은 위원 3분의 2 이상의 출석과 출석 위원 과반수의 합의에 따른다.

공무원고충처리규정 제7조(고충심사절차) ① 고충심사위원회가 청구서를 접수한 때에는 30일 이내에 고충심사에 대한 결정을 하여야 한다. 다만, 부득이하다고 인정되는 경우에는 고충심사위원회의 의결로 30일을 연장할 수 있다.

공무원고충처리규정 제10조(고충심사위원회의 결정) ① 보통고충심사위원회의 결정은 제3조제6항 전단, 제3조의2제6항 전단, 제3조의3제6항 전단 또는 제3조의4제5항 전단에 따른 위원 5명 이상의 출석과 출석위원 과반수의 합의에 따른다.
② 중앙고충심사위원회의 결정은 위원(「국가공무원법」 제9조제3항에 따라 인사혁신처에 설치된 소청심사위원회의 상임위원과 비상임위원을 말한다) 3분의 2 이상의 출석과 출석 위원 과반수의 합의에 따른다.

①, ② [○]

국가공무원법 제76조의2 (고충 처리) ① 공무원은 인사·조직·처우 등 각종 직무 조건과 그 밖에 신상 문제와 관련한 고충에 대하여 상담을 신청하거나 심사를 청구할 수 있으며, 누구나 기관 내 성폭력 범죄 또는 성희롱 발생 사실을 알게 된 경우 이를 신고할 수 있다. 이 경우 상담 신청이나 심사 청구 또는 신고를 이유로 불이익한 처분이나 대우를 받지 아니한다.
② 중앙인사관장기관의 장, 임용권자 또는 임용제청권자는 제1항에 따른 상담을 신청받은 경우에는 소속 공무원을 지정하여 상담하게 하고, 심사를 청구받은 경우에는 제4항에 따른 관할 고충심사위원회에 부쳐 심사하도록 하여야 하며, 그 결과에 따라 고충의 해소 등 공정한 처리를 위하여 노력하여야 한다.

제2절 공무원의 보수

01

우리나라 공무원 보수에 관한 설명으로 옳은 것은?

2015. 지방교행 9급

① 보수에 대한 정치적 통제가 미약하여 민간기업 보수보다 경직성이 약하다.
② 성과급적 연봉제는 실적평가 결과를 반영하여 보상의 차등화를 지향한다.
③ 전통적으로 생활급 중심의 보수체계로 인해 공무원 보수의 공정성이 높다.
④ 공무원의 노동삼권이 보장되어 동일노동·동일보수의 원칙이 적용되고 있다.

> **정답** ② [○]
> **해설** ① [×] 공무원 보수는 국민 세금을 기본 재원으로 하고 있어서 정치·사회적 통제가 강하여 민간기업 보수보다 경직성이 강하다.
> ③ [×] 전통적으로 생활급 중심의 보수체계로 인해 보수의 공정성이 낮다.
> ④ [×] 정부 업무는 노동의 비교치를 찾는 것이 힘든 경우가 많으며 시장가격 적용이 곤란하기 때문에 동일 노동에 대한 동일 대가 원칙 적용이 곤란하다.

02

「국가공무원법」 제46조에 나타나 있는 보수결정의 원칙에 대한 설명으로 가장 정확한 것은?

2013. 서울 7급

① 공무원의 보수는 일반의 '가계생계비, 민간의 임금, 기타 사정을 고려하여 직무의 곤란성 및 책임의 정도에 상응하도록 계급별·직위별로 정한다.'
② 공무원의 보수는 일반의 '표준생계비, 민간의 임금, 기타 사정을 고려하여 직무의 곤란성 및 책임의 정도에 상응하도록 계급별·직위별로 정한다.'
③ 공무원의 보수는 일반의 '표준생계비, 민간의 임금, 기타 사정을 고려하여 직무의 곤란성 및 책임의 정도에 상응하도록 계급별로 정한다.'
④ 공무원의 보수는 일반의 '표준생계비와 기타 사정을 고려하여 직무의 곤란성 및 책임의 정도에 상응하도록 계급별·직위별로 정한다.'
⑤ 공무원의 보수는 일반의 '표준생계비, 민간의 임금, 기타 사정을 고려하여 계급별·직위별로 정한다.'

> **정답** ② [○]
> **해설** 국가공무원법 제46조
> 국가공무원법 46조(보수 결정의 원칙) ① 공무원의 보수는 직무의 곤란성과 책임의 정도에 맞도록 계급별·직위별 또는 직무등급별로 정한다.
> ② 공무원의 보수는 일반의 표준 생계비, 물가 수준, 그 밖의 사정을 고려하여 정하되, 민간 부문의 임금 수준과 적절한 균형을 유지하도록 노력하여야 한다.

03

공무원 보수에 대한 설명으로 옳지 않은 것은?

2016. 사회복지 9급

① 직능급이란 직무의 난이도와 책임에 따라 결정되는 보수이다.
② 실적급(성과급)은 개인이나 집단의 근무실적과 보수를 연결시킨 것이다.
③ 생활급은 생계비를 기준으로 하는 보수로서 공무원과 그 가족의 기본적인 생활을 보장하기 위한 것이다.
④ 연공급(근속급)은 근속연수와 같은 인적 요소를 기준으로 하는 보수이다.

> **정답** ① [×]
> **해설** 직무의 난이도와 책임에 따라 결정되는 보수는 직능급이 아니라 직무급에 해당한다.
>
> | 보수원칙 | 보수 결정 기준 | 보수유형 | |
> |---|---|---|---|
> | 생활보장의 원칙 | 생계비 | 생활급 | 기본급 결정 |
> | | 근속연수 | 연공급 | |
> | 노동 대가의 원칙 | 자리 (난이도, 책임도) | 직무급 | |
> | | 직무수행능력 (경력, 자격증) | 직능급 | |
> | | 근무성과 | 성과급 | 상여금 결정 |

04
공무원의 보수에 대한 설명으로 옳지 않은 것은?

2025. 국가 9급

① 직능급은 직무수행능력을 기준으로 기본급을 결정하는 보수체계이다.
② 연공급은 사람을 중심으로 하는 속인적 기본급이다.
③ 실적급은 근무실적을 기준으로 기본급을 결정하는 보수체계이다.
④ 계급제에서의 보수는 직무급이 특징이다.

> **정답** ④ [×]
> **해설** 계급제에서의 보수는 생계급·연공급을 특징으로 한다. 직무의 곤란도·책임도를 기준으로 하는 직무급은 직위분류제의 특징이다.

05
공무원 보수의 유형에 대한 설명으로 옳지 않은 것은?

2022. 지방 9급

① 직능급은 자격증을 갖춘 유능한 인재의 확보에 유리하다.
② 연공급은 근속연수를 기준으로 하기 때문에 전문기술 인력 확보에 유리하다.
③ 직무급은 동일노동에 대한 동일임금이라는 합리적인 보수 책정이 가능하다.
④ 성과급은 결과를 중시하며 변동급의 성격을 가진다.

> **정답** ② [×]
> **해설** ② 연공급은 주로 계급제·직업공무원제에서 강조되는 보수로서 전문지식이나 기술적 능력이 아닌 공무원의 근속 연수를 기준으로 임금수준을 결정하는 체계이므로 전문기술 인력 확보가 곤란하다. 전문 기술 인력의 확보에 유리한 것은 직무급(직무의 내용, 곤란도·책임도를 기준으로 하는 보수)의 특징이다.

06
공무원 보수제도로서 연봉제에 대한 설명으로 옳은 것은?

2011. 지방 7급

① 연봉제 도입을 통하여 관료제 내부의 공동체 의식이나 팀 정신이 향상된다.
② 연봉제는 실적주의 및 직위분류제를 강화시키지만 직업공무원제 및 계급제는 약화시키는 경향이 있다.
③ 우리나라의 경우 연봉액을 1년 단위로 책정하여 전액을 매년 1회 일괄해서 지급하는 것이 원칙이다.
④ 우리나라 고위공무원단에 속하는 공무원의 연봉제 수립에 있어서 직무분석이 직무평가보다 더 중요한 기능을 한다.

> **정답** ② [○]
> **해설** ① [×] 연봉제는 개인의 성과중심 보수제도이므로 개인 간 과다한 경쟁을 야기하여 관료제 내부의 공동체 의식이나 연대의식, 팀 정신을 저해할 소지가 있다.
> ③ [×] 연봉제는 개인의 능력, 실적, 공헌도에 대한 평가를 통해 연 단위의 계약에 의해 임금이 결정되는 능력중시형 임금 지급 체계이다. 우리나라의 경우 연봉은 연 단위로 책정하여 12개월 동안 분할하여 매월 지급하는 것이 원칙이다.
> ④ [×] 고위공무원단에 적용되는 직무성과급적 연봉제는 기본연봉과 성과연봉으로 구성된다. 기본연봉은 기준급(개인의 경력 및 누적성과를 반영하여 책정)과 직무급(직무의 곤란성 및 책임의 정도를 반영하여 직무등급에 따라 책정)을 합한 연간금액이며, 성과연봉은 전년도 성과평가 결과에 따라 등급별로 차등 지급된다. 직무성과급적 연봉제는 고위공무원의 성과평가 결과에 따른 책임을 강화하기 위한 보수체계로서 직무의 난이도와 곤란도를 중심으로 직무의 상대적 가치를 평가하는 직무평가가 더 중요한 기능을 한다.

07
공무원 보수제도 중 연봉제에 대한 설명으로 옳지 않은 것은?

2016. 지방 7급

① 직무성과급적 연봉제는 고위공무원단 소속 공무원에게 적용된다.
② 고정급적 연봉제에서 연봉은 기본연봉과 성과연봉으로 구성된다.
③ 직무성과급적 연봉제에서 기본연봉은 기준급과 직무급으로 구성된다.
④ 성과급적 연봉제와 직무성과급적 연봉제의 성과연봉은 전년도의 업무실적에 따른 평가결과에 따라 차등지급된다는 점에서 유사한 면이 있다.

정답 ② [×]
해설 고정급적 연봉제는 정무직을 대상으로 하며, 기본연봉으로만 구성된다. 기본연봉과 성과연봉으로 구성되는 것은 직무성과급적 연봉제(고위공무원단)와 성과급적 연봉제(과장급)이다.

📖 공무원 보수제도: 연봉제

보수제도	적용대상	보수구조	
		기본급여	성과급여 (지급기준)
고정급적 연봉제	정무직	기본연봉	-
직무성과급적 연봉제	고위공무원단	기본연봉 (기준급 + 직무급)	성과연봉
성과급적 연봉제	과장급	기본연봉	성과연봉

08
총액인건비제도의 운영 목표와 가장 거리가 먼 것은?

2011. 지방 9급

① 민주적 통제의 강화
② 성과와 보상의 연계 강화
③ 자율과 책임의 조화
④ 기관운영의 자율성 제고

정답 ① [×]
해설 총액인건비제도는 기관 운영의 자율성을 제고하고, 성과와 보상의 연계를 강화시키며, 자율과 책임의 조화를 기대할 수 있는 신공공관리론적 개혁원리가 반영된 제도이다. 총액인건비제도는 중앙예산기관과 조직관리 기관이 총 정원과 인건비 예산의 총액만을 정해주면, 각 부처는 그 범위 안에서 재량권을 발휘하여 인력운영 및 기구설치에 대한 자율성과 책임성을 부여받는 제도이다.

09
전통적인 연공주의 인적자원관리와 비교할 때 성과주의 인적자원관리의 특징으로 옳지 않은 것은? 2016. 국가 7급

① 형식 요건을 중시하고 규격화된 임용 방식을 확대한다.
② 태도와 근속연수보다 성과와 능력 중심의 평가를 강조한다.
③ 직급파괴와 역량에 의한 승진을 강조한다.
④ 조기퇴직 및 전직 지원을 활성화한다.

정답 ① [×]
해설 형식 요건을 중시하고 규격화된 임용 방식을 확대하는 것은 전통적인 연공주의 인적자원관리의 특징이다. 성과주의 인적자원관리는 결과와 책임을 강조하고, 신축적이고 분권적이며 적극적인 인사관리를 특징으로 한다.

10
전략적 인적자원관리에 대한 설명으로 옳지 않은 것은?

2017. 국가 9급

① 장기적이며 목표·성과 중심적으로 인적자원을 관리한다.
② 개인의 욕구는 조직의 전략적 목표달성을 위해 희생해야 한다는 입장이다.
③ 인사업무 책임자가 조직 전략 수립에 적극적으로 관여한다.
④ 조직의 전략 및 성과와 인적자원관리 활동 간의 연계에 중점을 둔다.

정답 ② [×]
해설 전략적 인적자원관리(Strategic Human Resource Management)는 조직의 전략적 목표달성과 조직 구성원의 개인적 욕구의 통합을 강조한다.

📖 기존의 인적자원관리와 전략적 인적자원관리(SHRM)의 비교

분류 특징	기존의 인사행정 및 인적자원관리(HRM)	전략적 인적자원관리(SHRM)
분석초점	개인의 심리적 측면 (직무만족, 동기부여, 조직시민행동의 증진)	• 조직의 전략과 인적자원 관리 • 활동의 연계 및 조직의 성과
범위	미시적 시각: 개별 인적자원관리방식들의 부분 최적화를 추구	거시적 시각: 인적자원관리방식들 간의 연계를 통한 전체 최적화를 추구
시간	단기적 관점 (인사관리상의 단기적 문제해결)	장기적 관점 (전략 수립에의 관여 및 인적자본의 육성)
기능 및 역할	• 조직의 목표와 무관하거나 부수적·기능적·도구적·수단적 역할 수행 • 통제메커니즘의 마련	• 조직전략의 수립과 실행에 적극적 관여 • 인적자본의 체계적 육성 및 발전 • 권한부여 및 자율성 확대 유도

11
연공주의(seniority system)에 대한 설명으로 옳은 것만을 모두 고르면?

2023. 국가 9급

> ㄱ. 장기근속으로 조직에 대한 공헌도를 높인다.
> ㄴ. 개인의 성과에 따른 적절한 보상을 통해 사기를 높인다.
> ㄷ. 계층적 서열구조 확립으로 조직 내 안정감을 높인다.
> ㄹ. 조직 내 경쟁을 통해서 개인의 역량 개발에 기여한다.

① ㄱ, ㄴ
② ㄱ, ㄷ
③ ㄴ, ㄹ
④ ㄷ, ㄹ

정답 ② ㄱ, ㄷ

해설 연공서열에 의한 승진은 조직에 들어와서 '몇 년을 근무했느냐'라는 연수를 기준으로 자동으로 승진시키는 것을 말한다. 가장 객관적이면서도 간단한 승진기준이다. 어떠한 정실이나 인사청탁도 개입할 여지가 없이 기계적으로 승진이 결정된다. 조직에 질서와 안정이 유지되고 상의하달식 명령체계가 확립되어 단순 집행업무 수행의 경우 능률성을 확보할 수 있다. 그러나 연공서열 기준이 능력의 차이를 무시하게 된다면 능력을 가진 사람에게 열심히 일하고자 하는 동기를 떨어뜨려 하향평준화시키는 결과를 가져올 수 있다. 실적을 승진 기준으로 사용하게 되면 개인의 실적 내지 능력에 따른 경쟁의 원리가 적용되는 셈이다. 연공서열주의와는 달리 일한 만큼, 능력이 있는 만큼 승진의 대가를 받기 때문에 능력 있는 사람에게 동기부여의 효과가 있고 결국 경쟁력 있는 정부를 만드는 데 도움이 된다.

구분	연공주의	실적주의
초점	사람(계급) 중심	직무수행능력 중심
승진변수	근무연수, 경력, 연령	직무수행 능력, 성과
가치기준	전통적 기준	합리적 기준
합리성	낮음	높음
장·단점	• 비용 저렴 • 승진예측 가능성 • 객관적 기준	• 개인간 경쟁 • 조직내 갈등·긴장 • 평가의 객관성 담보 곤란

제3절 공무원 연금제도

01
우리나라 공무원 연금제도에 대한 설명으로 옳지 않은 것은?
2009. 지방 7급

① 공무원 연금제도는 공무원에 대한 사회보장제도의 일환이다.
② 우리나라에서는 1960년에 「공무원연금법」이 제정 공포되었다.
③ 보수후불설(거치보수설)에 따르면 퇴직연금은 공무원의 당연한 권리이다.
④ 「공무원연금법」 적용대상자에는 선거에 의해 취임하는 공무원을 포함한다.

정답 ④ [×]
해설 「공무원연금법」의 적용대상인 공무원은 국가공무원법·지방공무원법 그 밖의 법률에 의한 공무원으로 하되, 다만, 군인과 선거에 의하여 취임하는 공무원을 제외한다(공무원연금법 제3조).

02
우리나라 공무원연금제도에 대한 설명으로 옳은 것만을 모두 고른 것은?
2016. 국가 7급

ㄱ. 최초의 공적연금제도로서 직업공무원을 대상으로 하는 특수직역 연금제도이다.
ㄴ. 「공무원연금법」상 공무원연금 대상에는 군인, 공무원 임용 전의 견습직원 등이 포함된다.
ㄷ. 사회보험 원리와 부양원리가 혼합된 제도이다.

① ㄱ
② ㄱ, ㄷ
③ ㄴ, ㄷ
④ ㄱ, ㄴ, ㄷ

정답 ㄱ, ㄷ [○]
해설 ㄴ. [×] 「공무원연금법」상 군인, 선거에 취임하는 공무원, 공무원 임용전의 수습기간 및 견습직원은 제외된다.

03
2015년 공무원연금 개혁에 대한 설명으로 옳지 않은 것은?
2022. 지방 9급

① 퇴직연금 지급률을 1.7%로 단계적 인하
② 퇴직연금 수급 재직요건을 20년에서 10년으로 완화
③ 퇴직연금 기여율을 기준소득월액의 9%로 단계적 인상
④ 퇴직급여 산정 기준은 퇴직 전 3년 평균보수월액으로 변경

정답 ④ [×]
해설 퇴직연금 산정의 기준이 되는 보수는 '전체 재직기간 평균기준소득월액'으로 산정한다.

> 공무원연금법 제3조(정의) ① 이 법에서 사용하는 용어의 뜻은 다음과 같다.
> 5. "평균기준소득월액"이란 재직기간 중 매년 기준소득월액을 공무원보수인상률 등을 고려하여 대통령령으로 정하는 바에 따라 급여의 사유가 발생한 날(퇴직으로 급여의 사유가 발생하거나 퇴직 후에 급여의 사유가 발생한 경우에는 퇴직한 날의 전날을 말한다. 이하 같다)의 현재가치로 환산한 후 합한 금액을 재직기간으로 나눈 금액을 말한다. 다만, 제43조제1항·제2항에 따른 퇴직연금·조기퇴직연금 및 제54조제1항에 따른 퇴직유족연금(공무원이었던 사람이 퇴직연금 또는 조기퇴직연금을 받다가 사망하여 그 유족이 퇴직유족연금을 받게 되는 경우는 제외한다) 산정의 기초가 되는 평균기준소득월액은 급여의 사유가 발생한 당시의 평균기준소득월액을 공무원보수인상률 등을 고려하여 대통령령으로 정하는 바에 따라 연금 지급이 시작되는 시점의 현재가치로 환산한 금액으로 한다.
> 공무원연금법 제43조(퇴직연금 또는 퇴직연금일시금 등) ① 공무원이 10년 이상 재직하고 퇴직한 경우에는 다음 각 호의 어느 하나에 해당하는 때부터 사망할 때까지 퇴직연금을 지급한다.

① [○] 연금지급률은 재직기간 1년당 평균기준소득월액의 1.9%에서 2035년까지 1.7%로 단계적으로 인하한다.
② [○]

> 공무원연금법 제43조 제1항 (퇴직연금 또는 퇴직연금일시금 등) ① 공무원이 10년 이상 재직하고 퇴직한 경우에는 다음 각 호의 어느 하나에 해당하는 때부터 사망할 때까지 퇴직연금을 지급한다.

③ [○] 공무원 연금의 기여율은 기존 기준소득월액의 7%에서 기준소득월액의 9%로 2020년까지 단계적 인상되었다.

04
우리나라 공무원연금 재정 확보 방식을 옳게 짝 지은 것은?

2019. 서울 9급

① 기금제 - 기여제
② 기금제 - 비기여제
③ 비기금제 - 기여제
④ 비기금제 - 비기여제

> **정답** ①
> **해설** 우리나라 공무원 연금 기금 조성방식은 기금제와 기여제를 특징으로 한다. 재원조달 방법으로는 연금 사업에 들어가는 재원을 조달하기 위해 미리 기금을 조성하고 기금의 운용과 투자를 통해 나오는 이자와 사업 수익을 통해 연금을 지급하는 기금제 방식을 채택하고 있으며, 연금 급여에 소요되는 비용을 사용자(정부)와 연금수혜자(공무원)가 공동으로 부담하는 기여제를 채택하고 있다.

제4절 다양성 관리와 유연근무제도

01
다양성 관리(diversity management)에 대한 설명으로 옳지 않은 것은? 2021. 국가 7급

① 오늘날 개인의 성격, 가치관의 차이와 같은 내면적 다양성의 중요성이 커지고 있다.
② 다양성 관리란 내적·외적 차이를 가진 다양한 조직구성원을 공평하고 효율적으로 활용하기 위한 체계적인 인적자원관리 과정이다.
③ 균형인사정책, 일과 삶 균형정책은 다양성 관리의 방안으로 볼 수 없다.
④ 대표관료제를 통한 조직 내 다양성 증대는 실적주의와 충돌할 가능성이 있다.

> **정답** ③ [×]
> **해설** 광의의 다양성 관리는 일과 삶의 균형정책(유연근무제, 가족친화적 편익 프로그램, 맞춤형 복지제도 등)을 통해 구현되며, 개인의 삶의 질과 근로의 질이라는 핵심가치로 구성되어 있다. 협의의 다양성 관리는 균형인사정책을 중심으로 이루어지고 있다.
> 다양성 관리(diversity management) 방안에는 대표관료제, 균형인사정책, 일과 삶의 조화(WLB) 정책 등이 있다.

02
공무원의 근무방식과 형태에 대한 설명으로 옳지 않은 것은? 2019. 국가 9급

① 유연근무제는 공무원의 근무방식과 형태를 개인·업무·기관 특성에 따라 선택할 수 있는 제도이다.
② 시간선택제 근무는 통상적인 전일제 근무시간(주 40시간)보다 길거나 짧은 시간을 근무하는 제도이다.
③ 탄력근무제는 전일제 근무시간을 지키되 근무시간, 근무일수를 자율 조정할 수 있는 제도이다.
④ 원격근무제는 직장 이외의 장소에서 정보통신망을 이용하여 근무하는 제도이다.

> **정답** ② [×]
> **해설** 시간선택제 공무원은 통상적인 근무 시간보다 짧은 시간 근무하는 공무원을 의미한다.
>
> 국가공무원법 제26조의2 (근무시간의 단축 임용) 국가기관의 장은 업무의 특성이나 기관의 사정 등을 고려하여 소속 공무원을 대통령령 등으로 정하는 바에 따라 통상적인 근무시간보다 짧게 근무하는 공무원으로 임용할 수 있다.

03
공직사회에서 일부 시행중인 원격근무제도에 대한 설명으로 옳지 않은 것은? 2006. 국가 7급

① 최신 정보통신기술을 활용할 수 있다.
② 모집지역의 범위를 넓혀 우수한 인재를 충원할 수 있다.
③ 직장과 가정의 요구를 조화시켜 사기를 증진시킬 수 있다.
④ 직접적인 도입이유가 고용을 확대하는 데 있다.

> **정답** ④ [×]
> **해설** 원격근무제도는 IT 기술의 발달에 따라 재택근무 등 사무실이 아닌 곳에서도 근무할 수 있는 제도로서 모집(근무)지역 범위의 확대, 직장생활과 가정생활을 조화시킬 수 있는 가족친화적인 근무환경 조성, 행정의 생산성 향상, 출퇴근 비용의 절감, 직장생활의 질 향상 등의 장점이 있다. 고용 확대와는 직접 관계가 없다.

04
다음 설명에 해당하는 유연근무제의 유형은? 2022. 지방 9급

- 탄력근무제의 한 유형
- 1일 8시간에 구애받지 않음
- 주 3.5~4일 근무

① 재택근무형　　② 집약근무형
③ 시차출퇴근형　④ 근무시간선택형

정답 ② [○]

해설 집약근무형은 1일 4~12시간, 주 3.5~4일 동안 근무하는 유형이다.
① [×] 재택근무형은 원격근무제의 한 유형이다.
③ [×] 시차출퇴근형은 1일 8시간 근무체제를 유지하여야 한다.
④ [×] 근무시간선택형은 1일 4~12시간, 주 5일 동안 근무하는 유형이다.

유연근무제 유형(2023년 인사혁신처 예규)

유형		활용방법
탄력근무제		주 40시간 근무하되, 출퇴근시각·근무시간·근무일을 자율 조정
	시차출퇴근형	1일 8시간 근무체제 유지, 출퇴근시간 자율 조정
	근무시간선택형	일 8시간에 구애받지 않음(일 4~12시간 근무), 주 5일 근무 준수
	집약근무형	일 8시간에 구애받지 않음(일 4~12시간 근무), 주 3.5~4일 근무
재량근무제		근무시간, 근무장소 등에 구애받지 않고 구체적인 업무성과를 토대로 근무한 것으로 간주하는 근무형태 • 출퇴근 의무 없이 프로젝트 수행으로 주 40시간 인정 • 고도의 전문적 지식과 기술이 필요해 업무 수행 방법이나 시간배분을 담당자의 재량에 맡길 필요가 있는 분야
원격근무제		특정한 근무장소를 정하지 않고 정보통신망을 이용하여 근무
	재택근무형	• 사무실이 아닌 자택에서 근무 • 1일 근무시간은 4~8시간으로 변동 불가
	스마트워크 근무형	• 자택 인근 스마트워크센터 등 별도 사무실에서 근무 • 1일 근무시간은 4~8시간으로 변동 불가

05
유연근무제도에 대한 설명으로 옳지 않은 것은?

2018. 지방 9급

① 유연근무제도에는 시간선택제 전환근무제, 탄력근무제, 원격근무제가 포함된다.
② 원격근무제는 재택근무형과 스마트워크 근무형으로 구분된다.
③ 심각한 보안위험이 예상되는 업무는 온라인 원격근무를 할 수 없다.
④ 재택근무자의 재택근무일에도 시간외근무수당 실적분과 정액분을 모두 지급하여야 한다.

정답 ④ [×]

해설 재택근무자의 재택근무일에는 시간외근무수당 실적 지급분은 지급할 수 없으며, 정액 지급분은 지급이 가능하다.

공무원 보수 등의 업무지침
6. 초과근무수당 지급방법
　다. 지급제외 대상자
　　6) 재택근무자가 재택근무일에는 시간외근무수당 실적 지급분을 지급할 수 없다(정액지급분은 지급가능).

Chapter 06 공무원 신분보장

01
「국가공무원법」상 징계에 대한 설명으로 옳은 것은?

2018. 국가 9급

① 징계는 파면·해임·정직·감봉·견책으로 구분한다.
② 정직은 1개월 이상 3개월 이하의 기간으로 하고, 정직 처분을 받은 자는 그 기간 중 공무원의 신분은 보유하나 직무에 종사하지 못하며 보수의 3분의 2를 감한다.
③ 감봉은 1개월 이상 3개월 이하의 기간 동안 보수의 3분의 1을 감한다.
④ 감사원에서 조사 중인 사건에 대하여는 조사개시 통보를 받은 후부터 징계 의결의 요구나 그 밖의 징계 절차를 진행할 수 있다.

> **정답** ③ [○]
> **해설** 감봉은 1개월 이상 3개월 이하의 기간 동안 보수의 3분의 1을 감한다(국가공무원법 제80조).
> ① [×] 징계는 파면, 해임, 강등, 정직, 감봉, 견책으로 구분한다.
>
> 국가공무원법 제79조(징계의 종류) 징계는 파면·해임·강등·정직(停職)·감봉·견책(譴責)으로 구분한다.
>
> ② [×] 정직은 1개월 이상 3개월 이하의 기간으로 하고, 정직 처분을 받은 자는 그 기간 중 공무원의 신분은 보유하나 직무에 종사하지 못하며 보수는 전액을 감한다.
> ④ [×] 감사원이 조사 중인 사건에 대하여는 조사개시 통보를 받은 날부터 징계 의결의 요구나 그 밖의 징계 절차를 진행하지 못한다.
>
> 국가공무원법 제83조(감사원의 조사와의 관계 등) ① 감사원에서 조사 중인 사건에 대하여는 제3항에 따른 조사개시 통보를 받은 날부터 징계 의결의 요구나 그 밖의 징계 절차를 진행하지 못한다.

02
「국가공무원법」상 징계에 대한 설명으로 옳은 것은?

2018. 국회 9급

① 파면과 해임은 징계위원회의 의결을 거치지 않고 각 임용권자 또는 임용권을 위임한 상급 감독기관의 장이 이를 행한다.
② 직위해제 처분은 징계에 포함된다.
③ 감봉은 1개월 이상 3개월 이하의 기간 동안 보수의 3분의 2를 감한다.
④ 중징계인 정직 처분을 받은 자는 1개월 이상 3개월 이하의 정직기간 중 공무원의 신분은 보유하나 직무에 종사하지 못하며 보수의 전액을 감액한다.
⑤ 감봉 처분을 받은 자는 감봉 처분이 시작된 날부터 12개월간 승진이 제한된다.

> **정답** ④ [○]
> **해설** ① [×] 파면과 해임에 해당하는 징계사유가 있는 경우에도 징계위원회에 징계의결을 요구하여야 하며, 그 징계 의결의 결과에 따라 징계처분을 하여야 한다.
> ② [×] 「국가공무원법」상 징계는 파면, 해임, 강등, 정직, 감봉, 견책이다. 직위해제 처분은 징계에 포함되지 않는다.
> ③ [×] 감봉은 1개월 이상 3개월 이하의 기간 동안 보수의 3분의 1을 감한다.
> ⑤ [×] 감봉의 경우 감봉 처분이 끝난 날부터 12개월간 승진이 제한된다.
>
> 국가공무원법 제80조(징계의 효력)
> ⑥ 공무원으로서 징계처분을 받은 자에 대하여는 그 처분을 받은 날 또는 그 집행이 끝난 날부터 대통령령 등으로 정하는 기간 동안 승진임용 또는 승급할 수 없다. 다만, 징계처분을 받은 후 직무수행의 공적으로 포상 등을 받은 공무원에 대하여는 대통령령 등으로 정하는 바에 따라 승진임용이나 승급을 제한하는 기간을 단축하거나 면제할 수 있다.
>
> 국가공무원법 시행령 제32조(승진임용의 제한) ① 공무원이 다음 각 호의 어느 하나에 해당하는 경우에는 승진임용될 수 없다.
> 2. 징계처분의 집행이 끝난 날부터 다음 각 목의 기간(법 제78조의2제1항 각 호의 어느 하나에 해당하는 사유로 인한 징계처분과 성폭력, 성희롱 및 성매매에 따른 징계처분의 경우에는 각각 6개월을 더한 기간)이 지나지 않은 경우

가. 강등·정직: 18개월
나. 감봉: 12개월
다. 견책: 6개월

공무원 징계의 유형 및 효력

구 분		승진·승급 제한	보수감액 (기간)	직무수행 정지	기 타
공직 신분 보유	견책	6개월	영향 ×	영향 ×	훈계 회개
	감봉	12개월	1/3 (1~3개월)	영향 ×	
	정직	18개월	전액 감액 (1~3개월)	1~3개월 정지	
	강등	18개월	전액 감액 (3개월)	3개월 정지	1계급 강등

구 분		처분	공직취임 제한	퇴직급여
공직 신분 박탈	해임	강제 퇴직 처분	3년	원칙적으로 제한 ×
	파면	강제 퇴직 처분	5년	제한 ○

03
「국가공무원법」상 징계의 내용과 효력을 바르게 설명한 것은?
2017. 사복직 9급

① 강등은 1계급 아래로 직급을 내리고 공무원의 신분은 보유하나 3개월간 직무에 종사하지 못하며 그 기간 중 보수의 3분의 2를 감한다.
② 정직은 1개월 이상 3개월 이하의 기간으로 하고, 정직 처분을 받은 자는 그 기간 중 공무원의 신분은 보유하나 직무에 종사하지 못하며 보수의 3분의 2를 감한다.
③ 감봉은 1개월 이상 3개월 이하의 기간 동안 보수의 3분의 2를 감한다.
④ 파면 처분을 받은 때부터 5년이 지나지 아니하면 공무원으로 임용될 수 없다.

정답 ④ [○]
해설 ① [×] 강등은 1계급 아래로 직급을 내리고 공무원 신분은 보유하나 3개월 간 직무에 종사하지 못하고, 그 기간 중 보수의 전액(3분의 2 ×)을 감한다.
② [×] 정직은 1개월 이상 3개월 이하의 기간으로 하고, 정직 처분을 받은 자는 그 기간 중 공무원의 신분은 보유하나 직무에 종사하지 못하며 보수의 전액(3분의 2 ×)을 감한다.
③ [×] 감봉은 1개월 이상 3개월 이하의 기간 동안 보수의 3분의 1(3분의 2 ×)을 감한다.

04
우리나라의 공무원 징계에 대한 설명으로 옳지 않은 것은?
2021. 국회 8급

① 견책은 잘못된 행동에 대하여 훈계하고 회개토록 하는 것으로 6개월간 승진과 승급이 제한되는 효력을 가진다.
② 감봉은 보수의 불이익을 받는 것으로 1개월 이상 3개월 이하의 기간 동안 보수액의 2/3를 감한다.
③ 강등은 직급을 내리고 공무원신분은 보유하나 3개월간 직무에 종사하지 못하며 그 기간 중 보수의 전액을 감한다.
④ 해임은 강제퇴직의 한 종류로서 3년간 재임용자격이 제한된다.
⑤ 파면은 공무원신분을 완전히 잃는 것으로 5년간 재임용자격이 제한된다.

정답 ② [×]
해설 감봉은 1개월 이상 3개월 이하의 기간 동안 보수의 1/3을 감하는 처분이다.

징계의 종류		효력
경징계	견책	• 전과에 대하여 훈계하고 회개하게 하는 것 • 6개월간 승진·승급 제한
	감봉	• 1개월~3개월 이하 기간 동안 보수의 1/3 감함 • 12개월간 승진·승급 제한
중징계	정직	• 1개월~3개월 이하 기간 동안 공무원의 신분은 보유하지만 직무에 종사하지 못함 • 정직기간 중 보수 전액 감함 • 18개월간 승진·승급 제한
	강등	• 1계급 아래로 직급을 내림(고위공무원단 → 3급으로 임용, 연구관 및 지도관 → 연구사 및 지도사) • 공무원 신분은 보유하나 3개월간 직무에 종사하지 못하며 그 기간 중 보수는 전액을 감함 • 18개월간 승급 제한
	해임	• 공무원관계로부터 배제하고 3년간 공직 재임용 제한 • 퇴직급여 원칙적으로 제한 없음(예외: 금품·향응수수, 공금횡령·유용으로 해임된 경우 퇴직급여의 1/4 감액, 단, 재직기간이 5년 미만 재직자는 퇴직수당 1/8 감액)
	파면	• 공무원관계로부터 배제하고 5년간 공직 재임용 제한 • 퇴직급여 1/2 감액(재직기간 5년 미만인 자는 1/4 감액), 퇴직수당 1/2 감액

05
공무원의 신분보장 및 징계에 대한 설명으로 옳지 <u>않은</u> 것은?
2024. 국가 7급

① 임용권자는 정직에 해당하는 징계 의결이 요구 중인 공무원에게 직위를 부여하지 아니할 수 있다.
② 정직은 중징계 처분 중의 하나로 사유에 따라 1개월 이상 3개월 이하의 기간이 적용되며, 정직기간 중 감봉 조치는 별도로 없다.
③ 임용권자는 직제 또는 정원의 변경이나 예산의 감소 등으로 직위가 폐직되거나 하위의 직위로 변경되어 과원이 된 경우 또는 본인이 동의한 경우에는 소속 공무원을 강임할 수 있다.
④ 해임은 강제퇴직 처분으로 3년간 공무원 임용이 제한되며, 금품·향응수수·공금횡령·유용 등으로 해임된 경우를 제외하고 퇴직급여 감액의 불이익이 없다.

정답 ② [×]
해설 정직은 1개월 이상 3개월 이하의 기간으로 하고, 정직 처분을 받은 자는 그 기간 중 공무원의 신분은 보유하나 직무에 종사하지 못하며 보수는 전액을 감한다.

> 제80조(징계의 효력) ③ 정직은 1개월 이상 3개월 이하의 기간으로 하고, 정직 처분을 받은 자는 그 기간 중 공무원의 신분은 보유하나 직무에 종사하지 못하며 보수는 전액을 감한다.

① [O] 「국가공무원법」 제73조의3 제1항

> 「국가공무원법」 제73조의3 (직위해제) ① 임용권자는 다음 각 호의 어느 하나에 해당하는 자에게는 직위를 부여하지 아니할 수 있다.
> 3. 파면·해임·강등 또는 정직에 해당하는 징계 의결이 요구 중인 자

③ [O] 「국가공무원법」 제73조의4

> 제73조의4 (강임) ① 임용권자는 직제 또는 정원의 변경이나 예산의 감소 등으로 직위가 폐직되거나 하위의 직위로 변경되어 과원이 된 경우 또는 본인이 동의한 경우에는 소속 공무원을 강임할 수 있다.

④ [O] 해임은 강제퇴직의 한 종류로서 3년간 재임용 자격이 제한되며, 금품 및 향응 수수, 공금의 횡령·유용으로 해임된 경우 퇴직급여가 감액된다.

06
「국가공무원법」에서 규정하고 있는 징계에 대한 설명으로 옳지 <u>않은</u> 것은?
2024. 국회 9급

① 정직은 1개월 이상 3개월 이하의 기간으로 한다.
② 감봉은 1개월 이상 3개월 이하의 기간 동안 보수의 3분의 1을 감하는 처분이다.
③ 강등은 징계의 사유와 비위의 정도에 따라 1계급 또는 2계급 아래로 직급을 내리는 처분이다.
④ 정직 및 감봉의 징계처분은 휴직기간 중에는 그 집행을 정지한다.
⑤ 징계위원회에 파면, 해임, 강등 또는 정직에 해당하는 징계 의결이 요구 중인 때에는 퇴직이 허용되지 아니한다.

정답 ③ [×]
해설 강등은 1계급 아래로 직급을 내리고 공무원 신분은 보유하나 3개월간 직무에 종사하지 못하며 그 기간 중 보수는 전액을 감한다 (2계급 ×).
④ [O] 「국가공무원법」 제80조 제6항
⑤ [O] 「국가공무원법」 제78조의4 제2항

> 「국가공무원법」 제78조의4 (퇴직을 희망하는 공무원의 징계사유 확인 및 퇴직 제한 등)
> ② 제1항에 따른 확인 결과 퇴직을 희망하는 공무원이 파면, 해임, 강등 또는 정직에 해당하는 징계사유가 있거나 다음 각 호의 어느 하나에 해당하는 경우(제1호·제3호 및 제4호의 경우에는 해당 공무원이 파면·해임·강등 또는 정직의 징계에 해당한다고 판단되는 경우에 한정한다) 제78조제4항에 따른 소속 장관 등은 지체 없이 징계의결등을 요구하여야 하고, 퇴직을 허용하여서는 아니 된다.
> 2. 징계위원회에 파면·해임·강등 또는 정직에 해당하는 징계 의결이 요구 중인 때
>
> 제80조(징계의 효력) ① 강등은 1계급 아래로 직급을 내리고(고위공무원단에 속하는 공무원은 3급으로 임용하고, 연구관 및 지도관은 연구사 및 지도사로 한다) 공무원 신분은 보유하나 3개월간 직무에 종사하지 못하며 그 기간 중 보수는 전액을 감한다.
> ⑥ 강등(3개월간 직무에 종사하지 못하는 효력 및 그 기간 중 보수는 전액을 감하는 효력으로 한정한다), 정직 및 감봉의 징계처분은 휴직기간 중에는 그 집행을 정지한다.

07
「국가공무원법」상 공무원 인사에 대한 설명으로 옳지 않은 것은?
2018. 지방 9급

① 당연퇴직은 법이 정한 사유가 발생한 경우 별도의 처분 없이 공무원 관계가 소멸되는 것을 말한다.
② 직권면직은 법이 정한 사유가 발생한 경우 임용권자가 일방적으로 공무원 관계를 소멸시키는 것을 말한다.
③ 직위해제는 직무수행능력이 부족하거나 근무성적이 극히 나쁜 경우 공무원의 신분은 유지하지만 강제로 직무를 담당하지 못하게 하는 것이다.
④ 강임은 한 계급 아래로 직급을 내리는 것으로 징계의 종류 중 하나이다.

정답 ④ [×]
해설 한 계급 아래로 직급을 내리는 것으로 징계의 종류 중 하나인 것은 강등이다.

08
공무원의 직위해제에 대한 설명으로 옳은 것은?
2023. 국가 9급

① 직위해제는 공무원 징계의 한 종류이다.
② 직위해제 처분을 받은 공무원은 잠정적으로 공무원 신분이 상실된다.
③ 직무수행 능력이 부족하거나 근무성적이 극히 나쁜 자에 대해서도 직위해제가 가능하다.
④ 직위해제의 사유가 소멸된 경우 임용권자는 인사위원회의 심의를 거쳐 3개월 이내에 직위를 부여하여야 한다.

정답 ③ [○]
해설 ① [×] 직위해제는 징계의 종류에 해당하지 않는다.
② [×] 직위해제는 공무원에 대하여 직위를 유지시킬 수 없다고 인정되는 사유가 있는 경우에 임용권자가 공무원으로서의 신분은 보존시키되, 직위를 부여하지 않는 임용행위를 의미한다.
④ [×] 직위해제의 사유가 소멸되면 임용권자는 지체 없이 직위를 부여하여야 한다.

국가공무원법 제73조의3 (직위해제) ① 임용권자는 다음 각 호의 어느 하나에 해당하는 자에게는 직위를 부여하지 아니할 수 있다.
1. 삭제
2. 직무수행 능력이 부족하거나 근무성적이 극히 나쁜 자
3. 파면·해임·강등 또는 정직에 해당하는 징계 의결이 요구 중인 자
4. 형사 사건으로 기소된 자(약식명령이 청구된 자는 제외한다)
5. 고위공무원단에 속하는 일반직공무원으로서 제70조의2제1항제2호부터 제5호까지의 사유로 적격심사를 요구받은 자
6. 금품비위, 성범죄 등 대통령령으로 정하는 비위행위로 인하여 감사원 및 검찰·경찰 등 수사기관에서 조사나 수사 중인 자로서 비위의 정도가 중대하고 이로 인하여 정상적인 업무수행을 기대하기 현저히 어려운 자
② 제1항에 따라 직위를 부여하지 아니한 경우에 그 사유가 소멸되면 임용권자는 지체 없이 직위를 부여하여야 한다.
③ 임용권자는 제1항제2호에 따라 직위해제된 자에게 3개월의 범위에서 대기를 명한다.
④ 임용권자 또는 임용제청권자는 제3항에 따라 대기 명령을 받은 자에게 능력 회복이나 근무성적의 향상을 위한 교육훈련 또는 특별한 연구과제의 부여 등 필요한 조치를 하여야 한다.

09
공무원 신분의 변경과 소멸에 대한 설명으로 옳지 않은 것은?
2022. 국가 9급

① 직권면직은 법률상 징계의 종류로 규정되어 있지 않다.
② 정직은 징계처분의 일종으로, 정직 기간 중에는 보수의 1/2을 감하도록 되어 있다.
③ 임용권자는 사정에 따라서는 공무원 본인의 의사에도 불구하고 휴직을 명해야 한다.
④ 임용권자는 직무수행 능력 부족을 이유로 직위해제를 받은 공무원이 직위해제 기간에 능력의 향상을 기대하기 어렵다고 인정된 때에 직권면직을 통해 공무원의 신분을 박탈할 수 있다.

정답 ② [×]
해설 정직 기간 중에는 보수의 전액을 감한다.

국가공무원법 제80조(징계의 효력)
③ 정직은 1개월 이상 3개월 이하의 기간으로 하고, 정직 처분을 받은 자는 그 기간 중 공무원의 신분은 보유하나 직무에 종사하지 못하며 보수는 전액을 감한다.

① [○]
국가공무원법 제79조(징계의 종류) 징계는 파면·해임·강등·정직(停職)·감봉·견책(譴責)으로 구분한다.

③ [○]

국가공무원법 제71조(휴직) ① 공무원이 다음 각 호의 어느 하나에 해당하면 임용권자는 본인의 의사에도 불구하고 휴직을 명하여야 한다.
1. 신체·정신상의 장애로 장기 요양이 필요할 때
2. 삭제 [1978.12.5]
3. 「병역법」에 따른 병역 복무를 마치기 위하여 징집 또는 소집된 때
4. 천재지변이나 전시·사변, 그 밖의 사유로 생사(生死) 또는 소재(所在)가 불명확하게 된 때
5. 그 밖에 법률의 규정에 따른 의무를 수행하기 위하여 직무를 이탈하게 된 때
6. 「공무원의 노동조합 설립 및 운영 등에 관한 법률」 제7조에 따라 노동조합 전임자로 종사하게 된 때

④ [○]

국가공무원법 제70조(직권 면직) ① 임용권자는 공무원이 다음 각 호의 어느 하나에 해당하면 직권으로 면직시킬 수 있다.
5. 제73조의3제3항(직위해제 사유)에 따라 대기 명령을 받은 자가 그 기간에 능력 또는 근무성적의 향상을 기대하기 어렵다고 인정된 때

10
우리나라의 공무원 인사제도에 대한 설명으로 옳지 않은 것은? 2015. 국가 9급

① 공무원을 수직적으로 이동시키는 내부 임용의 방법으로는 전직과 전보가 있다.
② 강등은 1계급 아래로 직급을 내리고(고위공무원단에 속하는 공무원은 3급으로 임용하고, 연구관 및 지도관은 연구사 및 지도사로 한다) 공무원 신분은 보유하나 3개월간 직무에 종사하지 못하며 그 기간 중 보수의 3분의 2를 감한다.
③ 청렴하고 투철한 봉사 정신으로 직무에 모든 힘을 다하여 공무집행의 공정성을 유지하고 깨끗한 공직 사회를 구현하는 데에 다른 공무원의 귀감이 되는 공무원은 특별승진 임용하거나 일반 승진시험에 우선 응시하게 할 수 있다.
④ 임용권자는 만 8세 이하(취학 중인 경우에는 초등학교 2학년 이하)의 자녀를 양육하기 위하여 필요하거나 여성공무원이 임신 또는 출산하게 되어 휴직을 원하면 대통령령으로 정하는 특별한 사정이 없으면 휴직을 명하여야 한다.

정답 ① [×]

해설 전직과 전보는 수평적으로 이동시키는 방법이다. 수직적 이동에는 승진과 강임이 있다.

③ [○]

국가공무원법 제40조의4 (우수 공무원 등의 특별승진) ① 공무원이 다음 각 호의 어느 하나에 해당하면 제40조 및 제40조의2에도 불구하고 특별승진임용하거나 일반 승진시험에 우선 응시하게 할 수 있다.
1. 청렴하고 투철한 봉사 정신으로 직무에 모든 힘을 다하여 공무 집행의 공정성을 유지하고 깨끗한 공직 사회를 구현하는 데에 다른 공무원의 귀감(龜鑑)이 되는 자
2. 직무수행 능력이 탁월하여 행정 발전에 큰 공헌을 한 자
3. 제53조에 따른 제안의 채택·시행으로 국가 예산을 절감하는 등 행정 운영 발전에 뚜렷한 실적이 있는 자
4. 재직 중 공적이 특히 뚜렷한 자가 제74조의2에 따라 명예퇴직 할 때
5. 재직 중 공적이 특히 뚜렷한 자가 공무로 사망한 때

④ [○]

국가공무원법 제71조(휴직)
② 임용권자는 공무원이 다음 각 호의 어느 하나에 해당하는 사유로 휴직을 원하면 휴직을 명할 수 있다. 다만, 제4호의 경우에는 대통령령으로 정하는 특별한 사정이 없으면 휴직을 명하여야 한다.
1. 국제기구, 외국 기관, 국내외의 대학·연구기관, 다른 국가기관 또는 대통령령으로 정하는 민간기업, 그 밖의 기관에 임시로 채용될 때
2. 국외 유학을 하게 된 때
3. 중앙인사관장기관의 장이 지정하는 연구기관이나 교육기관 등에서 연수하게 된 때
4. 만 8세 이하 또는 초등학교 2학년 이하의 자녀를 양육하기 위하여 필요하거나 여성공무원이 임신 또는 출산하게 된 때

11
국가공무원법 상 공무원 임용 결격사유에 해당하지 않는 사람은?
2024. 지방 7급

① 공무원 재직 중 징계로 해임처분을 받은 때부터 3년이 지나지 아니한 자
② 파산선고를 받고 복권된 때부터 5년이 지나지 아니한 자
③ 금고 이상의 형의 집행유예를 선고받고 그 유예기간이 끝난 날부터 2년이 지나지 아니한 자
④ 공무원 재직 중 징계로 파면처분을 받은 때부터 5년이 지나지 아니한 자

정답 ② [×]
해설 파산선고를 받고 복권되지 아니한 자가 공무원 임용 결격사유다.
① [○] 「국가공무원법」 제33조 제8호
③ [○] 「국가공무원법」 제33조 제4호
④ [○] 「국가공무원법」 제33조 제7호

국가공무원법 제33조(결격사유) 다음 각 호의 어느 하나에 해당하는 자는 공무원으로 임용될 수 없다.
1. 피성년후견인
2. 파산선고를 받고 복권되지 아니한 자
3. 금고 이상의 실형을 선고받고 그 집행이 끝나거나(집행이 끝난 것으로 보는 경우를 포함한다) 집행이 면제된 날부터 5년이 지나지 아니한 자
4. 금고 이상의 형의 집행유예를 선고받고 그 유예기간이 끝난 날부터 2년이 지나지 아니한 자
5. 금고 이상의 형의 선고유예를 받은 경우에 그 선고유예 기간 중에 있는 자
7. 징계로 파면처분을 받은 때부터 5년이 지나지 아니한 자
8. 징계로 해임처분을 받은 때부터 3년이 지나지 아니한 자

12
계급정년제도에 대한 설명으로 옳지 않은 것은?
2017. 국가 9급

① 공무원이 일정한 기간 동안 승진하지 못하고 동일한 계급에 머물러 있으면, 그 기간이 만료된 때에 그 사람을 자동적으로 퇴직시키는 제도이다.
② 인적자원의 유동률을 높여 국민의 공직취임 기회를 확대할 수 있다.
③ 공무원의 교체를 촉진하여 낡은 관료문화 타파에 기여할 수 있다.
④ 모든 공무원의 직업적 안정성을 확보할 수 있다.

정답 ④ [×]
해설 계급정년제도는 공무원이 일정한 기간 내에 승진하지 못하면 기간의 만료된 때 자동적으로 퇴직시키는 제고로 직업적 안정성을 저해할 수 있다. 계급정년제도는 경찰, 군인, 소방공무원 중 상위직에 적용되고 있으며, 계급정년제도를 통해 공직의 신진대사 촉진, 공직취임기회 확대, 무능 공무원 도태, 전통적 행정문화 개혁 등에 유용한 수단을 제공할 수 있다.

Chapter 07 공무원의 권리와 의무

제1절 공무원의 정치적 중립

01
공무원의 정치적 중립성과 관련이 <u>없는</u> 것은?
2016. 지방교행 9급

① 해치법(Hatch Act)
② 직업공무원제 확립
③ 국민 전체에 대한 봉사
④ 관료의 정책형성 기능 확대

> **정답** ④ [×]
> **해설** 공무원의 정치적 중립은 엽관주의의 폐해를 극복하고, 실적주의를 확립하기 위해 대두되었으며, 정치적 영향으로부터 행정을 분리하기 위한 정치행정이원론의 성립과 관련된다. 관료(행정)의 정책형성 기능 확대를 강조하는 것은 정치행정일원론의 입장이다.
> ① [○] 해치법(Hatch Act)은 미국 연방의회가 공무원의 정치활동을 제한한 법이다.

02
공무원의 정치적 중립의 정당화 근거로 옳지 <u>않은</u> 것은?
2022. 국가 9급

① 엽관주의의 폐해를 극복하여 행정의 안정성과 전문성을 제고 할 수 있다.
② 공무원은 국민 전체의 이익을 위해 공평무사하게 봉사해야 하는 신분이다.
③ 공무원의 정치적 기본권을 강화하여 공직의 계속성을 제고할 수 있다.
④ 공명선거를 통해 민주적 기본질서를 제고할 수 있다.

> **정답** ③ [×]
> **해설** 공무원의 정치적 중립 의무는 정치적 기본권인 참정권 등을 제한할 수 있다는 한계점이 있다.

03
우리나라 공무원의 기본권 제한에 대한 내용으로 가장 옳지 <u>않은</u> 것은?
2014. 국회 9급

① 선거개입 금지
② 재산공개
③ 단체교섭권 금지
④ 정당지지 표명 금지
⑤ 겸직금지

> **정답** ③ [×]
> **해설** 우리나라는 「공무원의 노동조합 설립 및 운영 등에 관한 법률」(2006년 1월)에서 단결권과 단체교섭권을 인정하고 있다.
> ①, ④ [○] 국가공무원법 제65조
>
> 국가공무원법 제65조(정치운동의 금지) ① 공무원은 정당이나 그 밖의 정치단체의 결성에 관여하거나 이에 가입할 수 없다.
> ② 공무원은 선거에서 특정 정당 또는 특정인을 지지 또는 반대하기 위한 다음의 행위를 하여서는 아니 된다.
> 1. 투표를 하거나 하지 아니하도록 권유 운동을 하는 것
> 2. 서명 운동을 기도(企圖)·주재(主宰)하거나 권유하는 것
> 3. 문서나 도서를 공공시설 등에 게시하거나 게시하게 하는 것
> 4. 기부금을 모집 또는 모집하게 하거나, 공공자금을 이용 또는 이용하게 하는 것
> 5. 타인에게 정당이나 그 밖의 정치단체에 가입하게 하거나 가입하지 아니하도록 권유 운동을 하는 것
>
> ② [○] 공무원의 재산공개 의무(공직자윤리법 제10조 등록재산의 공개)
> ⑤ [○] 겸직금지 의무(국가공무원법 제64조)
>
> 국가공무원법 제64조 ① 공무원은 공무 외에 영리를 목적으로 하는 업무에 종사하지 못하며 소속 기관장의 허가 없이 다른 직무를 겸할 수 없다.

제2절 공무원단체(공무원 노동조합)

01
우리나라의 현행 인사행정제도에 관한 설명으로 옳지 않은 것은?
2010. 국가 9급

① 국가공무원법에 의거한 징계의 종류에는 파면·해임·강등·정직·감봉·견책이 있다.
② 고위공무원단에는 정부조직법상 중앙행정기관의 실장·국장 등 보조기관뿐 아니라 이에 상당하는 보좌기관도 포함된다.
③ 정당법에 의한 정당의 당원은 소청심사위원회의 위원이 될 수 없다.
④ 사실상 노무에 종사하는 공무원으로서 노동조합에 가입된 자가 조합 업무에 전임하려면 노동부 장관의 허가를 받아야 한다.

> **정답** ④ [×]
> **해설** 노동조합에 가입된 자가 조합 업무에 전임하려면 노동부 장관이 아닌 소속장관(임용권자)의 허가를 받아 노동조합의 업무에 전념할 수 있다.
>
> 국가공무원법 제66조(집단행위의 금지) ① 공무원은 노동운동이나 그 밖에 공무 외의 일을 위한 집단 행위를 하여서는 아니 된다. 다만, 사실상 노무에 종사하는 공무원은 예외로 한다.
> ③ 제1항 단서에 규정된 공무원으로서 노동조합에 가입된 자가 조합 업무에 전임하려면 소속 장관의 허가를 받아야 한다.
>
> ③ [○]
> 국가공무원법 제10조의2 (소청심사위원회위원의 결격사유) ① 다음 각 호의 어느 하나에 해당하는 자는 소청심사위원회의 위원이 될 수 없다.
> 1. 제33조 각 호의 어느 하나에 해당하는 자
> 2. 「정당법」에 따른 정당의 당원
> 3. 「공직선거법」에 따라 실시하는 선거에 후보자로 등록한 자

02
공무원 단체활동 제한론의 근거로 옳지 않는 것은?
2013. 국가 9급

① 실적주의 원칙을 침해할 우려가 있다.
② 공무원의 정치적 중립성이 훼손될 수 있다.
③ 공직 내 의사소통을 약화시킨다.
④ 보수 인상 등 복지 요구 확대는 국민 부담으로 이어진다.

> **정답** ③ [×]
> **해설** 공무원노동조합은 하급공무원과 관리층 간에 쌍방적인 의사전달 통로를 제공함으로써 상호 이해의 증진을 도모할 수 있으며, 권위주의적 풍토를 개선하여 조직 내 행정의 민주화를 이룩하는 데 기여할 수 있다.

03
「공무원의 노동조합 설립 및 운영 등에 관한 법률」에 규정된 공무원 노동조합에 대한 설명으로 옳지 않은 것은?
2020. 국회 9급

① 노동조합과 그 조합원은 정치활동을 해서는 아니 된다.
② 공무원은 임용권자의 동의를 받아 노동조합의 업무에만 종사할 수 있다.
③ 국가와 지방자치단체는 전임자에게 그 전임기간 중 보수를 지급해서는 아니 된다.
④ 노동조합을 설립하려는 사람은 행정안전부장관에게 설립신고서를 제출하여야 한다.
⑤ 6급 이하의 일반직 공무원에 상당하는 별정직 공무원은 노동조합에 가입할 수 있다.

> **정답** ④ [×]
> **해설** 행정안전부장관이 아니라 고용노동부장관에게 제출해야 한다.
>
> 공무원의 노동조합 설립 및 운영 등에 관한 법률 제5조(노동조합의 설립)
> ② 노동조합을 설립하려는 사람은 고용노동부장관에게 설립신고서를 제출하여야 한다.
>
> ① [○] 「공무원의 노동조합 설립 및 운영 등에 관한 법률」 제4조
> 제4조(정치활동의 금지) 노동조합과 그 조합원은 정치활동을 하여서는 아니 된다.
>
> ②, ③ [○] 동법 제7조 제1항 및 제3항
>
> 공무원의 노동조합 설립 및 운영 등에 관한 법률 제7조(노동조합 전임자의 지위) ① 공무원은 임용권자의 동의를 받아 노동조합으로부터 급여를 지급받으면서 노동조합의 업무에만 종사할 수 있다.

⑤ [○] 동법 제7조 제1항 및 제3항

> 제6조(가입 범위) ① 노동조합에 가입할 수 있는 사람의 범위는 다음 각 호와 같다.
> 1. 일반직공무원
> 2. 특정직공무원 중 외무영사직렬·외교정보기술직렬 외무공무원, 소방공무원 및 교육공무원(다만, 교원은 제외한다)
> 3. 별정직공무원
> 4. 제1호부터 제3호까지의 어느 하나에 해당하는 공무원이었던 사람으로서 노동조합 규약으로 정하는 사람

04
공무원노동조합에 대한 설명으로 옳지 않은 것은?

2016. 국가 7급

① 공무원노동조합에 가입한 9급 일반직 공무원은 공무원 직장협의회에 동시에 가입할 수 있다.
② 부당한 정치적 정실인사를 배제하는 데 기여할 수 있다.
③ 단체교섭 대상에는 노동조합에 관한 사항 또는 복지 및 그 밖의 근무조건에 관한 사항 외에 보수도 포함된다.
④ 공립초등학교 교사는 「공무원의 노동조합 설립 및 운영 등에 관한 법률」에서 규정하고 있는 공무원에 해당한다.

정답 ④ [×]

해설 교원은 「교원의 노동조합 설립 및 운영 등에 관한 법률」이 적용된다. 「공무원의 노동조합 설립 및 운영 등에 관한 법률」에서 규정하고 있는 공무원은 「국가공무원법」상 공무원과 「지방공무원법」상 공무원을 의미하며, 국·공·사립학교 교원들「교원의 노동조합 설립 및 운영 등에 관한 법률」의 적용을 받는다.

> 공무원의 노동조합 설립 및 운영 등에 관한 법률 제2조(정의) 이 법에서 "공무원"이란 「국가공무원법」 제2조 및 「지방공무원법」 제2조에서 규정하고 있는 공무원을 말한다. 다만, 「국가공무원법」 제66조제1항 단서 및 「지방공무원법」 제58조제1항 단서에 따른 사실상 노무에 종사하는 공무원과 「교원의 노동조합 설립 및 운영 등에 관한 법률」의 적용을 받는 교원인 공무원은 제외한다.

05
공무원 노동조합에 대한 설명으로 옳은 것은?

2022. 국회 8급

① 노동조합과 그 조합원은 정치활동이 허용된다.
② 6급 이하의 일반직 공무원만 노동조합에 가입할 수 있다.
③ 퇴직공무원도 노동조합에 가입할 수 있다.
④ 소방공무원과 교원은 노동조합 가입이 허용되지 않는다.
⑤ 교정·수사 등에 관한 업무에 종사하는 공무원은 노동조합에 가입할 수 있다.

정답 ③ [○]

해설 퇴직공무원이더라도 가입대상 범위에 포함되었던 공무원이었던 사람으로서 노동조합 규약으로 정하는 사람은 가입대상이 된다.

> 「공무원의 노동조합 설립 및 운영 등에 관한 법률」 제6조(가입 범위) ① 노동조합에 가입할 수 있는 사람의 범위는 다음 각 호와 같다.
> 1. 일반직공무원
> 2. 특정직공무원 중 외무영사직렬·외교정보기술직렬 외무공무원, 소방공무원 및 교육공무원(다만, 교원은 제외한다)
> 3. 별정직공무원
> 4. 제1호부터 제3호까지의 어느 하나에 해당하는 공무원이었던 사람으로서 노동조합 규약으로 정하는 사람

① [×] 공무원 노조는 정치활동이 금지된다.

> 「공무원의 노동조합 설립 및 운영 등에 관한 법률」 제4조(정치활동의 금지) 노동조합과 그 조합원은 정치활동을 하여서는 아니 된다.

② [×] 6급 이상도 노동조합에 가입할 수 있다.
④ [×] 소방공무원은 「공무원의 노동조합 설립 및 운영 등에 관한 법률」에 따른 공무원 노조 가입범위에 포함된다. 교원은 「교원의 노동조합 설립 및 운영 등에 관한 법률」의 적용 대상이다.

06
공무원의 노동조합 설립 및 운영에 대한 설명으로 옳지 않은 것은? 2010. 국회 8급

① 단체협약의 내용 중 법령, 조례, 예산에 의하여 규정되는 내용은 단체협약으로서의 효력을 인정하지 아니한다.
② 공무원노조를 설립하고자 하는 경우에는 고용노동부 장관에게 노조설립허가서를 제출하여야 한다.
③ 인사·보수에 관한 업무를 수행하는 공무원 등 노동조합과의 관계에서 행정기관의 입장에서 업무를 수행하는 공무원은 노동조합에 가입할 수 없다.
④ 단체교섭이 결렬된 경우에는 당사자 일방 또는 쌍방은 중앙노동위원회의 조정을 신청할 수 있다. 중앙노동위원회는 조정신청을 받은 날부터 20일 이내에 조정을 마쳐야 한다.
⑤ 정부교섭대표는 정부교섭대표가 아닌 관계 기관의 장으로 하여금 교섭에 참여하게 할 수 있고, 다른 기관의 장이 관리하거나 결정할 권한을 가진 사항에 대해서 해당 기관의 장에게 교섭 및 단체협약 체결 권한을 위임할 수 있다.

정답 ④ [×]
해설 단체교섭이 결렬된 경우에는 당사자 일방 또는 쌍방은 중앙노동위원회의 조정을 신청할 수 있다. 중앙노동위원회는 조정신청을 받은 날부터 30일 이내에 조정을 마쳐야 한다.

> 공무원의 노동조합 설립 및 운영 등에 관한 법률 제12조(조정신청 등) ① 제8조에 따른 단체교섭이 결렬(決裂)된 경우에는 당사자 어느 한쪽 또는 양쪽은 중앙노동위원회에 조정(調停)을 신청할 수 있다.
> ④ 조정은 제1항에 따른 조정신청을 받은 날부터 30일 이내에 마쳐야 한다. 다만, 당사자들이 합의한 경우에는 30일 이내의 범위에서 조정기간을 연장할 수 있다.

PART 06
행정환류

Chapter 01 행정책임
Chapter 02 행정통제
Chapter 03 행정윤리와 행정부패

Chapter 01 행정책임

01
행정통제와 행정책임에 대한 설명으로 옳은 것만을 모두 고르면?
2021. 지방 9급

ㄱ. 파이너(Finer)는 법적·제도적 외부통제를 강조한다.
ㄴ. 감사원의 직무감찰과 회계감사는 외부통제에 해당한다.
ㄷ. 프리드리히(Friedrich)는 내재적 통제보다 객관적·외재적 책임을 강조한다.

① ㄱ
② ㄴ
③ ㄱ, ㄷ
④ ㄴ, ㄷ

정답 ① ㄱ [O]
해설 ㄴ. [×] 감사원의 직무감찰과 회계감사는 내부통제(외부통제 ×)에 해당한다.
ㄷ. [×] 프리드리히(Friedrich)는 외부적 힘이 아닌, 관료의 내면적 기준에 의한 책임, 공무원이 전문가로서의 직업윤리나 책임감에 기초해서 적극적이고 자발적인 재량을 발휘하여 확보되는 행정 책임을 말한다.

구분	Finer	Friedrich
행정책임의 의미	외재적 책임 객관적 책임성 / 제도적 책임	내재적 책임 주관적 책임성 / 자율적 책임
외부책임 vs 내부책임	관료에 대한 외재적 책임	관료의 내부 책임 강조
정치와 행정의 관계	정치행정이원론	정치행정 일원론
관료에 대한 재량적 권한 부여	정치인·입법에 대한 복종 요구 입법부의 엄격한 명령과 통제 요구	관료에 대한 권한 위임 요구 기업가적이고 신축적인 관료제
기술적 책임 vs 정치적 책임	정치적 책임성	기술적 책임성

02
제도적 책임성(accountability)과 대비되는 자율적 책임성(responsibility)에 대한 설명으로 가장 적합하지 않은 것은?
2010. 국가 9급

① 전문가로서의 직업윤리와 책임감에 기초해서 적극적·자발적 재량을 발휘하여 확보되는 책임
② 객관적으로 기준을 확정하기 곤란하므로, 내면의 가치와 기준에 따르는 것
③ 국민들의 요구와 기대를 정확하게 인식해서 이에 능동적으로 대응하는 것
④ 고객 만족을 위하여 성과보다는 절차에 대한 책임 강조

정답 ④ [×]
해설 제도적 책임성에 대한 설명이다. 고객만족을 위한 절차적 책임성 확보는 공식적이고 제도적인 통제에 의해 확보되는 책임이다.

03
제도적 책임성(accountability)과 자율적 책임성(responsibility)에 대한 설명으로 옳지 않은 것은?
2020. 국회 9급

① 제도적 책임성은 타율적이고 수동적인 행정책임을 의미한다.
② 자율적 책임성은 직업윤리와 책임감에 기반한 능동적인 책임성을 의미한다.
③ 자율적 책임성은 국민들의 요구와 의견을 반영하는 노력과 관련 되어 있다.
④ 제도적 책임성은 법규와 규정에 따른 적절한 절차를 강조한다.
⑤ 제도적 책임성은 자율적 책임성보다 상대적으로 광범위한 행정 책임을 의미한다.

정답 ⑤ [×]
해설 공무원들의 내면의 가치와 기준에 따라 자발적인 재량을 발휘해 확보되는 자율적 행정책임은 타율적이고 수동적인 제도적 책임성에 비해 상대적으로 광범위한 행정책임이다.

📖 **제도적 책임성과 자율적 책임성**

제도적 책임성	자율적 책임성
• 문책자의 외재성 • 절차의 중시 • 공식적·제도적 통제 • 판단기준과 절차의 객관화 • 제재의 존재	• 문책자의 내재화 또는 부재 • 절차의 준수와 책임완수는 별개의 것 • 공식적 제도에 의해 달성할 수 없음 • 객관적으로 확정할 수 있는 기준 없음 • 제재의 부재

04
통제의 원천과 강도에 따른 행정책임성의 유형구분과 거리가 먼 것은? 2013. 국회 9급

① 정치적 책임성
② 관리적 책임성
③ 수단적 책임성
④ 전문가적 책임성
⑤ 법률적 책임성

정답 ③ [×]
해설 Dubnick & Romzek이 통제의 원천과 강도에 따라 행정책임의 유형을 분류하면 관리적(계층적) 책임성, 법적 책임성, 전문가적 책임성, 정치적 책임성으로 구분된다.

📖 **롬젝과 두브닉(Romzek & Dubnick, 1987)의 책임성 유형**

구분		통제의 원천	
		조직 내부(내부 통제)	조직 외부(외부 통제)
통제의 수준	높은 통제수준	계층적·관료제적 (bureaucratic) 책임성	법적(legal) 책임성
	낮은 통제수준	전문가적 (professional) 책임성	정치적(political) 책임성

05
Dubnick과 Romzek의 행정책임성 유형 중 내부 지향적이고, 통제의 정도가 높은 책임성은? 2010. 서울 7급

① 정치적 책임성
② 법적 책임성
③ 전문가적 책임성
④ 관료적 책임성
⑤ 시민적 책임성

정답 ④
해설 관료적 책임성에 대한 설명이다.

06
롬젝(Romzeck)의 행정책임 유형에 대한 설명으로 옳지 않은 것은? 2023. 국가 9급

① 계층적 책임 - 조직 내 상명하복의 원칙에 따라 통제된다.
② 법적 책임 - 표준운영절차(SOP)나 내부 규칙(규정)에 따라 통제된다.
③ 전문가적 책임 - 전문직업적 규범과 전문가집단의 관행을 중시한다.
④ 정치적 책임 - 민간 고객, 이익집단 등 외부 이해관계자의 기대에 부응하는가를 중시한다.

정답 ② [×]
해설 법적 책임은 통제의 원천이 외부이며, 행정부 외부 기관인 국회가 제정한 법률에 대한 책임을 의미한다. 표준운영절차나 내부 규칙은 행정부 내부의 통제에 대한 책임이므로 법적 책임에 해당하지 않는다.

07
행정의 책임성에 대한 설명으로 가장 옳지 않은 것은? 2018. 서울 7급

① 행정의 책임성에는 결과에 대한 책임과 함께 과정에 대한 책임도 포함된다.
② 신공공관리론(NPM)에서 강조하고 있는 시장책임성은 고객만족에 의한 행정책임을 포함한다.
③ 법적 책임의 확보 방법은 시대에 따라 변하고 있다.
④ 제도적 책임성은 공무원의 자율적이고 능동적인 행정책임을 의미한다.

정답 ④ [×]
해설 공무원의 자율적이고 능동적인 행정책임을 의미하는 것은 자율적 책임이다. 제도적 책임성은 국회 혹은 사법부와 같은 '외부 통제 기관'을 통해 확보되는 객관적 책임성을 의미한다.

Chapter 02 행정통제

01
행정책임과 행정통제에 대한 설명 중 옳지 않은 것은?
2013. 서울 9급

① 행정통제의 중심과제는 궁극적으로 민주주의와 관료제 간의 조화 문제로 귀결된다.
② 행정통제는 설정된 행정목표와 기준에 따라 성과를 측정하는 데 초점을 맞추면 별도의 시정 노력은 요구되지 않는 특징이 있다.
③ 행정책임은 행정관료가 도덕적·법률적 규범에 따라 행동해야 하는 국민에 대한 의무이다.
④ 행정통제란 어떤 측면에서는 관료로부터 재량권을 빼앗는 것이다.
⑤ 행정책임은 국가적 차원에서 국민에 대한 국가 역할의 정당성을 확인하는 것이다.

> **정답** ② [×]
> **해설** 행정통제는 행정체제와 공무원 개인의 일탈에 대한 감시와 처벌을 통해 원래의 행정성과를 달성하려는 활동이다. 따라서 일탈에 대한 시정 노력이 수반되는 특징이 있다.

02
우리나라의 행정통제에 대한 설명으로 옳은 것은?
2015. 지방 9급

① 행정기관 및 공무원의 직무에 관한 감찰을 하기 위하여 대통령 소속하에 감사원을 두고 있다.
② 권위주의적 정치·행정문화 속에서 행정의 내·외부 통제가 보다 효과적으로 이루어졌다.
③ 헌법재판소는 행정에 대한 통제기능은 수행하지 못한다.
④ 입법부의 구성이 여당 우위일 경우 효과적인 행정통제 기능을 수행할 수 있다.

> **정답** ① [○]
> **해설** ② [×] 권위주의적 정치·행정문화 속에서 행정의 내·외부통제가 효과적으로 이루어지지 못하였다.
> ③ [×] 헌법재판소도 권한쟁의심판, 헌법소원심판, 탄핵심판, 위헌법률심판 등으로 행정에 대한 통제기능을 수행한다.
> ④ [×] 입법부의 구성이 여당보다는 야당 우위일 경우 효과적인 행정통제 기능을 수행할 수 있다.

03
행정통제에 대한 설명으로 가장 옳지 않은 것은?
2019. 서울 9급

① 행정 권한의 강화 및 행정재량권의 확대가 두드러지면서 행정책임 확보의 수단으로서 행정통제의 중요성이 커지고 있다.
② 의회는 국가의 예산을 심의하고 승인하거나 혹은 지출을 금지하거나 제한하는 등의 조치를 통하여 행정부를 통제한다.
③ 행정이 전문성과 복잡성을 띠게 된 현대 행정국가 시대에는 내부 통제보다 외부 통제가 점차 강조되고 있다.
④ 일반 국민은 선거권이나 국민투표권의 행사를 통하여 행정을 간접적으로 통제한다.

> **정답** ③ [×]
> **해설** 정부가 처리해야 할 문제의 복잡성과 전문성의 증가로 행정부의 역할과 기능이 강화된 행정국가 시대에는 입법부 또는 시민 통제 등 외부통제가 곤란하기 때문에 내부통제가 강조되고 있다.

04

행정통제에 관한 설명으로 옳지 않은 것은? 2011. 국회 8급

① 길버트(E. Gilbert)에 의하면 행정통제의 방법은 통제자가 행정조직 내부에 위치하는가 그렇지 않은가에 따라 공식적 통제와 비공식적 통제로 구분된다.
② 프리드리히(C. Friedrich)는 행정국가의 불가피성과 외부통제의 어려움으로 인해 내부통제가 더 강조되어야 한다고 보았다.
③ 정치행정이원론적 입장에 따르면 외부통제가 더 바람직하다.
④ 사법부에 의한 통제는 일차적으로 사후적 조치라는 점에서 한계를 지닌다.
⑤ 옴부즈만제도는 융통성과 비공식성이 높은 제도이며 법적이라기보다는 사회적·정치적 성격이 강한 제도이다.

정답 ① [×]
해설 길버트는 행정통제 방법을 통제자가 행정조직 내부에 위치하는지의 여부에 따라 내부통제와 외부통제로 구분하고, 통제 방법이 법률 등으로 제도화되었는지 여부에 따라 공식적 통제와 비공식적 통제로 구분하였다.

05

길버트(Gilbert)는 행정통제를 통제자의 위치와 제도화 여부에 따라 다음과 같이 네 가지 유형으로 구분하였다. 각 유형에 해당되는 우리나라의 행정통제 방법으로 옳지 않은 것은? 2015. 사복직 9급

제도화 여부 \ 통제자의 위치	외부	내부
공식적	(가)	(나)
비공식적	(다)	(라)

① (가) - 청와대에 의한 통제
② (나) - 감사원에 의한 통제
③ (다) - 이익집단 및 언론에 의한 통제
④ (라) - 직업윤리에 의한 통제

정답 ① [×]
해설 청와대에 의한 통제는 내부 - 공식적 통제(나)에 해당한다.

행정통제 유형(Gilbert)

구분	외부	내부
공식적	• 입법부(의회)에 의한 통제 • 사법부(법원, 헌법재판소)에 의한 통제 • 옴부즈만에 의한 통제(스웨덴)	• 계층제 및 인사관리제도를 통한 통제 • 감사원에 의한 통제 • 청와대와 국무총리실에 의한 통제 • 중앙행정부처에 의한 통제(교차행정조직에 의한 통제)
비공식적	• 시민에 의한 통제(민중통제) • 이익집단에 의한 통제 • 여론과 매스컴, 인터넷 등에 의한 통제 • 정당에 의한 통제	• 행정(공직)윤리에 의한 통제 • 동료집단의 평가와 비판 • 대표관료제를 통한 통제

06

행정부에 대한 외부통제에 해당하는 것만을 모두 고르면? 2021. 국가 9급

ㄱ. 행정안전부의 각 중앙행정기관 조직과 정원 통제
ㄴ. 국회의 국정조사
ㄷ. 기획재정부의 각 부처 예산안 검토 및 조정
ㄹ. 국민들의 조세부과 처분에 대한 취소소송
ㅁ. 국무총리의 중앙행정기관에 대한 기관평가
ㅂ. 환경운동연합의 정부정책에 대한 반대
ㅅ. 중앙행정기관장의 당해 기관에 대한 자체평가
ㅇ. 언론의 공무원 부패 보도

① ㄱ, ㄷ, ㅁ, ㅅ
② ㄴ, ㄷ, ㄹ, ㅁ
③ ㄴ, ㄹ, ㅁ, ㅇ
④ ㄴ, ㄹ, ㅂ, ㅇ

정답 ④ ㄴ, ㄹ, ㅂ, ㅇ [○]
해설 ㄱ. 행정안전부의 각 중앙행정기관 조직과 정원 통제, ㄷ. 기획재정부의 각 부처 예산안 검토 및 조정, ㅁ. 국무총리의 중앙행정기관에 대한 기관평가, ㅅ. 중앙행정기관장의 당해 기관에 대한 자체평가는 행정부 내부통제에 해당한다.

07
행정통제에 대한 설명으로 옳지 않은 것은? 2017. 지방 9급

① 독립통제기관(separate monitoring agency)은 일반행정기관과 대통령 그리고 외부적 통제중추들의 중간 정도에 위치하며, 상당한 수준의 독자성과 자율성을 누린다.
② 헌법재판제도는 헌법을 수호하고 부당한 국가권력으로부터 국민의 권리와 자유를 보호하는 과정에서 행정에 대한 통제기능을 수행한다.
③ 교차기능조직(criss-cross organizations)은 행정체제 전반에 걸쳐 관리작용을 분담하여 수행하는 참모적 조직단위들로서 내부적 통제체제로부터 완전히 독립되어 있다.
④ 국무총리 소속 국민권익위원회는 옴부즈만적 성격을 가지며, 국민권익위원회의 위원장과 부위원장은 국무총리의 제청으로 대통령이 임명한다.

정답 ③ [×]
해설 교차기능조직은 행정체제 전반에 걸쳐 관리작용을 분담하여 수행하는 참모조직단위를 의미하는 것으로, 내부통제기구(독립×)에 해당한다.

08
행정통제의 유형과 사례를 연결한 것으로 옳지 않은 것은? 2013. 국가 9급

① 외부·공식적 통제 - 국회의 국정감사
② 내부·비공식적 통제 - 국무조정실의 직무감찰
③ 외부·비공식적 통제 - 시민단체의 정보공개 요구 및 비판
④ 내부·공식적 통제 - 감사원의 정기 감사

정답 ② [×]
해설 국무조정실의 직무감찰은 내부통제이면서 공식통제이다.

09
행정통제 유형으로 공식적·내부통제 유형에 해당되는 것으로 짝지어진 것은? 2018. 국회 9급

① 시민단체의 행정 참여에 의한 통제, 정당에 의한 통제
② 명령체계에 의한 통제, 정부업무평가에 의한 통제
③ 동료집단의 평판에 의한 통제, 이익집단에 의한 통제
④ 옴부즈만에 의한 통제, 입법부에 의한 통제
⑤ 행정윤리에 의한 통제, 여론에 의한 통제

정답 ②
해설 ① [×] 시민단체의 행정 참여에 의한 통제, 정당에 의한 통제는 비공식-외부 통제이다.
③ [×] 동료집단의 평판에 의한 통제는 비공식-내부 통제, 이익집단에 의한 통제는 비공식-외부 통제이다.
④ [×] (일반적) 옴부즈만에 의한 통제, 입법부에 의한 통제는 공식-외부 통제이다.
⑤ [×] 행정윤리에 의한 통제는 내부-비공식 통제, 여론에 의한 통제는 외부-비공식 통제이다.

10
다음과 같은 행정현실에서 가장 적합한 행정통제 방안은? 2012. 지방 9급

> 현재 지방관서에서 하루속히 척결해야 할 것은 관급공사와 관련한 비리이다. 드물지만 간판도 없는 유령회사가 관급 공사를 따내는 경우도 있다. 전관예우라고나 할까? 전직 기관장이 공사를 따내는 경우인데, 그들은 공사를 맡고 난 다음에 회사를 설립하기도 한다. 관급공사를 시의원이나 구의원이 맡는 것도 큰 문제이다. 행정을 감시해야 할 사람에게 시정을 맡기는 것은 어불성설이다. 이런 실태는 행정경험과 해당분야에 대한 전문성을 갖고 합법성과 합목적성을 구별할 수 있는 전문가만이 발견해 낼 수 있다.

① 시민에 의한 통제
② 입법부에 의한 통제
③ 사법부에 의한 통제
④ 감사원에 의한 통제

정답 ④
해설 감사원에 의한 통제에 해당한다. 감사원은 행정부 내부 통제수단으로 행정경험과 해당 분야에 대한 전문성이 상당히 높으며, 사후통제적 성격을 가지고 있다.

11
행정책임성의 확보를 위한 행정통제 방안으로 거리가 먼 것은?
2009. 국회 9급

① 내부고발인 보호제도
② 행정정보공개제도의 활성화
③ 공무원 신분보장 강화
④ 정책과정에의 시민참여 확대
⑤ 옴부즈만제도의 강화

> **정답** ③ [×]
> **해설** 직업공무원제 등 지나친 신분보장은 오히려 행정통제(민주통제)를 어렵게 하는 요인이다.

12
옴부즈만 제도에 대한 설명으로 옳지 않은 것은?
2010. 지방 9급

① 옴부즈만은 입법부 및 행정부로부터 정치적으로 독립되어 있다.
② 옴부즈만은 행정행위의 합법성뿐만 아니라 합목적성 여부도 다룰 수 있다.
③ 옴부즈만은 보통 국민의 불평 제기에 의해 활동을 개시하지만 직권으로 조사를 할 수도 있다.
④ 옴부즈만은 법원이나 행정기관의 결정이나 행위를 무효로 할 수는 없지만, 취소 또는 변경할 수는 있다.

> **정답** ④ [×]
> **해설** 옴부즈만은 법원이나 행정기관의 결정이나 행위를 무효로 할 수 없을 뿐 아니라 취소 또는 변경할 수도 없다. 옴부즈만은 시정조치 등 법적 강제력이나 취소 권한 등 직접적인 권한은 없으며, 공표, 보고, 권유, 설득 등의 수단을 활용한 간접적 통제권한만 갖는다.

13
옴부즈만(Ombudsman) 제도에 대한 설명으로 옳은 것만을 모두 고른 것은?
2016. 지방 9급

> ㄱ. 옴부즈만 제도는 설치주체에 따라 크게 의회 소속형과 행정기관 소속형으로 구분된다.
> ㄴ. 옴부즈만 제도는 정부 행정활동의 비약적인 증대에 따른 시민의 권리침해 가능성에 대해 충분한 구제제도를 두기 위하여 핀란드에서 최초로 도입되었다.
> ㄷ. 옴부즈만은 행정행위의 합법성뿐만 아니라 합목적성 여부도 다룰 수 있다.
> ㄹ. 우리나라의 경우 대통령 직속의 국민권익위원회가 옴부즈만에 해당한다.

① ㄱ, ㄴ
② ㄱ, ㄷ
③ ㄷ, ㄹ
④ ㄴ, ㄹ

> **정답** ② ㄱ, ㄷ [○]
> **해설**
> ㄴ. [×] 옴부즈만 제도는 1809년 스웨덴에서 처음 채택하였다.
> ㄹ. [×] 우리나라는 「부패방지 및 국민권익위원회의 설치와 운영에 관한 법률」에 따라 설치된 국무총리 소속의 국민권익위원회가 옴부즈만에 해당한다.

14
옴부즈만 제도에 대한 설명으로 옳은 것은?
2021. 국가 7급

① 시민의 요구가 없다면 직권으로 조사활동을 할 수 없다.
② 부족한 인력과 예산으로 국민의 권익을 구제하는 데 한계가 있다.
③ 사법부가 임명한다.
④ 시정조치를 법적으로 강제할 수 있는 권한이 있다.

> **정답** ② [○]
> **해설** 옴부즈만은 일반적으로 가용자원이 많지 않아 활동 범위가 제약되고, 시민의 불평·고충을 충분히 구제하지 못한다는 한계가 있다.
> ① [×] 옴부즈만은 주로 국민의 불평제기에 의해 촉발되지만, 직권조사하는 경우도 있다.
> ③ [×] 옴부즈만은 의회(입법부) 소속인 경우가 일반적이지만, 우리나라처럼 행정부 소속인 경우도 있다.
> ④ [×] 옴부즈만은 일반적으로 시정조치의 법적 강제권한이나 정부부처의 결정을 무효화 또는 취소할 수 있는 직접적인 권한이 없고, 공표·보고·권유·설득의 수단을 주로 사용한다.

15
옴부즈만(Ombudsman) 제도에 대한 설명으로 옳지 않은 것은?
2019. 지방 9급

① 행정에 대한 통제 기능을 수행한다.
② 스웨덴에서는 19세기에 채택되었다.
③ 옴부즈만을 임명하는 주체는 입법기관, 행정수반 등 국가별로 상이하다.
④ 우리나라의 국민권익위원회는 헌법상 독립성을 보장하기 위해 대통령 소속으로 설치되었다.

정답 ④ [×]
해설 우리나라 옴부즈만 제도는 「부패방지 및 국민권익위원회의 설치·운영에 관한 법률」에 근거해 설치된 법률기관이며, 국무총리 소속이다.

> 부패방지 및 국민권익위원회의 설치·운영에 관한 법률 제11조(국민권익위원회의 설치) ① 고충민원의 처리와 이에 관련된 불합리한 행정제도를 개선하고, 부패의 발생을 예방하며 부패행위를 효율적으로 규제하도록 하기 위하여 국무총리 소속으로 국민권익위원회(이하 "위원회"라 한다)를 둔다.

16
국민권익위원회에 대한 설명으로 옳지 않은 것은?
2010. 국회 8급

① 국민권익위원회는 행정체제 내의 독립통제기관으로 옴부즈만의 일종이라고 할 수 있다.
② 국민권익위원회는 국무총리 소속이며, 상임위원은 국무총리가 제청하고 대통령이 임명한다.
③ 국민권익위원회에 중앙행정심판위원회를 두도록 하고, 국민권익위원회의 부위원장 중 1명이 중앙행정심판위원회의 위원장이 된다.
④ 국민권익위원회는 부패행위에 대해 검찰에 고발할 수 있고, 이에 검찰이 공소제기를 하지 않을 경우 고등법원에 재정신청을 할 수 있다.
⑤ 국민권익위원회는 고충민원을 처리하고 그에 관련된 불합리한 행정제도 개선을 권고할 수 있다.

정답 ② [×]
해설 국민권익위원회는 국무총리 소속이며 상임위원은 국무총리가 아닌 위원장의 제청으로 대통령이 임명한다.

> 부패방지 및 국민권익위원회의 설치·운영에 관한 법률 제13조(위원회의 구성)
> ③ 위원장 및 부위원장은 국무총리의 제청으로 대통령이 임명하고, 상임위원은 위원장의 제청으로 대통령이 임명하며, 상임이 아닌 위원은 대통령이 임명 또는 위촉한다. 이 경우 상임이 아닌 위원 중 3명은 국회가, 3명은 대법원장이 각각 추천하는 자를 임명 또는 위촉한다.

④ [○]

> 제61조(재정신청) ① 제59조제4항에 따른 혐의대상자의 부패혐의가 「형법」제129조부터 제133조까지와 제355조부터 제357조까지(다른 법률에 따라 가중처벌되는 경우를 포함한다)에 해당되어 위원회가 관할 수사기관에 고발한 경우, 그 고발한 사건과 동일한 사건이 이미 수사 중에 있거나 수사 중인 사건과 관련된 경우에는 그 사건 또는 그 사건과 관련된 사건에 대하여 위원회가 검사로부터 공소를 제기하지 아니한다는 통보를 받았을 때에는 위원회는 그 검사 소속의 고등검찰청에 대응하는 고등법원에 그 당부에 관한 재정을 신청할 수 있다.

⑤ [○]

> 제47조(제도개선의 권고 및 의견의 표명) 권익위원회는 고충민원을 조사·처리하는 과정에서 법령 그 밖의 제도나 정책 등의 개선이 필요하다고 인정되는 경우에는 관계 행정기관등의 장에게 이에 대한 합리적인 개선을 권고하거나 의견을 표명할 수 있다.

국민권익위원회 구성

구분	인원	임명	신분
위원장	1명	국무총리 제청, 대통령 임명	정무직 공무원
부위원장	3명	국무총리 제청, 대통령 임명	정무직 공무원
상임위원	3명	위원장 제청, 대통령 임명	일반직 임기제 공무원 (고위공무원단)

상임위원이 아닌 위원은 대통령이 임명 또는 위촉(3명은 국회, 3명은 대법원장 추천)

17
행정책임과 행정통제에 대한 설명으로 옳은 것은?

2020. 지방 7급

① 파이너(Finer)는 행정의 적극적 이미지를 전제로 전문가로서의 관료의 기능적 책임을 강조하는 책임론을 제시하였다.
② 프리드리히(Friedrich)는 개인적인 도덕적 의무감에 호소하는 책임보다 외재적·민주적 책임의 중요성을 강조하였다.
③ 행정통제를 내부통제와 외부통제로 구분할 경우, 윤리적 책임의식의 내재화를 통한 통제는 전자에 속한다.
④ 옴부즈만 제도를 의회형과 행정부형으로 구분할 경우, 국민권익위원회의 고충민원처리제도는 전자에 속한다.

정답 ③ [○]
해설 윤리적 책임의식의 내재화는 내부통제에 해당한다.
① [×] 프리드리히의 현대적 책임론에 대한 설명이다. 파이너는 행정책임을 내면적 기준이 아닌, 외부적인 힘에 의한 통제로 확보되는 것으로 보았다.
② [×] 프리드리히는 외부적 힘이 아닌, 관료의 내면적 기준에 의한 책임, 공무원이 전문가로서의 직업윤리나 책임감에 기초해서 적극적이고 자발적인 재량을 발휘하여 확보되는 행정책임을 강조하였다.
④ [×] 우리나라의 국민권익위원회의 고충민원처리제도는 국무총리 소속의 행정부형 옴부즈만 제도이다.

Chapter 03 행정윤리와 행정부패

제1절 행정윤리(공직윤리)

01
행정윤리의 개념 및 특징으로 보기 어려운 것은?
2008. 서울 9급

① 행정윤리란 공무원이 행정업무를 수행할 때 준수해야 할 행동규범을 의미한다.
② 행정윤리는 행정업무와 관련된 윤리를 의미한다.
③ 공무원은 국민일부나 특수계층의 봉사자가 아니라 국민전체에 대한 봉사자이다.
④ 행정윤리의 개념은 이를 넓게 해석하여 공무원의 부정부패와 관련된 적극적인 측면으로 이해되기도 한다.
⑤ 행정윤리의 개념 속에는 공무원이 지켜야 할 공무원의 직업윤리는 물론 공무원이 입안하여 집행하는 정책의 내용이 윤리적이어야 한다는 의미도 내포되어 있다.

> **정답** ④ [×]
> **해설** 부패척결은 공직윤리 확립을 위한 소극적 측면(필요조건)이다. 행정윤리의 적극적 측면은 공무원이 가치관과 능력 면에서 바람직한 행정인상의 정립과 구현을 위한 행동규범이다.

02
행정윤리에 대한 설명으로 옳지 않은 것은?
2016. 지방 9급

① 제도적 책임성이란 공무원이 전문가로서의 직업윤리와 책임감에 기초해서 자발적인 재량을 발휘해 확보되는 행정책임을 의미한다.
② 행정윤리는 사익보다는 공익과 밀접한 관계가 있다.
③ 결과주의에 근거한 윤리평가는 사후적인 것이며 문제의 해결보다는 행위 혹은 그 결과에 대한 처벌에 중점을 둔다.
④ 공무원 부패의 원인을 사회문화적 접근으로 보는 관점에서는 특정한 지배적 관습이나 경험적 습성이 부패를 조장한다는 입장이다.

> **정답** ① [×]
> **해설** 공무원이 전문가로서의 직업윤리와 책임감에 기초해서 자발적인 재량을 발휘해 확보되는 행정책임은 자율적 책임성을 의미한다.
> ③ [○] 공무원의 행정윤리는 결과주의와 의무론적 입장으로 구분할 수 있다. 결과주의는 공무원의 행위에 대한 사후적인 평가와 결과에 대한 처벌에 중점을 두며, 의무론은 행위의 동기에 대한 평가와 도덕적 원칙을 강조한다.

03
공직윤리 이론에 관한 설명으로 옳은 것을 <보기>에서 모두 고른 것은?
2018. 지방교행 9급

┌ 보기 ┐
ㄱ. 공직자의 윤리기준은 행위의 이유에 따라 판단하는 목적론적 접근방법과 그 행위의 결과나 성과에 따라 판단하는 의무론적 접근방법으로 구분된다.
ㄴ. 공직자의 통제 방식은 입법적·사법적 통제에 초점을 둔 외적 통제와 직업가치 및 윤리 기준에 의한 내적 통제로 구분된다.
ㄷ. 공직자의 책임은 외부의 기대에 부응해야 하는 객관적 책임과 자신의 양심 및 가치에 따라 결정하는 주관적 책임으로 구분된다.
ㄹ. 공직자의 역할 책임론은 전문 직업가 역할과 민주주의 담론의 촉진자 역할로 구분된다.

① ㄱ, ㄷ   ② ㄴ, ㄹ
③ ㄱ, ㄴ, ㄷ   ④ ㄴ, ㄷ, ㄹ

> **정답** ④ ㄴ, ㄷ, ㄹ [○]
> **해설** ㄱ. [×] 공직자의 윤리기준은 행위의 결과나 성과에 따라 판단하는 목적론적 접근방법(결과주의)과 공직자의 행위 이유와 동기에 대한 평가와 도덕적 원칙을 강조하는 것이 의무론적 접근방법으로 구분된다. 결과주의에 근거한 행위의 평가는 사후적인 것으로서 행위 혹은 그 결과에 대한 처벌에 중점을 두며, 의무론에 입각한 동기에 대한 평가는 상대적으로 도덕적 원칙을 강조한다.

04

다음 설명에 해당하는 개념은? 2025. 국가 9급

> 공직자는 옳은 일을 하기 위해 비도덕적인 행위를 하는 상황에 놓이기도 한다. 왈처(Walzer)가 제시한 이 개념은 공직을 통해 대표성을 지닌 개인이 국가나 공동체의 대의를 위해, 개인의 가치관이나 윤리관에서는 수용할 수 없는 결정을 내려야 하는 문제 상황을 의미한다.

① 더러운 손의 딜레마(the problem of dirty hands)
② 선택의 역설(the paradox of choice)
③ 집단행동의 딜레마(collective action problems)
④ 편견의 동원(mobilization of bias)

정답 ①
해설 공무원이 공무원으로서 직무를 수행할 때, 자신의 이익과 사회의 이익이 충돌할 경우 공무원은 자신의 이익에 앞서 사회의 이익을 충족시켜야 한다. 공무원은 자신에게 공무 처리에 대한 권한을 위임한 다수로서의 사회를 위한 선택을 해야 한다. 이에 따라 개인의 가치관이나 윤리관에서는 수용할 수 없는 결정일지라도, 대표성을 지닌 공무원입장에서는 수용할 수밖에 없는 수많은 정당하지 않은 결정, 즉 더러운 손(dirty hand)이 되는 상황에 처하게 된다. '더러운 손(dirty hands)'은 일반적으로 옳은 일을 하기 위해 비도덕적 행위를 하는 것을 의미한다. 왈처(M. Walzer)는 더러운 손을 주로 공적 영역에서의 도덕적 딜레마 상황에서 절대주의적(의무론적) 신념과 결과주의적 도덕 판단 사이의 충돌에서 발생하는 것으로 이해하였다.

05

「국가공무원법」에 명시된 공무원의 의무에 해당하지 않는 것은? 2021. 국가 9급

① 부패행위 신고의무
② 품위 유지의 의무
③ 복종의 의무
④ 성실 의무

정답 ① [×]
해설 부패행위 신고의무는 「부패방지 및 국민권익위원회 설치·운영에 관한 법률」에 규정되어 있다.

06

국민에 대한 봉사자로서 공직자가 지녀야 할 윤리를 확립할 목적으로 제정된 우리나라의 현행 「공직자윤리법」이 포함하고 있지 않는 내용은? 2012. 국가 9급

① 내부고발자 보호
② 재산등록 및 공개
③ 선물신고
④ 퇴직공직자의 취업제한

정답 ① [×]
해설 내부고발자 보호제도는 「부패방지 및 국민권익위원회 설치·운영에 관한 법률」 제5장 부패행위 등의 신고 및 신고자 등 보호(제55조~제71조)에 규정된 내용이다.

07

「국가공무원법」에서 규정하고 있는 공무원의 의무에 해당하지 않는 것은? 2013. 지방 9급

① 공무원은 재직 중은 물론 퇴직 후에도 직무상 알게 된 비밀을 엄수하여야 한다.
② 공무원은 건강하고 쾌적한 환경을 보전하기 위하여 노력하여야 한다.
③ 공무원은 공무 외에 영리를 목적으로 하는 업무에 종사하지 못하며 소속 기관장의 허가 없이 다른 직무를 겸할 수 없다.
④ 공무원은 국민 전체의 봉사자로서 친절하고 공정하게 직무를 수행하여야 한다.

정답 ② [×]
해설 공무원은 건강하고 쾌적한 환경을 보전하기 위하여 노력하여야 한다는 것은 「국가공무원법」상 공무원의 13대 의무에 포함되지 않는다.

08
공무원의 공직윤리에 관한 설명으로 옳은 것은?

2017. 지방교행 9급

① 법령적 규제의 형식을 지닌 법적 공직윤리는 자율적 공직윤리에 비해 구속력이 낮다.
② 「공무원 윤리헌장」이 「공무원 헌장」으로 전부 개정되어, 2016년 1월 1일부터 시행되고 있다.
③ 「국가공무원법」에는 성실의 의무, 재산 등록 및 공개의 의무, 주식백지신탁의 의무를 규정하고 있다.
④ 「공직자윤리법」에는 이해충돌 방지의 의무, 비밀 엄수의 의무, 종교 중립의 의무를 규정하고 있다.

정답 ② [○]
해설 1980년 12월 29일 대통령훈령으로 선포된 공무원윤리헌장을 2016년 '공무원헌장'으로 개정해 시행하고 있다.
① [×] 법령적 규제의 형식을 지닌 법적 공직윤리가 자율적 공직윤리에 비해 구속력이 높다.
③ [×] 재산 등록 및 공개의 의무, 주식백지신탁의 의무는 「공직자윤리법」에 규정되어 있다.
④ [×] 비밀엄수의 의무, 종교중립의 의무를 규정하고 있는 것은 「국가공무원법」이다.

행정윤리 관련 법규 내용

공직자윤리법	• 이해충돌방지 의무 • 재산등록 및 공개 • 외국 정부 등으로부터 받은 선물의 신고, 선물의 국고 귀속 • 주식백지신탁 의무 • 퇴직공직자의 취업제한 및 행위제한
부패방지 및 국민권익위원회 설치와 운영에 관한 법률	• 국무총리 소속 국민권익위원회 설치: 부패방지에 대한 종합적인 정책 기능 담당 • 내부고발자 보호제도 • 비위면직자 등의 취업제한 • 국민감사청구제 • 공직자의 부패행위 신고의무
부정청탁 및 금품수수등 금지에 관한 법률	• 공직자에 대한 부정청탁 금지 • 공직자의 금품 등 수수 금지

09
「공직자윤리법」 및 「공직자윤리법 시행령」의 내용과 일치하지 않는 것은?

2013. 국회 9급

① 선물 수령 당시 증정한 국가 또는 외국인이 속한 국가의 시가로 미국화폐 100달러 이상이거나 국내 시가로 10만원 이상인 선물은 신고해야 한다.
② 퇴직일부터 2년간 퇴직 전 3년 동안 소속하였던 부서의 업무와 밀접한 관련이 있는 사기업체 등에 취업할 수 없다.
③ 재산공개 대상자등 및 그 이해관계인이 보유하고 있는 주식의 직무관련성을 심사·결정하기 위하여 인사혁신처에 주식백지신탁 심사위원회를 둔다.
④ 공직자 및 공직후보자의 재산등록, 등록재산 공개 및 재산형성 과정 소명과 공직을 이용한 재산취득의 규제, 공직자의 선물신고 및 주식백지신탁, 퇴직공직자의 취업제한 및 행위제한 등을 규정하고 있다.
⑤ 국가기관, 지방자치단체 또는 공직유관단체의 장은 취업심사대상자가 퇴직한 경우에는 그 퇴직 후 2년 동안 관련 사기업체 등에의 취업 여부를 직접 확인하거나 국민건강보험공단에 조회하는 등의 방법으로 확인하여야 한다.

정답 ② [×]
해설 퇴직일로부터 3년간 퇴직 전 5년 동안

공직자윤리법 제17조(퇴직공직자의 취업제한) ① 제3조제1항제1호부터 제12호까지의 어느 하나에 해당하는 공직자와 부당한 영향력 행사 가능성 및 공정한 직무수행을 저해할 가능성 등을 고려하여 국회규칙, 대법원규칙, 헌법재판소규칙, 중앙선거관리위원회규칙 또는 대통령령으로 정하는 공무원과 공직유관단체의 직원(이하 이 장에서 "취업심사대상자"라 한다)은 퇴직일부터 3년간 다음 각 호의 어느 하나에 해당하는 기관(이하 "취업심사대상기관"이라 한다)에 취업할 수 없다. 다만, 관할 공직자윤리위원회로부터 취업심사대상자가 퇴직 전 5년 동안 소속하였던 부서 또는 기관의 업무와 취업심사대상기관 간에 밀접한 관련성이 없다는 확인을 받거나 취업승인을 받은 때에는 취업할 수 있다.

③ [○]

공직자윤리법 제14조의5 (주식백지신탁 심사위원회의 직무관련성 심사) ① 공개대상자등 및 그 이해관계인이 보유하고 있는 주식의 직무관련성을 심사·결정하기 위하여 인사혁신처에 주식백지신탁 심사위원회를 둔다.

④ [O]

> 공직자윤리법 제18조의4(퇴직공직자 등에 대한 행위제한) ① 퇴직한 모든 공무원과 공직유관단체의 임직원은 본인 또는 제3자의 이익을 위하여 퇴직 전 소속 기관의 임직원에게 법령을 위반하게 하거나 지위 또는 권한을 남용하게 하는 등 공정한 직무수행을 저해하는 부정한 청탁 또는 알선을 하여서는 아니 된다.

10
다음은 판례의 일부이다. 괄호 안에 들어갈 말로 옳은 것은?
2017. 국가 9급

> 주식백지신탁제도라 함은 공직자의 재산과 그가 담당하는 직무 사이에 발생하는 (　　)을 사전에 회피하고, 공직자가 직위 또는 직무상 알게 된 정보를 이용하여 주식거래를 하거나 주가에 영향을 미쳐 부정하게 재산을 증식하는 것을 방지하며, 국민에 대한 봉사자로서 직무전념 의무를 다하도록 하기 위해 일정금액을 초과하는 주식을 보유하고 있는 경우에는 그 주식을 매각하거나 그 주식의 관리·운용·처분 권한 일체를 수탁기관에 위임하여 자신의 재산이 어떠한 형태로 존속하는지 알 수 없도록 신탁계약을 체결하도록 하는 제도를 말한다.

① 이념갈등　② 이해충돌
③ 민간위탁　④ 부정청탁

정답 ②

해설 주식백지신탁은 「공직자윤리법」상의 의무로 공익과 사익의 이해충돌을 방지하여 국민에 대한 봉사자로서 가져야 할 공직자의 윤리를 확립함을 목적으로 한다.

11
다음 ㉠과 ㉡에 들어갈 내용으로 옳은 것은? 2017. 국가 9급

> 「공직자윤리법」에서는 퇴직공직자의 취업제한 및 행위제한 등을 규정하고 있는데, 취업심사대상자는 퇴직일부터 (㉠)간 퇴직 전 (㉡) 동안 소속하였던 부서 또는 기관의 업무와 밀접한 관련성이 있는 취업제한기관에 취업할 수 없다.

	㉠	㉡		㉠	㉡
①	3년	5년	②	5년	3년
③	2년	3년	④	2년	5년

정답 ①

해설 공직자윤리법 제17조(퇴직공직자의 취업제한) 제17조(퇴직공직자의 취업제한) ① 제3조제1항제1호부터 제12호까지의 어느 하나에 해당하는 공직자와 부당한 영향력 행사 가능성 및 공정한 직무수행을 저해할 가능성 등을 고려하여 국회규칙, 대법원규칙, 헌법재판소규칙, 중앙선거관리위원회규칙 또는 대통령령으로 정하는 공무원과 공직유관단체의 직원(이하 이 장에서 "취업심사대상자"라 한다)은 퇴직일부터 3년간 다음 각 호의 어느 하나에 해당하는 기관(이하 "취업심사대상기관"이라 한다)에 취업할 수 없다. 다만, 관할 공직자윤리위원회로부터 취업심사대상자가 퇴직 전 5년 동안 소속하였던 부서 또는 기관의 업무와 취업심사대상기관 간에 밀접한 관련성이 없다는 확인을 받거나 취업승인을 받은 때에는 취업할 수 있다.

12
공직윤리와 관련한 설명으로 가장 옳지 않은 것은?
2018. 서울 9급

① 정무직 공무원과 일반직 4급 이상 공무원은 재산등록 의무가 있다.
② 공무원이 직무와 관련하여 외국인으로부터 10만원 또는 100달러 이상의 선물을 받은 때에는 소속 기관·단체의 장에게 신고하고 그 선물을 인도하여야 한다.
③ 세무·감사·건축토목·환경·식품위생분야의 대민업무 담당부서에 근무하는 일반직 7급 이상의 경우 재산등록 대상에 해당한다.
④ 4급 이상 공무원과 공직유관단체 임직원은 퇴직일로부터 2년 간, 퇴직 전 5년 간 소속 부서 또는 기관 업무와 밀접한 관련이 있는 사기업체에 취업할 수 없다.

정답 ④ [×]

해설 4급 이상 공무원과 공직유관단체 임직원은 퇴직일로부터 3년간 퇴직 전 5년 간 소속 부서 또는 기관 업무와 밀접한 관련이 있는 사기업체에 취업할 수 없다.

> 공직자윤리법 제17조(퇴직공직자의 취업제한) ① 제3조제1항제1호부터 제12호까지의 어느 하나에 해당하는 공직자와 부당한 영향력 행사 가능성 및 공정한 직무수행을 저해할 가능성 등을 고려

하여 국회규칙, 대법원규칙, 헌법재판소규칙, 중앙선거관리위원회규칙 또는 대통령령으로 정하는 공무원과 공직유관단체의 직원(이하 이 장에서 "취업심사대상자"라 한다)은 퇴직일부터 3년간 다음 각 호의 어느 하나에 해당하는 기관(이하 "취업심사대상기관"이라 한다)에 취업할 수 없다. 다만, 관할 공직자윤리위원회로부터 취업심사대상자가 퇴직 전 5년 동안 소속하였던 부서 또는 기관의 업무와 취업심사대상기관 간에 밀접한 관련성이 없다는 확인을 받거나 취업승인을 받은 때에는 취업할 수 있다.

① [○] 공직자윤리법 제3조

공직자윤리법 제3조(등록의무자) ① 다음 각 호의 어느 하나에 해당하는 공직자(이하 "등록의무자"라 한다)는 이 법에서 정하는 바에 따라 재산을 등록하여야 한다.
1. 대통령·국무총리·국무위원·국회의원 등 국가의 정무직공무원
2. 지방자치단체의 장, 지방의회의원 등 지방자치단체의 정무직 공무원
3. 4급 이상의 일반직 국가공무원(고위공무원단에 속하는 일반직공무원을 포함한다) 및 지방공무원과 이에 상당하는 보수를 받는 별정직공무원(고위공무원단에 속하는 별정직공무원을 포함한다)

② [○]

공직자윤리법 제15조(외국 정부 등으로부터 받은 선물의 신고) ① 공무원(지방의회의원을 포함한다. 이하 제22조에서 같다) 또는 공직유관단체의 임직원은 외국으로부터 선물을 받거나 그 직무와 관련하여 외국인(외국단체를 포함한다. 이하 같다)에게 선물을 받으면 지체 없이 소속 기관·단체의 장에게 신고하고 그 선물을 인도하여야 한다. 이들의 가족이 외국으로부터 선물을 받거나 그 공무원이나 공직유관단체 임직원의 직무와 관련하여 외국인에게 선물을 받은 경우에도 또한 같다.

공직자윤리법 시행령 제28조(선물의 가액) ① 법 제15조제1항에 따라 신고하여야 할 선물은 그 선물 수령 당시 증정한 국가 또는 외국인이 속한 국가의 시가로 미국화폐 100달러 이상이거나 국내 시가로 10만원 이상인 선물로 한다.

③ [○] 공직자윤리법 시행령 제3조

공직자윤리법 시행령 제3조(등록의무자) ④ 법 제3조제1항제13호에서 "대통령령으로 정하는 특정 분야의 공무원과 공직유관단체의 직원"이란 다음 각 호의 사람을 말한다.
11. 중앙행정기관 소속 공무원이나 지방자치단체 소속공무원 중 건축·토목·환경·식품 위생 분야의 대민 관련 인·허가, 승인, 검사·감독, 지도단속 업무(이하 "대민업무"라 한다)를 담당하는 부서에 근무하는 5급 이하 7급 이상의 일반직공무원

13
「공직자윤리법」상 재산등록의무자로 옳지 않은 것은?
2022. 지방 9급

① 법관 및 검사
② 소령 이상의 장교 및 이에 상당하는 군무원
③ 총경 이상의 경찰공무원과 소방정 이상의 소방공무원
④ 4급 이상의 일반직 공무원에 상당하는 보수를 받는 별정직 공무원

정답 ② [×]
해설 대령 이상의 장교 및 이에 상당하는 군무원

공직자윤리법 제3조(등록의무자) ① 다음 각 호의 어느 하나에 해당하는 공직자(이하 "등록의무자"라 한다)는 이 법에서 정하는 바에 따라 재산을 등록하여야 한다.
1. 대통령·국무총리·국무위원·국회의원 등 국가의 정무직공무원
2. 지방자치단체의 장, 지방의회의원 등 지방자치단체의 정무직 공무원
3. 4급 이상의 일반직 국가공무원(고위공무원단에 속하는 일반직공무원을 포함한다) 및 지방공무원과 이에 상당하는 보수를 받는 별정직공무원(고위공무원단에 속하는 별정직공무원을 포함한다)
4. 대통령령으로 정하는 외무공무원과 4급 이상의 국가정보원 직원 및 대통령경호처 경호공무원
5. 법관 및 검사
6. 헌법재판소 헌법연구관
7. 대령 이상의 장교 및 이에 상당하는 군무원
8. 총경(자치총경을 포함한다) 이상의 경찰공무원과 소방정 이상의 소방공무원

재산등록자 및 재산공개 대상자

구분	재산등록 대상자	재산공개 대상자
정무직	전원	전원
일반직/별정직	4급 이상 (상당 별정직)	1급 이상 (상당 별정직)
법관·검사	모든 법관 및 검사	고법 부장판사 이상 대검 검사급 이상
군인 등	대령 이상의 장교	중장 이상의 장교
경찰	총경 이상	치안감 이상
소방	소방정 이상	소방정감 이상
공공기관	공기업의 장·부기관장, 상임이사·상임감사	공기업의 장·부기관장 및 상임감사
기타	세무, 회계, 감사, 검찰 사무, 건축·토목·환경·식품위생 분야의 대민업무 등의 7급 이상	—

14

「부정청탁 및 금품등 수수의 금지에 관한 법률」상 금지하는 부정청탁에 해당하지 <u>않는</u> 것은? 2017. 국가 9급

① 각급 학교의 입학·성적·수행평가 등의 업무에 관하여 법령을 위반하여 처리·조작하도록 하는 행위
② 공개적으로 공직자등에게 특정한 행위를 요구하는 행위
③ 공공기관이 주관하는 각종 수상, 포상, 우수기관 선정 또는 우수자 선발에 관하여 법령을 위반하여 특정 개인·단체·법인이 선정 또는 탈락되도록 하는 행위
④ 채용·승진·전보 등 공직자등의 인사에 관하여 법령을 위반하여 개입하거나 영향을 미치도록 하는 행위

정답 ② [×]
해설 공개적으로 공직자등에게 특정한 행위를 요구하는 행위는 「부정청탁 및 금품등 수수의 금지에 관한 법률」상 부정청탁에 해당되지 않는다.

> 부정청탁 및 금품등 수수의 금지에 관한 법률 제5조(부정청탁의 금지) ① 누구든지 직접 또는 제3자를 통하여 직무를 수행하는 공직자등에게 다음 각 호의 어느 하나에 해당하는 부정청탁을 해서는 아니 된다.
>   3. 채용·승진·전보 등 공직자등의 인사에 관하여 법령을 위반하여 개입하거나 영향을 미치도록 하는 행위
>   5. 공공기관이 주관하는 각종 수상, 포상, 우수기관 선정 또는 우수자 선발에 관하여 법령을 위반하여 특정 개인·단체·법인이 선정 또는 탈락되도록 하는 행위
>   10. 각급 학교의 입학·성적·수행평가 등의 업무에 관하여 법령을 위반하여 처리·조작하도록 하는 행위
> ② 제1항에도 불구하고 다음 각 호의 어느 하나에 해당하는 경우에는 이 법을 적용하지 아니한다.
>   2. 공개적으로 공직자등에게 특정한 행위를 요구하는 행위

15

「부정청탁 및 금품 등 수수의 금지에 관한 법률」(일명 김영란법) 및 동법 시행령에 규정된 내용 중 가장 옳지 <u>않은</u> 것은? 2018. 서울 7급

① 누구든지 직접 또는 제3자를 통하여 법에 규정된 직무를 수행하는 공직자 등에게 부정청탁을 해서는 아니 된다.
② 공직자 등이 직무와 관련하여 1회 100만원 이하의 금품을 수수하는 경우 형사 처벌할 수 있다.
③ 이 법의 적용대상은 언론사의 임직원은 물론 그 배우자를 포함한다.
④ 경조사비는 축의금, 조의금은 5만원까지 가능하고, 축의금과 조의금을 대신하는 화환이나 조화는 10만원까지 가능하다.

정답 ② [×]
해설 공직자등은 직무와 관련하여 대가성 여부를 불문하고 동일인으로부터 1회에 100만원 또는 매 회계연도에 300만원을 초과하는 금품등을 받거나 요구 또는 약속해서는 아니 된다. 이를 위반한 공직자는 그 위반행위와 관련된 금품 등 가액의 2배 이상 5배 이하에 상당하는 금액의 과태료를 부과한다.

> 「부정청탁 및 금품 등 수수의 금지에 관한 법률」제8조(금품 등의 수수 금지)
> ② 공직자등은 직무와 관련하여 대가성 여부를 불문하고 제1항에서 정한 금액 이하의 금품등을 받거나 요구 또는 약속해서는 아니 된다.
>
> 제23조(과태료 부과)
> ⑤ 다음 각 호의 어느 하나에 해당하는 자에게는 그 위반행위와 관련된 금품 등 가액의 2배 이상 5배 이하에 상당하는 금액의 과태료를 부과한다. 다만, 제22조제1항제1호부터 제3호까지의 규정이나 「형법」등 다른 법률에 따라 형사처벌(몰수나 추징을 당한 경우를 포함한다)을 받은 경우에는 과태료를 부과하지 아니하며, 과태료를 부과한 후 형사처벌을 받은 경우에는 그 과태료 부과를 취소한다.
>   1. 제8조제2항을 위반한 공직자등(제11조에 따라 준용되는 공무 수행사인을 포함한다). 다만, 제9조제1항·제2항 또는 제6항에 따라 신고하거나 그 수수 금지 금품등을 반환 또는 인도하거나 거부의 의사를 표시한 공직자등은 제외한다.

① [○] 「부정청탁 및 금품 등 수수의 금지에 관한 법률」제5조 제1항

> 제5조(부정청탁의 금지) ① 누구든지 직접 또는 제3자를 통하여 직무를 수행하는 공직자등에게 다음 각 호의 어느 하나에 해당하는 부정청탁을 해서는 아니 된다.

③ [○] 「부정청탁 및 금품 등 수수의 금지에 관한 법률」제8조 제4항 및 제5항

> 제8조(금품 등의 수수 금지)
> ④ 공직자등의 배우자는 공직자등의 직무와 관련하여 제1항 또는 제2항에 따라 공직자등이 받는 것이 금지되는 금품 등(이하 "수수 금지 금품 등"이라 한다)을 받거나 요구하거나 제공받기로 약속해서는 아니 된다.
> ⑤ 누구든지 공직자등에게 또는 그 공직자등의 배우자에게 수수 금지 금품 등을 제공하거나 그 제공의 약속 또는 의사표시를 해서는 아니 된다.

④ [○] 「부정청탁 및 금품 등 수수의 금지에 관한 법률」시행령 제17조

> 동법 시행령 제17조(사교·의례 등 목적으로 제공되는 음식물·경조사비 등의 가액범위) 법 제8조제3항제2호에서 "대통령령으로 정하는 가액 범위"란 별표 1에 따른 금액을 말한다.
> 〈별표 1〉
> 경조사비 : 축의금·조의금은 5만원. 다만, 축의금·조의금을 대신하는 화환

16
「공직자의 이해충돌 방지법」상 '사적이해관계자'로 규정하고 있는 대상이 아닌 것은?
2024. 국가 9급

① 공직자 자신 또는 그 가족
② 공직자의 직무수행과 관련하여 이익 또는 불이익을 직접적으로 받는 다른 공직자
③ 공직자로 채용·임용되기 전 2년 이내에 공직자 자신이 재직하였던 법인 또는 단체
④ 공직자 자신 또는 그 가족이 임원·대표자·관리자 또는 사외이사로 재직하고 있는 법인 또는 단체

정답 ② [×]
해설 공직자의 직무수행과 관련하여 이익 또는 불이익을 직접적으로 받는 다른 공직자는 직무관련자이다.

> 제2조(정의) 이 법에서 사용하는 용어의 뜻은 다음과 같다.
> 5. "직무관련자"란 공직자가 법령·기준에 따라 수행하는 직무와 관련되는 자로서 다음 각 목의 어느 하나에 해당하는 개인·법인·단체 및 공직자를 말한다.
>   가. 공직자의 직무수행과 관련하여 일정한 행위나 조치를 요구하는 개인이나 법인 또는 단체
>   나. 공직자의 직무수행과 관련하여 이익 또는 불이익을 직접적으로 받는 개인이나 법인 또는 단체
>   다. 공직자가 소속된 공공기관과 계약을 체결하거나 체결하려는 것이 명백한 개인이나 법인 또는 단체
>   라. 공직자의 직무수행과 관련하여 이익 또는 불이익을 직접적으로 받는 다른 공직자. 다만, 공공기관이 이익 또는 불이익을 직접적으로 받는 경우에는 그 공공기관에 소속되어 해당 이익 또는 불이익과 관련된 업무를 담당하는 공직자를 말한다.
> 6. "사적이해관계자"란 다음 각 목의 어느 하나에 해당하는 자를 말한다.
>   가. 공직자 자신 또는 그 가족(「민법」 제779조에 따른 가족을 말한다. 이하 같다)
>   나. 공직자 자신 또는 그 가족이 임원·대표자·관리자 또는 사외이사로 재직하고 있는 법인 또는 단체
>   다. 공직자 자신이나 그 가족이 대리하거나 고문·자문 등을 제공하는 개인이나 법인 또는 단체
>   라. 공직자로 채용·임용되기 전 2년 이내에 공직자 자신이 재직하였던 법인 또는 단체
>   마. 공직자로 채용·임용되기 전 2년 이내에 공직자 자신이 대리하거나 고문·자문 등을 제공하였던 개인이나 법인 또는 단체
>   바. 공직자 자신 또는 그 가족이 대통령령으로 정하는 일정 비율 이상의 주식·지분 또는 자본금 등을 소유하고 있는 법인 또는 단체
>   사. 최근 2년 이내에 퇴직한 공직자로서 퇴직일 전 2년 이내에 제5조제1항 각 호의 어느 하나에 해당하는 직무를 수행하는 공직자와 국회규칙, 대법원규칙, 헌법재판소규칙, 중앙선거관리위원회규칙 또는 대통령령으로 정하는 범위의 부서에서 같이 근무하였던 사람
>   아. 그 밖에 공직자의 사적 이해관계와 관련되는 자로서 국회규칙, 대법원규칙, 헌법재판소규칙, 중앙선거관리위원회규칙 또는 대통령령으로 정하는 자

17
공직자의 이해충돌에 대한 설명으로 옳지 않은 것은?
2023. 국가 9급

① 우리나라는 2021년 5월 「공직자의 이해충돌 방지법」을 제정하였다.
② 이해충돌은 그 특성에 따라 실제적, 외견적, 잠재적 형태로 분류할 수 있다.
③ 이해충돌 회피에 있어서는 '어느 누구도 자신이 연루된 사건의 재판관이 되어서는 안 된다'라는 원칙이 적용된다.
④ 「공직자의 이해충돌 방지법」의 위반행위는 감사원, 수사기관, 국민권익위원회 등에 신고할 수 있으나 위반행위가 발생한 기관은 제외된다.

정답 ④ [×]
해설 「공직자의 이해충돌 방지법」의 위반행위가 발생한 공공기관 또는 그 감독기관에도 신고할 수 있다.

> 「공직자의 이해충돌 방지법」 제18조(위반행위의 신고 등) ① 누구든지 이 법의 위반행위가 발생하였거나 발생하고 있다는 사실을 알게 된 경우에는 다음 각 호의 어느 하나에 해당하는 기관에 신고할 수 있다.
> 1. 이 법의 위반행위가 발생한 공공기관 또는 그 감독기관
> 2. 감사원 또는 수사기관
> 3. 국민권익위원회

① [○] 「공직자의 이해충돌 방지법」은 2021.5.18.에 제정되었고, 2022.5.19.에 시행되었다.
② [○] 이해충돌의 유형에는 ⅰ) 실질적 이해충돌(현재에도 발생하고 있고 과거에도 발생한 이해충돌), ⅱ) 외견상 이해충돌(공무원의 사익이 부적절하게 공적 의무의 수행에 영향을 미칠 가능성이 있는 상태로서 부정적 영향이 현재화된 것은 아닌 상태), ⅲ) 잠재적 이해충돌(공무원이 미래에 공적 책임에 관련되는 일에 연루되는 경우에 발생하는 경우)이 있다.
③ [○] 이해충돌 회피의 기본적인 원칙은 "누구도 자신의 사건에 대해 판결할 수 없다"는 것이다. 이해충돌의 회피에서 '회피'는 충돌되는 이해관계에서 벗어난다는 것을 의미한다.

18
공직윤리 확보를 위한 행동강령(code of conduct)에 대한 설명으로 옳지 않은 것은?
2016. 국가 9급

① 행동강령은 공무원에게 기대되는 바람직한 가치판단이나 의사결정을 담고 있으며, 공무원이 준수하여야 할 행동기준으로 작용한다.
② 「공무원 행동강령」은 「부패방지 및 국민권익 위원회의 설치와 운영에 관한 법률」 제8조에 근거해 대통령령으로 제정되었다.
③ 「공무원 행동강령」은 중앙행정기관의 장 등에게 「공무원 행동강령」의 시행에 필요한 범위에서 해당 기관의 특성에 적합한 세부적인 기관별 공무원 행동강령을 제정하도록 규정하고 있다.
④ OECD 국가들의 행동강령은 1970년대부터 집중적으로 제정되었으며, 주로 법률 형식으로 규정하고 있다.

정답 ④ [×]
해설 OECD 국가들의 행동강령은 1990년대부터 집중적으로 제정되었으며, 법률뿐만 아니라 다양한 형식으로 규정하고 있다. 우리나라 공무원 행동강령은 「부패방지 및 국민권익위원회의 설치와 운영에 관한 법률」 제8조에 따라 공무원이 준수하여야 할 행동기준을 규정하는 것을 목적으로 대통령령 형식을 취하고 있다.

> 부패방지 및 국민권익위원회의 설치와 운영에 관한 법률 제8조(공직자 행동강령) ① 제7조에 따라 공직자가 준수하여야 할 행동강령은 대통령령·국회규칙·대법원규칙·헌법재판소규칙·중앙선거관리위원회규칙 또는 공직유관단체의 내부규정으로 정한다.

19
공무원의 복무와 윤리에 대한 설명으로 옳지 않은 것은?
2025. 국가 7급

① 「공직자의 이해충돌 방지법」상 모든 공직자는 직무관련자가 사적 이해관계자임을 안 경우 안 날부터 7일 이내에 신고하여야 한다.
② 「국가공무원법」에는 종교중립의 의무가 규정되어 있다.
③ 「공직자윤리법」에는 선물신고와 주식의 매각 또는 신탁에 관한 규정이 포함되어 있다.
④ 「국가공무원법」상 수사기관이 공무원을 구속하려면 그 소속 기관의 장에게 미리 통보하여야 하나, 현행범은 그러하지 아니하다.

정답 ① [×]
해설 인·허가 업무, 행정지도·단속·감사·조사·감독에 관계되는 직무 등에 종사하는 공직자는 직무관련자가 사적 이해관계자임을 안 경우 안 날부터 소속기관장에게 14일 이내에 신고하여야 한다.

> 공직자의 이해충돌 방지법 제5조(사적이해관계자의 신고 및 회피·기피 신청) ① 다음 각 호의 어느 하나에 해당하는 직무를 수행하는 공직자는 직무관련자(직무관련자의 대리인을 포함한다. 이하 이 조에서 같다)가 사적이해관계자임을 안 경우 안 날부터 14일 이내에 소속기관장에게 그 사실을 서면(전자문서를 포함한다. 이하 같다)으로 신고하고 회피를 신청하여야 한다.

제2절 공직(행정)부패

01
부패의 유형에 대한 설명으로 옳지 않은 것은?

2009. 지방 9급

① 과도한 선물의 수수와 같이 공무원 윤리강령에 규정될 수는 있지만, 법률로 규정하는 것에 대하여 논란이 있는 경우에는 회색부패에 해당된다.
② 공금횡령이나 회계부정은 거래를 하는 상대방 없이 공무원에 의해 일방적으로 발생하는 백색부패에 해당된다.
③ 공무원과 기업인 간의 뇌물과 특혜의 교환은 거래형 부패에 해당된다.
④ 민원처리 과정에서 소위 "급행료"가 당연시 되는 관행은 제도화된 부패에 해당된다.

정답 ② [×]
해설 공금횡령이나 회계부정은 상대방 없이 공무원에 의해 일방적으로 발생하는 사기형 부패에 해당한다. 백색부패는 악의가 없는 선의의 부패로서 구성원들이 처벌을 원치 않는 사회구성원 대다수가 용인하는 부패를 의미한다.

02
공무원 부패에 대한 다양한 접근방법 중 체제론적 접근방법을 설명하고 있는 것은?

2009. 지방 7급

① 특정한 지배적 관습이나 경험적 습성과 같은 요인이 공무원 부패를 조장한다고 보는 접근방법이다.
② 사회의 법과 제도상의 결함, 부패관리기구와 그 운영상의 문제점 또는 예기치 않았던 부작용들이 공무원 부패를 조장한다고 보는 접근방법이다.
③ 문화적 특성, 제도상 결함, 구조상 모순 그리고 공무원의 부정적 행태 등 다양한 요인에 의해 공무원 부패가 발생한다고 보는 접근방법이다.
④ 개인의 성격 및 독특한 습성과 윤리문제를 공무원 부패의 원인으로 접근하는 방법이다.

정답 ③ [○]
해설 체제론적 접근방법은 부패는 어느 하나의 변수에 의해 설명되는 것이 아니라 문화적 특성, 제도상의 결함, 구조상의 모순, 그리고 공무원의 부정적 행태 등 다양한 요인에 의해 복합적으로 나타난다고 보는 입장이다.
① [×] 사회문화적 접근방법, ② [×] 제도적 접근방법, ④ [×] 도덕적 접근방법에 대한 설명에 해당한다.

03
행정체제 내에서 조직의 임무수행에 필요한 행동규범이 예외적인 것으로 전락되고, 부패가 일상적으로 만연화되어 있는 상황을 지칭하는 부패의 유형은? 2014. 사복직 9급

① 일탈형 부패
② 제도화된 부패
③ 백색 부패
④ 생계형 부패

정답 ②

04
다음 중 제도화된 부패의 특징으로 옳지 않은 것은?

2017. 국회 8급

① 부패저항자에 대한 보복
② 비현실적 반부패 행동규범의 대외적 발표
③ 부패행위자에 대한 보호
④ 공식적 행동규범의 준수
⑤ 부패의 타성화

정답 ④ [×]
해설 제도화된 부패는 부패가 일상화되고 제도화되어 행정체제 내에서 부패가 실질적인 규범이 되어 공식적인 행동규범이 준수되지 않게 된다.

05
공무원 부패의 접근방법에 대한 설명으로 옳지 않은 것은?

2019. 국회 8급

① 권력문화적 접근법은 공직자들의 잘못된 의식구조를 공무원 부패의 원인으로 본다.
② 사회문화적 접근법은 특정한 지배적 관습이나 경험적 습성 등이 공무원 부패와 밀접한 관련이 있다고 본다.
③ 제도적 접근법은 행정통제 장치의 미비를 대표적인 공무원 부패의 원인으로 본다.
④ 체제론적 접근법은 문화적 특성, 제도상 결함, 구조상 모순, 공무원의 행태 등 다양한 요인들에 의해 복합적으로 공무원 부패가 나타난다고 본다.
⑤ 도덕적 접근법은 개인의 성격 및 습성과 윤리 문제가 공무원 부패와 밀접한 관련이 있다고 본다.

정답 ① [×]
해설 공직자들의 잘못된 의식구조를 공무원 부패의 원인으로 보는 것은 구조적 접근법이다. 권력문화적 접근법은 과도한 권력집중과 이로 인한 권력남용이 부패의 원인이라는 입장이다.

06
공무원의 부패 유형에 대한 설명으로 옳지 않은 것은?

2016. 지방교행 9급

① 공금횡령, 개인적인 이익의 편취, 회계부정 등은 사기형 부패에 속한다.
② 법에 규정하기는 곤란하여 윤리강령에 규정하는 부패의 유형은 회색부패에 속한다.
③ 대부분의 부패 행위는 개인 수준에서 발생하는데, 일반적으로 잘 드러나는 부패는 조직 수준의 부패이다.
④ 인·허가와 관련된 업무를 처리할 때 이른바 '급행료'를 지불하는 것을 당연시하는 것은 제도화된 부패의 예이다.

정답 ③ [×]
해설 조직부패는 하나의 부패 사건에 여러 사람이 조직적 혹은 집단적으로 연루되어 있는 경우로, 부패행위가 외부에 잘 드러나지 않는다.

07
공무원 부패의 사례와 그 유형을 바르게 연결한 것은?

2018. 국가 9급

ㄱ. 무허가 업소를 단속하던 공무원이 정상적인 단속활동을 수행하다가 금품을 제공하는 특정 업소에 대해서는 단속을 하지 않는다.
ㄴ. 금융위기가 심각함에도 불구하고 국민들의 동요나 기업활동의 위축을 방지하기 위해 금융위기가 전혀 없다고 관련 공무원이 거짓말을 한다.
ㄷ. 인·허가와 관련된 업무를 담당하는 공무원의 대부분은 업무를 처리하면서 민원인으로부터 의례적으로 '급행료'를 받는다.
ㄹ. 거래당사자 없이 공금 횡령, 개인적 이익 편취, 회계부정 등이 공무원에 의해 일방적으로 발생한다.

	ㄱ	ㄴ	ㄷ	ㄹ
①	제도화된 부패	회색 부패	일탈형 부패	생계형 부패
②	일탈형 부패	생계형 부패	조직 부패	회색 부패
③	일탈형 부패	백색 부패	제도화된 부패	비거래형 부패
④	조직 부패	백색 부패	생계형 부패	비거래형 부패

정답 ③
해설 ㄱ. 무허가 업소를 단속하던 공무원이 정상적인 단속활동을 수행하다가 금품을 제공하는 특정 업소에 대해서는 단속을 하지 않는 것은 일탈형(우발적) 부패이다.
ㄴ. 금융위기가 심각함에도 불구하고 국민들의 동요나 기업 활동의 위축을 방지하기 위해 금융위기가 전혀 없다고 공무원이 거짓말을 하는 것은 사회에 심각한 해가 없는 선의의 부패인 백색부패이다.
ㄷ. 인·허가와 관련된 업무를 담당하는 공무원의 대부분은 업무를 처리하면서 민원인으로부터 의례적으로 '급행료'를 받는 것은 제도화된(제도적) 부패이다.
ㄹ. 거래당사자 없이 공금 횡령, 개인적 이익 편취, 회계부정 등이 공무원에 의해 일방적으로 발생하는 것은 비거래형 부패이다.

08
고충민원 처리 및 부패방지와 관련된 설명으로 옳지 <u>않은</u> 것은?
2016. 지방 7급

① 내부고발자를 보호하기 위한 제도가 시행되고 있다.
② 공공기관의 부패행위에 대해 국민권익위원회에 감사를 청구할 수 있는 국민감사청구제도가 시행되고 있다.
③ 국민권익위원회 위원장과 위원의 임기는 각각 3년으로 하되 1차에 한하여 연임할 수 있다.
④ 지방자치단체는 고충민원을 처리하기 위해 시민고충처리위원회를 둘 수 있다.

정답 ② [×]
해설 국민감사청구제도는 공공기관의 사무가 법령위반 또는 부패행위로 인하여 공익을 현저히 해하는 경우 18세 이상의 국민 300명 이상의 연서로 감사원에 감사를 청구하는 제도이다.

> 부패방지 및 국민권익위원회의 설치와 운영에 관한 법률 제72조 (감사청구권) ① 18세 이상의 국민은 공공기관의 사무처리가 법령위반 또는 부패행위로 인하여 공익을 현저히 해하는 경우 대통령령으로 정하는 일정한 수 이상의 국민의 연서로 감사원에 감사를 청구할 수 있다. 다만, 국회·법원·헌법재판소·선거관리위원회 또는 감사원의 사무에 대하여는 국회의장·대법원장·헌법재판소장·중앙선거관리위원회 위원장 또는 감사원장(이하 "당해 기관의 장"이라 한다)에게 감사를 청구하여야 한다.

③ [○]
> 제16조(직무상 독립과 신분보장) ② 위원장과 위원의 임기는 각각 3년으로 하되 1차에 한하여 연임할 수 있다.

④ [○]
> 부패방지 및 국민권익위원회의 설치와 운영에 관한 법률 제32조 (시민고충처리위원회의 설치) ① 지방자치단체 및 그 소속 기관에 관한 고충민원의 처리와 행정제도의 개선 등을 위하여 각 지방자치단체에 시민고충처리위원회를 둘 수 있다.

09
내부고발에 대한 설명으로 가장 타당한 것은?
2009. 서울시 9급

① 퇴직 후의 고발은 내부고발이 아니다.
② 조직 내의 비정치적 행위를 대상으로 한다.
③ 내부고발은 익명으로 이루어져야 한다.
④ 내부고발은 공직사회의 응집력을 강화시킨다.
⑤ 내부적인 이의제기 형식과는 다르다.

정답 ⑤ [○]
해설 내부고발은 조직의 전·현직 구성원이 조직 내부의 불법, 부당, 비윤리적인 일을 대외적으로 폭로하는 행위를 의미한다. 따라서 내부적인 이의제기와는 달리 조직 내부비리를 대외적으로 폭로하는 비공식적·외부적 공표행위이다.
③ [×] 「부패방지 및 국민권익위원회의 설치와 운영에 관한 법률」에 따른 부패신고 시에는 신고자의 인적사항과 신고취지 등을 기재한 문서로 하여야 하며, 신고대상과 부패행위의 증거 등을 함께 제출하여야 한다. 다만, 신고자의 신변을 보호하기 위해 신고자가 자신의 인적사항을 밝히지 아니하고 변호사를 선임하여 신고를 대리하게 할 수 있으며, 이 경우 신고자의 인적사항 및 기명의 문서는 변호사의 인적사항 및 변호사 이름의 문서로 갈음할 수 있다.

> 부패방지 및 국민권익위원회의 설치와 운영에 관한 법률 제58조 (신고의 방법) 신고를 하려는 자는 본인의 인적사항과 신고취지 및 이유를 기재한 기명의 문서로써 하여야 하며, 신고대상과 부패행위의 증거 등을 함께 제시하여야 한다.
> 제58조의2 (비실명 대리신고) ① 제58조에도 불구하고 신고자는 자신의 인적사항을 밝히지 아니하고 변호사를 선임하여 신고를 대리하게 할 수 있다. 이 경우 제58조에 따른 신고자의 인적사항 및 기명의 문서는 변호사의 인적사항 및 변호사 이름의 문서로 갈음한다.

④ [×] 내부고발은 조직내부 구성원 간 불신 조장 및 상하급자 간 신뢰관계를 훼손할 우려가 있기 때문에 공직사회의 응집력을 약화시킬 수 있다.

PART 07
재무행정

Chapter 01 정부예산과 재무행정의 기초
Chapter 02 재정의 구조
Chapter 03 예산과정의 주요 쟁점
Chapter 04 정부회계
Chapter 05 예산결정 이론
Chapter 06 예산제도와 재정개혁
Chapter 07 재정민주주의

Chapter 01 정부예산과 재무행정의 기초

제1절 예산의 성격과 기능

01
다음은 우리나라의 예산에 관한 설명이다. 옳지 않은 설명은?
2014. 서울 7급

① 예산은 정부만이 제안권을 갖고 있고 국회는 제안권을 갖고 있지 않다.
② 예산안을 심의할 때 국회는 정부가 제출한 예산안의 범위 내에서 삭감할 수 있으나, 정부의 동의 없이 지출예산 각 항의 금액을 증액할 수 없다.
③ 예산은 국가기관만을 구속한다.
④ 예산은 국회의 의결로 성립하지만 정부의 수입 지출의 권한과 의무는 별도의 법률로 규정된다.
⑤ 국회에서 의결된 예산에 대해서 대통령이 거부권을 행사할 수 있다.

정답 ⑤ [×]

해설 국회에서 의결된 예산에 대해서는 대통령이 거부권을 행사할 수 없다.
② [○]

> 헌법 제57조 국회는 정부의 동의 없이 정부가 제출한 지출예산 각 항의 금액을 증가하거나 새 비목을 설치할 수 없다.

예산과 법률의 차이

구분기준	예산	법률
제출권자	정부	정부와 국회
제출기한	회계 연도 개시 120일 전	제한 없음
심의기한	회계연도 개시 30일 전	제한 없음
국회 심의 범위	증액 및 새 비목 설치 불가	자유로운 수정 가능
거부권 행사	대통령의 거부권 행사 불가	대통령의 거부권 행사 가능
공포	공포 불요, 의결로 확정	공포함으로써 효력 발생
시간적 효력	회계연도에 국한	계속적 효력 발생
대인적 효력	국가기관만 구속	국민 모두
형식적 효력	예산으로 법률개폐 불가	법률로써 예산 변경 불가

02
우리나라에서 예산과 법률의 차이에 대한 설명으로 옳은 것은?
2019. 국가 7급

① 일반적으로 법률은 국가기관과 국민에 대해 구속력을 갖지만, 예산은 국가기관에 대해서만 구속력을 갖는다.
② 대통령은 국회가 의결한 법률안에 대해 거부권이 있지만, 국회의결 예산에 대해서는 사안별로만 재의요구권이 있다.
③ 국회에 제출된 법률안은 의결기한에 제한이 없으나, 예산안은 매년 12월 2일까지 예산결산특별위원회의 심사를 마쳐야 한다.
④ 국회는 발의·제출된 법률안을 수정·보완할 수 있지만, 제출된 예산안은 정부의 동의 없이는 수정할 수 없다.

정답 ① [○]

해설 ② [×] 대통령은 법률안에 대해서는 거부권 행사가 가능하지만 예산안에 대해서는 거부권을 행사할 수 없다.
③ [×] 국회에 제출된 법률안은 의결기한에 제한이 없으나 예산안은 매년 12월 2일(회계연도 개시 30일 전)까지 본회의에서 의결해야 한다.

> 헌법 제54조
> ② 정부는 회계연도마다 예산안을 편성하여 회계연도 개시 90일 전까지 국회에 제출하고, 국회는 회계연도 개시 30일전까지 이를 의결하여야 한다.

④ [×] 국회는 정부가 제출한 예산안의 범위 내에서 삭감할 수 있으나, 정부의 동의 없이 지출예산 각 항의 금액을 증가하거나 새 비목을 설치할 수 없다.

> 헌법 제57조 국회는 정부의 동의 없이 정부가 제출한 지출예산 각 항의 금액을 증가하거나 새 비목을 설치할 수 없다.

03

머스그레이브(Musgrave)의 정부 재정기능의 기본 원칙에 대한 설명으로 옳지 않은 것은? 2018. 지방 9급

① 시장실패를 교정하고 사회적 최적 생산과 소비수준이 이루어지도록 해야 한다.
② 세입 면에서는 차별 과세를 하고, 세출 면에서는 사회보장적 지출을 통해 소외계층을 지원해야 한다.
③ 고용, 물가 등과 같은 거시경제 지표들을 안정적으로 조절해야 한다.
④ 정부에 부여된 목적과 자원을 연계하여 소기의 성과를 거둘 수 있도록 관료를 통제해야 한다.

정답 ④ [×]
해설 머스그레이브는 예산의 재정적 기능으로 자원배분기능, 재분배기능, 경제 안정과 성장 기능으로 분류한 바 있다.
①은 재정은 자원배분 기능, ②는 소득재분배 기능, ③은 경제안정화 기능에 대한 설명이다.

04

다음 중 머스그레이브(R. A Musgrave)가 주장한 재정의 3대 기능 중 '공공재의 외부효과 및 소비의 비경합성과 비배재성에 기인한 시장실패(market failure)를 재정을 통해서 교정하고 사회적 최적 생산과 소비수준이 이루어지도록 한다.'라는 내용과 관련성이 가장 높은 재정의 기능은? 2015. 서울시 7급

① 소득 재분배 기능
② 경제 안정화 기능
③ 자원 배분 기능
④ 행정적 기능

정답 ③ [○]
해설 공공재의 외부효과 및 소비의 비경합성과 비배제성에 기인한 시장실패를 재정을 통해서 교정하고 사회적 최적 생산과 소비수준이 이루어지도록 한다는 것은 자원배분 기능에 해당한다.
① [×] 소득 재분배 기능은 조세정책이나 지출정책을 통해 공평한 소득 및 부의 분배를 실현하는 기능이다.
② [×] 경제 안정화 기능은 정부의 지출과 조세징수를 통해 완전고용, 물가안정 등 경기 조절적 기능을 수행하는 것을 말한다.

제2절 재무행정 조직

01
우리나라 중앙예산기관의 변천에 대한 설명으로 옳지 않은 것은?
2022. 국가 7급

① 국무총리 직속 기획처 예산국이 우리나라에서 처음으로 중앙예산기관의 역할을 담당하였다.
② 1961년 설립된 경제기획원은 수입·지출의 총괄기능을 담당하였으며, 재무부는 중앙예산기관의 역할을 담당하였다.
③ 김영삼 정부는 1994년 정부조직개편을 통해 경제기획원과 재무부를 재정경제원으로 통합하여 세제, 예산, 국고 기능을 일원화하였다.
④ 현재는 기획재정부 예산실이 중앙예산기관의 역할을 담당하고 있다.

정답 ② [×]
해설 1961년 설립된 재무부는 수입·지출의 총괄기능을 담당하였으며, 경제기획원은 중앙예산기관의 역할을 담당하였다.

02
재무행정 조직에 대한 설명으로 가장 적절하지 않은 것은?
2018. 경찰승진

① 중앙예산기관과 국고수지총괄기관의 분리 여부에 따라 삼원체제와 이원체제로 구분된다.
② 미국은 관리예산처, 재무부, 연방준비은행이 분리된 삼원체제에 해당한다.
③ 우리나라는 현재 중앙예산기관과 국고수지총괄기관이 기획재정부에 통합되어 있는 이원체제에 해당되며, 이는 세입·세출의 유기적 연계성을 높인다.
④ 효과적인 행정관리 수단, 분파주의 등은 삼원체제의 장점이다.

정답 ④ [×]
해설 삼원체제에서 중앙예산기관의 경우 대통령 직속으로 설치하므로 효과적인 행정관리 수단, 강력한 통솔력, 분파주의의 장점을 가진다. 분파주의는 이원체제의 단점에 해당한다.

재무행정 조직 유형 비교

구분	삼원체제	이원체제
의의	재정 담당기관인 중앙예산기관과 수지총괄기관, 중앙은행이 모두 구분되어 있는 체제	중앙예산기관과 수지총괄기관이 하나의 조직에 통합되어 통합기관과 중앙은행으로 구분
장점	효과적인 행정관리 수단 강력한 행정력 발휘 분파주의 방지	세입과 세출의 연계성 확보
단점	세입과 세출의 연계성 저하 재정민주주의 저해 가능성	통솔력의 한계(분파주의 초래)

제3절 예산원칙

01
다음 중 고전적 예산의 원칙에 해당하지 않은 것은?

2012. 서울 7급

① 완전성
② 단일성
③ 통제성
④ 엄밀성
⑤ 통일성

정답 ③ [×]
해설 통제성의 원칙은 고전적 예산의 원칙(전통적 예산원칙)에 포함되지 않는다.

02
다음은 예산의 원칙에 대한 설명이다. 바르게 짝지어진 것은?

2015. 서울시 9급

A: 한 회계연도의 세입과 세출은 모두 예산에 계상하여야 한다.
B: 모든 수입은 국고에 편입되고 여기에서부터 지출이 이루어져야 한다.

	A	B
①	예산 단일의 원칙	예산 총계주의 원칙
②	예산 총계주의 원칙	예산 단일의 원칙
③	예산 통일의 원칙	예산 총계주의 원칙
④	예산 총계주의 원칙	예산 통일의 원칙

정답 ④
해설 A는 예산 총계주의(예산 완전성의 원칙), B는 예산 통일성의 원칙에 해당한다.

03
입법부 우위의 전통적 예산원칙에서 '국민의 눈높이에서 국민이 쉽게 이해할 수 있도록 예산서의 과목과 구조가 작성되어야 한다'는 원칙은?

2025. 지방 9급

① 명료성의 원칙
② 완전성의 원칙
③ 공개성의 원칙
④ 한정성의 원칙

정답 ① [○]
해설 모든 국민이 쉽게 이해할 수 있도록 수입과 지출의 추계가 명확해야 하며, 수입과 지출에 관한 내용이 명확히 분류되어 나타나야 한다는 예산 명료성 원칙에 대한 설명이다.
② 완전성 원칙(예산총계주의)은 국회와 국민의 예산감독을 용이하도록 하려면 정부의 모든 재정적 거래와 활동 내역이 예산에 포함되어야 한다는 원칙이다.
③ 공개성 원칙은 예산의 내용과 과정이 국민에게 투명하게 공개되어야 한다는 원칙이다.
④ 한정성 원칙은 예산이 주어진 목적, 금액, 시간적 범위를 벗어나서는 안 된다는 것으로, 예산의 지출 상한(양적 한정성 원칙), 예산의 지정된 용도외 사용 금지(질적 한정성), 그리고 시기적 한정성(회계연도 독립원칙) 등을 규정하고 있는 원칙이다.

04
「국가재정법」상 다음 원칙의 예외에 대한 규정으로 옳지 않은 것은?   2017. 지방 9급

> - 한 회계연도의 모든 수입을 세입으로 하고, 모든 지출을 세출로 한다.
> - 한 회계연도의 세입과 세출은 모두 예산에 계상하여야 한다.

① 수입대체경비에 있어 수입이 예산을 초과하거나 초과할 것이 예상되는 때에는 그 초과수입을 대통령령이 정하는 바에 따라 그 초과수입에 직접 관련되는 경비 및 이에 수반되는 경비에 초과지출 할 수 있다.
② 국가가 현물로 출자하는 경우에는 이를 세입세출예산 외로 처리할 수 있다.
③ 국가가 외국차관을 도입하여 전대하는 경우에는 이를 세입세출예산 외로 처리할 수 있다.
④ 출연금이 지원된 국가연구개발사업의 개발 성과물 사용에 따른 대가를 사용하는 경우에는 이를 세입세출예산 외로 처리할 수 있다.

정답 ④ [×]
해설 보기는 예산총계주의 원칙에 대한 설명이다. 예산총계주의 원칙의 예외는 국가재정법 제53조에 규정되어 있다. ④는 국가재정법에 규정된 예산총계주의 원칙의 예외에 해당하지 않는다.

국가재정법 제53조(예산총계주의 원칙의 예외) ① 각 중앙관서의 장은 용역 또는 시설을 제공하여 발생하는 수입과 관련되는 경비로서 대통령령이 정하는 경비(이하 "수입대체경비"라 한다)에 있어 수입이 예산을 초과하거나 초과할 것이 예상되는 때에는 그 초과수입을 대통령령이 정하는 바에 따라 그 초과수입에 직접 관련되는 경비 및 이에 수반되는 경비에 초과지출 할 수 있다.
② 국가가 현물로 출자하는 경우와 외국차관을 도입하여 전대(轉貸)하는 경우에는 이를 세입세출예산 외로 처리할 수 있다.
③ 차관물자대(借款物資貸)의 경우 전년도 인출예정분의 부득이한 이월 또는 환율 및 금리의 변동으로 인하여 세입이 그 세입예산을 초과하게 되는 때에는 그 세출예산을 초과하여 지출할 수 있다.
④ 전대차관을 상환하는 경우 환율 및 금리의 변동, 기한 전 상환으로 인하여 원리금 상환액이 그 세출예산을 초과하게 되는 때에는 초과한 범위 안에서 그 세출예산을 초과하여 지출할 수 있다.
⑤ 삭제

05
다음 보기에서 ⊙과 ⓒ에 해당하는 내용을 바르게 연결한 것은?   2016. 국가 9급

> (⊙)은(는) 국가가 특별한 용역 또는 시설을 제공하고 그 제공을 받은 자로부터 비용을 징수하는 경우의 당해 경비로서 기획재정부 장관이 정하는 경비를 의미하며, 국가재정법상 (ⓒ)의 예외로 규정되어 있다.

	⊙	ⓒ
①	수입대체경비	예산총계주의 원칙
②	전대차관	예산총계주의 원칙
③	전대차관	예산 공개의 원칙
④	수입대체경비	예산 공개의 원칙

정답 ①
해설 ⊙은 수입대체경비에 해당하고 ⓒ은 예산총계주의(완전성)의 원칙의 예외에 해당한다. 수입대체 경비란 국가가 특별한 용역 또는 시설을 제공하고 그 제공을 받은 자로부터 비용을 징수하는 경우로써 지출이 수입을 수반하는 경비로 「국가재정법」상 예산총계주의의 예외로 규정되어 있다.

국가재정법 제53조(예산총계주의 원칙의 예외) ① 각 중앙관서의 장은 용역 또는 시설을 제공하여 발생하는 수입과 관련되는 경비로서 대통령령이 정하는 경비(이하 "수입대체경비"라 한다)에 있어 수입이 예산을 초과하거나 초과할 것이 예상되는 때에는 그 초과수입을 대통령령이 정하는 바에 따라 그 초과수입에 직접 관련되는 경비 및 이에 수반되는 경비에 초과 지출 할 수 있다.

06

〈보기〉의 예산의 원칙과 그 예외 사항을 바르게 연결한 것은?

2021. 국회 9급

―〔보기〕――――――――――――――――――
ㄱ. 예산은 가능한 한 모든 재정활동을 포괄하는 단일의 예산 내에서 정리되어야 한다.
ㄴ. 모든 수입과 지출은 예산에 계상되어야 한다.
ㄷ. 정해진 목표를 위해서 정해진 금액을 정해진 기간 내에 사용해야 한다.
――――――――――――――――――――――

	ㄱ	ㄴ	ㄷ
①	추가경정예산	전대차관	이용과 전용
②	특별회계	예비비	준예산
③	추가경정예산	이용과 전용	계속비
④	특별회계	계속비	수입대체경비
⑤	추가경정예산	순계예산	특수활동비

정답 ① [○]

해설 ㄱ. 단일성의 원칙 – 예외: 추가경정예산, 특별회계, 기금 등
ㄴ. 완전성의 원칙 또는 예산총계주의 원칙 – 예외: 현물출자, 전대차관, 수입대체경비 등
ㄷ. 한정성의 원칙 – 예외: 이용과 전용, 예비비, 이월, 계속비 등

전통적 예산원칙 및 예외

유형	내용	예외
공개성의 원칙	예산 운영의 전반적인 내용이 국민에게 공개되어야 한다는 원칙	국가기밀에 속하는 국방비·외교활동비·국가정보원예산, 신임예산
명확성의 원칙	예산구조나 과목은 국민들이 이해하기 쉽고 단순·명확해야 한다는 원칙	총액계상 예산(총괄예산), 지출통제예산
완전성의 원칙 예산총계주의	모든 세입과 세출이 예산에 계상되어야 한다는 원칙	현물출자, 전대차관, 차관물자대, 수입대체경비 등
예산 단일성의 원칙	예산은 단일 구조로 구성해야 한다는 원칙	특별회계, 기금, 추가경정예산
한정성의 원칙	① 목적 외 사용금지(질적 한정성) ② 초과지출 금지(양적 한정성) ③ 연도 경과 금지(회계연도 독립)	이용·전용 예비비, 추가경정예산 이월, 계속비
사전의결의 원칙	예산이 집행되기 전 입법부의 의결을 거쳐야 한다는 원칙	준예산, 예비비 지출, 전용, 사고이월, 긴급명령, 선결처분, 긴급재정명령
정확성(엄밀성) 원칙	예산과 결산은 일치해야 한다는 원칙	불용액의 발생
통일성의 원칙	특정한 세입과 세출을 직접 연계시켜서는 안된다는 원칙	특별회계, 기금, 목적세, 수입대체경비

07

예산원칙 예외에 대한 설명 중 옳지 않은 것은?

2017. 사복직 9급

① 국가정보원 예산의 비공개는 예산 공개의 원칙에 대한 예외이다.
② 수입대체경비, 차관물자대 등은 예산총계주의 원칙에 대한 예외이다.
③ 특별회계와 추가경정예산은 예산 단일성의 원칙에 대한 예외이다.
④ 예산 한정성의 원칙 중 예산 목적 외 사용 금지인 질적 한정의 원칙은 엄격히 지켜지고 있다.

정답 ④ [×]

해설 한정성 원칙 중 예산 목적 외 사용 금지 원칙의 예외로 예산의 이용과 전용 등이 있다.

08
예산의 원칙과 그 예외사항에 대한 설명으로 옳은 것은?
2015. 지방 9급

① 특정수입과 특정지출이 연계되어서는 안 된다는 것은 단일성의 원칙이다.
② 예산은 주어진 목적, 규모 그리고 시간에 따라 집행되어야 한다는 원칙은 예산총계주의이다.
③ 예산구조나 과목은 이해하기 쉽도록 단순해야 한다는 것은 통일성의 원칙이다.
④ 특별회계는 통일성의 원칙과 단일성의 원칙의 예외적인 장치에 해당된다.

정답 ④ [○]
해설 ① [×] 특정수입과 특정지출이 연계되어서는 안 된다는 것은 예산통일성 원칙에 대한 설명이다.
② [×] 예산은 주어진 목적, 규모 그리고 시간에 따라 집행되어야 한다는 원칙은 예산한정성 원칙에 대한 설명이다.
③ [×] 예산구조나 과목은 이해하기 쉽도록 단순해야 한다는 것은 명료성의 원칙에 대한 설명이다.

09
예산의 원칙과 그 내용, 예외사항을 순서대로 나열한 것으로 옳지 않은 것은?
2017. 국가 9

① 사전의결의 원칙 - 회계연도 개시 전 예산 확정 - 준예산
② 통일성의 원칙 - 특정수입과 특정지출의 연계 금지 - 특별회계
③ 단일성의 원칙 - 세입과 세출 내역의 명시적 나열 - 이용과 전용
④ 완전성의 원칙 - 예산총계주의 - 전대차관

정답 ③ [×]
해설 단일성의 원칙은 예산은 하나로 존재해야 한다는 원칙이며, 단일성 원칙의 예외로 특별회계, 기금, 추가경정예산 등이 있다. 이용과 전용은 질적 한정성 원칙(목적 외 사용 금지)의 예외에 해당한다.

10
자원관리의 효율성과 계획성을 강조하는 현대적 예산제도의 원칙에 해당하지 않는 것은?
2017. 지방 7급

① 행정부에 의한 책임부담의 원칙
② 예산관리수단 확보의 원칙
③ 공개의 원칙
④ 다원적 절차 채택의 원칙

정답 ③ [×]
해설 예산 공개성의 원칙은 예산운영의 내용이 국민에게 공개되어야 한다는 것으로 전통적 예산원칙에 해당한다.

11
다음 예산의 원칙 중 스미스(H. Smith)가 주장한 현대적 예산원칙은?
2016. 서울 9급

① 예산은 미리 결정되어 회계연도가 시작되면 바로 집행할 수 있도록 해야 한다.
② 예산의 편성 심의 집행은 공식적인 형식을 가진 재정보고 및 업무 보고에 기초를 두어야 한다.
③ 모든 예산은 공개되어야 한다.
④ 예산구조나 과목은 국민들이 이해하기 쉽게 단순해야 한다.

정답 ② [○]
해설 현대적 예산의 원칙 중 보고의 원칙이다.
① [×] 노이마르크가 주장한 전통적 예산 원칙 중 사전의결의 원칙에 대한 설명이다.
③ [×] 전통적 예산의 원칙 중 공개성의 원칙이다.
④ [×] 전통적 예산의 원칙 중 명확성(명료성)의 원칙이다.

12
다음 중 「국가재정법」 제16조에서 규정하고 있는 재정운영에 대한 내용으로 옳지 않은 것은?   2018. 국회 8급

① 재정건전성의 확보
② 국민부담의 최소화
③ 재정을 운영함에 있어 재정지출의 성과 제고
④ 예산과정에의 국민참여 제고를 위한 노력
⑤ 재정의 지속가능성 확보

정답 ⑤ [×]

해설
「국가재정법」 제16조에 재정의 지속가능성 확보는 규정되어 있지 않다.

> 국가재정법 제16조(예산의 원칙) 정부는 예산의 편성 및 집행에 있어서 다음 각 호의 원칙을 준수하여야 한다.
> 1. 정부는 재정건전성의 확보를 위하여 최선을 다하여야 한다.
> 2. 정부는 국민부담의 최소화를 위하여 최선을 다하여야 한다.
> 3. 정부는 재정을 운용함에 있어 재정지출 및 「조세특례제한법」 제142조의2제1항에 따른 조세지출의 성과를 제고하여야 한다.
> 4. 정부는 예산과정의 투명성과 예산과정에의 국민참여를 제고하기 위하여 노력하여야 한다.
> 5. 정부는 예산이 여성과 남성에게 미치는 효과를 평가하고, 그 결과를 정부의 예산편성에 반영하기 위하여 노력하여야 한다.
> 6. 정부는 예산이 「기후위기 대응을 위한 탄소중립·녹색성장 기본법」 제2조제5호에 따른 온실가스 감축에 미치는 효과를 평가하고, 그 결과를 정부의 예산편성에 반영하기 위하여 노력하여야 한다.

13
다음 중 공공지출관리의 규범에 대하여 잘못 설명한 것은?   2005. 선관위 9급

① 총량적 재정규율(aggregate fiscal discipline)은 예산총액의 효과적인 통제를 의미한다.
② 배분적 효율성(allocative efficiency)은 재정부문 간 재원배분을 통한 재정지출의 총체적 효율성을 도모하는 것을 말한다.
③ 총량적 재정규율(aggregate fiscal discipline)은 예산운영 전반에 대한 미시적 예산결정(micro budgeting)을 토대로 이루어져야 한다.
④ 운영효율성(operational efficiency)을 높이기 위해서는 투입에 대한 산출의 비율을 높여야 한다.

정답 ③ [×]

해설 총량적 재정규율은 정부가 재정운영 시 지켜야 할 정부 전체의 재정규모와 재정운영 방향을 미리 정해서 예산 총량 수준을 통제하는 것이기 때문에 국가 전체 재정의 큰 틀(거시적 예산결정)을 토대로 이루어져야 한다.

Chapter 02 재정의 구조

제1절 정부 재정의 기본 구조

01
중앙정부의 일반회계에 대한 설명으로 옳지 않은 것은?

2025. 지방 9급

① 조세수입 등을 주요 재원으로 한다.
② 특정한 세입과 특정한 세출의 연계를 배제한다.
③ 세출은 주로 국가의 존립과 유지를 위한 기본적 경비로 구성된다.
④ 국가의 고유 기능 수행을 위해 양곡관리, 조달, 우편사업, 우체국예금, 책임운영기관 등 총 6개의 일반회계가 설치되어 있다.

> **정답** ④ [×]
> **해설** 양곡관리, 조달, 우편사업, 우체국예금, 책임운영기관특별회계기관 사업의 운영(총 5개)은 기업특별회계에 해당한다.
> ①, ③ [○]
>
> 국가재정법 제4조(회계구분) ① 국가의 회계는 일반회계와 특별회계로 구분한다.
> ② 일반회계는 조세수입 등을 주요 세입으로 하여 국가의 일반적인 세출에 충당하기 위하여 설치한다.

02
다음 중 특별회계예산의 특징으로 가장 옳지 않은 것은?

2016. 서울시 9급

① 특별회계예산은 세입과 세출의 수지가 명백하다.
② 특별회계예산에서는 행정부의 재량이 확대된다.
③ 특별회계예산은 국가재정의 전체적인 관련성을 파악하기 곤란하다.
④ 특별회계예산에서는 입법부의 예산통제가 용이해진다.

> **정답** ④ [×]
> **해설** 특별회계는 예산단일성 원칙의 예외로, 예산제도가 복잡해져 국가재정의 전체적인 관련성을 파악하기 곤란하며, 입법부의 예산통제가 곤란해진다.
> ① [○] 특별회계는 특정한 목적과 사업에만 한정되어 운영되기 때문에 목적과 재원 출처가 명확히 연결되어 세입과 세출이 직접적으로 연계되고, 세입규모에 따라 세출한도가 결정되므로 재정수지가 비교적 명확하다.

03
우리나라 특별회계에 대한 설명으로 옳지 않은 것은?

2014. 지방 9급

① 예산 단일성과 예산 통일성 원칙에 대한 예외이다.
② 일반회계와 구분해 경리할 필요가 있을 때 설치하므로, 일반회계로부터의 전입은 금지된다.
③ 정부가 "2014년 세출예산은 약 367.5조원이다"라고 발표했다면, 여기에는 특별회계 지출이 포함된 규모이다.
④ 2014년 현재 정부기업 특별회계로는 '양곡관리', '조달' 등이 운영되고 있다.

> **정답** ② [×]
> **해설** 특별회계는 특정한 세입으로 특정한 세출에 충당함으로써 일반회계와 구분하여 회계처리 할 필요가 있을 때에 법률로써 설치하며, 일반적 조세가 아닌 별도 특정 수입과 일반회계 전입금 등을 재원으로 한다.
>
> 국가재정법 제13조(회계·기금 간 여유재원의 전입·전출) ① 정부는 국가재정의 효율적 운용을 위하여 필요한 경우에는 다른 법률의 규정에도 불구하고 회계 및 기금의 목적 수행에 지장을 초래하지 아니하는 범위 안에서 회계와 기금 간 또는 회계 및 기금 상호 간에 여유재원을 전입 또는 전출하여 통합적으로 활용할 수 있다.

04
우편사업, 우체국예금사업, 양곡관리사업, 조달사업을 수행하기 위한 특별회계예산의 운용에 관한 사항을 규정하고 있는 현행법은?
2017. 지방 9급

① 공공기관의 운영에 관한 법률
② 정부기업예산법
③ 예산회계법
④ 정부산하기관관리기본법

> **정답** ②
> **해설** 「정부기업예산법」은 조달, 우편사업, 우체국 예금, 양곡관리, 책임운영기관과 같이 기업형태로 운영하는 정부사업(정부기업)의 예산과 회계에 적용되는 법률이다.
>
> > 정부기업예산법 제1조(목적) 이 법은 정부기업별로 특별회계를 설치하고, 그 예산 등의 운용에 관한 사항을 규정함으로써 정부기업의 경영을 합리화하고 운영의 투명성을 제고함을 목적으로 한다.
> > 제2조(정부기업) 이 법에서 "정부기업"이란 기업형태로 운영하는 우편사업, 우체국예금사업, 양곡관리사업 및 조달사업을 말한다.
> > 제3조(특별회계의 설치) 정부기업을 운영하기 위하여 다음 각 호의 특별회계를 설치하고 그 세입으로써 그 세출에 충당한다.
> > 1. 우편사업특별회계
> > 2. 우체국예금특별회계
> > 3. 양곡관리특별회계
> > 4. 조달특별회계

05
특별회계 예산과 기금에 대한 설명으로 옳지 않은 것은?
2021. 지방 9급

① 기금은 특정 수입과 지출의 연계가 강하다.
② 특별회계 예산은 세입과 세출이라는 운영 체계를 지닌다.
③ 특별회계 예산은 합목적성 차원에서 기금보다 자율성과 탄력성이 강하다.
④ 특별회계 예산과 기금은 모두 결산서를 국회에 제출하여야 한다.

> **정답** ③ [×]
> **해설** 기금은 합목적성 차원에서 특별회계보다 자율성과 탄력성이 크다.

06
기금, 일반회계, 특별회계에 대한 다음 설명 중 가장 적절하지 않은 것은?
2011. 서울 9급

① 일반회계는 국가고유의 일반적 재정활동을, 기금은 특정한 세입으로 특정한 사업을 운용하기 위해 설치된다.
② 특별회계는 일반회계와 기금 운용 형태가 혼재되어 있다.
③ 기금과 예산 모두 국회 심의 및 의결·확정 절차를 따른다.
④ 기금과 특별회계는 특정수입과 지출이 연계되어 있다.

> **정답** ① [×]
> **해설** 특정한 세입으로 특정한 사업을 운용하기 위해 설치되는 것은 특별회계이다. 기금은 국가가 특정한 목적을 위하여 특정한 자금을 신축적으로 운용할 필요가 있을 때에 한정하여 법률로써 설치한다.
>
> > 국가재정법 제4조(회계구분) ① 국가의 회계는 일반회계와 특별회계로 구분한다.
> > ② 일반회계는 조세수입 등을 주요 세입으로 하여 국가의 일반적인 세출에 충당하기 위하여 설치한다.
> > ③ 특별회계는 국가에서 특정한 사업을 운영하고자 할 때, 특정한 자금을 보유하여 운용하고자 할 때, 특정한 세입으로 특정한 세출에 충당함으로써 일반회계와 구분하여 회계처리할 필요가 있을 때에 법률로써 설치하되, 법률에 의하지 아니하고는 이를 설치할 수 없다.
> > 국가재정법 제5조(기금의 설치) ① <u>기금은 국가가 특정한 목적을 위하여 특정한 자금을 신축적으로 운용할 필요가 있을 때에 한정하여 법률로써 설치하되</u>, 정부의 출연금 또는 법률에 따른 민간부담금을 재원으로 하는 기금은 별표 2에 규정된 법률에 의하지 아니하고는 이를 설치할 수 없다.

07
일반회계, 특별회계, 기금에 대한 설명으로 옳지 않은 것은?
2022. 지방 9급

① 일반회계는 조세수입 등을 주요 세입으로 하여 국가의 일반적인 세출에 충당하기 위하여 설치한다.
② 특별회계와 기금은 예산총계주의 원칙의 예외이다.
③ 일반회계, 특별회계, 기금 모두 국회로부터 결산의 심의 및 의결을 받아야 한다.
④ 일반회계와 특별회계는 전쟁이나 대규모 재해가 발생한 경우 추가경정예산을 편성할 수 있다.

> **정답** ② [×]
> **해설** 예산총계주의 원칙(완전성의 원칙)은 모든 세입과 세출이 예산에 계상되어야 한다는 원칙으로, 특별회계는 예산총계주의 원칙의 예외에 해당하지 않는다.
> ④ [○]
>
> 국가재정법 제89조(추가경정예산안의 편성) ① 정부는 다음 각 호의 어느 하나에 해당하게 되어 이미 확정된 예산에 변경을 가할 필요가 있는 경우에는 추가경정예산안을 편성할 수 있다.
> 1. 전쟁이나 대규모 재해(「재난 및 안전관리 기본법」 제3조에서 정의한 자연재난과 사회재난의 발생에 따른 피해를 말한다)가 발생한 경우
> 2. 경기침체, 대량실업, 남북관계의 변화, 경제협력과 같은 대내·외 여건에 중대한 변화가 발생하였거나 발생할 우려가 있는 경우
> 3. 법령에 따라 국가가 지급하여야 하는 지출이 발생하거나 증가하는 경우

08
정부예산의 종류에 대한 설명으로 옳지 않은 것은?
2023. 지방 9급

① 기금은 예산원칙의 일반적 제약으로부터 벗어나 탄력적으로 운용된다.
② 특별회계예산은 국가의 회계 중 특정한 세입으로 특정한 세출을 충당하기 위한 예산이다
③ 특별회계예산은 일반회계예산과 달리 예산편성에 있어 국회의 심의 및 의결을 받지 않는다.
④ 기금은 예산 통일성 원칙의 예외가 된다.

> **정답** ③ [×]
> **해설** 특별회계예산도 일반회계예산과 마찬가지로 국회의 심의 및 의결을 받는다.

09
우리나라 정부의 예산구조에 관한 기술로 틀린 것은?
2015. 지방교행 9급

① 특별회계와 기금은 법률로써 설치한다.
② 기금운용계획의 확정 및 기금의 결산은 국회의 심의·의결을 거친다.
③ 일반회계는 조세수입 등을 주요 세입으로 하여 국가의 일반적인 세출에 충당하기 위하여 설치한다.
④ 특별회계는 국가가 특정한 목적을 위하여 특정한 자금을 신축적으로 운용할 필요가 있을 때 설치한다.

> **정답** ④ [×]
> **해설** 특별회계가 아니라 기금에 대한 설명이다. 특별회계는 국가가 특정한 사업을 운영하거나 특정한 자금을 운용하거나, 기타 특정한 세입으로 특정한 세출에 충당할 필요가 있을 때 법률로 설치한다.
>
> 국가재정법 제5조(기금의 설치) ① 기금은 국가가 특정한 목적을 위하여 특정한 자금을 신축적으로 운용할 필요가 있을 때에 한하여 법률로써 설치하되, 정부의 출연금 또는 법률에 따른 민간부담금을 재원으로 하는 기금은 별표 2에 규정된 법률에 의하지 아니하고는 이를 설치할 수 없다.

10
우리나라 정부기금에 관한 설명으로 옳은 것은?
2018. 지방교행 9급

① 세입·세출예산 내에서 운영해야 한다.
② 재원의 자율적 운영을 위하여 국회의 심의를 거치지 않는다.
③ 기금운용계획안은 국무회의의 심의와 대통령의 승인이 필요하다.
④ 기금은 법률로써 설치하며 출연금, 부담금 등은 기금의 재원으로 활용할 수 없다.

정답 ③ [○] 국가재정법 제66조

해설

국가재정법 제66조(기금운용계획안의 수립)
② 기획재정부장관은 자문회의의 자문과 국무회의의 심의를 거쳐 대통령의 승인을 얻은 다음 연도의 기금운용계획안 작성지침을 매년 3월 31일까지 기금관리주체에게 통보하여야 한다.

① [×] 기금은 세입세출예산외로 운영할 수 있는 자금을 의미한다.

국가재정법 제5조(기금의 설치) ① 기금은 국가가 특정한 목적을 위하여 특정한 자금을 신축적으로 운용할 필요가 있을 때에 한정하여 법률로써 설치하되, 정부의 출연금 또는 법률에 따른 민간부담금을 재원으로 하는 기금은 별표 2에 규정된 법률에 의하지 아니하고는 이를 설치할 수 없다.
② 제1항의 규정에 따른 기금은 세입세출예산에 의하지 아니하고 운용할 수 있다.

② [×] 2003년부터 금융성 기금을 포함한 모든 기금은 예산과 마찬가지로 국회의 심의·의결을 거쳐야 한다.

④ [×] 기금은 법률로써 설치하며, 정부가 직접 기금을 조성하거나 민간이 조성·운영하는 기금에 출연하는 방식이나 정부출연금, 민간부담금, 차입금, 운용수입 등이 주된 재원이 된다.

11

기금에 대한 설명으로 옳지 않은 것은? 2025. 국가 9급

① 국회는 정부가 제출한 기금운용계획안의 주요항목 지출금액을 증액하는 경우에도 미리 정부의 동의를 얻어야 한다.
② 기금의 종류 중 사업성 기금에는 공무원연금기금, 기술보증기금, 무역보험기금 등이 있다.
③ 기획재정부장관은 회계연도마다 전체 기금 중 3분의 1 이상의 기금에 대해 대통령령으로 정하는 바에 따라 그 운용실태를 조사 및 평가하여야 한다.
④ 기금관리주체는 안정성, 유동성, 수익성, 공공성을 고려하여 투명하고 효율적으로 운용하여야 한다.

정답 ② [×]

해설 기술보증기금, 무역보험기금은 금융성 기금에 해당하고, 공무원연금 기금은 사회보장성 기금에 해당한다.

기금의 유형

유형	개념 및 구체적 유형
사회보험성 기금	사회보험제도를 관리·운용하는 기금 예 국민연금기금, 공무원연금기금, 군인연금기금, 고용보험기금 등
계정성 기금	특정 자금을 관리·운용하는 기금 예 공공자금관리기금, 외국환평형기금, 공적자금상환기금, 양곡증권정리기금, 복권기금 등
사업성 기금	특정한 목적의 사업을 수행하는 데 필요한 자금을 관리·운용하는 기금 예 과학기술진흥기금, 국제교류 기금, 한강수계관리기금, 국민체육진흥기금 등
금융성 기금	금융적 성격을 갖는 기금 예 신용보증기금, 기술보증기금, 무역보험 기금, 주택금융신용보증기금 등

① [○]

국가재정법 제69조(증액동의) 국회는 정부가 제출한 기금운용계획안의 주요항목 지출금액을 증액하거나 새로운 과목을 설치하고자 하는 때에는 미리 정부의 동의를 얻어야 한다.

③ [○]

국가재정법 제82조(기금운용의 평가) ① 기획재정부장관은 회계연도마다 전체 기금 중 3분의 1 이상의 기금에 대하여 대통령령으로 정하는 바에 따라 그 운용실태를 조사·평가하여야 하며, 3년마다 전체 재정체계를 고려하여 기금의 존치 여부를 평가하여야 한다.
② 기획재정부장관은 제1항의 규정에 따른 기금운용실태의 조사·평가와 기금제도에 관한 전문적·기술적인 연구 또는 자문을 위하여 기금운용평가단을 운영할 수 있다.
③ 기획재정부장관은 제1항 또는 제2항에 따른 평가결과를 국무회의에 보고한 후 제61조에 따라 국회에 제출하는 국가결산보고서와 함께 국회에 제출하여야 한다.

④ [○] 국가재정법 제63조 (기금자산운용의 원칙)

국가재정법 제63조(기금자산운용의 원칙) ① 기금관리주체는 안정성·유동성·수익성 및 공공성을 고려하여 기금자산을 투명하고 효율적으로 운용하여야 한다.

12
우리나라 기금 운영에 대한 설명으로 옳지 않은 것은?

2015. 국가 7급

① 기금이란 국가가 특정한 목적을 위하여 특정한 자금을 신축적으로 운용할 필요가 있을 때에 한하여 법률로써 설치한다.
② 기금운용계획안은 국회의 심의와 의결을 거쳐 확정된다.
③ 군인연금, 공무원연금, 국민연금은 기금으로 운영된다.
④ 주한 미군기지 이전, 행정중심 복합도시 건설 등 기존의 일반회계에서 처리하기 곤란한 대규모 국책사업을 실행하기 위해 운영된다.

정답 ④ [×]
해설 주한 미군기지 이전, 행정중심 복합도시 건설 등 기존의 일반회계에서 처리하기 곤란한 대규모 국책사업을 실행하기 위해 운영되는 것은 특별회계에 해당된다.

13
우리나라 기금 제도에 대한 설명으로 옳지 않은 것은?

2011. 국회 9급

① 기금은 국가가 특정한 목적을 위하여 특정한 자금을 신축적으로 운용할 필요가 있을 때에 한하여 법률로써 설치한다.
② 정부는 기금이 여성과 남성에게 미칠 영향을 미리 분석한 보고서를 작성하여야 한다.
③ 정부는 주요 항목 단위로 마련된 기금운용계획안을 회계연도 개시 120일 전까지 국회에 제출하여야 한다.
④ 금융성 기금 외의 기금은 주요항목 지출금액의 변경범위가 10분의 2 이하인 경우 기금운용계획변경안을 국회에 제출하지 아니하고 대통령령으로 정하는 바에 따라 변경할 수 있다.
⑤ 기획재정부장관은 매년 전체 재정체계를 고려하여 기금의 존치여부를 평가하여야 한다.

정답 ⑤ [×]
해설 기획재정부장관은 회계연도마다 전체기금 중 1/3 이상의 기금에 대하여 그 운용실태를 조사·평가하여야 하며, 3년마다(매년 ×) 전체 재정체계를 고려하여 기금의 존치 여부를 평가하여야 한다.

> 국가재정법 제82조(기금운용의 평가) ① 기획재정부장관은 회계연도마다 전체 기금 중 3분의 1 이상의 기금에 대하여 대통령령이 정하는 바에 따라 그 운용실태를 조사·평가하여야 하며, 3년마다 전체 재정체계를 고려하여 기금의 존치 여부를 평가하여야 한다.

② [○]

> 국가재정법 제73조의2 (성인지 기금결산서의 작성) ① 정부는 여성과 남성이 동등하게 기금의 수혜를 받고 기금이 성차별을 개선하는 방향으로 집행되었는지를 평가하는 보고서(이하 "성인지 기금결산서"라 한다)를 작성하여야 한다.
> ② 성인지 기금결산서에는 집행실적, 성평등 효과분석 및 평가 등을 포함하여야 한다.

④ [○]

> 국가재정법 제70조(기금운용계획의 변경) ① 기금관리주체는 지출계획의 주요항목 지출금액의 범위 안에서 대통령령이 정하는 바에 따라 세부항목 지출금액을 변경할 수 있다.
> ③ 제2항에도 불구하고 주요항목 지출금액이 다음 각 호의 어느 하나에 해당하는 경우에는 기금운용계획변경안을 국회에 제출하지 아니하고 대통령령으로 정하는 바에 따라 변경할 수 있다.
> 1. 별표 3에 규정된 금융성 기금 외의 기금은 주요항목 지출금액의 변경범위가 10분의 2 이하
> 2. 별표 3에 규정된 금융성 기금은 주요항목 지출금액의 변경범위가 10분의 3 이하. 다만, 기금의 관리 및 운용에 소요되는 경상비에 해당하는 주요항목 지출금액에 대하여는 10분의 2 이하로 한다.

제2절 통합재정

01
통합재정 또는 통합예산에 대한 설명으로 가장 옳지 않은 것은? 2015. 서울시 7급

① 국가예산의 세입·세출을 총계 개념으로 파악하여 재정 건전성을 판단한다.
② 중앙재정을 일반회계와 특별회계 외에 기금 및 세입세출의 자금을 포함해 파악한다.
③ 통합재정은 중앙재정, 지방재정, 지방교육재정(교육비특별회계)을 포함한다.
④ 재정이 국민 경제에 미치는 효과를 효과적으로 파악하게 한다.

정답 ① [×]
해설 통합재정 또는 통합예산에서는 재정건전성 파악을 위해 회계 간 전·출입 거래 등 이중거래나 내부거래를 제거한 순계 규모로 작성한다.

02
우리나라의 통합재정에 대한 설명으로 옳지 않은 것은? 2023. 국가 9급

① 세입과 세출은 경상거래와 자본거래로 구분하여 작성한다.
② 통합재정의 범위에는 일반정부와 공기업 등 공공부문 전체가 포함된다.
③ 정부의 재정이 국민 경제에 미치는 효과를 파악하고자 하는 예산의 분류체계이다.
④ 통합재정 산출 시 내부거래와 보전거래를 제외함으로써 세입·세출을 순계 개념으로 파악한다.

정답 ② [×]
해설 공공부문 전체가 포함되는 것은 아니다. 비영리 공공기관만이 포함된다. 현재 기획재정부가 통합재정을 작성하는 기준은 국제통화기금(IMF)의 2001년 재정통계편람(Government Finance Statistics Manual : GFSM)에 근거한 것이다. 이 기준에 따르면 1986년 재정통계편람 기준에서는 포함되지 않았던 중앙정부의 금융성 기금과 외국환평형기금, 그리고 중앙정부의 공공비영리기관과 지방자치단체의 공공비영리기관이 일반정부 통합재정에 포함된다.

03
통합재정에 대한 설명으로 옳은 것은? 2019. 지방 9급

① 일반회계, 특별회계, 기금을 포함한다.
② 통합재정의 기관 범위에 공공기관은 포함되지만, 지방자치단체는 포함되지 않는다.
③ 국민의 입장에서 느끼는 정부의 지출 규모이며 내부거래를 포함한다.
④ 2005년부터 정부의 재정규모 통계로 사용하고 있으며 세입과 세출을 총계 개념으로 파악한다.

정답 ① [○]
해설 ② [×] 통합재정의 기관 범위에는 중앙정부와 지방정부가 포함된다. 중앙정부의 일반회계, 특별회계, 기금, 세입세출 외 항목, 지방정부의 일반회계, 특별회계, 기금, 그리고 교육비특별회계를 포함한다.
③ [×] 통합재정은 재정건전성을 파악하기 위해 내부거래를 제거한 순계규모로 작성된다. 내부거래는 회계·기금 간, 회계 내 계정 간 거래를 말한다.
④ [×] 우리나라는 2005년부터 총지출 규모(일반회계 예산 + 특별회계 예산 + 기금 - 내부거래 - 보전지출)를 정부의 재정규모 통계로 사용하고 있으며, 세입과 세출을 순계 개념으로 파악한다.

04
우리나라 통합재정과 관련된 설명으로 옳지 않은 것은?

2016. 지방교행 9급

① 국제통화기금(IMF)의 재정통계 작성기준을 기초로 작성 및 발표한다.
② 금융 공공부문 및 비금융 공공부문의 일반회계와 특별회계 외에 기금과 세입세출외 자금을 포함한다.
③ 회계 간 내부거래와 보전거래를 세입과 세출에서 각각 제외한다는 점에서 기업의 연결재무제표와 유사하다.
④ 정부 전체의 재정규모를 파악하고 재정이 국민경제에 미치는 영향을 효과적으로 파악하고자 하는 제도이다.

정답 ② [×]
해설 금융 공공부문은 통합재정의 범위에 포함되지 않는다.

05
다음 중 우리나라 통합재정 범위에 포함되지 않는 것은?

2015. 국회 9급

① 중앙정부(일반정부)
② 지방정부(일반정부)
③ 중앙정부 기업 특별회계
④ 지방정부 공기업 특별회계
⑤ 중앙은행 등 공공금융기관

정답 ⑤ [×]
해설 통합재정의 포괄범위는 비금융 공공부문으로 공공 금융기관, 금융성 기금은 통합재정에 포함되지 않는다.

제3절 예산분류와 예산과목 체계

01
정부활동의 일반적이며 총체적인 내용을 보여 주어 일반 납세자가 정부의 예산내용을 쉽게 이해할 수 있도록 설계된 예산의 분류 방법은?
2017. 사복직 9급

① 품목별 분류 ② 기능별 분류
③ 경제성질별 분류 ④ 조직별 분류

정답 ②
해설 기능별 분류에 대한 설명이다. 기능별 분류는 정부가 수행하는 기능별로 예산내용을 분류하는 것으로 일반국민들이 정부예산을 통해 정부활동 및 정책의 우선순위를 파악할 수 있어 '시민을 위한 분류'라고도 한다.

02
정보를 제공해 주는 예산의 분류로 옳은 것은?
2017. 국회 8급

① 기능별 분류 ② 품목별 분류
③ 경제성질별 분류 ④ 활동별 분류
⑤ 사업계획별 분류

정답 ③ [O]
해설 ① [×] 기능별 분류는 일반국민들이 정부예산을 통해 정부활동 및 정책의 우선순위를 파악할 수 있는 유용한 예산정보로 시민을 위한 분류라고 한다.
② [×] 품목별 분류는 인건비가 별도의 항목으로 구성되기 때문에 이를 통해 정원 및 현원에 대한 자료 확보가 가능하여 인사행정에 유용한 정보를 제공한다.
④ [×] 활동별 분류는 사업계획별 분류를 다시 세분화하여 예산편성이나 회계책임을 더욱 용이하고 명확하게 해준다.
⑤ [×] 사업계획별 분류는 각 부처의 예산요구서 작성에 기틀을 제공할 뿐만 아니라 이를 성취하는 데 필요한 재정소요와 사업진도를 분석하는 데 도움을 준다.

03
예산의 분류 방법과 분류 기준을 바르게 연결한 것은?
2022. 지방 7급

	분류 방법	분류 기준
①	기능별 분류	정부가 무슨 일을 하는 데 얼마를 쓰느냐
②	조직별 분류	정부가 무엇을 구입하는 데 얼마를 쓰느냐
③	경제 성질별 분류	누가 얼마를 쓰느냐
④	시민을 위한 분류	국민경제에 미치는 총체적인 효과가 어떠한가

정답 ① [O]
해설 ② [×] 조직별 분류는 정부조직에 따라 예산을 구분하는 방식(누가 얼마나 쓰느냐)이다. 품목별 분류는 정부가 무엇을 구입하는지와 관련된 분류이다.
③ [×] 경제 성질별 분류는 국민경제에 미치는 효과에 따라 분류하는 방식이다.
④ [×] 시민을 위한 분류는 기능별 분류의 특징에 해당한다. 정부가 수행하는 기능별로 예산을 분류하게 되면 일반 시민들이 정부의 활동에 관한 정보를 손쉽게 얻을 수 있기 때문이다.

04
예산분류 방식의 특징에 대한 다음 설명 중 옳은 것은?
2015. 국회 8급

① 기능별 분류는 시민을 위한 분류라고도 하며 행정수반의 사업계획 수립에 도움이 되지 않는다.
② 조직별 분류는 부처 예산의 전모를 파악할 수 있어 지출의 목적이나 예산의 성과 파악이 용이하다.
③ 품목별 분류는 사업의 지출성과와 결과에 대한 측정이 곤란하다.
④ 경제성질별 분류는 국민소득, 자본형성 등에 관한 정부 활동의 효과를 파악하는 데 한계가 있다.
⑤ 품목별 분류는 예산집행기관의 재량을 확대하는 데 유용하다.

정답 ③ [○]
해설 ① [×] 기능별 분류는 시민을 위한 분류(citizen's classification)라고도 하며, 행정수반의 사업계획 수립과 예산심의에 도움을 준다.
② [×] 조직별 분류는 소관별 예산집행 및 회계책임을 명확히 함으로써 예산통제에 적합하나, 사업 중심의 분류가 아니기 때문에 지출의 목적이나 예산의 성과 파악이 어렵다.
④ [×] 경제성질별 분류는 국민소득, 자본형성 등에 관한 정부 활동의 효과를 파악하는 데 도움을 준다.
⑤ [×] 품목별 분류는 지출을 통제하고 정부 공무원(예산집행기관)들의 재량의 여지를 줄이는 데 적합한 반면, 예산집행기관의 신축성을 저해한다.

05
우리나라 정부예산의 과목구조에 대한 설명으로 옳은 것은?
2013. 서울 7급

① 우리나라 예산은 소관별로 구분된 후 목별로 분류되고 마지막으로 기능을 중심으로 분류된다.
② 성질별로 분류할 때 물건비는 목(성질)에 해당하고, 운영비는 세목에 해당한다.
③ 기능을 중심으로 장은 부문, 관은 분야, 항은 프로그램, 세항은 단위사업을 의미한다.
④ 장 사이의 상호 융통(전용)은 국회의 통제를 받는다.
⑤ 세항의 경우 입법과목이고, 목은 행정과목이다.

정답 ② [○]
해설 ① [×] 우리나라 예산은 소관별로 구분된 후 기능별로 분류되고 마지막으로 품목을 중심으로 분류된다.
③ [×] 기능을 중심으로 장은 분야, 관은 부문, 항은 프로그램(정책사업), 세항은 단위사업을 의미한다.
④ [×] 장 사이의 상호 융통(이용)은 국회의 통제를 받는다.
⑤ [×] 세항과 목은 모두 행정과목이다.

우리나라 예산과목의 분류체계
(1) 세입의 분류: 관(款), 항(項), 목(目)으로 구분
　　　　　　　　입법과목　　　행정과목
(2) 세출의 분류: 장(章) - 관(款) - 항(項) - 세항(細項) - 목(目)
　　　　　　　　입법과목　　　　　　　　　　　행정과목
　　　　　　　　으로 구분

제4절 예산의 종류

01
예산을 성립시기에 따라 분류한 것으로 옳은 것은?
2012. 지방 9급

① 일반회계, 특별회계
② 본예산, 수정예산, 추가경정예산
③ 정부출자기관예산, 정부투자기관예산
④ 잠정예산, 가예산, 준예산

정답 ② [O]
해설 본예산은 정기국회에서 다음 회계연도 예산에 대해 심의·의결을 거쳐 확정된 예산이며, 수정예산은 정부가 예산안을 국회에 제출한 후 예산이 아직 최종의결 되기 전에 예산안의 내용 중 일부를 변경할 필요성이 있을 때 편성하는 예산(예산의 성립 전 변경)이다. 추가경정예산은 예산 확정 이후에 생긴 사유로 인하여 본예산에 추가나 변경을 가한 예산을 의미(예산 성립 후 변경)한다.

02
추가경정예산을 통한 재정의 방만한 운영 가능성을 줄이기 위해 국가재정법 제89조에서는 추가경정예산안을 편성할 수 있는 경우를 제한하고 있다. 다음 중 위 법 조항에 명시된 추가경정예산안을 편성할 수 있는 경우가 아닌 것은?
2015. 서울시 9급

① 부동산 경기 등 경기부양을 위하여 기획재정부장관이 필요하다고 판단하는 경우
② 전쟁이나 대규모 자연재해가 발생한 경우
③ 경기침체, 대량실업, 남북관계의 변화, 경제협력 같은 대내·외 여건에 중대한 변화가 발생하였거나 발생할 우려가 있는 경우
④ 법령에 따라 국가가 지급하여야 하는 지출이 발생하거나 증가하는 경우

정답 ① [X]
해설 추가경정예산 편성사유에 포함되지 아니한다.

03
「국가재정법」상 추가경정예산안 편성이 가능한 사유에 해당하지 않는 것은?
2021. 국가 9급

① 전쟁이나 대규모 재해가 발생한 경우
② 남북관계의 변화와 같은 중대한 변화가 발생한 경우
③ 경기침체, 대량실업 같은 중대한 변화가 발생할 우려가 있는 경우
④ 경제협력, 해외원조를 위한 지출을 예비비로 충당해야 할 우려가 있는 경우

정답 ④ [X]
해설

국가재정법 제89조(추가경정예산안의 편성) ① 정부는 다음 각 호의 어느 하나에 해당하게 되어 이미 확정된 예산에 변경을 가할 필요가 있는 경우에는 추가경정예산안을 편성할 수 있다.
1. 전쟁이나 대규모 재해(「재난 및 안전관리 기본법」 제3조에서 정의한 자연재난과 사회재난의 발생에 따른 피해를 말한다)가 발생한 경우
2. 경기침체, 대량실업, 남북관계의 변화, 경제협력과 같은 대내·외 여건에 중대한 변화가 발생하였거나 발생할 우려가 있는 경우
3. 법령에 따라 국가가 지급하여야 하는 지출이 발생하거나 증가하는 경우

04
동일 회계연도 예산의 성립을 기준으로 볼 때 시기적으로 빠른 것부터 순서대로 바르게 나열한 것은?
2022. 국가 9급

① 본예산, 수정예산, 준예산
② 준예산, 추가경정예산, 본예산
③ 수정예산, 본예산, 추가경정예산
④ 잠정예산, 본예산, 준예산

정답 ③ [O]
해설 수정예산은 예산의 성립 전 변경, 본예산은 최초로 성립된 예산, 추가경정예산은 예산 성립 후의 변경을 말한다.

05
추가경정예산에 대한 설명으로 옳지 않은 것은?
2013. 지방 9급

① 예산이 성립된 후에 생긴 사유로 이미 성립된 예산에 변경을 가할 필요가 있을 때 정부가 편성하는 예산이다.
② 예산 팽창의 원인이 될 수 있으므로,「국가재정법」에서 그 편성사유를 제한하고 있다.
③ 과거에 추가경정예산이 편성되지 않은 연도도 있었다.
④ 본예산과 별개로 성립되므로 당해 회계연도의 결산에는 포함되지 않는다.

> **정답** ④ [×]
> **해설** 추가경정예산은 본예산과 별개로 성립되지만 일단 성립되면 본예산과 하나로 통합되어 운영되며, 당해 회계연도의 결산에도 포함된다.
>
> 국가재정법 제89조(추가경정예산안의 편성) ① 정부는 다음 각 호의 어느 하나에 해당하게 되어 이미 확정된 예산에 변경을 가할 필요가 있는 경우에는 추가경정예산안을 편성할 수 있다.
> 1. 전쟁이나 대규모 재해(「재난 및 안전관리 기본법」 제3조에서 정의한 자연재난과 사회재난의 발생에 따른 피해를 말한다)가 발생한 경우
> 2. 경기침체, 대량실업, 남북관계의 변화, 경제협력과 같은 대내·외 여건에 중대한 변화가 발생하였거나 발생할 우려가 있는 경우
> 3. 법령에 따라 국가가 지급하여야 하는 지출이 발생하거나 증가하는 경우
> ② 정부는 국회에서 추가경정예산안이 확정되기 전에 이를 미리 배정하거나 집행할 수 없다.

06
다음 내용의 괄호 안에 해당하는 것은?
2016. 국가직 9급

> 최근 미국은 의회의 연방예산처리 지연으로 예산편성 및 집행에 큰 어려움을 겪으면서 행정업무가 마비되는 사태를 겪은 바 있다. 우리나라는 새로운 회계연도가 개시될 때 까지 예산안이 국회에서 의결되지 못한 경우에 대비하여 (　) 제도를 시행하고 있다.

① 준예산
② 가예산
③ 수정예산
④ 잠정예산

> **정답** ①
> **해설** ① 우리나라는 회계연도 개시 전에 예산안이 국회에서 의결되지 못한 경우 전년도 예산에 준해서 집행할 수 있는 준예산 제도를 시행하고 있다.
>
> 헌법 제54조
> ③ 새로운 회계연도가 개시될 때까지 예산안이 의결되지 못한 때에는 정부는 국회에서 예산안이 의결될 때까지 다음의 목적을 위한 경비는 전년도 예산에 준하여 집행할 수 있다.
> 1. 헌법이나 법률에 의하여 설치된 기관 또는 시설의 유지·운영
> 2. 법률상 지출의무의 이행
> 3. 이미 예산으로 승인된 사업의 계속

07
예산 불성립에 따른 예산 종류에 대한 설명으로 옳지 않은 것은?
2023. 지방 9급

① 준예산은 전년도 예산을 기준으로 예산을 편성해 운영하는 제도이다.
② 현재 우리나라는 준예산제도를 채택하고 있다.
③ 가예산은 1개월분의 예산을 국회의 의결을 거쳐 집행하는 것으로 우리나라가 운영한 경험이 있다.
④ 잠정예산은 수개월 단위로 임시예산을 편성해 운영하는 것으로 가예산과 달리 국회의 의결이 불필요하다.

> **정답** ④ [×]
> **해설** 잠정예산은 본예산이 성립되지 않을 때 잠정적으로 예산을 편성해 의회에 제출하고 의회의 사전 의결을 얻어 사용하는 제도이다(국회의 의결 불필요 ×).
> 잠정예산과 가예산 모두 국회의 사전의결을 요한다.

08
준예산제도에 대한 설명으로 옳지 않은 것은?

2017. 국회 9급

① 국회의 의결을 필요로 하지 않는다.
② 헌법상 준예산으로 지출 가능한 경비를 제한하고 있다.
③ 이미 예산으로 승인된 사업의 계속 목적으로 집행할 수 있다.
④ 헌법이나 법률에 의해 설치된 기관 또는 시설의 유지·운영 경비, 공무원의 보수와 사무처리에 관한 기본 경비를 포함하지 않는다.
⑤ 지출이 가능한 기간의 제한은 없으며, 당해연도 예산이 성립할 때까지 유효하다.

정답 ④ [×]
해설 헌법이나 법률에 의하여 설치된 기관 또는 시설의 유지·운영 경비, 공무원의 보수와 사무처리에 관한 기본 경비를 포함한다.

헌법 제54조
③ 새로운 회계연도가 개시될 때까지 예산안이 의결되지 못한 때에는 정부는 국회에서 예산안이 의결될 때까지 다음의 목적을 위한 경비는 전년도 예산에 준하여 집행할 수 있다.
  1. 헌법이나 법률에 의하여 설치된 기관 또는 시설의 유지·운영
  2. 법률상 지출의무의 이행
  3. 이미 예산으로 승인된 사업의 계속

예산 불성립시 예산제도 비교

구분	기간	국회의결	지출항목	채택국가
준예산	무제한	불필요	한정적	우리나라(현재), 독일
가예산	1개월	필요	전반적	제1공화국, 프랑스
잠정예산	수개월	필요	전반적	미국, 일본, 영국, 캐나다

09
다음 중 예산에 대한 설명으로 옳은 것은?

2016. 국회 9급

① 정부는 예산안을 회계연도 개시 120일 전까지 국회에 제출하고, 국회는 회계연도 개시 45일 전까지 이를 의결해야 한다.
② 수정예산은 예산안이 국회에서 확정된 후에 생긴 사유로 이미 성립된 예산에 변경을 가할 필요가 있을 때 편성하는 예산을 말한다.
③ 잠정예산은 예산 회계연도 개시일까지 국회를 통과하지 못한 경우 기간의 제한 없이 국고지출을 허가하는 제도로 우리나라에서는 사용된 적이 없다.
④ 준예산은 우리나라에서 예산안이 회계연도 개시일까지 국회를 통과하지 못할 경우 사용하는 제도로 국회의 의결이 있어야 집행될 수 있다.
⑤ 우리나라가 채택한 적이 있는 가예산의 경우, 예산안이 회계연도 개시일까지 국회를 통과하지 못할 때 정부는 1개월 이내의 시간 범위 내에서 가예산을 지출할 수 있으며 국회의 의결은 불필요하다.

정답 ③ [○]
해설 ① [×] 정부가 회계연도 개시 120일 전까지 예산안을 제출하면, 국회는 회계연도 개시 30일 전까지 예산안을 의결해야 한다.
② [×] 추가경정예산에 대한 설명이다. 수정예산은 정부가 예산안을 국회에 제출한 후 국회가 확정하기 전에 생긴 사유로 수정하여 제출하는 예산이다.
④ [×] 준예산에 대한 설명은 옳으나, 준예산은 국회의 의결을 요하지 않는다.
⑤ [×] 가예산은 제1공화국 때 채택된 적이 있으며, 예산안이 법정기한 내에 국회를 통과하지 못할 때 1개월 범위 내에서 지출할 수 있으나, 국회의 의결이 필요하다.

10
예산 유형에 대한 〈보기〉의 설명 중 옳은 것을 모두 고르면?

2019. 서울 9급

보기
ㄱ. 준예산은 회계연도 개시 전까지 예산이 의결되지 않을 경우 편성하는 예산이다.
ㄴ. 본예산은 매 회계연도 개시 전에 국회의 심의·의결을 거쳐 성립되는 예산이다.
ㄷ. 추가경정예산은 본예산과 별개로 성립하며 결산 심의 역시 별도로 이루어진다.
ㄹ. 우리나라는 1960년도 이후부터 잠정예산제도를 채택하고 있다.

① ㄱ, ㄴ
② ㄱ, ㄹ
③ ㄴ, ㄷ
④ ㄷ, ㄹ

정답 ① ㄱ, ㄴ [○]
해설 ㄷ. [×] 추가경정예산은 본예산과 별개로 성립하지만 일단 성립하면 본예산과 통합해서 전체로서 운용된다.
ㄹ. [×] 우리나라는 1948년 정부수립 후 가예산 제도를 이용했으나, 1960년부터 준예산 제도를 채택하고 있다.

11
예산에 대한 설명으로 옳지 <u>않은</u> 것은?

2011. 국가 9급

① 추가경정예산은 국회에서 확정되기 전에 정부가 미리 배정하거나 집행할 수 있는 예산을 의미한다.
② 본예산은 매 회계연도 개시 전에 국회의 심의·의결을 거쳐 성립되는 예산을 의미한다.
③ 수정예산은 예산안 편성이 끝나고 정부가 예산안을 국회에 제출한 이후 국회 의결 전에 기존 예산안 내용의 일부를 수정하여 다시 제출한 예산안을 의미한다.
④ 준예산은 새로운 회계연도 개시 전까지 국회에서 예산안이 의결되지 못할 때 정부가 일정한 범위 내에서 전 회계연도의 예산에 준해 집행하는 잠정적 예산을 의미한다.

정답 ① [×]
해설 추가경정예산은 예산 확정 이후에 생긴 사유로 인하여 본예산에 추가나 변경을 가한 예산을 의미(예산 성립 후 변경)한다.

12
우리나라 조세지출과 관련된 기술로 틀린 것은?

2015. 지방교행 9급

① 조세지출은 특정 부문에 대한 사실상의 보조금이다.
② 기획재정부는 주요 조세특례에 대한 평가를 할 수 있다.
③ 지방자치단체는 조세지출예산제도의 도입을 계획하고 있다.
④ 조세지출예산제도는 불공정한 조세지출의 방지를 목적으로 한다.

정답 ③ [×]
해설 지방자치단체도 지방세지출보고서라는 이름으로 2010년 조세지출예산제도를 도입하였다.

지방재정법 제44조의2 (예산안의 첨부서류) ① 예산안에는 다음 각 호의 서류가 첨부되어야 한다. 다만, 수정예산안 또는 추가경정예산안을 제출하는 경우에는 그 일부 또는 전부를 생략할 수 있다.
5. 「지방세특례제한법」 제5조에 따른 지방세지출보고서(추정액 기준)

② [○]

조세특례제한법 제142조(조세특례의 사전·사후관리)
④ 기획재정부장관은 주요 조세특례에 대한 평가를 실시할 수 있다. 다만, 해당 연도에 적용기한이 종료되는 사항(지원대상의 소멸로 조세특례의 폐지가 명백한 사항 등 대통령령으로 정하는 사항은 제외한다)으로서 연간 조세특례금액이 대통령령으로 정하는 일정금액 이상인 조세특례에 대해서는 예산의 범위 내에서 전문적인 조사·연구기관이 목표달성도, 경제적 효과, 소득재분배효과, 재정에 미치는 영향 등 대통령령으로 정하는 내용에 대해 평가한 결과를 회계연도 개시 120일 전까지 국회에 제출하여야 한다.

13
조세지출 예산제도에 대한 설명으로 옳지 <u>않은</u> 것은?

2020. 지방 9급

① 세제 지원을 통해 제공한 혜택을 예산지출로 인정하는 것이다.
② 예산지출이 직접적 예산 집행이라면 조세지출은 세제상의 혜택을 통한 간접지출의 성격을 띤다.
③ 직접 보조금과 대비해 눈에 보이지 않는 숨겨진 보조금이라고 이해할 수 있다.
④ 세금 자체를 부과하지 않는 비과세는 조세지출의 방법으로 볼 수 없다.

정답 ④ [×]
해설 비과세도 조세지출의 방법 중의 하나이다.

> 국가재정법 제34조(예산안의 첨부서류) 제33조의 규정에 따라 국회에 제출하는 예산안에는 다음 각 호의 서류를 첨부하여야 한다.
> 10. 「조세특례제한법」 제142조의2에 따른 조세지출예산서
>
> 조세특례제한법 제142조의2(조세지출예산서의 작성) ① 기획재정부장관은 조세감면·비과세·소득공제·세액공제·우대세율적용 또는 과세이연 등 조세특례에 따른 재정지원(이하 "조세지출"이라 한다)의 직전 연도 실적과 해당 연도 및 다음 연도의 추정금액을 기능별·세목별로 분석한 보고서(이하 "조세지출예산서"라 한다)를 작성하여야 한다.

14
조세지출예산제도(tax expenditure budget)의 특징으로 옳지 않은 것은? 2011. 국가 7급

① 조세지출은 법률에 따라 집행되기 때문에 경직성이 강하다.
② 조세지출의 주된 분류방법은 세목별 분류로서 의회의 예산심의를 완화하기 위한 제도이다.
③ 조세지출은 세출예산상의 보조금과 같은 경제적 효과를 초래한다.
④ 과세의 수직적·수평적 형평을 파악할 수 있기 때문에 세수 인상을 위한 정책판단의 자료가 된다.

정답 ② [×]
해설 조세지출예산은 조세지출의 내용과 규모를 예산서 작성을 통해 체계적으로 분류하고, 공개하여 국민의 대표기관인 입법부의 통제를 받도록 하는 제도이다.

15
성인지예산(gender budgeting)에 대한 설명으로 옳지 않은 것은? 2012. 지방 9급

① 예산 과정에 성 주류화(gender main streaming)의 적용을 의미한다.
② 성 중립적(gender neutral) 관점에서 출발한다.
③ 우리나라는 「국가재정법」에서 성인지 예산서와 결산서 작성을 의무화하였다.
④ 성인지적 관점의 예산 운영은 새로운 재정 운영의 규범이 되고 있다.

정답 ② [×]
해설 성인지 예산제도는 성 중립적 관점이 아닌 성 인지적 관점에서 출발한다. 정책이나 프로그램이 성차별적인 사회 환경을 고려하지 않고 여성이나 남성에 대해 같은 절차나 기회, 조건 등을 제시하여 접근하는 방식을 성 중립적이라고 한다. 성중립성(gender neutrality)은 생물학적 성과 사회문화적 성의 효과가 중립적이거나 관계가 없는 것으로 보는 태도로서, 모든 정책과 프로그램이 남녀에게 동등한 영향을 줄 것이라고 생각하게 한다. 성인지 예산제도는 성중립적 관념에서 벗어나 성인지적 관점 또는 성주류화 입장에서 제시된 제도이다. 성인지적 관점은 각종 제도나 정책에 포함된 특정 개념이 특정 성에게 유리하거나 불리하지 않은지, 성역할 고정관념이 개입되어 있는지 아닌지 등의 문제점을 검토하는 관점으로 각종 제도와 정책이 여성과 남성에게 미치는 영향을 고려하고, 남녀 성차별의 개선이라는 문제의식에 기반하여 등장한 개념이다. 성주류화의 과정(gender main-streaming)은 여성이 사회의 모든 분야에 동등하게 참여하고 의사결정권을 갖는 것을 의미하는 것이다. 정치·경제·사회적 정책을 통합적 차원에서 기획·실행·감시 및 평가함으로써 여성과 남성이 동등한 혜택을 누리고 불평등이 발생하지 않도록 하는 전략으로, 그 궁극적 목적은 양성평등(gender equality)을 이루는 데 있다.

16
우리나라의 성인지 예산제도에 대한 설명으로 옳지 않은 것은? 2018. 국가 9급

① 정부는 예산이 여성과 남성에게 미치는 효과를 평가하고, 그 결과를 정부의 예산편성에 반영하기 위하여 노력하여야 한다.
② 성인지 예산서는 기획재정부 장관이 각 중앙관서의 장과 협의하여 제시한 작성기준 및 방식 등에 따라 여성가족부 장관이 작성한다.
③ 성인지 예산서에는 성인지 예산의 개요, 규모, 성평등 기대효과, 성과목표 및 성별 수혜 분석 등의 내용이 포함되어야 한다.
④ 성인지 결산서에는 집행실적, 성평등 효과분석 및 평가 등이 포함되어야 한다.

정답 ② [×]
해설 성인지예산서 작성 기준은 기획재정부장관과 여성가족부장관이 협의하여 제시하며, 이에 따라 각 중앙관서의 장이 작성한다.

> 국가재정법 시행령 제9조(성인지 예산서의 내용 및 작성기준 등)
> ② 성인지 예산서는 기획재정부장관이 여성가족부장관과 협의하여 제시한 작성기준(성인지 예산서 작성 대상사업 선정 기준을 포함한다) 및 방식 등에 따라 각 중앙관서의 장이 작성한다.

17
우리나라 성인지(性認知) 예산제도에 관한 설명이다. 〈보기〉에서 옳은 것을 모두 고른 것은? 2016. 지방교행 9급

〈보기〉
ㄱ. 중앙부처 및 지방자치단체는 공히 성인지 결산서를 작성하여야 한다.
ㄴ. 성인지 예산서에는 성평등 기대효과, 성과목표, 성별 수혜분석 등을 포함하여야 한다.
ㄷ. 정부는 예산과 기금이 여성과 남성에게 미칠 영향을 미리 분석한 보고서를 작성하여야 한다.
ㄹ. 국회는 성인지 예산서와 결산서를 예산안이나 결산서와는 독립적인 안건으로 상정하여 심사를 진행하여야 한다.

① ㄱ, ㄹ
② ㄱ, ㄴ, ㄷ
③ ㄴ, ㄷ, ㄹ
④ ㄱ, ㄴ, ㄷ, ㄹ

> **정답** ② ㄱ, ㄴ, ㄷ [O]
> **해설** ㄹ. [×] 성인지 예산서·결산서는 예산 편성안과 결산안에 포함시켜 국회에 제출한다.
>
>> 국가재정법 제34조(예산안의 첨부서류) 제33조의 규정에 따라 국회에 제출하는 예산안에는 다음 각 호의 서류를 첨부하여야 한다.
>> 9. 성인지 예산서
>
> ㄱ, ㄴ, ㄷ [O]
>
>> 국가재정법 제26조(성인지 예산서의 작성) ① 정부는 예산이 여성과 남성에게 미칠 영향을 미리 분석한 보고서[이하 "성인지(性認知) 예산서"라 한다]를 작성하여야 한다.
>> ② 성인지 예산서에는 성평등 기대효과, 성과목표, 성별 수혜분석 등을 포함하여야 한다.
>> 국가재정법 제57조(성인지 결산서의 작성) ① 정부는 여성과 남성이 동등하게 예산의 수혜를 받고 예산이 성차별을 개선하는 방향으로 집행되었는지를 평가하는 보고서(이하 "성인지 결산서"라 한다)를 작성하여야 한다.
>> ② 성인지 결산서에는 집행실적, 성평등 효과분석 및 평가 등을 포함하여야 한다.
>> 지방재정법 제36조의2 (성인지 예산서의 작성·제출) ① 지방자치단체의 장은 예산이 여성과 남성에게 미칠 영향을 미리 분석한 보고서[이하 "성인지 예산서"(性認知 豫算書)라 한다]를 작성하여야 한다.
>> ②「지방자치법」 제127조에 따른 예산안에는 성인지 예산서가 첨부되어야 한다.
>> 국가재정법 제68조의2 (성인지 기금운용계획서의 작성) ① 정부는 기금이 여성과 남성에게 미칠 영향을 미리 분석한 보고서(이하 "성인지 기금운용계획서"라 한다)를 작성하여야 한다.
>> ② 성인지 기금운용계획서에는 성평등 기대효과, 성과목표, 성별 수혜분석 등을 포함하여야 한다.

18
「국가재정법」상 온실가스감축인지 예산제도에 대한 설명으로 옳지 않은 것은? 2024. 국가 9급

① 온실가스감축인지 예산제도는 정부예산의 원칙 중 하나이다.
② 온실가스감축인지 예산서에는 온실가스 감축에 대한 기대효과, 성과목표, 효과분석 등을 포함해야 한다.
③ 정부의 기금은 온실가스감축인지 예산제도의 대상에 포함되지 않는다.
④ 정부는 예산이 온실가스를 감축하는 방향으로 집행되었는지를 평가하는 보고서를 작성하여야 한다.

> **정답** ③ [×]
> **해설** 기금도 온실가스감축인지 예산제도 대상에 포함된다(「국가재정법」 제68조의3).
>
>> 제68조의3 (온실가스감축인지 기금운용계획서의 작성) ① 정부는 기금이 온실가스 감축에 미칠 영향을 미리 분석한 보고서(이하 "온실가스감축인지 기금운용계획서"라 한다)를 작성하여야 한다.
>
> ① [O] 「국가재정법」 제16조
>
>> 「국가재정법」 제16조(예산의 원칙) 정부는 예산을 편성하거나 집행할 때 다음 각 호의 원칙을 준수하여야 한다.
>> 6. 정부는 예산이 「저탄소 녹색성장 기본법」 제2조 제9호에 따른 온실가스(이하 "온실가스"라 한다) 감축에 미치는 효과를 평가하고, 그 결과를 정부의 예산편성에 반영하기 위하여 노력하여야 한다.
>
> ② [O] 「국가재정법」 제27조
>
>> 제27조(온실가스감축인지 예산서의 작성) ① 정부는 예산이 온실가스 감축에 미칠 영향을 미리 분석한 보고서(이하 "온실가스감축인지 예산서"라 한다)를 작성하여야 한다.
>> ② 온실가스감축인지 예산서에는 온실가스 감축에 대한 기대효과, 성과목표, 효과분석 등을 포함하여야 한다.
>
> ④ [O] 「국가재정법」 제57조의2
>
>> 제57조의2 (온실가스감축인지 결산서의 작성) ① 정부는 예산이 온실가스를 감축하는 방향으로 집행되었는지를 평가하는 보고서(이하 "온실가스감축인지 결산서"라 한다)를 작성하여야 한다.

19
개개의 항목에 대한 통제가 아니라 예산 총액만 통제하고, 구체적인 항목별 지출에 관해서는 집행부에 대한 재량권을 확대하는 성과 지향적 예산제도는?   2010. 서울 7급

① 조세지출예산제도
② 통합재정제도
③ 성인지예산제도
④ 지출통제예산제도
⑤ 기금관리제도

정답 ④
해설 지출통제예산에 대한 설명이다.

20
자본예산제도에 대한 설명으로 옳은 것은?   2010. 국회 8급

① 1937년 미국 주정부에서 실시한 것이 그 효시이다.
② 예산이란 경기 순환기를 중심으로 균형이 이루어지면 된다는 논리이다.
③ 경기침체 시 흑자예산을, 경기과열 시 적자예산을 편성하여 경기변동의 조절에 도움을 준다.
④ 투자재원의 조달에 대한 현 세대와 다음 세대 간의 부담을 불공평하게 할 수 있다는 문제가 있다.
⑤ 자본적 지출은 단기적 계획을 요한다.

정답 ② [○]
해설 ① [×] 1937년 스웨덴에서 실시한 것이 그 효시이다.
③ [×] 경기침체 시에는 공채 발행 등을 통해 적자예산을 편성하고, 경기과열 시에는 흑자예산을 편성하여 경기변동의 조절에 도움을 준다.
④ [×] 자본예산은 투자재원의 조달에 대한 현 세대와 미래세대 간의 비용부담을 공평하게 할 수 있다는 장점이 있다.
⑤ [×] 자본적 지출은 지출의 효과가 장기적이므로 장기적인 재정계획을 요한다.

21
자본예산제도의 장점과 가장 거리가 먼 것은?   2008. 서울 9급

① 국가의 자산상태를 명확하게 파악할 수 있게 한다.
② 자본적 지출에 대한 특별한 사정과 분석을 가능하게 한다.
③ 인플레이션기에 적정한 예산제도로 경제안정에 도움을 준다.
④ 수익자의 부담을 균등화시킬 수 있다.
⑤ 정부는 자본예산제도를 통해서 필요한 예산을 조달하여 유효수요를 증가시킴으로써 경기회복의 정책을 추진할 수 있다.

정답 ③ [×]
해설 자본예산은 인플레이션을 야기하여 경제 불안정을 초래할 수 있다.

22
자본예산제도(Capital Budget System)에 대한 설명으로 옳지 않은 것은?   2019. 국회 9급

① 세입과 세출을 경상적인 것과 자본적인 것으로 구분한다.
② 자본적 지출은 대부분 공채발행 등 차입으로 충당하는 단식예산 제도의 일종이다.
③ 경제 안정을 해치고 인플레이션을 조장할 가능성이 있다.
④ 미래세대와 부채상환의 책임을 분담하여 세대 간 형평성을 높인다.
⑤ 부채의 증가는 예산관리의 경직화를 초래할 수 있다.

정답 ② [×]
해설 자본예산제도는 세입·세출을 경상적인 것과 자본적인 것으로 분리하여 경상적 지출은 조세로 충당하고, 자본적 지출은 공채발행 등 차입으로 충당하는 복식예산 제도의 일종이다.

23
다음 중 국가의 재정지출을 조세수입에 의해 충당하는 경우의 장점과 단점에 대한 설명으로 옳지 않은 것은?
2016. 국회 8급

① 현 세대의 의사결정에 대한 재정부담이 미래세대로 전가되지 않는다.
② 납세자인 국민들은 정부 지출을 통제하기 어렵고 성과에 대한 직접적인 책임을 요구하기 어렵다.
③ 조세를 통해 투자된 자본시설은 대가를 지불하지 않는 자유재로 인식돼 과다 혹은 과다 지출되는 비효율성 문제가 발생한다.
④ 과세의 대상과 세율을 결정하는 법적 절차가 복잡하고 시간이 많이 소요되기 때문에 경직적이다.
⑤ 미래 세대까지 혜택이 발생하는 자본투자를 조세수입에 의해 충당할 경우 세대 간 비용편익의 형평성 문제가 발생한다.

정답 ② [×]
해설 조세수입에 의해 재정지출을 충당하는 경우 납세자인 국민이 정부 지출을 통제하고 성과에 대한 직접적인 책임을 강하게 요구할 수 있다.

24
조세의 성격에 대한 설명으로 가장 적절하지 않은 것은?
2021. 군무원 7급

① 국가가 재정권에 기초해 동원하는 공공재원으로 형벌권에 기초해서 처벌을 목적으로 부과하는 벌금이나 행정법상 부과하는 과태료와 다르다.
② 내구성이 큰 투자사업의 경비를 조달하기에 적합하며 사업이나 시설로 인해 편익을 얻게 될 후세대도 비용을 분담하기 때문에 세대 간 공평성을 높일 수 있다는 점에서 국공채와 다르다.
③ 일반국민을 대상으로 부과한다는 점에서 행정활동으로부터 이익을 받는 특정 시민을 대상으로 이익의 일부를 징수하는 수수료나 수익자부담금과 다르다.
④ 강제로 징수하기 때문에 합의원칙 내지 임의원칙으로 확보되는 공기업수입, 재산수입, 기부금과 다르다.

정답 ② [×]
해설 내구성이 큰 투자사업, 즉 사회간접자본(SOC) 관련 사업의 경비를 조달하기에 적합하고, 사업이나 시설로 인해 편익을 보게 될 경우 후세대도 비용을 부담하기 때문에 세대 간 형평성을 높일 수 있는 것은 국공채를 통한 경비 조달의 특징에 해당한다.

25
예산에 관한 설명으로 옳지 않은 것은?
2010. 지방 9급

① 지출통제예산은 예산의 구체적인 항목별 지출에 대해 통제하는 예산제도이다.
② 추가경정예산은 본예산과 별개로 성립되지만 일단 성립되면 통합하여 운용된다.
③ 통합예산에서는 융자지출도 재정수지상의 적자요인으로 파악 한다.
④ 우리나라는 「국가재정법」에서 성인지(性認知) 예산제도를 명문화하고 있다.

정답 ① [×]
해설 지출통제예산은 예산 총액만 통제하고 구체적인 항목별 지출에 대해서는 집행부의 재량을 확대하는 성과지향적 예산이다.

26
우리나라의 재정정책 관련 예산제도에 대한 설명으로 옳은 것은?
2014. 지방 9급

① 지출통제예산은 구체적 항목별 지출에 대한 집행부의 재량행위를 통제하기 위한 예산이다.
② 우리나라의 통합재정수지에 지방정부예산은 포함되지 않는다.
③ 우리나라의 통합재정수지에서는 융자지출을 재정수지의 흑자요인으로 간주한다.
④ 조세지출예산제도는 국회 차원에서 조세감면의 내역을 통제하고 정책효과를 판단하기 위한 제도이다.

정답 ④ [○]
해설 ① [×] 지출통제예산은 예산 총액만을 통제하고, 구체적 항목별 지출에 대해서는 집행부의 재량을 확대하는 예산이다.
② [×] 우리나라의 통합재정수지에는 지방정부예산이 포함된다.
③ [×] 우리나라의 통합재정수지에서는 융자지출을 재정수지의 적자요인으로 간주한다.

Chapter 03 예산과정의 주요 쟁점

제1절 예산과정의 개요

01

예산주기에 비추어 볼 때 2021년도에 볼 수 없는 예산과정은?　　2021. 국가 9급

① 국방부의 2022년도 예산에 대한 예산요구서 작성
② 기획재정부의 2021년도 예산에 대한 예산배정
③ 대통령의 2022년도 예산안에 대한 국회 시정연설
④ 감사원의 2021년도 예산에 대한 결산검사보고서 작성

정답 ④ [×]
해설 감사원의 2021년도 결산검사 보고서는 회계연도가 끝난 2022년에 이루어지므로 2021년도에는 볼 수 없다.
① [○] 2022년도 예산요구서는 전년도인 2021년도 5.31.까지 기획재정부 장관에게 작성·제출되어야 한다.
② [○] 2021년도 예산배정은 당해연도인 2021년도에 이루어진다.
③ [○] 2022년도 예산안에 대한 대통령의 국회 시정연설은 2021년도 정기국회에서 이루어진다.

	행정부	국회	행정부	행정부 → 국회
	예산편성	⇨ 예상심의	⇨ 예산집행	⇨ 결산
2021년 예산	2020년	2021년	2022년
2022년 예산	2021년	2022년	2023년
	t−1	t	t+1

02

우리나라 예산과정과 담당주체 간 연결이 바르게 짝지어진 것은?　　2014. 국회 9급

	편성	심의	집행	결산검사
①	행정부	국회	행정부	국회
②	행정부	행정부	행정부	국회
③	행정부	국회	행정부	행정부
④	국회	행정부	국회	행정부
⑤	국회	국회	행정부	국회

정답 ③ [○]
해설 행정부가 예산을 편성하고, 국회가 예산을 심의·의결하며, 국회 심의·의결로 확정된 예산을 행정부가 집행하며, 결산 검사는 행정부 소속의 감사원이 담당한다. 감사원의 회계 검사를 거친 후 국회의 결산의 심의·의결로 예산과정이 종료된다.

제2절 예산편성 과정

01
우리나라 정부의 예산편성 절차를 올바르게 나열한 것은?

2014. 사복직 9급

ㄱ. 예산편성지침 통보
ㄴ. 예산의 사정
ㄷ. 국무회의 심의와 대통령 승인
ㄹ. 중기사업계획서 제출
ㅁ. 예산요구서 작성 및 제출

① ㄱ-ㄹ-ㅁ-ㄴ-ㄷ
② ㄹ-ㄱ-ㅁ-ㄴ-ㄷ
③ ㄱ-ㅁ-ㄹ-ㄷ-ㄴ
④ ㄹ-ㄴ-ㄱ-ㅁ-ㄷ

정답 ②

해설 우리나라 예산편성 절차는 '중기사업계획서 제출 → 예산편성지침 통보 → 예산요구서 작성 및 제출 → 예산의 사정 → 국무회의 심의와 대통령의 승인' 순으로 이루어진다.

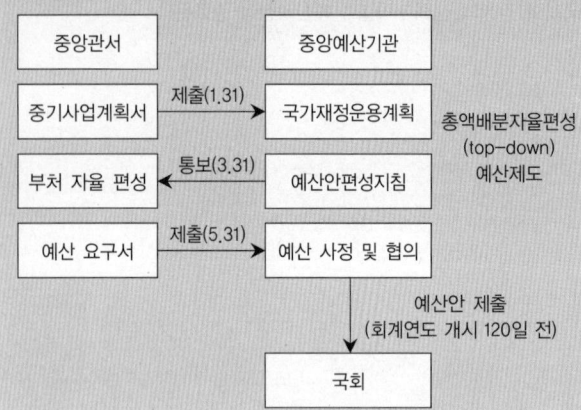

02
「국가재정법」상의 예산안 편성과정에 관한 설명으로 옳지 않은 것은?

2017. 지방교행 9급

① 기획재정부장관은 국가재정운용계획과 예산편성을 연계하기 위하여 예산안편성지침에 중앙관서별 지출한도를 포함하여 통보할 수 있다.
② 기획재정부장관은 제출된 예산요구서가 예산안 편성지침에 부합하지 아니하는 때에는 기한을 정하여 이를 수정 또는 보완하도록 요구할 수 있다.
③ 기획재정부장관은 대통령의 승인을 얻은 다음 각 중앙관서의 장에게 예산안편성지침을 통보하고 이 지침을 국회 상임위원회에 보고하여야 한다.
④ 각 중앙관서의 장이 기획재정부장관에게 제출하는 예산요구서에는 대통령령이 정하는 바에 따라 예산의 편성 및 예산관리기법의 적용에 필요한 서류를 첨부하여야 한다.

정답 ③ [×] 국가재정법 제30조

해설

국가재정법 제30조(예산안편성지침의 국회보고) 기획재정부장관은 제29조 제1항의 규정에 따라 각 중앙관서의 장에게 통보한 예산안편성지침을 국회 예산결산특별위원회에 보고하여야 한다.

① [○]

국가재정법 제29조(예산안편성지침의 통보) ① 기획재정부장관은 국무회의의 심의를 거쳐 대통령의 승인을 얻은 다음 연도의 예산안편성지침을 매년 3월 31일까지 각 중앙관서의 장에게 통보하여야 한다.
② 기획재정부장관은 제7조의 규정에 따른 국가재정운용계획과 예산편성을 연계하기 위하여 제1항의 규정에 따른 예산안편성지침에 중앙관서별 지출한도를 포함하여 통보할 수 있다.

②, ④ [○] 국가재정법 제31조

국가재정법 제31조(예산요구서의 제출) ① 각 중앙관서의 장은 제29조의 규정에 따른 예산안편성지침에 따라 그 소관에 속하는 다음 연도의 세입세출예산·계속비·명시이월비 및 국고채무부담행위 요구서(이하 "예산요구서"라 한다)를 작성하여 매년 5월 31일까지 기획재정부장관에게 제출하여야 한다.
② 예산요구서에는 대통령령이 정하는 바에 따라 예산의 편성 및 예산관리기법의 적용에 필요한 서류를 첨부하여야 한다.
③ 기획재정부장관은 제1항의 규정에 따라 제출된 예산요구서가 제29조의 규정에 따른 예산안편성지침에 부합하지 아니하는 때에는 기한을 정하여 이를 수정 또는 보완하도록 요구할 수 있다.

03
우리나라의 예산과정에 대한 설명으로 옳지 <u>않은</u> 것은?

2015. 국가 9급

① 각 중앙관서의 장은 매년 1월 31일까지 당해 회계연도부터 5회계연도 이상의 기간 동안의 신규사업 및 기획재정부장관이 정하는 주요 계속사업에 대한 중기사업계획서를 기획재정부장관에게 제출하여야 한다.
② 국가가 특정한 목적을 위하여 특정한 자금을 신축적으로 운용할 필요가 있을 때에 법률로써 설치하는 기금은, 세입세출예산에 의하지 아니하고 운용할 수 있다.
③ 예산안편성지침은 부처의 예산 편성을 위한 것이기 때문에 국무회의의 심의를 거쳐 대통령의 승인을 받아야 하지만 국회예산결산특별위원회에 보고할 필요는 없다.
④ 정부는 회계연도마다 예산안을 편성하여 회계연도 개시 90일 전까지 국회에 제출하도록 헌법에 규정되어 있다.

> **정답** ③ [×]
> **해설** 기획재정부장관은 각 중앙관서의 장에게 통보한 예산안편성지침을 국회 예산결산특별위원회에 보고하여야 한다(국가재정법 제30조).
> ④ [○] 헌법 제54조
>
> 헌법 제54조 ② 정부는 회계연도마다 예산안을 편성하여 회계연도 개시 90일전까지 국회에 제출하고, 국회는 회계연도 개시 30일 전까지 이를 의결하여야 한다.

04
국가재정운용계획에 대한 설명으로 가장 옳지 <u>않은</u> 것은?

2022. 군무원 9급

① 중기재정계획은 정부가 매년 당해 회계연도부터 5회계연도 이상의 기간에 대해 수립하는 재정운용계획이다.
② 예산안과 함께 국회에 제출하는 국가재정운용 계획은 5년 단위 계획이다.
③ 국가재정운용계획은 국회가 심의하여 확정한다.
④ 국가재정운용계획은 중·장기 국가비전과 정책 우선순위를 고려한 중기적 시계를 반영하며, 단연도 예산 편성의 기본틀이 된다.

> **정답** ③ [×]
> **해설** 국가재정운영계획은 정부가 수립 후 국회에 제출한다.
>
> 국가재정법 제7조(국가재정운용계획의 수립 등) 정부는 재정운용의 효율화와 건전화를 위하여 매년 해당 회계연도부터 5회계연도 이상의 기간에 대한 재정운용계획(이하 "국가재정운용계획"이라 한다)을 수립하여 회계연도 개시 120일 전까지 국회에 제출하여야 한다.

05
「국가재정법」상 국가재정운용계획의 수립에 대한 설명으로 옳지 <u>않은</u> 것은?

2025. 국가 7급

① 정부는 재정운용의 효율화와 건전화를 위해 매년 국가재정운용계획을 수립하여 국회에 제출해야 한다.
② 국가재정운용계획에는 재정운용의 기본방향과 목표, 중기 재정전망 및 근거, 분야별 재원배분계획 등이 포함되어야 한다.
③ 각 중앙관서의 장은 재정지출을 수반하는 중·장기계획을 수립하는 때에는 미리 기획재정부장관과 협의하여야 한다.
④ 지방자치단체의 장은 국가의 재정지원에 따라 수행되는 사업의 계획을 수립하는 때에는 미리 기획재정부장관과 협의하여야 한다.

> **정답** ④ [×]
> **해설** 지방자치단체의 장은 국가의 재정지원에 따라 수행되는 사업의 계획을 수립하는 때에는 미리 관계 중앙관서의 장과(기획재정부장관 ×) 협의하여야 한다.
>
> 국가재정법 제7조(국가재정운용계획의 수립 등) ① 정부는 재정운용의 효율화와 건전화를 위하여 매년 해당 회계연도부터 5회계연도 이상의 기간에 대한 재정운용계획(이하 "국가재정운용계획"이라 한다)을 수립하여 회계연도 개시 120일 전까지 국회에 제출하여야 한다.
> ② 국가재정운용계획에는 다음 각 호의 사항이 포함되어야 한다.
> 1. 재정운용의 기본방향과 목표
> 2. 중기 재정전망 및 근거
> 3. 분야별 재원배분계획 및 투자방향
> ⑥ 기획재정부장관은 국가재정운용계획을 수립하는 때에는 관계 중앙관서의 장과 협의하여야 한다.
> ⑩ 각 중앙관서의 장은 재정지출을 수반하는 중·장기계획을 수립하는 때에는 미리 기획재정부장관과 협의하여야 한다.
> ⑪ <u>지방자치단체의 장은 국가의 재정지원에 따라 수행되는 사업으로서 대통령령으로 정하는 규모 이상인 사업의 계획을 수립하는 때에는 미리 관계 중앙관서의 장과 협의하여야 한다.</u> 이 경우 중앙관서의 장은 기획재정부장관과 협의하여야 한다.

06
총액배분 · 자율편성제도에 대한 설명으로 옳지 않은 것은?
2018. 지방 9급

① 전략기획과 분권 확대를 예산편성 방식에 도입하기 위해 실시하고 있다.
② 각 중앙부처는 소관 정책과 우선순위에 입각해 연도별 재정규모, 분야별 · 부문별 지출한도를 제시한다.
③ 지출한도가 사전에 제시되기 때문에 부처의 재정사업에 대한 책임과 권한을 강화할 수 있다.
④ 부처의 재량을 확대하였지만 기획재정부는 사업별 예산통제 기능을 유지하고 있다.

> **정답** ② [×]
> **해설** 총액배분자율편성예산제도는 기획재정부(중앙예산기관)이 국가재정운용계획에 근거하여 분야별 · 부문별 · 부처별 지출한도를 제시하면, 각 부처는 지출한도 내에서 소관 정책과 우선순위에 입각하여 자율적으로 예산을 편성하는 하향적 예산편성제도이다.

07
예산총액배분자율편성제도에 대한 설명으로 가장 옳은 것은?
2013. 국회 9급

① 재정운용의 분권화를 목적으로 상향식 의사결정 구조를 강조한다.
② 예산과정상 과다예산 요구 - 대폭삭감의 악순환을 해결하는 데 도움이 된다.
③ 국회가 예산 지출한도를 정하면 정부는 지출한도 범위에서 예산을 편성한다.
④ 예산의 한도가 사전에 결정되므로 전통적 예산편성방식(Bottom-up)에 비해 각 부처의 전문성이 활용되기는 어렵다.
⑤ 중기적 재정운영보다는 단년도 재정운영과 잘 어울리는 경향이 있어 개별 사업위주의 분석에 적합한 예산제도다.

> **정답** ② [○]
> **해설** ① [×] 총액한도 내에서 각 부처의 예산 편성의 자율성을 부여하므로 재정운용의 분권화를 목적으로 하지만 중앙예산기관이 거시적 · 장기적인 국가재정운용계획에 근거하여 지출한도 등을 통제하므로 하향식(top-down) 의사결정구조를 강조한다.
> ③ [×] 국회가 아니라 중앙예산기관이 예산 지출한도를 정하면 각 부처가 지출한도 범위에서 자율적으로 예산을 편성한다.
> ④ [×] 예산의 한도가 사전에 결정되지만 각 부처가 지출한도 내에서 예산을 자율적으로 편성하기 때문에 전통적 예산편성방식(Bottom-up)에 비해 각 부처의 전문성을 활용하기 쉽다.
> ⑤ [×] 개별 사업위주의 단년도 재정운영보다는 중기적 재정운영에 적합한 예산제도이다.

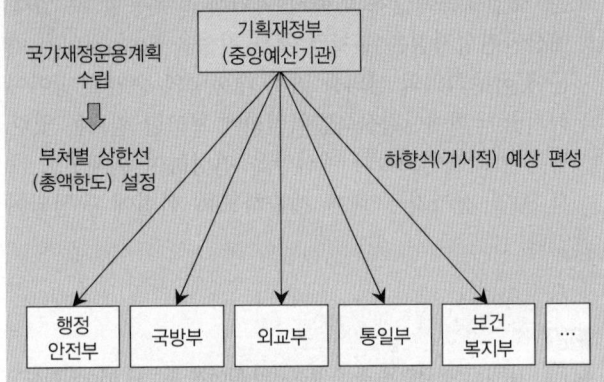

08
총액배분 자율편성 예산제도(Top-down Budgeting)의 특징이 아닌 것은?
2011. 서울 7급

① 정부 각 기관에 예산 자율권을 부여하는 예산관리모형이다.
② 점증주의적 예산관행을 바꾸는 데 기여할 수 있다.
③ 각 부처에서 예산을 과다 요구하는 관행에서 어느 정도 벗어날 수 있다.
④ 부처별 개별사업을 집중적으로 검토하는 예산편성이다.
⑤ 자금관리의 분권화를 강조하지만 의사결정의 주된 흐름은 하향적이다.

> **정답** ④ [×]
> **해설** 총액배분자율편성 예산제도는 국가 전체의 거시적 · 장기적인 국가재정운용계획을 수립한 후 이에 근거하여 분야별, 부처별 상한선을 설정하는 거시적 · 하향적 예산제도이다.

09
예산과정에 대한 설명으로 옳지 않은 것은? 2017. 지방 9급

① 단원제에서의 예산심의는 양원제의 경우보다 심의를 신속하게 할 수 있으나 신중한 심의가 어렵다.
② 과거 중앙예산기관과 결산관리기관을 분리하기도 했다.
③ 예산의 배정은 국가예산을 회계체계에 따라 질서 있게 집행하도록 하기 위한 내부통제의 기능을 수행한다.
④ 상향식 예산관리모형인 총액배분 자율편성 예산제도는 전략적 재원배분을 촉진한다.

정답 ④ [×]
해설 총액배분 자율편성 예산제도는 재정당국이 국가재정운용계획에 근거하여 분야별·부처별·부문별 지출한도를 제시하면, 각 부처는 소관 정책과 우선순위에 입각하여 자율적으로 지출한도 내에서 사업의 재원을 배분하는 하향적 예산편성제도이다.

10
「국가재정법」상 정부가 국회에 제출하는 예산안에 첨부하여야 하는 서류가 아닌 것은? 2014. 서울 9급

① 세입세출예산 총계표 및 순계표
② 세입세출예산사업별 설명서
③ 국고채무부담행위 설명서
④ 예산정원표와 예산안편성기준단가
⑤ 국가채무관리계획

정답 ⑤ [×] 국가채무관리계획은 포함되지 않는다.
해설
국가재정법 제34조(예산안의 첨부서류) 제33조의 규정에 따라 국회에 제출하는 예산안에는 다음 각 호의 서류를 첨부하여야 한다.
1. 세입세출예산 총계표 및 순계표
2. 세입세출예산사업별 설명서
3. 계속비에 관한 전년도말까지의 지출액 또는 지출추정액, 당해 연도 이후의 지출예정액과 사업전체의 계획 및 그 진행 상황에 관한 명세서
3의2. 제50조에 따른 총사업비 관리대상 사업의 사업별 개요, 전년도 대비 총사업비 증감 내역과 증감 사유, 해당 연도까지의 연부액 및 해당 연도 이후의 지출예정액
4. 국고채무부담행위 설명서
6. 예산정원표와 예산안편성기준단가
8. 제8조제2항의 규정에 따른 성과계획서
9. 성인지 예산서
10. 조세특례제한법 제142조의2에 따른 조세지출예산서

제3절 예산심의

01
우리나라의 예산심의에 대한 설명으로 옳지 않은 것은?

2011. 지방 9급

① 예산은 본회의 중심이 아니라 상임위와 예결위 중심으로 심의된다.
② 우리나라는 미국과 같이 예산의 형식으로 통과되어 법률보다 하위의 효력을 갖는다.
③ 국회는 정부의 동의 없이 새로운 비목을 설치하지 못한다.
④ 예결위의 심의과정은 예산조정의 정치적 성격이 강하게 반영되는 특징이 있다.

정답 ② [×]
해설 우리나라는 미국과 달리 예산주의로 법률과 다른 예산의 형식으로 성립하므로 법률보다 하위의 효력을 갖는다.(예산의 형식에는 법률주의와 예산주의가 있다. 미국의 경우 '법률주의'로 예산이 법률과 동일한 형식을 취하며, 매년 세입예산과 세출예산이 입법절차를 통해 형성된다.)

02
다음 중 우리나라의 예산심의에 대한 설명으로 가장 옳지 않은 것은?

2022. 군무원 9급

① 정부의 시정연설 후에 국회에서 예비심사와 본회의 심의를 거쳐서 종합심사를 하고 의결을 한다.
② 예산심의는 행정부에 대한 관리통제기능이다.
③ 예산심의 과정에서 정당이 영향을 미친다.
④ 우리나라는 대통령 중심제로 인해 의원내각제인 나라에 비해 예산심의가 상대적으로 엄격하다.

정답 ① [×]
해설 정부의 시정연설 후에 예비심사와 종합심사를 거쳐서 본회의에서 심의·의결한다.

03
우리나라의 예산과정에 대한 설명으로 옳은 것은?

2015. 지방 7급

① 국회에서는 본회의보다 상임위원회와 예산결산특별위원회를 중심으로 예산이 심의된다.
② 국회는 정부의 동의 없이 새 비목을 설치할 수 없지만 정부가 제출한 지출예산 각항의 금액을 증가할 수 있다.
③ 예산안은 세출예산법안의 형식으로 국회에서 의결된다.
④ 「국회법」에서는 국회가 회계연도 개시 30일 전까지 정부가 제출한 예산안을 의결하여야 한다고 규정하고 있다.

정답 ① [○]
해설 ② [×] 국회는 예산 심의과정에서 정부의 동의 없이 정부예산안에 대해 금액을 증가하거나 새로운 비목을 설치할 수 없다.

> 헌법 제57조 국회는 정부의 동의 없이 정부가 제출한 지출예산 각 항의 금액을 증가하거나 새 비목을 설치할 수 없다.

③ [×] 우리나라는 법률주의가 아닌 예산주의 방식을 취한다.
④ [×] 「국회법」이 아니라 「헌법」 제54조에서 국회가 다음 회계연도 개시 30일 전까지 예산을 의결해야 한다고 명시하고 있다.

> 헌법 제54조
> ② 정부는 회계연도마다 예산안을 편성하여 회계연도 개시 90일 전까지 국회에 제출하고, 국회는 회계연도 개시 30일전까지 이를 의결하여야 한다.

04
국회의 예산심의에 대한 설명으로 옳은 것만을 모두 고른 것은?
2013. 지방 9급

> ㄱ. 상임위원회의 예비심사를 거친 예산안은 예산결산특별위원회에 회부된다.
> ㄴ. 예산결산특별위원회의 심사를 거친 예산안은 본회의에 부의된다.
> ㄷ. 예산결산특별위원회를 구성할 때에는 그 활동기한을 정하여야 한다. 다만, 본회의의 의결로 그 기간을 연장할 수 있다.
> ㄹ. 예산결산특별위원회는 소관상임위원회의 동의 없이 새 비목을 설치할 수 있다.

① ㄱ, ㄴ
② ㄱ, ㄴ, ㄷ
③ ㄱ, ㄷ, ㄹ
④ ㄴ, ㄹ

정답 ① ㄱ, ㄴ [○]

해설
국회법 제84조(예산안·결산의 회부 및 심사) ① 예산안과 결산은 소관 상임위원회에 회부하고, 소관 상임위원회는 예비심사를 하여 그 결과를 의장에게 보고한다. 이 경우 예산안에 대해서는 본회의에서 정부의 시정연설을 듣는다.
② 의장은 예산안과 결산에 제1항의 보고서를 첨부하여 이를 예산결산특별위원회에 회부하고 그 심사가 끝난 후 본회의에 부의한다. 결산의 심사 결과 위법하거나 부당한 사항이 있는 경우에 국회는 본회의 의결 후 정부 또는 해당 기관에 변상 및 징계조치 등 그 시정을 요구하고, 정부 또는 해당 기관은 시정 요구를 받은 사항을 지체 없이 처리하여 그 결과를 국회에 보고하여야 한다.

ㄷ. [×] 예산결산위원회는 특별위원회지만, 상설위원회이므로 별도로 활동기간을 정할 필요가 없다.
ㄹ. [×] 예산결산특별위원회는 소관상임위원회의 동의 없이 새 비목을 설치할 수 없다.

국회법 제84조
⑤ 예산결산특별위원회는 소관 상임위원회의 예비심사 내용을 존중하여야 하며, 소관 상임위원회에서 삭감한 세출예산 각 항의 금액을 증가하게 하거나 새 비목(費目)을 설치할 경우에는 소관 상임위원회의 동의를 받아야 한다.

05
국회의 예산심의에 대한 설명으로 옳지 않은 것은?
2016. 국가 9급

① 상임위원회의 예비심사를 거친 정부예산안은 예산결산특별위원회에 회부되고, 예산결산특별위원회에서 종합심사가 종결되면 본회의에 부의된다.
② 예산결산특별위원회는 소관 상임위원회의 동의 없이 상임위원회에서 삭감한 세출예산 각 항의 금액을 증액할 수 있다.
③ 국회는 정부의 동의 없이 정부가 제출한 지출 예산 각 항의 금액을 증가하거나 새 비목을 설치할 수 없다.
④ 국회의장은 예산안을 소관 상임위원회에 회부할 때에는 심사기간을 정할 수 있으며, 상임위원회가 이유 없이 그 기간 내에 심사를 마치지 아니한 때에는 이를 바로 예산결산특별위원회에 회부할 수 있다.

정답 ② [×]

해설 예산결산특별위원회는 소관 상임위원회의 동의 없이는 상임위원회에서 삭감한 세출예산 각 항의 금액을 증액할 수 없다.

국회법 제84조
⑤ 예산결산특별위원회는 소관 상임위원회의 예비심사 내용을 존중하여야 하며, 소관 상임위원회에서 삭감한 세출예산 각 항의 금액을 증가하게 하거나 새 비목(費目)을 설치할 경우에는 소관 상임위원회의 동의를 받아야 한다.

④ [○]

국회법 제84조
⑥ 의장은 예산안과 결산을 소관 상임위원회에 회부할 때에는 심사기간을 정할 수 있으며, 상임위원회가 이유 없이 그 기간 내에 심사를 마치지 아니한 때에는 이를 바로 예산결산특별위원회에 회부할 수 있다.

06
예산 과정에 대한 설명으로 옳지 <u>않은</u> 것은?

2024. 지방 9급

① 「국가재정법」에서는 대통령의 승인을 얻은 정부 예산안이 회계연도 개시 90일 전까지 국회에 제출되어야 한다고 규정하고 있다.
② 기획재정부장관은 국무회의의 심의를 거쳐 대통령의 승인을 얻은 다음 연도의 예산안편성지침을 매년 3월 31일까지 중앙관서의 장에게 통보해야 한다.
③ 국회 예산결산특별위원회는 소관 상임위원회에서 삭감한 세출예산 각 항의 금액을 증가하게 하거나 새 비목을 설치할 경우 소관 상임위원회의 동의를 받아야 한다.
④ 정부는 국회에 예산안을 제출한 후 부득이한 사유로 인하여 그 내용의 일부를 수정하고자 하는 때에는 국무회의의 심의를 거쳐 대통령의 승인을 얻은 수정예산안을 국회에 제출할 수 있다.

정답 ① [×]
해설 「국가재정법」에서는 대통령의 승인을 얻은 정부 예산안이 회계연도 개시 120일 전까지 국회에 제출되어야 한다고 규정하고 있다(국가재정법 제33조).

> 헌법 제54조
> ② 정부는 회계연도마다 예산안을 편성하여 회계연도 개시 90일 전까지 국회에 제출하고, 국회는 회계연도 개시 30일 전까지 의결하여야 한다.

② [○]
> 국가재정법 제29조(예산안편성지침의 통보) ① 기획재정부장관은 국무회의의 심의를 거쳐 대통령의 승인을 얻은 다음 연도의 예산안편성지침을 매년 3월 31일까지 각 중앙관서의 장에게 통보하여야 한다.

③ [○]
> 국회법 제84조
> ⑤ 예산결산특별위원회는 소관 상임위원회의 예비심사 내용을 존중하여야 하며, 소관 상임위원회에서 삭감한 세출예산 각 항의 금액을 증가하게 하거나 새 비목(費目)을 설치할 경우에는 소관 상임위원회의 동의를 받아야 한다. 다만, 새 비목의 설치에 대한 동의 요청이 소관 상임위원회에 회부되어 회부된 때부터 72시간 이내에 동의 여부가 예산결산특별위원회에 통지되지 아니한 경우에는 소관 상임위원회의 동의가 있는 것으로 본다.

④ [○]
> 국가재정법 제35조(국회제출 중인 예산안의 수정) 정부는 예산안을 국회에 제출한 후 부득이한 사유로 인하여 그 내용의 일부를 수정하고자 하는 때에는 국무회의의 심의를 거쳐 대통령의 승인을 얻은 수정예산안을 국회에 제출할 수 있다.

07
우리나라의 예산결산특별위원회에 대한 설명으로 옳지 <u>않은</u> 것은?

2020. 지방 7급

① 예산안 및 결산 심사는 제안설명과 전문위원의 검토보고를 듣고, 종합정책질의, 부별 심사 또는 분과위원회 심사 및 찬반토론을 거쳐 표결한다.
② 국회의장이 기간을 정하여 회부한 예산안과 결산에 대하여 상임위원회가 이유 없이 그 기 한내에 심사를 마치지 아니한 때에는 이를 바로 예산결산특별위원회에 회부할 수 있다.
③ 예산안과 결산뿐 아니라 관계 법령에 따라 제출·회부된 기금운용계획안도 심사한다.
④ 소관 상임위원회에서 삭감한 세출예산 각 항의 금액을 증가하게 할 경우에 소관 상임위원회의 동의를 받지 않아도 된다.

정답 ④ [×]
해설 소관 상임위원회에서 삭감한 세출예산 각 항의 금액을 증가하게 하거나 새 비목을 설치할 경우에는 소관 상임위원회의 동의를 받아야 한다.

> 국회법 제84조(예산안·결산의 회부 및 심사)
> ⑤ 예산결산특별위원회는 소관 상임위원회의 예비심사 내용을 존중하여야 하며, 소관 상임위원회에서 삭감한 세출예산 각 항의 금액을 증가하게 하거나 새 비목(費目)을 설치할 경우에는 소관 상임위원회의 동의를 받아야 한다. 다만, 새 비목의 설치에 대한 동의 요청이 소관 상임위원회에 회부되어 회부된 때부터 72시간 이내에 동의 여부가 예산결산특별위원회에 통지되지 아니한 경우에는 소관 상임위원회의 동의가 있는 것으로 본다.

① [○] 국회법 제84조 제3항
> 국회법 제84조(예산안·결산의 회부 및 심사)
> ③ 예산결산특별위원회의 예산안 및 결산 심사는 제안설명과 전문위원의 검토보고를 듣고 종합정책질의, 부별 심사 또는 분과위원회 심사 및 찬반토론을 거쳐 표결한다. 이 경우 위원장은 종합정책질의를 할 때 간사와 협의하여 각 교섭단체별 대표질의 또는 교섭단체별 질의시간 할당 등의 방법으로 그 기간을 정한다.

② [○] 국회법 제84조 제6항
> 국회법 제84조(예산안·결산의 회부 및 심사)
> ⑥ 의장은 예산안과 결산을 소관 상임위원회에 회부할 때에는 심사기간을 정할 수 있으며, 상임위원회가 이유 없이 그 기간 내에 심사를 마치지 아니한 때에는 이를 바로 예산결산특별위원회에 회부할 수 있다.

③ [○] 국회법 제45조 제1항
> 국회법 제45조(예산결산특별위원회) ① 예산안, 기금운용계획안 및 결산(세입세출결산과 기금결산을 말한다. 이하 같다)을 심사하기 위하여 예산결산특별위원회를 둔다.

제4절 예산집행

01

예산의 집행에 대한 설명으로 옳은 것은? 2020. 국가 9급

① 기획재정부장관은 각 중앙관서의 장에게 예산을 배정한 때에는 감사원에 통지하여야 한다.
② 기획재정부장관은 반기별 예산배정계획을 작성하여 국회의 심의를 받은 뒤에 예산을 배정한다.
③ 중앙관서의 장에게 자금을 사용할 수 있는 권한을 부여하는 것을 예산 재배정이라고 한다.
④ 기획재정부장관은 매년 2월 말까지 예산집행지침을 각 중앙관서의 장과 국회예산정책처에 통보하여야 한다.

정답 ① [O]

해설

국가재정법 제42조(예산배정요구서의 제출) 각 중앙관서의 장은 예산이 확정된 후 사업운영계획 및 이에 따른 세입세출예산·계속비와 국고채무부담행위를 포함한 예산배정요구서를 기획재정부장관에게 제출하여야 한다.

국가재정법 제43조(예산의 배정) ① 기획재정부장관은 제42조의 규정에 따른 예산배정요구서에 따라 분기별 예산배정계획을 작성하여 국무회의의 심의를 거친 후 대통령의 승인을 얻어야 한다.
② 기획재정부장관은 각 중앙관서의 장에게 예산을 배정한 때에는 감사원에 통지하여야 한다.

② [×] 기획재정부장관은 예산배정요구서에 따라 분기별 예산배정계획을 작성하여 국무회의의 심의를 거친 후 대통령의 승인을 얻어야 한다.
③ [×] 중앙관서 장에게 기획재정부장관이 자금을 사용할 수 있는 권한을 부여하는 것은 예산의 재배정이 아니라 배정이다. 재배정은 예산을 배정받은 중앙관서의 장이 하급기관에 다시 자금을 사용할 수 있는 지출권한을 부여하는 것이다.

제43조의2 (예산의 재배정) ① 각 중앙관서의 장은 「국고금 관리법」 제22조제1항에 따른 재무관으로 하여금 지출원인행위를 하게 할 때에는 제43조에 따라 배정된 세출예산의 범위 안에서 재무관별로 세출예산재배정계획서를 작성하고 이에 따라 세출예산을 재배정(기획재정부장관이 각 중앙관서의 장에게 배정한 예산을 각 중앙관서의 장이 재무관별로 다시 배정하는 것을 말한다. 이하 같다)하여야 한다.

④ [×] 기획재정부장관은 예산집행지침을 매년 1월말까지 각 중앙관서의 장에게 통보하여야 한다. 예산집행지침과 예산편성 지침은 다르다. 예산편성지침은 기획재정부장관이 매년 3월 말까지 각 중앙관서의 장에게 제출하여야 하지만 예산 집행지침은 1월 말까지이다.

국가재정법 시행령 제18조(예산집행지침의 통보) ① 기획재정부장관은 법 제44조에 따른 예산집행지침을 매년 1월말까지 각 중앙관서의 장에게 통보하여야 한다.

02

예산과정에 대한 설명으로 옳은 것은? 2019. 지방 9급

① 예산과정은 예산편성 – 예산집행 – 예산심의 – 예산결산의 순으로 이루어진다.
② 예산집행의 신축성을 확보하기 위해 예비비, 총액계상 제도 등을 활용하고 있다.
③ 예산제도 개선 등으로 절약된 예산 일부를 예산성과금으로 지급할 수 있지만 다른 사업에 사용할 수는 없다.
④ 각 중앙부처가 총액 한도를 지정한 후에 사업별 예산을 편성하고 있어 기획재정부의 사업별 예산통제 기능은 미약하다.

정답 ② [O]

해설 ① [×] 예산과정은 예산편성 → 예산심의→ 예산집행→ 예산결산의 순으로 이루어진다.
③ [×]

국가재정법 제49조(예산성과금의 지급 등) ① 각 중앙관서의 장은 예산의 집행방법 또는 제도의 개선 등으로 인하여 수입이 증대되거나 지출이 절약된 때에는 이에 기여한 자에게 성과금을 지급할 수 있으며, 절약된 예산을 다른 사업에 사용할 수 있다.

④ [×] 우리나라는 총액배분 자율편성예산제도를 실시하면서 부처에게 총액한도 내에서의 예산운영상의 자율성을 부여하고 있지만, 기획재정부가 예산집행과정에서 총사업비관리제도, 재정성과관리제도 등을 통해서 각 부처의 사업별 예산에 대한 통제권을 행사하고 있다.

03

우리나라 예산과정에 대한 설명으로 옳은 것은? 2015. 지방 9급

① 정부는 회계연도마다 예산안을 편성하여 회계연도 개시 60일 전까지 국회에 제출해야 한다.
② 예산총액배분 자율편성제도는 중앙예산기관과 정부부처 사이의 정보 비대칭성을 완화하려는 목적을 갖고 있다.
③ 예산집행의 신축성을 확보하기 위한 제도로써 이용, 총괄예산, 계속비, 배정과 재배정 제도가 있다.
④ 예산불성립 시 조치로써 가예산 제도를 채택하고 있다.

정답 ② [○]

해설 ① [×] 120일 전까지 국회에 제출해야 한다(국가재정법 제33조).

> 국가재정법 제33조(예산안의 국회제출) 정부는 제32조의 규정에 따라 대통령의 승인을 얻은 예산안을 회계연도 개시 120일 전까지 국회에 제출하여야 한다.

③ [×] 배정과 재배정 제도는 예산집행과정에서 통제를 확보하기 위한 제도이다.
④ [×] 가예산 제도는 제1공화국 때 사용한 제도이며 현재는 준예산 제도를 채택하고 있다.

04
예산집행의 신축성을 유지하기 위한 제도로 옳지 않은 것은?
2022. 국가 9급

① 계속비
② 수입대체경비
③ 예산의 재배정
④ 예산의 이체

정답 ③ [×]
해설 예산의 재배정은 예산 집행의 통제를 위한 제도이다.

05
예산집행의 신축성을 유지하여 예산집행자로 하여금 보다 예산목적에 부합하는 집행성과를 올릴 수 있도록 하는 우리나라 예산집행의 장치로 보기 어려운 것은?
2015. 서울시 9급

① 계속비
② 예산의 배정과 재배정
③ 예산의 이용(移用)과 전용(轉用)
④ 예산의 이체(移替)와 이월(移越)

정답 ② [×]
해설 예산의 배정과 재배정은 예산집행의 신축성이 아니라 통제수단이다.

06
예산 관련 제도들 중 나머지 셋과 성격이 다른 것은?
2014. 국가 9급

① 예비비와 총액계상예산
② 이월과 계속비
③ 이용과 전용
④ 배정과 재배정

정답 ④
해설 배정과 재배정은 통제수단이고 나머지는 모두 예산집행의 신축성 유지방안에 해당한다.

07
우리나라 행정부의 예산집행 통제장치에 해당하지 않는 것은?
2011. 국가 9급

① 정원 및 보수를 통제하여 경직성 경비의 증대를 억제한다.
② 정부조직 등에 관한 법령의 제정·개정·폐지로 인해 그 직무 권한에 변동이 있을 때 예산도 이에 따라서 변동시킬 수 있다.
③ 각 중앙관서의 장은 2년 이상 소요되는 사업 중 대통령령이 정하는 대규모사업에 대해 사업규모·총사업비·사업기간을 정해 미리 기획재정부장관과 협의해야 한다.
④ 각 중앙관서의 장은 월별로 기획재정부장관에게 사업집행 보고서를 제출해야 한다.

정답 ② [×]
해설 예산의 이체에 관한 설명으로 예산집행의 신축성 장치에 해당된다.

> 기획재정법 제47조(예산의 이용·이체)
> ② 기획재정부장관은 정부조직 등에 관한 법령의 제정·개정 또는 폐지로 인하여 중앙관서의 직무와 권한에 변동이 있는 때에는 그 중앙관서의 장의 요구에 따라 그 예산을 상호 이용하거나 이체(移替)할 수 있다.

③ [○]

> 제50조(총사업비의 관리) ① 각 중앙관서의 장은 완성에 2년 이상이 소요되는 사업으로서 대통령령으로 정하는 대규모사업에 대하여는 그 사업규모·총사업비 및 사업기간을 정하여 미리 기획재정부장관과 협의하여야 한다. 협의를 거친 사업규모·총사업비 또는 사업기간을 변경하고자 하는 때에도 또한 같다.

08
예산집행과 관련된 기술로 옳지 않은 것은?

2016. 지방교행 9급

① 예산집행은 재정통제와 재정신축성이라는 상반된 목표를 동시에 추구한다.
② 중앙관서의 장은 대통령령이 정하는 바에 따라 기획재정부장관의 승인을 얻어 세항 또는 목의 금액을 전용할 수 있다.
③ 예비비로 공무원의 보수 인상을 위한 인건비를 충당하기 위해서는 예산총칙 등에 따라 미리 사용 목적을 지정하여야 한다.
④ 중앙관서의 장은 완성에 2년 이상 소요되고 총사업비가 일정 규모 이상인 사업에 대해서는 사전에 기획재정부 장관과 협의하여야 한다.

> **정답** ③ [×]
> **해설** 공무원 보수인상을 위한 인건비 충당을 위하여는 예비비의 사용목적으로 지정할 수 없다.
>
> 국가재정법 제22조(예비비) ① 정부는 예측할 수 없는 예산 외의 지출 또는 예산초과지출에 충당하기 위하여 일반회계 예산총액의 100분의 1 이내의 금액을 예비비로 세입세출예산에 계상할 수 있다. 다만, 예산총칙 등에 따라 미리 사용목적을 지정해 놓은 예비비는 본문의 규정에 불구하고 별도로 세입세출예산에 계상할 수 있다.
> ② 제1항 단서의 규정에 불구하고 공무원의 보수 인상을 위한 인건비 충당을 위하여는 예비비의 사용목적을 지정할 수 없다.
>
> ④ [○] 총사업비 관리제도에 대한 설명이다.
>
> 국가재정법 제50조(총사업비의 관리) ① 각 중앙관서의 장은 완성에 2년 이상이 소요되는 사업으로서 대통령령이 정하는 대규모 사업에 대하여는 그 사업규모·총사업비 및 사업기간을 정하여 미리 기획재정부장관과 협의하여야 한다. 협의를 거친 사업규모·총사업비 또는 사업기간을 변경하고자 하는 때에도 또한 같다.

09
예비타당성조사에 대한 설명으로 옳은 것은? 2019. 지방 9급

① 기존에 유지된 타당성조사의 문제점을 보완하기 위해 2013년부터 도입하였다.
② 신규 사업 중 총사업비가 300억 원 이상인 사업은 예비타당성 조사대상에 포함된다.
③ 중앙행정기관의 장은 예비타당성조사를 실시하고 기획재정부 장관과 그 결과를 협의해야 한다.
④ 조사대상 사업의 경제성, 정책적 필요성 등을 종합적으로 검토하여 그 타당성 여부를 판단한다.

> **정답** ④ [○]
> **해설** ① [×] 기존 타당성 조사의 문제점을 보완하기 위해 2000년부터 적용하고 있다.
> ② [×] 신규 사업 중 총사업비가 500억 원 이상인 사업이 예비타당성 조사대상에 포함된다.
>
> 국가재정법 제38조(예비타당성조사) ① 기획재정부장관은 총사업비가 500억원 이상이고 국가의 재정지원 규모가 300억원 이상인 신규 사업으로서 다음 각 호의 어느 하나에 해당하는 대규모 사업에 대한 예산을 편성하기 위하여 미리 예비타당성조사를 실시하고, 그 결과를 요약하여 국회 소관 상임위원회와 예산결산특별위원회에 제출하여야 한다. 다만, 제4호의 사업은 제28조에 따라 제출된 중기사업계획서에 의한 재정지출이 500억원 이상 수반되는 신규 사업으로 한다.
> 1. 건설공사가 포함된 사업
> 2. 「지능정보화 기본법」 제14조제1항에 따른 지능정보화 사업
> 3. 「과학기술기본법」 제11조에 따른 국가연구개발사업
> 4. 그 밖에 사회복지, 보건, 교육, 노동, 문화 및 관광, 환경 보호, 농림해양수산, 산업·중소기업 분야의 사업
>
> ③ [×] 예비타당성조사는 기획재정부장관이 실시한다.

10
예비타당성 조사의 분석 내용을 경제성 분석과 정책적 분석으로 구분할 때, 경제성 분석에 해당하는 것은?

2015. 국가 9급

① 상위계획과의 연관성
② 지역경제에의 파급효과
③ 사업추진 의지
④ 민감도 분석

정답 ④ [O]

해설 예비타당성조사는 경제성 분석과 정책성 분석을 동시에 제시한다. 경제성 분석에서는 민감도 분석, 비용편익비, 순현재가치, 내부수익률 등을 중심으로 사업의 경제적 타당성 여부를 검정하고, 정책성 분석에서는 지역경제 파급 효과, 균형 발전을 위한 낙후도 평가, 정책의 일관성 및 추진의지, 사업에서의 위험요인, 상위계획과 연계, 환경영향 등을 분석한다.

11
다음은 「국가재정법」상 예비타당성조사에 대한 내용이다. (가)와 (나)에 들어갈 숫자로 옳은 것은? 2022. 지방 9급

> 기획재정부장관은 총사업비가 (가) 억원 이상이고 국가의 재정지원 규모가 (나) 억원 이상인 신규 사업으로서 건설공사가 포함된 사업 등에 대한 예산을 편성하기 위하여 미리 예비타당성조사를 실시하고, 그 결과를 요약하여 국회 소관 상임위원회와 예산결산특별위원회에 제출하여야 한다.

	(가)	(나)
①	300	100
②	300	200
③	500	250
④	500	300

정답 ④ 국가재정법 제38조 제1항

해설

국가재정법 제38조(예비타당성조사) ① 기획재정부장관은 총사업비가 500억원 이상이고 국가의 재정지원 규모가 300억원 이상인 신규 사업으로서 다음 각 호의 어느 하나에 해당하는 대규모 사업에 대한 예산을 편성하기 위하여 미리 예비타당성조사를 실시하고, 그 결과를 요약하여 국회 소관 상임위원회와 예산결산특별위원회에 제출하여야 한다. 다만, 제4호의 사업은 제28조에 따라 제출된 중기사업계획서에 의한 재정지출이 500억원 이상 수반되는 신규 사업으로 한다.

12
예비타당성 조사제도에 대한 설명으로 옳지 않은 것은? 2014. 국가 7급

① 경제적 타당성뿐만 아니라 정책적 타당성도 분석의 대상이 된다.
② 사업 주무 부처(기관)에서 수행하며, 기술적인 검토와 예비설계 등에 초점을 맞춘다.
③ 경제적 타당성의 분석을 위해 수요, 편익, 비용을 추정하고 재무성 평가와 민감도 분석을 시행한다.
④ 대형 신규 사업에서 발생할 수 있는 예산 낭비를 방지하고 재정운용의 효율성을 제고하기 위해 도입되었다.

정답 ② [×]

해설 예비타당성 조사는 기존에 유지된 타당성조사의 문제점을 보완하기 위해 1999년부터 도입되어 2000년 예산편성부터 적용하고 있다. 예비타당성조사는 기획재정부가 수행하며, 담당부처가 시행하는 본격적인 타당성 조사와 차이가 있다.

구분	예비타당성 조사	타당성 조사
주체	중앙예산기관(기획재정부)	주무부처
조사 대상	• 총사업비 500억원 이상 대규모 건설 사업 • 국고 지원 300억원 이상인 민자 및 지방자치단체 사업	• 예비타당성 조사 결과 경제성이 있는 사업 • 총사업비 100억~500억원의 공공 교통시설개발 사업(도로, 철도, 항만 등)
조사초점 (내용)	경제적 분석, 정책적 분석	기술적 타당성 평가
조사 범위	국가 재정 전반적 관점	당해 사업
특징	개략적, 사전적: 본격적인 타당성조사 필요성 여부를 판단하기 위해 개략적인 수준에서 조사	세부적, 사후적: 실제 사업 착수를 위해 더욱 정밀하고 세부적인 수준에서 조사
조사 기간	단기(6개월 이내)	장기(1년 내외)

① [O]

국가재정법 시행령 제13조(예비타당성조사)
⑤ 기획재정부장관은 제4항에 따라 예비타당성조사를 실시하기로 결정한 경우에는 조사대상사업의 경제성 및 정책적 필요성 등을 종합적으로 검토하여 그 타당성 여부를 판단하고, 그 결과를 공개하여야 한다.

예비타당성조사 운용지침 제42조(예비타당성조사 분석 방법) ① 예비타당성조사 결과는 경제성 분석, 정책성 분석, 지역균형발전 분석에 대한 평가결과를 종합적으로 고려하여 제시한다.

13

우리나라의 예산·회계 제도에 대한 설명으로 옳지 <u>않은</u> 것은?
2016. 사회복지 9급

① 총액배분자율편성예산제도, 디지털예산회계시스템 등과 예산개혁의 실효성을 확보하기 위한 제도적 기반으로서 프로그램 예산제도가 도입되었다.
② 국가의 재정활동에서 발생하는 경제적 거래 등은 발생사실에 따라 복식부기방식으로 회계처리 되어야 한다.
③ 예비타당성조사제도는 완성에 2년 이상이 소요되는 사업으로서 대통령령이 정하는 대규모사업에 대하여 각 중앙관서의 장이 그 사업규모 등을 정하여 미리 기획재정부장관과 협의하도록 하는 제도이다.
④ 기획재정부장관은 예비타당성조사를 실시하기로 결정한 경우에는 대상 사업의 경제성 및 정책적 필요성 등을 종합적으로 검토하여야 한다.

정답 ③ [×]
해설 예비타당성조사제도가 아니라 총사업비제도에 대한 설명이다.

국가재정법 제50조(총사업비의 관리) ① 각 중앙관서의 장은 완성에 2년 이상이 소요되는 사업으로서 대통령령이 정하는 대규모사업에 대하여는 그 사업규모·총사업비 및 사업기간을 정하여 미리 기획재정부장관과 협의하여야 한다. 협의를 거친 사업규모·총사업비 또는 사업기간을 변경하고자 하는 때에도 또한 같다.

14

예산집행의 신축성 유지 방안에 대한 설명으로 옳지 <u>않은</u> 것은?
2024. 지방 9급

① 추가경정예산의 경우, 정부는 국회에서 추가경정예산안이 확정되기 전에 이를 미리 배정하거나 집행할 수 없다.
② 예비비의 경우, 정부는 예측할 수 없는 예산 외의 지출 또는 예산초과지출에 충당하기 위하여 일반회계 예산총액의 100분의 5 이내의 금액으로 세입세출예산에 계상할 수 있다.
③ 계속비의 경우, 국가가 지출할 수 있는 연한은 그 회계연도로부터 5년 이내이나, 사업규모 및 국가재원 여건을 고려하여 필요한 경우에는 예외적으로 10년 이내로 할 수 있다.
④ 각 중앙관서의 장은 예산의 목적범위 안에서 재원의 효율적 활용을 위하여 대통령령으로 정하는 바에 따라 기획재정부장관의 승인을 얻어 각 세항 또는 목의 금액을 전용(轉用)할 수 있다.

정답 ② [×]
해설 일반회계 예산총액의 100분의 1 이내의 금액

국가재정법 제22조(예비비) ① 정부는 예측할 수 없는 예산 외의 지출 또는 예산초과지출에 충당하기 위하여 <u>일반회계 예산총액의 100분의 1 이내의 금액</u>을 예비비로 세입세출예산에 계상할 수 있다. 다만, 예산총칙 등에 따라 미리 사용목적을 지정해 놓은 예비비는 본문에도 불구하고 별도로 세입세출예산에 계상할 수 있다.
② 제1항 단서에도 불구하고 공무원의 보수 인상을 위한 인건비 충당을 위하여는 예비비의 사용목적을 지정할 수 없다.

15
예산 집행의 신축성 유지 방안에 관한 설명으로 옳지 않은 것은?
2012. 서울시 9급

① 세출예산의 장(章), 관(款), 항(項)은 행정과목으로 예산의 전용(轉用)이 가능하다.
② 예산이 이용(移用)은 입법과목 간의 융통을 말한다.
③ 예산의 이체(移替)는 정부조직 등에 관한 법령의 제·개정, 폐지 등의 사유가 있을 때 사용하는 방안이다.
④ 이월(移越)은 당해 회계연도 예산을 차년도 예산으로 사용하는 것이다.
⑤ 예측할 수 없는 예산 외 지출 또는 예산초과지출에 충당하기 위해 예비비를 둔다.

> **정답** ① [×]
> **해설** 세출예산의 장(章), 관(款), 항(項)은 입법과목으로 이용(移用)이 가능하다. 전용이 가능한 행정과목은 세항·목 이다.

16
예산집행의 신축성 유지 방안에 관한 설명으로 옳은 것은?
2017. 지방교행 9급

① 추가경정예산은 예산 성립 이후 사업을 변경하거나 새로운 사업을 추진해야 하는 경우, 예산을 우선 집행하고 사후에 국회의 승인을 받도록 하는 것이다.
② 예비비는 예측할 수 없는 예산 외의 지출 또는 예산초과지출에 충당하기 위하여 특별회계 예산 총액의 100분의 1 이내의 금액을 세입세출예산에 계상한 것이다.
③ 예산의 전용은 장·관·항 간의 융통을 의미하며, 중앙관서의 장은 예산의 효율적인 활용을 위하여 대통령령이 정하는 바에 따라 기획재정부장관의 승인을 얻어 재원을 사용할 수 있다.
④ 계속비는 완성에 수년도를 요하는 공사나 제조 및 연구개발사업에 대해 그 경비의 총액과 연부액을 정하여 미리 국회의 의결을 얻은 범위 안에서 수년도에 걸쳐서 지출할 수 있는 것이다.

> **정답** ④ [○]
> **해설** ① [×] 추가경정예산은 본예산을 집행하는 과정에 예산 변경의 사유가 발생했을 때 편성하는 것으로 반드시 국회의 사전 심의·의결을 받아야 한다.
> ② [×] 예비비는 예측할 수 없는 예산 외의 지출 및 초과지출에 충당하기 위해 세입세출예산에 계상하는 금액으로 일반회계(특별회계 ×) 예산총액의 100분의 1 이내의 금액을 세입세출예산에 계상한 것이다.
>
> > 국가재정법 제22조(예비비) ① 정부는 예측할 수 없는 예산 외의 지출 또는 예산초과지출에 충당하기 위하여 일반회계 예산총액의 100분의 1 이내의 금액을 예비비로 세입세출예산에 계상할 수 있다. 다만, 예산총칙 등에 따라 미리 사용목적을 지정해 놓은 예비비는 본문의 규정에 불구하고 별도로 세입세출예산에 계상할 수 있다.
>
> ③ [×] 예산의 전용은 세항, 목(장 − 관 − 항 ×) 간의 상호융통으로 각 중앙관서의 장은 예산의 효율적 활용을 위하여 대통령령이 정하는 바에 따라 기획재정부 장관의 승인을 얻어 전용할 수 있다.

17
우리나라의 국고채무부담행위에 대한 설명으로 옳지 않은 것은?
2008. 국가 9급

① 예산총칙, 세입세출예산, 계속비 및 명시이월비와 함께 예산의 한 부분을 구성한다.
② 예산으로써 국회의 의결을 사전에 얻어야 한다.
③ 필요한 이유를 명백히 하고 채무부담의 금액을 표시하여야 한다.
④ 법률에 따른 것과 세출예산금액 또는 계속비의 총액의 범위 이내로 한정한다.

> **정답** ④ [×]
> **해설** 국가는 법률에 따른 것과 세출예산금액 또는 계속비의 총액의 범위 안의 것 외에 채무를 부담하는 행위를 하는 때에는 미리 예산으로써 국회의 의결을 얻어야 한다.
>
> > 국가재정법 제25조(국고채무부담행위) ① 국가는 법률에 따른 것과 세출예산금액 또는 계속비의 총액의 범위 안의 것 외에 채무를 부담하는 행위를 하는 때에는 미리 예산으로써 국회의 의결을 얻어야 한다.
> > ③ 국고채무부담행위는 사항마다 그 필요한 이유를 명백히 하고 그 행위를 할 연도 및 상환연도와 채무부담의 금액을 표시하여야 한다.
>
> ① [○]
>
> > 국가재정법 제19조(예산의 구성) 예산은 예산총칙·세입세출예산·계속비·명시이월비 및 국고채무부담행위를 총칭한다.

18
국고채무부담행위에 대한 설명으로 옳은 것만을 모두 고르면? 2024. 국가 9급

ㄱ. 사항마다 필요한 이유를 명백히 하고 그 행위를 할 연도와 상환연도, 채무부담의 금액을 표시해야 한다.
ㄴ. 국가가 금전 급부 의무를 부담하는 행위로서 그 채무 이행의 책임은 다음 연도 이후에 부담됨을 원칙으로 한다.
ㄷ. 국가가 채무를 부담할 권한과 채무의 지출권한을 부여받은 것으로, 지출을 위한 국회 의결 대상에서 제외된다.
ㄹ. 단년도 예산 원칙의 예외라는 점에서 계속비와 동일하지만, 공사나 제조 및 연구개발 사업 등 대상이 한정되어 있다는 점에서는 대상이 한정되지 않는 계속비와 차이가 있다.

① ㄱ, ㄴ   ② ㄱ, ㄹ   ③ ㄴ, ㄷ   ④ ㄷ, ㄹ

정답 ① ㄱ, ㄴ [O]
해설 ㄱ. [O] 「국가재정법」 제25조 제3항

「국가재정법」 제25조(국고채무부담행위) ① 국가는 법률에 따른 것과 세출예산금액 또는 계속비의 총액의 범위 안의 것 외에 채무를 부담하는 행위를 하는 때에는 미리 예산으로써 국회의 의결을 얻어야 한다.
② 국가는 제1항에 규정된 것 외에 재해복구를 위하여 필요한 때에는 회계연도마다 국회의 의결을 얻은 범위 안에서 채무를 부담하는 행위를 할 수 있다. 이 경우 그 행위는 일반회계 예비비의 사용절차에 준하여 집행한다.
③ <u>국고채무부담행위는 사항마다 그 필요한 이유를 명백히 하고 그 행위를 할 연도 및 상환연도와 채무부담의 금액을 표시하여야 한다.</u>

ㄴ. [O] 국고채무부담행위는 국가가 금전 급부 의무를 부담하는 행위로서 그 채무 이행의 책임은 다음 연도 이후에 부담됨이 원칙이다.
ㄷ. [×] 국회 의결이 있을 때 채무를 부담할 권한만 생기고 지출 권한까지 생기는 것은 아니므로 실제 예산으로써 지출하려면 별도의 국회의 의결이 필요하다. 국고채무부담행위는 국가가 채무를 부담할 권한만 부여받은 것이지 지출할 수 있는 권한까지 부여받은 것은 아니다. 지출할 때 추가적으로 국회의 의결을 거쳐 예산으로 성립해야 한다.
ㄹ. [×] 단년도 예산 원칙(회계연도 독립 원칙, 시기적 한정성 원칙)의 예외로는 예산의 이월, 계속비, 국고채무 부담행위가 있다. 공사나 제조 및 연구개발사업 등 대상이 한정되어 있는 것은 계속비이다.

국가재정법 제23조(계속비) ① 완성에 수년이 필요한 공사나 제조 및 연구개발사업은 그 경비의 총액과 연부액(年賦額)을 정하여 미리 국회의 의결을 얻은 범위 안에서 수년도에 걸쳐서 지출할 수 있다.

19
예산집행의 신축성을 유지하기 위한 방안에 대한 설명 중 가장 옳지 <u>않은</u> 것은? 2017. 서울 9급

① 이체란 정부조직 등에 관한 법령의 제정 개정 또는 폐지로 인하여 중앙관서의 직무와 권한에 변동이 있을 때 관련 예산을 이동하는 것이다.
② 전용이란 입법 과목 간 상호 융통으로, 각 중앙관서의 장은 예산의 목적범위 안에서 재원의 효율적 활용을 위하여 기획재정부장관의 승인을 얻어 각 세항 또는 목의 금액을 전용할 수 있다.
③ 이월이란 당해 연도 예산액의 일정 부분을 다음 연도로 넘겨서 사용할 수 있는 제도이다.
④ 계속비란 완성에 수년도를 요하는 사업에 대해 그 경비의 총액과 연도별 지출액을 정하여 미리 국회의 의결을 얻은 범위 안에서 수년도에 걸쳐 지출하는 경비이다.

정답 ② [×]
해설 전용은 행정과목(입법과목 ×)간의 상호융통이다.

20
계속비에 대한 설명으로 옳지 <u>않은</u> 것은? 2022. 국회 9급

① 사업 경비의 총액과 연부액을 정해 미리 국회의 의결을 얻은 범위 안에서 지출하는 예산이다.
② 회계연도 개시 전까지 예산안이 의결되지 못할 경우 준예산으로 예산 집행이 가능한데, 계속비도 이에 포함하여 집행할 수 있다.
③ 지방자치단체의 경우에도 지방재정상 계속비가 인정된다.
④ 여러 해가 걸리는 공사나 R&D 사업 등이 단년도 예산주의의 예외가 된다.
⑤ 지출 기간은 5년 이내이며 연장이 불가하다.

정답 ⑤ [×]
해설 필요한 경우 예외적으로 10년 이내로 할 수 있고, 기획재정부장관은 필요하다고 인정하는 때에는 추가로 국회의 의결을 거쳐 지출연한을 연장할 수 있다(연장이 불가 ×).

> 「국가재정법」 제23조(계속비) ① 완성에 수년이 필요한 공사나 제조 및 연구개발사업은 그 경비의 총액과 연부액(年賦額)을 정하여 미리 국회의 의결을 얻은 범위 안에서 수년도에 걸쳐서 지출할 수 있다.
> ② 제1항의 규정에 따라 국가가 지출할 수 있는 연한은 그 회계연도부터 5년 이내로 한다. 다만, 사업규모 및 국가재원 여건을 고려하여 필요한 경우에는 예외적으로 10년 이내로 할 수 있다.
> ③ 기획재정부장관은 필요하다고 인정하는 때에는 국회의 의결을 거쳐 제2항의 지출연한을 연장할 수 있다.

② [○] 헌법 제54조

> 「헌법」 제54조
> ③ 새로운 회계연도가 개시될 때까지 예산안이 의결되지 못한 때에는 정부는 국회에서 예산안이 의결될 때까지 다음의 목적을 위한 경비는 전년도 예산에 준하여 집행할 수 있다.
> 1. 헌법이나 법률에 의하여 설치된 기관 또는 시설의 유지·운영
> 2. 법률상 지출의무의 이행
> 3. 이미 예산으로 승인된 사업의 계속

③ [○] 「지방재정법」 제42조

> 「지방재정법」 제42조(계속비 등) ① 지방자치단체의 장은 공사나 제조, 그 밖의 사업으로서 그 완성에 수년을 요하는 것은 필요한 경비의 총액과 연도별 금액에 대하여 지방의회의 의결을 얻어 계속비로서 여러 해에 걸쳐 지출할 수 있다.

④ [○] 계속비는 한정성의 원칙(회계연도 독립의 원칙)의 예외이다.

21
예산집행에 대한 설명으로 옳지 않은 것은? 2019. 국가 9급

① 예산의 재배정은 행정부처의 장이 실무부서에게 지출을 할 수 있는 권한을 부여하는 것을 의미한다.
② 예산의 전용을 위해서 정부 부처는 미리 국회의 승인을 받아야 한다.
③ 예비비는 공무원 인건비 인상을 위한 인건비 충당을 목적으로 사용할 수 없다.
④ 사고이월은 집행과정에서 재해 등의 이유로 불가피하게 다음 연도로 이월된 경비를 말한다.

정답 ② [×]
해설 예산의 전용은 예산집행의 신축성 확보수단으로 행정과목(세항, 목) 간의 상호융통제도이다. 따라서 국회의 승인 없이 기획재정부 장관의 승인으로 가능하다.

> 국가재정법 제46조(예산의 전용) ① 각 중앙관서의 장은 예산의 목적범위 안에서 재원의 효율적 활용을 위하여 대통령령으로 정하는 바에 따라 기획재정부장관의 승인을 얻어 각 세항 또는 목의 금액을 전용할 수 있다. 이 경우 사업 간의 유사성이 있는지, 재해대책 재원 등으로 사용할 시급한 필요가 있는지, 기관운영을 위한 필수적 경비의 충당을 위한 것인지 여부 등을 종합적으로 고려하여야 한다.

22
예산의 이월(移越)제도에 대한 다음 설명 중 적절하지 않은 것은? 2006. 서울 7급

① 사고이월(事故移越)은 연도 내의 지출을 필할 것으로 예상되었으나 부득이한 사유에 의하여 지출을 필하지 못한 경비나, 연도 내에 지출원인행위를 하지 못한 부대경비를 다음 회계연도에 사용하는 것으로 다음 회계연도에 재차 이월이 가능하다.
② 예산의 이월제도 시행은 집행상의 신축성을 유지하기 위하여 요구된다.
③ 명시이월(明示移越)은 세출예산 중 연도 내에 지출을 필하지 못할 것으로 예상되는 경비를 미리 국회의 승인을 얻어서 다음 회계연도에 사용하는 것을 말한다.
④ 명시이월(明示移越)과 사고이월(事故移越)은 모두 예산한정성의 원칙이나 회계연도독립의 원칙에 예외가 된다.
⑤ 사고이월(事故移越)은 사전의결의 원칙에 예외가 된다.

정답 ① [×]
해설 사고이월(事故移越)은 연도 내에 지출원인행위를 하고 불가피한 사유로 연내에 지출을 하지 못한 경비를 다음 연도로 이월하여 사용할 수 있는 제도로서 재차 이월이 불가능하다.

> 제48조(세출예산의 이월) ① 매 회계연도의 세출예산은 다음 연도에 이월하여 사용할 수 없다.
> ② 제1항에도 불구하고 다음 각 호의 어느 하나에 해당하는 경비의 금액은 다음 회계연도에 이월하여 사용할 수 있다. 이 경우 이월액은 다른 용도로 사용할 수 없으며, 제2호에 해당하는 경비의 금액은 재이월할 수 없다.

1. 명시이월비
2. 연도 내에 지출원인행위를 하고 불가피한 사유로 인하여 연도 내에 지출하지 못한 경비와 지출원인행위를 하지 아니한 그 부대경비

③ [O]

국가재정법 제24조(명시이월비) ① 세출예산 중 경비의 성질상 연도 내에 지출을 끝내지 못할 것이 예측되는 때에는 그 취지를 세입세출예산에 명시하여 <u>미리 국회의 승인을 얻은 후</u> 다음 연도에 이월하여 사용할 수 있다.

④, ⑤ [O] 명시이월(明示移越)과 사고이월(事故移越)은 모두 기간 한정성의 원칙(회계연도 독립 원칙)에 대한 예외이며, 사고이월(事故移越)은 사전의결의 원칙에 대한 예외가 된다.

구분	사전예측	예산형식에 포함	국회 사전 승인	재이월
명시이월	사전예측 가능	O	필요	가능
사고이월	불가피한 사유	×	불필요 (사전의결원칙 예외)	금지

23
우리나라의 경우 기획재정부 장관이 회계연도 개시 전에 예산을 배정할 수 <u>없는</u> 경비는?
2014. 서울 7급

① 과년도 지출
② 외국에서 지급하는 경비
③ 여비
④ 선박의 운영·수리 등에 소요되는 경비
⑤ 각 관서에서 필요한 부식물의 매입경비

정답 ① [×] 과년도 지출은 긴급배정 대상경비가 아니다.
해설

긴급배정 대상 경비 (국가재정법 시행령 제16조)
⑤ 법 제43조제3항에 따라 회계연도 개시 전에 예산을 배정할 수 있는 경비는 다음 각 호와 같다.
1. 외국에서 지급하는 경비
2. 선박의 운영·수리 등에 소요되는 경비
3. 교통이나 통신이 불편한 지역에서 지급하는 경비
4. 각 관서에서 필요한 부식물의 매입경비
5. 범죄수사 등 특수활동에 소요되는 경비
6. 여비
7. 경제정책상 조기집행을 필요로 하는 공공사업비
8. 재해복구사업에 소요되는 경비

24
예산성과금에 대한 설명으로 옳지 <u>않은</u> 것은?
2014. 서울시 9급

① 각 중앙관서의 장은 예산낭비신고센터를 설치·운영하여야 한다.
② 각 중앙관서의 장은 예산의 집행방법 또는 제도의 개선 등으로 인하여 수입이 증대되거나 지출이 절약된 때에는 이에 기여한 자에게 성과금을 지급할 수 있다.
③ 각 중앙관서의 장은 직권으로 성과금을 지급하거나 절약된 예산을 다른 사업에 사용할 수 있다.
④ 예산낭비신고, 예산절감과 관련된 제안을 받은 중앙관서의 장 또는 기금관리주체는 그 처리결과를 신고 또는 제안을 한 자에게 통지하여야 한다.
⑤ 예산 낭비를 신고하거나 예산 낭비 방지방안을 제안한 일반 국민도 성과금을 받을 수 있다.

정답 ③ [×]
해설 각 중앙관서의 장은 성과금을 지급하거나 절약된 예산을 다른 사업에 사용하고자 하는 때에는 예산성과금심사위원회의 심사를 (직권으로 ×) 거쳐야 한다.

국가재정법 제49조(예산성과금의 지급 등) ① 각 중앙관서의 장은 예산의 집행방법 또는 제도의 개선 등으로 인하여 수입이 증대되거나 지출이 절약된 때에는 이에 기여한 자에게 성과금을 지급할 수 있으며, 절약된 예산을 다른 사업에 사용할 수 있다.
② 각 중앙관서의 장은 제1항의 규정에 따라 성과금을 지급하거나 절약된 예산을 다른 사업에 사용하고자 하는 때에는 예산성과금심사위원회의 심사를 거쳐야 한다.
국가재정법 시행령 제51조(예산낭비신고센터의 설치·운영) ① <u>각 중앙관서의 장 또는 기금관리주체</u>는 법 제100조제1항에 따른 예산·기금의 불법지출에 대한 국민의 시정요구, 예산낭비신고, 예산절감과 관련된 제안 등을 접수·처리하기 위해 <u>예산낭비신고센터를 설치·운영하여야 한다.</u>
③ 중앙관서의 장 또는 기금관리주체는 제1항에 따른 예산낭비신고, 예산절감과 관련된 제안 등을 한 자에게 법 제49조에 따른 예산성과금을 지급할 수 있다.

⑤ [O]

예산성과금규정 제15조(지출절약 또는 수입증대에 기여한 자의 범위) ① 법 제49조제1항에 따라 지출절약 또는 수입증대에 기여한 자는 다음 각 호에 해당하는 자로서 지출절약 또는 수입증대에 직접 기여한 자로 한다.
1. 지출절약 또는 수입증대가 발생한 중앙관서 소속 공무원 및 다른 중앙관서 소속 공무원
2. 「행정권한의 위임 및 위탁에 관한 규정」이나 그 밖의 다른 법령에 따라 중앙관서의 사무를 위임·위탁받아 수행하는 기관의 임직원

3. 「행정절차법」 제52조의2 및 「국민 제안 규정」에 따라 채택된 국민제안을 한 자
4. 중앙관서의 장에게 예산낭비에 대한 신고를 하거나 예산낭비 방지와 관련한 제안을 한 자
5. 조직 구성원이 집단적으로 노력하여 지출절약이나 수입증대를 한 경우에는 그 조직의 최소단위 조직

25

예산제도에 대한 설명으로 옳은 것은? 2021. 지방 7급

① 주민참여예산제도는 정부가 지역주민에 대해 비과세, 감면, 공제 등 세제상 각종 유인장치를 통해 간접적 지원을 해주는 제도이다.
② 예비타당성조사는 총사업비와 국가의 재정지원 규모가 일정 금액 이상인 신규사업 중 특정 요건에 해당하는 경우에 실시하며, 국회가 의결로 요구하는 사업에 대해서도 실시하여야 한다.
③ 예산성과금은 수입이 증대되거나 지출이 절약된 때에 이에 기여한 자에게 지급할 수 있으며 절약된 예산은 다른 사업에 사용할 수 없다.
④ 총사업비관리제도는 소요 기간에 관계없이 고속도로, 국도 등 일정 규모 이상의 대규모 사업의 경우, 사업 규모·총사업비 및 사업기간 등을 정하여 미리 기획재정부장관과 사전협의할 것을 요구한다.

정답 ② [O] 국가재정법 제38조 제1항, 제4항

해설

국가재정법 제38조(예비타당성 조사) ① 기획재정부장관은 총사업비가 500억원 이상이고 국가의 재정지원 규모가 300억원 이상인 신규 사업으로서 다음 각 호의 어느 하나에 해당하는 대규모사업에 대한 예산을 편성하기 위하여 미리 예비타당성조사를 실시하고, 그 결과를 요약하여 국회 소관 상임위원회와 예산결산특별위원회에 제출하여야 한다. 다만, 제4호의 사업은 제28조에 따라 제출된 중기사업계획서에 의한 재정지출이 500억원 이상 수반되는 신규 사업으로 한다.
1. 건설공사가 포함된 사업
2. 「지능정보화 기본법」 제14조제1항에 따른 지능정보화 사업
3. 「과학기술기본법」 제11조에 따른 국가연구개발사업
4. 그 밖에 사회복지, 보건, 교육, 노동, 문화 및 관광, 환경 보호, 농림해양수산, 산업·중소기업 분야의 사업
④ 기획재정부장관은 <u>국회가 그 의결로 요구하는 사업에 대하여는 예비타당성조사를 실시하여야 한다.</u>

① [×] 정부가 지역주민에 대해 비과세, 감면, 공제 등 세제상 각종 유인장치를 통해 간접적 지원을 해주는 것은 조세지출이다. 주민참여예산제도는 예산편성 등 예산과정에 주민이 참여하는 제도이다.

<u>지방재정법 제39조(지방예산 편성 등 예산과정의 주민 참여) ① 지방자치단체의 장은 대통령령으로 정하는 바에 따라 지방예산 편성 등 예산과정(「지방자치법」 제47조에 따른 지방의회의 의결 사항은 제외한다. 이하 이 조에서 같다)에 주민이 참여할 수 있는 제도(이하 이 조에서 "주민참여예산제도"라 한다)를 마련하여 시행하여야 한다.</u>

③ [×] 각 중앙관서의 장은 예산의 집행방법 또는 제도의 개선 등으로 인하여 수입이 증대되거나 지출이 절약된 때에는 이에 기여한 자(공무원 또는 민간인)에게 성과금(절감된 예산 또는 증대된 수입의 10% 이내)을 지급할 수 있으며, 절약된 예산을 다른 사업에 사용할 수 있다.

국가재정법 제49조(예산성과금의 지급 등) ① 각 중앙관서의 장은 예산의 집행방법 또는 제도의 개선 등으로 인하여 수입이 증대되거나 지출이 절약된 때에는 이에 기여한 자에게 성과금을 지급할 수 있으며, 절약된 예산을 다른 사업에 사용할 수 있다.
② 각 중앙관서의 장은 제1항의 규정에 따라 성과금을 지급하거나 절약된 예산을 다른 사업에 사용하고자 하는 때에는 예산성과금심사위원회의 심사를 거쳐야 한다.

④ [×] 총사업비관리제도는 각 중앙관서의 장 <u>완성에 2년 이상 소요되는</u> 대규모 사업에 대하여 그 사업 규모와 총사업비, 사업기간을 정하여 미리 기획재정부 장관과 협의하도록 하는 제도이다.

국가재정법 제50조(총사업비의 관리) ① 각 중앙관서의 장은 완성에 2년 이상이 소요되는 사업으로서 대통령령으로 정하는 대규모사업에 대하여는 그 사업규모·총사업비 및 사업기간을 정하여 미리 기획재정부장관과 협의하여야 한다. 협의를 거친 사업규모·총사업비 또는 사업기간을 변경하고자 하는 때에도 또한 같다.

제5절 결산과정

01
우리나라 결산에 관한 설명으로 옳은 것은?

2018. 지방교행 9급

① 결산은 부당한 지출인 경우 집행된 내용을 무효로 할 수 있다.
② 국회는 결산 의결권을 가지며 예산결산특별위원회에서 결산을 최종 승인한다.
③ 결산은 회계연도에서 국가의 수입과 지출을 잠정적 수치로 표시하는 행위이다.
④ 감사원은 세입·세출의 결산을 매년 검사하여 대통령과 차년도 국회에 그 결과를 보고하여야 한다.

정답 ④ [○]
해설
헌법 제99조 감사원은 세입·세출의 결산을 매년 검사하여 대통령과 차년도 국회에 그 결과를 보고하여야 한다.
① [×] 결산은 정치적 과정으로 위법 또는 부당한 지출이 확인되어도 집행을 취소 또는 무효로 할 수 없다.
② [×] 국회는 결산 의결권을 가지며 본회의 의결로 확정된다.
③ [×] 결산은 1회계연도 동안의 세입·세출 실적을 확정적 계수로 표시하는 행위이다.

02
우리나라의 결산에 대한 설명으로 옳지 않은 것은?

2018. 국가 9급

① 결산은 한 회계연도의 수입과 지출 실적을 확정적 계수로 표시하는 행위이다.
② 정부는 감사원의 검사를 거친 국가결산보고서를 국회에 제출하여야 한다.
③ 결산은 국회의 심의를 거쳐 국무회의의 의결과 대통령의 승인으로 종료된다.
④ 각 중앙관서의 장은 회계연도마다 소관 기금의 결산보고서를 중앙관서결산보고서에 통합하여 작성하여야 한다.

정답 ③ [×]
해설 결산은 국무회의의 의결과 대통령의 승인 후 국회의 심의·의결(결산심사)을 거쳐 종료된다.
② [○] 국가재정법 제61조

> 국가재정법 제61조(국가결산보고서의 국회제출) 정부는 제60조에 따라 감사원의 검사를 거친 국가결산보고서를 다음 연도 5월 31일까지 국회에 제출하여야 한다.

④ [○] 국가재정법 제73조

> 국가재정법 제73조(기금결산) 각 중앙관서의 장은 「국가회계법」에서 정하는 바에 따라 회계연도마다 소관 기금의 결산보고서를 중앙관서결산보고서에 통합하여 작성한 후 제58조제1항에 따라 기획재정부장관에게 제출하여야 한다.

우리나라 결산과정

결산절차	해당 기관	주요 활동
출납사무 완결	각 중앙관서 (2월 10일)	세입·세출 출납사무 완결
결산서 작성 및 제출	각 중앙관서 ⇒ 기획재정부(2월 말일)	중앙관서 결산보고서 등 작성·제출
	기획재정부 (국무회의, 대통령 승인) ⇒ 감사원(4월 10일)	국가결산보고서 작성·제출
결산검사 및 송부	감사원 ⇒ 기획재정부(5월 20일)	결산 확인 후 검사보고서 송부
국가결산 보고서 제출	정부 ⇒ 국회(5월 말일)	감사원 검사를 거친 국가결산보고서 및 부속서류 제출
결산심의	국회 (정기국회 개회 전)	① 상임위 예비심사 ⇒ ② 예결위 종합심사 ⇒ ③ 본회의 의결

03
예산의 결산과정에 관한 설명으로 옳지 않은 것은?

2012. 국회 8급

① 한 회계연도에 속하는 세입·세출의 출납에 관한 사무는 다음 연도 2월 10일까지 완결하여야 한다.
② 각 중앙관서의 장은 매 회계연도에 그 소관에 속하는 결산보고서를 작성하여 다음 연도 2월 말까지 기획재정부장관에게 제출한다.
③ 기획재정부장관은 각 중앙관서의 장이 제출하는 결산보고서에 의거하여 총결산보고서를 작성하여 다음 연도 4월 말일까지 감사원에 제출한다.
④ 감사원은 결산 확인이 끝나면 그 보고서를 다음 연도 5월 20일까지 기획재정부장관에게 송부한다. 그리고 정부는 감사원의 검사를 거친 결산보고서를 다음 연도 5월 말일까지 국회에 제출한다.
⑤ 국회는 제출된 결산보고서를 각 상임위원회와 예산결산특별위원회의 심의를 거쳐 본회의에 보고하여 처리한다.

정답 ③ [×]
해설
국가재정법 제59조(국가결산보고서의 작성 및 제출) 기획재정부장관은 「국가회계법」에서 정하는 바에 따라 회계연도마다 작성하여 대통령의 승인을 받은 국가결산보고서를 다음 연도 4월 10일까지 감사원에 제출하여야 한다.

② [○]
국가재정법 제58조(중앙관서결산보고서의 작성 및 제출) ① 각 중앙관서의 장은 「국가회계법」에서 정하는 바에 따라 회계연도마다 작성한 결산보고서(이하 "중앙관서결산보고서"라 한다)를 다음 연도 2월 말일까지 기획재정부장관에게 제출하여야 한다.

④ [○]
국가재정법 제60조(결산검사) 감사원은 제59조에 따라 제출된 국가결산보고서를 검사하고 그 보고서를 다음 연도 5월 20일까지 기획재정부장관에게 송부하여야 한다.
국가재정법 제61조(국가결산보고서의 국회제출) 정부는 제60조에 따라 감사원의 검사를 거친 국가결산보고서를 다음 연도 5월 31일까지 국회에 제출하여야 한다.

04
우리나라의 예산과정에 대한 설명으로 옳은 것은?

2010. 국가 9급

ㄱ. 결산은 정부의 예산집행의 결과가 정당한 경우 집행책임을 해제하는 법적 효과를 가진다.
ㄴ. 결산심의에서 위법하거나 부당한 지출이 지적되면 그 정부활동은 무효나 취소가 된다.
ㄷ. 국회 심의과정에서 증액된 부분은 부처별 한도액 제한을 받는다.
ㄹ. 국회심의 후의 예산은 당초 행정부 제출 예산보다 증액되기도 한다.
ㅁ. 예산집행의 신축성을 확보하기 위한 장치로는 회계연도 개시 전 예산배정, 국고채무부담행위 등이 있다.

① ㄱ, ㄷ, ㄹ
② ㄱ, ㄹ, ㅁ
③ ㄴ, ㄷ, ㅁ
④ ㄴ, ㄹ, ㅁ

정답 ② ㄱ, ㄹ, ㅁ [○]
해설
ㄴ. [×] 결산은 위법하거나 부당한 지출이 확인되더라도 집행 자체를 취소하거나 무효로 할 수 없다.
ㄷ. [×] 총액배분·자율편성제도에 의한 부처별 총액의 상한선 한도 제한은 예산 편성과정에서만 효력을 가지며, 국회의 예산심의 과정을 구속하지 않는다.

05
우리나라 예산제도에 대한 설명으로 옳지 않은 것은?

2021. 국가 9급

① 국회는 정부의 동의 없이 정부가 제출한 지출예산 각 항의 금액을 증가시킬 수 없다.
② 정부가 예산안 편성 시 감사원의 세출예산요구액을 감액하고자 할 때에는 국무회의에서 감사원장의 의견을 구하여야 한다.
③ 정부는 회계연도 개시 전까지 예산안이 의결되지 못한 때에는 전년도 예산에 준해 모든 예산을 편성해 운영할 수 있다.
④ 국회는 감사원이 검사를 완료한 국가결산보고서를 정기회 개회 전까지 심의·의결을 완료해야 한다.

정답 ③ [×]
해설 준예산은 모든 예산이 아니라 헌법이나 법률로 설치된 기관의 유지나 법률상 지출 의무가 있는 경비, 이미 예산으로 승인된 계속비에 한하여 집행할 수 있다.

> 헌법 제54조
> ③ 새로운 회계연도가 개시될 때까지 예산안이 의결되지 못한 때에는 정부는 국회에서 예산안이 의결될 때까지 다음의 목적을 위한 경비는 전년도 예산에 준하여 집행할 수 있다.
> 1. 헌법이나 법률에 의하여 설치된 기관 또는 시설의 유지·운영
> 2. 법률상 지출의무의 이행
> 3. 이미 예산으로 승인된 사업의 계속

① [○]

> 헌법 제57조 국회는 정부의 동의 없이 정부가 제출한 지출예산 각 항의 금액을 증가하거나 새 비목을 설치할 수 없다.

② [○]

> 국가재정법 제41조(감사원의 예산) 정부는 감사원의 세출예산요구액을 감액하고자 할 때에는 국무회의에서 감사원장의 의견을 들어야 한다.

④ [○]

> 국회법 제128조의2 (결산의 심의기한) 국회는 결산에 대한 심의·의결을 정기회 개회 전까지 완료하여야 한다.

06
우리나라 예산과정과 관련된 기술로 맞는 것은?
2015. 지방교행 9급

① 기획재정부장관의 예산안편성지침 통보에 따라 각 중앙관서의 장은 중기사업계획서와 예산요구서를 작성하여 기획재정부에 제출한다.
② 국회의 예산안 심의는 정부 예산안 제출 → 국회 소관 상임위원회의 예비심사 → 국회 예산결산특별위원회의 종합심사 → 시정연설 → 본회의 의결 순으로 진행된다.
③ 기획재정부장관은 분기별 예산배정계획을 작성하여 국무회의 심의와 대통령 승인 후 각 중앙관서의 장에게 예산을 배정하며, 중앙관서의 장은 배정된 예산을 다시 하급기관에 재배정한다.
④ 국회는 결산에 대한 심의·의결을 정기회 폐회 전까지 완료해야 한다.

정답 ③ [○]
해설 ① [×] 중기사업계획서는 예산편성지침이 시달되기 전 매월 1월말까지 중앙관서의 장이 기획재정부장관에게 먼저 제출한다.
② [×] 국회의 예산안 심의는 정부 예산안 제출 → 본회의 시정연설 → 국회 소관 상임위원회의 예비심사 → 국회 예산결산특별위원회의 종합심사 → 본회의 의결 순으로 진행된다.
④ [×] 국회는 결산에 대한 심의·의결을 정기회 개회 전까지 완료해야 한다.

> 국회법 제128조의2 (결산의 심의기한) 국회는 결산에 대한 심의·의결을 정기회 개회 전까지 완료하여야 한다.

07
우리나라 정부의 예산제도에 대한 설명으로 옳은 것은?
2025. 지방 9급

① 회계연도는 매년 3월 1일부터 다음 해 2월 28일까지이다.
② 예산안 국회 제출 기한은 헌법상 회계연도 개시 90일 전까지이나 국가재정법상 회계연도 개시 120일 전까지이다.
③ 각 중앙관서의 장은 한 회계연도가 끝나기 전에 해당 회계연도의 중앙관서결산보고서를 기획재정부장관에게 제출하여야 한다.
④ 회계연도 개시 전까지 예산안이 국회에서 의결되지 못한 경우 잠정예산을 편성해야 한다.

정답 ② [○]
해설

> 국가재정법 제33조(예산안의 국회제출) 정부는 제32조의 규정에 따라 대통령의 승인을 얻은 예산안을 회계연도 개시 120일 전까지 국회에 제출하여야 한다.
> 헌법 54조 ① 국회는 국가의 예산안을 심의·확정한다.
> ② 정부는 회계연도마다 예산안을 편성하여 회계연도 개시 90일 전까지 국회에 제출하고, 국회는 회계연도 개시 30일전까지 이를 의결하여야 한다.

① [×] 회계연도는 매년 1월 1일부터 12월 31일까지이다.

> 국가재정법 제2조(회계연도) 국가의 회계연도는 매년 1월 1일에 시작하여 12월 31일에 종료한다.

③ [×] 각 중앙관서의 장은 한 회계연도가 끝나기 전에 해당 회계연도의 중앙관서결산보고서를 기획재정부장관에게 제출하여야 한다.

> 국가재정법 제58조(중앙관서결산보고서의 작성 및 제출) ① 각 중앙관서의 장은 「국가회계법」에서 정하는 바에 따라 회계연도마다 작성한 결산보고서(이하 "중앙관서결산보고서"라 한다)를 다음 연도 2월 말일까지 기획재정부장관에게 제출하여야 한다.

④ [×] 회계연도 개시 전까지 예산안이 국회에서 의결되지 못한 경우 준예산을 편성해야 한다.

> 헌법 54조
> ③ 새로운 회계연도가 개시될 때까지 예산안이 의결되지 못한 때에는 정부는 국회에서 예산안이 의결될 때까지 다음의 목적을 위한 경비는 전년도 예산에 준하여 집행할 수 있다.
> 1. 헌법이나 법률에 의하여 설치된 기관 또는 시설의 유지·운영
> 2. 법률상 지출의무의 이행
> 3. 이미 예산으로 승인된 사업의 계속

08
국회의 결산심사에 대한 설명으로 옳지 않은 것은?

2013. 국가 7급

① 예산집행과정에서 위법 또는 부당한 지출이 있었는지의 여부를 확인하는 통제기능과, 예산운용에 대한 평가결과를 다음 연도 예산 심의에 반영하는 환류기능을 수행한다.
② 예산결산특별위원회의 결산심사는 제안 설명과 전문위원회의 검토보고를 듣고, 종합정책질의, 부별심사 또는 분과위원회심사 및 찬반토론을 거쳐 표결한다.
③ 결산의 심사결과 위법 또는 부당한 사항이 있는 때에 국회는 본회의 의결 후 정부 또는 해당기관에 변상 및 징계조치 등 그 시정을 요구하고, 정부 또는 해당기관은 시정요구를 받은 사항을 지체 없이 처리하여 그 결과를 국회에 보고하여야 한다.
④ 예산결산특별위원회 위원장은 결산을 소관상임위원회에 회부할 때에 심사기간을 정할 수 있으며, 상임위원회가 이유 없이 그 기간 내에 심사를 마치지 아니한 때에는 이를 바로 예산결산특별위원회에 회부할 수 있다.

정답 ④ [×]
해설 본회의 의장은 결산을 소관상임위원회에 회부할 때에는 심사기간을 정할 수 있으며, 상임위원회가 이유 없이 그 기간 내에 심사를 마치지 아닌 한 때에는 이를 바로 예산결산특별위원회에 회부할 수 있다(「국회법」 제84조 제6항).

> 국회법 제84조(예산안·결산의 회부 및 심사)
> ⑥ 의장은 예산안과 결산을 소관 상임위원회에 회부할 때에는 심사기간을 정할 수 있으며, 상임위원회가 이유 없이 그 기간 내에 심사를 마치지 아니한 때에는 이를 바로 예산결산특별위원회에 회부할 수 있다.

②, ③ [○]

> 국회법 제84조(예산안·결산의 회부 및 심사)
> ② 의장은 예산안과 결산에 제1항의 보고서를 첨부하여 이를 예산결산특별위원회에 회부하고 그 심사가 끝난 후 본회의에 부의한다. 결산의 심사 결과 위법하거나 부당한 사항이 있는 경우에 국회는 본회의 의결 후 정부 또는 해당 기관에 변상 및 징계조치 등 그 시정을 요구하고, 정부 또는 해당 기관은 시정 요구를 받은 사항을 지체 없이 처리하여 그 결과를 국회에 보고하여야 한다.
> ③ 예산결산특별위원회의 예산안 및 결산 심사는 제안설명과 전문위원의 검토보고를 듣고 종합정책질의, 부별 심사 또는 분과위원회 심사 및 찬반토론을 거쳐 표결한다. 이 경우 위원장은 종합정책질의를 할 때 간사와 협의하여 각 교섭단체별 대표질의 또는 교섭단체별 질의시간 할당 등의 방법으로 그 기간을 정한다.

정부회계

제1절 정부회계의 개념 및 기능

01
정부회계의 특징에 관해서 옳게 기술한 것은?
2007. 국가 9급

① 정부회계는 합법성보다 영리성을 더욱 중요시한다.
② 정부기업회계는 기업회계의 특성을 갖지 않는다.
③ 정부회계는 기업회계에 비해 목표가 다양하지 않다.
④ 정부회계는 기업회계에 비해서 예산의 준수를 강조한다.

> **정답** ④ [○]
> **해설** 정부회계는 기업회계에 비해서 예산의 준수를 강조한다.
> ① [×] 정부회계는 입법부가 정한 지출의 용도, 금액, 절차 등 제반 예산원칙을 준수해야 하므로, 영리성 보다는 합법성을 더 중시한다.
> ② [×] <u>정부기업회계</u>는 사업의 성격상 「기업예산회계법」이 적용되는 특별회계이므로 기업회계로의 특성을 갖고 있다.
> ③ [×] 정부회계는 기업회계에 비하여 목표가 다양하다.

02
다음 괄호 안에 들어갈 내용으로 바르게 짝지어진 것은?
2014. 지방 9급

> 정부회계의 '발생주의'는 정부의 수입을 (㉠) 시점으로, 정부의 지출을 (㉡) 시점으로 계산하는 방식을 의미한다.

	㉠	㉡
①	현금수취	현금지불
②	현금수취	지출원인행위
③	납세고지	현금지불
④	납세고지	지출원인행위

> **정답** ④
> **해설** 발생주의는 현금의 유입 및 유출과 관계없이 수익과 비용이 발생한 시점에 거래를 인식하는 방식으로, 정부의 수입은 ㉠ 납세고지 시점에, 정부의 지출은 ㉡ 지출원인 행위의 시점에 인식하게 된다.

03
정부회계제도의 기장방식에 대한 〈보기〉의 설명과 바르게 짝지어진 것은?
2018. 서울 9급

> 보기
> ㄱ. 현금의 수불과는 관계없이 경제적 자원에 변동을 주는 사건이 발생된 시점에 거래를 인식하는 방식이다.
> ㄴ. 하나의 거래를 대차평균의 원리에 따라 차변과 대변에 이중 기록하는 방식이다.

	ㄱ	ㄴ
①	현금주의	복식부기
②	발생주의	복식부기
③	발생주의	단식부기
④	현금주의	단식부기

> **정답** ②
> **해설** ㄱ. 발생주의: 발생주의는 현금의 유입과 유출과는 관계없이 수익과 비용이 발생된 시점에, 즉, 거래나 사건이 발생된 시점에 거래를 인식하는 방식이다. 반면에 현금주의는 현금을 수취하거나 지급한 시점에 거래를 인식하는 방식이다.
> ㄴ. 복식부기: 복식부기는 동일한 거래를 두 가지 측면에서 파악하여 이른바 대변과 차변에 동시에 기록하는 방식이다. 반면에 단식부기는 거래의 한쪽 측면만을 장부에 기입·보고하는 방식이다.

04
정부회계에 대한 설명으로 옳지 않은 것은?

2022. 지방 9급

① 국가회계는 디브레인(dBrain) 시스템을 통해, 지방자치단체 회계는 e-호조 시스템을 통해 처리된다.
② 재무회계는 현금주의·단식부기 회계방식이, 예산회계는 발생주의·복식부기 방식이 적용된다.
③ 발생주의에서는 미수수익이나 미지급금을 자산과 부채로 표시할 수 있다.
④ 재무제표는 거래가 발생하면 차변과 대변 양쪽에 동일한 금액으로 이중기입하는 복식부기 방식을 채택하고 있다.

정답 ② [×]
해설 예산회계는 단식부기·현금주의 회계를 적용하는 회계를 말하며, 재무회계는 복식부기·발생주의 회계를 적용해 재무제표를 작성·보고하기 위한 회계를 말한다.

보충자료 예산회계 VS 재무회계(회계유형에 따른 구분)
1. 예산회계
   ① 예산의 편성이나 집행 및 관리에 필요한 체계적인 시스템.
      예 세입세출결산서
   ② 예산회계의 경우는 회계연도 초에 기록된 예산 금액의 목적과 범위 내에서 실제 예산 집행이 이뤄졌는지를 파악하고 통제하는 데 효과적임
   ③ 예산회계에서는 회계의 계정 과목을 예산 과목 그대로 사용해 처리하는데, 이는 예산상의 정보를 요구할 때 실제 사용된 내용도 예산 과목에 맞춰 보고해야 하기 때문임
2. 재무회계
   ① 현금과 같은 재무적 자원뿐만 아니라 건물이나 토지, 부채와 같은 경제적 자원을 측정해 자산이나 부채, 수익, 비용 등의 내용을 재무제표에 정보로 공급하는 회계를 의미
   ② 재무회계는 일반적으로 복식부기 회계제도와 연계됨. 즉, 거래가 발생하면 자산, 부채 또는 순자산이 변동되었는지를 파악해 각 계정의 차변과 대변으로 나누어 기록하게 되는데, 대차평균의 원리에 따라 회계 거래의 완전성과 오류발생 여부를 검증할 수 있는 기록 방식임

예산회계와 재무회계의 차이점

구분	예산회계	재무회계
의의	예산의 집행 실적 기록 (장-관-항-목)	재정 운영 성과 및 재정 상태 보고 (수익, 비용, 자산, 부채 등)
회계 방식	현금주의, 단식부기	발생주의, 복식부기
결산보고서	세입세출 결산서	재무제표
보고 형식	회계 단위별 분리 보고	회계 단위 간 연계와 통합 보고
가치 지향	행정 내부조직 중심 (집행통제, 법규 준수)	주민의 삶의 질 향상 (투명 공개, 효율 집행)
자기검증 기능	없음	대차 평균의 원리에 의한 오류 자동 검증
정치적 기반	중앙집권 시대 (상급기관 보고)	지방 분권 시대 (주민에 대한 보고)

05
정부회계를 복식부기의 원리에 따라 기록할 경우 차변에 위치할 항목은?

2011. 국가 9급

① 차입금의 감소
② 순자산의 증가
③ 현금의 감소
④ 수익의 발생

정답 ①
해설 복식부기의 원리에 따라 차변에 위치할 항목은 자산의 증가, 부채의 감소, 자본의 감소, 비용의 발생이다. 차입금의 감소는 부채의 감소에 해당하므로 차변에 기록하여야 한다.
③ 현금(자산)의 감소, ④ 수익의 발생은 대변에 기록한다.

분개의 원리

차변	대변
자산의 증가	자산의 감소
부채의 감소	부채의 증가
자본의 감소	자본의 증가
비용의 발생	수익의 발생

06
정부회계의 기장 방식에 대한 설명으로 옳지 않은 것은?

2018. 국가 9급

① 단식부기는 발생주의 회계와, 복식부기는 현금주의 회계와 서로 밀접한 연계성을 갖는다.
② 단식부기는 현금의 수지와 같이 단일 항목의 증감을 중심으로 기록하는 방식이다.
③ 복식부기에서는 계정 과목 간에 유기적 관련성이 있기 때문에 상호 검증을 통한 부정이나 오류의 발견이 쉽다.
④ 복식부기는 하나의 거래를 대차 평균의 원리에 따라 차변과 대변에 동시에 기록하는 방식이다.

정답 ① [×]
해설 단식부기는 현금주의 회계와, 복식부기는 발생주의 회계와 서로 밀접한 연계성을 갖는다.

07
발생주의·복식부기 회계방식에 대한 설명으로 옳지 <u>않은</u> 것은?
2010. 국가 9급

① 기본적으로는 현금의 출납에 근거한 회계방식이다.
② 원가 개념을 제고하고 성과측정 능력을 향상시킬 수 있다.
③ 재정의 투명성을 높이고 회계의 자기검증기능을 통해 예산집행의 오류 및 비리와 부정을 줄일 수 있다.
④ 회수 불가능한 부실채권에 대한 정보 왜곡의 우려가 있다.

정답 ① [×]
해설 현금의 출납시점을 기준으로 하는 회계방식은 현금주의 방식이다.

08
다음 중 발생주의 회계에 대한 설명이 <u>아닌</u> 것은?
2014. 군무원 9급

① 오류 발견과 자기검증기능이 있다.
② 자산이나 부채를 정확하게 인식한다.
③ 미수수익이나 미지급비용이 자산이나 부채로 인식된다.
④ 회계처리과정에서 주관이 개입되지 않는다.

정답 ④ [×]
해설 발생주의는 자산 평가나 감가상각시 회계공무원의 주관이 개입되므로 현금주의에 비하여 회계처리의 객관성이 부족하다.

현금주의와 발생주의의 차이점

구분	현금주의	발생주의
거래의 해석과 분류	현금 수불의 측면	쌍방 흐름 (이원 거래 개념) 측면
수익비용의 인식 기준	현금의 수취·지출	수익의 획득 / 비용의 발생
선급비용·선급수익	수익·비용으로 인식	자산과 부채로 인식
미지급비용·미수수익	인식 안 됨	부채와 자산으로 인식
감가상각, 대손상각, 제품보증비, 퇴직급여충당금	인식 안 됨	비용으로 인식
상환이자지급액	지급 시기에 비용으로 인식	기간별 인식
무상거래	인식 안 됨	이중거래로 인식
정보 활용원	개별 자료 우선	통합 자료 우선
추가 정보 요구	별도 작업 필요	기본 시스템에 존재
적용 예	가계부, 비영리 공공부문	기업, 일부 비영리 부문

09
최근 정부회계제도 개혁의 일환으로 도입되고 있는 복식부기의 장점이 <u>아닌</u> 것은?
2012. 국가 7급

① 정부재정활동의 효율성, 투명성, 책임성을 제고할 수 있다.
② 정부재정에 있어 미래지향적 재정관리의 기반을 조성할 수 있다.
③ 공공부문의 생산성 향상을 위한 유용한 회계정보의 활용을 기대할 수 있다.
④ 상당액의 부채가 존재해도 현금으로 지출되지 않은 경우 재정건전 상태로 결산이 가능하다.

정답 ④ [×]
해설 현금주의 또는 단식부기 방식의 특징(문제점)이다. 복식부기 회계는 대차대조표를 작성하여 자산과 부채를 계정과목 순으로 체계적으로 배열하므로 정부 재정 상태에 대한 총체적인 정보를 제공할 수 있다.

10
발생주의회계에 대한 설명으로 옳은 것은? 2010. 지방 7급

① 자의적 회계처리가 불가능하여 통제가 용이하다.
② 기관별 성과의 비교가 가능하다.
③ 감가상각과 미지급금 등의 인식이 어렵다.
④ 자산, 부채, 자본(순자산) 등을 인식하지 못하는 단점이 있다.

> **정답** ② [○]
> **해설** 발생주의회계는 기관별 성과의 비교가 가능하다는 장점이 있다.
> ① [×] 발생주의 회계는 회계처리에 많은 추정이 개입되어 예산운용에 대한 통제가 더 느슨해질 가능성이 높다는 문제가 있다.
> ③ [×] 발생주의 회계는 감가상각과 미지급금 등 비화폐비용도 비용으로 포함시킴으로써 정부활동의 총체적인 경제적 비용을 측정할 수 있다.
> ④ [×] 자산, 부채, 자본(순자산) 등을 인식하지 못하는 것은 현금주의 회계방식의 한계이다. 현금주의 회계는 현금에만 초점을 맞추기 때문에 자산과 부채를 인식하지 못하기 때문에 정부의 자산관리가 비효율적으로 이루어질 수 있다.

제2절 결산보고서와 재무제표

01
복식부기제도하에서 정부보유 현금자산이 200조, 고정자산이 300조, 유동부채가 100조, 재정수익이 300조, 비용이 200조라면, 회계기간 중 특정시점의 재정상태를 나타내는 보고서상에 순자산으로 보고될 액수는?

2009. 국가 9급

① 400조
② 100조
③ 500조
④ 200조

정답 ①
해설 재정상태표에서 순자산 = 총자산 − 부채이다. 총자산은 현금자산, 고정자산 등을 모두 합한 금액이므로 (200 + 300)에서 부채 100을 빼면 된다.

02
중앙정부 결산보고서상의 재무제표로 옳은 것은?

2022. 국가 9급

① 손익계산서, 순자산변동표, 현금흐름표
② 대차대조표, 재정운영보고서, 이익잉여금처분계산서
③ 재정상태표, 재정운영표, 순자산변동표, 현금흐름표
④ 재정상태보고서, 순자산변동표, 현금흐름보고서

정답 ③ [○]
해설 중앙정부 결산보고서상 재무제표는 재정상태표, 재정운영표, 순자산변동표, 현금흐름표로 구성된다.

03
우리나라의 국가재무제표에 대한 설명으로 옳지 <u>않은</u> 것은?

2017. 국가 7급

① 재무제표는 국가결산보고서에 포함되어 국회에 제출하도록 하고 있다.
② 「국가회계법」에 따르면 재무제표는 재정상태표, 재정운영표, 순자산변동표, 현금흐름표로 구성된다.
③ 재정상태표는 재정상태표일 현재 국가 재정상태를 보여 주는 것이다.
④ 재정상태표에는 현금주의와 단식부기가, 재정운영표에는 발생주의와 복식부기가 각각 적용되고 있다.

정답 ④ [×]
해설 우리나라는 재정상태표, 재정운영표, 순자산변동표 등 정부의 재무제표 작성에서 복식부기·발생주의를 적용하고 있다.
①, ②, ③ [○]

> 「국가회계법」 제14조(결산보고서의 구성) 결산보고서는 다음 각 호의 서류로 구성된다.
> 3. 재무제표
>   가. 재정상태표
>   나. 재정운영표
>   다. 순자산변동표
>   라. 현금흐름표
>
> 「국가회계기준에 관한 규칙」 제5조(재무제표) ① 재무제표는 「국가회계법」 제14조제3호에 따라 재정상태표, 재정운영표, 순자산변동표 및 현금흐름표로 구성하되, 재무제표에 대한 주석을 포함한다.
>
> 「국가회계기준에 관한 규칙」 제7조(재정상태표) ① <u>재정상태표는 재정상태표일 현재의 자산과 부채의 명세 및 상호관계 등 재정상태를 나타내는 재무제표로서 자산, 부채 및 순자산으로 구성된다.</u>

Chapter 05 예산결정 이론

01
예산결정 이론은 크게 총체주의와 점증주의로 구분할 수 있다. 다음에 제시된 총체주의와 점증주의에 관한 설명 중 가장 적절하지 않은 것은? 2011. 서울 7급

① 총체주의: 목표에 대한 사회적 합의가 도출되지 않은 경우에도 적용할 수 있다는 장점을 가지고 있다.
② 총체주의: 예산담당관이 보수적 성향을 가질 경우 합리적 모형에 따른 예산결정은 현실적으로 힘들어진다.
③ 총체주의: 합리적 모형을 적용하면 계획 기능이 강화되는 효과를 창출하는데 이는 집권화의 병리를 초래할 위험이 있다.
④ 점증주의: 예산결정은 예산배분을 둘러싼 이해당사자들의 갈등을 완화하고 해결한다는 의미의 정치적 합리성을 특징으로 한다.
⑤ 점증주의: 행정개혁의 시기에서는 소극적인 측면에서 저항 혹은 관료병리로 평가될 수도 있다.

> **정답** ① [×]
> **해설** 총체주의는 합리주의 예산으로서 목표-수단분석을 전제로 하기 때문에 목표에 대한 사회적 합의가 도출될 수 있다는 가정 하에 적용할 수 있는 제도이다.

02
점증주의적 예산결정에 대한 설명으로 옳지 않은 것은? 2017. 지방 9급

① 현상유지(status quo)적 결정에 치우칠 수 있다.
② 자원이 부족한 경우 소수 기득권층의 이해를 먼저 반영하게 되어 사회적 불평등을 야기할 우려가 있다.
③ 다수의 참여자들 간 고리형의 상호작용을 통한 합의를 중시하는 합리주의와는 달리 선형적 과정을 중시한다.
④ 긴축재정 시의 예산행태를 잘 설명해주지 못한다.

> **정답** ③ [×]
> **해설** 점증주의적 예산결정 모형은 선형적 과정을 중시하는 합리주의와는 달리 다수의 참여자들 간에 고리형의 상호작용을 통한 합의를 중시한다.

03
점증주의의 이점으로 보기 어려운 것은? 2013. 서울 9급

① 타협의 과정을 통해 이해관계의 갈등을 조정하는 데 유리하다.
② 대안의 탐색과 분석에 소요되는 비용을 줄일 수 있다.
③ 예산결정을 간결하게 한다.
④ 합리적·총체적 관점에서 의사결정이 가능하다.
⑤ 중요한 정치적 가치들을 예산결정에서 고려할 수 있다.

> **정답** ④ [×]
> **해설** 합리모형의 특징이다.

04
점증주의 예산결정이론의 특성이 아닌 것은? 2016. 지방 9급

① 현실설명력은 높지만 본질적인 문제해결방식이 아니며 보수적이다.
② 정책과정상의 갈등을 완화하고 해결하는 데 필요한 정치적 합리성을 갖는다.
③ 계획예산제도(PPBS)와 영기준예산제도(ZBB)는 점증주의 접근을 적용한 대표적 사례이다.
④ 자원이 부족한 경우 소수 기득권층의 이해를 먼저 반영하게 되어 사회적 불평등을 야기할 우려가 있다.

> **정답** ③ [×]
> **해설** 계획예산제도와 영기준예산제도는 합리모형(총체주의 접근)을 적용한 예산제도이다. 점증모형에 입각한 예산제도는 품목별 예산제도와 성과주의 예산제도이다.

05
예산 관련 모형에 관한 설명으로 옳은 것은?

2017. 지방교행 9급

① 점증주의모형을 적용한 대표적인 예산제도에는 영기준예산제도가 있다.
② 단절균형모형은 예산의 단절균형 발생 시점을 예측할 수 있기 때문에 미래지향성을 지닌다.
③ 예산극대화모형은 관료들이 사회적 효용의 극대화를 위해 소속 부서의 예산을 증가시키려는 현상을 설명한다.
④ 합리주의모형은 대안의 선정 시에 순현재가치, 내부수익률, 비용편익비율 등과 같은 분석 기준을 주로 사용한다.

정답 ④ [O]
해설 ① [×] 점증주의 모형을 적용한 대표적인 예산제도는 품목별 예산제도, 성과주의 예산제도이다. 영기준 예산제도는 합리주의 모형을 적용한 예산제도이다.
② [×] 단절균형이론은 사후적인 분석으로는 적절하지만 단절균형이 발생할 수 있는 시점을 예측하기 어렵기 때문에 미래지향성 측면에서는 한계가 있다.
③ [×] 니스카넨의 예산극대화 모형은 사익극대화를 추구하는 관료들이 소속 부서의 예산을 증가시키려는 현상을 설명한다.

06
예산결정에 대한 공공선택론적 관점의 설명으로 옳은 것은?

2014. 국가 9급

① 본질적 문제해결보다는 보수적 방식을 통해 예산의 정치적 합리성이 제고될 수 있다.
② 니스카넨(W. Niskanen)에 의하면 예산결정에 있어 관료의 최적수준은 정치인의 최적수준보다 낮다.
③ 정치인과 관료들은 개인효용함수에 따라 권력이나 예산규모의 극대화를 추구한다.
④ 재원배분 형태는 장기 균형과 역사적 상황에 따른 단기의 급격한 변화를 반복한다.

정답 ③ [O]
해설 ① [×] 보수적 방식을 통해 예산의 정치적 합리성 제고를 강조하는 것은 점증주의 예산결정 이론이다.
② [×] 정치인들은 사회후생의 극대화를 위해 총편익과 총비용의 차이인 순편익이 최대가 되는 수준, 즉 한계편익과 한계비용이 일치하는 수준 – 최적생산점 – 에서 생산하려 하지만, 관료들은 자기이익 극대화를 위해 총편익과 총비용이 일치하는 수준에서 생산하여 최적생산보다 과다생산을 야기한다.
④ [×] 장기 균형과 역사적 상황에 따른 단기의 급격한 변화의 재원배분의 반복을 설명하는 예산이론은 단절균형모형에 대한 설명이다.

07
예산결정이론에 대한 설명으로 옳은 것은? 2019. 지방 7급

① 다중합리성모형은 정부 예산의 성공을 위해서는 예산과정 각 단계에서 예산 활동 및 행태를 구분해야 함을 강조한다.
② 단절균형모형을 따르는 예산결정자는 사후후생을 고려하지 않고 최악을 피하는 전략을 사용한다.
③ 예산 결정에서 기존 사업에 대한 당위적 예산 배분을 제어할 수 있다는 점은 점증모형의 유용성이다.
④ 합리모형은 예산상의 편익을 극대화하기 위한 결정방식이지만 규범적 성격은 약하다.

정답 ① [O]
해설 ② [×] 사후후생을 고려하지 않고 최악을 피하는 전략을 사용하는 것은 점증주의에 따른 전략이다. 단절균형모형은 바움가트너 & 존스(Baumgartner & Jones)가 주장한 모형으로 예산 변화에서 소폭적인 변화와 급격하고 대폭적인 변화를 동시에 설명하는 이론이다.
③ [×] 예산결정에서 기존 사업에 대한 당위적 예산 배분을 제어할 수 없다는 점은 점증모형의 한계이다.
④ [×] 합리모형은 예산상의 편익을 극대화하기 위한 결정방식으로 이상적·규범적 성격이 강한 모형이다.

08
예산이론에 대한 설명으로 옳은 것은? 2017. 국가 7급

① 루이스(Lewis)는 예산배분결정에 경제학적 접근법을 적용하여 상대적 가치, 증분분석, 상대적 효과성 이라는 세 가지 분석명제를 제시한다.
② 니스카넨(Niskanen)의 예산극대화 모형은 의회 의원들의 재선 가능성을 높이기 위해 지역구 예산을 극대화하는 형태에 분석초점을 둔다.
③ 윌로비와 서메이어(Willoughby & Thurmaier)의 다중합리성 모형은 의원들의 복수의 합리성 기준이 의회의 예산결정에 미치는 영향을 주로 분석한다.
④ 단절균형예산이론(Punctuated Equilibrium Theory)은 급격한 단절적 예산변화를 설명하고 나아가 그러한 변화를 예측할 수 있는 장점이 있다.

정답 ① [O]
해설 ② [×] 니스카넨의 예산극대화 모형은 관료의 예산행태를 설명하는 모형이다. 니스카넨은 관료가 권력의 극대화를 위해 소속 부서의 예산 규모를 극대화한다고 설명했다.
③ [×] 다중 합리성 모형은 예산을 결정하는 결정자 또는 예산을 결정하는 조직이 경제적·정치적·사회적·법적 측면에서 다양한 합리성을 추구하여 예산에 관련된 결정을 한다는 이론으로, 관료들의 정부 예산 결정과정(의원들의 의회 예산결정×)의 과정적 접근 방법에 미치는 영향을 주로 분석한다.
④ [×] 단절균형예산이론은 예산 변화를 사후적으로 분석하는 데는 적절하지만 단절균형이 발생할 수 있는 시점을 예측하지 못하기 때문에 미래지향성 측면에서 한계가 있는 접근방법이다.

09
서메이어(K. Thumaier)와 윌로비(K. Willoughby)의 예산 운영의 다중합리성 모형에 대한 설명으로 가장 옳은 것은? 2019. 서울 7급

① 정부예산의 결과론적 접근방법에 근거한다.
② 미시적 수준의 예산상의 의사결정을 설명하고 탐구한다.
③ 정부 예산의 성공을 위해서는 예산과정 각 단계에서 예산활동과 행태를 구분해서는 안 된다고 주장하였다.
④ 예산과정과 정책과정 간의 연계점의 인식틀을 제시하기 위해 킹던(J. W. Kingdon)의 정책결정모형과 그린과 톰슨(Green & Thompson)의 조직과정 모형을 통합하고자 하였다.

정답 ② [O]
해설 ①, ③ [×] 다중합리성 모형은 정부예산의 과정을 중심으로 접근하는 이론으로, 정부 예산의 성공을 위해서는 예산 과정 각 단계에서 예산 활동 및 행태를 구분해야 함을 강조했다.
④ [×] 다중합리성모형은 예산 과정과 정책 과정 간의 연계점의 인식 틀을 제시하기 위해 킹던(J. W. Kingdon)의 정책결정 모형과 루빈(Irene S. Rubin)의 실시간 예산운영 모형을 통합하고자 한다.

10
루빈(Rubin)의 '실시간 예산운영(Real Time Budgeting)' 모형에 대한 설명으로 옳지 않은 것은? 2016. 지방 7급

① 세입 흐름에서 의사결정 : '누가 얼마만큼 부담할 것인가'에 관한 의사결정으로 의사결정의 흐름 속에는 설득의 정치가 내재해 있다.
② 세출 흐름에서 의사결정 : '누구에게 분배할 것인가'에 관한 의사결정으로서 선택의 장치로 특정지어지며 참여자들은 지출의 우선순위가 재조정되기를 바라거나 현재의 우선수위를 고수하려고 노력한다.
③ 예산 균형흐름에서 의사결정 : '예산 균형을 어떻게 정의할 것인가'에 관한 의사결정으로 제약조건의 정치라는 성격을 지니며 예산균형의 결정은 근본적으로 정부의 범위 및 역할에 대한 결정과 연계되어 있다.
④ 예산 과정 흐름에서 의사결정 : '계획된 대로 수행할 수 있는가'에 대한 의사결정으로 기술적 성격이 강하고 책임성의 정치라는 특성을 지니며 예산계획에 따른 집행과 수정 및 일탈의 허용 범위에 대한 문제가 중요하다.

정답 ④ [×]
해설 예산 집행 흐름에서 의사결정의 특징에 해당한다. 예산 과정 흐름에서 의사결정은 어떻게 예산을 결정하는가, 누가 예산을 결정하는가의 정치다.

흐름	개념	정치적 특징
세입 흐름에서 의사결정	누가, 얼마만큼 부담할 것인가?	설득의 정치
세출 흐름에서 의사결정	누구에게 배분할 것인가? 예산획득을 위한 경쟁과 예산의 배분에 관한 의사 결정	선택의 정치
예산균형 흐름에서 의사결정	예산균형을 어떻게 정의할 것인지, 정부의 범위 및 역할에 대한 결정	제약조건의 정치

예산 집행 흐름에서 의사결정	예산계획에 따른 집행과 수정 및 일탈의 허용 범위에 관한 문제로써 기술적 성격이 강함	책임성의 정치
예산 과정 흐름에서 의사결정	어떻게 예산을 결정하는가?	누가 예산을 결정하는가의 정치

11
공공부문에서의 희소성의 법칙에 관한 설명으로 옳지 않은 것은?
2008. 국회 8급

① 급성 희소성(acute scarcity)은 가용자원이 정부의 계속사업을 지속할 만큼 충분하지 못한 경우에 발생한다.
② 완화된 희소성(relaxed scarcity)의 상태는 정부가 현존 사업을 계속하고 새로운 예산공약을 떠맡을 수 있는 충분한 자원을 가지고 있는 상황이다.
③ 만성적 희소성(chronic scarcity) 하에서 예산은 주로 지출통제보다는 관리의 개선에 역점을 두게 된다.
④ 희소성은 '정부가 얼마나 원하는가'에 대해서 '정부가 얼마나 보유하고 있는가'의 양면적 조건으로 이루어져 있다.
⑤ 공공부문에서의 희소성의 법칙은 항상 절대적으로 받아들여지는 것은 아니다.

정답 ① [×]
해설 가용자원이 정부의 계속사업을 지속할 만큼 충분하지 못한 경우에 발생하는 것은 총체적 희소성이다. 급성희소성은 이용 가능한 자원이 현존사업의 점증적 증가분을 충당하지 못하는 상황이다.
⑤ [○] 민간부문과 달리 공공부문에서는 양출계입(量出計入)의 성격이 강하므로 희소성의 법칙이 항상 절대적으로 받아들여지는 것은 아니다. 공공부문은 목적세나 특별회계의 신설 등 재정확충이 상대적으로 용이하기 때문이다.

📖 자원의 희소성과 예산의 관계

구분	상황	예산결정의 특징	예산제도
완화된 희소성	• 진행 중인 모든 사업의 비용 및 주요 사업을 새로이 추진할 충분한 자원이 존재하는 경우 • 공공자원의 제약 상태가 최소인 상황	• 사업개발·계획 기능에 중점 • 다년도 예산편성의 특성	PPBS
만성적 희소성	• 대부분의 정부에서 볼 수 있는 일상적 예산부족 상태 • 계속사업 지속은 가능하지만 신규사업을 새롭게 추진할 자원이 부족한 상태	• 지출통제보다는 관리의 개선 및 관리 효율성에 초점 • 신규사업 분석과 평가 미흡	ZBB
급성 희소성	• 이용 가능한 자원이 현존사업의 점증적 증가분을 충당하지 못하는 상황 • 지역경제가 취약한 지방정부에서 발생	• 예산 삭감 전략에 의해 수요가 억제됨 • 장기적 기획보다 단기적 예산편성의 즉흥성이 발생	단기적·임기응변적 예산양입제출적 예산(세입예산)
총체적 희소성	• 가용자원이 정부의 계속사업을 지속할 만큼 충분하지 못한 상황(현존사업의 현재 수준 지속도 어려운 상태) • 정부가 매우 빈곤하거나, 서비스 수요가 극히 높은 경우	• 회피적 예산편성 • 실질은 무시되고 장부상의 균형만 추구하는 겉치레 예산 • 저개발 국가	반복예산(답습예산)

12
윌다브스키(A. Wildavsky)가 부(wealth)와 재정의 예측성(predictability)을 기준으로 분류한 예산과정형태 중에서, 경제력은 낮으나 재원의 예측 가능성이 높은 경우로서 미국의 지방정부에서 많이 발견되는 형태는? 2011. 국가 7급

① 점증예산(incrementalism)
② 대체점증예산(alternating incrementalism)
③ 반복예산(repetitive budgeting)
④ 세입예산(revenue budgeting)

정답 ④
해설 선진국의 도시정부와 같이 경제력은 작지만, 예측가능성이 높은 경우 주로 발생하는 형태는 세입예산 또는 양입제출적 예산이다.

📖 Wildavsky 예산문화론

구분		경제력	
		큼	작음
재정의 예측가능성	높음	점증적(incremental) 예산	양입제출적(revenue) 예산
	낮음	보충적(supplement) 예산	반복적(repetitive) 예산

13
각국의 경제력, 재정적 예측능력, 정치제도, 엘리트의 가치체계 및 지출규모 등에 따라 예산운영 유형이 달라질 수 있다. 총체적 희소성 상황에 처한 저개발국가에서 나타나는 예산운영 유형은? 2009. 지방 7급

① 보충적 예산운영
② 점증적 예산운영
③ 반복적 예산운영
④ 세입 예산운영

정답 ③

해설 Wildavsky에 따르면, 총체적 희소성 상황에 처한 저개발국가는 경제력이 낮고 재정의 예측능력이 부족하기 때문에 재원의 고갈을 방지하기 위해 예산의 급격한 변화를 추구하지 못하며, 낮은 예측가능성으로 인해 기존 사업을 그대로 유지하는 반복적(답습적) 예산운영이 나타난다.

Chapter 06 예산제도와 재정개혁

제1절 예산기능과 예산제도

01
미국의 예산개혁과 결부시켜 쉬크(A. Schick)가 도출한 예산제도의 주된 지향점으로 볼 수 없는 것은?

2012. 국가 9급

① 성과지향 ② 통제지향
③ 기획지향 ④ 관리지향

정답 ① [×]
해설 쉬크(A. Schick)는 미국의 예산개혁의 단계를 ㉠ 통제지향 ㉡ 관리지향 ㉢ 기획지향으로 구분하였다.

02
예산제도와 그 특성의 연결이 가장 옳지 않은 것은?

2017. 서울 9급

① 품목별 예산제도(LIBS) – 통제 지향
② 성과주의 예산제도(PBS) – 관리 지향
③ 계획 예산제도(PPBS) – 기획 지향
④ 영기준 예산제도(ZBB) – 목표 지향

정답 ④ [×]
해설 영기준 예산제도(ZBB)는 감축지향(목표 지향 ×)을 특징으로 한다.

03
다음 중에서 예산개혁의 경향이 시대에 따라 변화해온 것을 시기 순으로 가장 잘 나타낸 것은?

2013. 서울 9급

① 통제 지향 – 관리 지향 – 기획 지향 – 감축 지향 – 참여 지향
② 통제 지향 – 감축 지향 – 기획 지향 – 관리 지향 – 참여 지향
③ 관리 지향 – 감축 지향 – 통제 지향 – 기획 지향 – 참여 지향
④ 관리 지향 – 기획 지향 – 통제 지향 – 감축 지향 – 참여 지향
⑤ 기획 지향 – 감축 지향 – 통제 지향 – 관리 지향 – 참여 지향

정답 ① [○]
해설 예산개혁의 변화는 통제 지향(품목별 예산제도) → 관리 지향(성과관리 예산제도) → 기획 지향(계획예산제도 PPBS) → 감축 지향(영기준 예산제도) → 참여 지향 순으로 발전되었다.

04
품목별 예산제도에 대한 설명으로 옳지 않은 것은?

2017. 지방 9급

① 비교적 운영하기 쉬우나 회계책임이 분명하지 않은 단점이 있다.
② 지출품목마다 그 비용이 얼마인가에 따라 예산을 배정하는 제도이다.
③ 예산담당 공무원들에게 필요한 핵심적 기술은 회계기술이다.
④ 예산집행자들의 재량권을 제한함으로써 행정의 정직성을 확보하려는 제도이다.

정답 ① [×]
해설 품목별 예산제도는 지출대상별로 지출금액이 명확히 표현되기 때문에 공무원의 회계책임을 분명히 할 수 있다.

05
품목별 예산제도에 대한 설명으로 옳은 것은?
2019. 국가 9급

① 지출을 통제하고 공무원들로 하여금 회계적 책임을 쉽게 확보할 수 있는 데 용이하다.
② 미국 케네디 행정부의 국방장관인 맥나마라(McNamara)가 국방부에 최초로 도입하였다.
③ 거리 청소, 노면 보수 등과 같이 활동 단위를 중심으로 예산재원을 배분한다.
④ 능률적인 관리를 위하여 구성원의 참여를 촉진한다는 점에서는 목표에 의한 관리(MBO)와 비슷하다.

정답 ① [○]
해설 ② [×] 기획예산제도(PPBS)에 대한 설명이다.
③ [×] 성과주의 예산(PBS)에 대한 설명이다.
④ [×] 구성원의 참여를 특징으로 하는 것은 영기준예산제도(ZBB)의 특징이다.

06
품목별예산제도(line-item budget system)에 대한 설명으로 옳지 않은 것은?
2023. 지방 9급

① 미국에서 공무원의 부정부패를 막고 행정의 능률을 향상시키기 위해 도입되었다.
② 정부 활동에 대한 총체적인 사업계획과 우선순위 결정에 유리하다.
③ 예산 집행의 책임성을 확보할 수 있는 통제지향 예산제도이다.
④ 특정 사업의 지출 성과에 대해서는 파악하기 어렵다.

정답 ② [×]
해설 품목별 예산제도는 지출 대상별로 금액을 배정하여 전반적인 정부 기능 및 전체 사업에 대한 확인이 어렵고, 계획과 연계가 어렵다(총체적인 사업계획과 우선순위 결정에 유리 ×).

07
품목별예산제도에 대한 설명으로 옳지 않은 것은?
2016. 지방 9급

① 재정민주주의 구현에 유리한 통제지향 예산제도이다.
② 정부활동의 중복 방지와 통합 조정에 유리한 예산제도이다.
③ 지출 대상에 따라 자세히 예산이 표시되어 있으므로 예산심의가 용이하다.
④ 정부가 수행하는 사업과 그 효과에 대한 명확한 정보를 제공하지 못한다.

정답 ② [×]
해설 PPBS의 특징에 해당한다. PPBS는 전통적인 조직의 경계를 뛰어넘어 동일한 목표를 지향하는 활동들을 통합해서 관리하기 때문에, 이를 통해 목표를 달성하는 데 있어 중복되는 사업이나 상호 모순되는 사업들을 발견하고 조정할 수 있게 된다. 품목별 예산제도는 예산을 활동이 아닌 품목별로 분류해 편성하므로 정부활동의 중복방지와 통합·조정이 곤란하다.

08
성과주의 예산제도에 관한 설명으로 옳은 것을 모두 고른 것은?
2010. 국가 9급

ㄱ. 예산서에는 사업의 목적과 목표에 대한 기술서가 포함되며, 재원은 활동 단위를 중심으로 배분된다.
ㄴ. 사업의 대안들을 제시하도록 하고 가장 효과적인 프로그램에 대해 재원배분을 선택하도록 한다.
ㄷ. 예산의 배정과정에서 필요 사업량이 제시되므로 예산과 사업을 연계시킬 수 있다.
ㄹ. 장기적인 계획과의 연계보다는 단위사업만을 중시하기 때문에 전략적인 목표의식이 결여될 수 있다.

① ㄱ, ㄴ
② ㄱ, ㄷ, ㄹ
③ ㄱ, ㄴ, ㄷ
④ ㄴ, ㄷ, ㄹ

정답 ② ㄱ, ㄷ, ㄹ [O]
해설

성과주의 예산편성의 예

사업명	사업 목적	측정 단위	단가	실적	금액	변화율
긴급 출동	비상시 6분 내 현장까지 출동	출동 횟수	$100	1,904건	$190,400	+10.0%
일반 순찰	24시간 계속 순찰	순찰 시간	25	2,232 시간	$55,800	+7.8%
범죄 예방	강력범죄 발생률의 10% 감소	투입 시간	30	2,327 시간	$69,800	+26.7%
계					$316,000	

ㄴ. [×] 계획예산제도(PPBS)에 관한 설명이다.

09
성과주의 예산제도에 대한 설명으로 옳은 것만을 모두 고르면?
2025. 국가 9급

ㄱ. 행정의 재량 범위를 축소시켜 입법부의 통제가 상대적으로 용이하다.
ㄴ. 각 사업마다 가능한 한 업무 측정단위를 선정하여 업무를 계량화한다.
ㄷ. 사례로는 미국 테네시계곡개발청(TVA) 사업의 예산제도가 있다.
ㄹ. 이 제도는 1970년대 미국 연방정부 예산에 도입되었다.

① ㄱ, ㄴ
② ㄱ, ㄹ
③ ㄴ, ㄷ
④ ㄷ, ㄹ

정답 ③ ㄴ, ㄷ [O]
해설 ㄱ. [×] 입법부의 행정부에 대한 회계적·재정적 통제의 약화(회계책임의 모호성): 품목별 예산은 정부활동의 회계적 측면에서 구입하는 물품 자체에 관심을 집중시켜 행정부에 대한 의회의 회계적 통제가 용이하지만 성과주의 예산은 그 중점이 회계활동에서 정책이나 사업계획 업무로 전환되고 사업 내에서는 전용이 가능해지는 등 신축성이 높고 단위원가 계산의 기술적 복잡성이 높으므로 책임이 모호해지고 의회의 회계적·재정적 통제가 곤란하다.

ㄹ. [×] 성과주의 예산제도는 뉴딜정책과 2차 세계대전을 거치면서 정부기능이 확대되고 정부사업 수와 규모가 증가하면서 효율적 관리의 필요성에서 트루먼(Truman) 정부 때 1949년 1차 후버위원회의 권유로 1950년 의회가 예산회계절차법을 제정하여 연방정부를 비롯한 주 및 지방정부로 확산되었다.

10
성과주의 예산의 단점을 설명한 것으로 옳은 것은?
2010. 서울 9급

① 국민이나 입법부가 정부사업의 목적을 이해하기 어렵다.
② 총괄예산 계정에 적합하지 않고 입법부의 재정통제가 곤란하다.
③ 정책과 계획수립을 어렵게 하고 입법부에 의한 예산심의가 복잡하다.
④ 예산 집행의 신축성이 떨어진다.
⑤ 하향적 의사결정에 따라 권한이 상부에 집중되는 경향이 있다.

정답 ② [O]
해설 성과주의 예산은 구체적인 활동이나 산출물을 기준으로 예산을 편성하기 때문에 총괄계정에 적합하지 않으며(성과주의 예산은 성과를 측정할 수 있는 소규모 단위 사업에만 적용이 가능하기 때문), 세출에 대한 통제가 품목별예산제도(LIBS) 보다 상대적으로 약화될 수 밖에 없다.
① [×] 사업 또는 활동별로 예산이 편성되기 때문에 정부가 무슨 사업을 추진하는지 국민이나 입법부가 쉽게 이해할 수 있다.
③ [×] 정책과 계획수립을 용이하게 하고, 사업별로 예산 산출 근거가 제시되기 때문에 입법부에 의한 예산심의가 용이하다.
④ [×] 통제보다는 관리중심의 예산으로, 예산집행의 신축성이 높아진다.
⑤ [×] 계획예산제도에 대한 설명이다.

11
A 예산제도에서 강조하는 기능은?
2020. 지방 9급

A 예산제도는 당시 미국의 국방장관이었던 맥나마라(McNamara)에 의해 국방부에 처음 도입되었고, 국방부의 성공적인 예산개혁에 공감한 존슨(Johnson) 대통령이 1965년에 전 연방정부에 도입하였다.

① 통제
② 관리
③ 기획
④ 감축

정답 ③
해설 기획예산제도에 대한 설명이다. 계획예산제도는 장기적인 기획과 단기적인 예산편성을 유기적으로 연결시킴으로써 합리적인 자원배분을 이루려는 제도로, 1963년 케네디 행정부의 국방장관 맥나마라(McNamars)에 의해 국방부에 도입된 후 1965년 존슨(Johnson) 대통령에 의해 연방정부에 도입되었다.

12
기획예산제도(PPBS)의 특성에 해당하는 것은?

2008. 국가 9급

① 예산이 조직의 일선기관들에 의하여 분산되어 편성되기 쉽다.
② 투입 중심의 예산편성으로 인해 목표가 불명확하다.
③ 장기적인 안목을 중시하며 비용편익분석 등 계량적인 분석기법의 사용을 강조한다.
④ 정책결정단위가 정책결정패키지를 작성함에 있어 신축성을 가지며, 체제적 접근을 선호한다.

정답 ③ [○]
해설 기획예산제도(PPBS)는 비용편익분석 등 계량적인 분석기법을 사용하여 장기적 계획과 단기적 예산을 접목하려는 예산제도이다.

13
계획예산제도(PPBS)에 대한 설명으로 옳지 않은 것은?

2013. 국가 9급

① 품목별 예산은 하향식 예산과정을 수반하나, PPBS는 상향식 접근이 원칙이다.
② 품목별 예산과는 달리 부서별로 예산을 배정하지 않고 정책별로 예산을 배분한다.
③ PPBS는 집권화를 강화시킨다.
④ 계량적인 기법인 체제분석, 비용편익분석 등을 사용한다.

정답 ① [×]
해설 품목별 예산은 상향적 예산과정을 수반하나, PPBS는 하향적 접근이 원칙이다.

14
계획예산제도(PPBS)에 관한 설명으로 옳은 것은?

2011. 국회 8급

① 품목별 예산은 하향식 예산과정을 수반하지만 계획예산제도는 하향식 접근을 선택할 수 있게 해준다.
② 프로그램 예산 형식을 취하고 있으며 예산편성에서 계량기법의 도입에 대해서는 적극적이지 못했다.
③ 부서별로 일정하게 배분되는 시스템으로 개별부서들은 예산확보를 위해 사업에 대한 영향을 분석할 필요성을 느끼지 못하며, 구조화된 분석의 역할은 중시되지 않는다.
④ 미국 연방정부 차원에서 도입되었으나 전반적으로 실패한 것으로 평가되고 있다.
⑤ 품목별 예산과는 달리 정책별로 예산을 배분하지 않고 부서별로 예산을 배정한다.

정답 ④ [○]
해설 1965년 존슨 대통령에 의해 연방정부에 도입되었으나 닉슨 행정부의 등장으로 1971년에 공식적으로 중단되었다. 계획예산제도는 계량분석 과정에 많은 시간과 노력이 요구되고, 과다한 문서 작업을 초래한 반면, 연방정부에서 기대했던 것만큼 소기의 성과를 거두지 못했기 때문에 많은 불만을 초래하였다.
① [×] 품목별 예산제도는 결정의 흐름이 상향적이다.
② [×] 계획예산제도는 장기적인 계획과 단기적인 예산편성을 프로그램을 통해 유기적으로 연결시킴으로써 합리적인 자원배분을 추구하는 예산제도로 체제분석, 운영분석 등 계량적 기법을 적극적으로 활용하였다.
③, ⑤ [×] 계획예산제도는 부서 간 장벽을 타파하고, 합리모형(총체모형)에 입각하여 여러 대안을 체계적으로 분석 및 검토하는 예산제도이다. 계획예산제도는 조직 혹은 사업의 목표를 설정하고, 동일한 목표를 달성하는 데 기여하는 사업들을 결합하여 예산을 배분하게 된다. 따라서 예산을 확보하기 위한 경쟁이 정부조직 또는 부처 간에 이루어지는 것이 아니라 사업 간에 이루어지게 된다. 이처럼 PPBS는 전통적인 조직의 경계를 뛰어넘어 동일한 목표를 지향하는 활동들을 통합해서 관리하기 때문에, 이를 통해 목표를 달성하는 데 있어 중복되는 사업이나 상호 모순되는 사업들을 발견하고 조정할 수 있게 된다.

15
다음 설명에 해당하는 예산제도는? 2018. 지방 9급

- 합리적 선택을 강조하는 총체주의 방식의 예산제도이다.
- 조직구성원의 참여가 상대적으로 높은 분권화된 관리체계를 갖는다.
- 예산편성에 비용·노력의 과다한 투입을 요구한다는 비판을 받는다.

① 성과주의예산제도
② 계획예산제도
③ 영기준예산제도
④ 품목별예산제도

정답 ③ [O]
해설 영기준예산제도에 대한 설명이다. 합리적 선택을 강조하는 총체주의 방식이 적용되는 예산제도에는 영기준예산제도와 계획예산제도가 해당되는데, 계획예산제도는 집권화된 관리체계를 특징으로 하는 반면에, 영기준예산제도는 의사결정 패키지의 작성과 우선순위 결정 과정에 구성원의 참여가 이루어지는 분권화된 관리체계를 특징으로 한다.

16
영기준예산(ZBB)에 대한 설명으로 옳지 않은 것은? 2024. 국가 9급

① 기존 사업과 새로운 사업을 구분하지 않고 사업의 목적, 방법, 자원에 대한 근본적인 재평가를 바탕으로 예산을 편성하는 제도이다.
② 우리나라는 정부예산에 영기준예산 제도를 적용한 경험이 있다.
③ 예산편성의 기본 단위는 의사결정 단위(decision unit)이며 조직 또는 사업 등을 지칭한다.
④ 집권화된 관리체계를 갖기 때문에 예산편성 과정에 소수의 조직구성원만이 참여하게 된다.

정답 ④ [X]
해설 영기준예산은 의사결정 패키지의 작성과 우선순위 결정 과정에 구성원의 참여가 이루어지며, 계획예산(PPBS)보다 운영 면에서 전문성을 적게 요구하기 때문에 조직구성원 모두가 참여할 수 있는 분권화된 관리 체계를 갖는다. 정보와 의사결정 권한이 과도하게 중앙집권화하는 경향이 있는 것은 계획예산(PPBS)의 특징이다.
② [O] 한국은 1981년 국무총리를 위원장으로 하는 예산개혁추진위원회를 구성해 1982년 예산집행 시부터 ZBB 도입을 부분적으로 시도했다. 그러다가 1983년 예산편성부터 부분적이긴 하지만 공식적으로 도입한 바 있다.

17
영기준 예산제도(ZBB)의 장점으로 옳지 않은 것은? 2015. 사복직 9급

① 국방비, 공무원의 보수, 교육비와 같은 경직성 경비가 많으면 영기준 예산제도의 효용이 커진다.
② 최고관리자는 각 기관의 업무수행에 대한 보다 상세한 자료를 입수할 수 있다.
③ 예산과정에 대한 관리자 및 실무자의 참여를 촉진한다.
④ 전년도 답습주의로 인한 재정의 경직성을 완화할 수 있다.

정답 ① [X]
해설 공공부문에 있어 국방비, 공무원의 보수, 교육비와 같은 경직성 업무와 경직성 경비가 많을 경우 영기준예산 제도의 적용을 어렵게 할 수 있다.
② [O] 영기준예산제도는 대안의 분석 및 평가와 대안의 우선순위 결정과정을 통해서 합리적 효율적 재원배분을 이룰 수 있으며, 각 기관의 업무수행에 대한 보다 상세한 자료를 입수할 수 있다.
③ [O] 영기준예산제도는 의사결정 패키지의 작성과 우선순위 결정 과정에 관리자 및 실무자의 참여가 이루어진다.
④ [O] 영기준예산제도는 합리모형을 적용하여, 기존 사업과 신규 사업을 모두 원점에서 검토하여 우선순위에 따라 합리적인 예산배분을 추구하므로 전년도 답습주의로 인한 예산팽창, 예산 낭비 등을 억제할 수 있으며, 재정의 경직성을 완화할 수 있다.

18
다음 중 일몰법과 영기준 예산에 대한 설명으로 옳지 않은 것은?
2009. 서울 7급

① 일몰법은 정책과 관련된 입법적 과정이며, 영기준 예산은 행정부 예산제도로 행정적 과정과 관련이 크다.
② 일몰법과 영기준 예산은 사업의 능률성과 효과성을 검토하여 사업의 계속 여부를 결정하기 위한 재심사의 성격을 갖는다.
③ 일몰법은 조직의 최상위 계층부터 중·하위 계층 모두와 관련되어 있는 반면, 영기준 예산은 조직의 최상위 계층과 관련이 있다.
④ 일몰법과 영기준 예산의 시행을 통해 자원의 합리적 배분을 꾀할 수 있다.
⑤ 일몰법과 영기준 예산은 자원난 시대에 대비하는 감축관리를 강조하고 있다는 점에서 공통점을 지닌다.

> **정답** ③ [×]
> **해설** 일몰법은 조직의 최상위 계층과 관련이 있는 반면, 영기준 예산은 조직의 최상의 계층부터 중·하위 계층 모두와 관련되어 있다.
>
> | 구분 | 영기준 예산 | 일몰법 |
> |---|---|---|
> | 공통점 | • 자원난 시대의 감축관리 강조
• 자원의 합리적 배분 강조
• 사업의 능률성과 효과성을 검토하여 사업의 계속 여부를 결정하기 위한 재심사의 성격을 가짐 | |
> | 차이점 | 행정과정 | 입법과정 |
> | | 상향적 | 하향적 |
> | | 매년 실시
(단기적 안목) | 3~7년 주기적 검토
(장기적 안목) |

19
신성과주의 예산(New Performance Budgeting)의 특징으로 가장 옳지 않은 것은?
2018. 서울 7급

① 투입요소 중심이 아니라 산출 또는 성과를 중심으로 예산을 운용하는 제도이다.
② 과거의 성과주의 예산과 비교하여 프로그램 구조와 회계제도에 미치는 영향이 훨씬 광범위하고 포괄적이다.
③ 책임성 확보를 위해 시행되고 있는 성과관리를 예산과 연계시킨 제도이다.
④ 예산집행에서의 자율성을 부여하되, 성과평가와의 연계를 통해 책임성을 확보하고자 한다.

> **정답** ② [×]
> **해설** 예산개혁의 접근 방법 면에서 과거의 성과예산제도는 그 내용과 범위가 상당히 광범위한데 비해, 새로운 성과예산제도는 좁은 범위에서 적용되는 경향이 있다. 새로운 성과예산제도는 프로그램 구조와 회계제도 등을 바꿀 수 있는 큰 틀의 제도개혁으로 보기보다는 예산 과정에서 성과정보의 활용을 예산개혁의 목표로 삼는 경향이 있다.

20
결과 지향적 예산제도(new performance budgeting; result-oriented budgeting)에 대한 설명으로 옳지 않은 것은?
2017. 국가 7급

① 20세기 후반부터 주요 국가들이 재정사업의 운영과정이나 기능에 초점을 두고 새로운 성과주의 예산체계를 도입하기 시작했다.
② 재정사업의 목표, 결과, 재원을 연계하여 예산을 '성과에 대한 계약'의 개념으로 활용한다.
③ 각 부처 재정사업 담당자들에 대한 동기부여를 강조하고 이들에게 더 많은 권한을 부여하고자 한다.
④ 미국 클린턴 행정부는 결과 지향적 예산제도의 일환으로 PART(Program Assessment Rating Tool)를 도입했다.

> **정답** ④ [×]
> **해설** 성과주의 예산제도의 논리에 따라 미국 클린턴 행정부에서는 1993년 '정부성과 및 결과법(Government Performance and Results Act : GPRA)'이 제정되었다. GPRA는 부시 행정부가 등장하면서 PART(Program Assessment Rating Tool)에 의해 보완되었다.

21
예산제도에 대한 설명으로 옳지 않은 것은? 2020. 국가 9급

① 품목별 예산제도는 일에 대한 정보를 제공하며, 세입과 세출의 유기적 연계를 고려한다.
② 성과주의 예산제도는 업무량과 단위당 원가를 곱하여 예산액을 산정한다.
③ 계획예산제도는 비용편익분석 등을 활용함으로써 자원 배분의 합리화를 추구한다.
④ 영기준 예산제도는 예산 편성에서 의사결정단위(decision unit) 설정, 의사결정 패키지 작성 등이 필요하다.

> **정답** ① [×]
> **해설** 품목별 예산제도는 투입(품목)을 중심으로 예산을 편성하므로 통제는 용이하지만 일(사업)에 대한 정보를 제공하지 못하며, 지출의 대상을 중심으로 예산을 편성하므로 세입과 세출의 유기적인 연계가 곤란하다는 단점이 있다.

22
예산제도에 대한 설명으로 옳지 않은 것은? 2021. 지방 9급

① 품목별 예산제도는 행정부의 재량권을 확대하기 위해 도입되었다.
② 성과주의 예산제도에서는 사업의 단위원가를 기초로 예산을 편성한다.
③ 계획예산제도에서는 장기적인 기획과 단기적인 예산편성을 연계하여 합리적 예산 배분을 시도한다.
④ 영기준 예산제도는 예산을 편성할 때 전년도 예산에 구애받지 않는다.

> **정답** ① [×]
> **해설** 품목별 예산제도(LIBS)는 행정부의 재량권을 통제하기 위해 도입된 통제지향적 예산제도이다.

23
예산제도 종류에 대한 설명으로 가장 옳은 것은? 2019. 서울 9급

① 품목별 예산제도(LIBS)는 각 항목에 의한 예산배분으로 조직 목표 파악이 쉽다.
② 성과주의 예산제도(PBS)는 투입요소 중심으로 단위원가에 업무량을 곱하여 예산액을 측정한다.
③ 목표관리 예산제도(MBO)는 부처별 기본목표에 따라 하향식 방식으로 중장기 계획을 수립한다.
④ 영기준 예산제도(ZBB)는 기존 사업예산은 인정하되 새로운 사업에 대해서만 엄밀한 사정을 한다.

> **정답** ② [○]
> **해설** ① [×] 품목별 예산제도(LIBS)는 각 지출 항목을 중심으로 예산을 배분하므로 재정통제는 용이하지만, 조직의 목표를 파악하는 것이 곤란하다.
> ③ [×] 하향식 방식으로 장기적이 계획과 단기적인 예산편성을 연계하는 것은 계획예산제도(PPBS)이다. 목표관리 예산제도(MBO)는 상향적·분권적 예산편성 제도이다.
> ④ [×] 영기준 예산제도(ZBB)는 기존사업과 신규사업을 모두 원점에서 근본적으로 재평가한다.

24
다음은 여러 예산제도의 장·단점을 서술한 것이다. 옳지 않은 것은? 2010. 지방 9급

① 영기준예산제도는 점증주의적 예산편성의 폐단을 시정하고자 개발되었다.
② 계획예산제도는 목표·계획·사업의 연계성을 높일 수 있으나 과도한 정보를 필요로 한다는 단점이 있다.
③ 성과주의예산제도는 산출을 확인할 수 있는 장점이 있지만 업무단위 선정 및 단위원가 계산이 어렵다.
④ 품목별예산제도는 지출항목을 엄격히 분류하므로 사업성과와 정부생산성을 정확하게 평가할 수 있다.

> **정답** ④ [×]
> **해설** 품목별예산제도는 지출항목을 엄격히 분류하여 통제에 유리한 반면, 정부사업의 성과 및 생산성 평가는 곤란하다. 품목별예산제도는 투입에만 초점을 맞추기 때문에 투입이 산출로 어떻게 연결되는지, 자원이 얼마나 효율적으로 사용되는지에 대한 정보는 제공하지 못한다.

25
다음 중 예산제도에 대한 설명으로 가장 옳지 않은 것은?
2016. 서울시 9급

① 품목별(LIBS)의 정책결정방식은 분권적·참여적이다.
② 계획예산(PPBS)은 기획의 책임이 중앙에 집중되어 있다.
③ 영기준(ZBB) 예산은 기획의 책임이 분권화되어 있다.
④ 성과주의(PBS) 예산과 목표관리예산(MBO)은 모두 관리에 초점이 맞추어져 있다.

정답 ① [×]
해설 정책결정방식이 분권적·참여적인 것은 영기준예산제도(ZBB)이다. 영기준 예산은 의사결정 패키지의 작성과 우선순위 결정 과정에 구성원의 참여가 이루어지는 참여적·분권적 예산제도이다.

26
예산제도에 대한 설명으로 옳은 것만을 모두 고르면?
2024. 국가 7급

ㄱ. 영기준예산제도에서는 사업을 원점에서 재검토하여 예산을 편성하기 때문에 사업담당자들이 자신의 사업평가 과정에서 위협을 느끼게 된다.
ㄴ. 성과주의예산제도는 업무단위 선정이 곤란하지만 단위원가 계산은 용이하다.
ㄷ. 계획예산제도는 의사결정 집권화를 완화할 수 있고, 목표설정의 계량화를 용이하게 할 수 있다.
ㄹ. 품목별예산제도는 행정부의 예산집행 과정에서 유용이나 남용을 방지할 수 있고, 예산심의가 용이하여 행정부에 대한 의회의 권한을 강화할 수 있다.

① ㄱ, ㄴ
② ㄱ, ㄹ
③ ㄴ, ㄷ
④ ㄷ, ㄹ

정답 ② ㄱ, ㄹ [○]
해설 ㄴ. [×] 성과주의예산제도는 업무단위 선정이 곤란하고 단위원가 계산도 어렵다. 먼저 정부활동의 업무 단위를 찾아내는 것이 곤란하다. 행정 업무 중에서 동질적이고 계량화할 수 있는 최종 산물을 찾기가 어렵기 때문이다. 또한 단위원가의 계산도 곤란하다. 단위원가를 계산하기 위해서는 원가회계 등의 회계학적 지식이 필요하다. 발생주의 회계에 근거해 감가상각 등이 적용되는 회계정보가 창출되고 축적되어야 한다. 그리고 부서 간 공동 경비의 배분 문제, 간접비의 산출 문제 등이 해결되지 않으면 단위 원가를 계산하기 쉽지 않다.

ㄷ. [×] 계획예산제도는 정보와 의사결정 권한이 과도하게 중앙집권화하는 경향이 있으며, 목표 설정의 계량화가 곤란하다는 단점이 있다.

27
〈보기〉의 예산제도에 대한 설명으로 옳은 것만을 모두 고르면?
2021. 국회 9급

─ 보기 ─
ㄱ. 성과주의 예산제도(Performance Budgeting System)는 계량화된 정보를 통해 합리적인 의사결정과 관리 개선에 기여할 수 있다는 장점이 있다.
ㄴ. 계획예산제도(Planning Programming Budgeting System)는 계획 - 사업 - 예산의 체계적 연계를 강조하며, 주요 관심 대상은 사업의 목표이나, 투입과 산출에도 관심을 둔다.
ㄷ. 품목별 예산제도(Line-item Budgeting System)는 주어진 재원 수준에서 달성한 산출물 수준을 성과지표에 포함한다.
ㄹ. 영기준 예산제도(Zero-based Budgeting System)는 합리적 선택을 강조하는 총체주의 방식의 예산제도로 예산 편성에 비용·노력의 과다한 투입을 요구한다는 비판을 받는다.
ㅁ. 프로그램 예산제도는 프로그램을 중심으로 예산을 편성하는 제도이며, 우리나라는 1998년 공식적으로 도입했다.

① ㄱ, ㄴ, ㄷ
② ㄱ, ㄴ, ㄹ
③ ㄴ, ㄷ, ㄹ
④ ㄴ, ㄷ, ㅁ
⑤ ㄷ, ㄹ, ㅁ

정답 ② ㄱ, ㄴ, ㄹ [○]
해설 ㄷ. [×] 품목별예산제도는 투입에만 초점을 맞추기 때문에 투입이 산출로 어떻게 연결되는지, 그리고 자원이 얼마나 효율적으로 사용되는지에 대한 정보는 제공하지 못한다.
ㅁ. [×] 우리나라 프로그램예산제도는 중앙정부에 2007년, 지방정부에 2008년에 도입되었다.

제2절 예산제도 개혁

01
우리나라의 예산제도에 대한 설명으로 옳지 않은 것은?
2017. 국가 9급

① 통합재정은 일반회계, 특별회계, 기금 등을 포괄한 국가 전체 재정을 의미한다.
② 조세지출예산제도는 세금을 징수하기 위해 지출한 예산을 통합적으로 관리하기 위한 예산제도이다.
③ 성인지 예산서는 예산이 남성과 여성에 미칠 영향을 미리 분석한 보고서로 정부가 예산안과 함께 국회에 제출해야 하는 첨부서류이다.
④ 각 중앙관서의 장은 예산요구서를 제출할 때에 다음 연도 예산의 성과계획서 및 전년도 예산의 성과보고서를 기획재정부 장관에게 함께 제출하여야 한다.

> **정답** ② [×]
> **해설** 조세지출예산제도란 세금을 징수하기 위한 것이 아니라 조세지출(정부가 받아야 할 세금을 받지 않고 포기한 액수)의 내용과 규모를 예산서 작성을 통해 체계적으로 분류하고, 주기적으로 공표하여 행정부의 조세지출 내역을 투명하게 공개하고 국회 차원에서 통제하기 위한 제도이다.

02
예산제도에 대한 설명으로 옳지 않은 것은? 2017. 국가 9급

① 쉬크(Schick)는 통제 – 관리 – 기획이라는 예산의 세 가지 지향(orientation)을 제시하였다.
② 영기준예산제도(ZBB)가 단위사업을 사업 – 재정계획에 따라 장기적인 예산편성 쪽으로 방향을 잡았다면, 계획예산제도(PPBS)는 당해 연도의 예산 제약 조건을 먼저 고려한다.
③ 우리나라는 예산편성과 성과관리의 연계를 위해 재정사업자율평가제도를 실시하고 있다.
④ 조세지출예산제도는 조세지출의 내용과 규모를 주기적으로 공표해 조세지출을 관리하는 제도이다.

> **정답** ② [×]
> **해설** 반대로 설명되었다. 계획예산제도가 장기적인 계획과 단기적인 예산편성을 프로그램을 통해 유기적으로 연결시킨 예산편성제도라면, 영기준 예산제도는 당해 연도의 예산 제약 조건을 먼저 고려하여, 매년 기존 사업과 신규 사업을 모두 원점에서 근본적인 재평가를 바탕으로 검토하는 예산제도이다.

03
우리나라의 재정사업 성과관리에 대한 설명으로 옳지 않은 것은?
2023. 국가 9급

① 재정사업 성과관리의 내용은 성과목표관리와 성과평가로 구성된다.
② 재정사업 성과평가 결과는 지출 구조조정 등의 방법으로 재정운용에 반영될 수 있다.
③ 재정사업 심층평가 결과 기획재정부장관이 필요하다고 판단하면 재정사업 자율평가를 실시할 수 있다.
④ 재정사업 자율평가는 미국 관리예산처(OMB)의 PART (Program Assessment Rating Tool)를 우리나라 실정에 맞게 도입한 제도이다.

> **정답** ③ [×]
> **해설** 재정사업 자율평가 결과 추가적 평가가 필요하다고 판단되는 사업에 대해 기획재정부장관은 심층평가를 할 수 있다.
> 재정사업 심층평가를 실시할 수 있는 사업은 재정사업 자율평가 결과 추가적인 평가가 필요하다고 판단되는 사업 등이다.
>
> 「국가재정법 시행령」 제39조의3(재정사업의 성과평가 등) ① 기획재정부장관은 법 제85조의8제1항에 따라 각 중앙관서의 장과 기금관리주체에게 기획재정부장관이 정하는 바에 따라 주요 재정사업을 스스로 평가(이하 "재정사업자율평가"라 한다)하도록 요구할 수 있으며, 다음 각 호의 어느 하나에 해당하는 사업에 대해서는 심층평가를 실시할 수 있다. 다만, 「과학기술기본법」 제11조에 따른 국가연구개발사업에 대한 평가는 「국가연구개발사업 등의 성과평가 및 성과관리에 관한 법률」에 따른 성과평가로 재정사업자율평가 또는 심층평가를 대체할 수 있다.
> 1. 재정사업자율평가 결과 추가적인 평가가 필요하다고 판단되는 사업
> 2. 부처간 유사·중복 사업이나 비효율적인 사업추진으로 예산 낭비의 소지가 있는 사업

3. 향후 지속적 재정지출 급증이 예상되어 객관적 검증을 통해 지출효율화가 필요한 사업
4. 그 밖에 심층적인 분석·평가를 통해 사업추진 성과를 점검할 필요가 있는 사업

① (○) 「국가재정법」 제85조의2

제85조의2(재정사업의 성과관리) ① 정부는 성과중심의 재정운용을 위하여 다음 각 호의 성과목표관리 및 성과평가를 내용으로 하는 재정사업의 성과관리(이하 "재정사업 성과관리"라 한다)를 시행한다.
1. 성과목표관리: 재정사업에 대한 성과목표, 성과지표 등의 설정 및 그 달성을 위한 집행과정·결과의 관리
2. 성과평가: 재정사업의 계획 수립, 집행과정 및 결과 등에 대한 점검·분석·평가

② (○) 「국가재정법」 제85조의10

제85조의10(재정사업 성과관리 결과의 반영 등) ① 기획재정부장관은 매년 재정사업의 성과목표관리 결과를 종합하여 국무회의에 보고하여야 한다.
② 기획재정부장관은 재정사업의 성과평가 결과를 재정운용에 반영할 수 있다.
③ 중앙관서의 장은 재정사업 성과관리의 결과를 조직·예산·인사 및 보수체계에 연계·반영할 수 있다.
④ 정부는 재정사업 성과관리 결과 등이 우수한 중앙관서 또는 공무원에게 표창·포상 등을 할 수 있다.

04
우리나라의 프로그램 예산제도에 대한 설명으로 옳지 않은 것은?
2016. 사회복지 9급

① 세부업무와 단가를 통해 예산금액을 산정하는 상향식 방식을 사용하고 단년도 중심의 예산이다.
② 프로그램은 동일한 정책을 수행하는 단위사업의 묶음이다.
③ 예산 운용의 초점을 투입중심보다는 성과중심에 둔다.
④ '프로그램 - 단위사업 - 세부사업'은 품목별 예산체계의 '항 - 세항 - 세세항'에 해당한다.

정답 ① [×]
해설 전통적 예산제도(품목별 예산제도)에 대한 설명이다. 프로그램예산제도는 프로그램의 총 원가를 통해 예산금액을 산정하는 하향식 방식을 사용하고 다년도 중심의 예산인 국가재정운용계획 등과 연계되어 활용된다.

05
프로그램 예산제도에 대한 설명으로 옳지 않은 것은?
2016. 국가 7급

① 동일한 정책목표를 가진 단위사업들을 하나의 프로그램으로 묶어 예산 및 성과 관리의 기본 단위로 삼는다.
② 우리나라에서는 지방자치단체가 2004년부터 중앙정부는 2008년부터 공식적으로 채택하였다.
③ 자원배분의 투명성을 높일 수 있고 일반 국민이 예산사업을 쉽게 이해할 수 있게 된다.
④ 우리나라가 도입한 배경에는 투입 중심 예산 운용의 한계를 극복하고자 하는 측면이 있었다.

정답 ② [×]
해설 우리나라 프로그램 예산제도는 중앙정부 2007년, 지방정부는 2008년부터 공식으로 도입되었다.

06
프로그램 예산제도에 대한 설명으로 옳지 않은 것은?
2024. 지방 9급

① 우리나라 중앙정부는 2007년부터 프로그램 예산제도를 도입하였다.
② 예산 전과정을 프로그램 중심으로 구조화하고 성과평가체계와 연계시킨다.
③ 세부 업무와 단가를 통해 예산 금액을 산정하는 상향식(bottom up) 방식을 사용한다.
④ 일반회계, 특별회계, 기금이 포괄적으로 표시되어 총체적 재정배분 파악이 가능하다.

정답 ③ [×]
해설 세부 업무별로 품목과 단가를 통해 예산금액을 산정하는 상향식(bottom-up) 방식의 예산제도는 품목별 예산제도이다. 프로그램 예산제도는 국가재정운용계획에 입각하여 예산 총액을 설정하고, 분야별-부처별 예산규모 한도 내에서 사업에 기초하여 예산을 편성하는 하향식(top-down) 예산제도이다.
① [○] 프로그램 예산제도는 중앙정부 2007년, 지방정부는 2008년부터 공식적으로 도입되었다.
② [○] 프로그램 예산제도는 프로그램을 통해 정책과 예산을 연계하는 예산구조를 의미하며, 예산의 계획, 편성, 배정, 집행, 결산, 평가, 환류의 전 과정을 프로그램 중심으로 구조화하고 그것을 성과평가 체계와 연계시켜 성과를 관리하는 예산기법을 의미한다. 따라서 프로그램 예산제도와 성과관리제도는 불가분의 관계를 지니는데, 이를 성과관리 예산제도라 할 수 있다.

④ [○] 프로그램 예산제도는 일반회계, 특별회계, 기금이 포괄적으로 관리 운용되도록 유사한 목적의 재정자원은 동일한 프로그램으로 구성된다. 이를 위해 '프로그램-단위사업'과 '회계/기금'을 연계하여 하나의 예산서에 동시에 표시되어 있다. 동일 또는 유사한 목적의 사업이 다양한 회계, 기금에 걸친 경우 '조직 단위' – '프로그램' – '회계/기금' – '단위사업'의 순서로 표시하며, '회계/기금'은 일반회계, 특별회계, 기금 명칭을 명기한다.

프로그램 구조(조직 단위의 회계 단위)

분야	부문	(실·국)	프로그램	(회계/기금)	단위사업	세부사업	편성비목	통계비목
기능		조직		회계분류			품목	
				프로그램 구조				

보건복지부 프로그램 예산 체계 예시

분야	부문	프로그램	단위사업	세부사업
사회복지				
	기초생활보장			
		기초생활보장		
			기초생활급여	생계급여/해산장제급여/양곡관리/기초생활보장관리/교육급여/주거급여/복지급여/사후관리
			의료급여	의료 급여 관리/의료급여/경상보조
			긴급복지	긴급복지
			자활지원	자활장려금/생업자금 이차 및 손실보전금/근로능력 있는 수급자의 탈수급 지원/자활 사업/자활지원센터 운영 지원
	취약 계층 지원			
		장애인 생활안정 및 재활 지원		
			장애인 소득 보장	(이하 생략)
			장애인	
			장애인	
			장애인	
			장애인	
			장애인	
			장애인	
			장애인	
			장애인	

	노숙인 의사상자 지원			
			노숙인 등 지원	
			의사상자 예우	
		아동·보육		
		아동보호 및 복지 강화		
			아동자립 지원	
			실종예방 등 아동안전 증진	
			가정입양 및 위탁 지원	
			아동발달지원계좌 지원	
			아동·청소년 정책 연구 및 통계조사	
			아동·청소년 참여, 인권증진	
			방과후 돌봄 지원	
	저출산 대응 및 인구정책 지원			
			저출산 대응인구 정책	
			모자보건 사업(국민건강증진기금)	

07

재정성과관리와 재정건전성에 대한 설명으로 옳지 않은 것은?　　2017. 국가 9급

① 중기지방재정계획은 「지방재정법」에 근거한 사후예산제도로 지방재정 건전화를 추구한다.
② 통합재정수지는 재정건전성 분석, 재정의 실물경제 효과 분석, 재정운용의 통화부문에 대한 영향 분석 등에 활용될 수 있다.
③ 총사업비관리제도는 시작된 대형사업에 대한 총사업비를 관리해 재정지출의 생산성 제고를 도모한다.
④ 예비타당성조사는 대규모 신규사업에 대한 예산편성 및 기금 운용계획을 수립하기 위하여 기획재정부장관 주관으로 실시하는 사전적인 타당성 검증·평가제도이다.

정답 ① [×]

해설 중기지방재정계획은 「지방재정법」에 근거한 사전적 관여(사전예산관리)제도로 지방재정 건전화를 추구한다.

> 지방재정법 제33조(중기지방재정계획의 수립 등) ① 지방자치단체의 장은 지방재정을 계획성 있게 운용하기 위하여 매년 다음 회계연도부터 5회계연도 이상의 기간에 대한 중기지방재정계획을 수립하여 예산안과 함께 지방의회에 제출하고, 회계연도 개시 30일 전까지 행정안전부장관에게 제출하여야 한다.

08

「국가재정법」,「국가회계법」 등 관련법은 정부가 성과계획서와 성과보고서를 각각 예산안과 결산보고서에 포함시켜 국회에 제출하도록 규정하고 있다. 이처럼 재정운용과 관련하여 성과관리적 요소가 강화된 배경으로 옳지 않은 것은?

2012. 국가 9급

① 재정지출의 효율화 및 예산절감의 필요성 증대
② 재정운용의 투명성 및 책임성 제고 요구 증대
③ 국가재정운용계획, 총액배분자율편성예산제도의 시행에 따른 체계적 성과관리의 중요성 증대
④ 지출의 합법성 제고 및 오류방지 요구 증대

정답 ④ [×]
해설 최근 신공공관리론(NPM) 행정개혁에서 강조하는 성과중심의 재정운용은 지출의 합법성 및 오류방지에 대한 통제를 강조했던 전통적인 재정운용의 문제점을 극복하기 위해 재정운영의 경제성·능률성·효과성을 강조한다.

09

dBrain System에 대한 설명으로 옳지 않은 것은?

2017. 국가 7급

① 노무현 정부 당시 재정개혁의 일환으로 구축이 추진되었다.
② 예산편성, 집행, 결산, 사업관리 등 재정업무 전반을 종합적으로 연계 처리하도록 하는 통합재정정보시스템이다.
③ dBrain 구축이 완료됨에 따라 총액배분 자율편성 예산제도의 도입이 가능해졌다.
④ UN 공공행정상을 수상하는 등 국제적으로 호평을 받고 있다.

정답 ③ [×]
해설 총액배분자율편성예산제도는 중앙예산기관이 지출한도를 정해주고 각 부처는 한도 내에서 예산을 편성·요구하는 제도로 dBrain과는 관계없이 dBrain 도입 이전인 2005년에 도입된 제도이다. 디지털예산회계시스템(dBrain System)이 구축되어야 총액배분자율편성 예산제도(Top-down)가 도입될 수 있는 것은 아니다. 다만, 디지털예산회계시스템은 국가재정운용계획, 총액배분자율편성예산, 성과관리제도, 프로그램예산, 복식부기 발생주의 회계 등 재정혁신 시스템과 연계되어 운용되고 있다.

① [○] 노무현 정부의 4대 재정개혁의 일환으로 구축되었다. 2004년 디지털예산회계기획단이 설치되었고, 2004~2006년에 걸쳐 시스템을 설계 구축하였으며, 2007년 공식적인 가동을 시작하였다.
② [○] dBrain System(디지털예산회계시스템)은 예산, 회계, 정보의 국면을 하나로 통합하거나 연계하여 재정전체 업무처리가 동일 시스템에서 이루어지고, 관련정보가 생성되는 통합재정정보시스템을 의미한다.
④ [○] 디지털예산회계시스템(dBrain System)은 UN 공공행정상 정보화시대 정부 접근방식 제고 부문 대상에 선정된바 있다.

10

1980년대 이후 주요 국가들의 예산개혁에 대한 설명으로 옳은 것은?

2019. 국가 7급

① 성과주의 예산제도는 재정사업에 대한 투입보다는 그 결과에 대한 관심을 강조하고 있으나, 정작 성과측정, 사업원가 산정, 성과-예산의 연계 등에서 여전히 많은 난관이 있다.
② 중기재정계획은 단년도 예산의 장점인 안정성과 일관성보다는 재정건전성 등 중장기적 거시 재정목표의 효과적인 추구를 위해 도입되었다.
③ 하향식 예산편성제도는 추계한 예산총량을 전략적 우선순위에 따라 먼저 부문별·부처별로 배분하여 예산의 기술적 효율성(technical efficiency)의 제고를 우선적인 목적으로 한다.
④ 총액배분자율편성예산제도는 기획재정부가 부문별·부처별로 예산 상한을 할당하는 집권화된 예산편성 방식으로, 부처의 사업별 재원배분에 대한 보다 세밀한 관리·통제 필요성에 따라 도입되었다.

정답 ① [○]
해설 ② [×] 중기재정계획은 단년도주의에 입각한 예산운용의 문제점을 해소하기 위해 중·장기적 시계에서 정책과 기획 그리고 예산을 통합하기 위한 재정운용계획을 수립하는 것이다. 단년도만을 대상으로 한 예산운용은 근시안적 시계(다음 해에 발생할 비용과 편익만을 고려), 과다지출(다음 해 이후에 나타날 지출 증가에 무감각), 편협한 예산운용(정치가나 공무원들로 하여금 전체 사회나 경제에 미치는 영향을 고려하지 않고 편협하고 단기적 이익을 증진시키는 데 유리한 예산사업 추진), 전년도 답습식 예산운용 등의 문제점을 지니고 있다. 중기재정계획은 중장기적 시계에서 예산사업을 검토함으로써 전략적 재원배분과 재정적자 발생을 사전에 방지할 수 있으며, 예산의 효율적 사용 가능성을 높일 수 있다.

③ [×] 예산총량을 전략적 우선순위에 따라 부문별·부처별로 배분하는 것(우선순위에 따른 자원 배분)은 배분적 효율성을 의미한다. 기술적 효율성은 정부의 운영비용과 재화와 서비스의 공급비용을 감소시킬 수 있는 능력을 의미한다.
④ [×] 총액배분자율편성예산제도는 기획재정부가 부문별·부처별로 예산 상한을 할당한 뒤, 총액한도(상한선) 내에서는 부처가 자율적으로 예산을 편성하는 방식으로, 집권과 분권의 조화를 추구하는 예산제도이다.

11
선진국의 최근 예산제도 개혁에 대한 설명으로 옳지 <u>않은</u> 것은? 2010. 국가 7급

① 지출총액에 대한 통제를 강화하는 추세에 있으며, 이를 위하여 품목별 예산과 단년도 예산제도를 도입하였다.
② 예산집행의 자율성과 재량권을 확대하는 대신 절약에 대한 통제도 강화하기 위하여 매년 일정 비율로 국고에 반납토록 하는 효율성 배당제도를 도입하고 있다.
③ 권한의 위임과 융통성을 부여하기 위하여 운영예산제도를 도입하고 총액으로 예산을 결정하며 항목간 전용을 인정하고 있다.
④ 기존의 현금주의를 보완하기 위하여 발생주의를 도입하고 있다.

정답 ① [×]
해설 선진국의 현대 재정개혁의 경향은 재정건전성 강화를 위해 지출총액에 대한 통제(총량적 재정규율)를 강화하고 있으며, 재정운용의 효율성 제고를 위해 품목별 예산이 아닌 신성과주의(결과지향) 예산제도와 다년도 예산제도를 도입하였다.

12
급속한 환경변화에 대응하는 현대행정의 재정운영 패러다임 전환에 대한 설명으로 옳지 <u>않은</u> 것은? 2012. 국회 9급

① 선진국에서는 재정개혁의 영향으로 투입중심에서 성과중심으로의 전환이 이루어지고 있다.
② 아날로그 정보 시스템에서 디지털 정보시스템으로 전환이 이루어지고 있다.
③ 과거 행정관료 중심에서 납세자인 시민들이 주체가 되는 방향으로 전환되고 있다.
④ 정부회계의 경우 발생주의 회계에서 현금주의 회계로 전환되고 있다.
⑤ 몰성인지적 관점에서 성인지적 관점의 성인지 예산(gender budgeting)으로 전환되고 있다.

정답 ④ [×]
해설 정부회계의 경우 현금주의 회계에서 발생주의 회계로 전환되고 있다.

13
예산과 재정 관리에 대한 설명으로 옳지 <u>않은</u> 것은? 2018. 국가 9급

① 우리나라의 예산은 행정부가 제출하고 국회가 심의·확정하지만, 미국과 같은 세출예산법률의 형식은 아니다.
② 조세는 현 세대의 의사결정에 대한 재정 부담을 미래 세대로 전가하지 않는다는 장점이 있다.
③ 성과주의 예산제도의 도입에도 불구하고 품목별 예산제도는 우리나라에서 여전히 활용되고 있다.
④ 추가경정예산은 예산의 신축성 확보를 위한 제도로서, 최소 1회의 추가경정예산을 편성하도록 「국가재정법」에 규정되어 있다.

정답 ④ [×]
해설 추가경정예산은 국가재정법에서 편성사유를 제한하고 있지만 편성 횟수를 제한하는 규정은 없다.

제3절 재정건전화 제도

01

우리나라의 재정건전성 관련 제도에 대한 설명으로 가장 옳은 것은?
2017. 서울 9급

① 총사업비관리제도는 예비타당성조사제도와 같은 시에 도입되었다.
② 예비타당성조사는 총사업비 500억원 이상이면서 국가재정 지원이 300억원 이상인 신규사업 중에 일정한 절차를 거쳐 실시한다.
③ 토목사업은 400억원 이상일 경우 총사업비관리 대상이다.
④ 재정사업자율평가제도는 2004년부터 실시되었다.

정답 ② [O]
해설

> 국가재정법 제38조(예비타당성조사) 기획재정부장관은 총사업비가 500억원 이상이고 국가의 재정지원 규모가 300억원 이상인 신규 사업으로서 다음 각 호의 어느 하나에 해당하는 대규모사업에 대한 예산을 편성하기 위하여 미리 예비타당성조사를 실시하고, 그 결과를 요약하여 국회 소관 상임위원회와 예산결산특별위원회에 제출하여야 한다.

① [×] 총사업비관리제도는 1994년도부터 운영되었으며, 예비타당성 조사제도는 1999년 도입되었다.
③ [×] 토목사업은 500억원 이상인 경우에 총사업비관리제도의 대상이 된다.
④ [×] 재정사업 자율평가제도는 2005년도부터 시행되었다.

02

「국가재정법」상 재정건전화에 대한 설명으로 옳지 않은 것은?
2018. 국가 7급

① 국세감면율이란 당해 연도 국세 수입총액 대비 국세감면액 총액의 비율을 말한다.
② 국가의 회계 또는 기금의 국고채무부담행위는 국가채무에 해당한다.
③ 국가가 보증채무를 부담하고자 하는 때에는 미리 국회의 동의를 얻어야 한다.
④ 정부는 국회에서 추가경정예산안이 확정되기 전에 이를 미리 배정하거나 집행할 수 없다.

정답 ① [×]
해설 국가재정법 제99조에 따르면 국세감면율이란 당해 연도 국세 수입총액과 국세감면액 총액을 합한 금액에서 국세감면액 총액이 차지하는 비율을 의미한다.

> 국가재정법 제88조(국세감면의 제한) ① 기획재정부장관은 대통령령이 정하는 당해 연도 국세 수입총액과 국세감면액 총액을 합한 금액에서 국세감면액 총액이 차지하는 비율(이하 "국세감면율"이라 한다)이 대통령령이 정하는 비율 이하가 되도록 노력하여야 한다.
> ② 각 중앙관서의 장은 새로운 국세감면을 요청하는 때에는 대통령령으로 정하는 바에 따라 감면액을 보충하기 위한 기존 국세감면의 축소 또는 폐지방안이나 재정지출의 축소방안과 그 밖의 필요한 사항을 작성하여 기획재정부장관에게 제출하여야 한다.

② [O]

> 국가재정법 제91조(국가채무의 관리) ① 기획재정부장관은 국가의 회계 또는 기금이 부담하는 금전채무에 대하여 매년 다음 각 호의 사항이 포함된 국가채무관리계획을 수립하여야 한다.
> ② 제1항의 규정에 따른 금전채무는 다음 각 호의 어느 하나에 해당하는 채무를 말한다.
> 3. 국가의 회계 또는 기금의 국고채무부담행위

③ [O]

> 국가재정법 제92조(국가보증채무의 부담 및 관리) ① 국가가 보증채무를 부담하고자 하는 때에는 미리 국회의 동의를 얻어야 한다.
> ② 기획재정부장관은 매년 제1항에 따른 국가보증채무의 부담 및 관리에 관한 국가보증채무관리계획을 작성하여야 한다.

④ [O]

> 국가재정법 제89조(추가경정예산안의 편성) ① 정부는 다음 각 호의 어느 하나에 해당하게 되어 이미 확정된 예산에 변경을 가할 필요가 있는 경우에는 추가경정예산안을 편성할 수 있다.
> ② 정부는 국회에서 추가경정예산안이 확정되기 전에 이를 미리 배정하거나 집행할 수 없다.

03
국가채무에 대한 설명으로 옳지 않은 것은? 2019. 지방 9급

① 기획재정부장관은 국가채무관리계획을 수립하여야 한다.
② 국채를 발행하고자 할 때에는 국회의 의결을 얻어야 한다.
③ 우리나라가 발행하는 국채의 종류에 국고채와 재정증권은 포함되지 않는다.
④ 우리나라의 GDP 대비 국가채무비율은 일본과 미국보다 낮은 상태이다.

정답 ③ [×]
해설 우리나라가 발행하는 국채의 종류에는 국고채와 재정증권 등이 있다.

국가재정법 제91조(국가채무의 관리) ① 기획재정부장관은 국가의 회계 또는 기금이 부담하는 금전채무에 대하여 매년 다음 각 호의 사항이 포함된 국가채무관리계획을 수립하여야 한다.
1. 전전년도 및 전년도 국채 또는 차입금의 차입 및 상환실적
2. 당해 회계연도의 국채 발행 또는 차입금 등에 대한 추정액
3. 해당 회계연도부터 5회계연도 이상의 기간에 대한 국채 발행계획 또는 차입 계획과 그에 따른 국채 또는 차입금의 상환계획
4. 해당 회계연도부터 5회계연도 이상의 기간에 대한 채무의 증감 전망과 근거 및 관리계획
5. 그 밖에 대통령령이 정하는 사항
② 제1항의 규정에 따른 금전채무는 다음 각 호의 어느 하나에 해당하는 채무를 말한다.
1. 국가의 회계 또는 기금(재원의 조성 및 운용방식 등에 따라 실질적으로 국가의 회계 또는 기금으로 보기 어려운 회계 또는 기금으로서 대통령령이 정하는 회계 또는 기금을 제외한다. 이하 이 항에서 같다)이 발행한 채권
2. 국가의 회계 또는 기금의 차입금
3. 국가의 회계 또는 기금의 국고채무부담행위
4. 그 밖에 제1호 및 제2호에 준하는 채무로서 대통령령이 정하는 채무
③ 제2항의 규정에 불구하고 다음 각 호의 어느 하나에 해당하는 채무는 국가채무에 포함하지 아니한다.
1. 「국고금관리법」 제32조제1항의 규정에 따른 재정증권 또는 한국은행으로부터의 일시차입금
2. 제2항제1호에 해당하는 채권 중 국가의 회계 또는 기금이 인수 또는 매입하여 보유하고 있는 채권
3. 제2항제2호에 해당하는 차입금 중 국가의 다른 회계 또는 기금으로부터의 차입금

② [○]
국채법 제5조(국채의 발행) ① 국채는 국회의 의결을 받아 기획재정부장관이 발행한다.

04
우리나라 국가채무에 대한 설명으로 가장 옳지 않은 것은? 2016. 서울시 9급

① 국가채무의 범위는 「국가회계법」 제91조 2항에 따라 결정된다.
② 정부의 대지급 이행이 확정된 채무의 경우 국공채 및 차입금이 아니더라도 국가채무에 포함시킨다.
③ 국가의 회계 또는 기금이 인수하여 보유하고 있는 채권과 차입금은 국가채무 대상에서 제외시킨다.
④ 보증채무는 재정통계에 포함시키지 않는다.

정답 ① [×]
해설 국가채무의 범위는 「국가재정법」 제91조 제2항에 의해 결정된다.
④ [○] 보증채무는 원채무자가 원리금 상환 의무를 다하지 못할 경우에 한해 국가채무로 전환되는 미확정 채무로 확정채무가 아니므로 재정통계에는 포함하지 않는다. 그러나 주채무자가 상환하지 못하는 경우 국가의 재정 부담이 초래되는 우발채무이므로 국가채무에 준하는 관리가 필요하다. 국가재정법에 따라 국가가 보증채무를 부담하고자 할 때 미리 국회의 의결을 거쳐야 한다.

05
우리나라 세계잉여금에 관한 설명으로 옳지 않은 것은? 2008. 국가 7급

① 지방교부세 및 지방교육재정교부금의 정산에 사용할 수 있다.
② 추가경정예산안의 편성에 사용할 수 있다.
③ 사용하거나 출연한 금액을 공제한 잔액은 다음 연도의 세입에 이입하여야 한다.
④ 사용 또는 출연은 국회의 사전 동의를 받아야 한다.

정답 ④ [×]
해설 세계잉여금의 사용 또는 출연은 국회 사전 동의를 필요로 하지 않는다. 세계잉여금의 사용 또는 출연은 결산에 대한 대통령의 승인을 얻은 때부터 이를 할 수 있다.

국가재정법 제90조(세계잉여금 등의 처리) ⑦ 제2항부터 제5항까지의 규정에 따른 세계잉여금의 사용 또는 출연은 다른 법률의 규정에 불구하고 「국가회계법」 제13조제3항에 따라 국가결산보고서에 대한 대통령의 승인을 얻은 때부터 이를 할 수 있다.

①, ②, ③ [○] 세계잉여금은 「국가재정법」 규정에 따라 법률에 의한 지출과 이월액을 제외하고 지방교부세 정산 ⇨ 공적자금 상환 ⇨ 국가채무 상환 ⇨ 추가경정예산 편성 순으로 활용하고, 남은 잔액은 다음 연도 세입에 이입한다.

국가재정법 제90조(세계잉여금 등의 처리) ① 일반회계 예산의 세입 부족을 보전(補塡)하기 위한 목적으로 해당 연도에 이미 발행한 국채의 금액 범위에서는 해당 연도에 예상되는 초과 조세수입을 이용하여 국채를 우선 상환할 수 있다. 이 경우 세입·세출 외로 처리할 수 있다.
② 매 회계연도 세입세출의 결산상 잉여금 중 다른 법률에 따른 것과 제48조의 규정에 따른 이월액을 공제한 금액(이하 "세계잉여금"이라 한다)은 「지방교부세법」 제5조제2항의 규정에 따른 교부세의 정산 및 「지방교육재정교부금법」 제9조제3항의 규정에 따른 교부금의 정산에 사용할 수 있다.
③ 제2항의 규정에 따라 사용한 금액을 제외한 세계잉여금은 100분의 30 이상을 「공적자금상환기금법」에 따른 공적자금상환기금에 우선적으로 출연하여야 한다.
④ 제2항 및 제3항의 규정에 따라 사용하거나 출연한 금액을 제외한 세계잉여금은 100분의 30 이상을 다음 각 호의 채무를 상환하는데 사용하여야 한다.
1. 국채 또는 차입금의 원리금
2. 「국가배상법」에 따라 확정된 국가배상금
3. 「공공자금관리기금법」에 따른 공공자금관리기금의 융자계정의 차입금(예수금을 포함한다)의 원리금. 다만, 2006년 12월 31일 이전의 차입금(예수금을 포함한다)에 한한다.
4. 그 밖에 다른 법률에 따라 정부가 부담하는 채무
⑤ 제2항부터 제4항까지의 규정에 따라 사용하거나 출연한 금액을 제외한 세계잉여금은 추가경정예산안의 편성에 사용할 수 있다.
⑧ 세계잉여금 중 제2항부터 제5항까지의 규정에 따라 사용하거나 출연한 금액을 공제한 잔액은 다음 연도의 세입에 이입하여야 한다.

06
세계잉여금에 대한 설명으로 옳은 것만을 모두 고르면?
2020. 국가 9급

ㄱ. 일반회계, 특별회계가 포함되고 기금은 제외된다.
ㄴ. 적자 국채 발행 규모와 부(-)의 관계이며, 국가의 재정 건전성을 파악하는데 효과적이다.
ㄷ. 결산의 결과 발생한 세계잉여금은 전액 추가경정예산에 편성하여야 한다.

① ㄱ
② ㄷ
③ ㄱ, ㄴ
④ ㄴ, ㄷ

정답 ① ㄱ [○]
해설 ㄴ. [×] 세계잉여금은 초과 징수된 세입예산액과 쓰지 않아 남은 세출예산액(이월액은 공제)을 합한 개념으로, 결산상 잉여금에서 이월액을 차감한 금액이다. 세계잉여금은 재정수지를 계산하는 방식과는 달리 국채발행액과 이월액까지 고려한 개념이므로 재정건전성을 파악하는 데는 적합하지 못하다. 특히 미래에 상환 의무가 있는 국채발행액을 세입으로 파악하고 있기 때문에 국가의 재정건전성을 파악하는 데는 효과적이지 못하다. 재정건전성은 세계잉여금보다는 재정수지를 중심으로 파악하는 것이 좀 더 효과적이며 국제기준에도 부합한다.

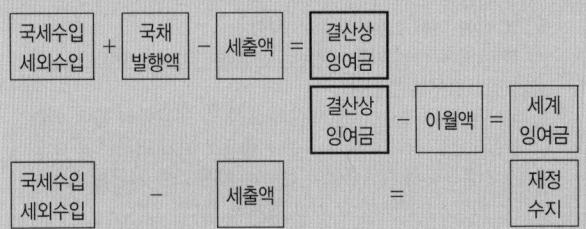

ㄷ. [×] 세계잉여금은 「국가재정법」 규정에 따라 법률에 의한 지출과 이월금액을 제외하고 지방교부세 정산 ⇨ 공적자금 상환 ⇨ 국가채무 상환 ⇨ 추가경정예산 편성 순으로 활용하고, 남은 잔액은 다음 연도 세입에 이입한다.

07

현행 「국가재정법」에서 규율하고 있는 제도들 중 재정운용의 건전성 강화 목적과 직접적 관련이 있는 사항을 〈보기〉에서 모두 고른 것은? 2018. 서울 7급

┌─ 보기 ─────────────────────────┐
ㄱ. 성인지 예산서 및 결산서 도입
ㄴ. 예산·기금 지출에 대한 국민 감시와 예산성과금 지급
ㄷ. 추가경정예산안 편성의 제한
ㄹ. 세계잉여금 일정 비율의 공적자금 등 상환 의무화
ㅁ. 국가채무관리계획 수립
ㅂ. 국가 보증채무 부담의 국회 사전 동의
ㅅ. 국세 감면의 제한
ㅇ. 재정정보의 연 1회 이상 공개 의무화
ㅈ. 법률안 재정 소요 추계제도
ㅊ. 예산, 기금 간 여유재원의 상호 전출·입
└────────────────────────────┘

① ㄱ, ㄴ, ㄷ, ㄹ, ㅁ, ㅂ
② ㄴ, ㄹ, ㅂ, ㅅ, ㅇ, ㅊ
③ ㄴ, ㄷ, ㅁ, ㅅ, ㅇ, ㅊ
④ ㄷ, ㄹ, ㅁ, ㅂ, ㅅ, ㅈ

정답 ④ ㄷ, ㄹ, ㅁ, ㅂ, ㅅ, ㅈ [○]
해설 추가경정예산안 편성의 제한(ㄷ), 세계잉여금 일정 비율의 공적자금 등 상환 의무화(ㄹ), 국가채무관리계획 수립(ㅁ), 국가 보증채무 부담의 국회 사전 동의(ㅂ), 국세 감면의 제한(ㅅ), 법률안 재정 소요 추계제도(ㅈ)는 재정건전성 강화를 위한 규정에 해당한다.

> 국가재정법 제87조(재정부담을 수반하는 법령의 제정 및 개정) ① 정부는 재정지출 또는 조세감면을 수반하는 법률안을 제출하고자 하는 때에는 법률이 시행되는 연도부터 5회계연도의 재정수입·지출의 증감액에 관한 추계자료와 이에 상응하는 재원조달방안을 그 법률안에 첨부하여야 한다.
> ② 각 중앙관서의 장은 입안하는 법령이 재정지출을 수반하는 때에는 대통령령으로 정하는 바에 따라 제1항의 규정에 따른 추계자료와 재원조달방안을 작성하여 그 법령안에 대한 입법예고 전에 기획재정부장관과 협의하여야 한다.
> 국가재정법 제90조(세계잉여금 등의 처리 및 사용계획) ① 일반회계 예산의 세입 부족을 보전(補塡)하기 위한 목적으로 해당 연도에 이미 발행한 국채의 금액 범위에서는 해당 연도에 예상되는 초과 조세수입을 이용하여 국채를 우선 상환할 수 있다. 이 경우 세입·세출 외로 처리할 수 있다.

ㄱ. [×] 성인지 예산서와 결산서의 작성은 양성평등의 인식제고와 실질적 예산배분의 변화를 유도하기 위한 목적의 제도이다.
ㄴ, ㅇ. [×] 국민감시제도와 예산성과금 지급, 재정정보의 연1회 이상 공개 의무화 등은 예산과정의 투명성과 국민참여를 제고하기 위한 제도이다.
ㅊ. [×] 예산, 기금 간 여유재원의 상호 전출입을 규정한 것은 재정운용의 효율성 및 성과지향성 제고방안이다.

08

재정준칙에 대한 설명으로 옳지 않은 것은? 2022. 지방7급

① 국가채무준칙은 재정 건전성을 확보하기 위해 국가채무 규모에 상한선을 설정한다.
② 재정수지준칙은 경기변동과 무관하게 설정되므로 경제 안정화를 오히려 저해할 수 있다.
③ 재정지출준칙은 경제성장률이나 재정적자 규모의 예측에 의존하지 않는다.
④ 재정수입준칙은 조세지출을 우회적으로 활용함으로써 재정건전성이 훼손될 가능성이 있다.

정답 ④ [×]
해설 재정준칙이란 채무, 수지, 지출, 수입 등에 대한 총량적 목표치를 준수하는 것을 말한다. 재정지출준칙에 따라 지출한도를 준수한다고 하더라도 조세지출을 우회적으로 활용함으로써 재정건전성이 훼손될 가능성이 있다.

Chapter 07 재정민주주의

01
재정 민주주의에 대한 설명으로 옳지 않은 것은?

2013. 국가 9급

① 재정 민주주의는 '대표 없이 과세 없다.' 라는 표현에서 나타나듯이 재정 주권이 납세자인 국민에게 있다는 의미를 내포하고 있다.
② 납세자인 시민이 국가 또는 지방자치단체의 재정지출과 관련된 부정과 낭비를 감시하는 납세자 소송제도는 재정 민주주의의 본질을 잘 반영하고 있다.
③ 주민참여 예산제도는 예산편성과정에 주민참여를 확대함으로써 지방재정 운영의 투명성 및 공정성을 제고하여 재정 민주주의에 기여한다.
④ 정부 예산집행의 신축성을 확대하기 위하여 만들어진 예산의 전용제도는 국회의 동의를 구해야 하므로 재정 민주주의 확보에 기여하는 제도적 장치이다.

정답 ④ [×]
해설 예산의 전용은 정부 예산집행의 신축성을 부여하기 위한 제도로, 국회의 통제를 완화하는 제도이므로 재정민주주의 확립에 기여하는 제도적 장치가 아니다.

02
우리나라 시민 예산 참여에 대한 설명으로 옳지 않은 것은?

2012. 서울시 9급

① 예산편성 단계에서 특정 사업의 시행과 관련하여 주민발안을 할 수 있다.
② 필요한 정보를 얻기 위해서 정보공개청구제도를 이용할 수 있다.
③ 예산이 부당하게 지출된 경우에 주민감사청구를 제기할 수 있다.
④ 중앙정부와 지방정부를 대상으로 국민소송제도를 입법화했다.
⑤ 납세자소송은 국민에 대한 재정 주권의 실현을 보장하는 제도라고 할 수 있다.

정답 ④ [×]
해설 2006년부터 지방자치법에 지방자치단체를 대상으로 하는 주민소송제도가 도입되었지만, 중앙정부를 상대로 하는 국민소송제도는 입법화되지 않았다.

03

현행 한국의 예산과정에 시민들이 참여할 수 있는 제도적 장치들에 관한 설명으로 옳지 않은 것은? 2012. 국회 9급

① 예산편성단계에서 특정 사업 또는 정책의 시행과 관련해 주민발안 또는 주민투표제도를 이용할 수 있다.
② 예산과정에서 필요한 정보를 얻기 위해서 정보공개청구제도를 활용할 수 있다.
③ 예산이 불법·부당하게 지출된 경우에는 주민감사청구 또는 주민소환을 제기할 수도 있다.
④ 지방정부에서는 참여예산제를 도입하여 예산편성에 시민의 참여를 제도화할 수 있다.
⑤ 중앙정부를 대상으로 국가의 재정지출과 관련된 부정과 낭비에 대한 납세자소송제도를 활용할 수 있다.

> **정답** ⑤ [×]
> **해설** 우리나라의 경우 지방의 주민소송은 인정되고 있으나, 중앙정부를 대상으로 한 납세자소송(국민소송제)은 아직 도입되지 않았다.

04

우리나라의 예산가치극대화(value for money) 노력에 대한 설명으로 옳지 않은 것은? 2008. 국가 9급

① 재정지출이 법령에 위반하거나 공익을 현저히 해친다고 인정되는 경우 주민이 감사청구를 제기할 수 있다.
② 「지방자치법」에 주민소송제도가 규정되어 있다.
③ 예산편성단계에서 주민이 직접 참여하는 제도가 일부 지방자치단체에 도입되었다.
④ 중앙정부의 재정지출과 관련된 문제점이 발견된 경우 이의 시정을 위한 국민소송제도가 도입되었다.

> **정답** ④ [×]
> **해설** 지방자치단체의 재정지출이 법령에 위반하거나 공익을 현저히 해친다고 인정되는 경우 주민이 감사청구를 제기할 수 있으며 주민소송을 제기(지방자치법 제16조, 제17조)할 수 있지만, 중앙정부는 아직 국민 소송제도가 도입되지 않았다.

05

우리나라 참여예산제도에 대한 설명으로 옳은 것만을 〈보기〉에서 모두 고르면? 2020. 국회 8급

보기
ㄱ. 국민참여예산제도는 2019년도 예산편성부터 시행되었다.
ㄴ. 국민참여예산제도에서 각 부처는 소관 국민제안사업에 대한 적격성 점검을 실시하고 기획재정부, 국민참여예산지원협의회와 협의하여 최종적으로 사업 예산편성 여부를 결정한다.
ㄷ. 지방자치단체는 주민참여예산제도의 운영에 대한 평가를 실시한다.
ㄹ. 주민참여예산제도의 구체적인 내용은 대통령령으로 정한다.

① ㄱ, ㄴ ② ㄱ, ㄷ
③ ㄴ, ㄷ ④ ㄴ, ㄹ
⑤ ㄷ, ㄹ

> **정답** ① ㄱ, ㄴ [○]
> **해설** ㄷ. [×] 행정안전부장관은 지방자치단체의 재정적·지역적 여건 등을 고려하여 대통령령으로 정하는 바에 따라 지방자치단체별 주민참여예산제도의 운영에 대하여 평가를 실시할 수 있다.
> ㄹ. [×] 대통령령이 아니라 해당 지방자치단체의 조례로 정한다.
>
> 지방재정법 제39조(지방예산 편성 등 예산과정의 주민 참여)
> ④ 행정안전부장관은 지방자치단체의 재정적·지역적 여건 등을 고려하여 대통령령으로 정하는 바에 따라 지방자치단체별 주민참여예산제도의 운영에 대하여 평가를 실시할 수 있다.
> ⑤ 주민참여예산기구의 구성·운영과 그 밖에 필요한 사항은 해당 지방자치단체의 조례로 정한다.

최윤경 행정학
단원별 기출문제집

박문각

PART 08
지방행정

Chapter 01 지방자치의 의의
Chapter 02 지방자치의 운영체계
Chapter 03 지방자치단체 사무
Chapter 04 정부 간 관계
Chapter 05 지방자치단체 기관구성
Chapter 06 주민참여제도
Chapter 07 지방재정

Chapter 01 지방자치의 의의

01
다음 중 지방자치의 의의로 가장 옳지 <u>않은</u> 것은?
2015. 서울 9급

① 민주주의의 훈련
② 다양한 정책실험의 실시
③ 공공서비스의 균질화
④ 지역주민에 대한 행정의 반응성 제고

정답 ③ [×]
해설 지방자치는 민주적 행정이념을 구현해주지만 지역 간 형평성이나 균형발전 등을 실현해주지는 못한다.

02
지방분권화의 장점으로 옳지 <u>않은</u> 것은? 2022. 국회 9급

① 주민들의 행정수요에 대한 대응성이 제고될 수 있다.
② 지방 간 갈등을 통일적으로 해결하는 데 기여한다.
③ 지역의 입장에서 사회적 문제에 접근하고 해결하는 데 기여한다.
④ 지방 실정에 맞는 유연한 행정을 할 수 있다.
⑤ 중앙행정과 지방행정 간의 관계를 대등한 협조체제의 관계로 발전시킬 수 있다.

정답 ② [×]
해설 지방 간 갈등을 통일적으로 해결하는 것은 중앙집권의 장점이다.

03
지방분권의 장점에 관한 설명으로 옳은 것을 〈보기〉에서 고른 것은?
2018. 지방교행 9급

〈보기〉
ㄱ. 지역의 특성을 살려 지역 실정에 맞는 행정을 수행할 수 있을 것이다.
ㄴ. 중앙정부의 조정에 의해서 지역 간의 격차를 해소하는 데 도움이 될 것이다.
ㄷ. 노사 간의 대립, 사회의 복잡화, 실업 등의 사회문제 해결에 도움이 될 것이다.
ㄹ. 정치훈련을 가능하게 하고 주민의 정치의식 수준이 향상될 것이다.

① ㄱ, ㄴ
② ㄱ, ㄹ
③ ㄴ, ㄷ
④ ㄷ, ㄹ

정답 ② ㄱ, ㄹ [○]
해설 ㄴ. [×] 중앙정부의 조정에 의해서 지역 간의 격차 해소에 도움이 되는 것은 중앙집권의 장점이다.
ㄷ. [×] 노사 간의 대립, 사회의 복잡화, 실업 등과 같은 사회문제는 국가적 차원의 문제로 중앙집권을 통해 해결이 가능하다.

04
다음 중 신중앙집권화와 관련된 특징에 대한 설명으로 가장 옳지 <u>않은</u> 것은?
2022. 군무원 7급

① 행정구역의 광역화가 나타날 수 있다.
② 중앙-지방간의 관계는 기능적·협력적 관계이다.
③ 지방정부의 자율성을 상대적으로 제한할 수 있다.
④ 세계화와 신자유주의가 신중앙집권화를 촉진하였다.

정답 ④ [×]
해설 세계화와 신자유주의는 신지방분권화를 촉진하였다.

구분		신중앙집권	신지방분권화
의의		19세기 이후 지방자치(주민자치)를 발전시켜왔던 영·미계 국가에서 20세기 이후 행정국가(복지국가)화 현상에 따라 행정의 민주화와 능률화를 조화시키기 위해 중앙정부가 지방정부에 대해 기술적·재정적 지원을 증대하고 새로운 협력관계로서 중앙통제가 강화되는 현상	1980년대 이후 신자유주의와 세계화 경향 속에서 종래 중앙집권적 성격이 강했던 프랑스 등 단체자치(대륙계) 국가를 중심으로 나타난 지방분권화 경향
촉진요인		20세기 행정국가(복지국가) 등장 ㉠ 국민생활권의 확대와 전국적 규모의 경제 규제 필요성 등으로 전국적·광역적인 규모의 대처 필요 ㉡ 국민적 최저수준(national minimum) 유지 필요성 ㉢ 행정기능의 양적 확대와 복잡성 증가 ㉣ 지방재정의 취약성과 불균형으로 중앙재정에의 의존 심화	세계화와 신자유주의 ㉠ 지나친 중앙집권으로 인한 지역 간 불균형 폐해 시정 ㉡ 세계화·정보화의 확산에 대응하기 위한 지역사회 자주성 향상 필요 ㉢ 주민 참여요구 증대와 민주정치 발전 ㉣ 행정수요의 지역별 고유성·다양성 추구
특징		㉠ 지방자치단체에 대한 국가의 관여·통제 강화 ㉡ 국가 계획기능의 확대 ㉢ 위임사무 비중의 증대 ㉣ 사무의 전국적 이해관계화 ㉤ 중앙정부의 하급기관 증설, 사무의 상향적 이관	절대적 지방분권이 아니라 중앙정부의 지도의 필요성을 인정하고, 지방정부의 국가발전에의 적극적 동참을 강조하는 상대적·적극적·협조적·참여적 분권

05
지방자치의 이념과 사상적 계보에 대한 설명으로 가장 옳은 것은?
2019. 서울 9급

① 자치권의 인식에서 주민자치는 전래권으로, 단체자치는 고유권으로 본다.
② 주민자치는 지방분권의 이념을, 단체자치는 민주주의 이념을 강조한다.
③ 주민자치는 의결기관과 집행기관을 분리하여 대립시키는 기관분리형을 채택하는 반면, 단체자치는 의결기관이 집행기관도 되는 기관통합형을 채택한다.
④ 사무구분에서 주민자치는 자치사무와 위임사무를 구분하지 않지만, 단체자치는 이를 구분한다.

정답 ④ [○]
해설 ① [×] 주민자치는 자치권을 고유권으로 인식하며, 단체자치는 중앙정부로부터 위임받은 전래권으로 본다.
② [×] 주민자치는 민주주의 이념을, 단체자치는 지방분권의 이념을 강조한다.
③ [×] 단체자치는 의결기관과 집행기관이 분리된 기관분리형을 채택하는 반면, 주민자치는 의결기관과 집행기관이 통합되는 기관통합형을 채택하는 것이 일반적이다.

주민자치와 단체자치 비교

구분	주민자치	단체자치
의미	정치적 의미	법률적 의미
자치권	국가 이전의 고유권	국가로부터 부여받은 권리 (전래권)
사무구분	자치사무·위임사무 구분 없음	자치사무·위임사무 구분
권한부여 방식	개별적 수권방식	포괄적 수권방식
중앙정부 통제	주로 입법적·사법적 통제 - 약한 통제	주로 행정적 통제 - 강한 통제
지방정부 형태	기관통합형 (의회 중심)	기관대립형 (의회 ↔ 기관장)
자치단체 지위	순수한 자치단체	이중적 지위 (자치단체 + 일선기관)
통제	주민통제	중앙통제
강조점	주민참여 지방자치단체와 주민과의 관계(민주주의)	중앙정부로부터의 독립 지방자치단체와 국가와의 관계(분권주의)
국가	영·미형	프랑스·독일 중심 대륙형

06
지방자치의 두 요소인 주민자치와 단체자치에 대한 설명으로 가장 옳은 것은?
2018. 서울 9급

① 주민자치의 원리는 주로 영국과 미국에서 발달하였으며, 단체자치의 원리는 주로 독일과 프랑스에서 발달하였다.
② 주민자치가 지방자치의 형식적·법제적 요소라고 한다면, 단체자치는 지방자치를 실현하기 위한 내용적·본질적 요소라고 할 수 있다.
③ 단체자치에서는 법률에 의해 권한이 명시적·한시적으로 규정되어 사무를 자주적으로 처리할 수 있는 재량의 범위가 크다.
④ 단체자치에서는 입법통제와 사법통제가 주된 통제방식이다.

정답 ① [○]
해설 ② [×] 단체자치가 지방자치의 형식적·법제적 요소라고 한다면, 주민자치는 지방자치를 실현하기 위한 내용적·본질적 요소라고 할 수 있다.
③ [×] 단체자치에서는 법률에 의해 권한이 명시적·한시적으로 규정되어 사무를 자주적으로 처리할 수 있는 재량의 범위가 작다.
④ [×] 입법통제와 사법통제가 주된 통제방식인 것은 주민자치이다.

07
다음 중 소규모 자치행정 구역을 지지하는 논리로 맞는 것을 모두 고른 것은?
2015. 지방 9급

ㄱ. 티부(Tiebout) 모형을 지지하는 공공선택이론가들의 관점
ㄴ. 새뮤얼슨(Samuelson)의 공공재 공급 이론
ㄷ. 지역격차의 완화에 공헌
ㄹ. 주민과 지방정부 간의 소통·접촉기회 증대

① ㄱ, ㄷ ② ㄱ, ㄹ
③ ㄴ, ㄷ ④ ㄴ, ㄹ

정답 ② ㄱ, ㄹ [○]
해설 소규모 자치행정 구역에 의한 지방분권을 지지하는 논리로는 발로 하는 투표, 즉 티부모형을 중심으로 하는 공공선택 이론을 들 수 있으며 지방분권은 주민과 지방정부 간의 소통·접촉기회를 증대시켜 준다.
ㄴ. [×] 새뮤얼슨(Samuelson)의 공공재 공급 이론은 정치논리에 의하여 서비스가 공급되는 것이 불가피하다는 중앙정부의 공공재 공급을 설명하는 이론이다. 새뮤얼슨은 민간부문의 시장기구는 공공재를 효율적으로 배분할 수 없고 따라서 정부가 강제에 의해 배분해야 할 필요가 생긴다. 즉, 공공재의 경우에는 분권적인 배분체계가 효율적 배분을 실현할 수 없다고 지적한다.
ㄷ. [×] 지방분권은 자치단체의 재정력에 따라 지역 간 격차가 발생할 수 있다는 것이 단점이다. 지역격차의 완화에 공헌하는 것은 중앙집권 논리이다.

08
티부(Tiebout) 모형의 가정(assumptions)으로 옳지 않은 것은?
2016. 국가 9급

① 충분히 많은 수의 지방정부가 존재한다.
② 공급되는 공공서비스는 지방정부 간에 파급효과 및 외부효과를 발생시킨다.
③ 주민들은 언제나 자유롭게 이동할 수 있다.
④ 주민들은 지방정부들의 세입과 지출 패턴에 관하여 완전히 알고 있다.

정답 ② [×]
해설 티부모형에 따르면 지방정부의 공공서비스에는 지방정부 간 파급효과 및 외부효과를 발생시키지 않는다고 전제한다.

09
티부(C. M. Tiebout) 모형에서 제시한 '발로 하는 투표(vote by feet)'의 전제조건에 해당하지 않는 것은?
2019. 서울 9급

① 정보의 불완전성
② 다수의 지방정부
③ 고정적 생산요소의 존재
④ 배당수입에 의한 소득

정답 ① [×]
해설 티부가설은 완전한 정보를 가정한다. 즉, 주민들은 자신이 살고 있는 지방자치단체뿐만 아니라 인접 지방자치단체의 서비스와 서비스 제공에 수반되는 비용(조세) 수준에 대한 완벽한 정보를 가지고 있기 때문에 비교가 가능하다고 가정한다.

10
티부(C. Tiebout)모형의 가정으로 옳지 <u>않은</u> 것은?

2022. 국회 8급

① 지방정부의 재원에 국고보조금은 포함되지 않아야 한다.
② 지방정부의 공공서비스에 외부효과가 발생하지 않아야 한다.
③ 고용기회와 관련된 제약조건은 거주지 의사결정에 왜곡을 초래할 수 있으므로 고려하지 않아야 한다.
④ 개인은 자신의 선호에 따라 다른 지방정부의 지역으로 자유롭게 이주할 수 있어야 한다.
⑤ 소수의 대규모 지방자치단체가 존재해야 한다.

정답 ⑤ [×]
해설 상이한 재정 프로그램을 제공하는 다수의 소규모의 지방자치단체(소수의 지방자치단체 ×)가 존재한다고 가정한다.
① [○] 티부 모형은 지방정부의 재원은 지방정부가 징수하는 조세(재산세)로 공공서비스를 제공한다고 보기 때문에 지방정부의 재원에 국고보조금은 포함되지 않아야 한다.
② [○] 각 지방정부 간에는 공공서비스로 인한 외부효과가 발생하지 않는다고 가정한다. 외부효과가 존재하면 지역간 이동이 불필요해질 수도 있기 때문이다.
③ [○] 티부 모형은 거주지 선정에 고용기회가 미치는 영향을 미치지 못하고 단지 지방정부 재정프로그램만을 기준으로 거주지를 선택한다고 가정한다. 따라서 모든 시민들은 배당수입에 의존하여 생계를 유지한다고 가정한다.

11
오츠(Oates)의 분권화 정리가 성립하기 위한 조건에 대한 설명으로 옳은 것만을 모두 고르면?

2021. 국가 7급

> ㄱ. 중앙정부의 공공재 공급 비용이 지방정부의 공공재 공급 비용보다 더 적게 든다.
> ㄴ. 공공재의 지역 간 외부효과가 없다.
> ㄷ. 지방정부가 해당 지역에서 파레토 효율적 수준으로 공공재를 공급한다.

① ㄱ
② ㄷ
③ ㄱ, ㄴ
④ ㄴ, ㄷ

정답 ④ ㄴ, ㄷ [○]
해설 ㄱ. [×] 오츠(Oates)에 따르면 중앙정부가 공공재를 공급할 경우 획일적인 공급으로 비용이 과다하게 발생하며, 지역의 특성을 잘 알고 있는 지방정부가 공급하는 것이 효율적이라고 본다.
☑ **오츠(Oates)의 분권화 정리**: 공공재 공급에서 지방정부의 역할을 강조한 것으로, 오츠는 비용절약(규모의 경제)이나 외부효과가 없다면, 지방정부가 공공재를 공급하는 것이 최소한 같거나 더 효율적이라는 것을 증명하였다. 즉, 중앙정부는 공공재를 획일적으로 공급하지만, 지방정부는 주민의 선호를 반영하여 공급하므로 더 파레토 효율적이라는 것을 증명한 것이다. 다만 공공재의 공급비용은 중앙정부와 지방정부가 같고 외부효과가 없다는 가정이 전제된 것이다.

12
지역사회 및 지방자치단체의 권력구조에 대한 이론과 이에 대한 설명으로 옳은 것은?

2012. 국가 9급

① 신다원론(neo-pluralism) - 기업이나 개발관계자들의 우월적 지위를 주민이나 지방정부가 용인하지 않는다.
② 엘리트론(elite theory) - 엘리트 계층 내의 분열과 다툼이 최소화되기 때문에 내부 조정과 외부 사회화의 과정은 의미를 지니기 어렵다.
③ 성장기구론(Growth Machine) - 성장연합과 반성장연합의 대결구도에서 대체로 반성장연합이 승리하여 권력을 쟁취한다.
④ 레짐이론(regime theory) - 지방정부와 지방의 민간부문 주요주체가 연합하여 권력기반을 형성한다.

정답 ④ [○]
해설 ① [×] 신다원론(neo-pluralism)은 전통적 다원론을 수정하여 기업이나 개발관계자들의 우월적 지위를 인정한다.
② [×] 엘리트론(elite theory)에서 엘리트들은 비슷한 사회적 배경, 가치관, 이해관계를 가지고 있어 동질적이고 폐쇄적인 모습을 지닌다. 따라서 엘리트 집단의 구성원들은 엘리트로서의 가치관과 집단의식을 위한 사회화(교육)과정이 중시된다.
③ [×] 성장기구론(Growth Machine)은 성장연합과 반성장연합의 대결구도에서 대체로 성장연합이 승리하여 권력을 쟁취한다고 본다.

13
지역사회 권력구조에 관한 이론에 대한 설명으로 옳은 것은?
2020. 국가 7급

① 레짐이론은 기업을 비롯한 민간부문 주요 주체들과의 연합이나 연대를 배제하는 특성을 갖는다.
② 성장기구론에서 성장연합은 비성장연합에 비해 부동산의 사용가치(use value), 즉 일상적 사용으로부터 오는 편익을 중시한다.
③ 지식경제 사회에서 엘리트 계층과 일반 대중 사이의 정보 비대칭성(asymmetry)이 심화되면 엘리트 이론의 설명력은 더 높아진다.
④ 신다원론에서는 정책과정이 지역사회의 모든 구성원들에게 공정하게 개방되어 있으며, 엘리트 집단의 영향력은 의도적 노력의 결과이다.

정답 ③ [O]
해설 정보 비대칭성은 불균형적인 권력관계를 만들어내는 중요한 원인으로 지식정보사회에서의 엘리트 계층과 일반대중 사이의 정보 비대칭성의 심화는 소수 엘리트가 더 많은 정보와 권력을 소유하게 되므로 엘리트 이론의 설명력이 더욱 높아진다.
① [X] 레짐 이론은 지방정부의 정책결정과정에서 지방정부와 민간부문의 상호의존성을 강조한 이론으로, 지방정부와 민간부문의 협력을 중시한다.
② [X] 성장기구론에서 성장연합은 토지 또는 부동산의 교환가치(exchange value, 사용가치)를 증대시키기 위해 성장을 꾀하며, 반성장연합은 토지 또는 부동산의 사용가치(use value, 일상적 사용으로부터의 편익)인 주거지역의 삶의 질이나 환경을 중시한다.
④ [X] 신다원론은 고전적 다원주의에 대한 비판을 수용하여 다원주의 관점을 수정한 것으로, 신다원론에서는 정책과정이 지역사회의 모든 구성원들에게 공정하게 개방되지 않으며, 정부가 여러 이익집단 중 기업가집단에게 특권적 지위를 부여할 수 있다고 본다.

14
지역사회의 권력구조를 설명하는 성장기구론에 대한 설명으로 옳은 것만을 모두 고른 것은?
2017. 국가 7급

ㄱ. 자기 소유의 주택가격 상승을 원하는 주민들이 많을수록 성장연합이 더 강한 힘을 발휘하는 경향이 있다.
ㄴ. 토지문제와 개발문제 그리고 이와 연계된 도시의 공간확장 문제 등과 관련이 있다.
ㄷ. 반성장연합은 일부 지역주민과 환경운동 집단 등으로 이루어진다.
ㄹ. 성장연합은 반성장연합에 비해서 토지 또는 부동산의 교환가치보다는 사용가치를 중시한다.

① ㄱ, ㄴ, ㄷ
② ㄱ, ㄴ, ㄹ
③ ㄱ, ㄷ, ㄹ
④ ㄴ, ㄷ, ㄹ

정답 ① ㄱ, ㄴ, ㄷ [O]
해설 ㄹ. [X] 성장연합은 토지 또는 부동산의 교환가치(exchange value) 증대를, 반성장연합은 토지 또는 부동산의 사용가치(use value, 공간 활용, 삶의 가치 등) 증대를 중시한다.
ㄱ. [O] 주택가격 상승은 토지자산가와 개발관계자들에게 개발의 정당성을 확보하게 하므로 성장연합에게 더 큰 힘을 발휘하게 한다.
ㄴ. [O] 성장기구론은 지역사회의 정치와 경제를 토지의 가치를 높이고자 하는 토지자산가와 개발관계자들, 즉 성장연합이 지역사회를 주도한다는 이론으로 토지문제와 개발문제, 이와 연계된 도시의 공간 확장 문제 등에 초점을 맞춘다.
ㄷ. [O] 성장연합은 토지자산가, 개발업자, 그리고 이들과 함께 토지개발에 따른 이익을 나눌 기업인, 자영업자, 금융기관 등으로 이루어진다. 반면 반성장연합은 일반 지역주민과 환경운동집단 등으로 이루어진다.

보충자료 지방권력(지역사회 권력구조) 이론
1. 성장기구론
   (1) 의의: 지역사회의 정치와 경제를 토지 또는 부동산의 가치를 높이고자 하는 토지자산가(landlord)와 개발관계자(developer)들을 중심으로 한 성장연합(growth coalition)이 주도한다는 이론
   (2) 내용
   ① 지방정치는 토지자산가와 개발사업자 그리고 토지개발에 따른 이익을 나눌 수 있는 기업인, 자영업자, 금융기관 등을 중심으로 한 성장연합(growth coalition)과 이를 반대하는 반성장연합(일반 지역주민과 환경운동 집단 등)의 싸움으로 귀결됨
   ② 성장연합은 토지 또는 부동산의 교환가치(exchange value), 즉 시장가격이나 임대수익을 증대시키기 위해 도시의 성장을 꾀하며, 반성장연합은 토지 또는 부동산의 사용가치(일상적 사용으로부터의 편익)인 주거지역의 삶의 질이나 환경을 중시함

③ 성장연합과 반성장연합의 대립에서는 대체로 성장연합이 우위를 점하게 된다고 주장

2. 레짐이론(regime theory)
  (1) 의의: 레짐이론은 지역사회 문제를 자체의 능력만으로 해결하기 힘든 지방정부가 기업을 비롯한 민간부문의 주요 주체들과 일종의 연합을 형성하여 지역사회를 이끌어간다는 이론. 1989년 정치학자 스톤(Clarence Stone)의 아틀란타 지역사회 및 지방정부 연구로 소개된 이후에 지방정치 연구에서 중요한 위치를 차지해 왔음. 스톤(Stone)은 레짐을 '정부가 공적 결정을 내리고 이를 집행하도록 하는데 필요한 민관협력을 가능하게 하는 비공식적 정치'라고 정의함
  (2) 주요 내용
    ① 지역정부는 지역사회를 관리하고 문제해결을 하는데 필요한 능력과 자원, 영향력에 한계가 있기 때문에 민간부문(기업 또는 기업 등의 비즈니스 커뮤니티, 시민단체, 지식인 집단 등)의 자원과 영향력을 끌어들여 협력을 통해 문제를 해결하려고 함
    ② 지역정부와 민간부문의 협력은 연합(coalition)의 형태로 이루어지는데 이러한 연합은 비공식적이며, 비교적 장기간에 걸쳐 안정적으로 유지된다는 점에서 이를 레짐(regime)이라고 할 수 있음. 레짐을 형성함으로써 지방정부와 참여자들은 지역사회를 이끌어 갈 힘 또는 권력을 가지며 행사할 수 있음
  (3) 레짐의 4가지 형태(Stone)
    ① **관리형 레짐**: 일상적인 업무 관리를 주로 하며 세금도 많이 거두지 않는 형태
    ② **개발형 레짐**: 토지이용과 지역개발을 중시하는 성장추구형
    ③ **중산층 진보 레짐**: 주택문제와 환경문제, 지역 내 편의시설과 문화정책 등에 관심을 두는 형태
    ④ **저소득 기회확장 레짐**: 저소득층에 대한 직업훈련이나 고용 등에 중점

Stone의 레짐 유형

구분	현상유지 레짐	개발 레짐	중산계층 진보 레짐	하층기회 확장 레짐
추구가치	현상 유지	지역 개발·성장·발전	자연환경 보호, 평등	저소득층 보호, 직업교육
구성원간 관계	친밀성이 높은 소규모 지역사회, 갈등 없음	갈등 심함	시민 참여·감시 강조	대중동원이 과제
생존능력	강함	비교적 강함	보통	약함

Stoker의 레짐유형

레짐의 유형	특징
도구적 레짐	구체적인 프로젝트나 이벤트, 단기목표(올림픽 등)을 위한 레짐
유기적 레짐	굳건한 결속과 높은 합의가 특징, 현상유지와 정치적 교섭에 초점
상징적 레짐	변화 추구, 이데올로기 재조정, 경쟁적인 동의

Chapter 02 지방자치의 운영체계

제1절 지방자치단체의 종류

01
특별지방자치단체에 대한 설명으로 옳지 <u>않은</u> 것은?
2022. 국가 9급

① 2개 이상의 지방자치단체가 공동으로 특정한 목적을 위하여 광역적으로 사무를 처리할 필요가 있을 때에는 특별지방자치단체를 설치할 수 있다.
② 보통의 지방자치단체와 같이 법인격을 갖는다.
③ 특별지방자치단체의 의회는 규약으로 정하는 바에 따라 구성 지방자치단체의 의회 의원으로 구성한다.
④ 구성 지방자치단체의 장은 「지방자치법」상 겸임 제한 규정에 의해 특별지방자치단체의 장을 겸할 수 없다.

정답 ④ [×]
해설 구성 지방자치단체의 장은 특별지방자치단체의 장을 겸할 수 있다.

> 지방자치법 제205조(집행기관의 조직 등) ① 특별지방자치단체의 장은 규약으로 정하는 바에 따라 특별지방자치단체의 의회에서 선출한다.
> ② 구성 지방자치단체의 장은 제109조에도 불구하고 특별지방자치단체의 장을 겸할 수 있다.

①, ② [○]
> 지방자치법 제199조(설치) ① 2개 이상의 지방자치단체가 공동으로 특정한 목적을 위하여 광역적으로 사무를 처리할 필요가 있을 때에는 특별지방자치단체를 설치할 수 있다. 이 경우 특별지방자치단체를 구성하는 지방자치단체(이하 "구성 지방자치단체"라 한다)는 상호 협의에 따른 규약을 정하여 구성 지방자치단체의 지방의회 의결을 거쳐 행정안전부장관의 승인을 받아야 한다.
> ③ 특별지방자치단체는 법인으로 한다.

③ [○]
> 지방자치법 제204조(의회의 조직 등) ① 특별지방자치단체의 의회는 규약으로 정하는 바에 따라 구성 지방자치단체의 의회 의원으로 구성한다.

02
「지방자치법」상 특별지방자치단체에 대한 설명으로 옳지 <u>않은</u> 것은?
2025. 지방 9급

① 특별지방자치단체는 법인으로 한다.
② 특별지방자치단체는 2개 이상의 지방자치단체가 공동으로 특정한 목적을 위하여 광역적으로 사무를 처리할 필요가 있을 때 설치할 수 있다.
③ 구성 지방자치단체의 지방의회의원은 특별지방자치단체의 의회의원을 겸할 수 있다.
④ 특별지방자치단체를 구성하는 지방자치단체는 상호 협의에 따른 규약을 정하여 구성 지방자치단체의 지방의회 의결을 거쳐 기획재정부장관의 승인을 받아야 한다.

정답 ④ [×]
해설 특별지방자치단체 설립 시 행정안전부장관의 승인 필요하다.

①, ② [○]
> 지방자치법 제199조(설치) ① 2개 이상의 지방자치단체가 공동으로 특정한 목적을 위하여 광역적으로 사무를 처리할 필요가 있을 때에는 특별지방자치단체를 설치할 수 있다. 이 경우 특별지방자치단체를 구성하는 지방자치단체(이하 "구성 지방자치단체"라 한다)는 상호 협의에 따른 규약을 정하여 구성 지방자치단체의 지방의회 의결을 거쳐 행정안전부장관의 승인을 받아야 한다.
> ③ 특별지방자치단체는 법인으로 한다.

③ [○]
> 지방자치법 제204조(의회의 조직 등) ① 특별지방자치단체의 의회는 규약으로 정하는 바에 따라 구성 지방자치단체의 의회 의원으로 구성한다.
> ② 제1항의 지방의회의원은 제43조제1항에도 불구하고 특별지방자치단체의 의회 의원을 겸할 수 있다.

> 지방자치법 제43조(겸직 등 금지) ① 지방의회의원은 다음 각 호의 어느 하나에 해당하는 직(職)을 겸할 수 없다.
> 1. 국회의원, 다른 지방의회의원

03
특별지방자치단체에 대한 설명으로 옳지 않은 것은?

2024. 국회 8급

① 2개 이상의 지방자치단체가 공동으로 특정한 목적을 위하여 광역적으로 사무를 처리할 필요가 있을 때 설치할 수 있다.
② 특별지방자치단체는 법인으로 한다.
③ 지방의회 의원은 특별지방자치단체의 의회 의원을 겸직할 수 없다.
④ 특별지방자치단체를 구성하는 지방자치단체(이하 '구성 지방자치단체'라고 함)는 상호 협의에 따른 규약을 정하여 구성 지방자치단체의 지방의회 의결을 거쳐 행정안전부장관의 승인을 받아야 한다.
⑤ 특별지방자치단체의 사무가 구성 지방자치단체 구역의 일부에만 관계되는 등 특별한 사정이 있을 때에는 해당 지방자치단체 구역의 일부만을 구역으로 할 수 있다.

정답 ③ [×] 겸직할 수 있다(「지방자치법」 제204조).

해설

제204조(의회의 조직 등) ① 특별지방자치단체의 의회는 규약으로 정하는 바에 따라 구성 지방자치단체의 의회 의원으로 구성한다.
② 제1항의 지방의회의원은 제43조 제1항에도 불구하고 특별지방자치단체의 의회 의원을 겸할 수 있다.

① [○] 「지방자치법」 제199조 제1항
② [○] 「지방자치법」 제199조 제3항
④ [○] 「지방자치법」 제199조 제1항

「지방자치법」 제199조(설치) ① 2개 이상의 지방자치단체가 공동으로 특정한 목적을 위하여 광역적으로 사무를 처리할 필요가 있을 때에는 특별지방자치단체를 설치할 수 있다. 이 경우 특별지방자치단체를 구성하는 지방자치단체(이하 "구성 지방자치단체"라 한다)는 상호 협의에 따른 규약을 정하여 구성 지방자치단체의 지방의회 의결을 거쳐 행정안전부장관의 승인을 받아야 한다.
③ 특별지방자치단체는 법인으로 한다.

⑤ [○] 「지방자치법」 제201조

제201조(구역) 특별지방자치단체의 구역은 구성 지방자치단체의 구역을 합한 것으로 한다. 다만, 특별지방자치단체의 사무가 구성 지방자치단체 구역의 일부에만 관계되는 등 특별한 사정이 있을 때에는 해당 지방자치단체 구역의 일부만을 구역으로 할 수 있다.

제2절 지방행정체제 : 계층과 구역

01
지방자치단체의 계층구조에 대한 설명으로 옳지 않은 것은?

2011. 국가 9급

① 계층구조는 각 국가의 정치형태, 면적, 인구 등에 따라 다양한 형태를 갖는다.
② 중층제에서는 단층제에서보다 기초자치단체와 중앙정부의 의사소통이 원활하지 못할 수 있다.
③ 단층제는 중층제보다 중복행정으로 인한 행정 지연의 낭비를 줄일 수 있다.
④ 중층제는 단층제보다 행정책임을 보다 명확하게 할 수 있다.

정답 ④ [×]

해설 중층제는 한 지방자치단체가 다른 지방자치단체를 구역 안에 포괄하고 있어서 지방자치단체가 중첩되는 구조를 말한다. 따라서 동일 관할 구역 내 유사 또는 동일 업무의 동시적 추진으로 인한 책임성 확보가 곤란하다는 문제가 발생 할 수 있다.

	단층제	중층제
장점	• 신속한 행정, 의사전달 왜곡 방지 • 이중행정과 감독의 폐해 방지 • 행정낭비의 제거와 효율성 제고 • 행정책임 명확화	• 공공기능의 분업적 수행(광역사무 처리) 가능 • 국가의 감독기능 유지 • 국가의 직접 개입 차단 : 민주주의 원리 확산 • 기초자치단체 기능 보완
단점	• 넓은 국토, 많은 인구 적용에 불리 • 중앙집권화 위험 : 국가의 직접 개입으로 중앙정부 비대화 가능성(지방분권 저해 요인) • 광역행정 사무 처리 곤란	• 결정의 신속성 저해, 의사전달 왜곡 가능성 • 이중감독과 이중규제 가능성 • 상하 자치단체간 권한과 책임의 불명확성 – 행정책임 모호 • 행정 지체와 낭비로 인한 비효율

02
우리나라 지방행정체제와 관련된 내용으로 옳지 않은 것은?

2013. 국가 9급

① 자치구의 자치권 범위는 시·군의 경우와 같다.
② 특별시·광역시·도는 같은 수준의 자치행정계층이다.
③ 광역시가 아닌 시라도 인구 50만 이상의 경우에는 자치구가 아닌 구를 둘 수 있다.
④ 군은 광역시나 도의 관할 구역 안에 둔다.

정답 ① [×]

해설 자치구의 자치권의 범위는 법령이 정하는 바에 따라 시, 군과 다르게 할 수 있다.

> 지방자치법 제2조(지방자치단체의 종류) ① 지방자치단체는 다음의 두 가지 종류로 구분한다.
> 1. 특별시, 광역시, 특별자치시, 도, 특별자치도
> 2. 시, 군, 구
> ② 지방자치단체인 구(이하 "자치구"라 한다)는 특별시와 광역시의 관할 구역의 구만을 말하며, 자치구의 자치권의 범위는 법령으로 정하는 바에 따라 시·군과 다르게 할 수 있다.
> ③ 제1항의 지방자치단체 외에 특정한 목적을 수행하기 위하여 필요하면 따로 특별지방자치단체를 설치할 수 있다. 이 경우 특별지방자치단체의 설치 등에 관하여는 제12장에서 정하는 바에 따른다.

③, ④ [○]

> 지방자치법 제3조(지방자치단체의 법인격과 관할) ① 지방자치단체는 법인으로 한다.
> ② 특별시, 광역시, 특별자치시, 도, 특별자치도(이하 "시·도"라 한다)는 정부의 직할(直轄)로 두고, 시는 도의 관할 구역 안에, 군은 광역시나 도의 관할 구역 안에 두며, 자치구는 특별시와 광역시의 관할 구역 안에 둔다.
> ③ 특별시·광역시 또는 특별자치시가 아닌 인구 50만 이상의 시에는 자치구가 아닌 구를 둘 수 있고, 군에는 읍·면을 두며, 시와 구(자치구를 포함한다)에는 동을, 읍·면에는 리를 둔다.

03
우리나라의 지방자치계층에 대한 설명으로 옳지 않은 것은?

2017. 국가 9급

① 제주특별자치도는 자치계층 측면에서 단층제로 운영되고 있다.
② 자치계층은 주민공동체의 정책결정 및 집행의 단위로서 정치적 민주성 가치가 중요시된다.
③ 세종특별자치시의 관할구역으로 자치구를 둘 수 있다.
④ 자치계층으로 군을 두고 있는 광역시가 있다.

> **정답** ③ [×]
> **해설** 세종특별자치시에 관할 구역으로 자치구를 둘 수 없다.
>
> 세종특별자치시 설치 등에 관한 특별법 제6조(설치 등) ① 정부의 직할(直轄)로 세종특별자치시를 설치한다.
> ② 세종특별자치시의 관할구역에는 「지방자치법」 제2조제1항제2호의 지방자치단체를 두지 아니한다.
>
> ② [○] 자치계층은 자치권을 가진 지방자치단체 상호간의 수직적 구조를 의미하며, 행정 계층은 행정기관 간 수직적 구조를 의미한다. 행정계층은 행정적 효율성을 중심으로 하는 개념이고, 자치계층은 지역공동체의 정책결정 및 집행의 단위로 정치적 민주성을 중심으로 하는 개념이다.

04
지방행정제도에 대한 설명으로 옳지 않은 것은?

2024. 국가 9급

① 일정 조건을 충족한 주민은 해당 지방의회에 조례를 제정하거나 개정 또는 폐지할 것을 청구할 수 있다.
② 지방자치단체 간 관할 구역의 경계변경 조정 시 일정 기간 이내에 경계변경자율협의체를 구성하지 못 한 경우 행정안전부장관은 지방자치단체중앙분쟁조정위원회의 심의·의결을 거쳐 조정할 수 있다.
③ 정책지원 전문인력인 정책지원관 제도는 지방자치단체장의 정책기능을 강화하기 위해 도입되었다.
④ 자치경찰사무는 합의제 행정기관인 시·도지사 소속 시·도 자치경찰위원회가 관장하며 업무는 독립적으로 수행한다.

> **정답** ③ [×]
> **해설** 지방의회 의원의 의정활동을 지원하기 위한 정책 지원 전문인력을 충원할 수 있다. 지방자치단체장의 정책기능을 강화하기 위해 도입된 것은 아니다.
>
> 지방자치법 제41조(의원의 정책지원 전문인력) ① 지방의회의원의 의정활동을 지원하기 위하여 지방의회의원 정수의 2분의 1 범위에서 해당 지방자치단체의 조례로 정하는 바에 따라 지방의회에 정책지원 전문인력을 둘 수 있다.
>
> ① [○] 「지방자치법」 제19조
>
> 지방자치법 제19조(조례의 제정과 개정·폐지 청구) ① 주민은 지방자치단체의 조례를 제정하거나 개정하거나 폐지할 것을 청구할 수 있다.
>
> ② [○] 「지방자치법」 제6조
>
> 「지방자치법」 제6조(지방자치단체의 관할 구역 경계변경 등) ① 지방자치단체의 장은 관할 구역과 생활권과의 불일치 등으로 인하여 주민생활에 불편이 큰 경우 등 대통령령으로 정하는 사유가 있는 경우에는 행정안전부장관에게 경계변경이 필요한 지역 등을 명시하여 경계변경에 대한 조정을 신청할 수 있다. 이 경우 지방자치단체의 장은 지방의회 재적의원 과반수의 출석과 출석의원 3분의 2 이상의 동의를 받아야 한다.
> ④ 행정안전부장관은 제3항에 따른 기간이 끝난 후 지체 없이 대통령령으로 정하는 바에 따라 관계 지방자치단체 등 당사자 간 경계변경에 관한 사항을 효율적으로 협의할 수 있도록 경계변경자율협의체(이하 이 조에서 "협의체"라 한다)를 구성·운영할 것을 관계 지방자치단체의 장에게 요청하여야 한다.
> ⑤ 관계 지방자치단체는 제4항에 따른 협의체 구성·운영 요청을 받은 후 지체 없이 협의체를 구성하고, 경계변경 여부 및 대상 등에 대하여 같은 항에 따른 행정안전부장관의 요청을 받은 날부터 120일 이내에 협의를 하여야 한다. 다만, 대통령령으로 정하는 부득이한 사유가 있는 경우에는 30일의 범위에서 그 기간을 연장할 수 있다.
> ⑦ 행정안전부장관은 다음 각 호의 어느 하나에 해당하는 경우에는 위원회의 심의·의결을 거쳐 경계변경에 대하여 조정할 수 있다.
> 1. 관계 지방자치단체가 제4항에 따른 행정안전부장관의 요청을 받은 날부터 120일 이내에 협의체를 구성하지 못한 경우
> 2. 관계 지방자치단체가 제5항에 따른 협의 기간 이내에 경계변경 여부 및 대상 등에 대하여 합의를 하지 못한 경우
>
> ④ [○] 「국가경찰과 자치경찰의 조직 및 운영에 관한 법률」 제18조
>
> 「국가경찰과 자치경찰의 조직 및 운영에 관한 법률」 제18조(시·도자치경찰위원회의 설치) ① 자치경찰사무를 관장하게 하기 위하여 특별시장·광역시장·특별자치시장·도지사·특별자치도지사(이하 "시·도지사"라 한다) 소속으로 시·도자치경찰위원회를 둔다. 다만, 제13조 후단에 따라 시·도에 2개의 시·도경찰청을 두는 경우 시·도지사 소속으로 2개의 시·도자치경찰위원회를 둘 수 있다.
> ② 시·도자치경찰위원회는 합의제 행정기관으로서 그 권한에 속하는 업무를 독립적으로 수행한다.

05

「지방자치법」상 지방자치단체의 관할구역에 대한 설명으로 옳은 것은?　　　　　　　　　　　2024. 지방 7급

① 지방자치단체의 명칭과 구역을 바꾸거나 지방자치단체를 폐지하거나 설치하거나 나누거나 합칠 때에는 조례로 정한다.
② 지방자치단체를 폐지하거나 설치하거나 나누거나 합칠 때는 반드시 관계 지방의회의 의견을 들어야 한다.
③ 지방자치단체의 장은 지방의회 재적의원 과반수 출석과 출석의원 과반수의 동의를 받아, 행정안전부장관에게 지방자치단체의 관할구역 경계변경에 대한 조정을 신청할 수 있다.
④ 지방자치단체의 구역을 변경하거나 지방자치단체를 폐지하거나 설치하거나 나누거나 합칠 때에는 새로 그 지역을 관할하게 된 지방자치단체가 그 사무와 재산을 승계한다.

구분	구역개편(변경)	비고
자치구역	자치단체 명칭과 구역 변경 및 폐치분합	법률 + 지방의회 의견 혹은 주민투표
	자치단체의 관할구역 경계 변경	대통령령
행정구역	자치구가 아닌 구, 읍·면·동의 폐치분합	행정안전부장관의 승인 후 조례
	자치구가 아닌 구, 읍·면·동의 명칭과 구역 변경	조례 제정 후 시·도지사 보고
	리의 명칭과 구역 변경 및 폐치 분합	자치단체 조례
	행정운영상의 동·리, 동·리를 2개로 혹은 2 이상을 하나의 동·리로 운영	자치단체 조례

정답 ④ [○]「지방자치법」제8조 제1항

해설

지방자치법 제8조(구역의 변경 또는 폐지·설치·분리·합병 시의 사무와 재산의 승계) ① 지방자치단체의 구역을 변경하거나 지방자치단체를 폐지하거나 설치하거나 나누거나 합칠 때에는 새로 그 지역을 관할하게 된 지방자치단체가 그 사무와 재산을 승계한다.

① [×] 조례가 아니라 법률로 정한다(「지방자치법」제5조 제1항).
② [×] 지방의회의 의견을 들어야 하나, 「주민투표법」제8조에 따라 주민투표를 한 경우에는 그러하지 아니하다(「지방자치법」제5조 제3항).

지방자치법 제5조(지방자치단체의 명칭과 구역) ① 지방자치단체의 명칭과 구역은 종전과 같이 하고, 명칭과 구역을 바꾸거나 지방자치단체를 폐지하거나 설치하거나 나누거나 합칠 때에는 <u>법률로 정한다</u>.
③ 다음 각 호의 어느 하나에 해당할 때에는 <u>관계 지방의회의 의견을 들어야 한다. 다만, 「주민투표법」제8조에 따라 주민투표를 한 경우에는 그러하지 아니하다</u>.
1. 지방자치단체를 폐지하거나 설치하거나 나누거나 합칠 때

③ [×] 재적의원 과반수의 출석과 출석의원 3분의 2 이상의 동의를 받아야 한다(「지방자치법」제6조 제1항).

지방자치법 제6조(지방자치단체의 관할 구역 경계변경 등) ① 지방자치단체의 장은 관할 구역과 생활권과의 불일치 등으로 인하여 주민생활에 불편이 큰 경우 등 대통령령으로 정하는 사유가 있는 경우에는 행정안전부장관에게 경계변경이 필요한 지역 등을 명시하여 경계변경에 대한 조정을 신청할 수 있다. 이 경우 지방자치단체의 장은 <u>지방의회 재적의원 과반수의 출석과 출석의원 3분의 2 이상의 동의를</u> 받아야 한다.

제3절 지방자치단체의 자치권

01
우리나라 지방자치에 대한 설명으로 옳은 것은?

2020. 국가 9급

① 자치사법권은 인정되고 있다.
② 지방자치단체의 예산안 편성권은 지방자치단체장에 속한다.
③ 자치입법권은 지방의회만이 행사할 수 있는 전속적 권한이다.
④ '세종특별자치시'와 제주특별자치도의 '제주시'는 기초 자치 단체로서 자치권을 가지고 있다.

정답 ② [O]

해설
지방자치법 제142조(예산의 편성 및 의결) ① 지방자치단체의 장은 회계연도마다 예산안을 편성하여 시·도는 회계연도 시작 50일 전까지, 시·군 및 자치구는 회계연도 시작 40일 전까지 지방의회에 제출하여야 한다.

① [×] 우리나라는 자치사법권은 인정되지 않고 있다.
③ [×] 자치입법권이란 자치에 필요한 조례와 규칙을 제정할 수 있는 권한으로, 지방자치단체(지방의회)는 조례제정권을, 자치단체장은 규칙제정권을 갖는다.
④ [×] 세종특별자치시와 제주특별자치도는 자치권을 가지고는 있으나 기초자치단체가 존재하지 않는다. 따라서 제주특별자치도의 제주시와 서귀포시는 기초자치단체가 아닌 행정시로서 자치권을 가지고 있지 않다.

제주특별자치도 설치 및 국제자유도시 조성을 위한 특별법 제10조 (행정시의 폐지·설치·분리·합병 등) ① 제주자치도는 「지방자치법」 제2조제1항 및 제3조제2항에도 불구하고 그 관할구역에 지방자치단체인 시와 군을 두지 아니한다.
② 제주자치도의 관할구역에 지방자치단체가 아닌 시(이하 "행정시"라 한다)를 둔다.

02
다음 중 우리나라 지방자치단체의 자치권에 대한 설명으로 옳지 <u>않은</u> 것은?

2017. 국회 8급

① 지방자치단체는 자치재정권이 인정되어 조례를 통해서 독립적인 지방 세목을 설치할 수 있다.
② 행정기구의 설치는 대통령령이 정하는 범위 안에서 지방자치단체의 조례로 정한다.
③ 자치사법권이 부여되어 있지 않다.
④ 중앙정부가 분권화시킨 결과가 지방정부의 자치권 확보라고 할 수 있다.
⑤ 중앙과 지방의 기능배분에 있어서 포괄적 예시형 방식을 적용한다.

정답 ① [×]

해설 우리나라는 조세법률주의를 택하고 있어 지방세의 세목과 세율에 대해서는 법률로써 정해야 하며, 조례에 의한 세목의 설치를 허용하지 않는다.

헌법 제59조 조세의 종목과 세율은 법률로 정한다.
지방자치법 제152조(지방세) 지방자치단체는 법률로 정하는 바에 따라 지방세를 부과·징수할 수 있다.

② [O]
지방자치법 제125조(행정기구와 공무원) ① 지방자치단체는 그 사무를 분장하기 위하여 필요한 행정기구와 지방공무원을 둔다.
② 제1항에 따른 행정기구의 설치와 지방공무원의 정원은 인건비 등 대통령령으로 정하는 기준에 따라 그 지방자치단체의 조례로 정한다.

⑤ [O] 우리나라는 1988년 4월 이전까지 사무배분의 일반적 방식으로 포괄적 배분방식을 채택하였으나, 1988년 4월 「지방자치법」 개정으로 포괄적 예시주의를 채택하였다.

제13조(지방자치단체의 사무 범위) ① 지방자치단체는 관할 구역의 자치사무와 법령에 따라 지방자치단체에 속하는 사무를 처리한다.
② 제1항에 따른 지방자치단체의 사무를 예시하면 다음 각 호와 같다. 다만, 법률에 이와 다른 규정이 있으면 그러하지 아니하다.

03
우리나라 지방자치단체의 권한(자치권)으로 옳지 않은 것은?

2021. 국가 9급

① 지방자치단체는 법률의 위임이 있어야 주민의 권리를 제한하는 조례를 제정할 수 있다.
② 지방자치단체는 주민의 복지증진과 사업의 효율적 수행을 위하여 지방공기업을 설치·운영할 수 있다.
③ 지방자치단체는 조례를 위반한 행위에 대하여 조례로써 1,500만원 이하의 과태료를 정할 수 있다.
④ 지방자치단체조합도 따로 법률로 정하는 바에 따라 지방채를 발행할 수 있다.

정답 ③ [×]

해설 지방자치단체는 조례를 위반한 행위에 대하여 조례로써 1천만원 이하의 과태료를 정할 수 있다.

> 지방자치법 제34조(조례 위반에 대한 과태료) ① 지방자치단체는 조례를 위반한 행위에 대하여 조례로써 1천만원 이하의 과태료를 정할 수 있다.
> ② 제1항에 따른 과태료는 해당 지방자치단체의 장이나 그 관할 구역의 지방자치단체의 장이 부과·징수한다.

① [○]
> 지방자치법 제28조(조례) 지방자치단체는 법령의 범위에서 그 사무에 관하여 조례를 제정할 수 있다. 다만, 주민의 권리 제한 또는 의무 부과에 관한 사항이나 벌칙을 정할 때에는 법률의 위임이 있어야 한다.

② [○]
> 지방자치법 제163조(지방공기업의 설치·운영) ① 지방자치단체는 주민의 복리증진과 사업의 효율적 수행을 위하여 지방공기업을 설치·운영할 수 있다.

④ [○]
> 지방자치법 제139조(지방채무 및 지방채권의 관리) ① 지방자치단체의 장이나 지방자치단체조합은 따로 법률로 정하는 바에 따라 지방채를 발행할 수 있다.

04
지방자치단체의 조례에 관한 설명으로 옳은 것을 모두 고른 것은?

2014. 지방 9급

> ㄱ. 지방자치단체의 장은 법령이나 조례가 위임한 범위에서 그 권한에 속하는 사무에 관하여 규칙을 제정할 수 있다.
> ㄴ. 지방의회에서 의결된 조례안은 10일 이내에 지방자치 단체의 장에게 이송되어야 한다.
> ㄷ. 재의요구를 받은 조례안은 재적의원 과반수의 출석과 출석의원 과반수의 찬성으로 재의요구를 받기 전과 같이 의결되면, 조례로 확정된다.
> ㄹ. 지방자치단체의 장은 재의결된 조례가 법령에 위반된다고 판단되면 재의결된 날부터 20일 이내에 대법원에 제소할 수 있다.

① ㄱ, ㄴ ② ㄴ, ㄹ
③ ㄱ, ㄹ ④ ㄷ, ㄹ

정답 ③ ㄱ, ㄹ [○]

해설
> 지방자치법 제29조(규칙) 지방자치단체의 장은 법령 또는 조례의 범위에서 그 권한에 속하는 사무에 관하여 규칙을 제정할 수 있다.

ㄴ. [×] 지방의회에서 의결된 조례안은 5일 이내에 지방자치 단체의 장에게 이송되어야 한다(지방자치법 제32조 제1항).
ㄷ. [×] 재의요구를 받은 조례안은 재적의원 과반수의 출석과 출석의원 2/3의 찬성으로 재의요구를 받기 전과 같이 의결되면, 조례로 확정된다(지방자치법 제32조 제4항).

> 지방자치법 제32조(조례와 규칙의 제정 절차 등) ① 조례안이 지방의회에서 의결되면 지방의회의 의장은 의결된 날부터 5일 이내에 그 지방자치단체의 장에게 이송하여야 한다.
> ② 지방자치단체의 장은 제1항의 조례안을 이송받으면 20일 이내에 공포하여야 한다.
> ③ 지방자치단체의 장은 이송받은 조례안에 대하여 이의가 있으면 제2항의 기간에 이유를 붙여 지방의회로 환부(還付)하고, 재의(再議)를 요구할 수 있다. 이 경우 지방자치단체의 장은 조례안의 일부에 대하여 또는 조례안을 수정하여 재의를 요구할 수 없다.
> ④ 지방의회는 제3항에 따라 재의 요구를 받으면 조례안을 재의에 부치고 재적의원 과반수의 출석과 출석의원 3분의 2 이상의 찬성으로 전(前)과 같은 의결을 하면 그 조례안은 조례로서 확정된다.
> ⑤ 지방자치단체의 장이 제2항의 기간에 공포하지 아니하거나 재의 요구를 하지 아니하더라도 그 조례안은 조례로서 확정된다.

> ⑥ 지방자치단체의 장은 제4항 또는 제5항에 따라 확정된 조례를 지체 없이 공포하여야 한다. 이 경우 제5항에 따라 조례가 확정된 후 또는 제4항에 따라 확정된 조례가 지방자치단체의 장에게 이송된 후 5일 이내에 지방자치단체의 장이 공포하지 아니하면 지방의회의 의장이 공포한다.
> ⑧ 조례와 규칙은 특별한 규정이 없으면 공포한 날부터 20일이 지나면 효력을 발생한다.

05
다음 중 조례와 규칙에 대한 설명으로 옳지 않은 것은?

2016. 국회 8급

① 지방자치단체의 장은 법령의 범위 안에서 그 사무에 관하여 조례를 정할 수 있다.
② 조례를 정할 때 주민의 권리제한에 관한 사항은 법률의 위임이 있어야 한다.
③ 시·군 및 자치구의 조례나 규칙은 시·도의 조례나 규칙을 위반하여서는 안 된다.
④ 지방자치단체는 조례를 위반한 행위에 대하여 조례로써 과태료를 정할 수 있다.
⑤ 과태료는 해당 지방자치단체의 장이 부과·징수한다.

> **정답** ① [×]
> **해설** 조례 제정 권한은 지방의회에 있다. 지방자치단체의 장은 법령 또는 조례의 범위에서 그 권한에 속하는 사무에 관하여 규칙을 제정할 수 있다.
>
>> 지방자치법 제28조(조례) ① 지방자치단체는 법령의 범위에서 그 사무에 관하여 조례를 제정할 수 있다. 다만, 주민의 권리 제한 또는 의무 부과에 관한 사항이나 벌칙을 정할 때에는 법률의 위임이 있어야 한다.
>> ② 법령에서 조례로 정하도록 위임한 사항은 그 법령의 하위 법령에서 그 위임의 내용과 범위를 제한하거나 직접 규정할 수 없다.
>
> ③ [○]
>> 지방자치법 제30조(조례와 규칙의 입법한계) 시·군 및 자치구의 조례나 규칙은 시·도의 조례나 규칙을 위반해서는 아니 된다.
>
> ④, ⑤ [○]
>> 지방자치법 제34조(조례 위반에 대한 과태료) ① 지방자치단체는 조례를 위반한 행위에 대하여 조례로써 1천만원 이하의 과태료를 정할 수 있다.
>> ② 제1항에 따른 과태료는 해당 지방자치단체의 장이나 그 관할 구역의 지방자치단체의 장이 부과·징수한다.

지방자치단체 사무

01
지방분권 추진 원칙 중 다음 설명에 해당하는 것은?

2020. 지방 9급

- 기능 배분에 있어 가까운 정부에게 우선적 관할권을 부여한다.
- 민간이 처리할 수 있다면 정부가 관여해서는 안 된다.
- 가까운 지방정부가 처리할 수 있는 업무에 상급 지방정부나 중앙정부가 관여해서는 안 된다.

① 보충성의 원칙 ② 포괄성의 원칙
③ 형평성의 원칙 ④ 경제성의 원칙

정답 ①
해설 보충성의 원칙에 대한 설명이다.

02
중앙정부와 지방자치단체 간 또는 광역자치단체와 기초자치단체간 기능배분을 설명하는 내용으로 옳지 않은 것은?

2009. 지방 9급

① 책임명확화의 원칙 – 비경합의 원칙
② 현지성의 원칙 – 기초자치단체 우선의 원칙
③ 종합성의 원칙 – 특별지방행정기관 우선의 원칙
④ 경제성의 원칙 – 능률적 집행의 원칙

정답 ③ [×]
해설 종합성 원칙은 일체 사무에 관한 권한이 부여되어야 함을 의미하며, 이는 현지성 원칙에 따라 기초자치단체에 일체의 사무를 배분해야 함을 내포한다.

03
「지방자치법」상 지방자치단체의 사무처리에 관한 설명으로 가장 옳지 않은 것은?

2018. 서울 9급

① 지방자치단체는 법령을 위반하여 그 사무를 처리할 수 없다.
② 행정처리 결과가 2개 이상의 시·군 및 자치구에 미치는 광역적 사무는 시·도가 처리한다.
③ 시·도와 시·군 및 자치구의 사무가 서로 경합하면 시·도에서 먼저 처리한다.
④ 지방자치단체는 법률에 다른 규정이 있는 경우를 제외하고 외교, 국방, 사법, 국세 등 국가의 존립에 필요한 사무를 처리할 수 없다.

정답 ③ [×]
해설 시·도와 시·군 및 자치구의 사무가 서로 경합하면 시·군 및 자치구에서 먼저 처리한다.

지방자치법 제14조(지방자치단체의 종류별 사무배분기준) ③ 시·도와 시·군 및 자치구는 사무를 처리할 때 서로 겹치지 아니하도록 하여야 하며, 사무가 서로 겹치면 시·군 및 자치구에서 먼저 처리한다.

① [○]

지방자치법 제12조(사무처리의 기본원칙) ③ <u>지방자치단체는 법령을 위반하여 사무를 처리할 수 없으며</u>, 시·군 및 자치구는 해당 구역을 관할하는 시·도의 조례를 위반하여 사무를 처리할 수 없다.

② [○]

지방자치법 제14조(지방자치단체의 종류별 사무배분기준) ① 제13조에 따른 지방자치단체의 사무를 지방자치단체의 종류별로 배분하는 기준은 다음 각 호와 같다. 다만, 제13조제2항제1호의 사무는 각 지방자치단체에 공통된 사무로 한다.
1. 시·도
  가. <u>행정처리 결과가 2개 이상의 시·군 및 자치구에 미치는 광역적 사무</u>

④ [○]

> 지방자치법 제15조(국가사무의 처리 제한) 지방자치단체는 다음 각 호의 국가사무를 처리할 수 없다. 다만, 법률에 이와 다른 규정이 있는 경우에는 국가사무를 처리할 수 있다.
> 1. 외교, 국방, 사법(司法), 국세 등 국가의 존립에 필요한 사무

ㄹ. [○] 충분재정의 원칙

> 지방자치분권 및 지방행정체제개편에 관한 특별법 제11조(권한이양 및 사무구분체계의 정비 등)
> ③ 국가는 지방자치단체에 이양한 권한 및 사무가 원활히 처리될 수 있도록 행정적·재정적 지원을 병행하여야 한다.

ㅁ. [○] 중복배분금지의 원칙

> 지방자치분권 및 지방행정체제개편에 관한 특별법 제9조(사무배분의 원칙) ① 국가는 지방자치단체가 행정을 종합적·자율적으로 수행할 수 있도록 국가와 지방자치단체 간 또는 지방자치단체 상호간의 사무를 주민의 편익증진, 집행의 효과 등을 고려하여 서로 중복되지 아니하도록 배분하여야 한다.

04
중앙정부의 지방자치단체 사무배분 원칙에 대한 설명으로 옳은 것만을 모두 고르면? 2021. 국가 7급

> ㄱ. 지역주민생활과 밀접한 관련이 있는 사무는 원칙적으로 시·군 및 자치구의 사무로 배분하여야 한다.
> ㄴ. 서로 관련된 사무들을 배분할 때는 포괄적으로 배분하여야 한다.
> ㄷ. 시·군 및 자치구가 처리하기 어려운 사무는 국가보다는 시·도에 우선적으로 배분하여야 한다.
> ㄹ. 시·군 및 자치구가 해당 사무를 원활히 처리할 수 있도록 행정적·재정적 지원을 병행하여야 한다.
> ㅁ. 주민의 편익증진과 집행의 효과 등을 고려하여 지방자치단체 상호 간 중복되지 않도록 해야 한다.

① ㄱ, ㄷ, ㅁ
② ㄴ, ㄷ, ㄹ
③ ㄱ, ㄴ, ㄹ, ㅁ
④ ㄱ, ㄴ, ㄷ, ㄹ, ㅁ

정답 ④ ㄱ, ㄴ, ㄷ, ㄹ, ㅁ [○]
해설 ㄱ. [○] 기초자치단체 우선의 원칙
ㄴ. [○] 포괄성의 원칙
ㄷ. [○] 보충성의 원칙

> 지방자치법 제11조(사무배분의 기본원칙) ① 국가는 지방자치단체가 사무를 종합적·자율적으로 수행할 수 있도록 국가와 지방자치단체 간 또는 지방자치단체 상호 간의 사무를 주민의 편익증진, 집행의 효과 등을 고려하여 서로 중복되지 아니하도록 배분하여야 한다.
> ② 국가는 제1항에 따라 사무를 배분하는 경우 지역주민생활과 밀접한 관련이 있는 사무는 원칙적으로 시·군 및 자치구의 사무로, 시·군 및 자치구가 처리하기 어려운 사무는 시·도의 사무로, 시·도가 처리하기 어려운 사무는 국가의 사무로 각각 배분하여야 한다.
> ③ 국가가 지방자치단체에 사무를 배분하거나 지방자치단체가 사무를 다른 지방자치단체에 재배분할 때에는 사무를 배분받거나 재배분받는 지방자치단체가 그 사무를 자기의 책임하에 종합적으로 처리할 수 있도록 관련 사무를 포괄적으로 배분하여야 한다.

05
지방자치단체 자치사무의 종류로 옳은 것을 <보기>에서 고른 것은? 2018. 지방교행 9급

> **보기**
> ㄱ. 교원능력개발평가
> ㄴ. 부랑인 선도시설 감독
> ㄷ. 주민등록 관리
> ㄹ. 공유재산관리
> ㅁ. 국회의원 선거사무
> ㅂ. 상하수도사업

① ㄱ, ㄴ, ㅁ
② ㄱ, ㄹ, ㅁ
③ ㄴ, ㄷ, ㅂ
④ ㄷ, ㄹ, ㅂ

정답 ④ ㄷ, ㄹ, ㅂ [○]
해설 지방자치법 제13조
ㄱ, ㄴ, ㅁ. [×] 기관위임사무에 해당한다.

> 지방자치법 제13조(지방자치단체의 사무범위) ① 지방자치단체는 관할 구역의 자치사무와 법령에 따라 지방자치단체에 속하는 사무를 처리한다.
> ② 제1항에 따른 지방자치단체의 사무를 예시하면 다음 각 호와 같다. 다만, 법률에 이와 다른 규정이 있으면 그러하지 아니하다.
> 1. 지방자치단체의 구역, 조직, 행정관리 등에 관한 사무
>   자. 공유재산관리(公有財産管理)
>   차. 주민등록 관리
> 4. 지역개발과 자연환경보전 및 생활환경시설의 설치·관리
>   자. 상수도·하수도의 설치 및 관리

06
「지방자치법」상 지방자치단체의 사무범위에 해당하지 <u>않는</u> 것은?

2019. 서울 9급

① 농림·상공업 등 산업 진흥에 관한 사무
② 교육·체육·문화·예술의 진흥에 관한 사무
③ 축산물·수산물 및 양곡의 수급 조절과 수출입 사무
④ 지역민방위 및 지방소방에 관한 사무

정답 ③ [×]
해설 축산물·수산물 및 양곡의 수급 조절과 수출입 사무는 국가사무에 해당한다.

> 지방자치법 제15조(국가사무의 처리 제한) 지방자치단체는 다음 각 호의 국가사무를 처리할 수 없다. 다만, 법률에 이와 다른 규정이 있는 경우에는 국가사무를 처리할 수 있다.
> 1. 외교, 국방, 사법(司法), 국세 등 국가의 존립에 필요한 사무
> 2. 물가정책, 금융정책, 수출입정책 등 전국적으로 통일적 처리를 할 필요가 있는 사무
> 3. 농산물·임산물·축산물·수산물 및 양곡의 수급조절과 수출입 등 전국적 규모의 사무
> 4. 국가종합경제개발계획, 국가하천, 국유림, 국토종합개발계획, 지정항만, 고속국도·일반국도, 국립공원 등 전국적 규모나 이와 비슷한 규모의 사무
> 5. 근로기준, 측량단위 등 전국적으로 기준을 통일하고 조정하여야 할 필요가 있는 사무
> 6. 우편, 철도 등 전국적 규모나 이와 비슷한 규모의 사무
> 7. 고도의 기술이 필요한 검사·시험·연구, 항공관리, 기상행정, 원자력개발 등 지방자치단체의 기술과 재정능력으로 감당하기 어려운 사무

①, ②, ④ [○]

> 지방자치법 제13조(지방자치단체의 사무 범위) ① 지방자치단체는 관할 구역의 자치사무와 법령에 따라 지방자치단체에 속하는 사무를 처리한다.
> ② 제1항에 따른 지방자치단체의 사무를 예시하면 다음 각 호와 같다. 다만, 법률에 이와 다른 규정이 있으면 그러하지 아니하다.
> 1. 지방자치단체의 구역, 조직, 행정관리 등
> 2. <u>주민의 복지증진</u>
> 3. <u>농림·수산·상공업 등 산업 진흥</u>
> 4. <u>지역개발과 자연환경보전 및 생활환경시설의 설치·관리</u>
> 5. <u>교육·체육·문화·예술의 진흥</u>
> 6. <u>지역민방위 및 지방소방</u>
> 7. 국제교류 및 협력

07
단체위임사무와 기관위임사무에 대한 설명으로 옳지 <u>않은</u> 것은?

2020. 국가 9급

① 지방의회는 기관위임사무에 대해 조례제정권을 행사할 수 없다.
② 보건소의 운영업무와 병역자원의 관리업무는 대표적인 기관위임 사무이다.
③ 중앙정부는 단체위임사무에 대해 사전적 통제보다 사후적 통제를 주로 한다.
④ 기관위임사무의 처리를 위한 비용은 국가가 부담한다.

정답 ② [×]
해설 병역자원의 관리 업무는 기관위임사무이며, 보건소의 운영 업무는 단체위임사무에 속한다.

08
지방정부의 사무에 대한 설명으로 옳지 <u>않은</u> 것은?

2023. 지방 9급

① 기관위임사무의 처리에 드는 경비는 중앙정부와 지방정부가 공동 부담하는 것이 원칙이다.
② 단체위임사무는 집행기관장이 아닌 지방정부 그 자체에 위임된 사무이다.
③ 지방의회는 단체위임사무의 처리 과정에 관한 조례를 제정할 수 있다.
④ 중앙정부는 자치사무에 대해 합법성 위주의 통제를 주로 한다.

정답 ① [×]
해설 기관위임사무의 처리에 드는 경비는 원칙 전액 위임기관(중앙정부)이 부담하는 것이 원칙이다.

09

우리나라 지방자치단체의 사무 구분에 대한 설명으로 옳은 것은?

2014. 국가 9급

① 자치사무와 단체위임사무는 자치단체가 전액 경비를 부담하며, 기관위임사무는 원칙적으로 자치단체와 위임기관이 공동으로 부담한다.
② 단체위임사무는 법령에 의해 하급 자치단체장에게 위임된 사무이며, 기관위임사무는 법령에 의해 국가 또는 다른 자치단체로부터 위임된 사무이다.
③ 자치사무와 단체위임사무의 처리를 위해 자치단체는 조례를 제정하는 것이 가능한데, 기관위임사무는 원칙적으로 조례제정 대상이 아니다.
④ 자치사무는 지방의회의 관여(의결, 사무감사 및 사무조사) 대상이지만, 단체위임사무와 기관위임사무는 관여 대상이 아니다.

정답 ③ [O]

해설 ① [×] 기관위임사무는 국가가 전액경비를 부담하지만, 자치사무는 자치단체가 전액, 단체위임사무는 자치단체와 국가가 공동으로 부담하는 것이 원칙이다.
② [×] 반대로 설명되어 있다. 기관위임사무는 직권으로 하급자체단체의 장에게 위임된 사무이며 단체위임사무는 법령에 의하여 국가 또는 다른 자치단체로부터 위임된 사무이다.
④ [×] 자치사무와 단체위임사무는 지방의회의 관여대상이지만 기관위임사무는 국가사무이므로 관여대상이 아니다.

기관위임사무와 단체위임사무의 성격

구분	기관위임사무	단체위임사무	자치사무
대상 사무	국가적 차원의 이해관계가 걸려있는 사무	지방적 이해관계와 국가적 차원의 이해관계가 같이 걸린 사무	지방적 이해관계가 큰 사무
경비 부담	중앙정부 부담 원칙	중앙정부와 지방정부 공동부담	원칙적으로 지방정부 부담
중앙 통제	• 중앙정부의 통제가 강함 • 합법성뿐만 아니라 합목적성, 공익성까지 통제 • 교정적 감독 + 예방적 감독	• 중앙정부 통제 약함 • 사후적, 교정적 통제 • 합법성과 합목적성의 교정적 감독	• 중앙정부 통제 최소화 • 합법성 통제에 그침 • 사후적, 교정적 통제
지방 의회 역할	• 지방의회 개입 배제 • 조례제정권×	• 지방의회가 처리과정에 관여할 수 있는 권한 가짐 • 조례제정권 ○	• 지방의회가 당연히 관여 • 조례제정권 ○

예	대통령, 국회의원 선거, 가족관계등록, 의약사 면허, 여권발급, 병역자원 관리 업무 등	보건소 운영, 시·군의 재해구호사업, 생활보호, 의료보호, 하천유지보수, 국도유지보수 등	지방자치단체 존립·유지사무, 주민복지사무 (상하수도, 지역민방위, 지역소방, 도서관, 주민등록, 학교, 쓰레기 처리 등)

10

기관위임사무에 대한 설명으로 옳지 않은 것은?

2015. 국가 9급

① 법령에 의하여 국가 또는 상급 지방자치단체로부터 지방자치단체의 장에게 위임된 사무를 말한다.
② 국가와 지방자치단체 사이의 행정적 책임의 소재를 명확하게 해준다.
③ 지방자치단체를 국가의 하급기관으로 전락시키는 요인으로 작용할 수 있다.
④ 전국적으로 획일적인 행정을 강조함으로써 지방적 특수성이 희생되기도 한다.

정답 ② [×]

해설 기관위임사무는 국가와 지방자치단체 사이의 행정적 책임의 소재를 불명확하게 하는 문제점을 갖고 있다.

11
우리나라 지방자치단체의 사무에 대한 설명으로 옳지 않은 것은?
2017. 국가 7급

① 위임사무와 자치사무로 구분되며, 위임사무는 다시 기관위임 사무와 단체위임사무로 구분된다.
② 병역자원의 관리업무 등 주로 국가적 이해관계가 크게 걸려 있는 사무는 단체위임사무에 속한다.
③ 제주특별자치도에서는 국가경찰과 자치경찰이 함께 활동할 수 있다.
④ 「지방자치법」에서 지방자치단체의 사무를 예시하고 있지만, 법률에 이와 다른 규정이 있으면 그렇지 않다.

정답 ② [×]
해설 병역자원의 관리업무 등 주로 전국적이고 국가적 이해관계가 크게 걸려 있는 사무는 기관위임사무이다. 단체위임사무는 지역적 이해관계와 국가적 이해관계가 공존하는 사무의 특징을 가진다.
④ [○] 「지방자치법」 제13조 제2항 단서규정

「지방자치법」 제13조(지방자치단체의 사무범위) ① 지방자치단체는 관할 구역의 자치사무와 법령에 따라 지방자치단체에 속하는 사무를 처리한다.
② 제1항에 따른 지방자치단체의 사무를 예시하면 다음 각 호와 같다. 다만, 법률에 이와 다른 규정이 있으면 그러하지 아니하다.

Chapter 04 정부 간 관계

제1절 중앙정부와 지방정부 간 관계 모형

01

라이트(D. Wright)의 정부 간 관계모형에 대한 설명 중 옳지 <u>않은</u> 것은?　　　　　　　　2011. 지방 9급

① 분리형(seperated model)은 중앙-지방 간의 독립적인 관계를 의미한다.
② 내포형(inclusive model)은 지방정부가 중앙정부에 완전히 의존되어 있는 관계를 의미한다.
③ 중첩형(overlapping model)은 정치적 타협과 협상에 의한 중앙-지방 간의 상호의존 관계를 의미한다.
④ 경쟁형(competitive model)은 정책을 둘러싼 정부 간 경쟁관계를 의미한다.

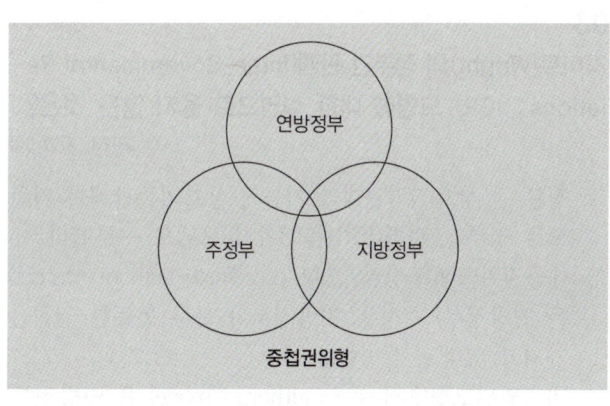
중첩권위형

정답 ④ [×]
해설 라이트는 정부 간 관계모형을 포괄형(종속형, 내포형), 분리형(독립형), 중첩형(상호의존형)으로 분류하고 중첩형을 가장 이상적인 모형으로 제시하였다.

📖 라이트(D. Wright)의 정부 간 관계모형

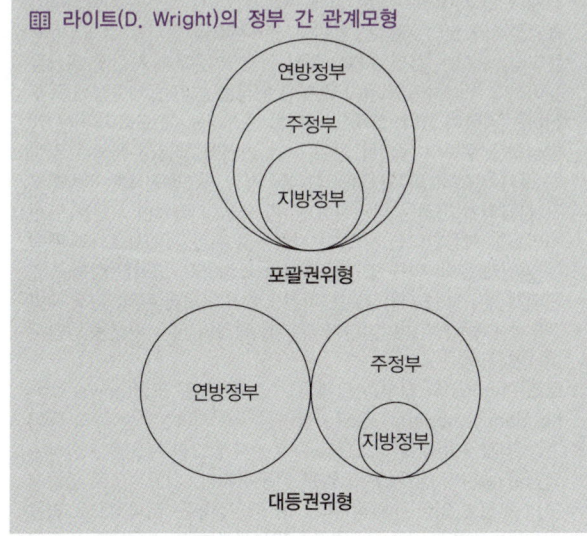

02

정부 간 관계(IGR) 모형에 대한 설명으로 옳은 것만을 모두 고른 것은?　　　　　　　　2016. 지방 9급

ㄱ. 로즈(Rhodes) 모형에서 지방정부는 중앙정부에 완전히 예속되는 것도 아니고 완전히 동등한 관계가 되는 것도 아닌 상태에서 상호 의존한다.
ㄴ. 로즈(Rhodes)는 지방정부는 법적 자원 재정적 자원에서 우위를 점하며 중앙정부는 정보자원과 조직자원의 측면에서 우위를 점한다고 주장한다.
ㄷ. 라이트(Wright)는 정부 간 관계를 포괄형 분리형 중첩형의 세 유형으로 나누고 각 유형별로 지방정부의 사무내용 중앙 지방 간 재정관계와 인사관계의 차이가 있음을 밝히고 있다.
ㄹ. 라이트(Wright) 모형 중 포괄형에서는 정부의 권위가 독립적인데 비하여 분리형에서는 계층적이다.

① ㄱ, ㄴ
② ㄴ, ㄷ, ㄹ
③ ㄱ, ㄷ
④ ㄱ, ㄴ, ㄷ

정답 ③ ㄱ, ㄷ [○]
해설 ㄴ. [×] 지방정부는 현장의 정보를 가지고 있고 현장에 서비스를 제공하기 때문에 정보자원과 조직자원의 측면에서 우위를 점하며, 중앙정부는 지방정부보다 재정자원을 더 많이 보유하고 있으며,

법률을 제정하는 법적 자원을 가지고 있어 이러한 측면에서 우위를 점한다.
ㄹ. [×] 라이트의 모형 중에서 포괄형은 정부의 권위가 계층적인데 비하여, 분리형에서는 독립적이다.

03
라이트(Wright)의 정부간 관계(Inter-Governmental Relations : IGR) 모형에 대한 설명으로 옳지 않은 것은?
2023. 지방 9급

① 정부 간 상호권력관계와 기능적 상호의존관계를 기준으로 정부간 관계(IGR)를 3가지 모델로 구분한다.
② 대등권위모형(조정권위모형, coordinate-authority model)은 연방정부, 주정부, 지방정부가 모두 동등한 권한을 가지고 있다고 설명한다.
③ 내포권위모형(inclusive-authority model)은 연방정부, 주정부, 지방정부를 수직적 포함관계로 본다.
④ 중첩권위모형(overlapping-authority model)은 연방정부, 주정부, 지방정부가 상호 독립적인 실체로 존재하며 협력적 관계라고 본다.

정답 ② [×]
해설 대등권위모형은 연방정부와 주정부는 동등한 권한을 갖지만 지방정부는 주정부에 종속되는 관계로 본다.

04
지방자치 이론에 대한 설명으로 옳지 않은 것은?
2025. 국가 9급

① 피터슨(Peterson)의 도시한계론은 엘리트론과 다원론의 정치적 자율주의 관점과 달리 시장경제의 구조적 요인을 강조하였다.
② 티부(Tiebout)는 주민들의 자유로운 이동을 통해 지방정부가 제공하는 공공서비스를 선택함으로써 효율적인 자원배분이 가능하다고 보았다.
③ 로즈(Rhodes)의 권력의존모형은 정부 간 관계에서 지방의 중앙에 대한 의존을 강조하여 상호 의존적 관계를 부정하였다.
④ 엘코크(Elcock)의 정부 간 관계 모형 중 대리인 모형은 중앙정부가 지방정부를 권력적으로 통제한다고 본다.

정답 ③ [×]
해설 로즈의 권력의존 모형은 중앙정부와 지방정부의 관계가 완전 의존도 완전 예속도 아닌 상호의존관계이며 의존 정도는 다양하다고 본다.
① [○] 피터슨의 도시한계론은 지방정부가 처한 구조적 제약으로 인해 지방정부의 재분배정책 기능은 어렵다는 주장이다. 노동과 자본의 이동성에 대한 통제가 어렵고, 스스로 재원을 조달해야 하는 지방정부는 생산적 노동과 자본을 유입시키는 개발정책을 지향하며, 노동과 자본을 유출시키고 빈민 등을 유입시키는 재분배정책은 지양할 수밖에 없다는 것이다.
④ [○]

엘코크의 정부 간 관계 모형

동반자 모형	지방정부는 중앙정부와 주민에 대한 공공서비스 공급에 있어서 상호평등한 관계에서 협력하는 동반자(파트너)로 인식
대리인 모형	지방정부는 중앙정부의 단순한 대리인으로 중앙정부의 감독 하에 국가정책을 집행. 지방정부의 권한은 중앙정부에서 결정한 정책의 효율적인 집행에 한정
교환 모형	중앙정부와 지방정부 간 상호의존관계, 지방정부의 자율성을 인정하고 중앙정부와 대등한 입장에서 재원을 상호교환, 챈들러의 소작인 모형, 로즈의 권력의존 모형과 유사

보충자료 지방자치에 관한 이론
① 피터슨(Paul Peterson)의 도시한계론(「City Limits」) : 피터슨은 미국의 지방정부를 사례로 들면서 도시가 복지와 같은 재분배정책을 추구하기가 어렵다고 주장한다. 지방정부는 지리적인 경계가 있고, 할 수 있는 일에 한계가 있다. 그것은 지방정부가 중앙정부와 달리 제한된 범위에서만 권력을 행사할 수 있기 때문이다. 도시는 경제, 사회, 정치 등의 부문에서 자신의 위상을 높이려고 노력하며 도시의 경제적 위상을 높이는 개발정책을 추진하는 경향이 있다. 도시의 이익을 증진하는 데 도움이 되는 개발정책은 주민의 동의를 받기 쉬운 반면에 재분배 정책은 열심히 하기 어렵다. 복지정책의 성격을 가진 재분배정책은 지방정부가 감당하기 어려운 영역이다. 시가 도움이 필요한 시민을 위한 서비스를 확장한다면, 가난한 사람들을 위한 거주지로서의 매력을 높이게 된다. 다른 조건이 같다고 가정하고, 그러한 정책을 일관되게 추구하는 지방정부는 파산으로 이어지게 된다. 결국 지방정부를 대신하여 연방정부가 재분배 정책의 많은 부분을 담당해야 한다.
③ 로즈(Rhodes)의 정부간 관계론 - 권력-의존 모형(power dependency model) : 로즈는 중앙정부와 지방정부는 각각 동원 가능한 자원이 서로 다르므로 서로에게 필요한 자원을 교환하는 과정을 통하여 상호의존적임을 강조하지만, 기본적으로 중앙정부의 우월한 입장은 인정한다. 즉, 중앙정부는 궁극적으로 법률을 바꿀 수 있는 법적 자원이나 재정적 자원에서 우월한 위치에 있지만, 지방정부는 지방정부 나름대로 중앙정부에 영향을 줄 수 있는 현장의 정보와 서비스 공급 조직이라는 자원을 지니고 있다. 따라서 지방정부는 중앙정부에 예속되지 않고, 그렇다고 대등하지도 않으며, 상호의존성을 지닌다고 보았다. 이 모형은 상호의존 모형(reciprocal relationship model) 또는 로즈 모델이라고 부르기도 한다.

제2절 우리나라 중앙정부와 지방자치단체 간의 관계

01
우리나라의 중앙정부와 지방자치단체 간의 관계에 대한 설명으로 옳지 않은 것은?   2014. 국가 9급

① 보충성의 원칙에 따라 중앙정부가 처리하기 곤란한 사무는 지방자치단체가 보충적으로 처리해야 한다.
② 자치권은 법적 실체 간의 권한배분관계에서 배태된 개념으로 중앙정부가 분권화시킨 결과이다.
③ 적절한 재원 조치 없는 사무의 지방이양은 자치권을 오히려 제약하는 문제를 야기한다.
④ 사무처리에 필요한 법규를 자율적으로 제정할 수 있는 자치 입법권에 대해 제약적인 규정을 두고 있다.

> **정답** ① [×]
> **해설** 보충성의 원리란 지방자치단체가 일차적으로 사무를 처리하고 지방정부가 처리하기 곤란한 사무는 중앙정부가 처리하는 원칙을 말한다. 우리나라는 이 원칙을 「지방분권 및 지방행정체제 개편에 관한 특별법」(제9조)에 천명하고 있다.
> ② [○] 자치권은 고유권으로 보지 않고 중앙정부가 법적으로 분권화시킨 결과물로 본다(전래권설).
> ③ [○] 기능분담과 재원배분이 일치하지 않아 적절한 재원조치 없는 사무의 지방이양이 자치권을 오히려 제약하는 문제를 야기하고 있다.
> ④ [○] 조례나 규칙 제정시 상위법령의 제약이 많다.

02
「지방자치법」상 지방자치단체에 대한 국가의 지도·감독에 대한 설명으로 옳지 않은 것은?   2014. 지방 9급

① 중앙행정기관의 장이나 시·도지사는 지방자치단체의 사무에 관하여 조언 또는 권고하거나 지도할 수 있으며, 이를 위하여 필요하면 지방자치단체에 자료의 제출을 요구할 수 있다.
② 지방자치단체의 자치사무에 관한 그 장의 명령이나 처분이 법령에 위반되거나 현저히 부당하여 공익을 해친다고 인정되면 시·도에 대하여는 주무부장관이, 시·군 및 자치구에 대하여는 시·도지사가 기간을 정하여 서면으로 시정할 것을 명하고, 그 기간에 이행하지 아니하면 이를 취소하거나 정지할 수 있다.
③ 지방자치단체의 장이 법령의 규정에 따라 그 의무에 속하는 국가위임사무나 시·도위임사무의 관리와 집행을 명백히 게을리하고 있다고 인정되면 시·도에 대하여는 주무부장관이, 시·군 및 자치구에 대하여는 시·도지사가 기간을 정하여 서면으로 이행할 사항을 명령할 수 있다.
④ 행정안전부장관이나 시·도지사는 지방자치단체의 자치사무에 관하여 보고를 받거나 서류·장부 또는 회계를 감사할 수 있다.

> **정답** ② [×]
> **해설** 자치사무에 관한 명령이나 처분에 대한 시정명령과 취소·정지는 법령에 위반하는 것에 한한다.
>
> 「지방자치법」제188조(위법·부당한 명령·처분의 시정) ① 지방자치단체의 사무에 관한 그 장의 명령이나 처분이 법령에 위반되거나 현저히 부당하여 공익을 해친다고 인정되면 시·도에 대하여는 주무부장관이, 시·군 및 자치구에 대하여는 시·도지사가 기간을 정하여 서면으로 시정할 것을 명하고, 그 기간에 이행하지 아니하면 이를 취소하거나 정지할 수 있다. 이 경우 자치사무에 관한 명령이나 처분에 대하여는 법령을 위반하는 것에 한한다.
> ② 지방자치단체의 장은 제1항에 따른 자치사무에 관한 명령이나 처분의 취소 또는 정지에 대하여 이의가 있으면 그 취소처분 또는 정지처분을 통보받은 날부터 15일 이내에 대법원에 소(訴)를 제기할 수 있다.

① [○]
> 지방자치법 제184조(지방자치단체의 사무에 대한 지도와 지원) ① 중앙행정기관의 장이나 시·도지사는 지방자치단체의 사무에 관하여 조언 또는 권고하거나 지도할 수 있으며, 이를 위하여 필요하면 지방자치단체에 자료의 제출을 요구할 수 있다.

③ [○]
> 제189조(지방자치단체의 장에 대한 직무이행명령) ① 지방자치단체의 장이 법령에 따라 그 의무에 속하는 국가위임사무나 시·도위임사무의 관리와 집행을 명백히 게을리하고 있다고 인정되면 시·도에 대해서는 주무부장관이, 시·군 및 자치구에 대해서는 시·도지사가 기간을 정하여 서면으로 이행할 사항을 명령할 수 있다.
> ② 주무부장관이나 시·도지사는 해당 지방자치단체의 장이 제1항의 기간에 이행명령을 이행하지 아니하면 그 지방자치단체의 비용부담으로 대집행 또는 행정상·재정상 필요한 조치(이하 이 조에서 "대집행등"이라 한다)를 할 수 있다. 이 경우 행정대집행에 관하여는 「행정대집행법」을 준용한다

④ [○]
> 제190조(지방자치단체의 자치사무에 대한 감사) ① 행정안전부장관이나 시·도지사는 지방자치단체의 자치사무에 관하여 보고를 받거나 서류·장부 또는 회계를 감사할 수 있다. 이 경우 감사는 법령 위반사항에 대해서만 한다.
> ② 행정안전부장관 또는 시·도지사는 제1항에 따라 감사를 하기 전에 해당 사무의 처리가 법령에 위반되는지 등을 확인하여야 한다.

03
우리나라의 중앙정부와 지방정부 간 관계에 대한 설명으로 옳지 않은 것은? 2015. 지방 9급

① 중앙정부와 지방정부 간의 인사교류 활성화는 소모적 갈등의 완화에 기여할 수 있다.
② 특별지방행정기관과 지방정부 간 기능이 유사·중복되어 갈등이 발생하기도 한다.
③ 중앙정부와 지방정부 간 재원 및 재정부담을 둘러싼 갈등이 심화되고 있다.
④ 중앙정부와 지방정부 간 갈등을 해결하기 위하여 설치된 행정협의조정위원회의 결정은 강제력을 지닌다.

정답 ④ [×]
해설 행정협의조정위원회의 결정은 이행명령권이나 대집행권이 없기 때문에 강제력을 지니지 않는다.

정부간 분쟁조정 비교

구분	중앙─지방정부간 분쟁조정	지방자치단체 간 분쟁조정
조정	행정협의조정위원회 (국무총리 소속)	중앙분쟁조정위원회 (행정안전부 장관) 지방분쟁조정위원회 (시·도지사)
조정요건	당사자 신청	당사자 신청 또는 직권
효력 (구속력)	법적 구속력 ○ 실질적 구속력 약함	법적 구속력 ○ 이행명령, 대집행 등 실질적 구속력 강함

☑ 지방정부 간 갈등을 해결하기 위하여 분쟁조정위원회의 의결을 거쳐 시도지사나 행정안전부장관이 조정결정을 하는 것은 강제력을 지니지만 중앙정부와 지방정부 간 갈등을 해결하기 위하여 설치된 국무총리실의 행정협의조정위원회의 결정은 강제력을 지니지 않는다. 직무이행명령권이나 대집행권이 없기 때문이다.

04
「지방자치법」상 지방자치단체에 대한 국가의 지도·감독의 내용으로 옳지 않은 것은? 2013. 국가 7급

① 중앙행정기관의 장과 지방자치단체의 장이 사무를 처리할 때 의견을 달리하는 경우 이를 협의·조정하기 위하여 국무총리 소속으로 행정협의조정위원회를 둔다.
② 지방자치단체나 그 장이 위임받아 처리하는 국가사무에 관하여 시·도에서는 주무부장관의, 시·군 및 자치구에서는 1차로 시·도지사의, 2차로 주무부장관의 지도·감독을 받는다.
③ 행정안전부 장관이나 시·도지사는 지방자치단체의 자치사무가 공익을 현저히 해친다고 판단되면 지방자치단체의 서류·장부 또는 회계를 감사할 수 있다.
④ 지방의회의 의결이 공익을 현저히 해친다고 판단되면 시·도에 대하여는 주무부장관이, 시·군 및 자치구에 대하여는 시·도지사가 재의를 요구하게 할 수 있다.

정답 ③ [×]
해설 행정안전부장관이나 시·도지사의 지방자치단체의 자치사무에 대한 감사는 법령 위반 사항에 대해서만 할 수 있다.

> 제190조(지방자치단체의 자치사무에 대한 감사) ① 행정안전부장관이나 시·도지사는 지방자치단체의 자치사무에 관하여 보고를 받거나 서류·장부 또는 회계를 감사할 수 있다. 이 경우 감사는 법령 위반사항에 대해서만 한다.

① [O]

> 제187조(중앙행정기관과 지방자치단체 간 협의·조정) ① 중앙행정기관의 장과 지방자치단체의 장이 사무를 처리할 때 의견을 달리하는 경우 이를 협의·조정하기 위하여 <u>국무총리 소속으로 행정협의조정위원회를 둔다.</u>

② [O]

> 제185조(국가사무나 시·도 사무 처리의 지도·감독) ① <u>지방자치단체나 그 장이 위임받아 처리하는 국가사무에 관하여 시·도에서는 주무부장관, 시·군 및 자치구에서는 1차로 시·도지사, 2차로 주무부장관의 지도·감독을 받는다.</u>

④ [O]

> 제192조(지방의회 의결의 재의와 제소) ① 지방의회의 의결이 법령에 위반되거나 공익을 현저히 해친다고 판단되면 시·도에 대해서는 주무부장관이, 시·군 및 자치구에 대해서는 시·도지사가 해당 지방자치단체의 장에게 재의를 요구하게 할 수 있고, 재의 요구 지시를 받은 지방자치단체의 장은 의결사항을 이송받은 날부터 20일 이내에 지방의회에 이유를 붙여 재의를 요구하여야 한다.

05

「지방자치법」상의 지방자치단체에 대한 국가 및 시-도의 지도, 감독에 대한 설명 중 옳은 것만을 고른 것은?

2009. 지방 9급

> ㄱ. 중앙행정기관의 장이나 시·도지사는 지방자치단체의 사무에 관하여 조언 또는 권고하거나 지도할 수 있다.
> ㄴ. 중앙행정기관의 장과 지방자치단체의 장이 사무를 처리할 때 의견을 달리하는 경우 이를 협의·조정하기 위하여 행정안전부 소속으로 협의조정기구를 둘 수 있다.
> ㄷ. 지방자치단체의 사무에 관한 그 장의 명령이나 처분이 법령에 위반되거나 현저히 부당하여 공익을 해친다고 인정되면 시·도에 대하여는 주무부장관, 시·군 및 자치구에 대하여는 시·도지사가 즉시 이를 취소하거나 정지할 수 있다.
> ㄹ. 주무부장관이나 시·도지사는 해당 지방자치단체의 장이 정해진 기간 내에 이행명령을 이행하지 아니하면 그 지방자치단체의 비용부담으로 대집행하거나 행정상·재정상 필요한 조치를 할 수 있다.

① ㄱ, ㄴ　　② ㄱ, ㄹ
③ ㄴ, ㄷ　　④ ㄷ, ㄹ

정답 ② ㄱ, ㄹ [O]

해설 ㄴ. [×] 중앙행정기관의 장과 지방자치단체의 장이 사무를 처리할 때 의견을 달리하는 경우 이를 협의·조정하기 위하여 <u>국무총리 소속으로 행정협의조정위원회를 둔다.</u>

> 지방자치법 제187조(중앙행정기관과 지방자치단체 간 협의·조정) ① 중앙행정기관의 장과 지방자치단체의 장이 사무를 처리할 때 의견을 달리하는 경우 이를 협의·조정하기 위하여 <u>국무총리 소속으로 행정협의조정위원회를 둔다.</u>

ㄷ. [×] 취소·정지권의 행사는 먼저 기간을 정하여 서면으로 시정명령을 발하고, 이를 이행하지 않는 경우에 발동되는 것으로 즉시 행하는 것은 아니다.

> 「지방자치법」 제188조(위법·부당한 명령·처분의 시정) ① 지방자치단체의 사무에 관한 그 장의 명령이나 처분이 법령에 위반되거나 현저히 부당하여 공익을 해친다고 인정되면 시·도에 대하여는 주무부장관이, 시·군 및 자치구에 대하여는 시·도지사가 <u>기간을 정하여 서면으로 시정할 것을 명하고, 그 기간에 이행하지 아니하면 이를 취소하거나 정지할 수 있다.</u> 이 경우 자치사무에 관한 명령이나 처분에 대하여는 법령을 위반하는 것에 한한다.
> ② 주무부장관이나 시·도지사는 해당 지방자치단체의 장이 제1항의 기간에 이행명령을 이행하지 아니하면 그 지방자치단체의 비용부담으로 대집행 또는 행정상·재정상 필요한 조치(이하 이 조에서 "대집행등"이라 한다)를 할 수 있다. 이 경우 행정대집행에 관하여는 「행정대집행법」을 준용한다.

ㄱ. [O]

> 지방자치법 제184조(지방자치단체의 사무에 대한 지도와 지원) ① 중앙행정기관의 장이나 시·도지사는 지방자치단체의 사무에 관하여 조언 또는 권고하거나 지도할 수 있으며, 이를 위하여 필요하면 지방자치단체에 자료 제출을 요구할 수 있다.

06

중앙행정기관의 장과 지방자치단체의 장이 사무를 처리할 때 의견을 달리하는 경우 이를 협의·조정하기 위하여 설치하는 기구는?

2014. 서울시 9급

① 행정협의조정위원회　② 중앙분쟁조정위원회
③ 지방분쟁조정위원회　④ 행정협의회
⑤ 갈등조정협의회

정답 ①

해설 중앙정부와 지방정부간의 분쟁조정제도로 행정협의조정위원회를 두고 있다.

> 지방자치법 제187조(중앙행정기관과 지방자치단체 간 협의조정) ① 중앙행정기관의 장과 지방자치단체의 장이 사무를 처리할 때 의견을 달리하는 경우 이를 협의·조정하기 위하여 <u>국무총리 소속으로 행정협의조정위원회를 둔다.</u>

07
중앙과 지방의 권한배분에 대한 설명으로 옳지 않은 것은?

2017. 국가 9급

① 지방분권 및 지방행정체제 개편을 추진하기 위하여 국무총리 소속으로 지방자치발전위원회를 둔다.
② 국가는 지방자치단체에 이양한 사무가 원활히 처리될 수 있도록 행정적·재정적 지원을 병행하여야 한다.
③ 중앙행정기관의 장과 지방자치단체의 장이 사무를 처리할 때 의견을 달리하는 경우 이를 협의·조정하기 위하여 국무총리 소속으로 행정협의조정위원회를 둔다.
④ 「지방자치법」은 원칙적으로 사무배분방식에 있어서 포괄적 예시주의를 취하고 있다.

> **정답** ① [×]
> **해설** 지방자치분권 및 지역균형발전을 추진하기 위하여 <u>대통령 소속으로 지방시대위원회를 둔다</u>.
>
> 지방자치분권 및 지역균형발전에 관한 특별법 제62조(지방시대위원회의 설치 및 존속기한) ① 지방자치분권 및 지역균형발전을 추진하기 위하여 대통령 소속으로 지방시대위원회를 둔다.
>
> ② [○]
>
> 지방자치분권 및 지역균형발전에 관한 특별법 제33조(권한이양 및 사무구분체계의 정비 등) ① 국가는 「지방자치법」 제11조에 따른 사무배분의 기본원칙에 따라 그 권한 및 사무를 적극적으로 지방자치단체에 이양하여야 하며, 그 과정에서 국가사무 또는 시·도의 사무로서 시·도 또는 시·군·구의 장에게 위임된 사무는 원칙적으로 폐지하고 자치사무와 국가사무로 이분화하여야 한다.
> ② 국가는 권한 및 사무를 지방자치단체에 포괄적·일괄적으로 이양하기 위하여 필요한 법적 조치를 마련하여야 한다.
> ③ <u>국가는 지방자치단체에 이양한 권한 및 사무가 원활히 처리될 수 있도록 대통령령으로 정하는 바에 따라 행정적·재정적 지원을 병행하여야 한다.</u>
> ④ 지방자치단체는 이양받은 권한 및 사무가 원활히 처리될 수 있도록 기구·인력의 효율적인 배치 및 예산 조정 등 필요한 조치를 하여야 한다.
>
> ③ [○]
>
> 지방자치법 제187조(중앙행정기관과 지방자치단체 간 협의조정) ① 중앙행정기관의 장과 지방자치단체의 장이 사무를 처리할 때 의견을 달리하는 경우 이를 협의·조정하기 위하여 국무총리 소속으로 행정협의조정위원회를 둔다.

08
우리나라의 중앙정부와 지방정부 간 관계에 대한 설명으로 옳지 않은 것은?

2015. 지방 9급

① 중앙정부와 지방정부 간의 인사교류 활성화는 소모적 갈등의 완화에 기여할 수 있다.
② 특별지방행정기관과 지방정부 간 기능이 유사·중복되어 갈등이 발생하기도 한다.
③ 중앙정부와 지방정부 간 재원 및 재정부담을 둘러싼 갈등이 심화되고 있다.
④ 중앙정부와 지방정부 간 갈등을 해결하기 위하여 설치된 행정협의조정위원회의 결정은 강제력을 지닌다.

> **정답** ④ [×]
> **해설** 행정협의조정위원회의 결정은 이행명령권이나 대집행권이 없기 때문에 강제력을 지니지 않는다.
>
> **정부간 분쟁조정 비교**
>
> | 구분 | 중앙-지방정부간 분쟁조정 | 지방자치단체 간 분쟁조정 |
> |---|---|---|
> | 조정 | 행정협의조정위원회 (국무총리 소속) | 중앙분쟁조정위원회 (행정안전부 장관) 지방분쟁조정위원회 (시·도지사) |
> | 조정요건 | 당사자 신청 | 당사자 신청 또는 직권 |
> | 효력 (구속력) | 법적 구속력 ○ 실질적 구속력 약함 | 법적 구속력 ○ 이행명령, 대집행 등 실질적 구속력 강함 |

09
특별지방행정기관에 대한 설명으로 옳지 않은 것은?

2017. 지방 9급

① 고유의 법인격은 물론 자치권도 가지고 있지 않다.
② 관할 범위가 넓을수록 이용자인 고객의 편리성이 향상된다.
③ 주민들의 직접통제와 참여가 용이하지 않은 문제가 있다.
④ 특별지방행정기관의 예로 교도소, 세관, 우체국 등을 들 수 있다.

> **정답** ② [×]
> **해설** 특별지방행정기관의 관할 범위가 넓을 경우 이용자인 고객의 불편을 가중시킨다.

10
특별지방행정기관에 대한 설명으로 옳지 않은 것은?
2015. 국가 9급

① 관할지역 주민들의 직접적인 통제와 참여가 용이하기 때문에 책임행정을 실현할 수 있다.
② 출입국관리, 공정거래, 근로조건 등 국가적 통일성이 요구되는 업무를 수행한다.
③ 현장의 정보를 중앙정부에 전달하거나 중앙정부와 지방자치단체 사이의 매개 역할을 수행하기도 한다.
④ 국가의 사무를 집행하기 위해 중앙정부에서 설치한 일선행정기관으로 자치권을 가지고 있지 않다.

정답 ① [×]
해설 특별지방행정기관은 국가의 특정한 중앙행정기관에 소속되어, 당해 관할구역 내에서 소속 중앙행정기관의 사무에 속하는 특수한 전문분야의 행정사무를 처리하는 일선행정기관이다. 따라서 관할지역 주민들에 의한 직접적인 통제나 참여가 어려우며, 책임행정을 실현하기 곤란하다.

12
특별지방행정기관에 대한 설명으로 옳은 것은?
2014. 서울시 9급

① 국가적 통일성보다는 지역의 특수성을 중요시하여 설치한다.
② 지방자치의 발전에 기여한다.
③ 지방자치단체와 명확한 역할배분이 이루어져 행정의 효율성을 높일 수 있다.
④ 지역별 책임행정을 강화할 수 있다.
⑤ 주민들의 직접 통제와 참여가 용이하지 않다.

정답 ⑤ [○]
해설 ① [×] 특별지방행정기관은 국가적 통일성을 중시하여 설치한다.
②, ④ [×] 특별지방행정기관은 지역별 책임행정, 민주성 등을 훼손할 수 있으며, 따라서 지방자치의 발전을 저해할 우려가 있다.
③ [×] 특별지방행정기관과 지방자치단체간의 역할 및 기능 중복으로 인한 비효율이 발생할 가능성이 높다.

11
특별지방행정기관에 해당하지 않는 것은? 2013. 지방 9급

① 농촌진흥청
② 유역환경청
③ 국립검역소
④ 지방국토관리청

정답 ① [×]
해설 농촌진흥청은 중앙행정기관인 청(廳)에 해당한다.
②, ③, ④ [○] 유역환경청(예 낙동강유역환경청 등), 국립검역소, 농업기술원, 보건소, 지방국토관리청 등은 모두 특별지방행정기관에 포함된다.

제3절 지방자치단체 상호 간 관계

01
광역행정에 대한 설명으로 옳지 않은 것은? 2019. 지방 9급

① 기존의 행정구역을 초월해 더 넓은 지역을 대상으로 행정을 수행한다.
② 행정권과 주민의 생활권을 일치시켜 행정 효율성을 증진시킬 수 있다.
③ 규모의 경제를 확보하기 어렵다.
④ 지방자치단체 간에 균질한 행정서비스를 제공하는 계기로 작용해 왔다.

정답 ③ [×]
해설 광역행정은 규모경제의 효과를 실현하기 위해 활용된다.

02
광역행정의 공동처리 방식에 관한 설명으로 옳은 것은? 2018. 지방교행 9급

① 사무위탁은 둘 이상의 지방자치단체가 계약에 의하여 자기 사무의 일부를 상대방에게 위탁하여 처리하는 방식이다.
② 연락회의는 둘 이상의 지방자치단체가 광역적 갈등 분쟁을 원활하게 해결하기 위하여 조정권을 갖는 연락기구를 구성하는 방식이다.
③ 공동기관은 둘 이상의 지방자치단체가 광역사무를 처리하기 위하여 조례에 의해 공동으로 법인격을 갖는 기관을 운영하는 방식이다.
④ 협의회는 둘 이상의 지방자치단체가 광역적 지역개발 사업을 수행하기 위하여 규칙에 의해 법인격을 갖는 기관을 운영하는 방식이다.

정답 ① [○]
해설 ② [×] 연락회의는 둘 이상의 자치단체가 일정한 상호관련적 사무에 관한 연락을 원활히하기 위하여 각 자치단체의 대표들로 구성되는 연락회의를 두는 방식으로 조정권이 없는 단순한 대화·연락기구이다.
③ [×] 공동기관은 둘 이상의 지방자치단체가 그 기관의 간소화, 전문직원 확보, 재정절약 등을 위하여 별도의 광역행정기관을 계약에 의해 기관장, 위원, 직원 등을 공동으로 두는 방식으로 법인격을 갖지 않는다.
④ [×] 협의회는 여러 지방자치단체가 상호 연락·조정, 광역사무 공동처리를 위하여 협의기관을 설치하는 방식으로 법인격을 갖지 않는다.

03
광역행정방식으로 여러 자치단체를 포괄하는 단일정부를 설립하여 그 정부의 주도로 사무를 광역적으로 처리하는 광역행정방식은? 2011. 서울 9급

① 연합 방식
② 통합 방식
③ 공동처리
④ 참여

정답 ②
해설 통합방식에 대한 설명이다. 통합방식은 둘 이상의 지방자치단체가 하나로 통·폐합하여 새로운 법인격을 가지는 단체를 창설하는 것을 의미한다.

04
시·군 통합의 긍정적 효과에 대한 설명으로 옳지 않은 것은? 2020. 군무원 9급

① 행정의 대응성 제고
② 규모의 경제 실현
③ 생활권과 행정권의 일치
④ 광역적 문제의 효과적 해결

정답 ① [×]
해설 시·군 통합은 자치단체의 관할 구역이 넓어져서 주민의 행정에 대한 접근성과 행정의 대응성을 저하시킨다. 주민 대응성은 티부가설(Tiebout Hypothesis)에서 보는 바와 같이 다수의 소규모 지방자치단체가 존재할 경우 제고될 수 있다.

05

「지방자치법」에서 규정하고 있는 지방자치단체 간의 수평적 협력방식으로만 구성된 것은?　　2008. 지방 9급

| ㄱ. 사무위탁 | ㄴ. 지방자치단체조합 |
| ㄷ. 분쟁조정위원회 | ㄹ. 지방자치단체연합 |

① ㄱ, ㄴ　　② ㄱ, ㄹ
③ ㄴ, ㄷ　　④ ㄷ, ㄹ

정답 ① ㄱ, ㄴ [O]
해설 현재 지방자치법상 지방자치단체연합은 인정되지 않으며, 분쟁조정위원회 지방자치단체 간 갈등이 발생한 경우 상급기관(행정안전부 소속의 중앙분쟁조정위원회, 시·도에 지방분쟁조정위원회)에서 갈등을 조정하는 방식에 해당한다.

사무위탁 (지방자치법 제168조)	지방자치단체 또는 그 장은 소관사무의 일부를 다른 지방자치단체 또는 그 장에게 위탁·처리
행정협의회 (지방자치법 제169조)	지방자치단체는 2개 이상의 지방자치단체와 관련된 사무의 일부를 공동 처리 (법인격 ×)
지방자치단체조합 (지방자치법 제176조)	2개 이상 지방자치단체가 하나 또는 둘 이상의 사무를 공동 처리 (법인격 O)
지방자치단체장 등 협의체 (지방자치법 제182조)	지방자치단체장 또는 지방의회 의장은 상호간 교류와 협력 증진, 공동의 문제를 협의하기 위해 전국적 협의체 설립

06

현행 「지방자치법」상 지방자치단체 상호간 협력방식에 대한 설명으로 가장 적합하지 않은 것은?　　2010. 국가 9급

① 사무위탁은 사무처리비용의 절감, 공동사무처리에 따른 규모의 경제 등의 장점이 있으나, 위탁처리비용의 산정 문제 등으로 인해 광범위하게 이용되지 못하고 있다.
② 2개 이상의 지방자치단체가 그 사무 중 일부를 공동처리할 필요가 있을 때에는 규약을 정하고 일정한 절차를 거쳐 지방자치단체조합을 설립할 수 있다.
③ 행정협의회를 구성한 관계 지방자치단체는 반드시 협의회의 결정에 따라 사무를 처리할 필요는 없다.
④ 지방자치단체는 다른 지방자치단체로부터 사무의 공동처리에 관한 요청이나 사무처리에 관한 협의·조정·승인 또는 지원의 요청을 받으면 법령의 범위에서 협력하여야 한다.

정답 ③ [×]
해설 「지방자치법」 제174조에 의하면, 협의회를 구성한 관계 지방자치단체는 협의회가 결정한 사항이 있으면 그 결정에 따라 그 사무를 처리해야 한다고 규정하고 있다.

> 지방자치법 제174조(협의회의 협의 및 사무처리의 효력) ① 협의회를 구성한 관계 지방자치단체는 협의회가 결정한 사항이 있으면 그 결정에 따라 사무를 처리하여야 한다.

② [O]

> 지방자치법 제176조(지방자치단체조합의 설립) ① 2개 이상의 지방자치단체가 하나 또는 둘 이상의 사무를 공동으로 처리할 필요가 있을 때에는 규약을 정하여 지방의회의 의결을 거쳐 시·도는 행정안전부장관의 승인, 시·군 및 자치구는 시·도지사의 승인을 받아 지방자치단체조합을 설립할 수 있다. 다만, 지방자치단체조합의 구성원인 시·군 및 자치구가 2개 이상의 시·도에 걸쳐 있는 지방자치단체조합은 행정안전부장관의 승인을 받아야 한다.

④ [O]

> 지방자치법 제164조(지방자치단체 상호 간의 협력) ① 지방자치단체는 다른 지방자치단체로부터 사무의 공동처리에 관한 요청이나 사무처리에 관한 협의·조정·승인 또는 지원의 요청을 받으면 법령의 범위에서 협력하여야 한다.

07

우리나라 중앙정부와 지방자치단체 간 또는 지방자치단체 상호 간의 관계에 대한 기술로 틀린 것은?　　2015. 지방교행 9급

① 행정안전부장관은 공익상 필요하면 지방자치단체조합의 설립이나 해산을 명할 수 있다.
② 지방자치단체 간 의견이 달라 분쟁이 생길 경우 당사자의 신청 없이는 조정을 할 수 없다.
③ 중앙행정기관의 장과 지방자치단체의 장 간에 의견을 달리하는 경우 국무총리 소속으로 행정협의조정위원회를 두어 조정한다.
④ 「지방자치법」상 인정되는 지방자치단체 간의 협력방안으로 '지방자치단체조합의 설립', '사무위탁', '행정협의회의 구성' 등이 있다.

정답 ② [×]
해설 지방자치단체 간 의견이 달라 분쟁이 생길 경우 당사자의 신청에 의한 조정이 원칙이지만 공익을 현저히 저해하여 조속한 조정이 필요하다고 인정하면 신청 없이도 조정을 할 수 있다(지방자치법 제165조 제1항).

> 지방자치법 제165조(지방자치단체 상호 간의 분쟁조정) ① 지방자치단체 상호 간 또는 지방자치단체의 장 상호 간에 사무를 처리할 때 의견이 달라 다툼(이하 "분쟁"이라 한다)이 생기면 다른 법률에 특별한 규정이 없으면 행정안전부장관이나 시·도지사가 당사자의 신청을 받아 조정할 수 있다. 다만, 그 분쟁이 공익을 현저히 해쳐 조속한 조정이 필요하다고 인정되면 당사자의 신청이 없어도 직권으로 조정할 수 있다.

① [○]
> 지방자치법 제180조(지방자치단체조합의 지도·감독)
> ② 행정안전부장관은 공익상 필요하면 지방자치단체조합의 설립이나 해산 또는 규약 변경을 명할 수 있다.

08
다음은 지방자치단체 상호간 관계에 대한 설명이다. ㉠~㉣에 들어갈 말을 순서대로 바르게 나열한 것은?

2013. 국가 7급

- 2개 이상의 지방자치단체가 하나 또는 둘 이상의 사무를 공동으로 처리할 필요가 있을 때에는 규약을 정하여 그 지방의회의 의결을 거쳐 시·도는 행정안전부장관의, 시·군 및 자치기구는 시·도지사의 승인을 받아 (㉠)을(를) 설립할 수 있다.
- 지방자치단체의 장이나 지방의회의 의장은 상호 간의 교류와 협력을 증진하고, 공동의 문제를 협의하기 위하여 전국적 (㉡)를 설립할 수 있다.
- 지방자치단체 상호간이나 지방자치단체의 장 상호간 사무를 처리할 때 의견이 달라 생긴 분쟁의 조정과 행정협의회에서 합의가 이루어지지 아니한 사항의 조정에 필요한 사항을 심의·의결하기 위하여 행정안전부에 (㉢)를 둔다.
- 지방자치단체는 2개 이상의 지방자치단체에 관련된 사무의 일부를 공동으로 처리하기 위하여 관계 지방자치단체 간의 (㉣)를 구성할 수 있다.

	㉠	㉡	㉢	㉣
①	행정협의회	지방자치단체장협의회	지방자치단체지방분쟁조정위원회	협의체
②	지방자치단체조합	행정협의회	지방자치단체지방분쟁조정위원회	협의체
③	행정협의회	협의체	지방자치단체중앙분쟁조정위원회	지방자치단체장협의회
④	지방자치단체조합	협의체	지방자치단체중앙분쟁조정위원회	행정협의회

정답 ④
해설 지방자치단체조합 - 협의체 - 지방자치단체중앙분쟁위원회 - 행정협의회 순이다.

㉠ 지방자치단체조합
> 제176조(지방자치단체조합의 설립) ① 2개 이상의 지방자치단체가 하나 또는 둘 이상의 사무를 공동으로 처리할 필요가 있을 때에는 규약을 정하여 지방의회의 의결을 거쳐 시·도는 행정안전부장관의 승인, 시·군 및 자치구는 시·도지사의 승인을 받아 지방자치단체조합을 설립할 수 있다. 다만, 지방자치단체조합의 구성원인 시·군 및 자치구가 2개 이상의 시·도에 걸쳐 있는 지방자치단체조합은 행정안전부장관의 승인을 받아야 한다.

㉡ 지방자치단체의 장 등의 협의체
> 지방자치법 제182조(지방자치단체의 장 등의 협의체) ① 지방자치단체의 장이나 지방의회의 의장은 상호 간의 교류와 협력을 증진하고, 공동의 문제를 협의하기 위하여 다음 각 호의 구분에 따라 각각 전국적 협의체를 설립할 수 있다.
> 1. 시·도지사
> 2. 시·도의회의 의장
> 3. 시장·군수 및 자치구의 구청장
> 4. 시·군 및 자치구의회의 의장

㉢ 중앙분쟁조정위원회
> 제166조(지방자치단체중앙분쟁조정위원회 등의 설치와 구성 등) ① 제165조제1항에 따른 분쟁의 조정과 제173조제1항에 따른 협의사항의 조정에 필요한 사항을 심의·의결하기 위하여 행정안전부에 지방자치단체중앙분쟁조정위원회(이하 "중앙분쟁조정위원회"라 한다)를, 시·도에 지방자치단체지방분쟁조정위원회(이하 "지방분쟁조정위원회"라 한다)를 둔다.

㉣ 행정협의회
> 제169조(행정협의회의 구성) ① 지방자치단체는 2개 이상의 지방자치단체에 관련된 사무의 일부를 공동으로 처리하기 위하여 관계 지방자치단체 간의 행정협의회를 구성할 수 있다. 이 경우 지방자치단체의 장은 시·도가 구성원이면 행정안전부장관과 관계 중앙행정기관의 장에게, 시·군 또는 자치구가 구성원이면 시·도지사에게 이를 보고하여야 한다.

09
우리나라 지방자치단체 상호 간의 관계에 대한 설명으로 옳지 않은 것은? 2020. 국회 8급

① 지방자치단체나 그 장은 소관 사무의 일부를 다른 지방자치단체나 그 장에게 위임하여 처리하게 할 수 있다.
② 2개 이상의 지방자치단체에 관련된 사무의 일부를 공동으로 처리하기 위하여 행정협의회를 구성할 수 있다.
③ 지방자치단체장 상호 간의 교류와 협력을 위하여 전국적 협의체를 설립할 수 있다.
④ 중앙행정기관장과 지방자치단체장이 사무를 처리함에 있어서 의견을 달리하는 경우 이를 협의·조정하기 위하여 국무총리 소속으로 행정협의조정위원회를 둔다.
⑤ 지방자치단체 조합의 사무 처리의 효과는 지방자치단체가 아닌 지방자치단체 조합에 귀속된다.

정답 ① [×]

해설 "위임"이란 법률에 규정된 행정기관의 장의 권한 중 일부를 그 보조기관 또는 하급행정기관의 장이나 지방자치단체의 장에게 맡겨 그의 권한과 책임 아래 행사하도록 하는 것을 말한다. "위탁"이란 법률에 규정된 행정기관의 장의 권한 중 일부를 다른 행정기관의 장에게 맡겨 그의 권한과 책임 아래 행사하도록 하는 것을 말한다.

> 지방자치법 제168조(사무의 위탁) ① 지방자치단체나 그 장은 소관 사무의 일부를 다른 지방자치단체나 그 장에게 위탁하여 처리하게 할 수 있다.

② [○]

> 지방자치법 제169조(행정협의회의 구성) ① 지방자치단체는 2개 이상의 지방자치단체에 관련된 사무의 일부를 공동으로 처리하기 위하여 관계 지방자치단체 간의 행정협의회(이하 "협의회"라 한다)를 구성할 수 있다. 이 경우 지방자치단체의 장은 시·도가 구성원이면 행정안전부장관과 관계 중앙행정기관의 장에게, 시·군 또는 자치구가 구성원이면 시·도지사에게 이를 보고하여야 한다.

③ [○] 지방자치법 제182조 (지방자치단체의 장 등의 협의체)

Chapter 05 지방자치단체 기관구성

제1절 지방자치단체 기관구성 형태

01
지방정부의 기관구성 형태에 대한 설명으로 옳지 않은 것은?
2021. 지방 9급

① 강시장-의회(strong mayor-council) 형태에서는 시장이 강력한 정치적 리더십을 행사한다.
② 위원회(commission) 형태에서는 주민 직선으로 선출된 의원들이 집행부서의 장을 맡는다.
③ 약시장-의회(weak mayor-council) 형태에서는 일반적으로 의회가 예산을 편성한다.
④ 의회-시지배인(council-manager) 형태에서는 시지배인이 의례적이고 명목적인 기능을 수행한다.

정답 ④ [×]
해설 의회-시지배인 형태에서는 의회가 임명한 전문행정가인 시지배인이 실질적인 행정기능을 수행한다. 시장은 의례적이고 명목적 기능만 수행하고 실질적으로는 의회가 임명한 시지배인이 집행기능을 총괄한다.

02
지방자치단체의 기관구성에 관한 설명으로 가장 옳지 않은 것은?
2010. 서울 9급

① 기관통합형은 의원 내각제와 비교적 유사하다.
② 기관대립형은 대통령중심제와 비교적 유사하다.
③ 기관통합형에서는 임기 동안 지방자치 행정에 대한 효율성과 책임성을 확보할 수 있다.
④ 기관대립형에서는 집행부와 의회의 마찰로 인한 비효율성이 발생할 수도 있다.
⑤ 기관통합형에서는 의회와 집행기관 간 견제와 균형을 통하여 민주성을 확보할 수 있다.

정답 ⑤ [×]
해설 의회와 집행기관 간 견제와 균형을 통하여 민주성을 확보할 수 있는 것은 기관대립형의 장점에 해당된다.

03
지방자치단체의 기관구성에 대한 설명으로 옳은 것은?
2019. 지방 7급

① 기관통합형의 집행기관은 기관대립형에 비해 행정의 전문성이 높지 않을 가능성이 크다.
② 미국의 위원회형은 기관대립형의 특수한 형태로 볼 수 있다.
③ 영국의 의회형에서는 집행기관의 장을 주민이 직선으로 선출한다.
④ 우리나라는 시장의 권한이 지방의회의 권한에 비해 상대적으로 약한 기관대립형을 유지하고 있다.

정답 ① [○]
해설 ② [×] 미국의 위원회형(commission plan)은 기관통합형의 형태로 주민에 의하여 직접 선출된 3~7명의 위원들이 위원회를 구성하여 의결기능과 집행기능을 함께 수행하는 방식이다.
③ [×] 영국의 의회형은 기관통합형으로 지방의회가 의결기관인 동시에 그 밑에 분과별 집행위원회나 국·과 등 보조기관을 두고 집행기능까지 수행한다. 집행기관의 장을 주민이 직선으로 선출하는 것은 기관대립형의 유형 중 집행기관 직선형에 해당한다.
④ [×] 우리나라는 단체장의 권한이 의회보다 강한 기관대립형(강시장-의회형 또는 수장우위형)에 해당한다.

04
지방자치단체의 기관구성에 대한 설명으로 옳지 <u>않은</u> 것은?

2017. 지방 9급

① 「지방자치법」에서는 기관대립형 구조만을 채택하고 있다.
② 기관대립형은 행정책임의 소재가 분명하다는 장점이 있다.
③ 기관통합형은 영국의 의회형이 대표적이다.
④ 기관통합형은 의결기관과 집행기관을 이원적으로 구성해 상호 견제와 균형을 도모한다.

정답 ④ [×]
해설 기관통합형은 지방자치정부 조직에 있어서 의결기능과 집행기능을 모두 단일의 기관에 집중시키는 유형으로 지방의회만 주민 직선으로 선출하는 방식이다. 의결기관과 집행기관을 이원적으로 구성해 상호견제와 균형을 도모하는 것은 기관대립형이다.

05
지방자치단체의 기관구성에 대한 설명으로 옳지 <u>않은</u> 것은?

2016. 지방 9급

① 기관대립형(기관분리형)은 견제와 균형을 통해 민주적이고 합리적인 지방자치를 실시하는 방식이다.
② 기관통합형은 주민 직선으로 지방의회를 구성하고 의회 의장이 단체장을 겸하는 방식이다.
③ 기관대립형(기관분리형)은 집행부와 의회의 기구가 병존함에 따라 비효율성을 줄일 수 있다는 장점이 있다.
④ 기관통합형은 의결기능과 집행기능이 통합되어 있기 때문에 지방자치행정을 기관 간 마찰 없이 안정적으로 수행할 수 있다는 장점이 있다.

정답 ③ [×]
해설 기관대립형은 집행부와 의회의 기구가 병존되어 있으므로 상호 견제와 균형을 통해 민주적인 지방자치를 실시할 수 있지만, 집행부와 의회가 대립할 경우 오히려 비효율성이 발생할 수 있다.

제2절　의결기관 : 지방의회

01
우리나라 지방의회의 권한이 아닌 것은?　2021. 국회 9급

① 행정사무 감사
② 주민투표 청구
③ 통할대표
④ 의안 발의
⑤ 지방의회 조직 및 운영

정답 ③ [×]
해설 지방자치단체의 통할대표권은 지방자치단체장의 권한이다.

지방자치법 제114조(지방자치단체의 통할대표권) 지방자치단체의 장은 지방자치단체를 대표하고, 그 사무를 총괄한다.

①, ②, ④ [○] 모두 지방의회의 권한에 해당한다.

지방자치법 제49조(행정사무 감사권 및 조사권) ① 지방의회는 매년 1회 그 지방자치단체의 사무에 대하여 시·도에서는 14일의 범위에서, 시·군 및 자치구에서는 9일의 범위에서 감사를 실시하고, 지방자치단체의 사무 중 특정 사안에 관하여 본회의 의결로 본회의나 위원회에서 조사하게 할 수 있다.

지방자치법 제76조(의안의 발의) ① 지방의회에서 의결할 의안은 지방자치단체의 장이나 조례로 정하는 수 이상의 지방의회의원의 찬성으로 발의한다.

지방자치법 제102조(사무처 등의 설치) ① 시·도의회에는 사무를 처리하기 위하여 조례로 정하는 바에 따라 사무처를 둘 수 있으며, 사무처에는 사무처장과 직원을 둔다.

주민투표법 제9조(주민투표의 실시요건) ⑤ 지방의회는 재적의원 과반수의 출석과 출석의원 3분의 2 이상의 찬성으로 그 지방자치단체의 장에게 주민투표의 실시를 청구할 수 있다.

02
「지방자치법」상 지방의회의 의결사항으로 옳은 것만을 모두 고른 것은?　2013. 지방 9급

ㄱ. 예산의 심의·확정
ㄴ. 법령에 규정된 수수료의 부과 및 징수
ㄷ. 외국 지방자치단체와의 교류협력에 관한 사항

① ㄱ, ㄴ
② ㄱ, ㄷ
③ ㄱ, ㄴ, ㄷ
④ ㄴ, ㄷ

정답 ②
해설 ㄴ [×] 지방의회는 법령에 규정된 것을 제외한 수수료나 사용료의 부과징수에 관련된 사항을 의결할 수 있다.

「지방자치법」제47조(지방의회의 의결사항) ① 지방의회는 다음 각 호의 사항을 의결한다.
1. 조례의 제정·개정 및 폐지
2. 예산의 심의·확정
3. 결산의 승인
4. 법령에 규정된 것을 제외한 사용료·수수료·분담금·지방세 또는 가입금의 부과와 징수
5. 기금의 설치·운용
6. 대통령령으로 정하는 중요 재산의 취득·처분
7. 대통령령으로 정하는 공공시설의 설치·처분
8. 법령과 조례에 규정된 것을 제외한 예산 외의 의무부담이나 권리의 포기
9. 청원의 수리와 처리
10. 외국 지방자치단체와의 교류·협력
11. 그 밖에 법령에 따라 그 권한에 속하는 사항

03
지방의회의 의결사항으로 옳지 않은 것은?　2017. 지방교행 9급

① 지방자치단체장의 규칙 제정
② 지방자치단체장의 지방채 발행
③ 지방자치단체의 출자 또는 출연
④ 지방자치단체장의 보증채무부담행위

정답 ① [×]
해설

지방자치법 제29조(규칙) 지방자치단체의 장은 법령 또는 조례의 범위에서 그 권한에 속하는 사무에 관하여 규칙을 제정할 수 있다.

② [○]

지방재정법 제11조(지방채의 발행) ① 지방자치단체의 장은 다음 각 호를 위한 자금 조달에 필요할 때에는 지방채를 발행할 수 있다. 다만, 제5호 및 제6호는 교육감이 발행하는 경우에 한한다.
② 지방자치단체의 장은 제1항에 따라 지방채를 발행하려면 재정 상황 및 채무 규모 등을 고려하여 대통령령으로 정하는 지방채 발행 한도액의 범위에서 지방의회의 의결을 얻어야 한다. 다만, 지방채 발행 한도액 범위더라도 외채를 발행하는 경우에는 지방의회의 의결을 거치기 전에 행정안전부장관의 승인을 받아야 한다.

③ [○]

지방재정법 제18조(출자 또는 출연의 제한) ① 지방자치단체는 법령에 근거가 있는 경우에만 출자를 할 수 있다.
② 지방자치단체는 법령에 근거가 있는 경우와 제17조제2항의 공공기관에 대하여 조례에 근거가 있는 경우에만 출연을 할 수 있다.
③ 지방자치단체가 출자 또는 출연을 하려면 미리 해당 지방의회의 의결을 얻어야 한다.

④ [○]

지방자치법 제139조(지방채무 및 지방채권의 관리)
③ 지방자치단체의 장은 공익을 위하여 필요하다고 인정하면 미리 지방의회의 의결을 받아 보증채무부담행위를 할 수 있다.

지방자치법 제88조(청원의 이송과 처리보고) ① 지방의회가 채택한 청원으로서 그 지방자치단체의 장이 처리하는 것이 타당하다고 인정되는 청원은 의견서를 첨부하여 지방자치단체의 장에게 이송한다.

05
「지방자치법」상 지방의회에 대한 내용으로 옳지 않은 것은?
2018. 국가 9급

① 지방의회는 조례로 정하는 바에 따라 위원회를 둘 수 있으며, 위원회의 종류는 상임위원회와 특별위원회로 한다.
② 지방의회는 그 의결로 소속 의원의 사직을 허가할 수 있다.
③ 의장은 의결에서 표결권을 가지지 못하며, 찬성과 반대가 같으면 부결된 것으로 본다.
④ 지방의회에서 부결된 의안은 같은 회기 중에 다시 발의하거나 제출할 수 없다.

04
지방의회가 지방자치단체에 대하여 행사할 수 있는 권한으로 옳지 않은 것은?
2016. 서울 7급

① 예산불성립 시 예산집행
② 선결처분의 사후승인
③ 행정사무의 감사 조사
④ 청원서의 이송 보고요구

정답 ③ [×]
해설 의장은 의결에서 표결권을 가지며, 찬성과 반대가 같으면 부결된 것으로 본다.

지방자치법 제73조(의결정족수)
② 지방의회의 의장은 의결에서 표결권을 가지며, 찬성과 반대가 같으면 부결된 것으로 본다.

① [○]

지방자치법 제64조(위원회의 설치) ① 지방의회는 조례로 정하는 바에 따라 위원회를 둘 수 있다.
② 위원회의 종류는 다음 각 호와 같다.
1. 소관 의안(議案)과 청원 등을 심사·처리하는 상임위원회
2. 특정한 안건을 심사·처리하는 특별위원회

② [○]

지방자치법 제89조(의원의 사직) 지방의회는 그 의결로 소속 의원의 사직을 허가할 수 있다. 다만, 폐회 중에는 의장이 허가할 수 있다.

④ [○]

지방자치법 제80조(일사부재의의 원칙) 지방의회에서 부결된 의안은 같은 회기 중에 다시 발의하거나 제출할 수 없다.

정답 ① [×]
해설 예산불성립 시 준예산 집행은 지방자치단체 장의 권한이다.

지방재정법 제46조(예산 불성립 시의 예산 집행) ① 지방의회에서 부득이한 사유로 회계연도가 시작될 때까지 예산안이 의결되지 못하였을 때에는 지방자치단체의 장은 「지방자치법」 제146조에 따라 예산을 집행하여야 한다.

②, ③, ④ [○] 선결처분의 사후승인, 행정감시권으로서 행정사무감사권·행정사무조사권, 청원수리 처리권, 청원의 이송과 처리보고 등은 지방의회가 지방자치단체에 대하여 행사할 수 있는 권한이다.

지방자치법 제122조(지방자치단체의 장의 선결처분) ① 지방자치단체의 장은 지방의회가 지방의회의원이 구속되는 등의 사유로 제73조에 따른 의결정족수에 미달될 때와 지방의회의 의결사항 중 주민의 생명과 재산 보호를 위하여 긴급하게 필요한 사항으로서 지방의회를 소집할 시간적 여유가 없거나 지방의회에서 의결이 지체되어 의결되지 아니할 때에는 선결처분(先決處分)을 할 수 있다.
② 제1항에 따른 선결처분은 지체 없이 지방의회에 보고하여 승인을 받아야 한다.

지방자치법 제50조(행정사무 감사 또는 조사 보고의 처리) ① 지방의회는 본회의의 의결로 감사 또는 조사 결과를 처리한다.

06
지방의회에 대한 설명으로 옳지 않은 것은? 2024. 국회 9급
① 재적의원 5분의 1 이상의 출석으로 개의한다.
② 의장은 의결에서 표결권을 가진다.
③ 지방의회 사무직원에 대한 인사권자는 지방의회 의장이다.
④ 의원의 의정활동을 지원하기 위하여 지방공무원으로 정책지원 전문인력을 둘 수 있다.
⑤ 재적의원 4분의 1 이상 발의와 재적의원 과반수의 찬성으로 의장과 부의장을 불신임할 수 있다.

정답 ① [×]
해설 재적의원 3분의 1 이상의 출석으로 개의한다.

「지방자치법」 제72조(의사정족수) ① 지방의회는 재적의원 3분의 1 이상의 출석으로 개의(開議)한다.

② [○] 「지방자치법」 제73조 제2항
③ [○] 「지방자치법」 제103조 제2항
④ [○] 「지방자치법」 제41조 제1항
⑤ [○] 「지방자치법」 제62조

「지방자치법」
제41조(의원의 정책지원 전문인력) ① 지방의회의원의 의정활동을 지원하기 위하여 지방의회의원 정수의 2분의 1 범위에서 해당 지방자치단체의 조례로 정하는 바에 따라 지방의회에 정책지원 전문인력을 둘 수 있다.
제62조(의장·부의장 불신임의 의결) ① 지방의회의 의장이나 부의장이 법령을 위반하거나 정당한 사유 없이 직무를 수행하지 아니하면 지방의회는 불신임을 의결할 수 있다.
② 제1항의 불신임 의결은 재적의원 4분의 1 이상의 발의와 재적의원 과반수의 찬성으로 한다.
제73조(의결정족수)
② 지방의회의 의장은 의결에서 표결권을 가지며, 찬성과 반대가 같으면 부결된 것으로 본다.
제103조(사무직원의 정원과 임면 등)
② 지방의회의 의장은 지방의회 사무직원을 지휘·감독하고 법령과 조례·의회규칙으로 정하는 바에 따라 그 임면·교육·훈련·복무·징계 등에 관한 사항을 처리한다.

07
우리나라 지방의회의 의사·의결정족수에 대한 설명으로 옳지 않은 것은? 2022. 국회 9급
① 지방의원의 자격상실 및 제명은 재적의원 3분의 2 이상의 찬성이 있어야 한다.
② 찬성과 반대의 수가 같으면 부결된 것으로 본다.
③ 의장 및 부의장에 대한 불신임은 재적의원 과반수 출석과 출석의원 3분의 2 이상의 찬성이 있어야 한다.
④ 지방의회는 재적의원 3분의 1 이상의 출석으로 개의한다.
⑤ 「지방자치법」에 특별히 규정된 경우 외에는 재적의원 과반수의 출석과 출석의원 과반수의 찬성으로 의결된다.

정답 ③ [×]
해설 불신임 의결은 재적의원 4분의 1 이상의 발의와 재적의원 과반수의 찬성으로 한다.

「지방자치법」 제62조(의장·부의장 불신임의 의결) ① 지방의회의 의장이나 부의장이 법령을 위반하거나 정당한 사유 없이 직무를 수행하지 아니하면 지방의회는 불신임을 의결할 수 있다.
② 제1항의 불신임 의결은 재적의원 4분의 1 이상의 발의와 재적의원 과반수의 찬성으로 한다.

① [○] 「지방자치법」 제92조 및 제100조

「지방자치법」 제92조(자격상실 의결) ① 제91조 제1항의 심사 대상인 지방의회의원에 대한 자격상실 의결은 재적의원 3분의 2 이상의 찬성이 있어야 한다.
제100조(징계의 종류와 의결)
② 제1항 제4호에 따른 제명 의결에는 재적의원 3분의 2 이상의 찬성이 있어야 한다.

② [○] 「지방자치법」 제73조

「지방자치법」 제73조(의결정족수) ① 회의는 이 법에 특별히 규정된 경우 외에는 재적의원 과반수의 출석과 출석의원 과반수의 찬성으로 의결한다.
② 지방의회의 의장은 의결에서 표결권을 가지며, 찬성과 반대가 같으면 부결된 것으로 본다.

④ [○] 「지방자치법」 제72조

「지방자치법」 제72조(의사정족수) ① 지방의회는 재적의원 3분의 1 이상의 출석으로 개의(開議)한다.

⑤ [○] 「지방자치법」 제73조

「지방자치법」 제73조(의결정족수) ① 회의는 이 법에 특별히 규정된 경우 외에는 재적의원 과반수의 출석과 출석의원 과반수의 찬성으로 의결한다.

08
지방행정제도에 대한 설명으로 옳지 <u>않은</u> 것은?

2024. 국가 9급

① 일정 조건을 충족한 주민은 해당 지방의회에 조례를 제정하거나 개정 또는 폐지할 것을 청구할 수 있다.
② 지방자치단체 간 관할 구역의 경계변경 조정 시 일정 기간 이내에 경계변경자율협의체를 구성하지 못한 경우 행정안전부장관은 지방자치단체중앙분쟁조정위원회의 심의·의결을 거쳐 조정할 수 있다.
③ 정책지원 전문인력인 정책지원관 제도는 지방자치단체장의 정책기능을 강화하기 위해 도입되었다.
④ 자치경찰사무는 합의제 행정기관인 시·도지사 소속 시·도 자치경찰위원회가 관장하며 업무는 독립적으로 수행한다.

정답 ③ [×]

해설 지방의회 의원의 의정활동을 지원하기 위한 정책 지원 전문인력을 충원할 수 있다. 지방자치단체장의 정책기능을 강화하기 위해 도입된 것은 아니다.

> 지방자치법 제41조(의원의 정책지원 전문인력) ① 지방의회의원의 의정활동을 지원하기 위하여 지방의회의원 정수의 2분의 1 범위에서 해당 지방자치단체의 조례로 정하는 바에 따라 지방의회에 정책지원 전문인력을 둘 수 있다.

① [○] 「지방자치법」 제19조

> 지방자치법 제19조(조례의 제정과 개정·폐지 청구) ① 주민은 지방자치단체의 조례를 제정하거나 개정하거나 폐지할 것을 청구할 수 있다.

② [○] 「지방자치법」 제6조

> 「지방자치법」 제6조(지방자치단체의 관할 구역 경계변경 등) ① 지방자치단체의 장은 관할 구역과 생활권과의 불일치 등으로 인하여 주민생활에 불편이 큰 경우 등 대통령령으로 정하는 사유가 있는 경우에는 행정안전부장관에게 경계변경이 필요한 지역 등을 명시하여 경계변경에 대한 조정을 신청할 수 있다. 이 경우 지방자치단체의 장은 지방의회 재적의원 과반수의 출석과 출석의원 3분의 2 이상의 동의를 받아야 한다.
> ④ 행정안전부장관은 제3항에 따른 기간이 끝난 후 지체 없이 대통령령으로 정하는 바에 따라 관계 지방자치단체 등 당사자 간 경계변경에 관한 사항을 효율적으로 협의할 수 있도록 경계변경자율협의체(이하 이 조에서 "협의체"라 한다)를 구성·운영할 것을 관계 지방자치단체의 장에게 요청하여야 한다.
> ⑤ 관계 지방자치단체는 제4항에 따른 협의체 구성·운영 요청을 받은 후 지체 없이 협의체를 구성하고, 경계변경 여부 및 대상 등에 대하여 같은 항에 따른 행정안전부장관의 요청을 받은 날부터 120일 이내에 협의를 하여야 한다. 다만, 대통령령으로 정하는 부득이한 사유가 있는 경우에는 30일의 범위에서 그 기간을 연장할 수 있다.
> ⑦ 행정안전부장관은 다음 각 호의 어느 하나에 해당하는 경우에는 위원회의 심의·의결을 거쳐 경계변경에 대하여 조정할 수 있다.
> 1. 관계 지방자치단체가 제4항에 따른 행정안전부장관의 요청을 받은 날부터 120일 이내에 협의체를 구성하지 못한 경우
> 2. 관계 지방자치단체가 제5항에 따른 협의 기간 이내에 경계변경 여부 및 대상 등에 대하여 합의를 하지 못한 경우

④ [○] 「국가경찰과 자치경찰의 조직 및 운영에 관한 법률」 제18조

> 「국가경찰과 자치경찰의 조직 및 운영에 관한 법률」 제18조(시·도자치경찰위원회의 설치) ① 자치경찰사무를 관장하게 하기 위하여 특별시장·광역시장·특별자치시장·도지사·특별자치도지사(이하 "시·도지사"라 한다) 소속으로 시·도자치경찰위원회를 둔다. 다만, 제13조 후단에 따라 시·도에 2개의 시·도경찰청을 두는 경우 시·도지사 소속으로 2개의 시·도자치경찰위원회를 둘 수 있다.
> ② 시·도자치경찰위원회는 합의제 행정기관으로서 그 권한에 속하는 업무를 독립적으로 수행한다.

09
「지방자치법」에 대한 설명으로 옳지 <u>않은</u> 것은?

2024. 국회 8급

① 지방의회 의장의 지방의회 소속 사무직원 임용
② 지방의회 의원 정수의 3분의 2 범위에서 정책지원 전문인력 충원
③ 주민투표를 통해 지방의회와 집행기관의 구성 형태 변경 가능
④ 주민은 권리·의무와 직접 관련되는 규칙에 대한 제정·개정 및 폐지 의견을 지방자치단체장에게 제출 가능
⑤ 국가와 지방자치단체 간의 협력을 도모하고 지방자치 발전과 지역간 균형발전에 관련되는 중요 정책을 심의하기 위한 중앙지방협력회의 도입

정답 ② [×]

해설 2분의 1 범위에서 정책지원 전문인력을 둘 수 있다(「지방자치법」 제41조 제1항).

> 지방자치법 제41조(의원의 정책지원 전문인력) ① 지방의회의원의 의정활동을 지원하기 위하여 지방의회의원 정수의 2분의 1 범위에서 해당 지방자치단체의 조례로 정하는 바에 따라 지방의회에 정책지원 전문인력을 둘 수 있다.

① [○] 「지방자치법」 제103조 제2항

> 제103조(사무직원의 정원과 임면 등)
> ② 지방의회의 의장은 지방의회 사무직원을 지휘·감독하고 법령과 조례·의회규칙으로 정하는 바에 따라 그 임면·교육·훈련·복무·징계 등에 관한 사항을 처리한다.

③ [○] 「지방자치법」 제4조 제1항

> 「지방자치법」 제4조(지방자치단체의 기관구성 형태의 특례) ① 지방자치단체의 의회(이하 "지방의회"라 한다)와 집행기관에 관한 이 법의 규정에도 불구하고 따로 법률로 정하는 바에 따라 지방자치단체의 장의 선임방법을 포함한 지방자치단체의 기관구성 형태를 달리 할 수 있다.

④ [○] 「지방자치법」 제20조 제1항

> 제20조(규칙의 제정과 개정·폐지 의견 제출) ① 주민은 제29조에 따른 규칙(권리·의무와 직접 관련되는 사항으로 한정한다)의 제정, 개정 또는 폐지와 관련된 의견을 해당 지방자치단체의 장에게 제출할 수 있다.

⑤ [○] 「지방자치법」 제186조 제1항

> 제186조(중앙지방협력회의의 설치) ① 국가와 지방자치단체 간의 협력을 도모하고 지방자치 발전과 지역 간 균형발전에 관련되는 중요 정책을 심의하기 위하여 중앙지방협력회의를 둔다.

③ [×] 우리나라의 기초의회의 지역구 선거는 1선거구에 2~4명의 당선자를 내는 중선거구제이다.
④ [×] 소선거구제는 선거구가 작아서 중대선거구제보다 후보자와 유권자의 접촉이 보다 빈번하므로 후보자와 지역주민들과의 관계가 더욱 가까워질 수 있다.

> 공직선거법 제26조(지방의회의원선거구의 획정) ① 시·도의회의 원지역선거구(이하 "시·도의원지역구"라 한다)는 인구·행정구역·지세·교통 그 밖의 조건을 고려하여 자치구·시·군(하나의 자치구·시·군이 2 이상의 국회의원지역구로 된 경우에는 국회의원지역구를 말하며, 행정구역의 변경으로 국회의원지역구와 행정구역이 합치되지 아니하게 된 때에는 행정구역을 말한다)을 구역으로 하거나 분할하여 이를 획정하되, 하나의 시·도의원지역구에서 선출할 지역구시·도의원정수는 1명으로 하며, 그 시·도의원지역구의 명칭과 관할구역은 별표 2와 같이 한다.
> ② 자치구·시·군의원지역구는 인구·행정구역·지세·교통 그 밖의 조건을 고려하여 획정하되, 하나의 자치구·시·군의원지역구에서 선출할 지역구자치구·시·군의원정수는 2인 이상 4인 이하로 하며, 그 자치구·시·군의원지역구의 명칭·구역 및 의원정수는 시·도조례로 정한다.

10
우리나라의 지방선거에 대한 설명으로 가장 옳은 것은?

2018. 서울 7급

① 현재 광역-기초자치단체장 및 광역-기초의회 의원 선거 모두에 정당공천제가 허용되고 있다.
② 광역의회의 지역구 선거는 기본적으로 중선거구제를 채택하고 있다.
③ 기초의회 지역구 선거는 기본적으로 소선거구제에 입각하고 있다.
④ 소선거구제의 경우에 풀뿌리 민주주의의 기반이 되는 주민과 의원과의 관계가 멀어질 수 있다는 단점이 있다.

정답 ① [○]

해설

> 공직선거법 제47조(정당의 후보자추천) ① 정당은 선거에 있어 선거구별로 선거할 정수 범위안에서 그 소속당원을 후보자로 추천할 수 있다. 다만, 비례대표자치구·시·군의원의 경우에는 그 정수 범위를 초과하여 추천할 수 있다.

② [×] 우리나라의 광역의회의 지역구 선거는 1선거구에 1명의 당선자를 선출하는 소선거구제이다.

제3절 집행기관 : 지방자치단체장

01
지방자치단체장의 권한 및 기능에 해당하지 <u>않는</u> 것은?

2022. 국회 8급

① 지방의회에 조례안을 제출할 수 있다.
② 교육기관을 설치, 이전 및 폐지할 수 있다.
③ 조례나 규칙으로 정하는 바에 따라 그 권한에 속하는 사무의 일부를 보조기관 등에 위임할 수 있다.
④ 법령 또는 조례의 범위에서 그 권한에 속하는 사무에 관하여 규칙을 제정할 수 있다.
⑤ 주민에게 과도한 부담을 주거나 중대한 영향을 미치는 지방자치단체의 주요 결정사항 등에 대하여 주민투표에 부칠 수 있다.

정답 ② [×]

해설 학교, 그 밖의 교육기관의 설치·이전 및 폐지에 관한 사항은 교육·학예에 관한 사무로서 교육감이 관장한다(「지방교육자치에 관한 법률」 제20조 5호).

> 「지방교육자치에 관한 법률」 제20조(관장사무) 교육감은 교육·학예에 관한 다음 각 호의 사항에 관한 사무를 관장한다.
> 5. 학교, 그 밖의 교육기관의 설치·이전 및 폐지에 관한 사항

① [○] 「지방자치법」 제76조

> 「지방자치법」 제76조(의안의 발의) ① 지방의회에서 의결할 의안은 지방자치단체의 장이나 조례로 정하는 수 이상의 지방의회의원의 찬성으로 발의한다.

③ [○] 「지방자치법」 제117조

> 「지방자치법」 제117조(사무의 위임 등) ① 지방자치단체의 장은 조례나 규칙으로 정하는 바에 따라 그 권한에 속하는 사무의 일부를 보조기관, 소속 행정기관 또는 하부행정기관에 위임할 수 있다.

④ [○] 「지방자치법」 제29조

> 「지방자치법」 제29조(규칙) 지방자치단체의 장은 법령 또는 조례의 범위에서 그 권한에 속하는 사무에 관하여 규칙을 제정할 수 있다.

⑤ [○] 「지방자치법」 제18조

> 「지방자치법」 제18조(주민투표) ① 지방자치단체의 장은 주민에게 과도한 부담을 주거나 중대한 영향을 미치는 지방자치단체의 주요 결정사항 등에 대하여 주민투표에 부칠 수 있다.

02
우리나라 지방자치단체장의 권한으로 볼 수 <u>없는</u> 것은?

2008. 국가 7급

① 지방의회의 의결이 월권이거나 법령에 위반되는 경우 재의요구권
② 총선거 후 최초로 집회되는 지방의회 임시회 소집권
③ 지방의회의 의결사항 중 주민의 생명과 재산보호를 위하여 긴급하게 필요한 사항으로서 지방의회를 소집할 시간적 여유가 없거나 지방의회에서 의결이 지체되어 의결되지 아니할 때의 선결처분권
④ 지방채 발행권

정답 ② [×]

해설 총선거 후 최초로 집회되는 임시회는 지방의회 사무처장·사무국장·사무과장이 지방의회의원 임기 개시일부터 25일 이내에 소집한다.

> 지방자치법 제45조(임시회) ① <u>총선거 후 최초로 집회되는 임시회는 지방의회 사무처장·사무국장·사무과장이 지방의회의원 임기 개시일부터 25일 이내에 소집한다.</u>
> ② 지방의회의장은 지방자치단체의 장이나 재적의원 3분의 1 이상의 의원이 요구하면 15일 이내에 임시회를 소집하여야 한다. 다만, 의장과 부의장이 사고로 임시회를 소집할 수 없으면 의원 중 최다선의원이, 최다선의원이 2명 이상인 경우에는 그 중 연장자의 순으로 소집할 수 있다.

① [○]

> 지방자치법 제107조(지방의회의 의결에 대한 재의요구와 제소) ① <u>지방자치단체의 장은 지방의회의 의결이 월권이거나 법령에 위반되거나 공익을 현저히 해친다고 인정되면 그 의결사항을 이송받은 날부터 20일 이내에 이유를 붙여 재의를 요구할 수 있다.</u>

③ [○]

> 지방자치법 제122조(지방자치단체의 장의 선결처분) ① 지방자치단체의 장은 지방의회가 지방의회의원이 구속되는 등의 사유로 제73조에 따른 의결정족수에 미달될 때와 지방의회의 의결사항 중 주민의 생명과 재산 보호를 위하여 긴급하게 필요한 사항으로서 지방의회를 소집할 시간적 여유가 없거나 지방의회에서 의결이 지체되어 의결되지 아니할 때에는 선결처분(先決處分)을 할 수 있다.

④ [○]

> 지방자치법 제139조(지방채무 및 지방채권의 관리) ① <u>지방자치단체의 장이나 지방자치단체조합은 따로 법률로 정하는 바에 따라 지방채를 발행할 수 있다.</u>

03
현행 「지방자치법」상 지방자치단체의 장의 보조기관은?

2011. 국가 7급

① 부단체장 ② 사업소
③ 출장소   ④ 읍면동

정답 ① [○]
해설 보조기관에는 부단체장, 행정기구, 지방공무원이 있으며, 사업소, 출장소는 소속 행정기관에 해당된다. 읍, 면, 동은 하부 행정기관에 속한다.

04
우리나라의 지방자치제도에 대한 설명으로 옳지 않은 것은?

2025. 국회 8급

① 우리나라는 「지방자치법」상 기관대립형으로만 기관구성을 하도록 규정하고 있다.
② 지방의회의원의 임기는 4년으로 한다.
③ 지방의회 의장과 부의장의 임기는 2년으로 한다.
④ 지방자치단체의 장의 임기는 4년으로 하며, 3기 내에서만 계속 재임(在任)할 수 있다.
⑤ 특별시의 부시장은 3명, 광역시·특별자치시의 부시장과 도 및 특별자치도의 부지사는 2명(인구 800만 이상의 광역시 및 도는 3명)으로 한다.

정답 ① [×]
해설 기관대립형을 원칙으로 하되, 주민투표를 거쳐 법률을 제정하여 기관구성형태를 달리할 수 있다(「지방자치법」 제4조).

「지방자치법」 제4조(지방자치단체의 기관구성 형태의 특례) ① 지방자치단체의 의회(이하 "지방의회"라 한다)와 집행기관에 관한 이 법의 규정에도 불구하고 따로 법률로 정하는 바에 따라 지방자치단체의 장의 선임방법을 포함한 지방자치단체의 기관구성 형태를 달리 할 수 있다.

② [○] 「지방자치법」 제39조

지방자치법 제39조(의원의 임기) 지방의회의원의 임기는 4년으로 한다.

③ [○] 「지방자치법」 제57조 제3항

지방자치법 제57조(의장·부의장의 선거와 임기) ③ 의장과 부의장의 임기는 2년으로 한다.

④ [○] 「지방자치법」 제108조

지방자치법 제108조(지방자치단체의 장의 임기) 지방자치단체의 장의 임기는 4년으로 하며, 3기 내에서만 계속 재임(在任)할 수 있다.

⑤ [○] 「지방자치법」 제123조 제1항

지방자치법 제123조(부지사·부시장·부군수·부구청장) ① 특별시·광역시 및 특별자치시에 부시장, 도와 특별자치도에 부지사, 시에 부시장, 군에 부군수, 자치구에 부구청장을 두며, 그 수는 다음 각 호의 구분과 같다.
1. 특별시의 부시장의 수: 3명을 넘지 아니하는 범위에서 대통령령으로 정한다.
2. 광역시와 특별자치시의 부시장 및 도와 특별자치도의 부지사의 수: 2명(인구 800만 이상의 광역시나 도는 3명)을 넘지 아니하는 범위에서 대통령령으로 정한다.
3. 시의 부시장, 군의 부군수 및 자치구의 부구청장의 수: 1명으로 한다.

부단체장 신분 및 선임 방식

자치단체		부단체장 정수	부단체장의 공직 분류	
광역	특별시	3명	행정부시장 (2명)	정무직 국가공무원
			정무부시장 (1명)	정무직 지방공무원
	광역시·특별자치시도·특별자치도	2명 (인구 800만 이상 광역시·도는 3명)	행정부시장·부지사	일반직 국가공무원 (고위공무원단 가 등급)
			정무부시장·부지사	별정직 1급 상당 지방공무원 or 지방관리관
기초	시·군·자치구	1명	일반직 지방공무원	
	특례시 (인구 100만 이상)	2명	2명 중 1명은 일반직, 별정직 또는 임기제 지방공무원으로 가능	

05

지방공기업 유형 중 지방직영기업에 대한 설명으로 가장 옳지 않은 것은? 2017. 서울 9급

① 지방자치단체가 행정조직 형태로 직접 운영하는 사업을 말한다.
② 지방자치단체의 장이 지방직영기업의 관리자를 임명한다.
③ 소속된 직원은 공무원 신분이 아니다.
④ 지방공기업법 시행령에 따라 경영평가가 매년 실시되어야 하나 행정안전부장관이 이에 대해 따로 정할 수 있다.

> **정답** ③ [×]
> **해설** 지방직영기업은 행정기관으로서 성격을 지니며, 지방직영기업에 소속된 직원은 공무원 신분이다.
>
> 지방공기업법 제10조의2 (기업 직원) 지방직영기업 운영을 전문화하기 위하여 필요한 경우에는 「지방공무원법」에서 정하는 바에 따라 지방직영기업 소속 공무원에 대한 전문직렬을 둘 수 있다.
>
> ② [○]
>
> 지방공기업법 제7조(관리자) ① 지방자치단체는 지방직영기업의 업무를 관리·집행하게 하기 위하여 사업마다 관리자를 둔다. 다만, 조례로 정하는 바에 따라 성질이 같거나 유사한 둘 이상의 사업에 대하여는 관리자를 1명만 둘 수 있다.
> ② <u>관리자는 대통령령으로 정하는 바에 따라 해당 지방자치단체의 공무원으로서 지방직영기업의 경영에 관하여 지식과 경험이 풍부한 사람 중에서 지방자치단체의 장이 임명하며,</u> 임기제로 할 수 있다.
>
> ④ [○]
>
> 지방공기업법 시행령 제68조(경영평가) ① 법 제78조제1항의 규정에 의한 지방공기업에 대한 경영평가는 매년 실시하여야 한다. 다만, 지방직영기업의 경영평가에 관하여는 행정안전부장관이 따로 정할 수 있다.

06

「지방공기업법」상 지방공기업에 대한 설명으로 옳지 않은 것은? 2024. 지방 9급

① 지방직영기업의 관리자는 해당 지방자치단체의 공무원으로서 지방직영기업의 경영에 관하여 지식과 경험이 풍부한 사람 중에서 지방자치단체의 장이 임명한다.
② 지방공사를 설립하고자 하는 시장·군수·구청장은 설립 전에 행정안전부장관과 협의하여야 한다.
③ 지방자치단체는 상호 규약을 정하여 다른 지방자치단체와 공동으로 지방공사를 설립할 수 있다.
④ 지방자치단체는 지방직영기업을 설치·경영하려는 경우에는 그 설치·운영의 기본사항을 조례로 정하여야 한다.

> **정답** ② [×]
> **해설** 지방공사나 지방공단 설립 시 광역자치단체장의 경우 행정안전부장관과, <u>기초자치단체장(시장·군수·구청장은)의 경우 광역자치단체장과</u> 협의해야 한다.
>
> 지방공기업법 제49조(설립) ① 지방자치단체는 제2조에 따른 사업을 효율적으로 수행하기 위하여 필요한 경우에는 지방공사(이하 "공사"라 한다)를 설립할 수 있다. 이 경우 공사를 설립하기 전에 특별시장, 광역시장, 특별자치시장, 도지사 및 특별자치도지사(이하 "시·도지사"라 한다)는 행정안전부장관과, <u>시장·군수·구청장(자치구의 구청장을 말한다)은 관할 특별시장·광역시장 및 도지사와 협의하여야 한다.</u>
>
> ① [○]
>
> 지방공기업법 제7조(관리자) ① 지방자치단체는 지방직영기업의 업무를 관리·집행하게 하기 위하여 사업마다 관리자를 둔다. 다만, 조례로 정하는 바에 따라 성질이 같거나 유사한 둘 이상의 사업에 대하여는 관리자를 1명만 둘 수 있다.
> ② <u>관리자는 대통령령으로 정하는 바에 따라 해당 지방자치단체의 공무원으로서 지방직영기업의 경영에 관하여 지식과 경험이 풍부한 사람 중에서 지방자치단체의 장이 임명하며,</u> 임기제로 할 수 있다.
>
> ③ [○]
>
> 지방공기업법 제50조(공동설립) ① 지방자치단체는 상호 규약을 정하여 다른 지방자치단체와 공동으로 공사를 설립할 수 있다.
>
> ④ [○]
>
> 지방공기업법 제5조(지방직영기업의 설치) 지방자치단체는 지방직영기업을 설치·경영하려는 경우에는 그 설치·운영의 기본사항을 조례로 정하여야 한다.

07
우리나라 공공기관 및 지방공기업에 대한 설명으로 옳지 않은 것은? 2025. 국가 9급

① 「지방공기업법」에 근거하여 지방공기업 경영평가가 시행되고 있다.
② 지방직영기업은 지방자치단체가 직접 운영하는 지방공기업으로 하수도, 주택사업, 토지개발사업 등의 사업을 수행한다.
③ 「공공기관의 운영에 관한 법률」에 근거하여 공공기관운영위원회를 설치하며, 행정안전부장관이 위원장이 된다.
④ 준정부기관에는 기금관리형과 위탁집행형이 있다.

정답 ③ [×]
해설 「공공기관의 운영에 관한 법률」에 근거하여 공공기관운영위원회를 설치하며, 기획재정부장관이 위원장이 된다.
① [○]

지방공기업법 제78조(경영평가 및 지도) ① 행정안전부장관은 제3조에 따른 지방공기업의 경영 기본원칙을 고려하여 대통령령으로 정하는 바에 따라 지방공기업에 대한 경영평가를 하고, 그 결과에 따라 필요한 조치를 하여야 한다. 다만, 행정안전부장관이 필요하다고 인정하는 경우에는 지방자치단체의 장으로 하여금 경영평가를 하게 할 수 있다.

08
다음은 각종 지역사업을 나열한 것이다. 이 중 현행 「지방공기업법」에 규정된 지방공기업 대상사업(당연적용사업)이 아닌 것만을 모두 고르면? 2013. 국가 9급

ㄱ. 수도사업(마을상수도사업은 제외)
ㄴ. 주민복지 사업
ㄷ. 공업용수도 사업
ㄹ. 공원묘지 사업
ㅁ. 주택 사업
ㅂ. 토지개발 사업

① ㄱ, ㄷ ② ㄴ, ㄹ
③ ㄷ, ㅁ ④ ㄹ, ㅂ

정답 ② ㄴ, ㄹ [×]
해설 공기업은 공공성과 수익성(기업성, 경영성)이 모두 있는 사업을 담당한다. 따라서 수익성을 전제로 하지 않는 사업은 원칙적으로 공기업이 아닌 중앙정부나 지방정부가 직접 수행하여야 한다. 따라서 주민복지사업(ㄴ), 공원묘지사업(ㄹ) 등은 원칙적으로 지방정부가 직접 담당해야 한다.
☑ 「지방공기업법」에 의하면 지방공기업은 수도사업(마을상수도사업 제외), 공업용수도사업, 궤도사업(도시철도사업 포함), 자동차운송사업, 지방도로사업(유료도로만 해당), 하수도사업, 주택사업, 토지개발사업, 주택·토지 또는 공용·공공용건축물의 관리 등의 수탁, 공공재개발사업 및 공공재건축사업 등을 담당한다.

지방공기업법 제2조(적용 범위) ① 이 법은 다음 각 호의 어느 하나에 해당하는 사업(그에 부대되는 사업을 포함한다. 이하 같다) 중 제5조에 따라 지방자치단체가 직접 설치·경영하는 사업으로서 대통령령으로 정하는 기준 이상의 사업(이하 "지방직영기업"이라 한다)과 제3장 및 제4장에 따라 설립된 지방공사와 지방공단이 경영하는 사업에 대하여 각각 적용한다.
1. 수도사업(마을상수도사업은 제외한다)
2. 공업용수도사업
3. 궤도사업(도시철도사업을 포함한다)
4. 자동차운송사업
5. 지방도로사업(유료도로사업만 해당한다)
6. 하수도사업
7. 주택사업
8. 토지개발사업
9. 주택(대통령령으로 정하는 공공복리시설을 포함한다)·토지 또는 공용·공공용건축물의 관리 등의 수탁
10. 「도시 및 주거환경정비법」 제2조제2호에 따른 공공재개발사업 및 공공재건축사업

제4절 자치경찰제도

01
자치경찰제도에 대한 설명으로 옳지 <u>않은</u> 것은?

2021. 지방 9급

① 지역 실정에 맞는 치안 행정을 펼칠 수 있다.
② 경찰 업무의 통일성과 효율성을 높일 수 있다.
③ 제주자치경찰단은 주민의 생활안전 활동에 관한 사무를 수행한다.
④ 자치경찰 사무를 관장하기 위하여 광역자치단체에 시·도자치경찰위원회를 둔다.

정답 ② [×]
해설 경찰업무의 통일성과 효율성을 높일 수 있는 것은 국가경찰제도의 장점이다.
③ [○]

> 제주특별자치도 설치 및 국제자유도시 조성을 위한 특별법 제90조(사무) 자치경찰은 다음 각 호의 사무(이하 "자치경찰사무"라 한다)를 처리한다.
> 1. 주민의 생활안전활동에 관한 사무
>   가. 생활안전을 위한 순찰 및 시설 운영
>   나. 주민참여 방범활동의 지원 및 지도
>   다. 안전사고와 재해·재난 등으로부터의 주민보호
>   라. 아동·청소년·노인·여성 등 사회적 보호가 필요한 사람의 보호와 가정·학교 폭력 등의 예방
>   마. 주민의 일상생활과 관련된 사회질서의 유지와 그 위반행위의 지도·단속

④ [○] 국가경찰과 자치경찰의 조직 및 운영에 관한 법률 제18조 제1항

> 국가경찰과 자치경찰의 조직 및 운영에 관한 법률 제18조(시·도자치경찰위원회의 설치) ① 자치경찰사무를 관장하게 하기 위하여 특별시장·광역시장·특별자치시장·도지사·특별자치도지사 소속으로 시·도자치경찰위원회를 둔다.
> ② 시·도자치경찰위원회는 합의제 행정기관으로서 그 권한에 속하는 업무를 독립적으로 수행한다.

02
우리나라의 경찰제도에 대한 설명으로 옳지 <u>않은</u> 것은?

2023. 국회 9급

① 시·도자치경찰위원회는 특별시장·광역시장·특별자치시장·도지사·특별자치도지사 소속으로 자치경찰사무를 관장한다.
② 2019년부터 자치경찰제가 시행되었다.
③ 시·도자치경찰위원회는 합의제 행정기관으로서 그 권한에 속하는 업무를 독립적으로 수행한다.
④ 국가경찰사무로 국민의 생명·신체 및 재산의 보호, 범죄의 예방·진압 및 수사 등이 있다.
⑤ 자치경찰사무로 지역 내 주민의 생활안전 활동에 관한 사무, 지역 내 다중운집 행사 관련 혼잡 교통 및 안전 관리 등이 있다.

정답 ② [×]
해설 「국가경찰과 자치경찰의 조직 및 운영에 관한 법률」은 2021년 1월 1일부터 시행되었다.
① [○] 「국가경찰과 자치경찰의 조직 및 운영에 관한 법률」 제18조 제1항
③ [○] 「국가경찰과 자치경찰의 조직 및 운영에 관한 법률」 제18조 제2항

> 제18조(시·도자치경찰위원회의 설치) ① 자치경찰사무를 관장하게 하기 위하여 특별시장·광역시장·특별자치시장·도지사·특별자치도지사(이하 "시·도지사"라 한다) 소속으로 시·도자치경찰위원회를 둔다. 다만, 제13조 후단에 따라 시·도에 2개의 시·도경찰청을 두는 경우 시·도지사 소속으로 2개의 시·도자치경찰위원회를 둘 수 있다.
> ② <u>시·도자치경찰위원회는 합의제 행정기관으로서 그 권한에 속하는 업무를 독립적으로 수행한다.</u>

④ [○] 「국가경찰과 자치경찰의 조직 및 운영에 관한 법률」 제3조 및 제4조
⑤ [○] 「국가경찰과 자치경찰의 조직 및 운영에 관한 법률」 제4조

> 「국가경찰과 자치경찰의 조직 및 운영에 관한 법률」
> 제3조(경찰의 임무) 경찰의 임무는 다음 각 호와 같다.
>   1. <u>국민의 생명·신체 및 재산의 보호</u>
>   2. <u>범죄의 예방·진압 및 수사</u>
> 제4조(경찰의 사무) ① 경찰의 사무는 다음 각 호와 같이 구분한다.
>   1. 국가경찰사무: 제3조에서 정한 경찰의 임무를 수행하기 위한 사무. 다만, 제2호의 자치경찰사무는 제외한다.

2. 자치경찰사무: 제3조에서 정한 경찰의 임무 범위에서 관할 지역의 생활안전·교통·경비·수사 등에 관한 다음 각 목의 사무
   가. 지역 내 주민의 생활안전 활동에 관한 사무
   나. 지역 내 교통활동에 관한 사무
   다. 지역 내 다중운집 행사 관련 혼잡 교통 및 안전 관리
   라. 다음의 어느 하나에 해당하는 수사사무
      1) 학교폭력 등 소년범죄
      2) 가정폭력, 아동학대 범죄
      3) 교통사고 및 교통 관련 범죄
      4) 「형법」 제245조에 따른 공연음란 및 「성폭력범죄의 처벌 등에 관한 특례법」 제12조에 따른 성적 목적을 위한 다중이용장소 침입행위에 관한 범죄
      5) 경범죄 및 기초질서 관련 범죄
      6) 가출인 및 「실종아동등의 보호 및 지원에 관한 법률」 제2조제2호에 따른 실종아동등 관련 수색 및 범죄

Chapter 06 주민참여제도

01
다음 중 아른슈타인(Arnstein)이 제시한 주민참여의 8단계론 중 명목적(형식적) 참여의 범주에 해당하는 것은?
2016. 국회 8급

① 조작 ② 치료
③ 협력 ④ 정보제공
⑤ 주민통제

정답 ④ [○]
해설 정보제공은 아른슈타인(Arnstein)이 제시한 주민참여 단계 중 명목적(형식적) 참여의 범주에 해당한다.

정답 ② [×]
해설 정보제공은 행정기관으로부터 주민으로 통하는 일방적인 정보제공으로 환류를 통한 협상과 타협에 연결되지 못하는 형식적 수준의 참여이다.

Arnstein의 주민참여 8단계		
8	주민통제 관계(citizen control)	실질적(주민권력적) 참여 (citizen power)
7	권한위임 단계(delegated power)	
6	동반자 단계(partnership)	
5	회유 단계(placation)	형식적 참여 (tokenism)
4	상담 단계(consultation)	
3	정보제공 단계(informing)	
2	교정 또는 임시치료(therapy)	비참여 (non-participation)
1	조작(manipulation)	

02
아른슈타인(S. R. Arnstein)이 분류한 주민참여수준에 대한 설명으로 옳지 <u>않은</u> 것은?
2011. 국가 7급

① 회유(placation)는 주민이 정보를 제공받고, 각종 위원회 등에서 의견을 제시, 권고하는 등의 역할은 하지만, 주민이 정책결정에 영향력을 행사하는 능력은 갖지 못하는 수준이다.
② 정보제공(informing)은 행정기관과 주민간의 정보회로가 쌍방향적이어서 환류를 통한 협상과 타협에 연결되는 수준이다.
③ 대등협력(partnership)은 행정기관이 최종결정권을 가지고 있지만 주민이 필요하다고 판단될 경우 행정기관에 맞서서 자신의 주장을 내세울 만큼의 영향력을 갖고 있는 수준이다.
④ 권한위임(delegated power)은 주민이 정책의 결정·실시에 우월한 권력을 가지고 참여하는 경우로, 주민의 영향력이 강하여 행정기관은 문제해결을 위하여 주민을 협상으로 유도하는 수준이다.

03
현행「지방자치법」에 근거하는 제도에 해당하지 <u>않는</u> 것은?
2022. 국회 8급

① 주민참여예산제
② 주민투표제
③ 주민감사청구제
④ 주민소송제
⑤ 주민소환제

정답 ① [×]
해설 주민참여예산제는「지방재정법」제39조에 근거하고 있다.

04
우리나라 주민참여제도의 법제화 순서로 옳은 것은?

2011. 국가 9급

① 조례제정·개폐청구제도 → 주민투표제도 → 주민소송제도 → 주민소환제도
② 주민투표제도 → 주민감사청구제도 → 주민소송제도 → 주민소환제도
③ 주민소송제도 → 주민투표제도 → 주민감사청구제도 → 주민소환제도
④ 주민감사청구제도 → 주민소송제도 → 주민투표제도 → 조례제정·개폐청구제도

정답 ①
해설 조례 제정·개폐 청구제(1999), 주민감사청구제도(1999), 주민투표제(2004), 주민소송제(2005), 주민소환제(2007)

구분	시행연도	근거법률
주민감사청구	2000년	지방자치법
주민조례발안	2000년	지방자치법, 주민조례발안에 관한 법률
주민투표	2004년	지방자치법, 주민투표법
주민소송	2006년	지방자치법
주민참여예산	2006년	지방재정법
주민소환	2007년	지방자치법, 주민소환에 관한 법률

05
현행 「지방자치법」에 근거하는 제도에 해당하지 <u>않는</u> 것은?

2022. 국회 8급

① 주민참여예산제
② 주민투표제
③ 주민감사청구제
④ 주민소송제
⑤ 주민소환제

정답 ① [×]
해설 주민참여예산제는 「지방재정법」 제39조에 근거하고 있다.

06
2021년 1월 전부개정된 「지방자치법」에서 처음으로 도입된 주민참여 제도는?

2023. 국가 9급

① 주민소환
② 주민의 감사청구
③ 조례의 제정과 개정·폐지 청구
④ 규칙의 제정과 개정·폐지 관련 의견 제출

정답 ④ [○]
해설 규칙의 제정과 개정·폐지 관련 의견 제출은 2021년 1월 전부개정된 「지방자치법」에서 처음으로 도입되었다.

「지방자치법」 제20조(규칙의 제정과 개정·폐지 의견 제출) ① 주민은 제29조에 따른 규칙(권리·의무와 직접 관련되는 사항으로 한정한다)의 제정, 개정 또는 폐지와 관련된 의견을 해당 지방자치단체의 장에게 제출할 수 있다.

07
우리나라 주민참여의 유형에 관한 설명으로 옳은 것은?

2018. 지방교행 9급

① 감사청구는 지방자치단체에 대하여 불만이나 이의를 제기하기 위해 지방의회에 감사를 청구하는 제도이다.
② 공청회는 주민의 직접적인 제안과 토의를 거쳐 당해 지역의 정치·행정에 관한 의사결정을 직접 행하는 제도이다.
③ 주민발안은 일정한 수의 유권자의 서명으로 조례의 제정 또는 개·폐에 관하여 주민이 직접 발의하는 제도이다.
④ 주민소환은 지방자치단체장과 지방의회 의원으로 대상을 한정하여 임기만료 전에 주민들이 해임을 청구하는 제도이다.

정답 ③ [○]
해설 주민발안은 지방자치단체의 조례로 정하는 18세 이상의 주민 수 이상의 연서로 지방의회에 직접 조례를 제정 또는 개정하거나 폐지할 것을 청구하는 제도이다.
① [×] 감사청구는 지방자치단체에 대하여 불만이나 이의를 제기하기 위해 상급자치단체의 장이나 중앙행정기관의 장에게 감사를 청구할 수 있는 제도이다.
② [×] 공청회는 정책 사안에 따라 개최되는 것으로 이해관계자 및 전문가들의 의견수렴을 목적으로 하는 것으로 의사결정을 직접 행하는 제도가 아니다.

④ [×] 주민소환은 지방자치단체장과 지방의회 의원(비례대표의원은 제외)으로 대상을 한정하여 임기만료 전에 주민들이 해임을 청구하여 주민투표로서 결정하는 제도이다.

08
다음 설명에 해당하는 제도는? 2025. 지방 9급

> 주민이 지방자치단체의 조례를 제정하거나 개정하거나 폐지할 것을 청구할 수 있는 제도로 주민의 직접참여를 보장하고 지방자치행정의 민주성과 책임성을 높이는 것을 목적으로 한다.

① 주민소환제도 ② 주민감사청구제도
③ 주민발안제도 ④ 주민소송제도

정답 ③ [○]
해설 주민이 지방의회에 조례 제정·개정·폐지를 청구할 수 있도록 하는 주민발안제도에 대한 설명이다. 우리나라는 1999년에 「지방자치법」에 처음 주민발의제를 규정했고, 2022년부터 「주민조례발안에 관한 법률」을 시행하고 있다.

> 지방자치법 제19조(조례의 제정과 개정·폐지 청구) ① 주민은 지방자치단체의 조례를 제정하거나 개정하거나 폐지할 것을 청구할 수 있다.
> ② 조례의 제정·개정 또는 폐지 청구의 청구권자·청구대상·청구요건 및 절차 등에 관한 사항은 따로 법률로 정한다.

09
우리나라의 현행 주민투표 제도에 대한 설명으로 옳은 것은? 2018. 국회 9급

① 주민투표의 발의는 지방자치단체의 장만 할 수 있다.
② 외국인은 국가정책에 대한 주민투표권이 없다.
③ 중앙행정기관의 장, 지방자치단체의 장 및 지방의회는 주민투표 결과 확정된 내용대로 행정·재정상의 필요한 조치를 하여야 한다.
④ 주민투표는 「공직선거법」을 준용하여 모두 개표하고 그 결과는 공표된다.
⑤ 주민투표에 부쳐진 사항은 주민투표권자 총수의 2분의 1 이상의 투표와 유효투표수 과반수의 득표로 확정된다.

정답 ① [○]
해설 주민투표의 청구는 주민 또는 지방의회도 할 수 있으나 발의는 지방자치단체의 장만 할 수 있다.

> 주민투표법 제9조(주민투표의 실시요건) ① 지방자치단체의 장은 주민 또는 지방의회의 청구에 의하거나 직권에 의하여 주민투표를 실시할 수 있다.
> 제13조(주민투표의 발의) ① 지방자치단체의 장은 다음 각 호의 어느 하나에 해당하는 경우에는 지체 없이 그 요지를 공표하고 관할선거관리위원회에 통지하여야 한다.

② [×] 외국인은 일정한 경우 주민투표권이 있다. 국가정책에 관한 경우에도 마찬가지이다.

> 주민투표법 제5조(주민투표권) ① 18세 이상의 주민 중 제6조제1항에 따른 투표인명부 작성기준일 현재 다음 각 호의 어느 하나에 해당하는 사람에게는 주민투표권이 있다. 다만, 「공직선거법」제18조에 따라 선거권이 없는 사람에게는 주민투표권이 없다.
> 2. 출입국관리 관계 법령에 따라 대한민국에 계속 거주할 수 있는 자격(체류자격변경 허가 또는 체류기간연장허가를 통하여 계속 거주할 수 있는 경우를 포함한다)을 갖춘 외국인으로서 지방자치단체의 조례로 정한 사람

③ [×] 지방자치단체의 장 및 지방의회는 행·재정상의 필요한 조치를 해야 한다(중앙행정기관의 장×).

> 주민투표법 제24조(주민투표결과의 확정)
> ⑤ 지방자치단체의 장 및 지방의회는 주민투표결과 확정된 내용대로 행정·재정상의 필요한 조치를 하여야 한다.

④ [×] 주민투표법 제24조에 따라 모두 개표하고 그 결과는 공표된다.

> 주민투표법 제24조(주민투표결과의 확정)
> ③ 관할선거관리위원회는 개표가 끝난 때에는 지체없이 그 결과를 공표한 후 지방자치단체의 장에게 통지하여야 한다. 제2항의 규정에 의하여 개표를 하지 아니한 때에도 또한 같다.

⑤ [×] 주민투표권자 총수의 4분의 1 이상의 투표와 유효투표수 과반수의 득표로 확정된다.

> 주민투표법 제24조(주민투표결과의 확정) ① 주민투표에 부쳐진 사항은 주민투표권자 총수의 4분의 1 이상의 투표와 유효투표수 과반수의 득표로 확정된다. 다만, 다음 각 호의 어느 하나에 해당하는 경우에는 찬성과 반대 양자를 모두 수용하지 아니하거나, 양자택일의 대상이 되는 사항 모두를 선택하지 아니하기로 확정된 것으로 본다.

10
우리나라 지방자치단체 주민투표제도에 대한 설명으로 가장 옳은 것은? 2019. 서울 9급

① 1994년 「지방자치법」 개정에서 도입된 이래 지금까지 시행되고 있다.
② 주민투표에 부쳐진 사항은 법에서 정한 경우를 제외하고는 주민투표권자 총수의 4분의 1 이상의 투표와 유효 투표 수 과반수의 득표로 확정된다.
③ 지방자치단체의 장은 주민 또는 지방의회의 청구에 의한 경우가 아닌 자신의 직권으로 주민투표를 실시할 수 없다.
④ 일반 공직선거와 마찬가지로 외국인은 어떠한 경우에도 주민투표에 참여할 수 없다.

정답 ② [○]

해설

주민투표법 제24조(주민투표결과의 확정) ① 주민투표에 부쳐진 사항은 주민투표권자 총수의 4분의 1 이상의 투표와 유효투표수 과반수의 득표로 확정된다. 다만, 다음 각 호의 1에 해당하는 경우에는 찬성과 반대 양자를 모두 수용하지 아니하거나, 양자택일의 대상이 되는 사항 모두를 선택하지 아니하기로 확정된 것으로 본다.

① [×] 1994년 지방자치법에서 주민투표제도 실시의 도입에 대한 근거조항이 규정되었지만, 실제 주민투표는 구체적인 시행에 관한 주민투표법이 2004년에 제정되면서 시행되었다.
③ [×] 지방자치단체의 장은 주민 또는 지방의회의 청구에 의거나 자신의 직권으로 주민투표를 실시할 수 있다.

주민투표법 제9조(주민투표의 실시요건) ① 지방자치단체의 장은 주민 또는 지방의회의 청구에 의하거나 직권에 의하여 주민투표를 실시할 수 있다.

④ [×] 일정 요건을 갖춘 외국인도 주민투표권을 갖는다.

주민투표법 제5조(주민투표권) ① 18세 이상의 주민 중 제6조제1항에 따른 투표인명부 작성기준일 현재 다음 각 호의 어느 하나에 해당하는 사람에게는 주민투표권이 있다. 다만, 「공직선거법」 제18조에 따라 선거권이 없는 사람에게는 주민투표권이 없다.
1. 그 지방자치단체의 관할 구역에 주민등록이 되어 있는 사람
2. 출입국관리 관계 법령에 따라 대한민국에 계속 거주할 수 있는 자격(체류자격변경허가 또는 체류기간연장허가를 통하여 계속 거주할 수 있는 경우를 포함한다)을 갖춘 외국인으로서 지방자치단체의 조례로 정한 사람

11
우리나라의 주민소환제도에 대한 설명으로 옳지 않은 것은? 2021. 국가 9급

① 가장 유력한 직접민주주의 제도이다.
② 비례대표 지방의회의원은 주민소환 대상이 아니다.
③ 심리적 통제 효과가 크다.
④ 군수를 소환하려고 할 경우에는 해당 군의 주민소환투표청구권자 총수의 100분의 10 이상의 서명을 받아 청구해야 한다.

정답 ④ [×]

해설 군수 등 기초자치단체의 장을 소환하고자 할 경우에는 해당 군의 투표청구권자 총수의 100분의 15 이상의 서명을 받아 청구해야한다.

주민소환에관한법률 제7조(주민소환투표의 청구) ① 전년도 12월 31일 현재 주민등록표 및 외국인등록표에 등록된 제3조제1항제1호 및 제2호에 해당하는 자(이하 "주민소환투표청구권자"라 한다)는 해당 지방자치단체의 장 및 지방의회의원(비례대표선거구시·도의회의원 및 비례대표선거구자치구·시·군의회의원은 제외하며, 이하 "선출직 지방공직자"라 한다)에 대하여 다음 각 호에 해당하는 주민의 서명으로 그 소환사유를 서면에 구체적으로 명시하여 관할선거관리위원회에 주민소환투표의 실시를 청구할 수 있다.
1. 특별시장·광역시장·도지사(이하 "시·도지사"라 한다) : 당해 지방자치단체의 주민소환투표청구권자 총수의 100분의 10이상
2. 시장·군수·자치구의 구청장 : 당해 지방자치단체의 주민소환투표청구권자 총수의 100분의 15 이상

12
다음 중 「지방자치법」 및 「주민소환에 관한 법률」상 주민소환제도에 대한 설명으로 옳지 않은 것은? 2018. 국회 8급

① 시·도지사의 소환청구 요건은 주민투표권자 총수의 100분의 10이상이다.
② 비례대표의원은 주민소환의 대상이 아니다.
③ 주민소환투표권자의 연령은 주민소환투표일 현재를 기준으로 계산한다.
④ 주민소환투표권자의 4분의 1 이상이 투표에 참여해야 한다.
⑤ 주민소환이 확정된 때에는 주민소환투표대상자는 그 결과가 공표된 시점부터 그 직을 상실한다.

정답 ④ [×]
해설 주민소환은 주민소환투표권자 총수의 3분의 1 이상의 투표와 유효투표 총수 과반수의 찬성으로 확정된다(주민소환에 관한 법률 제22조).
① [○]

> 제7조(주민소환투표의 청구) ① 전년도 12월 31일 현재 주민등록표 및 외국인등록표에 등록된 제3조제1항제1호 및 제2호에 해당하는 자(이하 "주민소환투표청구권자"라 한다)는 해당 지방자치단체의 장 및 지방의회의원(비례대표선거구시·도의회의원 및 비례대표선거구자치구·시·군의회의원은 제외하며, 이하 "선출직 지방공직자"라 한다)에 대하여 다음 각 호에 해당하는 주민의 서명으로 그 소환사유를 서면에 구체적으로 명시하여 관할선거관리위원회에 주민소환투표의 실시를 청구할 수 있다.
> 1. 특별시장·광역시장·도지사(이하 "시·도지사"라 한다) : 당해 지방자치단체의 주민소환투표청구권자 총수의 100분의 10 이상
> 2. 시장·군수·자치구의 구청장 : 당해 지방자치단체의 주민소환투표청구권자 총수의 100분의 15 이상
> 3. 지역선거구시·도의회의원(이하 "지역구시·도의원"이라 한다) 및 지역선거구자치구·시·군의회의원(이하 "지역구자치구·시·군의원"이라 한다) : 당해 지방의회의원의 선거구 안의 주민소환투표청구권자 총수의 100분의 20 이상

③ [○]

> 주민소환에 관한 법률 제3조(주민소환투표권) ① 제4조제1항의 규정에 의한 주민소환투표인명부 작성기준일 현재 다음 각 호의 어느 하나에 해당하는 자는 주민소환투표권이 있다.
> 1. 19세 이상의 주민으로서 당해 지방자치단체 관할구역에 주민등록이 되어 있는 자(「공직선거법」 제18조의 규정에 의하여 선거권이 없는 자를 제외한다)
> 2. 19세 이상의 외국인으로서 「출입국관리법」 제10조의 규정에 따른 영주의 체류자격 취득일 후 3년이 경과한 자 중 같은 법 제34조의 규정에 따라 당해 지방자치단체 관할구역의 외국인등록대장에 등재된 자
> ② 주민소환투표권자의 연령은 주민소환투표일 현재를 기준으로 계산한다.

⑤ [○]

> 주민소환에 관한 법률 제23조(주민소환투표의 효력) ① 제22조제1항의 규정에 의하여 주민소환이 확정된 때에는 주민소환투표대상자는 그 결과가 공표된 시점부터 그 직을 상실한다.

13
주민소환제에 대한 설명으로 옳은 것은? 2014. 서울 7급

① 주민은 그 지방자치단체의 장 및 비례대표를 포함한 지방의회의원을 소환할 권리를 가진다.
② 선출직 지방공직자의 임기만료일부터 1년 미만일 때에는 주민소환투표의 실시를 청구할 수 없다.
③ 주민소환은 주민소환투표권자 총수의 2분의 1 이상의 투표와 유효투표 총수 과반수의 찬성으로 확정된다.
④ 지방행정의 민주성과 책임성을 제고할 목적으로 도입한 주민 간접참여 방식의 제도이다.
⑤ 주민소환투표의 효력에 이의가 있는 경우 투표결과가 공표된 날부터 10일 이내에 소청할 수 있다.

정답 ② [○]
해설

> 주민소환에 관한 법률 제8조(주민소환투표의 청구제한기간) 제7조제1항 내지 제3항의 규정에 불구하고, 다음 각 호의 어느 하나에 해당하는 때에는 주민소환투표의 실시를 청구할 수 없다.
> 1. 선출직 지방공직자의 임기개시일부터 1년이 경과하지 아니한 때
> 2. 선출직 지방공직자의 임기만료일부터 1년 미만일 때
> 3. 해당 선출직 지방공직자에 대한 주민소환투표를 실시한 날부터 1년 이내인 때

① [×] 비례대표 지방의회 의원은 제외한다.

> 지방자치법 제25조(주민소환) ① 주민은 그 지방자치단체의 장 및 지방의회의원(비례대표 지방의회의원은 제외한다)을 소환할 권리를 가진다.

③ [×] 주민소환은 주민소환투표권자 총수의 3분의 1 이상의 투표와 유효투표 총수 과반수의 찬성으로 확정된다.

> 주민소환에 관한 법률 제22조(주민소환투표결과의 확정) ① 주민소환은 제3조의 규정에 의한 주민소환투표권자(이하 "주민소환투표권자"라 한다) 총수의 3분의 1 이상의 투표와 유효투표 총수 과반수의 찬성으로 확정된다.
> ② 전체 주민소환투표자의 수가 주민소환투표권자 총수의 3분의 1에 미달하는 때에는 개표를 하지 아니한다.

④ [×] 주민소환제도는 지방행정의 민주성과 책임성을 제고할 목적으로 도입한 주민 직접참여 제도이다.
⑤ [×] 주민소환투표의 효력에 이의가 있는 경우 투표결과가 공표된 날부터 14일 이내에 소청할 수 있다.

> 주민소환에 관한 법률 제24조(주민소환투표소송 등) ① 주민소환투표의 효력에 관하여 이의가 있는 해당 주민소환투표대상자 또는 주민소환투표권자(주민소환투표권자 총수의 100분의 1 이상의 서명을 받아야 한다)는 제22조제3항의 규정에 의하여 주민소환투표결과가 공표된 날부터 14일 이내에 관할선거관리위원회 위원장을 피소청인으로 하여 지역구시·도의원, 지역구자치구·

시·군의원 또는 시장·군수·자치구의 구청장을 대상으로 한 주민소환투표에 있어서는 특별시·광역시·도선거관리위원회에, 시·도지사를 대상으로 한 주민소환투표에 있어서는 중앙선거관리위원회에 소청할 수 있다.

14
「지방자치법」상 주민의 감사청구에 대한 설명으로 옳지 않은 것은? 2018. 지방 9급

① 주민의 감사청구는 사무처리가 있었던 날이나 끝난 날부터 3년이 지나면 제기할 수 있다.
② 주무부장관이나 시·도지사는 감사청구를 수리한 날부터 60일 이내에 감사청구 된 사항에 대하여 감사를 끝내는 것을 원칙으로 한다.
③ 다른 기관에서 감사한 사항이라도 새로운 사항이 발견되거나 중요 사항이 감사에서 누락된 경우는 감사청구의 대상이 될 수 있다.
④ 지방자치단체의 19세 이상의 주민은 시·도는 500명, 인구 50만명 이상 대도시는 200명, 그밖의 시·군 및 자치구는 100명을 넘지 아니하는 범위에서 그 지방자치단체의 조례로 정하는 19세 이상의 주민수 이상의 연서로 감사를 청구할 수 있다.

정답 ④ [×]
해설 지방자치단체의 18세 이상의 주민은 시·도는 300명, 인구 50만 이상 대도시는 300명, 그 밖의 시·군 및 자치구는 150명을 넘지 아니하는 범위에서 그 지방자치단체의 조례로 정하는 18세 이상의 주민 수 이상의 연서로 감사를 청구할 수 있다.

지방자치법 제21조(주민의 감사 청구) ① 지방자치단체의 18세 이상의 주민으로서 다음 각 호의 어느 하나에 해당하는 사람(「공직선거법」 제18조에 따른 선거권이 없는 사람은 제외한다. 이하 이 조에서 "18세 이상의 주민"이라 한다)은 시·도는 300명, 제198조에 따른 인구 50만 이상 대도시는 200명, 그 밖의 시·군 및 자치구는 150명 이내에서 그 지방자치단체의 조례로 정하는 수 이상의 18세 이상의 주민이 연대 서명하여 그 지방자치단체와 그 장의 권한에 속하는 사무의 처리가 법령에 위반되거나 공익을 현저히 해친다고 인정되면 시·도의 경우에는 주무부장관에게, 시·군 및 자치구의 경우에는 시·도지사에게 감사를 청구할 수 있다.
② 다음 각 호의 사항은 감사 청구의 대상에서 제외한다.
1. 수사나 재판에 관여하게 되는 사항
2. 개인의 사생활을 침해할 우려가 있는 사항
3. 다른 기관에서 감사하였거나 감사 중인 사항. 다만, 다른 기관에서 감사한 사항이라도 새로운 사항이 발견되거나 중요 사항이 감사에서 누락된 경우와 제22조제1항에 따라 주민소송의 대상이 되는 경우에는 그러하지 아니하다.
4. 동일한 사항에 대하여 제22조제2항 각 호의 어느 하나에 해당하는 소송이 진행 중이거나 그 판결이 확정된 사항
③ 제1항에 따른 청구는 사무처리가 있었던 날이나 끝난 날부터 3년이 지나면 제기할 수 없다.
⑨ 주무부장관이나 시·도지사는 감사 청구를 수리한 날부터 60일 이내에 감사 청구된 사항에 대하여 감사를 끝내야 하며, 감사 결과를 청구인의 대표자와 해당 지방자치단체의 장에게 서면으로 알리고, 공표하여야 한다. 다만, 그 기간에 감사를 끝내기가 어려운 정당한 사유가 있으면 그 기간을 연장할 수 있으며, 기간을 연장할 때에는 미리 청구인의 대표자와 해당 지방자치단체의 장에게 알리고, 공표하여야 한다.

15
「지방자치법」상 주민 감사청구에 대한 설명으로 옳지 않은 것은? 2017. 지방 7급

① 개인의 사생활을 침해할 우려가 있는 사항은 감사청구의 대상에서 제외한다.
② 다른 기관에서 감사한 사항이라도 새로운 사항이 발견된 경우 감사청구의 대상이 된다.
③ 주무부장관이나 시·도지사는 주민 감사청구를 처리(각하 포함)할 때 청구인의 대표자에게 반드시 증거 제출 및 의견 진술의 기회를 주어야 한다.
④ 감사청구는 당해 사무 처리가 있었던 날 또는 종료된 날부터 1년을 경과하면 청구할 수 없다.

정답 ④ [×]
해설 감사청구는 당해 사무 처리가 있었던 날 또는 종료된 날부터 3년을 경과하면 청구할 수 없다.

16
다음 중 아래의 주민감사청구에 대한 「지방자치법」에 들어갈 내용이 모두 맞는 것은?
2022. 군무원 7급

> 제21조 (주민의 감사청구) ① 지방자치단체의 (　) 이상의 주민으로서 다음 각 호의 어느 하나에 해당하는 사람은 시·도는 (　), 제198조에 따른 인구 50만 이상 대도시는 (　), 그 밖의 시·군 및 자치구는 (　) 이내에서 그 지방자치단체의 조례로 정하는 수 이상의 (　) 이상의 주민이 연대 서명하여 그 지방자치단체와 그 장의 권한에 속하는 사무의 처리가 법령에 위반되거나 공익을 현저히 해친다고 인정되면 시·도의 경우에는 (　)에게, 시·군 및 자치구의 경우에는 (　)에게 감사를 청구할 수 있다.

① 19세 − 300명 − 200명 − 150명 − 19세 − 대통령 − 주무부장관
② 18세 − 200명 − 150명 − 100명 − 18세 − 주무부장관 − 시·도지사
③ 19세 − 300명 − 250명 − 200명 − 19세 − 대통령 − 주무부장관
④ 18세 − 300명 − 200명 − 150명 − 18세 − 주무부장관 − 시·도지사

정답 ④ [O]
해설 지방자치법이 전부 개정되면서 주민감사를 청구할 수 있는 주민의 나이(19세 → 18세), 연대 서명 수(300명, 200명, 150명)가 낮아졌고, 청구기한은 (2년 → 3년)으로 늘어났다.

> 지방자치법 제21조(주민의 감사 청구) ① 지방자치단체의 18세 이상의 주민으로서 다음 각 호의 어느 하나에 해당하는 사람(「공직선거법」 제18조에 따른 선거권이 없는 사람은 제외한다. 이하 이 조에서 "18세 이상의 주민"이라 한다)은 시·도는 300명, 제198조에 따른 인구 50만 이상 대도시는 200명, 그 밖의 시·군 및 자치구는 150명 이내에서 그 지방자치단체의 조례로 정하는 수 이상의 18세 이상의 주민이 연대 서명하여 그 지방자치단체와 그 장의 권한에 속하는 사무의 처리가 법령에 위반되거나 공익을 현저히 해친다고 인정되면 시·도의 경우에는 주무부장관에게, 시·군 및 자치구의 경우에는 시·도지사에게 감사를 청구할 수 있다.

17
지방자치단체의 예산이 불법·부당하게 지출된 경우 공무원의 책임을 확보하는 데 가장 효과적인 주민통제 제도는?
2011. 서울 9급

① 주민감사청구　② 납세자소송
③ 주민소환　　　④ 주민참여예산
⑤ 예산감시운동

정답 ②
해설 주민소송제도인 납세자 소송에 대한 설명이다.

> 제22조(주민소송) ① 제21조제1항에 따라 공금의 지출에 관한 사항, 재산의 취득·관리·처분에 관한 사항, 해당 지방자치단체를 당사자로 하는 매매·임차·도급 계약이나 그 밖의 계약의 체결·이행에 관한 사항 또는 지방세·사용료·수수료·과태료 등 공금의 부과·징수를 게을리한 사항을 감사 청구한 주민은 다음 각 호의 어느 하나에 해당하는 경우에 그 감사 청구한 사항과 관련이 있는 위법한 행위나 업무를 게을리한 사실에 대하여 해당 지방자치단체의 장(해당 사항의 사무처리에 관한 권한을 소속 기관의 장에게 위임한 경우에는 그 소속 기관의 장을 말한다. 이하 이 조에서 같다)을 상대방으로 하여 소송을 제기할 수 있다.

18
우리나라 주민소송제도에 대한 설명으로 옳은 것은?
2022. 국회 9급

① 주민소송은 주민 전체의 이익보다 특정 주민의 이익을 옹호하기 위한 공익소송의 일종이다.
② 주민소송의 피고는 주무부장관이나 시·도지사이다.
③ 주민감사를 청구한 개인은 누구라도 주민소송을 제기할 수 있다.
④ 소송의 계속 중에 소송을 제기한 주민이 사망하거나 주민의 자격을 잃더라도 소송절차는 중단되지 않는다.
⑤ 주민소송에서 당사자는 법원의 허가를 받지 않더라도 소의 취하, 소송의 화해 또는 청구의 포기를 할 수 있다.

정답 ③ [O]
해설 재무행위와 관련한 감사청구를 한 주민이 제기할 수 있다.
① [×] 주민소송제도는 지방자치단체의 위법한 재무 회계 행위에 대해 지역주민이 자신의 개인적 권리·이익의 침해와 관계없이 그 위법한 행위의 시정을 법원에 청구할 수 있는 제도이다. 따라서 특정 주민의 이익보다는 주민 전체의 이익을 위한 성격이 강하다.

② [×] 주민소송은 해당 지방자치단체의 장을 상대방(피고)으로 하여 소송을 제기한다.
④ [×] 「지방자치법」 제22조 제6항
⑤ [×] 「지방자치법」 제22조 제14항

「지방자치법」 제22조(주민소송) ① 제21조 제1항에 따라 공금의 지출에 관한 사항, 재산의 취득·관리·처분에 관한 사항, 해당 지방자치단체를 당사자로 하는 매매·임차·도급 계약이나 그 밖의 계약의 체결·이행에 관한 사항 또는 지방세·사용료·수수료·과태료 등 공금의 부과·징수를 게을리한 사항을 감사 청구한 주민은 다음 각 호의 어느 하나에 해당하는 경우에 그 감사 청구한 사항과 관련이 있는 위법한 행위나 업무를 게을리한 사실에 대하여 해당 지방자치단체의 장(해당 사항의 사무처리에 관한 권한을 소속 기관의 장에게 위임한 경우에는 그 소속 기관의 장을 말한다. 이하 이 조에서 같다)을 상대방으로 하여 소송을 제기할 수 있다.
⑥ 소송의 계속(繫屬) 중에 소송을 제기한 주민이 사망하거나 제16조에 따른 주민의 자격을 잃으면 소송절차는 중단된다. 소송대리인이 있는 경우에도 또한 같다.
⑭ 제2항에 따른 소송에서 당사자는 법원의 허가를 받지 아니하고는 소의 취하, 소송의 화해 또는 청구의 포기를 할 수 없다.

19
주민참여제도에 대한 설명으로 옳은 것만을 모두 고르면?

2025. 국가 9급

ㄱ. 주민감사청구는 사무처리가 있었던 날이나 끝난 날부터 3년이 지나면 제기할 수 없다.
ㄴ. 주민은 비례대표 지방의회의원을 포함한 모든 지방의회의원을 소환할 수 있다.
ㄷ. 지방자치단체의 사무 중 예산 편성·의결 및 집행에 관한 사항을 주민투표에 부칠 수 있다.
ㄹ. 주민참여예산기구의 구성·운영에 관한 사항은 해당 지방자치단체의 조례로 정한다.

① ㄱ, ㄴ   ② ㄱ, ㄹ
③ ㄴ, ㄷ   ④ ㄷ, ㄹ

정답 ② ㄱ, ㄹ [○]
해설 ㄴ. [×] 비례대표 지방의회의원은 소환대상이 아니다.
ㄷ. [×] 예산 편성·의결 및 집행에 관한 사항을 주민투표에 부칠 수 없다.

20
주민참여제도에 대한 설명으로 옳지 않은 것은?

2016. 지방교행 9급

① 주민소환의 대상은 지방자치단체장, 비례대표의원을 제외한 지방의회의원, 교육감이다.
② 현행법상 주민참여제도의 도입 순서는 조례의 제정 및 개폐에 관한 청구, 주민투표, 주민소송, 주민소환 순이다.
③ 주민투표는 자치단체장에게, 주민감사청구는 감사원에, 주민소송은 관할 행정법원에, 주민소환은 관할 선거관리위원회에 청구한다.
④ 주민소송의 소송 대상은 주민감사를 청구한 사항 중 공금지출에 관한 사항, 해당 지방자치단체를 당사자로 하는 매매·임차·도급계약에 관한 사항 등 재무·회계에 관한 사항이다.

정답 ③ [×]
해설 주민투표는 지방자치단체의 장에게, 주민감사청구는 상급지방자치단체장이나 중앙행정기관의 장에게, 주민소송은 관할 행정법원에, 주민소환은 관할 선거관리위원회에 청구할 수 있다.

주민참여제도	청구권자	청구의 상대방
주민투표	18세 이상 주민	지방자치단체장
주민발의	18세 이상 주민	지방의회(의장)
주민소환	19세 이상 주민	관할 선거관리위원회
주민감사청구	18세 이상 주민	시·도 → 주무부장관, 시·군·자치구 → 시·도지사
주민소송	주민감사청구를 한 주민	법원 (피고: 해당 지방자치단체장)

② [○] 주민참여제도는 1999년 조례제정개폐청구제 → 2004년 주민투표제 → 2005년 주민소송제 → 2007년 주민소환제 순서로 도입되었다.
④ [○]

지방자치법 제22조(주민소송) ① 제21조제1항에 따라 공금의 지출에 관한 사항, 재산의 취득·관리·처분에 관한 사항, 해당 지방자치단체를 당사자로 하는 매매·임차·도급 계약이나 그 밖의 계약의 체결·이행에 관한 사항 또는 지방세·사용료·수수료·과태료 등 공금의 부과·징수를 게을리한 사항을 감사 청구한 주민은 다음 각 호의 어느 하나에 해당하는 경우에 그 감사 청구한 사항과 관련이 있는 위법한 행위나 업무를 게을리한 사실에 대하여 해당 지방자치단체의 장(해당 사항의 사무처리에 관한 권한을 소속 기관의 장에게 위임한 경우에는 그 소속 기관의 장을 말한다. 이하 이 조에서 같다)을 상대방으로 하여 소송을 제기할 수 있다.

21
다음 중 현행 법률상 허용되지 않는 것만을 모두 고르면?

2019. 지방 7급

> ㄱ. 비례대표 지방의회의원에 대한 주민소환
> ㄴ. 수사에 관여하게 되는 사항에 대한 주민감사청구
> ㄷ. 수수료 감면을 위한 주민의 조례 개정 청구
> ㄹ. 지방공무원의 정원에 관한 주민투표

① ㄱ, ㄷ
② ㄱ, ㄴ, ㄹ
③ ㄴ, ㄷ, ㄹ
④ ㄱ, ㄴ, ㄷ, ㄹ

정답 ④ ㄱ, ㄴ, ㄷ, ㄹ [×]

해설 ㄱ. [×] 주민은 그 지방자치단체의 장 및 지방의회의원(비례대표 지방의회의원은 제외한다)을 소환할 권리를 가진다(지방자치법 제20조).

ㄴ. [×]

지방자치법 제21조(주민의 감사 청구)
② 다음 각 호의 사항은 감사 청구의 대상에서 제외한다.
1. 수사나 재판에 관여하게 되는 사항

ㄷ. [×]

「주민조례발안에 관한 법률」 제4조(주민조례청구 제외 대상) 다음 각 호의 사항은 주민조례청구 대상에서 제외한다.
1. 법령을 위반하는 사항
2. 지방세·사용료·수수료·부담금을 부과·징수 또는 감면하는 사항
3. 행정기구를 설치하거나 변경하는 사항
4. 공공시설의 설치를 반대하는 사항

ㄹ. [×]

주민투표법 제7조(주민투표의 대상)
② 제1항의 규정에 불구하고 다음 각 호의 사항은 이를 주민투표에 부칠 수 없다.
4. 행정기구의 설치·변경에 관한 사항과 공무원의 인사·정원 등 신분과 보수에 관한 사항

22
주민참여예산제도에 대한 설명으로 옳지 않은 것은?

2019. 지방 7급

① 행정안전부장관은 지방자치단체의 재정적 여건을 고려하여 지방자치단체별 주민참여예산제도의 운영을 평가할 수 있다.
② 2011년 「지방자치법」의 개정으로 모든 지방자치단체가 의무적으로 이행해야 하는 제도가 되었다.
③ 주민참여예산기구의 구성·운영과 그 밖에 필요한 사항은 해당 지방자치단체의 조례로 정한다.
④ 지방자치단체의 장은 주민참여예산제도를 통하여 수렴한 주민의 의견서를 지방의회에 제출하는 예산안에 첨부하여야 한다.

정답 ② [×]

해설 2011년 「지방재정법」의 개정으로 모든 지방자치단체가 의무적으로 이행해야 하는 제도가 되었다. 지방자치법이 아니라 지방재정법이다.

지방재정법 제39조(지방예산 편성 과정의 주민 참여)
① 지방자치단체의 장은 대통령령으로 정하는 바에 따라 지방예산 편성 과정에 주민이 참여할 수 있는 절차(이하 이 조에서 "주민참여예산제도"라 한다)를 마련하여 시행하여야 한다.
② 지방자치단체의 장은 제1항에 따라 예산 편성 과정에 참여한 주민의 의견을 수렴하여 그 의견서를 지방의회에 제출하는 예산안에 첨부하여야 한다.
③ 행정안전부장관은 대통령령으로 정하는 바에 따라 지방자치단체별 주민참여예산제도의 운영에 대한 평가를 실시할 수 있다.
⑤ 주민참여예산기구의 구성·운영과 그 밖에 필요한 사항은 해당 지방자치단체의 조례로 정한다.

23

주민참여예산제도에 관한 설명으로 옳은 것을 <보기>에서 모두 고른 것은?

2018. 지방교행 9급

보기

ㄱ. 주민참여예산제도는 재정민주주의를 구현하는 제도이다.
ㄴ. 브라질의 포르투 알레그레(Porto Alegre)시는 주민참여예산제도를 가장 먼저 실시한 도시이다.
ㄷ. 우리나라의 주민참여예산제도는 「지방재정법」에 의하여 지방자치단체가 의무적으로 시행하도록 하고 있다.
ㄹ. 우리나라의 주민참여예산제도에 의하면 수렴된 주민의 의견서를 지방의회에 제출하는 예산안에 첨부하지 않도록 하고 있다.

① ㄱ, ㄴ
② ㄷ, ㄹ
③ ㄱ, ㄴ, ㄷ
④ ㄱ, ㄷ, ㄹ

정답 ③ ㄱ, ㄴ, ㄷ [O]

해설 ㄹ. [×] 지방자치단체의 장은 주민의 의견을 수렴하여 그 의견서를 지방의회에 제출하는 예산안에 첨부하여야 한다(지방재정법 제39조 제2항).

> 지방재정법 제39조(지방예산 편성 과정의 주민 참여) ① 지방자치단체의 장은 대통령령으로 정하는 바에 따라 지방예산 편성 등 예산과정(「지방자치법」 제39조에 따른 지방의회의 의결사항은 제외한다. 이하 이 조에서 같다)에 주민이 참여할 수 있는 제도(이하 이 조에서 "주민참여예산제도"라 한다)를 마련하여 시행하여야 한다.
> ② 지방자치단체의 장은 제1항에 따라 예산 편성 과정에 참여한 주민의 의견을 수렴하여 그 의견서를 지방의회에 제출하는 예산안에 첨부하여야 한다.

24

우리나라 주민참여예산제도에 대한 설명으로 옳지 않은 것은?

2021. 국가 7급

① 주민이 참여할 수 있는 예산의 범위는 「지방재정법」에 규정되어 있다.
② 지방자치단체의 장은 주민참여예산제도를 마련하여 시행해야 할 법적 의무가 있다.
③ 지방자치단체 중 최초로 주민참여예산조례를 제정한 곳은 광주광역시 북구이다.
④ 지방의회 예산심의권 침해 논란이 있다.

정답 ① [×]

해설 주민참여예산제도의 범위는 해당 지방자치단체의 조례로 정한다.

> 지방재정법 제39조(지방예산 편성 등 예산과정의 주민 참여) ① 지방자치단체의 장은 대통령령으로 정하는 바에 따라 지방예산 편성 등 예산과정(「지방자치법」 제39조에 따른 지방의회의 의결사항은 제외한다)에 주민이 참여할 수 있는 제도를 마련하여 시행하여야 한다.
> ② 지방예산 편성 등 예산과정의 주민 참여와 관련되는 사항을 심의하기 위하여 지방자치단체의 장 소속으로 주민참여예산위원회 등 주민참여예산기구를 둘 수 있다.
> ③ 지방자치단체의 장은 주민참여예산제도를 통하여 수렴한 주민의 의견서를 지방의회에 제출하는 예산안에 첨부하여야 한다.
> ④ 행정안전부장관은 지방자치단체의 재정적·지역적 여건 등을 고려하여 대통령령으로 정하는 바에 따라 지방자치단체별 주민참여예산제도의 운영에 대하여 평가를 실시할 수 있다.
> ⑤ 주민참여예산기구의 구성·운영과 그 밖에 필요한 사항은 해당 지방자치단체의 조례로 정한다.

③ [O] 우리나라는 기초자치단체인 광주광역시 북구에서 주민참여예산 조례를 처음 제정하였다(2004년). 이후 「지방재정법」에 예산 편성 등 예산과정의 주민참여 법적 근거와 절차를 규정하였다.
④ [O] 주민참여예산제는 주민의 적극적인 참여를 유도할 수 있지만 지방의회의 예산에 대한 의회의 심의·결정권을 약화시킬 수 있다는 점에서 대의민주주의와의 상충문제가 대두될 수 있다.

25
우리나라에서 채택하고 있는 주민참여제도에 대한 설명으로 옳지 <u>않은</u> 것은? 2021. 국회 8급

① 주민발안제도를 통해 주민들이 지방자치단체의 조례의 제정 및 개·폐를 지방의회에 청구할 수 있다.
② 지방자치단체장, 지방의회의원에 대한 주민소환제도는 임기 만료 1년 미만일 때는 청구할 수 없다.
③ 주민들이 지방자치단체의 주요 현안을 직접 결정하기 위해서 주민투표의 실시를 청구할 수 있다.
④ 지방자치단체의 재무행위가 위법하다고 인정되는 경우에 주민들은 자신의 권익에 침해가 없는 경우에도 주민소송을 청구할 수 있다.
⑤ 주민참여예산제도는 「지방재정법」상 지방자치단체의 의무이므로, 주민참여예산제도를 통해 수렴된 주민의 의견은 예산에 반영되어야만 한다.

정답 ⑤ [×]
해설 주민참여예산제도는 「지방재정법」에 2011년부터 의무화되었으나, 주민의 의견 반영여부는 재량이다.

> 지방재정법 제39조(지방예산 편성 등 예산과정의 주민 참여) ① 지방자치단체의 장은 대통령령으로 정하는 바에 따라 지방예산 편성 등 예산과정(「지방자치법」 제39조에 따른 지방의회의 의결 사항은 제외한다. 이하 이 조에서 같다)에 주민이 참여할 수 있는 제도(이하 이 조에서 "주민참여예산제도"라 한다)를 마련하여 시행하여야 한다.
> 지방재정법 시행령 제46조(지방예산 편성 등 예산과정에의 주민 참여) ② 지방자치단체의 장은 제1항에 따라 수렴된 주민의견을 검토하고 그 결과를 예산과정에 반영할 수 있다.

① [○]
> 「주민조례발안에 관한 법률」 제2조(주민조례청구권자) 18세 이상의 주민으로서 다음 각 호의 어느 하나에 해당하는 사람(「공직선거법」 제18조에 따른 선거권이 없는 사람은 제외한다. 이하 "청구권자"라 한다)은 해당 지방자치단체의 의회(이하 "지방의회"라 한다)에 조례를 제정하거나 개정 또는 폐지할 것을 청구(이하 "주민조례청구"라 한다)할 수 있다.

② [○]
> 주민소환에 관한 법률 제8조(주민소환투표의 청구제한기간) 제7조제1항 내지 제3항의 규정에 불구하고, 다음 각 호의 어느 하나에 해당하는 때에는 주민소환투표의 실시를 청구할 수 없다.
> 1. 선출직 지방공직자의 임기개시일부터 1년이 경과하지 아니한 때
> 2. 선출직 지방공직자의 임기만료일부터 1년 미만일 때
> 3. 해당선출직 지방공직자에 대한 주민소환투표를 실시한 날부터 1년 이내인 때

③ [○]
> 주민투표법 제9조(주민투표의 실시요건) ② 19세 이상 주민 중 제5조제1항 각 호의 어느 하나에 해당하는 사람(같은 항 각 호 외의 부분 단서에 따라 주민투표권이 없는 자는 제외한다. 이하 "주민투표청구권자"라 한다)는 주민투표청구권자 총수의 20분의 1 이상 5분의 1 이하의 범위에서 지방자치단체의 조례로 정하는 수 이상의 서명으로 그 지방자치단체의 장에게 주민투표의 실시를 청구할 수 있다.

④ [○] 주민소송은 재무행위와 관련한 감사청구를 한 주민이 제기하는 것으로 자치단체의 위법행위로 피해를 받지 않은 주민도 제기가 가능하다.

> 지방자치법 제22조(주민소송) ① 제21조제1항에 따라 공금의 지출에 관한 사항, 재산의 취득·관리·처분에 관한 사항, 해당 지방자치단체를 당사자로 하는 매매·임차·도급 계약이나 그 밖의 계약의 체결·이행에 관한 사항 또는 지방세·사용료·수수료·과태료 등 공금의 부과·징수를 게을리한 사항을 감사 청구한 주민은 다음 각 호의 어느 하나에 해당하는 경우에 그 감사 청구한 사항과 관련이 있는 위법한 행위나 업무를 게을리한 사실에 대하여 해당 지방자치단체의 장(해당 사항의 사무처리에 관한 권한을 소속 기관의 장에게 위임한 경우에는 그 소속 기관의 장을 말한다. 이하 이 조에서 같다)을 상대방으로 하여 소송을 제기할 수 있다.

Chapter 07 지방재정

제1절 자주재원

01
우리나라 자치재정권에 대한 설명으로 옳지 않은 것은?
2012. 지방 9급

① 지방자치단체는 법률로 정하는 바에 따라 지방세를 부과·징수할 수 있다.
② 지방자치단체는 공공시설의 이용 또는 재산의 사용에 대하여 사용료를 징수할 수 있다.
③ 지방자치단체는 행정목적을 달성하기 위하여 특정한 자금을 운용하기 위한 기금을 설치할 경우 행정안전부장관의 승인을 얻어야 한다.
④ 지방자치단체의 장이나 지방자치단체조합은 따로 법률이 정하는 바에 따라 지방채를 발행할 수 있다.

정답 ③ [×]
해설 지방자치단체가 기금을 설치할 경우 조례로 정한다.

> 제159조(재산과 기금의 설치) ① 지방자치단체는 행정목적을 달성하기 위한 경우나 공익상 필요한 경우에는 재산(현금 외의 모든 재산적 가치가 있는 물건과 권리를 말한다)을 보유하거나 특정한 자금을 운용하기 위한 기금을 설치할 수 있다.
> ② 제1항의 <u>재산의 보유, 기금의 설치·운용에 필요한 사항은 조례로 정한다</u>.

① [○]
> 제152조(지방세) 지방자치단체는 법률로 정하는 바에 따라 지방세를 부과·징수할 수 있다.

② [○]
> 제153조(사용료) 지방자치단체는 공공시설의 이용 또는 재산의 사용에 대하여 사용료를 징수할 수 있다.

④ [○]
> 지방자치법 제139조(지방채무 및 지방채권의 관리) ① 지방자치단체의 장이나 지방자치단체조합은 따로 법률로 정하는 바에 따라 지방채를 발행할 수 있다.

02
우리나라 지방자치단체의 자치재정권에 대한 설명으로 옳지 않은 것은?
2017. 지방 9급

① 지방세 탄력세율 제도는 지방자치단체 재정의 신축성과 자율성을 제고하기 위한 제도이다.
② 지방자치단체는 법령의 위임이 없더라도 조례의 제정을 통하여 지방 세목을 설치할 수 있다.
③ 지방자치단체의 장은 재정투자사업에 관한 예산안을 편성할 경우 대통령령이 정하는 바에 따라 사전에 그 필요성과 타당성에 대한 심사를 하여야 한다.
④ 지방자치단체의 장은 재해예방 및 복구사업을 위한 자금조달에 필요할 때에는 지방채를 발행할 수 있다.

정답 ② [×]
해설 우리나라는 조세법률주의이기 때문에 지방자치단체는 조례를 통한 독립적인 지방 세목은 설치할 수 없다.

> 지방자치법 제152조(지방세) 지방자치단체는 법률로 정하는 바에 따라 지방세를 부과·징수할 수 있다.

① [○] 탄력세율은 조세의 경기조절 기능과 자원배분의 효율성 제고를 위해 정부가 법률로 정한 세율을 탄력적으로 변경하여 운용하는 세율을 의미한다. 우리나라의 경우 세율은 입법사항 중 하나로 국회의 의결을 거쳐 변경 혹은 결정되는 것이 원칙이나(조세법률주의), 지방자치단체에 과세자주권을 부여하기 위해서 탄력세율을 적용한다. 우리나라 「지방세법」에서는 취득세, 등록세, 주민세, 가산세, 재산세, 자동차세, 도축세, 도시계획세, 공동시설세, 사업소세, 지역개발세, 지방교육세 등의 세목에 탄력세율을 적용하고 있으며, 이를 통해 지방자치단체가 일정 범위 이내에서 자율적으로 세율을 규정하도록 하고 있다. 지방자치단체는 이러한 탄력세율을 지방재정 확충에 활용할 수 있다.

03

지방재정에 대한 설명으로 옳지 않은 것은? 2021. 지방 9급

① 재정자립도는 일반회계 세입 중 지방세와 세외수입이 차지하는 비중을 말한다.
② 국고보조금은 지방재정운영의 자율성을 제고한다.
③ 지방교부세는 지역 간의 재정 불균형을 시정하기 위한 제도이다.
④ 지방자치단체는 재해예방 및 복구사업에 경비를 조달하기 위해서 지방채를 발행할 수 있다.

정답 ② [×]
해설 국고보조금은 자금 활용에 있어 용도가 정해진 '특정재원'으로, 중앙정부의 감독과 통제가 이루어지게 되어 지방자치단체의 자율성을 제약하게 된다.
④ [○]

> 지방재정법 제11조(지방채의 발행) ① 지방자치단체의 장은 다음 각 호를 위한 자금 조달에 필요할 때에는 지방채를 발행할 수 있다. 다만, 제5호 및 제6호는 교육감이 발행하는 경우에 한한다.
> 1. 공유재산의 조성 등 소관 재정투자사업과 그에 직접적으로 수반되는 경비의 충당
> 2. 재해예방 및 복구사업
> 3. 천재지변으로 발생한 예측할 수 없었던 세입결함의 보전
> 4. 지방채의 차환
> 5. 「지방교육재정교부금법」 제9조제3항에 따른 교부금 차액의 보전

04

우리나라 지방자치단체의 세입·세출에 대한 설명으로 옳지 않은 것은? 2017. 국가 9급

① 의존재원의 비중이 높아지면 재정분권이 취약해질 수 있다.
② 보통교부세는 중앙정부가 용도를 제한하여 지방자치단체의 재량권이 없는 재원이다.
③ 지방세와 세외수입은 자주재원에 속하고, 보조금은 의존재원에 속한다.
④ 현행법상 지방자치단체의 관할구역 자치사무에 필요한 경비는 그 지방자치단체가 전액을 부담한다.

정답 ② [×]
해설 중앙정부가 용도를 제한하여 지방자치단체의 재량권이 없는 재원은 특별교부세 또는 국고보조금에 대한 설명이다. 보통교부세는 중앙정부가 각 지방자치단체의 재정불균형을 해소하기 위해 각 지방자치단체의 재정부족액을 산정해 용도에 제한을 두지 않고 교부하는 일반재원이다.

05

우리나라 지방재정에 대한 설명으로 옳지 않은 것은? 2022. 국회 9급

① 지방세 제도와 관련하여 지방자치단체의 역할이 제한적이다.
② 소득 및 소비과세의 비중이 높아서 지방세의 세수확장에 한계가 있다.
③ 지방재정은 국가재정과 달리 지방교육재정이 별도로 운영된다.
④ 지방재정의 세입구조는 수입원에 따라 자주재원과 의존재원으로 나눌 수 있다.
⑤ 국가는 정책상 필요하다고 인정할 때 또는 지방자치단체의 재정사정상 특히 필요하다고 인정할 때에는 예산의 범위에서 지방자치단체에 보조금을 교부할 수 있다.

정답 ② [×]
해설 재산과세(재산세, 취득세 등) 위주로 되어 있어 세수의 신장성이 약하다.
① [○] 우리나라는 조세법률주의로 조례에 의한 세목의 신설은 허용하지 않는다. 따라서 지방세 제도와 관련하여 지방자치단체의 역할이 제한적이다.
③ [○] 시·도의 교육·학예에 관한 경비를 따로 경리하기 위하여 해당 지방자치단체에 교육비특별회계를 둔다(「지방교육자치에 관한 법률」 제38조).
⑤ [○] 「지방재정법」 제23조

> 「지방재정법」 제23조(보조금의 교부) ① 국가는 정책상 필요하다고 인정할 때 또는 지방자치단체의 재정 사정상 특히 필요하다고 인정할 때에는 예산의 범위에서 지방자치단체에 보조금을 교부할 수 있다.

06
우리나라의 지방재정에 대한 설명으로 옳지 않은 것은?

2018. 국회 9급

① 지방자치단체의 세입재원 중 자주재원에는 지방세와 세외수입이 있고, 의존재원에는 국고보조금과 지방교부세 등이 있다.
② 지방자치단체 간의 재정적 불균형을 조정하는 지방교부세의 종류로는 보통교부세, 특별교부세, 부동산교부세 등이 있다.
③ 지방세 중 목적세로는 지방교육세와 지방소비세가 있다.
④ 지방재정조정제도의 종류에는 조정교부금과 국고보조금 등이 있다.
⑤ 중앙정부와 지방정부 사이의 수직적 재정조정 기능이 있다.

정답 ③ [×]
해설 지방세 중 목적세로는 지방교육세와 지역자원시설세가 있다.

> 지방세기본법 제7조(지방세의 세목) ① 지방세는 보통세와 목적세로 한다.
> ② 보통세의 세목은 다음 각 호와 같다.
> 1. 취득세
> 2. 등록면허세
> 3. 레저세
> 4. 담배소비세
> 5. 지방소비세
> 6. 주민세
> 7. 지방소득세
> 8. 재산세
> 9. 자동차세
> ③ 목적세의 세목은 다음 각 호와 같다.
> 1. 지역자원시설세
> 2. 지방교육세

07
지방재정의 세입항목 중 자주재원에 해당하는 것은?

2020. 지방 9급

① 지방교부세
② 재산임대수입
③ 조정교부금
④ 국고보조금

정답 ②
해설 재산임대수입은 세외수입에 해당하는 것으로 자주재원에 속한다.

08
재정수입의 측면에서 '지방세의 세원이 특정지역에 편재되어 있지 않고 고루 분포되어 있어야 한다.'라는 내용과 관련된 지방세의 원칙은?

2015. 서울시 7급

① 세수안정의 원칙
② 책임분담의 원칙
③ 응익성의 원칙
④ 보편성의 원칙

정답 ④ [○]
해설 지방세의 세원이 특정지역에 편재되어 있지 않고 고루 분포되어 있어야 한다는 지방세의 원칙은 보편성의 원칙이다.

09
지방세기본법 상 특별시·광역시의 세원이 아닌 것은?

2016. 지방 9급

① 취득세
② 자동차세
③ 등록면허세
④ 레저세

정답 ③ [×]
해설 등록면허세는 광역자치단체인 도세이면서 기초자치단체의 자치구세에 해당한다.
①,②,④ [○] 특별시 광역시세에는 취득세, 주민세, 자동차세, 레저세, 담배소비세, 지방소비세, 지방소득세 등이 있다.

10
특별시·광역시의 보통세와 도의 보통세에 공통적으로 속하는 세목만을 모두 고르면?

2022. 지방 9급

ㄱ. 지방소득세	ㄴ. 지방소비세
ㄷ. 주민세	ㄹ. 레저세
ㅁ. 재산세	ㅂ. 취득세

① ㄱ, ㄴ, ㄹ
② ㄱ, ㄷ, ㅁ
③ ㄴ, ㄹ, ㅂ
④ ㄷ, ㅁ, ㅂ

정답 ③ ㄴ, ㄹ, ㅂ

11
국세에 해당하는 것만을 〈보기〉에서 모두 고르면?

2022. 국회 8급

보기
ㄱ. 증여세	ㄴ. 취득세
ㄷ. 담배소비세	ㄹ. 농어촌특별세
ㅁ. 레저세	ㅂ. 재산세
ㅅ. 등록면허세	ㅇ. 종합부동산세

① ㄱ, ㄷ, ㅂ
② ㄱ, ㄹ, ㅇ
③ ㄴ, ㄹ, ㅁ
④ ㄴ, ㅁ, ㅂ
⑤ ㄷ, ㅅ, ㅇ

정답 ② ㄱ, ㄹ, ㅇ [ㅇ]

해설

우리나라 지방세의 세목체계

구분		광역자치단체		기초자치단체	
		특별시·광역시세	도세	자치구세	시·군세
지방세	보통세	취득세, 주민세, 자동차세, 레저세, 담배소비세, 지방소비세, 지방소득세	취득세, 레저세, 등록면허세, 지방소비세	등록면허세, 재산세	주민세, 재산세, 자동차세, 담배소비세, 지방소득세
	목적세	지방교육세, 지역자원시설세	지방교육세, 지역자원시설세		
국세	내국세	직접세	소득세, 법인세, 상속·증여세, 재평가세, 종합부동산세		
		간접세	부가가치세, 개별소비세, 주세, 인지세, 증권거래세		
	목적세	교통·에너지·환경세, 교육세, 농어촌특별세			
	관세	—			

제2절 의존재원

01
지방재정의 구성 요소 중 의존재원의 기능으로 적절하지 않은 것은? 2018. 국가 7급

① 지방자치단체의 다양성과 지방분권화 촉진
② 지방재정의 지역 간 불균형 시정
③ 지방재정의 안정성 확보
④ 지방자치단체에 대한 유도·조정을 통한 국가차원의 통합성 유지

> **정답** ① [×]
> **해설** 의존재원은 중앙정부와 지방정부간 수직적 재정불균형과 지방자치단체 간 수평적 재정불균형을 시정하고 지방정부의 부족한 재원을 보충하기 위해 중앙정부나 상급(광역) 지방정부가 이전하는 재원으로 지방교부세, 국고보조금, 조정교부금 등이 있다. 의존재원 중에서 국고보조금은 중앙정부가 지방정부의 자율성을 제약하고 통제하는 수단으로 활용되고 있기 때문에 지방분권을 저해한다.

02
우리나라의 지방재정조정제도에서 재원의 배분 주체가 다른 하나는? 2008. 국가 9급

① 보통교부세   ② 분권교부세
③ 특별교부세   ④ 조정교부금

> **정답** ④
> **해설** 조정교부금은 특별시나 광역시가 자치구에 교부하는 재원이며, 나머지는 중앙정부가 지방정부의 대하여 교부하는 재원이다.

03
지방교부세에 관한 설명으로 옳은 것은? 2017. 지방교행 9급

① 2005년부터 도입되었던 분권교부세는 2015년부터 소방안전교부세로 전환되었다.
② 지방교부세의 총액은 내국세 총액의 19.24%와 담배에 부과하는 개별소비세 총액의 20%를 합한 금액이다.
③ 행정안전부장관은 지방재정분석 결과 건전성과 효율성 등이 우수한 지방자치단체라 하더라도 특별교부세를 별도로 교부할 수 없다.
④ 행정안전부장관이 필요하다고 인정하는 경우에는 지방자치단체장의 신청이 없는 경우에도 일정한 기준을 정하여 특별교부세를 교부할 수 있다.

> **정답** ④ [O]
> **해설** 특별교부세는 교부신청이 없는 경우에도 행정안전부 장관이 필요하다고 인정하는 경우에는 일정한 기준을 정하여 교부가 가능하다.
>
> 지방교부세법 제9조(특별교부세의 교부) ① 특별교부세는 다음 각 호의 구분에 따라 교부한다.
> 1. 기준재정수요액의 산정방법으로는 파악할 수 없는 지역 현안에 대한 특별한 재정수요가 있는 경우: 특별교부세 재원의 100분의 40에 해당하는 금액
> 2. 보통교부세의 산정기일 후에 발생한 재난을 복구하거나 재난 및 안전관리를 위한 특별한 재정수요가 생기거나 재정수입이 감소한 경우: 특별교부세 재원의 100분의 50에 해당하는 금액
> 3. 국가적 장려사업, 국가와 지방자치단체 간에 시급한 협력이 필요한 사업, 지역 역점시책 또는 지방행정 및 재정운용 실적이 우수한 지방자치단체에 재정 지원 등 특별한 재정수요가 있을 경우: 특별교부세 재원의 100분의 10에 해당하는 금액
> ② 행정안전부장관은 지방자치단체의 장이 제1항 각 호에 따른 특별교부세의 교부를 신청하는 경우에는 이를 심사하여 특별교부세를 교부한다. 다만, 행정안전부장관이 필요하다고 인정하는 경우에는 신청이 없는 경우에도 일정한 기준을 정하여 특별교부세를 교부할 수 있다.
>
> ① [×] 분권교부세는 2015년 1월 1일부터 보통교부세(소방안전교부세 ×)로 통합되었다.
> ② [×] 지방교부세는 내국세액의 일정비율(19.24%), 종합부동산세 전액, 담배 개별소비세 45%를 재원으로 한다.
>
> 지방교부세법 제4조(교부세의 재원) ① 교부세의 재원은 다음 각 호로 한다.
> 1. 해당 연도의 내국세(목적세 및 종합부동산세, 담배에 부과하는 개별소비세 총액의 100분의 45 및 다른 법률에 따라 특별회계의 재원으로 사용되는 세목의 해당 금액은 제외한다. 이하 같다) 총액의 1만분의 1,924에 해당하는 금액

2. 「종합부동산세법」에 따른 종합부동산세 총액
3. 「개별소비세법」에 따라 담배에 부과하는 개별소비세 총액의 100분의 45에 해당하는 금액

③ [×] 행정안전부장관은 지방행정 및 재정운용실적이 우수한 지방자치단체에 재정지원 등 특별한 재정수요가 있을 경우 특별교부세를 별도로 교부할 수 있다.

04

지방교부세에 대한 설명으로 옳지 않은 것은?

2022. 국가 9급

① 지역 간 재정력 격차를 완화시키는 재정 균등화 기능을 수행한다.
② 보통교부세, 특별교부세, 부동산교부세, 소방안전교부세로 구분한다.
③ 신청주의를 원칙으로 하며 각 중앙관서의 예산에 반영되어야 한다.
④ 부동산교부세는 종합부동산세를 재원으로 하며 전액을 지방자치단체에 교부한다.

정답 ③ [×]
해설 지방교부세는 「지방교부세법」에 정해진 기준에 따라 국세의 일부를 교부하는 정액지원금이다.

05

지방재정조정제도 중 「지방교부세법」에서 규정하고 있지 않은 것은?

2018. 지방 9급

① 소방안전교부세 ② 보통교부세
③ 조정교부금   ④ 부동산교부세

정답 ③ [×]
해설 지방교부세법에서 규정하고 있는 교부세의 종류는 보통교부세, 특별교부세, 부동산교부세 및 소방안전교부세이다.

지방교부세법 제3조(교부세의 종류) 지방교부세(이하 "교부세"라 한다)의 종류는 보통교부세·특별교부세·부동산 교부세 및 소방안전 교부세로 구분한다.

06

「지방교부세법」상 지방교부세에 대한 설명으로 옳지 않은 것은?

2017. 지방 9급

① 지방교부세의 재원에는 종합부동산세 총액, 담배에 부과하는 개별소비세 총액의 일부 등이 포함된다.
② 보통교부세의 산정기일 후에 발생한 재난을 복구하거나 재난 및 안전관리를 위한 특별한 재정수요가 생기거나 재정수입이 감소한 경우 특별교부세를 교부할 수 있다.
③ 지방교부세의 종류는 보통교부세, 특별교부세, 부동산교부세 및 교통안전교부세로 구분한다.
④ 지방행정 및 재정운용 실적이 우수한 지방자치단체에 재정지원 등 특별한 재정수요가 있을 경우 특별교부세를 교부할 수 있다.

정답 ③ [×]
해설 지방교부세의 종류는 보통교부세, 특별교부세, 부동산교부세, 소방안전교부세(교통안전교부세 ×)이다.

지방교부세법 제3조(교부세의 종류) 지방교부세(이하 "교부세"라 한다)의 종류는 보통교부세·특별교부세·부동산교부세 및 소방안전교부세로 구분한다.

②, ④ [○]

지방교부세법 제9조(특별교부세의 교부) ① 특별교부세는 다음 각 호의 구분에 따라 교부한다.
1. 기준재정수요액의 산정방법으로는 파악할 수 없는 지역 현안에 대한 특별한 재정수요가 있는 경우: 특별교부세 재원의 100분의 40에 해당하는 금액
2. 보통교부세의 산정기일 후에 발생한 재난을 복구하거나 재난 및 안전관리를 위한 특별한 재정수요가 생기거나 재정수입이 감소한 경우: 특별교부세 재원의 100분의 50에 해당하는 금액
3. 국가적 장려사업, 국가와 지방자치단체 간에 시급한 협력이 필요한 사업, 지역 역점시책 또는 지방행정 및 재정운용 실적이 우수한 지방자치단체에 재정 지원 등 특별한 재정수요가 있을 경우: 특별교부세 재원의 100분의 10에 해당하는 금액
② 행정안전부장관은 지방자치단체의 장이 제1항 각 호에 따른 특별교부세의 교부를 신청하는 경우에는 이를 심사하여 특별교부세를 교부한다. 다만, 행정안전부장관이 필요하다고 인정하는 경우에는 신청이 없는 경우에도 일정한 기준을 정하여 특별교부세를 교부할 수 있다.
④ 행정안전부장관은 제1항에 따른 특별교부세의 사용에 관하여 조건을 붙이거나 용도를 제한할 수 있다.

보통 교부세	① 용도: 지자체의 기본적 행정수준 유지를 위해 용도의 지정없이 교부되는 일반재원 ② 재원: 내국세 총액의 19.24% 중 97% ③ 산정: 기준재정 수입액이 기준재정 수요액에 미달하는 규모를 기초로 산정
특별 교부세	① 용도: 국가 역점 시책사업 추진에 대한 보전 등 특수한 사정으로 발생한 재정수요를 충당하기 위해 교부되는 특정재원 ② 재원: 내국세 총액의 19.24% 중 3% ③ 산정: 자치단체가 교부신청 시 교부 목적의 타당성을 검토하여 교부. 신청없이도 행정안전부 장관이 일정기준에 따라 지급가능
소방안전 교부세	① 용도: 지자체의 소방 및 안전시설 확충, 안전관리 강화 등을 위하여 자치단체에 대하여 교부하는 특정재원 ② 재원: 담배에 부과하는 개별소비세 총액의 45%에 해당하는 금액 ③ 산정: 지방자치단체의 소방 및 안전시설 현황, 소방 및 안전시설 투자 소요, 재난예방 및 안전강화 노력, 재정여건 등을 고려하여 대통령령으로 정함.
부동산 교부세	① 용도: 지방세였던 종토세가 국세인 종합부동산세로 전환됨에 따라 이를 재원으로 지자체에 교부(일반재원) ② 재원: 국세인 종합부동산세의 총액 ③ 산정: 지방자치단체의 재정여건이나 지방세 운영상황 등을 고려하여 대통령령으로 정함('10년 개정)

07
우리나라 지방재정조정제도에 대한 설명으로 옳은 것은?

2021. 지방 7급

① 「지방교부세법」상 지방교부세는 보통교부세, 특별교부세, 부동산교부세 및 소방안전교부세로 구분된다.
② 지방교부세는 중앙정부가 국가 사무를 지방정부에 위임하거나 지방정부가 추진하는 사업 경비의 전부 또는 일부를 보조하거나 지원하기 위한 제도이다.
③ 조정교부금은 전국적 최소한 동일 행정서비스 수준 보장을 위해 중앙정부가 내국세의 일정 비율을 자치단체에 배분하는 것이다.
④ 지방교부세 대비 국고보조금의 비중 증가는 지방재정의 자율성을 강화한다.

정답 ① [○]

해설

지방교부세법 제3조(교부세의 종류) 지방교부세(이하 "교부세"라 한다)의 종류는 보통교부세·특별교부세·부동산교부세 및 소방안전교부세로 구분한다.

② [×] 중앙정부가 국가 사무를 지방정부에 위임하거나 지방정부가 추진하는 사업 경비의 전부 또는 일부를 보조하거나 지원하기 위한 제도는 국고보조금에 대한 설명이다. 지방교부세는 지방재정의 지역 간 불균형을 시정하기 위해 중앙정부가 내국세의 일정 비율을 자치단체에 배분하는 제도이다.
③ [×] 교부세에 대한 설명이다. 조정교부금은 광역자치단체가 기초자치단체에게 재정을 조정해주는 재정조정제도를 말한다.
④ [×] 지방교부세 대비 국고보조금의 비중 증가는 중앙에 대한 지방재정의 의존도를 강화시킴으로써 지방재정의 자율성을 약화시킬 수 있다.

지방교부세와 국고보조금 비교

구분	지방교부세	국고보조금
용도	일반재원 (용도지정 ×)	특정재원 (국가시책 등 용도지정 ○)
지방부담	없음(정액보조) 특정 사무 또는 사업의 실시에 대해 일정한 금액의 보조금을 교부하는 것	있음 (정률보조) 지방자치단체가 지출하는 경비의 일정비율의 금액을 국가가 보조하는 것
재량	많음	거의 없음
성격	수직적·수평적 조정재원	수직적 조정재원
기능	재정의 형평화	자원의 효율적 배분

08
지방재정조정제도에 대한 설명으로 옳은 것은?

2021. 국회 8급

① 교부세의 재원에는 내국세 총액의 19.24%, 종합부동산세 총액, 담배에 부과하는 개별소비세 총액의 45%가 포함된다.
② 부동산교부세는 지방교부세 중 가장 최근에 신설되었다.
③ 소방안전교부세는 담배소비세 총액의 100분의 20을 재원으로 하였으나 2020년 100분의 40으로 상향 조정되었다.
④ 특별교부세는 그 교부 주체가 기획재정부장관으로 통합·일원화되었다.
⑤ 국고보조금은 지정된 사업목적 이외의 용도로 사용할 수 있는 재원이다.

정답 ① [○]
해설 지방교부세법 제4조 제1항

> 지방교부세법 제4조(교부세의 재원) ① 교부세의 재원은 다음 각 호로 한다.
> 1. 해당 연도의 내국세(목적세 및 종합부동산세, 담배에 부과하는 개별소비세 총액의 100분의 45 및 다른 법률에 따라 특별회계의 재원으로 사용되는 세목의 해당 금액은 제외한다. 이하 같다) 총액의 1만분의 1,924에 해당하는 금액
> 2. 「종합부동산세법」에 따른 종합부동산세 총액
> 3. 「개별소비세법」에 따라 담배에 부과하는 개별소비세 총액의 100분의 45에 해당하는 금액

② [×] 지방교부세 중 가장 최근에 신설된 것은 2015년 소방안전교부세이다.
③ [×] 소방안전교부세는 담배 개별소비세 총액의 100분의 20에서 100분의 45에 해당하는 금액으로 상향조정되었다.
④ [×] 특별교부세의 교부 주체는 행정안전부장관이다.

> 지방교부세법 제9조(특별교부세의 교부) ② 행정안전부장관은 지방자치단체의 장이 제1항 각 호에 따른 특별교부세의 교부를 신청하는 경우에는 이를 심사하여 특별교부세를 교부한다. 다만, 행정안전부장관이 필요하다고 인정하는 경우에는 신청이 없는 경우에도 일정한 기준을 정하여 특별교부세를 교부할 수 있다.

⑤ [×] 국고보조금은 지방교부세와 달리 지정된 용도로만 사용할 수 있는 재원(특정재원)이다.

> 보조금 관리에 관한 법률 제22조(용도 외 사용 금지) ① 보조사업자는 법령, 보조금 교부 결정의 내용 또는 법령에 따른 중앙관서의 장의 처분에 따라 선량한 관리자의 주의로 성실히 그 보조사업을 수행하여야 하며 그 보조금을 다른 용도에 사용하여서는 아니 된다.

09
지방자치단체의 재정에 대한 설명으로 옳지 않은 것은?
2021. 국회 9급

① 재정자주도는 일반회계 세입에 대비하여 자주재원과 지방교부세를 합한 일반재원이 차지하는 비율로 계산된다.
② 조정교부금이란 광역자치단체가 관할 기초자치단체 간 재정격차를 해소함으로써 균형적인 행정서비스를 제공하기 위한 재정조정제도를 말한다.
③ 국고보조금은 사용의 용도나 조건이 정해져 있으며 지방정부는 보조금을 주는 중앙부처가 지정한 용도와 조건에 맞게 지출해야 한다.
④ 지방교부세는 지방자치단체의 의사결정에 따라 지출의 용도가 자유로운 일반보조금으로서 지방자치단체의 세출 재량권이 상당히 보장된다.
⑤ 국고보조금의 구체적인 세출사항에 대해서는 국회 심의 절차를 거치지 않고, 지방자치단체가 자율적으로 결정하되 사후적인 배분내역만을 공개하고 있다.

정답 ⑤ [×]
해설 국고보조금은 자치단체가 자율적으로 사용하는 것이 아니라 그 세출내역에 대한 보조금 예산안을 편성하여 국회의 심의를 거쳐 확정된 용도로만 지출가능한 특정재원이다.

10
다음 〈보기〉 중 국고보조금에 대한 설명으로 옳은 것을 모두 고르면?   2015. 국회 9급

> ㄱ. 지방자치단체의 행정이 중앙정부의 지배체제하에 놓이게 됨으로써 지방자치단체의 자유로운 활동이 저해된다.
> ㄴ. 내국세 총액의 일정 비율과 종합부동산세를 국가보조금의 재원으로 하고 있으므로 모든 자치단체가 공유하는 독립재원이다.
> ㄷ. 국고보조금은 자치단체 간 재정격차를 시정해 주는 기능을 한다.
> ㄹ. 일반적으로 매년 수입되는 경상재원으로 분류된다.

① ㄱ, ㄴ
② ㄱ, ㄷ
③ ㄱ, ㄹ
④ ㄴ, ㄷ
⑤ ㄷ, ㄹ

정답 ③ ㄱ, ㄹ [O]
해설 ㄴ. [×] 보조금이 아니라 지방교부세에 해당한다. 지방교부세법은 "교부세의 재원으로 내국세의 19.24%에 해당하는 금액과 종합부동산세 총액, 담배에 부과되는 개별소비세액의 45%로 한다"고 규정하고 있다.
ㄷ. [×] 보조금이 아니라 지방교부세의 기능에 대한 설명이다. 지방교부세의 기본적인 목적은 재정능력이 상대적으로 떨어지는 지방정부의 재정을 보전해 지방정부간의 재정격차를 줄이고, 이를 통해 모든 지역에 기초적인 행정서비스가 행해질 수 있도록 하는 데 있다.

11
지방재정에 대한 설명으로 옳지 않은 것은?   2024. 국회 9급
① 지방교부세와 국고보조금은 의존재원이다.
② 지방세 중 보통세와 지방교부세는 일반재원이다.
③ 조정교부금은 국가가 지방자치단체 간 재정격차를 해소하기 위한 재정조정제도이다.
④ 자치구와 시·군 간에 귀속되는 지방세 세목에는 차이가 있다.
⑤ 세외수입은 지방세와 달리 수익자부담원리가 적용되는 경우가 많다.

정답 ③ [×]
해설 조정교부금은 상급자치단체에 의한 재정조정제도(광역자치단체가 기초자치단체에게 재정을 조정해주는 제도)이다.
⑤ [O] 세외수입은 공공시설의 사용, 행정서비스의 제공 등 특정서비스에 대한 반대급부로서의 응익적 요소를 내포하여 조세수입과는 달리 재원조달에 있어 마찰이나 저항이 적다.

제3절 지방채

01
지방채에 대한 설명으로 옳지 않은 것은? 2024. 지방 7급

① 「지방재정법 시행령」상 지방채의 종류는 지방채증권과 차입금으로 구분된다.
② 「지방재정법」상 외채를 발행하려면 지방의회의 의결을 거친 이후 행정안전부장관의 승인을 받아야 한다.
③ 「지방재정법」상 지방채의 차환을 위해 자금조달이 필요할 때 발행할 수 있다.
④ 「지방재정법」상 지방채의 발행, 원금의 상환, 이자의 지급, 증권에 관한 사무절차 및 사무 취급기관은 대통령령으로 정한다.

정답 ② [×]
해설 외채를 발행하는 경우에는 지방의회의 의결을 거치기 전에 행정안전부장관의 승인을 받아야 한다(「지방재정법」 제11조 제2항).
① [○] 지방채증권은 지방자치단체가 증권발행을 통해 조달하는 채무이고, 차입금은 중앙정부나 금융기관으로부터 융자금에 의해 조달하는 채무다.

> 「지방재정법 시행령」 제7조(지방채의 종류) 법 제11조 제1항의 규정에 의한 지방채의 종류는 다음 각 호와 같다.
> 1. 지방채증권 : 지방자치단체가 증권발행의 방법에 의하여 차입하는 지방채를 말하며, 외국에서 발행하는 경우를 포함한다.
> 2. 차입금 : 지방자치단체가 증서에 의하여 차입하는 지방채를 말하며, 외국정부·국제기구 등으로부터 차관(현물차관을 포함한다)을 도입하는 경우를 포함한다.

③ [○] 「지방재정법」 제11조 제1항

> 「지방재정법」 제11조(지방채의 발행) ① 지방자치단체의 장은 다음 각 호를 위한 자금 조달에 필요할 때에는 지방채를 발행할 수 있다. 다만, 제5호 및 제6호는 교육감이 발행하는 경우에 한한다.
> 4. 지방채의 차환
> ② 지방자치단체의 장은 제1항에 따라 지방채를 발행하려면 재정 상황 및 채무 규모 등을 고려하여 대통령령으로 정하는 지방채 발행 한도액의 범위에서 지방의회의 의결을 얻어야 한다. 다만, 지방채 발행 한도액 범위더라도 외채를 발행하는 경우에는 지방의회의 의결을 거치기 전에 행정안전부장관의 승인을 받아야 한다.

④ [○] 「지방재정법」 제12조 제1항

> 제12조(지방채 발행의 절차) ① 제11조에 따른 지방채의 발행, 원금의 상환, 이자의 지급, 증권에 관한 사무절차 및 사무 취급기관은 대통령령으로 정한다.

02
지방채에 대한 설명으로 옳은 것은? 2018. 국가 7급

① 지방자치단체조합의 장은 지방채를 발행할 수 없다.
② 이미 발행한 지방채의 차환을 위해서 지방자치단체의 장은 지방채를 발행할 수 없다.
③ 제주특별자치도지사는 제주특별자치도의 발전과 관계가 있는 사업을 위하여 필요하면 도의회 의결을 마친 후 외채 발행과 지방채 발행 한도액의 범위를 초과한 지방채 발행을 할 수 있다.
④ 외채를 발행할 경우에는 지방채 발행 한도액 범위더라도 지방의회의 의결을 거치기 전에 기획재정부장관의 승인을 받아야 한다.

정답 ③ [○]
해설 일반적으로 자치단체장은 대통령령이 정하는 한도액을 초과하여 발행하거나 외채를 발행하려면 행정안전부장관의 승인을 얻어야 하지만, 제주특별자치도의 경우 특별법상 특례에 따라 행정안전부장관의 승인 없이도 발행할 수 있다.

> 제주특별자치도 설치 및 국제자유도시 조성을 위한 특별법 제126조(지방채 등의 발행 특례) 도지사는 제주자치도의 발전과 관계가 있는 사업을 위하여 필요하면 「지방재정법」 제11조에도 불구하고 도의회의 의결을 마친 후 외채 발행과 지방채 발행 한도액의 범위를 초과한 지방채 발행을 할 수 있다.

① [×] 자치단체조합의 장도 행정안전부장관의 사전 승인을 받아 지방채를 발행할 수 있다.

> 지방자치법 제139조(지방채무 및 지방채권의 관리) ① 지방자치단체의 장이나 지방자치단체조합은 따로 법률로 정하는 바에 따라 지방채를 발행할 수 있다.

② [×] 지방채의 차환(지방채를 상환하기 위하여 지방채를 다시 발행하는 것)을 위하여서도 지방채를 발행할 수 있다.
④ [×] 외채를 발행할 경우 기획재정부장관이 아니라 행정안전부장관의 승인을 얻어야 한다.

> 지방재정법 제11조(지방채의 발행) ① 지방자치단체의 장은 다음 각 호를 위한 자금 조달에 필요할 때에는 지방채를 발행할 수 있다.
> 1. 공유재산의 조성 등 소관 재정투자사업과 그에 직접적으로 수반되는 경비의 충당
> 2. 재해예방 및 복구사업
> 3. 천재지변으로 발생한 예측할 수 없었던 세입결함의 보전
> 4. 지방채의 차환

② 지방자치단체의 장은 제1항에 따라 지방채를 발행하려면 재정 상황 및 채무 규모 등을 고려하여 대통령령으로 정하는 지방채 발행 한도액의 범위에서 지방의회의 의결을 얻어야 한다. 다만, 지방채 발행 한도액 범위더라도 외채를 발행하는 경우에는 지방의회의 의결을 거치기 전에 행정안전부장관의 승인을 받아야 한다.
④ 「지방자치법」 제159조에 따른 지방자치단체조합의 장은 그 조합의 투자사업과 긴급한 재난복구 등을 위한 경비를 조달할 필요가 있을 때 또는 투자사업이나 재난복구사업을 지원할 목적으로 지방자치단체에 대부할 필요가 있을 때에는 지방채를 발행할 수 있다. 이 경우 행정안전부장관의 승인을 받은 범위에서 조합의 구성원인 각 지방자치단체 지방의회의 의결을 얻어야 한다.

제4절 지방정부 재정력 측정 지표

01
우리나라의 지방재정에 대한 설명으로 가장 옳지 않은 것은?
2017. 서울 9급

① 지방자치단체의 세입재원은 크게 자주재원과 의존재원으로 나눌 수 있는데, 자주재원에는 지방세와 세외수입이 있고, 의존재원에는 국고보조금과 지방교부세 등이 있다.
② 지방세 중 목적세로는 담배소비세, 레저세, 자동차세, 지역자원시설세, 지방교육세 등이 있다.
③ 지방교부세는 지방자치단체 간 재정력의 불균형을 조정하는 재원으로, 보통교부세 특별교부세 부동산교부세 및 소방안전교부세로 구분한다.
④ 지방재정자립도를 높이기 위해 국세의 일부를 지방세로 전환할 경우 지역 간 재정불균형이 심화될 수 있다.

정답 ② [×]
해설 지방세의 목적세에 해당하는 것은 지역자원시설세, 지방교육세이다. 담배소비세, 레저세, 자동차세 등은 보통세에 해당한다.
③ [○]
제3조(교부세의 종류) 지방교부세(이하 "교부세"라 한다)의 종류는 보통교부세·특별교부세·부동산교부세 및 소방안전교부세로 구분한다.

02
지방자치단체의 재정에 대한 설명으로 옳지 않은 것은?
2021. 국회 9급

① 재정자주도는 일반회계 세입에 대비하여 자주재원과 지방교부세를 합한 일반재원이 차지하는 비율로 계산된다.
② 조정교부금이란 광역자치단체가 관할 기초자치단체 간 재정격차를 해소함으로써 균형적인 행정서비스를 제공하기 위한 재정조정제도를 말한다.
③ 국고보조금은 사용의 용도나 조건이 정해져 있으며 지방정부는 보조금을 주는 중앙부처가 지정한 용도와 조건에 맞게 지출해야 한다.
④ 지방교부세는 지방자치단체의 의사결정에 따라 지출의 용도가 자유로운 일반보조금으로서 지방자치단체의 세출 재량권이 상당히 보장된다.
⑤ 국고보조금의 구체적인 세출사항에 대해서는 국회 심의 절차를 거치지 않고, 지방자치단체가 자율적으로 결정하되 사후적인 배분내역만을 공개하고 있다.

정답 ⑤ [×]
해설 국고보조금은 자치단체가 자율적으로 사용하는 것이 아니라 그 세출내역에 대한 보조금 예산안을 편성하여 국회의 심의를 거쳐 확정된 용도로만 지출가능한 특정재원이다.
① [○] 재정자주도는 전체 재원 중에서 일반재원이 차지하는 비율을 말한다.
② [○] 조정교부금은 광역단체 차원의 지방재정조정제도이다.
③ [○] 국고보조금은 지방교부세와 달리 용도가 정해진 특정재원이다.
④ [○] 지방교부세는 국고보조금과 달리 용도가 정해지지 않은 일반재원이다.

03
지방재정과 관련된 지표 중에서 재정자주도에 대한 설명으로 옳은 것은?　2013. 서울 9급

① 지방정부의 전체 재원에 대한 자주재원의 비율
② 통합재정수지상 자주재원의 비율
③ 기준재정수요액 대비 기준재정수입액의 비율
④ 지방정부 일반회계 세입에서 자주재원과 지방교부세를 합한 일반재원의 비중
⑤ 지방채를 자체재원에 포함시켜 계산한 지방재정자립도

> **정답** ④ [O]
> **해설** 재정자주도는 재정자립도(일반회계세입 중 자주재원의 비율)와는 달리 일반회계세입 중 자주재원과 지방교부세 등을 합한 일반재원의 비율을 의미한다.
> ① 재정자립도에 대한 설명이다.
> ③ 재정력지수에 대한 설명이다.

04
지방자치단체의 재정자립도에 대한 설명으로 가장 옳지 않은 것은?　2019. 서울 9급

① 재정자립도는 세입총액에서 지방세수입과 세외수입이 차지하는 비율을 나타낸다.
② 자주재원이 적더라도 중앙정부가 지방교부세를 증액하면 재정자립도는 올라간다.
③ 재정자립도가 높다고 지방정부의 실질적 재정이 반드시 좋다고 볼 수는 없다.
④ 국세의 지방세 이전은 재정자립도 증대에 도움이 된다.

> **정답** ② [×]
> **해설** 재정자립도는 지방자치단체의 일반회계 세입총액 가운데 자주재원이 차지하는 비중 $\left[\dfrac{지방세\ 수입 + 세외수입(자주재원)}{일반회계\ 세입총액(자주재원 + 의존재원)} \times 100\right]$ 을 의미한다. 따라서 의존재원인 지방교부세를 증액하면 재정자립도는 내려간다.

05
지방자치단체의 재정자립도에 대한 설명으로 옳지 않은 것은?　2009. 국가 7급

① 재정지출의 내역이라고 할 수 있는 세출의 질을 고려하고 있지 않다.
② 대규모 사업의 수행을 가능케 하는 재정규모의 중요성을 간과하고 있다.
③ 지방자치단체의 실질적 재정상태를 나타내며 중앙정부로부터 얼마나 많은 지원을 받고 있는가를 보여준다.
④ 중앙정부에 의한 재정지원을 의존재원으로 처리함으로써 재정지원의 형태를 제대로 파악할 수 없다.

> **정답** ③ [×]
> **해설** '재정자립도'는 세입총액 중에서 자주재원의 비율만을 나타내므로 재정규모나 의존재원이 대부분인 지방재정상태를 '실질적'으로 나타내주지 못하는 한계가 있다.

06
지방 재정에 대한 설명으로 가장 옳지 않은 것은?　2019. 서울 7급

① 지방수입에 있어서 자주재원의 핵심은 지방세와 세외수입으로 지방세는 법률이 정하는 바에 따라 강제적으로 징수하고, 세외수입은 지방세 외의 모든 수입을 포함하는 개념이다.
② 의존재원은 지방교부세, 국고보조금, 조정교부금, 지방채로 구성되며, 지방자치단체에서 필요로 하거나, 부족한 재원을 외부에서 조달한다는 특징이 있다.
③ 지방자치단체 지방수입의 구조에서 가장 두드러진 특징 중 하나는 자주재원에 비해 의존재원이 매우 많다는 점으로, 지방자치단체의 국가재정에 대한 의존도가 상당히 크다 할 수 있다.
④ 재정자립도는 지방자치단체 총 예산규모 중 자주재원이 차지하는 비율로 그 산식에 있어서 분모와 분자에 모두 자주재원이 존재함으로 인해 재정자립도를 결정하는 데에 중요한 요인은 의존재원이 된다.

정답 ② [×]
해설 지방채는 일반적으로 자주 재원도 아니고 의존재원도 아닌 제3의 독립된 재원으로 간주한다.
④ [○] 재정자립도는 자주재원 / 자주 + 의존재원을 의미하는 개념으로 분모와 분자의 모두 자주재원이 존재함으로 인해 결국 재정자립도를 결정하는 실질적인 중요한 요인은 의존재원이라고 볼 수 있다.

$$지방재정자립도(\%) = \frac{지방세\ 수입 + 세외수입(자주재원)}{세입총액(자주재원 + 의존재원)} \times 100$$

07
우리나라 지방자치단체의 재정에 대한 설명으로 옳은 것은?
2014. 국가 7급

① 지방세는 재산보유에 대한 과세보다 재산거래에 대한 과세의 비중이 상대적으로 높다.
② 재정력지수는 지방자치단체의 전체 재원에 대한 자주재원(지방세 수입, 지방세 외 수입)의 비율을 의미한다.
③ 재정자립도란 일반회계 세입에서 자주재원과 지방교부세를 합한 일반재원의 비중으로 생계급여 등 사회복지 분야에서 차등보조율을 설계할 때 사용된다.
④ 지방재정조정제도는 크게 지방자치단체에 재원 사용의 자율성을 전적으로 부여하는 국고보조금과 특정한 사업에 사용할 것을 조건으로 선택적으로 지원하는 지방교부세로 구분한다.

정답 ① [○]
해설 ② [×] 재정자립도는 지방자치단체의 전체 재원에 대한 자주재원 (지방세 수입, 지방세 외 수입)의 비율을 의미한다.
③ [×] 재정자주도란 일반회계 세입에서 자주재원과 지방교부세를 합한 일반재원의 비중으로 생계급여 등 사회복지 분야에서 차등보조율을 설계할 때 사용된다.
④ [×] 지방재정조정제도는 크게 지방자치단체에 재원 사용의 자율성을 전적으로 부여하는 지방교부세와 특정한 사업에 사용할 것을 조건으로 선택적으로 지원하는 국고보조금으로 구분한다.

08
지방자치단체 재정자립도 개념의 한계에 대한 설명으로 옳지 않은 것은?
2012. 국가 7급

① 지방자치단체의 일반회계만을 고려하고 특별회계와 기금 등을 종합적으로 고려하지 못하므로 지방자치단체의 실제 재정력이 과소평가된다.
② 일반회계에서 차지하는 자체재원의 비율이 높을수록 재정자립도가 높게 산정되기 때문에 지방교부세를 받은 지방자치단체는 재정력이 커짐에도 불구하고 재정자립도는 반대로 낮아지게 된다.
③ 지방자치단체의 세출을 중심으로 산정되기 때문에 지방자치 단체의 재정력을 효과적으로 파악하기 곤란하다.
④ 지방자치단체 간의 상대적 재정 규모를 평가하지 못하는 문제가 있다.

정답 ③ [×]
해설 재정자립도는 세입 중심적 관점에서 산정됨으로써 자치단체의 세출구조를 파악하지 못하는 문제점을 안고 있다. 재정자립도는 지방자치단체의 일반회계 세입총액 가운데 자주재원이 차지하는 비중이다.
① [○] 재정자립도는 일반회계만을 고려함으로써 자치단체의 특별회계와 기금이라는 또 다른 재정적 변수를 종합적으로 고려하지 못하여 실제 재정력보다 과소평가되는 문제점이 있다.
④ [○] 만약 A라는 자치단체의 재정자립도와 B라는 자치단체의 재정자립도가 똑같이 50%라 할지라도, A의 일반회계예산 총액이 2,000억 원이고, B의 경우는 100억 원이라면, A라는 자치 단체는 1,000억 원의 자체재원이 존재하는 것인데 비해 B라는 자치단체는 50억 원의 자체재원을 갖고 있는 것이므로 재정자립도만으로 자치단체의 재정 규모를 측정하는 것이 불가능하다.

제5절 지방재정관리제도

01
「지방재정법」상 지방재정진단제도의 내용에 해당하는 것은?

2025. 국가 9급

① 재정위험 수준 점검결과 재정위험 수준이 대통령령으로 정하는 기준을 초과하는 지방자치단체에 대하여 실시할 수 있다.
② 대규모의 재정적 부담을 수반하는 사업의 유치를 신청할 때 미리 지방자치단체의 재정에 미칠 영향을 평가한다.
③ 지방재정을 계획성 있게 운용하기 위하여 매년 중기지방재정계획을 수립한다.
④ 소속 공무원의 인건비를 30일 이상 지급하지 못하여 자력으로 재정위기상황을 극복하기 어렵다고 판단되는 경우 실시한다.

> **정답** ① [○]
> **해설** 재정분석 결과 재정의 건전성과 효율성 등이 현저히 떨어지는 지방자치단체, 재정위험 수준 점검 결과 재정위험 수준이 대통령령으로 정하는 기준을 초과하는 지방자치단체 재정진단은 행정안전부장관이 지방자치단체의 장이 제출한 재정보고서를 분석하여, 재정위험 수준 점검결과 재정위험 수준이 대통령령으로 정하는 기준을 초과하는 지방자치단체에 대하여 실시할 수 있다.
>
> > 지방재정법 제55조(재정분석 및 재정진단) ① 행정안전부장관은 대통령령으로 정하는 바에 따라 제54조에 따른 재정보고서의 내용을 분석하여야 한다.
>
> ② [×] 지방재정영향평가에 대한 설명이다.
>
> > 지방재정법 제27조의 6 (지방재정영향평가) ① 지방자치단체의 장은 대규모의 재정적 부담을 수반하는 국내·국제경기대회, 축제·행사, 공모사업 등의 유치를 신청하거나 응모를 하려면 미리 해당 지방자치단체의 재정에 미칠 영향을 평가하고 그 평가 결과를 토대로 제37조의3에 따른 지방재정투자심사위원회의 심사를 거쳐야 한다. 이 경우 평가대상은 「지방자치법」 제2조에 규정된 지방자치단체의 종류, 사업의 유형과 성격, 재정부담의 규모 등을 고려하여 대통령령으로 정한다.
>
> ③ [×] 행정안전부장관은 재정진단 결과를 토대로 재정건전화계획의 수립 및 이행을 권고하거나 재정건전화에 필요한 사항을 지도할 수 있다.
>
> > 지방재정법 제33조(중기지방재정계획의 수립 등) ① 지방자치단체의 장은 지방재정을 계획성 있게 운용하기 위하여 매년 다음 회계연도부터 5회계연도 이상의 기간에 대한 중기지방재정계획을 수립하여 예산안과 함께 지방의회에 제출하고, 회계연도 개시 30일 전까지 행정안전부장관에게 제출하여야 한다.
>
> ④ [×] 긴급재정관리단체 지정요건에 해당한다.
>
> > 제60조의3 (긴급재정관리단체의 지정 및 해제) ① 행정안전부장관은 지방자치단체가 다음 각 호의 어느 하나에 해당하여 자력으로 그 재정위기상황을 극복하기 어렵다고 판단되는 경우에는 해당 지방자치단체를 긴급재정관리단체로 지정할 수 있다. 이 경우 행정안전부장관은 긴급재정관리단체로 지정하려는 지방자치단체의 장과 지방의회의 의견을 미리 들어야 한다.
> > 1. 제55조의2에 따라 재정위기단체로 지정된 지방자치단체가 제55조의3에 따른 재정건전화계획을 3년간 이행하였음에도 불구하고 재정위기단체로 지정된 때부터 3년이 지난 날 또는 그 이후의 지방자치단체의 재정위험 수준이 재정위기단체로 지정된 때보다 대통령령으로 정하는 수준 이하로 악화된 경우
> > 2. 소속 공무원의 인건비를 30일 이상 지급하지 못한 경우
> > 3. 상환일이 도래한 채무의 원금 또는 이자에 대한 상환을 60일 이상 이행하지 못한 경우
>
> 재정보고서 제출 재정분석
>
> 재정진단
>
> ↓
>
> 재정주의·위기단체 지정
>
> - 재정주의단체: 재정위험 수준이 심각한 수준에 해당하지 아니하나 지방자치단체 재정의 건전성 또는 효율성 등이 현저하게 떨어졌다고 판단되는 지방자치단체
> - 재정위기단체: 재정위험 수준이 심각하다고 판단하는 지방자치단체
>
> ↓
>
> 긴급재정관리단체 지정
>
> ① 재정위기단체로 지정된 지방자치단체가 재정건전화계획을 3년간 이행하였음에도 불구하고, 지방자치단체의 재정위험 수준이 재정위기단체로 지정된 때보다 대통령령으로 정하는 수준 이하로 악화된 경우
> ② 소속 공무원의 인건비를 30일 이상 지급하지 못한 경우
> ③ 상환일이 도래한 채무의 원금 또는 이자에 대한 상환을 60일 이상 이행하지 못한 경우

최윤경

주요 약력

서울대학교 행정대학원 석사
서울대학교 행정대학원 박사 수료

강의

現 박문각 공무원 행정학 강사
現 합격의법학원 5급공채 행정학 강사
前 에듀윌 공무원 행정학 강사
前 메가 공무원 행정학 강사
前 이패스코리아 행정사 강사

대학 출강

국립 경찰대학교
강릉원주대학교 자치행정학과
한국교통대학교 행정학과
평택대학교 행정학과
서원대학교 정치행정학부 등

저서

최윤경 행정학 기본서
최윤경 행정학 단원별 기출문제집
행정사 1차 행정학 개론(이패스코리아)
행정사 1차 객관식 행정학 개론(이패스코리아)

최윤경 행정학 ✧✦ **단원별 기출문제집**

초판 인쇄 2025. 11. 5. | **초판 발행** 2025. 11. 10. | **편저자** 최윤경
발행인 박 용 | **발행처** (주)박문각출판 | **등록** 2015년 4월 29일 제2019-000137호
주소 06654 서울시 서초구 효령로 283 서경 B/D 4층 | **팩스** (02)584-2927
전화 교재 문의 (02)6466-7202

저자와의 협의하에 인지생략

이 책의 무단 전재 또는 복제 행위를 금합니다.

정가 36,000원
ISBN 979-11-7519-105-1